南阳统计年鉴

NANYANG STATISTICAL YEARBOOK

2011

（总第十三期）

南阳市统计局　编

(京)新登字 041 号

图书在版编目(CIP)数据

南阳统计年鉴.2011/南阳市统计局编.——北京:
中国统计出版社,2011.10
ISBN 978-7-5037-6397-7/C·2586

Ⅰ.①南… Ⅱ.①南… Ⅲ.①统计资料—南阳市—
2011—年鉴 Ⅳ.①C832.613-54

中国版本图书馆 CIP 数据核字(2011)第 207206 号

南阳统计年鉴—2011

作　　者/南阳市统计局
责任编辑/陈越月
责任校对/杨鸿飞 邢明星
封面设计/宗合
出版发行/中国统计出版社
通信地址/北京市西城区月坛南街 57 号
邮　　编/100826
办公地址/北京市丰台区西三环南路甲 6 号
电　　话/(010)63376907
E - mail/yearbook@gj.stats.cn
印　　刷/湖北省仙桃市九原印刷厂
经　　销/新华书店
开　　本/880×1230 毫米 1/16
字　　数/1145 千字
印　　张/33.5 印张
版　　别/2011 年 10 月第 1 版
版　　次/2011 年 10 月第 1 次印刷
书　　号/ISBN 978-7-5037-6397-7/C·2586
定　　价/260 元

《南阳统计年鉴—2011》

编辑委员会及编辑部工作人员名单

编 辑 说 明

一、《南阳统计年鉴—2011》是一部全面记载和反映南阳市经济和社会发展情况的资料性年刊。本书以文字和统计资料的形式收录了全市和各县市区2010年经济和社会各方面发展情况，同时还辑录了建国以来重要年份的主要统计数据，是各级党政领导进行宏观决策的重要依据，也是经济管理部门、大中专院校、研究人员了解和研究南阳经济发展的重要参考。

二、全书内容由两个部分组成：

第一部分：特载。内容包括《政府工作报告》、《南阳市2010年国民经济和社会发展统计公报》、《关于南阳市2010年国民经济和社会发展计划执行情况与2011年计划(草案)的报告》、《关于南阳市2010年财政预算执行情况和2011年财政预算(草案)的报告》等。

第二部分：统计资料。内容分为25个方面：即，1.综合；2.国民经济核算；3.人口；4.从业人员和职工工资；5.固定资产投资；6.能源；7.物价指数；8.人民生活；9.城市建设；10.农村经济；11.工业；12.建筑业；13.交通运输和邮电；14.国内贸易；15.对外经济贸易；16.财政金融；17.其他服务业；18.房地产；19.教育、科技和专利；20.文化、卫生、体育；21.社会保障；22.资源与环境保护；23.全省各省辖市主要统计指标；24.鄂豫川陕四省八地市主要统计指标；25.全国部分中等城市社会经济发展主要统计指标。各篇末附有《主要统计指标解释》。

三、本年鉴的资料大部分来自年度统计报表，一部分来自普查和抽样调查。

四、资料中所使用的度量衡单位均采用国际统一标准计量单位。

五、查阅本年鉴需要注意的问题：

1.本年鉴部分数据合计数或相对数由于单位取舍不同而产生的计算误差均未作机械调整。

2.编辑本年鉴时，依据有关调查资料及现行统计制度对以往个别统计数据进行了调整、修正，以前发表过的统计数据与本年鉴有出入者，以本年鉴为准。

3.本年鉴表中的符号使用："空格"表示该项统计指标数据不足本表最小单位数、数据不详或无该项数据；"#"表示其中的主要项。

4.本年鉴目录中未注明年份的，至少含有两个年份以上的统计资料。

5.特载部分数据为初步统计数，为尊重原稿未作修改，有关数据在使用时应以统计资料部分数据为准。

本年鉴在编辑出版过程中，得到市领导和有关部门的大力支持和热情帮助，值此出版之际，谨致诚挚的谢意！由于时间仓促、编辑人员水平有限，书中疏漏和错误在所难免，恳请各位领导、专家和读者批评指正。

《南阳统计年鉴》编辑部

二〇一一年九月

目 录

特 载

统 计 资 料

一、综 合

二、国民经济核算

三、人 口

四、从业人员和职工工资

五、固定资产投资

六、能　源

七、物　价

八、人民生活

九、城市建设

十、农业经济

十一、工　业

十二、建筑业

十三、交通运输和邮电

十四、国内贸易

十五、对外经济贸易

十六、财政金融

十七、其他服务业

十八、房地产

十九、教育、科技和专利

二十、文化、卫生、体育

二十一、社会保障

二十二、资源与环境保护

二十三、全省各省辖市主要经济指标

特　　载

政府工作报告

——2011年2月13日在南阳市第四届人民代表大会第三次会议上

南阳市人民政府市长　穆为民

各位代表：

现在，我代表市人民政府，向大会作工作报告，请予审议，并请各位政协委员和其他列席人员提出意见。

一、去年及“十一五”工作回顾

2010年是我市发展面临复杂形势和严峻挑战的一年，也是我们迎难而上、开拓奋进的一年。一年来，全市上下深入贯彻落实科学发展观，加快推进“一个载体、三个体系”建设，组织实施“四个带动”，抢抓机遇，奋力拼搏，较好地完成了市四届人大二次会议确定的各项目标任务，经济社会发展继续保持好的趋势、态势和气势。

（一）保增长，调结构，经济发展提速增效

预计去年全市生产总值完成1956亿元，增长11.6%。财政总收入122.9亿元、增长21%，其中地方财政一般预算收入69.1亿元、增长23%。工业经济快速增长。规模以上工业完成增加值634亿元，增长22.4%，增速居全省第二位；实现利润130亿元，增长66.8%，创近年来最高水平。农村经济稳步发展。粮食总产达116.8亿斤，连续7年创历史新高；农业结构不断优化，畜牧业占农业总产值的比重达36.5%；农业产业化经营水平明显提升，39家企业被认定为省级农业产业化重点龙头企业。第三产业快速发展。全社会消费品零售总额完成789亿元，增长18.7%。实现旅游综合收入95.6亿元，增长37.9%。全市金融机构各项贷款余额827.5亿元，增长18.4%。民生、中信、郑州银行和中航、中信证券相继入驻南阳，与天津市合作设立的南阳村镇银行及2家支行挂牌营业，开创我国总行加支行设立村镇银行新模式。

（二）两轮驱动，统筹推进，城乡建设步伐加快

中心城区加速发展，鸭河、官庄工区成立运行，南阳新区获省政府批准，高新区晋升为国家级高新区。中心城市基础设施投资超过30亿元，是历年来投资强度最大、施工项目最多的一年。6条道路和仲景大桥建成通车，62条背街小巷整治改造顺利完成，光武大桥、雪枫大桥、南阳大桥加宽改造、零级橡胶坝和邕河整治试验段开工建设，内河治理启动实施，白河城区段确权划界实现突破。严厉打击土地违法违规行为，中心城区土地收储力度加大。新投放出租车400辆、公交车100辆。实施“现代城镇体系建设工程”，县城和小城镇建设步伐加快，亮点纷呈。深入开展“六创一迎”，城镇品位和形象明显提升。农村生产生活条件不断改善，完成了100个试点村、100个示范村等新农村年度建设任务，再次夺得全省农建“红旗渠精神杯”。交通建设扎实推进，新建、改建干线公路360公里，建设农村公路1430公里，新增南阳直飞北京航班和到上海始发列车。生态建设和环境保护得到加强，植树造林83.7万亩，节能减排任务如期完成。

（三）集中精力抓大事，重点工作进展顺利

产业集聚区建设步伐加快。全市14个产业集聚区累计完成投资435亿元、实现规模以上工业主营业务收入800亿元，8个集聚区在全省位次明显前移，高新技术产业集聚区跻身省创新型产业集聚区。大招商活动成效显著。与央企的战略合作进一步深化，防爆与平安集团、天冠与首钢控股成功合作；全年实际到位省外资金273亿元、增长一倍，实际利用外资超2亿美元、增长51.2%，出口总额6.47亿美元、增长50%。第七届全国农运会筹备工作全面展开。面对拆迁建设任务重、资金缺口大、工期时间紧等困难，我们负重奋进，只争朝夕，确保了各项任务按时间节点顺利推进。主体育场、综合训练馆、游泳馆等主体工程完工，新建、改造提升了15个场馆和一批接待设施。南水北调中线工程移民迁安和工程建设取得阶段性重大进展。1.1万试点移民后续生产生活保持稳定，库区第一批6.08万移民实现平安、顺利、和谐搬迁，第二批移民迁安工作扎实有序推进，中线工程建设进展顺利。移民搬迁的难度之大、强度之高、速度之快创造了近年来的新记录，受到国家领导和省委、省政府的充分肯定，在中国移民史上留下了浓墨重彩的一笔！移民群众舍小家、为国家的奉献精神，移民干部任劳任怨的责任意识，谱写了新时期可歌可泣的壮丽篇章！

（四）谋长远，打基础，发展后劲不断增强

“四个带动”初见成效。实施项目带动，年度城镇固定资产投资首次突破千亿，完成1130亿元、增长21.6%，内邓高速、南阳机场二期改扩建等省市重点项目进展顺利，南阳核电等重大项目前期工作取得突破性进展；全市共筛选确定“十二五”重大项目2733个、总投资14000多亿元，其中进入全省重大项目库1981个、总投资8600多亿元。实施品牌带动，新创建国家级品牌57个、省级品牌363个。实施创新带动，争取国家重大科技项目21项，获得省科技进步奖21项，其中一等奖3项；加强创新平台建设，卧龙农业高新科技示范园区晋升为国家级；荣获“中国最具创新力城市”称号。实施重点改革行动计划，国企改革攻坚战取得显著成效，19家改制企业焕发生机；市县政府机构改革基本完成，公安警务机制改革取得突破；启动实施医院用药阳光集中配送，医药卫生体制改革取得新成效，教育、文化等领域改革继续深化；积极推进“421”企业上市计划，新纺公司股票实现定向增发，西泵公司成功上市。实施服务带动，扎实开展“企业服务行动计划”，发展环境不断优化。注重科学规划的引领和提升作用，聘请名院大家，汇集民智，高起点、高标准编制了“十二五”发展规划和现代产业规划、城市重点区域规划等一系列重要规划，为南阳未来科学发展、跨越发展提供了有力保障。

（五）致力改善和保障民生，和谐社会建设稳步推进

围绕解决就业、就学、就医、住房和社会保障等问题，投入资金50亿元，顺利完成了“十项民生工程”。城镇居民人均可支配收入、农民人均纯收入分别增长11.7%和14.9%。新增城镇就业10.4万人，失业人员再就业近3万人。社会保障体系进一步健全，新农保全国试点县达到5个，新农合参合率达97.7%。建设经济适用房56.8万平方米，新增廉租房8980套。解决农村47.2万人饮水安全问题，新建户用沼气3.15万户，11.25万农村贫困人口实现脱贫。抗洪抢险、救灾重建工作取得重大胜利。教育、文化、卫生、体育等各项社会事业全面发展，市职教园区被确定为全省5个示范性职教园区之一。人口自然增长率控制在5.07‰。深入开展精神文明创建活动，公民道德水平和文明程度不断提升。认真开展“创先争优”活动，全面推广“四议两公开”工作法，基层组织建设和农村基层民主得到加强。坚持依法行政，行政执法水平明显提高。自觉接受人大及其常委会的监督，支持政协履行职能，办理省市人大代表建议和政协委员提案703件，办结率100%，满意率95.6%。开展“夏季亮剑”百日会战等专项行动，社会治安明显好转，平安建设位次大幅提升。认真实施安全发展行动计划，强化食品药品安全监管，扎实推进信访工作，社会大局和谐稳定。

国防动员、民兵预备役和全国双拥模范城创建工作深入开展。工商、税务、司法、海关、检验检疫、人事、统计、审计、广电、新闻、民族宗教、外事侨务、对台、残疾人、气象、人防、地震等工作取得新成绩。第六次全国人口普查工作进展顺利。

一年来，面对保增长与调结构的双重压力，面

对史无前例的移民迁安重任，面对异常艰巨的农运会筹备任务，面对百年不遇的洪涝灾害，全市上下咬定发展不放松，加快转型不懈怠，深入实施关系长远的“四个带动”，全力抓好事关全局的“国字号”工程，办成了一批大事，办妥了一批难事，跻身中国城市竞争力百强，在困难中保持了较快发展，在拼搏中铸就了新的辉煌！实践证明，我们南阳人不仅会干事、能干事，而且能干成大事！2010 年各项工作目标的圆满完成，标志着“十一五”规划的胜利实现。过去五年，是南阳发展史上极不平凡的五年。

——综合实力明显提高。按可比口径计算，全市生产总值年均增长 12.5%，三次产业结构由“二一三”升级为“二三一”。地方财政一般预算收入、规模以上工业增加值和利润均翻一番多。全市实际利用外资、引进省外资金年均分别增长 26.2%、27.8%。

——发展后劲不断增强。全社会固定资产投资五年累计完成 4600 亿元，超出规划目标 1300 亿元。鸭电二期、1000 千伏特高压南阳开关站等一大批重点项目相继建成。高新技术产业化步伐加快，先后被确定为新能源国家高技术产业基地、国家光电高新技术产业化基地、省生物产业高技术产业基地。

——城乡面貌大为改观。中心城区建成区面积由 70 平方公里增至 100 平方公里，人口增至 100 万，荣获中国优秀旅游城市、国家园林城市等称号。中国・南阳伏牛山世界地质公园申报成功。县城和小城镇建设迈出重大步伐。全市城镇化率达到38.5%，提高 8.5 个百分点。宁西铁路建成通车，南阳机场新航站楼建成启用；公路通车总里程增长 3.7 倍，高速公路通车里程达 553 公里、居全省第一，被交通运输部确定为国家级公路运输枢纽城市；新建改建农村公路 1.5 万公里，“村村通”工程全面完成。解决了 160 余万农村居民饮水安全问题，新增农村沼气用户 33 万户，累计造林 422 万亩。

——社会事业全面进步。教育“两基”工作通过国检，城乡免费义务教育全面实现，各级各类教育协调发展。文化、体育事业日益繁荣。科技对经济增长的贡献率由 42.7% 提高至 49%，荣获“全国科技进步先进市”称号。医疗卫生服务体系逐步健全，被评为“全国农村中医工作先进市”。计划生育工作机制创新力度加大，被确定为全国首批计划生育综合改革示范市。

——人民生活持续改善。城镇居民人均可支配收入、农民人均纯收入年均分别增长 13.6%、13.3%。城乡居民储蓄存款余额年均增长 15.3%，五年翻一番多。坚持每年办好十项民生工程，新增城镇就业 50 万人，农村富余劳动力转移就业 76 万人，各类社会保障覆盖面持续扩大、标准不断提高。52 万贫困人口实现脱贫。各位代表，“十一五”时期的发展成就，是在国际金融危机严重冲击、宏观环境复杂多变、重大自然灾害频发的情况下取得的。这是省委、省政府和市委正确领导的结果，是市人大、市政协积极支持的结果，是全市人民共同奋斗的结果。在此，我代表市人民政府，向全市广大干部群众，向各位人大代表、政协委员和各民主党派、工商联、无党派人士，向离退休老同志，向驻宛部队、武警官兵，向中央、省驻宛单位，向所有关心支持南阳发展的各界朋友，表示崇高的敬意和衷心的感谢！

五年的成绩来之不易，奋斗的启示弥足珍贵。我们深切体会到：推进政府工作，必须着眼全局和长远，自觉把南阳放在全省全国发展的大格局中来谋划，多做打基础、利长远、增后劲的事情；必须注重统筹和运作，在经济社会发展上统筹兼顾，强化运作、有效运作，抢抓机遇谋发展，突出重点攻难点，推动整体工作全面提升；必须突出项目和产业，坚持以项目建设统揽经济社会发展全局，着力培育壮大战略支撑产业和新兴产业，以项目建设和产业振兴支撑发展；必须抓好平台和载体，积极实施“四个带动”，着力构建“一个载体、三个体系”，深入开展“六创一迎”，办好节会，充分发挥这些平台、载体的带动作用；必须坚持求实求效，加强效能建设，优化政务环境，强化督查落实，注重效率和效益，不断提高政府执行力和公信力；必须关注民生民心，把发展经济与改善民生结合起来，尽心尽力为群众办实事、办好事，让改革发展成果更多地惠及于民。同时，我们也清醒地看到，南阳人口多、基础弱、大而不强的基本市情还没有根本改变。当前发展中还存在不少困难和问题：经济发展速度不快，主要经济指标人均水平在全省仍处于中等或靠后位次；经济结构不优，农业基础设施薄弱,工业实力不强,三产发展滞后,城镇化水平较低,中心城市首位度不高;体制机制性矛盾仍然突出,发展动力不足、活力不强;基本公共服务薄弱,社会事业历史欠账较多,尤其是教育和医疗资源严重不足、布局不合理,改善民生的任务十分艰巨;政府自身建设和管理需要加强,一些部门办事效率不高,一些工作人员的思想观念、能力素质和工作作风还不适应新形势的需要。对此,我们一定高度重视,认真解决。

二、"十二五"时期的发展思路和奋斗目标

"十二五"时期是我市全面发力、加速转型、跨越发展的重要战略机遇期。纵观全局,当前及今后一个时期,国际、国内产业梯度转移的趋势进一步增强;国家进一步扩大内需、促进中部崛起、加大转移支付力度;中原经济区已正式上升到国家战略层面,我市被省委、省政府确定为中原经济区主体区和连南启西、对接周边的先锋区;尤其令人鼓舞的是,省政府最近专题出台了《关于支持南阳经济社会加快发展的若干意见》,在政策、项目、资金等方面予以大力支持,这些都为我市加速发展提供了前所未有的重大机遇,我们必须紧紧抓住,争取有更大作为。审视南阳,我市正处于工业化、城镇化加速推进期,经济发展的内生机制初步形成,产业技术、区位交通、人文自然资源等优势日益凸显,南阳新区、国家级高新区建设拉开帷幕,南水北调中线工程、南阳核电、南阳粮食主产区建设等重大工程陆续上马,加速发展的基础更为坚实。我们完全有条件、有信心在新的起点上实现更快速度、更大规模、更高水平的发展。

根据市委"十二五"规划建议,今后五年我市经济社会发展的指导思想是:深入贯彻落实科学发展观,以科学发展为主题,以加快转变经济发展方式为主线,以富民强市为中心任务,坚持"四个重在"实践要领,深入实施"四个带动",大力推进"一个载体、三个体系"建设,加快新型工业化、城镇化和农业现代化进程,着力改善民生,促进社会和谐,全力打造豫鄂陕省际区域性中心城市和生态宜居城市,构建中原经济区重要区域增长极,为全面建设小康社会打下坚实基础。

展望"十二五",我市经济社会发展的愿景和目标是:

——综合实力迈上新台阶。按照"主要经济指标年均增速高于全省平均水平、人均指标力争达到或接近全省平均水平"的要求,"十二五"时期全市生产总值年均增长11%以上,地方财政一般预算收入年均增长13%,全社会固定资产投资五年累计突破万亿元大关,经济总量占全省的比重进一步提高,综合经济实力、区域竞争力显著增强,成为中原经济区重要的区域增长极。

——转型发展迈出新步伐。产业结构和生产力布局得到优化,科技进步对经济增长的贡献率达到55%,现代产业体系、自主创新体系基本确立,形成8个销售收入超500亿元的产业、5个销售收入超300亿元的产业集聚区、10家销售收入超100亿元的骨干企业,建成全国重要的新能源、光电高新技术特色产业基地和重大装备制造基地;粮食综合生产能力突破120亿斤,农业现代化水平明显提升,建成全省现代农业示范区。

——城乡建设呈现新面貌。中心城区建成区面积超过130平方公里、人口达到150万左右,经济实力和辐射带动能力明显增强,成为豫鄂陕毗邻地区具有较大影响力的省际区域性中心城市;县域经济形成各具特色的主导产业和发展模式,绝大部分县市进入全省中上游水平,力争邓州城区人口达到45万、唐河城区人口达到35万,其他县城人口超过或接近20万;农村生产生活条件明显改善,城乡统筹发展格局初步形成。南阳机场年旅客吞吐量突破50万人次,力争郑渝高铁、宁西铁路复线、运十铁路南阳段建成投运,所有县城20分钟以内上高速,所有干线公路达到二级以上标准,县乡道路基本达到三级以上标准,成为中部地区新的综合交通枢纽。

——生态文明形成新优势。资源节约集约利用水平明显提高,节能减排完成省定目标,森林覆盖率达到40%以上,南水北调中线工程南阳段全面建成,经济社会发展与生态环境保护有机统一,人与自然和谐相处,城乡人居环境进一步改善,建成资源利用合理、经济效益显著、生态环境良好的全省高效生态经济示范区,成为国内外知名的生态文化旅游胜地和休闲养生之都。

——改革开放实现新突破。政府职能转变、重点领域和关键环节改革进一步深化,体制机制创新迈出重大步伐;对外合作领域和空间不断拓

展，外贸进出口总额和实际利用外资实现翻番，形成全方位、多层次、宽领域的对外开放新格局，成为充满活力和吸引力的内陆开放高地。

——人民生活水平得到新提高。城镇居民人均可支配收入和农民人均纯收入分别达到2.39万元、8600元以上，接近全省平均水平；各级各类教育快速发展，医疗卫生服务能力大幅提高，“上学难”、“看病难”问题得到有效缓解；就业渠道更加畅通，就业岗位更加丰富，就业服务更加健全；低收入群体住房保障问题明显改善，广覆盖、多层次、可持续的社会保障体系基本建立，社会更加安全稳定和谐，人民生活更加幸福美好。

围绕实现上述奋斗目标，我们要深入实施“四个带动”，激活两个主体，坚持“两轮驱动”、“三化”协调推进，实施“一极两轴三区”战略布局，加快构建十大战略支撑体系。即：充分激活经济社会发展中各级政府这一责任主体和各类企业这一市场主体，形成振兴南阳的强大合力。坚持中心城市和县域经济“两轮驱动”，以新型城镇化为支撑、以新型工业化为主导、以推进农业现代化为基础，奋力走出一条不以牺牲农业和粮食、生态和环境为代价的“三化”协调科学发展的路子，努力破解“钱从哪里来、人往哪里去、粮食怎么保、民生怎么办”四道难题。优化战略布局，强化“一极”，将中心城市打造成为市域经济发展的核心增长极；提升“两轴”，依托承东启西的宁西铁路、312国道及沪陕高速，连南接北的焦枝铁路、许南襄高速以及规划建设的郑渝高铁，构建两条十字交叉的市域经济隆起带；统筹推进产业集聚区、粮食主产区、生态安全功能区协调发展。构建十大战略支撑体系，即着力构建具有竞争力的现代产业支撑体系、统筹城乡的新型城镇化支撑体系、现代化的基础设施支撑体系、引领发展的区域自主创新支撑体系、充满活力的体制机制支撑体系、内外互动的开放型经济支撑体系、高素质的人力资源开发支撑体系、独具特色的文化支撑体系、可持续发展的资源环境支撑体系、以人为本的和谐社会支撑体系。

《南阳市国民经济与社会发展第十二个五年规划纲要（草案）》及说明已印发大会，请一并审议。

各位代表！展望未来，机遇难得，前景喜人；挑战严峻，任务艰巨。今后五年，我们面临加快发展和加快转型的双重任务，破解结构性矛盾和体制机制性矛盾两大难题，培育中原经济区重要区域增长极和区域竞争日趋激烈的双重挑战。同时，还要完成服务保障南水北调中线工程、筹办第七届全国农运会和保证粮食稳产高产等国家重大任务。我们一定要保持清醒头脑，以强烈的责任感和拼搏精神，直面挑战，奋发有为，决不辜负党和人民的重托！我们坚信，有省委、省政府和市委的坚强领导，有全市1100万人民的共同奋斗，任何艰难险阻都挡不住南阳跨越发展的坚定步伐，我市“十二五”宏伟蓝图一定要实现，也一定能够实现！

三、2011年工作安排

今年是“十二五”的开局之年，也是建设中原经济区的起步之年，做好今年工作，意义重大。今年经济社会发展的主要预期目标是：生产总值增长11%，地方财政一般预算收入增长12%，全社会固定资产投资增长20%，社会消费品零售总额增长16%，居民消费价格涨幅控制在4%左右，城镇登记失业率控制在4.5%以内，人口自然增长率控制在6.5‰以内，城乡居民收入较快增长，节能减排完成省下达目标。

实现上述目标，今年政府工作要把握好以下几点：一是把加快发展作为第一要务，把富民强市作为中心任务，紧扣科学发展主题，贯穿加快转型主线，努力实现经济发展速度质量效益、强市与富民的有机统一。二是突出重点，把农运会筹备、南水北调移民迁安及工程建设、“一个载体、三个体系”建设、南阳新区和鸭河、官庄工区建设、招商引资作为今年工作的重中之重来抓，全力推进，务求突破。三是坚持把保障和改善民生作为各项工作的出发点和落脚点，让人民群众享受到更多改革发展的成果。四是坚持把“四个带动”作为推动经济社会发展的总抓手，切实抓紧抓好，带动整体工作快速提升。

今年着重抓好以下十个方面工作：

（一）加快转型，优化结构，提升工业竞争力

实施工业强市战略，大力推进新型工业化。一是加快战略支撑产业和新兴产业规模化、高端化进程。围绕规划引领、龙头带动、项目支撑、集

群发展、规模扩张的思路，按照一个产业编制一个发展规划、培育1－2个龙头企业、带动一批配套协作企业、实施一批项目、组建一个专门班子、出台一套扶持政策的要求，加速做大做强油碱化工、装备制造、电力能源、冶金建材、纺织服装、食品六大战略支撑产业和新能源、光电、新材料三大战略新兴产业，力争一年打基础、三年上台阶、五年成规模。推进油碱化工产业转型升级。依托河南油田、中源化学等骨干企业，重点抓好蜡产品、油页岩加工、碱硝化工等项目建设，做大做强油碱化工产业。加快发展壮大装备制造产业。依托防爆、二机石油等龙头企业，发挥我市在石油钻采、防爆电机、专用汽车及零部件等领域形成的技术优势，扩大大型成套设备、工程机械、核级电机、深海钻机等优势产品规模，打造全省重要的特色装备制造业基地。积极发展电力能源产业。大力支持特高压扩建工程建设，推进南阳核电、天池抽水蓄能电站、宛西电厂等重大项目工作进度，争取早日开工建设。推进冶金建材产业结构调整和战略重组。依托龙成、淅铝、中联、天瑞水泥等重点企业，延伸钢铁、有色金属和建材产业链条，重点实施淅铝超薄精箔、龙成热处理、南召碳酸钙产业开发等项目，打造特种钢、PS板、金银制品和新型建材等生产基地。大力发展纺织服装产业。依托新纺、南纺、雪阳等龙头企业，着力开发高档精梳纱、多种纤维混纺纱、面料、服装等产品。壮大提升食品产业。依托娃哈哈、龙大牧原、科尔沁牛业、三色鸽乳业、雨润禽业、赊店酒业、三源食品等龙头企业，着力引进战略合作者，延伸产业链条，提升产品附加值，实现产业转型升级。积极培育新能源产业。以新能源国家高技术产业基地建设为载体，依托天冠、迅天宇等龙头企业，着力培育生物质能源、多晶硅太阳能光伏、聚光太阳能发电装备等三大产业链，推动迅天宇4000吨多晶硅、天冠沼气发电等项目建设，打造全国一流的新能源研发制造基地。加快发展光电产业。用好国家光电高新技术产业化基地和省光电产业基地两块招牌，依托中光学、首控光电、乐凯华光、社旗森霸等骨干企业，加强与富士康等国内外大型企业的战略合作，培育光电显示、光电信息记录材料和LED半导体照明三大产业链，创建具有较强竞争力的光电产业基地。发展振兴新材料产业。依托天冠、西保、中南钻石等骨干企业，着力培育二氧化碳全降解塑料、功能性冶金保护材料、超硬材料三大产业链。二是加快推进产业集聚区建设。开展“产业集聚区建设提速增效年”活动，力争今年全市产业集聚区完成总投资超500亿元，规模以上工业实现主营业务收入超1000亿元，争取新能源、高新、邓州产业集聚区跻身“河南省新型工业化产业示范基地”，西峡和高新产业集聚区进入全省30强。三是积极培育大型骨干企业和优势企业集群。继续抓好工业企业“双百”工程，着力培育百亿企业，鼓励河南油田、龙成进一步发展壮大，支持天冠、淅铝、西保、中源化学、二机石油、中光学、防爆等骨干企业，向主营业务收入达到百亿元的目标挺进。积极引导上下游企业建立战略联盟。继续做好十大纳税工业企业和十大纳税高增长工业企业评定工作，激励企业加速发展壮大。大力实施“421”企业上市计划，争取牧原股份、中南钻石、淅减等企业上市或通过发行审核，新纺、西保、宛西、龙成发行企业债券。同时，重视支持中小企业发展。做好中小企业产权交易市场试点工作。积极发展担保机构和小额贷款公司，有效缓解中小企业融资难题。

（二）巩固加强“三农”工作

认真落实强农惠农政策，加大“三农”投入，推动“三农”工作再上新台阶。加强农业基础设施建设。抓住中央加快水利建设的重大机遇，积极争取中小水库除险加固、中小河流治理、灌区节水改造和续建配套、水土保持等项目资金，加快水利工程建设，进一步改善我市农业生产条件。开工建设桐柏石步河水库，抓好鸭河口水库和22家小一型水库除险加固工程。完成中低产田改造17万亩，建设高标准农田8万亩，新增有效灌溉面积10万亩、除涝面积10万亩、节水灌溉面积15万亩。大力发展现代农业。启动实施现代农业产业发展总体规划，大力推进粮食主产区建设，开展高产创建活动，确保每个县市区建成3－5个万亩高产创建示范区，力争夺取粮食丰收。积极发展高效特色农业，抓好十大特色农产品基地建设。大力发展设施农业。统筹推进“菜篮子”工程建设，新发展蔬菜2万亩，其中设施蔬菜2000亩。大力发展畜牧业，积极培育肉牛、生猪、奶牛、肉鸡四大优势产业，打造南阳黄牛、牧原生猪等畜牧品牌，力争全市肉蛋奶产品总量增长8%。加快农业产业化进程，以引进、培育农业产业化龙头企业为主攻方向，加大招商引资力度，在粮、棉、油、牧、林业、水利、农机等方面，面向全国引进一批大型产业化龙头企业，带动南阳由传统农业向现代农业转变。加快建立现代农业科技示范体系。大力推进农业标准化生产。全面落实农产品市场准入制度。落实好农机具购置补贴政策，大力实施薄弱环节机械化水平提升行动计划。搞好新农村建设。建成100个市级示范村、100个市级试点村，完成26个省级示范村、1298个市级村容村貌整治村年度建设任务。改造农村公路2000公里、危桥4000延米。新解决25万农民饮水安全问题。新增农村沼气用户2万户，建设农村沼气服务网点150个。新建村邮站500个。实施新一轮农村电网改造升级工程。对100个贫困村实施整村推进扶贫，解决10万贫困人口的脱贫问题。

（三）大力发展服务业

以重大项目、重点企业、品牌培育、集聚区建设为重点，通过创新理念、政策扶持、优化环境等措施，推进服务业加速发展。规范提升传统服务业。以合理布局、规范经营、改造升级为重点，推动餐饮住宿、商贸流通等传统服务业健康发展。以筹办农运会为契机，提升酒店业接待水平。扎实推进“放心早餐”工程。切实抓好中心城区35处拟建菜市场的规划设计工作，重点抓好7处拟建菜市场的规划选址、建设和6处已建菜市场的改造提升工作。贯彻落实家电、摩托车下乡和家电以旧换新政策，全面提升“新网工程”建设水平。积极发展现代服务业。大力发展现代物流业，加快各类物流园区规划建设，积极推进物流企业整合和战略重组，推动工商企业物流业务实行外包，加快发展第三方物流。支持金融机构在南阳设立分支机构，完善金融服务体系，启动金融街规划建设，优化金融生态环境，推动金融业快速发展。加快特色文化旅游产业发展，抓好伏牛山世界地质公园核心区、卧龙岗文化旅游产业集聚区、镇平玉文化改革发展试验区、社旗赊店商埠文化产业园区建设，着力打造武侯祠、恐龙遗迹园、宝天曼、丹江渠首、桐柏淮源等五大龙头景区，大力推进独山风景区建设，培育一批精品旅游线路，带动文化旅游产业快速发展。加快实施张仲景医药创新工程，培育壮大集医疗、保健、教育、科研、产业、文化为一体的中医药创新体系，强力推进“中医药都”建设。大力发展科技研发、技术交易、信息咨询、知识产权认证等科技服务和投资咨询、资产评估、法律、会计、职业中介等专业服务。积极推进“三网”融合，加快3G网络建设。进一步抓好商业示范社区创建活动，培育一批省级、国家级商业示范社区。认真贯彻落实国家房地产调控政策，促进房地产市场健康发展。

（四）加快新型城镇化进程

把城镇化作为带动“三化”协调发展的着力点，坚持走集约高效、生态宜居、城乡统筹、协调发展的新型城镇化道路，全面实施城乡建设三年大提升行动计划，力争城镇化率达到40%。加快城镇建设发展步伐。启动实施中心城区振兴工程，突出项目支撑，强力推进产业结构优化升级、综合交通体系、能源基础产业、社会事业等领域重大项目建设，进一步增强中心城区的发展后劲和辐射带动能力。以新区、工区和产业集聚区为重点，拓展中心城市发展空间，加速壮大城市经济。组建南阳新区管理机构，完成总体发展规划、控制性详规、核心起步区城市设计的编制工作，搞好南阳新区土地和空间控制，加快基础设施建设步伐，加大项目引进、建设力度，为《南阳新区建设总体方案》全面实施奠定坚实基础。进一步理顺鸭河、官庄工区管理体制，健全机构，充实人员，发挥职能，加快规划建设步伐，力求取得突破性进展。以农运会场馆及配套设施建设为重点，高标准推进东北分区建设。加大城中村和老城区开发改造力度。抓好中心城区3座大桥续建改造、23条道路改扩建。力争年底前基本完成中心城区背街小巷改造任务。抓好中心城区独山水厂、污水处理厂二期、白河南污水处理厂、污泥处置工程和垃圾处理厂二期工程建设。加快全市天然气长输管线和城区燃气输配系统建设，争取西气东输二线南阳段支线6月底前建成送气。加快县城和小城镇发展。依托县域产业集聚区，搞好县城规划，推进基础设施建设，完善城市功能，加快培育一批宜居宜业的中等城市。以“争星创强”活动为载体，以突出特色、挖掘内涵、提升品质为重点，培育壮大50强镇，突出抓好主要交通线、产业带上的小城镇建设,精心打造一批人口超5万的中心镇。提升城镇规划和管理水平。统筹城镇发展各项规划,加快建立起与城镇化进程相适应的基础设施、公益事业、公共交通、市场等规划体系。加强对规划实施的监督,严厉打击违法建设行为。加强城市景观建设,重视建筑风格塑造,创建优美宜居城市。加强城市管理,建立城市精细化管理长效机制,开展社区达标晋星活动,狠抓城市交通秩序和主要道路综合整治,巩固经营秩序和小广告治理成果。全面实施市容环境和园林绿化提升行动计划,启动城市数字化管理系统建设。坚持公交优先,完成中心城区公交发展规划,优化线路、增加班次,方便市民出行。实施中心城区地下空间开发利用规划。把节地、节水、节材、节能落实到城市规划建设管理的全过程,积极推进节约型城市建设。加快人口向城镇转移。以改革的精神和更大的气魄,积极推动农村人口加速向城镇转移。加快户籍制度改革,制订实施促进农民到城市落户的政策。着力解决好进城务工人员的就业、安居、子女入学、社会保障四个关键问题,逐步使进城落户农民享有与市民平等的待遇。积极稳妥地推进城市新区、产业集聚区和城乡结合部新型农村社区建设,带动城乡一体化发展。构建综合交通体系。抓好南阳机场二期改扩建工程,积极争取开通新航线。配合做好宁西铁路复线和火车站改建工程相关工作。力争开工建设郑渝高铁南阳段。加快内邓高速建设进度,争取三淅高速、武西高速南阳段开工建设。大力实施312国道部分界段一级路改造工程。开工建设南阳汽车北站等一批运输场站。

(五)全力做好第七届全国农运会筹备工作

筹办农运会是我市加快发展、促进转型、扩大开放的重大平台,也是推进城市发展、繁荣体育事业、提高城乡文明程度的重大机遇。今年是农运会筹备的关键之年、决战之年,做好今年各项筹备工作,至关重要。一是广泛动员,上下联动。举办农运会,重在筹备、重在过程,要把农运会筹备与完善城市功能、扩大对外开放、建设美好家园、提高全民素质和城乡文明程度结合起来,最大程度地发挥农运会的辐射、带动和提升功能。从现在起,全市上下各级各部门、社会各界人士,都要积极行动起来,参与、支持、服务农运会筹备工作,自觉履行好“人人都是东道主,我为农运做贡献”的光荣使命,营造“办好农运会,热情迎嘉宾”的浓厚氛围。二是加快农运会硬件建设进度。年底前,完成8个新建体育场馆(场地)、7个改建场馆和新建、改造宾馆建设任务,完成水、电、路、网络等基础设施和智能化工程建设,确保各项硬件建设任务大头落地。三是大力推进农运会软件建设。搞好农运会资源开发和开闭幕式策划工作,认真组织开展在全省全国有较大影响的主题宣传活动,加强接待服务人员培训,树立南阳开放文明的新形象。四是深入开展“六创一迎”活动。坚持市、县、乡、村四级联动,全面推动创迎工作提速加力,深入开展群众性精神文明创建活动,促进城乡面貌、全民素质和城乡文明程度的全面提升。五是积极争取上级支持。抓住农运会筹备这一重大机遇,用足用活相关政策,筛选、策划、包装一批重大项目,积极争取国家和省的支持。

(六)打好南水北调移民迁安和工程建设攻坚战

南水北调中线工程建设对于作为渠首、水源所在地和干线经过地的南阳,必将产生重大而深远的影响,同时也为我市转型发展、跨越发展带来了十分宝贵的发展机遇。我们一定要高度重视,深入研究,全力以赴,为工程建设做出应有贡献,在服务保障全局中更多更好地造福南阳人民。扎实做好移民迁安和后续发展工作。今年是南水北调移民迁安攻坚之年、决胜之年,要坚定信心,狠抓落实,确保按时间节点完成任务。高标准推进第二批移民新村建设,5月20日前达到搬迁入住条件,8月底前完成8.6万移民搬迁安置。探索移民后期稳定发展路子,全面落实各项移民帮扶政策,确保移民“搬得出、稳得住、快发展、早致富”。切实搞好工程建设协调服务。今年南水北调中线工程主干渠将全面掀起建设高潮,要积极做好干线工程土地征用和施工环境维护等工作,确保工程建设顺利实施。加强库区生态建设和污染防治,确保水质安全。

(七)深入推进科教兴宛和人才强市战略

积极推进自主创新体系建设。加大科技投入力度,建立健全以企业为主体、市场为导向、产学研相结合的自主创新体系,大力推进科技成果转化,加快高新技术产业化步伐,增强自主创新能力,提高区域发展核心竞争力。加强科研基础条件建设,开展重大科研项目攻关,努力在新能源、光电、新材料、装备制造等领域争取一批国家、省重大科技项目,创建一批国家级重点实验室、高新技术企业和省级工程技术研究中心、创新型产业集聚区。制定实施南阳市专利奖励办法。争创国家科技进步示范市和国家知识产权示范市。进一步提升高新区、新能源国家高技术产业基地和卧龙农业高新科技示范园区建设水平。实施教育优先发展战略。加大投入力度,强力推进学前教育、城乡义务教育和高中阶段教育均衡发展。加快南阳中心城区和县城中小学建设和布局调整步伐。今年中心城区投入 1.5 亿元,新建、改扩建 10 所以上中小学。实施"名师、名校长、名班主任"工程,加大教师补进力度,合理安排城乡教师交流,全面提高教育质量。强力推进职教攻坚计划,加快职教园区一期规划建设步伐,启动工业学校、高级技工学校入驻园区工作,加快南阳职业学院和镇平玉雕职业技术学院筹建进度。重视加强高等教育,培育壮大一批特色专业学科;积极推动南阳医专升本和河南省经济管理学校、南阳农校、南阳幼师升专工作。大力发展民办教育。强化人才支撑。重视培养企业高层管理人员,努力建设一支具有战略思维、懂经营、会管理的企业家队伍。加强专业技术人才队伍建设,畅通人才引进"绿色通道",加大高层次紧缺人才引进力度,实施海外人才引进"百人计划"。推进创业人才"星火工程",培育创业人才队伍。加强企业博士后科研工作站和研发基地建设,加大对科研院所、高等院校、文化、医疗机构等人才载体的扶持力度,为吸引、留住、用好人才创造有利条件。

(八)强力推进改革开放。深入开展大招商活动

进一步强化大招商的战略地位,围绕产业培育和功能提升,积极与重大客商和战略合作伙伴开展创新型招商活动,不断提高大招商、招大商的成效。精心筹办南阳赴环渤海、长三角等地区的大型招商活动,深入开展以高新区、南阳新区、鸭河工区、官庄工区和产业集聚区为载体的专题招商活动,积极参加省内外重大招商活动,努力办好第九届玉雕节和第十届张仲景医药科技文化节。深化与中国兵工、中国兵装、首钢控股、中国平安等央企的战略合作,抓好亚太科技、富士康、郑州日产特种车辆、东风新能源汽车等一批重大合作项目建设。建立招商引资长效工作机制,狠抓跟踪督查,争取项目早落地、早投产。加快南阳机场航空一类开放口岸和南阳市 B 类口岸作业区建设,争取设立南阳出口加工区。深入推进各项改革。加快市属企业脱钩改制步伐。深化国有企业改革,完善国资监管运营机制。完成市县政府机构改革评估工作,积极稳妥地推进事业单位分类改革和公安警务机制改革。进一步理顺市区管理体制,建立财权事权一致、充满活力、运转高效的城区管理体制。启动研究职能弱化、无实质教学任务的市属培训机构资源整合与盘活办法。完成集体林权制度改革主体任务,实施配套改革。深化财政体制改革,强化财源建设,积极开展村级公益事业"一事一议"财政奖补工作。推进投融资体制改革,增强融资能力。同时,认真落实收入分配、金融、价格、教育、文化、水利等方面的改革措施。

(九)加强生态建设、环境保护和资源节约

加快林业生态市建设。坚持山区生态林、通道绿化、平原农田林网、环城和村镇绿化并重,加快造林绿化步伐,完成造林 55 万亩。加大环境保护力度。以创建国家环保模范城市为契机,积极争取国家大型环保项目落户南阳,大力推进唐白河、淮河流域和南水北调中线工程水源地等重点流域、区域水污染防治,控制电力、钢铁、造纸、印染等重点行业主要污染物排放总量,加快重点污染企业搬迁步伐,全面推进农村环境综合整治。强力推进节能降耗。大力淘汰落后产能,在冶金、建材、化工等行业实施高耗能设备更新改造,建设一批重大节能项目。加快节能服务体系建设,加大节能新技术、新工艺、新产品开发推广应用力度。推进资源集约节约利用。做好循环经济试点工作。积极推进节水技术改造。坚持最严格的耕地保护制度和集约节约用地制度,建立健全土地整治、集约节约用地和监督管理机制,保障发展用地需求。大力开展农用地和村庄整治,稳妥推进城乡建设用地增减挂钩,积极探索农村宅基地有偿退出途径,加大存量建设用地盘活力度,提高土地资源保障能力。推动矿产资源整合,提高矿产资源开发利用水平。

（十）切实保障和改善民生，促进社会和谐稳定

坚持以人为本、执政为民，实施好"十项民生工程"，让人民群众得到更多实惠。大力推进就业促进计划和社会保障工作。实施更加积极的就业政策，新增城镇就业 9 万人以上，下岗失业人员再就业 2.5 万人以上，其中"4050"等就业困难人员 1 万人，"零就业家庭"动态归零，新增农村劳动力转移就业 8 万人以上，全年发放小额担保贷款 2 亿元以上。完善落实被征地农民就业和社会保障办法。提高企业退休人员基本养老待遇。强力推进社会保险扩面征缴清欠工作，新增城镇企业职工基本养老保险 1.2 万人，城镇居民基本医疗保险稳定在 75 万人以上。实现失业保险市级统筹。巩固完善新农合制度。抓好新型农村养老保险试点工作，5 个试点县力争参保人数达到 165 万人以上。扎实做好社会救助工作，提高城乡低保、农村五保供养水平。重视帮扶救助"空巢"困难老人。积极推进企业职工工资集体协商制度。大规模实施保障性安居工程，开工建设各类保障性住房 90 万平方米。加大住房公积金归集力度，发挥住房公积金制度的保障作用。加快文化强市建设，增强南阳软实力。实施艺术精品战略，繁荣文艺创作。加快文化重点项目建设，完成南阳广电中心建设任务，开工建设南阳报业大厦。完善公共文化服务体系，推进市县图书馆、文化馆、博物馆、档案馆和乡镇文化站、农村文化大院、广播电视村村通等文化惠民工程建设。加强国家历史文化名城建设，搞好文物保护和合理利用。全面完成有线电视数字化整体平移。大力发展卫生、体育等社会事业。深化医药卫生体制改革，加快推进基本医疗保障制度建设，建立基本药物制度，改进社区卫生服务。健全基层医疗卫生服务体系，促进城乡基本公共卫生服务均等化。推进公立医院改革试点。深入开展争创食品药品安全监管示范县、优秀城市活动，保障食品药品安全。加快全民健身试点城市和国家休闲体育产业基地建设步伐，完成 600 个村、50 个社区全民健身工程。统筹做好人口计生工作，稳定低生育水平，提高出生人口素质，优化人口结构，积极应对人口老龄化。维护社会安全稳定。加强和改进信访工作，不断探索以群众工作统揽信访工作的新途径，推行重大决策信访风险评估，引导群众以理性合法途径表达诉求。启动"安全南阳"创建工作，加大责任追究力度，坚决遏制各类重特大事故发生。搞好地震安全工程建设。加快推进社会治安视频监控系统建设，加强社会治安综合治理，保持打击各类犯罪行为的高压态势，进一步提高人民群众的安全感。

同时，继续加强国防动员、国防教育和人民防空工作，重视支持驻宛解放军、武警部队和民兵预备役工作，全面落实优抚安置政策，积极创建全国双拥模范城。做好村委会换届工作。深入推行"四议两公开"工作法。支持工商联、工会、共青团、妇联、科协、文联、企联等发挥桥梁纽带作用。认真做好工商、统计、审计、民族宗教、外事侨务、残疾人、气象、地方志、档案等工作。

四、深化"四个带动"，开创政府工作新局面

新的形势和任务，对政府自身建设提出了新的更高的要求。我们要进一步增强忧患意识、责任意识、为民意识，继续以"四个带动"为总抓手，坚持依法行政，从严治政，强化运作，求实求效，推动全市经济社会科学发展、跨越发展。

（一）深入实施"四个带动"

按照"巩固、深化、创新、提高"的要求，强力组织"四个带动"新突破。一是强化项目带动。健全完善项目工作机制，统筹推进经济、文化、社会等领域项目建设，今年全市实施 140 个以上投资超亿元的重大项目，带动全市城镇固定资产投资完成 1400 亿元以上。市级重点抓好 60 个左右重大产业升级项目、20 个重大城市建设项目、10 个重大能源交通项目、10 个左右重大项目前期工作。二是提升品牌带动。实施质量兴市战略和标准化战略，强化品牌激励、培育发展机制，建立国际、国家、省、市四级品牌梯队，集中培育一批优势明显的企业品牌、产品品牌、工作品牌，全年争创国家级品牌 20 个、省级品牌 120 个，促进产品质量、工作标准和发展层次全面提升。三是深化创新带动。积极推进科技创新、体制机制创新和管理创新，争取创建省级以上研发平台 10 家，着力培育一批体制机制创新和管理创新典型，激发各领域的创新创造活力，推进创新型南阳建设。四是推进服务带动。进一步清理行政审批项目，优

化流程、简化程序、缩短时限,完成以行政审批为重点的全市统一的行政效能电子监察系统建设,研究制定绩效评估指标体系及绩效考核办法,开展机关效能提升行动,大力优化发展环境。

(二)强力推进依法行政

深入推进依法治市工作,扎实开展法治南阳创建活动。全面贯彻依法行政实施纲要,严格依照法定权限和程序履行职责。加强政府法制建设,完善行政决策机制,出台实施《重大行政决策规则》,坚持依法决策、民主决策、科学决策。规范行政执法行为,落实行政执法责任制和责任追究制。积极做好行政复议工作。自觉接受人大及其常委会的法律监督、工作监督和人民政协的民主监督,切实办好人大代表建议和政协委员提案。认真听取各民主党派、社会团体和无党派人士的意见和建议。主动接受新闻舆论监督和社会公众监督。进一步扩大政务公开范围,及时把与人民群众利益相关的各类事项向社会公开。

(三)坚持从严治政

深入推进"两转两提",加强政府运行管理,塑造良好政风,树立高效廉洁的政府形象。一是严肃政纪。修订完善并严格执行政府规则及各项工作制度,强化制度约束,严肃政务纪律,确保令行禁止、政令畅通。二是勤政敬业。在政府系统扎实开展"创先争优"活动,树立榜样,拉高标杆,建立激励干事创业的工作机制,营造想干事、多干事、干成事的良好环境。三是从严治"奢"。严格财经纪律,加强支出管理,全年因公出国(境)经费、车辆购置及运行费、公务接待费等支出预算零增长,制止铺张浪费,降低行政成本。四是廉洁从政。认真落实领导干部廉洁自律各项规定,严格执行廉政建设责任制,以制度建设和权力监督为核心,进一步建立健全政府系统惩治和预防腐败体系;严厉查办涉农资金、环境保护、征地拆迁、重点工程建设、土地出让等方面的案件,坚决纠正损害群众利益的突出问题,以反腐纠风的实际成效取信于民。

(四)强化运作,务求实效

强化运作意识,创新运作方法,抢抓机遇,精心谋划,统筹推进,重点突破,奋发有为。大力推行"三具两基一抓手"的工作方法,坚持超常规、不违规,以领导方式和工作作风转变,加快发展方式转变、提高办事效率。围绕贯彻落实省政府《关于支持南阳经济社会加快发展的若干意见》,加强学习研究,搞好对省衔接,尽快在相关专项规划编制、政策实施、项目安排、体制机制创新等方面,取得实质性进展。改进目标管理,细化分解目标,层层落实责任,加大督查力度,强化考评问责,确保各项目标任务落到实处。

各位代表!站在新起点,实现新跨越,责任重大,使命光荣。让我们在省委、省政府和市委的坚强领导下,齐心协力,锐意进取,开拓创新,扎实苦干,努力实现"十二五"良好开局,为建设富强美好和谐新南阳而努力奋斗!

南阳市2010年
国民经济和社会发展统计公报

南阳市统计局

2011年3月16日

2010年是实施“十一五”规划的最后一年，也是全市经济社会发展面临复杂形势和严峻挑战的一年，在市委、市政府的正确领导下，全市上下齐心协力，克难攻坚，抢抓机遇，开拓进取。全市经济稳定增长，整体结构逐步优化，社会事业全面进步，人民生活不断改善，为“十二五”时期经济社会发展奠定了良好的基础。

一、综　合

初步核算，全市全年实现生产总值1955.84亿元，比上年增长11.6%。其中：第一产业增加值401.18亿元，第二产业增加值1017.07亿元，第三产业增加值537.59亿元，分别比上年增长4.5%、14.4%和11.2%。三次产业结构为20.5：52.0：27.5，二、三产业比重较上年上升0.9个百分点。

全年居民消费价格比上年上涨3.6%，其中，食品类价格上涨8.8%。商品零售价格上涨3.7%，农业生产资料价格上涨1.1%。

年末全市从业人员675.3万人。年末城镇登记失业率为3.5%。下岗失业人员实现再就业3.13万人，其中，就业困难人员就业数1.31万人。新增农村劳动力转移就业12.42万人。年末全市城镇在岗职工为70.5万人。

全年全市地方财政总收入122.88亿元，比上年增长21.0%。地方财政一般预算收入69.07亿元，增长23.0%。其中：税收收入54.15亿元，增长30.2%，税收占地方财政一般预算收入的比重为78.4%，比上年提高4.4个百分点。地方财政一般预算支出247.11亿元，增长21.4%。其中，教育支出增长15.7%、科学技术支出增长22.2%、农林水事务支出增长26.7%、社会保障与就业支出增长29.0%、医疗卫生支出增长25.3%。全市13个县(市、区)中有3个县(市)地方财政一般预算收入超5亿元。

表1:2010年居民消费价格指数

(以上年为100)　　单位:%

类　　别	指　数
居民消费价格指数	103.6
#城市	103.8
农村	103.3
#食品	108.8
#粮食	107.8
肉禽及其制品	103.1
菜类	137.1
烟酒及用品	102.9
衣着	100.8
家庭设备用品及服务	99.7
医疗保健及个人用品	102.1
交通和通信	100.3
娱乐教育文化用品及服务	101.8
居住	101.7

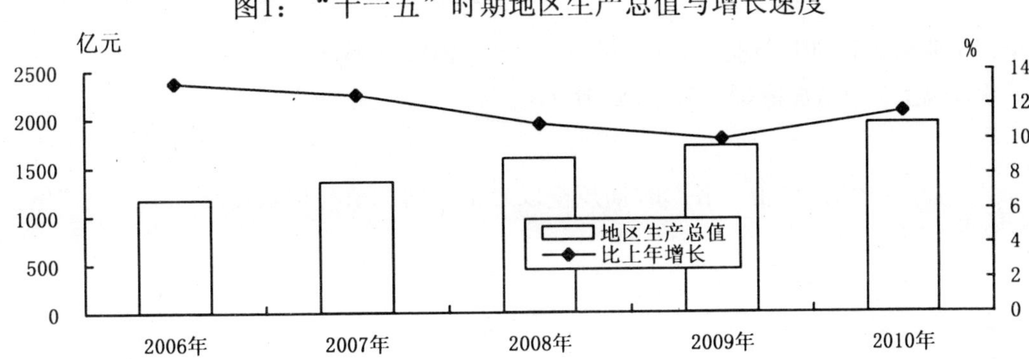

图1："十一五"时期地区生产总值与增长速度

二、农　　业

表2:2010年主要农产品产量

单位:万吨、%

产品名称	产　　量	比上年增长
粮食	584.02	0.8
夏粮	359.08	0.8
秋粮	224.94	0.8
油料	115.08	3.3
花生	92.59	4.4
棉花	7.68	-14.6
烤烟	5.55	-5.4
蔬菜	946.91	5.1
水果	66.41	7.5

全年粮食种植面积1124.78千公顷,比上年增长0.3%,其中:小麦种植面积663.06千公顷,增长0.3%;棉花种植面积84.89千公顷,下降20.3%;油料种植面积313.6千公顷,增长2.6%;蔬菜种植面积246.73千公顷,增长3.1%。

全年粮食产量584.02万吨,比上年增长0.8%。棉花产量7.68万吨,下降14.6%。油料产量115.08万吨,增长3.3%。肉类总产量68.44万吨,增长1.3%;禽蛋产量31.8万吨,增长1.8%;奶类产量30.3万吨,增长4.6%。"十一五"期间粮食生产连续5年超百亿斤,粮食商品率达到68%。

年末农业机械总动力1120.41万千瓦,比上年增长4.2%;农用拖拉机89.73万台,下降5.5%;农用运输车7.11万辆,增长6.6%;农村用电量16.98亿千瓦小时,增长1.7%,化肥施用量(折纯)79.88万吨,增长4.2%;全年新增节水灌溉面积9.78千公顷。

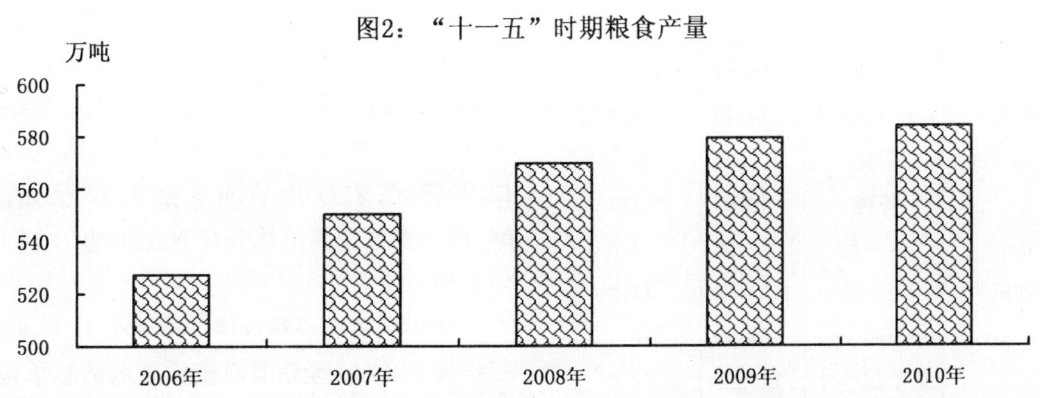

图2："十一五"时期粮食产量

三、工业和建筑业

全年全部工业增加值910.56亿元,比上年增长15.1%。规模以上工业增加值634.47亿元,比上年增长22.4%,其中,轻工业增长22.0%,重工业增长22.7%,轻、重工业比例为43.2∶56.8。产品销售率98.1%。

图3："十一五"时期规模以上工业增加值与增长速度

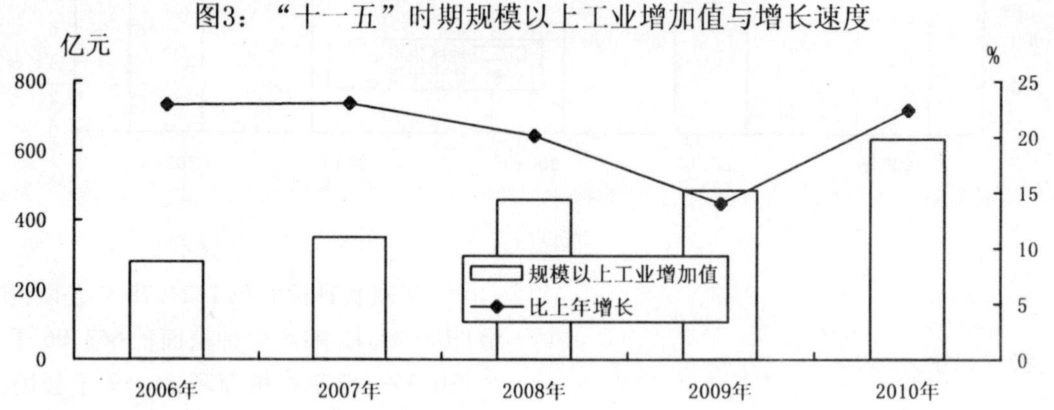

规模以上工业35个行业大类中,增加值超过20亿元的达到11个,居前5位的为:纺织业103.82亿元,比上年增长21.2%;非金属矿物制品业79.44亿元,增长18.5%;农副食品加工业38.28亿元,增长27.1%;石油和天然气开采业33.36亿元,增长8.2%;化学原料及化学制品制造业29.57亿元,增长13.9%。

主要工业产品产量中,畜肉制品产量比上年增长89.5%,小麦粉增长9.8%,纱增长19.9%,发电量增长16.3%,碳酸钠下降25.0%,水泥下降15.9%,天然原油与上年持平。

表3:2010年主要工业产品产量

单位:%

指　　标	单　位	绝对值	比上年增长
天然原油	万吨	227.52	0.0
天然气	万立方米	5874	3.7
小麦粉	万吨	254.39	9.8
发酵酒精	万千升	3.76	-15.0
啤酒	万千升	14.85	-46.7
卷烟	亿支	130.88	2.3
纱	万吨	102.90	19.9
布	亿米	4.27	6.8
碳酸钠(纯碱)	万吨	89.09	-25.0
化肥(折纯)	万吨	20.74	-30.9
中成药	万吨	2.24	1.5
水泥	万吨	1279.81	-15.9
人造金刚石	亿克拉	34.40	44.2
生铁	万吨	122.23	-39.5
铁合金	万吨	10.05	-4.7
发电设备	万千瓦	17.96	-3.6
交流电动机	万千瓦	1124.00	17.8
发电量	亿千瓦小时	150.96	16.3
供电量	亿千瓦小时	247.06	28.6
畜肉制品	万吨	2.39	89.5

全年规模以上工业企业主营业务收入2015.57亿元,比上年增长35.1%;利润总额129.58亿元,增长66.8%。分所有制看,国有及国有控股工业利润25.67亿元,比上年增长14.1倍;非公有制工业利润93.62亿元,增长41.9%。分行业看,利润总额居前5位的行业大类为:纺织业20.54亿元,增长46.8%;非金属矿物制品业16.13亿元,增长37.2%;石油和天然气开采业12.20亿元;农副食品加工业9.59亿元,增长64.1%;黑色金属冶炼及压延加工业7.14亿元,增长19.5%。

全年全社会建筑业增加值106.51亿元,比上年增长7.8%。全市具有资质等级的总承包和专业承包建筑企业实现利润9.38亿元,增长27.3%。

四、固定资产投资

全年全社会固定资产投资1389.43亿元，比上年增长20.5%，增速比上年回落8.2个百分点，“十一五”期间累计完成4652.5亿元，年均增长29.8%。其中：城镇投资1129.95亿元，增长21.6%，回落9.6个百分点；农村投资259.48亿元，增长16.0%，回落3.4个百分点。

图4：“十一五”期间城镇固定资产投资与增长速度

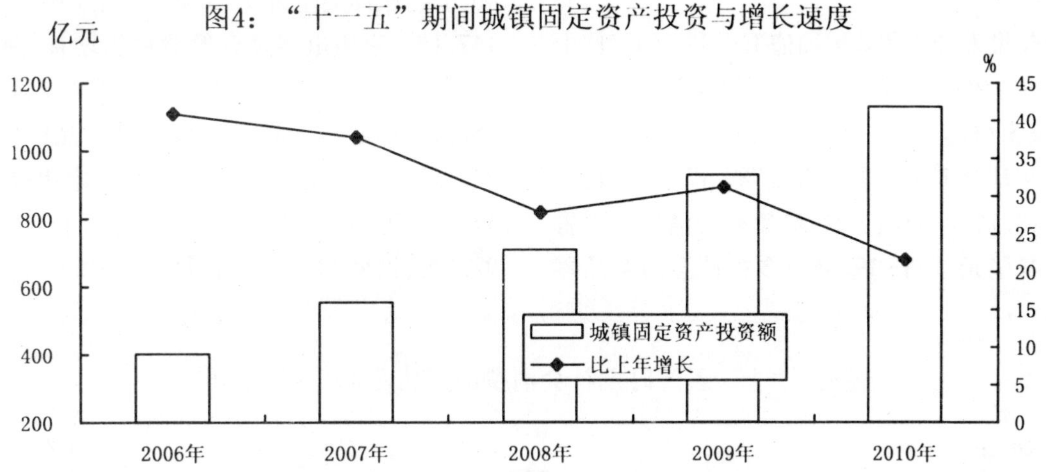

表4:2010年各行业城镇固定资产投资完成情况

单位:亿元、%

行　　业	投资额	比上年增长
合　　计	**1129.95**	**21.6**
农林牧渔业	33.35	-11.7
工业	718.19	19.1
石油	30.51	-1.8
电力、热水	12.41	-66.3
燃气、水	18.09	-51.8
冶金	57.59	7.5
建材	155.07	26.1
化工	84.86	23.4
机械	133.21	54.0
电子	23.58	70.6
食品	89.85	30.6
纺织	60.88	26.9
其他工业	51.85	47.5
建筑业	0.32	1118.9
交通运输、仓储和邮政业	39.99	65.3
信息传输、计算机服务和软件业	4.49	-53.4
房地产业	97.64	23.5
水利、环境和公共设施管理业	113.03	44.7
教育	15.67	113.8
卫生、社会保障和社会福利	10.69	15.1
文化、体育和娱乐业	9.76	-37.2
其他	86.80	32.6

在城镇投资中，国有及国有控股投资254.01亿元，比上年下降8.4%；民间投资855.71亿元，增长33.0%；港澳台商投资19.35亿元，增长105.1%；外商投资7.09亿元，增长104.8%。第一产业投资33.35亿元，下降11.7%；第二产业投资718.74亿元，增长19.2%；第三产业投资377.86亿元，增长30.9%。

全年房地产开发投资70.32亿元，比上年增长25.3%，其中，住宅投资60.02亿元，增长37.1%。商品房施工面积967.35万平方米，增长15.7%，其中，住宅831.40万平方米，增长18.8%。商品房竣工面积170.95万平方米，增长7.5%，其中，住宅150.05万平方米，增长12.0%。商品房销售面积272.90万平方米，增长24.9%，其中，住宅258.66万平方米，增长28.2%。商品房销售额56.80亿元，增长33.8%，其中，住宅51.63亿元，增长46.8%。

全年全市城镇投资施工项目达到4146个，比上年减少485个；其中本年新开工项目2965个，减少894个；亿元以上项目283个，增加138个。

全年全市产业集聚区共完成投资469.52亿元，其中工业项目投资完成339.08亿元，占集聚区投资额的72.2%。施工项目1083个，新开工项目751个，投产项目632个。

南阳天羽有色金属压延有限公司二期工程、

乐凯集团第二胶片厂柔性树脂版生产线、内乡石材基地、闽商陶瓷园、内乡至邓州高速公路、新新电机技术开发公司年产50千瓦电机用铜转30万个等一大批重点项目进展顺利。

五、国内贸易

全年批发和零售业增加值100.12亿元,比上年增长10.9%;住宿和餐饮业增加值64.81亿元,增长5.6%。

全年社会消费品零售总额789.17亿元,比上年增长18.7%。分城乡看,城镇社会消费品零售额565.47亿元,增长19.6%;乡村社会消费品零售额223.71亿元,增长16.4%。分行业看,批发业零售额110.23亿元,增长21.6%;零售业561.83亿元,增长18.1%;住宿业6.12亿元,增长22.3%;餐饮业110.99亿元,增长18.6%。在限额以上批发和零售企业销售额中,食品类增长46.8%,粮油类下降17.6%,石油及制品类增长147.1%,家用电器及音像器材类增长190.5%,金属材料类增长14.2%,种子饲料类增长55.3%,棉麻类下降14.4%。分产品销售量看,汽车销售8.49万辆,增长282.4%;家用空调器销售41.5万台,增长32.8%;水泥2.1万吨,增长92.7%;钢材29.1万吨,增长72.3%。

图5:“十一五”时期社会消费品零售总额与增长速度

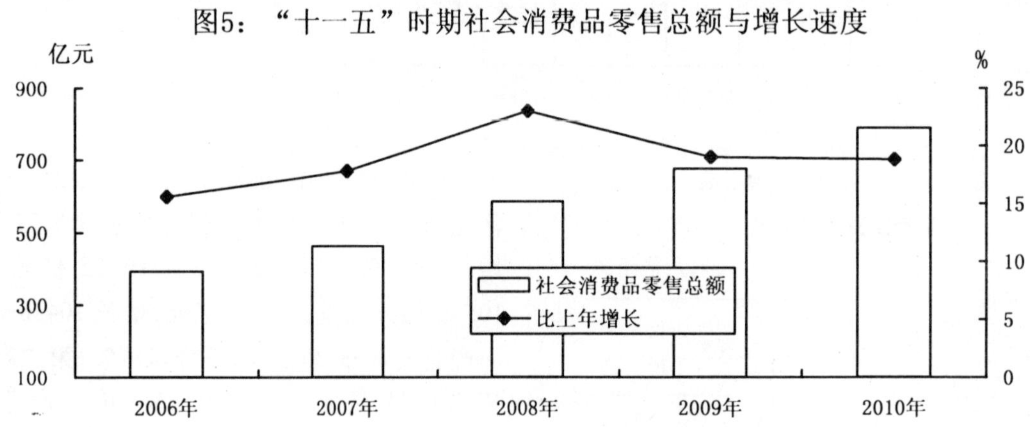

六、对外经济

全年对外贸易实现进出口总值9.53亿美元,比上年增长49.6%。其中:出口总值6.46亿美元,增长50.7%;进口总值3.07亿美元,增长47.4%。在出口总值中,机电产品出口1.52亿美元,下降9.6%;高新技术产品出口1.11亿美元,增长44.3%。

图6:“十一五”时期进出口总额与增长速度

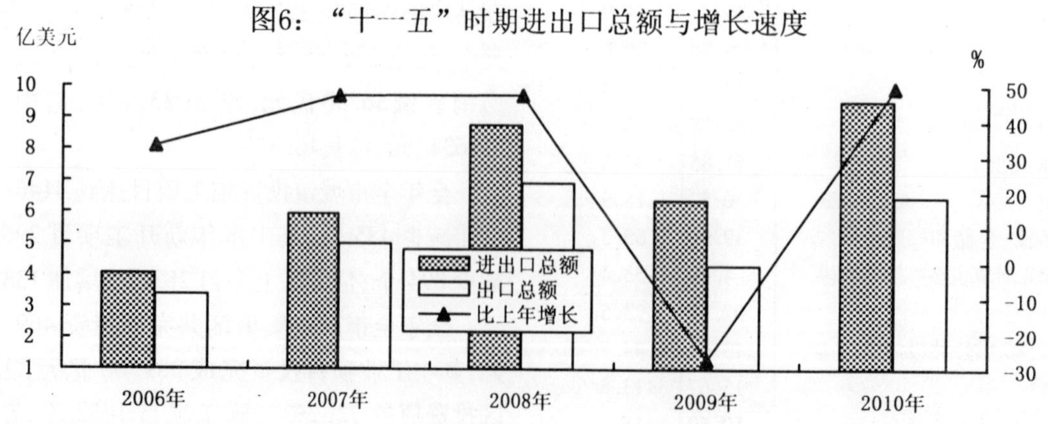

全年新批外商投资企业26个。合同利用外资金额2.44亿美元,比上年下降25.4%。实际

利用外商直接投资2.01亿美元,增长51.2%。全年引进省外资金168.5亿元,增长24.5%。对外承包工程和劳务合作合同金额0.74亿美元,增长26.7%;营业额0.89亿美元,增长77.3%。

七、交通、邮电和旅游

全年交通运输、仓储和邮政业增加值83.14亿元,比上年增长17.5%。

全年完成客运量16642万人,比上年增长31.4%;货运量15222万吨,增长19.1%;完成旅客周转量127.97亿人公里、货物周转量387.88亿吨公里,分别比上年增长4.9%和31.1%。年末民用汽车保有量30.28万辆,增长21.0%。

全年邮电业务总量48.77亿元,增长16.9%,其中:邮政业务5.11亿元,电信业务43.66亿元。年末本地移动电话用户359.26万户,计算机互联网用户42.31万户,固定电话用户85.63万户,局用电话交换机总容量134.24万门。

全年共接待境内外游客1868.1万人次,比上年增长38.2%。旅游总收入95.6亿元,增长37.9%。年末共有A级旅游景区28处,其中,4A级以上景区6处。星级酒店37个,旅行社120家。

八、金融、证券和保险业

年末全市金融机构人民币各项存款余额1471.22亿元,比年初增加325.32亿元;其中,居民储蓄存款955.82亿元,比年初增加152.01亿元;企业存款212.55亿元,比年初增加64.06亿元。年末金融机构人民币各项贷款余额827.50亿元,比年初增加128.42亿元;其中短期贷款548.99亿元,比年初增加109.47亿元;中长期贷款240.45亿元,比年初增加25.05亿元。

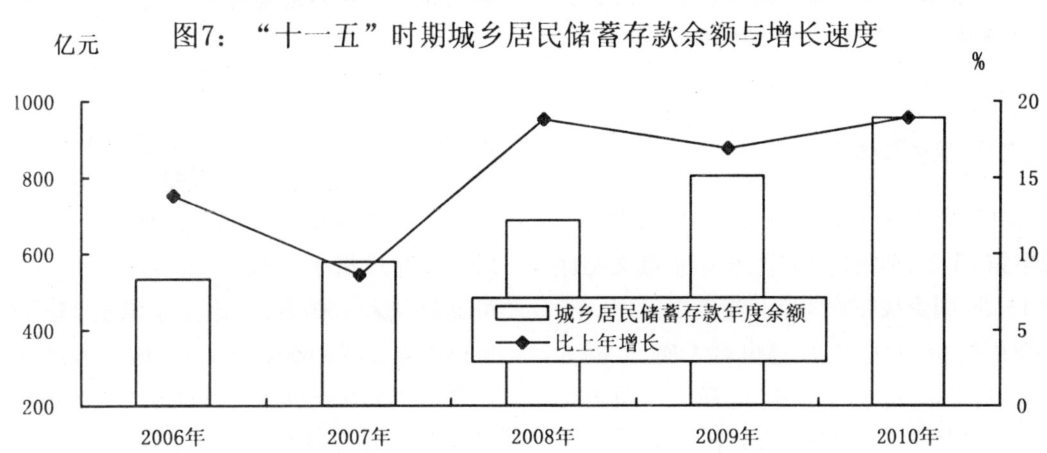

全年保险公司保费收入44.48亿元,比上年增长17.7%,其中:财产险保费收入8.61亿元,增长25.9%;人身险保费收入35.87亿元,增长15.8%。全年赔付13.98亿元,增长52.4%,其中:财产险赔付5.31亿元,增长30.0%;人身险赔付8.67亿元,增长70.3%。

“十一五”期间,交通、民生、中信、郑州银行和中航、中信证券相继入驻南阳,与天津市合作设立的南阳村镇银行及两家支行挂牌开业,新纺、利达光电、西泵公司成功上市。

九、教育和科学技术

年末全市拥有普通高等学校4所,当年招生2.29万人,在校生6.67万人,毕业生1.90万人。成人高校1所,当年招生0.02万人,在校生0.08万人,毕业生0.09万人。中等职业技术学校92所,当年招生5.08万人,在校生13.50万人,毕业生4.15万人。普通高中72所,当年招生5.12万人,在校生15.15万人,毕业生5.75万人。初中学校441所,当年招生14.16万人,在校生41.47万人,毕业生12.59万人。普通小学3763所,当年招生21.69万人,在校生112.21万人,毕业生14.24万人。特殊教育学校10所,当年招生192人,在校生935人。幼儿园在园幼儿21.79万人。全年累计发放“两免一补”资金5.09亿元,资助困难学生210万人次。

全年全市科技活动人员1.92万人，科技活动经费支出16.47亿元；省级工程技术中心18家、重点实验室3个；共取得省级科技进步奖21项；申请专利1345件，授权专利926件；签订技术合同106份，成交金额3224.1万元；培育国家级企业技术中心4家，省级企业技术中心31家。“十一五”期间，南阳先后被授予国家新能源高技术产业基地、国家光电高新技术产业化基地、省光电和生物产业高技术基地，卧龙农业高新科技示范园区晋升为国家级，荣获“中国最具创新力城市”称号和“全国科技进步先进市”称号。

年末共有产品质量监督检验机构15个。法定计量技术机构12个。全年强制检定计量器具26万台件。制定、修订地方标准113项，其中新建标准15项。完成产品认证的企业达到26个。年末共有5种产品拥有“国家地理标志产品保护”称号；5种产品拥有“中国名牌产品”称号；43种产品拥有“河南名牌产品”称号。全市共有天气雷达观测站点2个，卫星云图接收站点1个。地震台站1个，地震遥测台网1个。

十、文化、卫生和体育

年末共有艺术表演团体17个，文化馆16个，公共图书馆13个，博物馆16个；全国重点文物保护单位13处，国家级非物质文化遗产名录10个。有线电视用户68.2万户，广播电台1座，广播人口覆盖率95.7%；电视台1座，电视人口覆盖率95.7%。年末共有综合档案馆14个，已开放各类档案14.03万卷(件)。“十一五”期间荣获“中国楹联文化城市”称号。

年末全市共有卫生机构373个，其中：医院、卫生院302个，妇幼保健院(所、站)13个，疾病预防控制中心(防疫站)14个，卫生监督检验机构11个。卫生机构病床床位2.77万张，其中，医院、卫生院2.59万张。卫生技术人员3.11万人，其中：执业医师和执业助理医师1.14万人，注册护士1.03万人。疾病预防控制中心(防疫站)技术人员0.11万人，妇幼保健院(所、站)技术人员0.13万人。农村乡(镇)卫生院222个，床位0.73万张，卫生技术人员0.8万人。新型农村合作医疗制度覆盖所有县市区，实际参加农村合作医疗农民925万人，参合率达到99.4%。

全年运动员在国内外重大比赛中，共获得金牌20块。参加省万村千乡农民篮球赛，获第二名。参加省第十一届运动会成人组比赛获一等奖2个，二等奖12个，三等奖13个，团体二等奖。第七届全国农运会筹备工作扎实推进。

十一、人民生活和社会保障

全年农民人均纯收入5666元，比上年增长14.9%，扣除价格因素，实际增长11.3%。农民人均生活消费支出4012元，增长11.3%。农村居民家庭恩格尔系数为38.0%。城镇居民人均可支配收入15077元，比上年增长11.7%，扣除价格因素，实际增长7.6%。城镇居民人均消费性支出11116元，增长15.9%。城镇居民家庭恩格尔系数为33.1%。

图8：“十一五”时期城镇居民人均可支配收入与增长速度

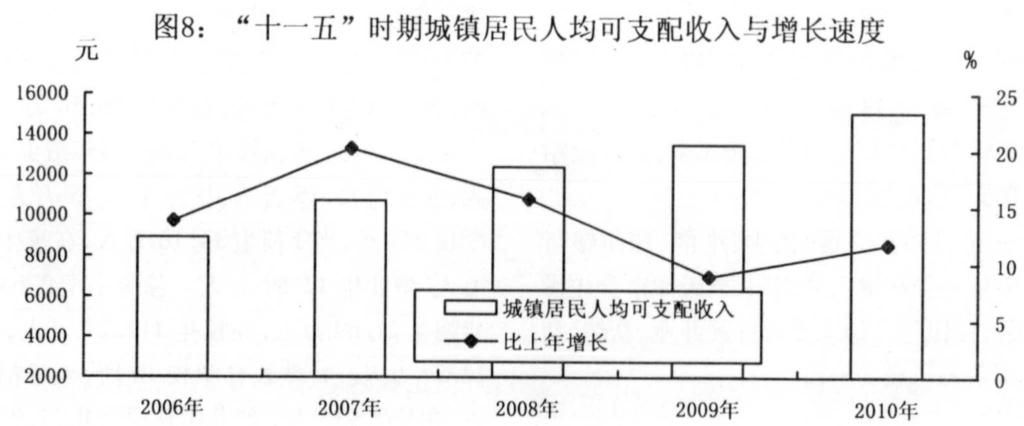

年末参加基本养老保险人数50.7万人，其中：参保职工36.5万人，参保离退休人员14.2万人。

参加基本医疗保险人数74.8万人。参加失业保险人数62.6万人。

图9："十一五"时期农村居民人均纯收入与增长速度

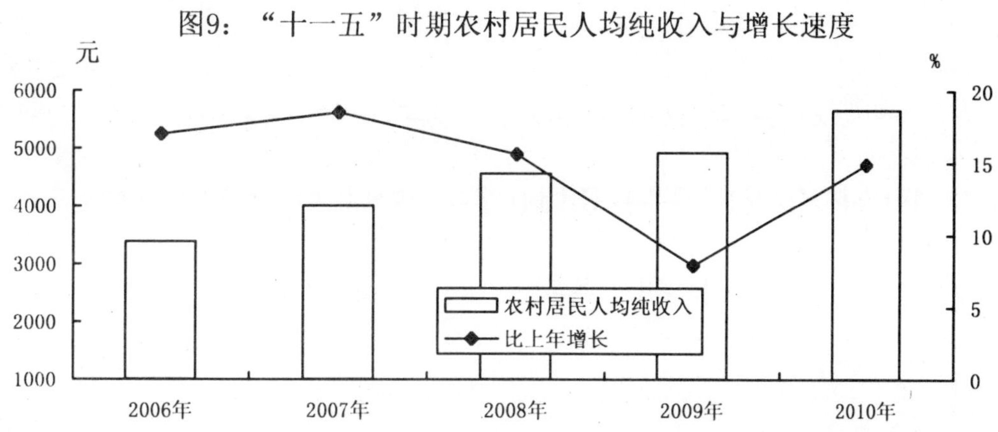

全年共发放城镇居民最低生活保障金2.5亿元，享受最低生活保障13.7万人。发放农村低保金3.2亿元，农村低保对象43.9万人。发放城乡医疗救助资金7859万元，救助28.6万人次。

年末各类社会福利院床位3.8万张，收养3.6万人。城镇建立各种社区服务设施166个，其中，社区服务中心38个。全年销售福利彩票1.3亿元，接受社会捐赠359万元。

十二、资源、环境与安全生产

全年总用水量24.62亿立方米，其中：农业用水13.01亿立方米；工业用水7.72亿立方米；生活用水3.62亿立方米。

"十一五"期间，全市化学需氧量、二氧化硫分别减排7.5万吨和9.5万吨，超额完成省政府下达我市的减排任务；全市河流水质明显好转，城市集中式饮用水水源地水质100%达标；城市环境空气质量优、良天数达标率稳定在90%左右；丹江口水库水质稳定达到调水要求。

全年共营造林49.5万亩，其中，人工造林38.2万亩。退耕还林13.05万亩。全市参加义务植树586万人次，完成义务植树1550万株。年末共有自然保护区6个，其中，国家级自然保护区3个。森林公园8个，其中，国家级森林公园2个。年末全市森林覆盖率为37.0%。

全年共发生各类安全生产伤亡事故896起，比上年增长1.0%；死亡200人，比上年下降21.3%。

注：1. 本公报为初步统计数。

2. 地区生产总值、各产业增加值绝对数按现价计算，增长速度按可比价计算。

3. 居民家庭恩格尔系数指居民家庭食品消费支出占生活消费支出的比重。

4. 部分数据因四舍五入的原因，存在着与分项合计不等的情况。

关于南阳市2010年国民经济和社会发展计划执行情况与2011年计划（草案）的报告

——2011年2月13日在南阳市第四届人民代表大会第三次会议上

市发展和改革委员会主任 李甲坤

各位代表：

受市人民政府委托，现将2010年国民经济和社会发展计划执行情况与2011年计划（草案）提请南阳市四届人大三次会议审议，并请各位政协委员和其他列席人员提出意见。

一、2010年国民经济和社会发展计划执行情况

2010年是实施“十一五”规划的最后一年，面对复杂多变的经济环境和严峻挑战，在市委的正确领导下，在市人大及其常委会和市政协的监督、支持、帮助下，市政府团结带领全市人民，深入贯彻科学发展观，强力实施“四个带动”，多策并举，奋力拼搏，经济社会发展保持了好的趋势、好的态势、好的气势，较好地完成了市四届人大二次会议确定的各项目标任务。

国民经济保持平稳较快增长。预计生产总值达到1955.84亿元，增长11.6%；粮食生产再获丰收，总产达到116.8亿斤，连续5年保持100亿斤以上；工业生产保持较快增长，规模以上工业实现增加值634.47亿元，同比增长22.4%。三大需求协调增长，全社会固定资产投资增长20.5%，其中城镇固定资产投资首次突破千亿元大关，增长21.6%；社会消费品零售总额增长18.7%；进出口总额增长49.6%，其中出口增长50.7%。经济增长质量和效益稳步提高，财政总收入完成122.9亿元，增长21%；地方财政一般预算收入完成69.1亿元，增长23%；规模以上工业实现利润129.6亿元，增长66.8%。金融机构各项贷款余额827.5亿元，增长18.4%。

产业结构调整取得新成效。研究提出了关于支持南阳经济社会加快发展的若干意见，经省政府研究同意后以正式文件下发。组织编制完成了《南阳现代产业发展规划》、《南阳现代服务业发展规划》、《南阳现代农业发展规划》及新能源、光电等专项发展规划。其中《南阳现代产业发展规划》已经以市政府正式文件下发。《南阳现代服务业发展规划》、《南阳现代农业发展规划》、新能源产业、光电产业发展规划相继通过专家评审论证。着力实施战略支撑产业转型升级工程、战略先导产业发展培育工程、战略基础产业巩固提升工程，狠抓了83个工业转型升级重大项目建设，二机石油装备集团大型数字化钻机等23个项目建成投产。中光学集团特种光学元件产业化、天冠集团10万吨二氧化碳全降解塑料等15个高技术产业化项目开工建设。文化、旅游、物流等服务业发展态势良好，镇平玉文化改革发展试验区、社旗赊店商埠文化产业示范园区加快建设，国际玉城、莲花温泉水城、唐河粮食储备库等项目建成投用，恐龙遗迹园二期等一批重大项目开工建设。全年实现旅游总收入95.6亿元，增长37.9%。农业结构调整深入推进，全市肉蛋奶产量139万吨，增长8.8%，畜牧业占农业总产值比重达36.5%；新增花卉种植面积6.3万亩、经济林15.6万亩，各类农民专业合作社达1548家。

重大项目建设进展顺利。以“项目提速年”活动为载体，强力实施项目带动，着力抓好“3121”投资促进计划，建立完善了重点项目协调推进、联审联批、观摩点评等机制和“四个一”推进办法，有力地推动了项目建设。12 个省重点项目，完成投资 22.94 亿元，占年度计划的 119%。216 个市重点项目，完成投资 254.7 亿元，占年度计划的 130%。南阳金牛彩印集团纸铝塑液体无菌包装材料等 40 个项目竣工投用。一批重大项目前期工作加速推进，南阳核电项目正式纳入国家核电发展规划，“两评”报告和可研报告全面完成，正在进行咨询评审工作；S333 线至核电厂区进厂道路通过验收。天池抽水蓄能电站项目可研报告初步通过水规总院评审，部分专题报告通过评审；郑渝铁路项目国家已同意列入“十二五”规划；宛西电厂可研报告编制完成并通过国家电规总院评审。

发展方式转变取得新进展。大力实施自主创新培育工程，物理法制备太阳能级多晶硅全流程工艺项目全线贯通，工艺技术通过了中科院上海分院组织的专家鉴定；LCOS 光学引擎高技术产业化项目通过国家验收。淅铝、新野鼎泰电子公司等 4 家企业技术中心通过省级认定。利达光电高效聚能光伏系统工程实验室经省审查批准同意建设。南阳光电产业基地、卧龙农业高新示范园区等晋升为国家级。扎实推进节能减排。先后召开六次节能工作专题会议，研究出台了一系列政策措施。与 13 个县市区和 24 家省“3515 重点耗能企业”签订了节能目标责任书。停止了对“两高”和产能过剩行业扩大产能项目的审批、核准和备案，取消了电解铝、多晶硅等高耗能企业优惠电价。强化了对“两高”和产能过剩行业节能调控，对应淘汰的 19 家企业生产线和设备进行了全部拆除，启动了节能攻坚百日会战行动。对列入红色预警的 8 个县区进行了高位督查。南防集团 150 万千瓦高效节能电机等一批重大节能项目建成投用，天冠集团、桐柏碱硝化工园区等国家、省循环经济试点进展顺利。预计全年万元生产总值能耗下降 7.41%，完成了“十一五”节能目标任务。

产业集聚区建设步伐加快。按照“企业（项目）集中布局、产业集群发展、资源集约利用、功能集合构建、促进农村人口向城镇转移”的要求，加快推进产业集聚区建设。建立了产业集聚区积累机制、服务机制和激励机制，相继出台了《关于加快推进产业集聚区科学发展的意见》、《南阳市产业集聚区争先进位竞赛考核实施办法》等一系列配套政策。通过政策引导、观摩点评、考核推动、针对帮扶、督导推动，引导各地突出主导产业发展，强化招商引资，完善基础设施和配套服务设施，产业集聚区建设全面提速，新能源、纺织等一批特色产业集聚区初步形成。预计，全市 14 个产业集聚区累计完成投资 469 亿元，实现规模以上营业收入 950 亿元。

城镇化进程迈出新步伐。制定了加快城镇化进程的实施意见。《南阳市城市总体规划》已报国务院待批。南阳高新区被国务院批准晋升为国家级高新区。鸭河、官庄两个工区挂牌运行，南阳新区经省委、省政府批准设立。仲景大桥、独山大道南延、车站北路等重点市政工程相继建成通车，健康路、光武东路、光武西路等 11 条道路开工建设。农运会主体育场、游泳馆、综合训练馆主体工程完工，其他比赛场馆正有序建设。污水处理厂二期主体工程完工，梅溪河内河治理项目建设示范段。市危险废物处置中心工程开工建设。县城及小城镇建设步伐进一步加快，全市城镇化率达到38.5%，比上年提高 1.9 个百分点。

重点改革和开放合作取得新突破。制订和实施了十项重点改革行动计划。市属企业脱钩改制工作稳步推进。医药卫生体制改革启动实施，在全省率先推行医院用药阳光集中配送。全面推进公安管理体制改革，撤销市区原 4 个公安分局，新组建 15 个派出所。集体林权制度改革主体任务完成，农村承包经营土地流转面积发展到 92.8 万亩。“421”企业上市工程取得突破性进展，新纺公司股票实现定向增发，西泵公司在深交所成功上市。民生银行、郑州银行、交通银行先后在南阳设立分支机构，南阳村镇银行挂牌运营。深入开展大招商活动，成功举办和参加了南阳第八届玉雕节、闽籍企业家访豫等一批大型招商活动，积极主动与大企业大集团进行沟通衔接，先后促成了南防集团与平安集团、天冠集团与国开投集团及中聚联合控股等开展战略合作，全年实际利用外资 2.01 亿美元，增长 51.2%；实际到位省外资金

273 亿元,增长 102%。

人民生活进一步改善。年初向社会承诺的“十大实事”如期完成。农村中小学校舍维修改造完成 13.5 万平方米,新建改建干线公路 360 公里,建设农村公路 1430 公里。新解决 47.2 万农村居民饮水安全问题,新建农村户用沼气 3.15 万户,新建改建村级标准化卫生室(所)890 个。全面启动了新一轮农网改造升级。就业和再就业工作得到加强,新增城镇就业 10.4 万人,新增农村劳动力转移就业 12.4 万人。社会保障体系不断完善,救助标准进一步提高,新农合参合率达 97.7%,在全省率先实现了城镇居民医疗保险门诊统筹。新建续建经济适用房 56.8 万平方米,新增廉租房 8980 套。城乡居民收入继续增加,城镇居民人均可支配收入、农民人均纯收入分别增长 11.7% 和 14.9%。

2010 年各项工作成效显著,“十一五”规划主要目标任务全面完成。“十一五”时期,我市生产总值由 1031 亿元增至 1955.84 亿元,地方财政一般预算收入由 29 亿元增至 69.1 亿元、支出由 77 亿元增至 247 亿元,综合经济实力、人民生活水平跨上了新台阶。总体上看,“十一五”时期是南阳经济社会又好又快发展的五年,是城乡面貌发生巨大变化的五年,是人民群众获得更多实惠的五年,是积蓄力量、夯实基础的五年。这些成绩的取得,是市委正确领导的结果,是全市人民团结拼搏、务实重干的结果。

在总结成绩的同时,我们还要清醒地看到,我市经济社会发展中还存在一些突出矛盾和问题:一是经济结构不尽合理,发展方式较为粗放,工业实力不强,三产发展滞后,现代农业发展缓慢。二是农业生产基础条件依然薄弱,抗灾减灾能力不强,特别是去年冬季以来持续干旱少雨,农业稳产增产面临较大不确定性。三是城乡发展不协调问题较为突出,中心城市辐射带动能力不强,县域经济发展不均衡,城镇化水平低于全省平均水平。四是和谐社会建设任重道远,社会保障和就业压力加大,教育、医疗等基础保障条件历史欠账较多。五是长期积累的结构性矛盾日益凸显,资金、土地等要素约束加剧,我市主要经济指标增速在全省仍处于中等或靠后位次,在区域竞争中保位争先的压力不断加大。这些问题都需要在今后工作中努力加以解决。

二、2011 年国民经济和社会发展主要目标

市委经济工作会议提出了今年工作的指导思想是:全面贯彻落实十七届五中全会和中央、省经济工作会议精神,以邓小平理论和“三个代表”重要思想为指导,深入落实科学发展观,以科学发展为主题,以加快转变经济发展方式为主线,以保增长、调结构、惠民生、抓运作为总要求,坚持“四个重在”的实践要领,继续实施“四个带动”,全力加快农区工业化和高新技术产业化步伐,全力推动农运会筹备工作大突破,全力推动“三农”工作跨上新台阶,全力促进民生持续改善,统筹推进经济、政治、文化、社会、生态文明和党的建设,确保实现“十二五”发展的“开门红”。

2011 年经济社会发展主要预期目标:生产总值增长 11%;地方财政一般预算收入增长 12%;全社会固定资产投资增长 20%;社会消费品零售总额增长 16%;居民消费价格涨幅控制在 4% 左右;城镇居民人均可支配收入增长 9%,农民人均纯收入增长 9%;人口自然增长率控制在 6‰以内;节能减排完成省下达目标。

三、2011 年全市重大建设项目初步安排

按照国家、省新增投资重点支持方向,2011 年我市重点实施“3131”投资促进计划,即围绕产业升级、重大基础设施建设、民生工程三大领域,实施 140 个投资超亿元的重大项目,落地建设 300 个投资 3000 万元以上招商引资项目,带动全市城镇固定资产投资达到 1400 亿元以上。

(一)社会事业和改善民生方面

围绕完善基本公共服务,保障和改善民生,重点实施以下项目:社会事业领域。抓好农村中小学校舍安全工程、中心城区中小学改扩建等项目,完成 9 所特殊教育学校建设任务,加快南阳中医药学校等中等职业教育基础能力项目建设。改扩建 2 所县级医疗机构,启动全科医生临床培训基地建设,争取完成市精神病院和淅川县精神病院扩建任务。抓好县级卫生监督所项目规划建设。全面完成乡镇综合文化站达标建设,抓好历史文化名城名镇街区保护和桐柏山—淮源国家级风景名胜区保护规划项目建设。加快市广电中心工程

进度,积极推进报业大厦和市级博物馆建设项目前期工作。民生领域。新解决25万人农村群众饮水安全问题,新增农村沼气用户2万户。完成第二批丹江口库区移民安置工作。加大农村住房建设和危房改造力度,新增改造国有林场危旧房669户。实施保障性安居工程,开工建设各类保障性住房90万平方米。

(二)现代农业方面

围绕稳定提高农产品供给能力、调整农业结构,重点实施以下项目:粮食生产核心区建设。依托唐河、镇平、社旗等8个粮食生产核心区主体县,建设高产稳产田43.49万亩,搞好南召、内乡、社旗等旱作农业基地县项目争取工作。现代畜牧业。实施生猪规模养殖场标准化改造工程,建设以内乡牧原为龙头的生猪优势产业基地;实施新野万头肉牛标准化养殖场,加快推进新野科尔沁10万头肉牛加工等项目建设;继续扩大奶业生产规模,增强高端奶制品生产能力;积极推进社旗畜牧园区建设,进一步壮大优质禽业发展规模。农业服务体系。建成9个县级农技推广服务项目。新建2个县级农产品质量检验检测中心。水利工程。加快鸭灌、引丹、宋岗等大中型灌区节水改造和末级渠系建设,完成鸭河口水库除险加固,推进规划内中小河流治理和中小型水库除险加固,开工建设桐柏石步河水库主体工程,推进内乡北湾水库前期工作。配合做好南水北调中线工程建设工作。

(三)重大工业项目建设方面

装备制造业,开工建设南防集团1200万千瓦防爆电机、二机石油装备(集团)30台超重型非公路运输设备及6台套深海钻机、南阳淅减公司20万支高速列车及城市轨道地铁减振器等项目。油碱化工业,加快年产10万吨倍半碱等碱硝加工、4万吨生物丁醇、30万吨页岩油等项目建设。冶金建材业,重点实施淅铝集团10万吨再生铝及5万吨超薄宽幅铝精箔、龙成集团50万吨重钢结构等项目建设。纺织服装业,大力推动新纺公司3367万米各类高档织物、邓州永泰10万锭紧密纺、河南鼎威150万条高档西裤牛仔裤等项目建设。食品工业,重点抓好河南三源40万吨食用油、南阳颐宝15万吨乳酸菌饮料、社旗福润3000万只肉鸡等项目建设。新能源产业,推进河南迅天宇年产1000吨太阳能级多晶硅、天冠集团年产12万吨秸秆纤维乙醇示范区产业化和年产1.5亿立方生物天然气及联产发电等项目建设。光电产业,抓好中光学集团500万只系列光学镜头及整机、投影机、乐凯华光公司1000万平方米PCB胶片生产线及15万平方米绿色环保柔印版材等项目建设。新材料产业,加快天冠集团10万吨二氧化碳全降解塑料、中南钻石公司高品级工业钻石产业化等项目建设。

(四)交通方面

加快南阳机场二期改扩建进程,全面启动宁西铁路新增二线南阳段征地拆迁和南阳火车站改扩建工作;争取郑渝铁路郑州至南阳段年底前开工建设;积极做好运十铁路途径淅川荆紫关镇的前期工作;加快内邓高速公路建设进度,积极做好三淅高速、武西高速公路南阳段前期工作,力争上半年开工建设;提升改造国省干线公路网络,加快S231线南阳至邓州、G312线唐河至内乡西峡界段一级公路建设;加强旅游通道和国防战备公路建设;全年计划改造农村公路2000公里,桥梁4500延米。抓好新建汽车北站、南阳中心站改扩建和县级运输场站建设。加快唐河复航和丹江库区航运建设项目的规划工作。

(五)能源方面

加快南阳核电项目后续技术专题设计和“四通一平”各项施工准备工作,争取尽快取得国家“路条”。完成天池抽水蓄能电站项目可研报告评估工作,争取年底前拿到国家核准文件。完成鸭电三期1000MW级循环流化床项目示范工程省级评审并呈报国家立项核准。宛西电厂项目,争取上半年拿到路条并尽早核准。白河南热电厂项目,尽快完成可研各项前期工作,争取完成省评审并上报国家。邓州热电厂项目,争取纳入国家库区补偿项目规划,尽早拿到路条。华能豫南大型火电项目,争取尽快评审并上报国家。确保宛城、邓州、镇平3个生物质能发电项目和方城风电二期项目按时投运,社旗生物质能气化发电项目开工建设。加快建设一批50万伏、22万伏、11万伏输变电工程,扩建100万伏南阳特高压输变电工程。加快西气东输二线南阳地方支线工程建设,争取6月底前分输站-南阳段建成通气。

(六)城镇基础设施方面

农运会主体育场馆、综合训练馆、游泳馆上半年完工并进行验收;水上运动场等农运会场馆年底前基本完成,农运会场馆道路和接待设施全部建设完毕。加快健康路、光武大桥、污水处理厂中水回用等重点工程建设,开工北外环路、人民北路改建、汉冶路、主体育场供水等工程。推进全市城市生活污水处理厂和垃圾处理场深度处理设施建设,启动市污泥处置工程项目,争取白河南污水处理厂、市新建垃圾处理厂开工建设,确保污水处理二期等项目竣工投用。加快南水北调受水区供水配套工程建设。

(七)节能减排方面

围绕节能减排和循环经济发展,重点实施淅铝集团电解铝节能技术改造、中源化学公司年产70万吨纯碱能量优化利用工程等节能降耗项目。加快推进天冠集团城市民用沼气工程和中源化学公司含碱废液回收利用循环经济项目建设。抓好南阳普康药业公司抗生素废水综合治理项目建设。

(八)现代服务业方面

围绕扩大规模、优化结构、提升水平,重点抓好南阳中商农产品中心批发市场、南阳卷烟营销配送中心、内乡县中汇铁路物流中心、南阳惠农达农资物流配送中心、南阳汇融物流园区、南阳农产品冷链物流中心等物流项目建设。加快推进恐龙遗迹园二期、卧龙区龙王沟风景区、张衡博物馆等文化旅游项目建设。

四、2011年经济社会发展的主要任务和措施

(一)着力加强经济运行调节,保障平稳运行

认真贯彻落实《省政府关于支持南阳市经济社会加快发展的若干意见》,以促进生态环境与经济社会协调发展为主线,着力推进"一个载体、三个体系"建设,实现科学发展、和谐发展、跨越发展。坚持月度运行监测与经济形势分析制度,准确研判运行态势,及时提出应对措施。深入开展为企业服务工作。完善市、县两级重点企业服务制度,建立健全政策导向、市场开拓、融资服务、困难企业帮扶等服务机制。加强产销对接,稳定和开拓市场。加强银企对接,引导商业银行加大对重点领域和骨干企业信贷支持。加强煤电油运供需协调,组织好电力生产。加强电力需求侧管理,把人民生活和农业农村用电需要放在首位,全力给予保障。强化运力组织,最大限度地满足需求。加强春运组织,确保春运安全有序畅通。落实价格监管各项措施,保障好重要商品和居民基本生活必需品市场供应,努力保持市场价格基本稳定。

(二)着力扩大投资和消费需求,增强经济发展内生动力

保持投资在结构优化的基础上适度较快增长。强化项目带动,重点实施"3131"投资促进计划。继续实行重点项目目标责任制和领导分包制,建立和完善分级负责、配套联动的项目推进机制,建设用地指标配置与重点项目建设挂钩机制,以及责任明确、各记其功的协调联动推进机制。加强重点项目协调、监督和稽察工作,建立问题台账,跟踪问效,及时解决项目建设和前期推进工作中的问题。搞好重点项目建设考核考评,开展重点项目观摩点评活动。抓好中央投资项目谋划争取工作,加大政府性投资对保障性住房、"三农"、基本公共服务体系、节能环保和生态建设、重大基础设施、自主创新、结构调整和战略性新兴产业发展等领域的支持。着力扩大民间投资。加强政策引导,扩大市场准入,拓宽融资渠道,采取政府购买服务、减免税费、以奖代补、贷款补贴等多种方式,积极引导社会资本进入基础设施、公用事业、保障性住房、社会事业等领域。抓好项目前期和谋划储备工作,建立健全项目储备库。瞄准国家、省鼓励扶持发展的重点领域,超前谋划一批规模大、带动性强、示范效应好的重大建设项目,确保经济发展后劲。促进消费需求持续增长。增加对城镇低收入群体和农民的补贴,完善企业、机关和事业单位工资正常增长机制,逐步提高最低工资标准。落实好"家电下乡"等扩大消费政策。深入推进"万村千乡"市场工程,加快配送中心建设。积极发展电子商务、网络购物等新型消费业态,大力发展住房、汽车消费,培育文化教育、娱乐、养老、家政、医疗保健等服务性消费热点。整顿和规范市场秩序,优化消费环境。

(三)着力加快工业结构优化升级,提升产业竞争力

坚持承接转移、增量带动与改造提升、存量调整相结合,产业结构战略性调整与产品结构即期

适应性调整相结合，加快推进160个投资5000万元以上工业和高技术产业化项目建设，力争20家企业主营业务收入超20亿元。做大做强战略支撑产业。坚持龙头带动、基地支撑、高端突破，重点推动市场空间大、转移趋势明显的产业加快发展，培育形成一批超百亿产业集群。油碱化工业，依托中源化学公司等企业，重点培育碱硝加工、二氧化碳综合利用生产小苏打等产业链，推动碱硝化工产品多元化，打造碱硝化工循环经济示范区。依托河南油田，加快发展石蜡、油页岩等深加工产品，提高精细化工水平。装备制造业，依托二机石油装备(集团)、南防集团等企业，做大做强石油钻采设备制造、防爆电机、专用汽车和新能源汽车及汽车零部件、电器机械四大产业链，壮大工程施工机械、大型成套设备、汽车零部件和核级电机等优势产品规模。电力能源产业，依托南阳鸭电、蒲电等企业，着力优化能源结构和布局，不断扩大能源规模总量，提高能源开发效率，努力实现火电、热电、核电、小水电、抽水蓄能电站、生物质能发电、风能发电、太阳能发电“八电并举”。冶金建材业，依托西峡龙成、淅铝集团、中联水泥南阳分公司等企业，延伸钢铁、有色工业和建材产业链条，推动产品结构向“精”和“专”调整，提高产品市场占有率。纺织服装业，依托新纺集团、南纺集团、邓州雪阳等企业，着力开发高档精梳纱、多种纤维混纺纱等产品，突出发展服装、面料和家用纺织品。食品工业，依托南阳娃哈哈、龙大牧原、新野科尔沁、南阳三色鸽等企业，大力发展面制品、肉制品和食用油，推动饮料、果蔬加工、乳制品等高成长性食品快速发展。发展培育战略新兴产业。新能源产业，依托天冠集团、河南迅天宇等龙头企业的技术优势，以国家新能源高技术产业基地为载体，迅速扩大生物质能源、太阳能光伏、新能源装备产业规模。光电产业，依托中光学集团、乐凯华光、南阳首控、社旗森霸等骨干企业，以国家光电高新技术产业化基地为载体，加强与富士康科技集团等国内外大型企业的战略合作，着力培育光电显示、光电信息记录材料、LED半导体照明三大产业链，重点抓好系列光学镜头及整机、投影机、PCB胶片等重大项目建设。新材料产业，依托天冠集团、中南金刚石、西保集团等骨干企业，坚持技术突破、拉长链条、精深加工、降本提效，培育壮大超硬材料、二氧化碳全降解塑料、功能性冶金保护材料发展新优势。加强自主创新能力建设。支持天冠集团、中光学集团、乐凯华光等企业，加大关键技术和新产品研发。围绕破解先导产业技术瓶颈，实施一批重大科技专项和技术创新工程。加快产业创新能力建设，力争新增国家级企业技术中心1家、省级企业技术中心5家、产业创新平台2个。开展市级企业技术中心认定工作。积极推动“产学研”联合，加快防爆电气电机产业联盟发展。

(四)着力发展现代农业，保持农村经济良好势头

启动实施《南阳现代农业发展规划》，认真落实各项支农惠农政策，积极构建农业稳定发展和农民持续增收长效机制。扎实推进粮食主产区建设，认真实施国家新增1000亿斤粮食生产能力田间工程及农技服务体系建设，加大高标准农田建设力度，重点推进高产稳产田巩固提升、中低产田改造、土地整理和复垦开发三大工程建设，力争全年粮食总产保持在100亿斤以上。调整优化农业结构，大力发展现代畜牧业，重点抓好肉牛、奶牛标准化养殖场建设和生猪规模养殖场标准化改造工程。积极发展高效特色农业，着力打造棉花生产、油料加工、食用菌生产、道地中药材加工、花卉等一批特色农业基地。搞好现代农业产业技术体系建设，加快科技创新和推广服务，抓好基层农技体系改革试点县工作，建立测土配方施肥技术示范服务体系，完善农作物有害生物预警防控体系。加强农业现代物质装备，提高农业生产机械化水平。做大做强现有农产品加工龙头企业，培育一批有发展潜力的加工企业。提高农业经营组织化程度，规范发展农民专业合作社和行业协会；支持有条件的合作社兴办农村资金互助社。大力发展农产品加工业、农村服务业和劳务经济，增加农民工资性收入。

(五)着力发展现代服务业，推动产业结构升级

启动实施《南阳现代服务业发展规划》，以大力发展现代物流、文化、旅游、金融为突破口，带动服务业全面发展。引进国内外大型物流企业，整合全市物流资源，打造一批专业物流园区和综合物流园区，重点发展食品冷链、粮食、蔬菜、家电、

医药等行业物流。深入挖掘开发汉文化、玉文化、中医药文化等特色文化，打造一批知名文化品牌和一批特色文化产业基地。培育发展南阳出版传媒公司等文化企业集团。抓好镇平玉文化改革发展试验区、社旗赊店商埠文化产业示范园区等建设。依托中心城区、南阳伏牛山大宝天曼生态休闲旅游区、桐柏山红绿文化旅游区，着力培育武侯祠、恐龙遗迹园、宝天曼、丹江渠首、桐柏淮源五大龙头景区和一批有发展潜力的景点。推进景区景点与高速公路、干线公路等交通网络连接。加强区域旅游合作，重点打造寻根谒祖游、楚汉文化游、山水风景游等一批精品旅游线路。继续实施“421”企业上市工程，加快内乡牧原、淅川减振器公司等企业上市步伐，重点做好利达光电股票增发服务。支持国内外金融机构在南阳设立分支机构。做好中小企业产权交易试点工作。

（六）着力加快产业集聚区建设，形成新的区域经济增长极

开展“产业集聚区提速增效年”活动，重点实施“产业集聚区1271行动计划”，突出抓好百亿元产业集聚区培育、工业项目投资倍增、基础设施大提升、产业集聚区体制机制创新四项工作，实现14个产业集聚区主营业务收入超1000亿元，工业投资超200亿元，基础设施投资超70亿元，每个产业集聚区建立一套高效、精干的管理体制。坚持分类指导、错位布局，突出优势，引导各产业集聚区明晰主导产业定位，集中精力在一个产业上取得突破；优化资源配置，推动专业协作，促进同类关联企业和项目高效聚集，形成一批竞争力强的特色集群，构建一体化的主导产业链。创新招商模式，灵活运用“飞地经济”等政策，使一批“旗舰型”项目和龙头型企业落户集聚区。鼓励各产业集聚区与沿海发达地区建立合作开发，积极探索“园中园、一区多园”等新模式，加快建设生物产业园、专用汽车产业园、光电产业园等特色园区。

（七）着力推进城乡建设，加快城镇化步伐

把加快城镇化作为扩大投资和消费需求的结合点，以中心城区、县城建设为重点，以推进城镇化为主线，全面掀起城乡建设新高潮。突出中心城区发展。争取尽快完成《南阳市城市总体规划》报批工作，做好各类专项规划编制工作。大力推进东北分区建设。以筹办第七届全国农运会为契机，加大中心城区基础设施投入力度。加快旧城及城中村改造，推动中心城区老企业“退二进三”，积极发展城市综合体和现代服务业。建设一批城市湿地公园、绿地系统，提高城市供热和燃气普及率，完善城市污水、垃圾处理设施，改善城市生态环境。编制完成南阳新区空间发展规划及专项规划，合理确定核心起步区，组建南阳新区管理机构，出台南阳新区建设推进意见，加快新区基础设施建设，完善各种服务配套功能。加快推进官庄、鸭河工区规划建设。统筹城乡发展。加快县域产业发展，坚持走“特色化、规模化、产业化、品牌化”的发展道路，形成各具特色的主导产业和发展模式，增强县域经济综合实力。结合新的村庄布局规划，推进城乡公共资源均衡配置，改善农村居民生产生活条件。因地制宜、分类推进，重点抓好南阳新区、产业集聚区和中心城市近郊区新型农村社区建设。以“争星创强”为载体，大力发展沿线、沿边城镇带和全市50强镇，建设一批人口超5万的中心镇。加强规划引导，积极有序推到农村人口加速向中心城镇转移，着力解决好进城务工人员的就业、子女就学等问题。

（八）着力推进改革开放，增强发展动力活力

继续深化各项改革。巩固国有企业改革成果，全面推动市属企业脱钩改制；加快国有企业战略重组，积极推进股权多元化。深化医药卫生体制改革，基本完成“五项重点改革”三年重点工作任务，年底前力争在政府办基层医疗卫生机构全面实施国家基本药物制度，促进基本公共服务均等化。深化文化体制改革，加快经营性文化单位转企改制。深化投资体制改革，积极推进收入分配、行政管理、农村等体制改革。深入推进开放招商。继续开展大招商活动，力争全年实际利用外资突破2.5亿美元、利用省外资金323亿元以上。以产业集聚区为主要承接载体，加大推介力度，促进产业向我市集群链式转移。突出企业招商、产业招商、产业集聚区招商、节会招商，加快建设一批专业化的承接产业转移特色园区。瞄准世界500强、国内500强、央企和行业龙头企业，重点推动与富士康、首钢控股、中聚联合控股、国药集团、国开投等国内外知名企业的战略合作。按照统一搭台、统筹安排、资源共享原则，整合招商活

动，提高招商水平，注重招商实效。强化签约项目合同履约率、开工建设率、资金到位率、建成投产率考核，确保资金尽快到位、项目尽快落地。大力实施市场多元化战略和出口品牌战略，加快培育一批产品出口基地和出口产业集群，努力发展服务贸易、加工贸易，支持具备条件的企业“走出去”。积极谋划申报航空开放一类口岸和出口加工区。

（九）着力推进节能减排，促进可持续发展

把建设资源节约型、环境友好型社会作为加快转变经济发展方式的重要着力点，加强节能减排、循环经济、生态环保工作，建设河南省高效生态经济示范区。加强节能降耗。改进节能指标分配和考核办法，严格执行固定资产投资项目节能评估审查。突出抓好工业、建筑、交通运输、公共机构等重点领域节能，抓好重点耗能企业节能管理，开展能效水平对标。加大节能减排新技术、新工艺、新产品的开发和推广应用，在冶金、建材、化工等行业实施高耗能设备更新改造，建设一批重大节能项目。开展绿色建筑和低碳社区示范项目建设。加快节能服务体系建设，组织实施节能产品惠民工程、合同能源管理推广工程。全面推行清洁生产，大力发展循环经济。抓好6456工厂国家汽车发动机再制造等循环经济试点工作，加快邓州工农业复合型循环经济试点城市建设。强化环境保护与生态建设。健全污染减排“三大体系”，根据各地环境质量合理确定减排指标。对电力、钢铁、造纸、纺织等行业实施主要污染物排放总量控制，推进电力、水泥行业脱硝，钢铁行业烧结机脱硫、脱硝，机动车氮氧化物控制，畜禽养殖业污染治理等工程建设，加快非电企业减排项目建设。加强唐白河、淮河流域和南水北调中线工程水源地等重点流域和重点区域水污染防治。搞好污水、垃圾处理厂升级改造和管网配套建设，确保达标运行。抓好林业生态市建设，全年完成造林任务 55 万亩。创建一批生态县、生态乡（镇）和生态村。加大南水北调中线工程对口支援力度，做好《丹江口库区及上游经济社会发展规划》组织实施工作。争取设立国家级生态文明建设试验区，确保中线工程输水水质，提升中线工程水源地战略地位。争取在淅川县设立中线渠首生态经济示范区，先行先试，发挥引领示范作用。

（十）着力改善民生，促进社会和谐

加大民生投入，认真实施好“十项民生工程”。坚持教育优先发展，积极发展学前教育，强力推进城乡义务教育均衡发展，加快中心城区中小学建设和布局调整。抓好职业教育攻坚计划的实施，重点支持优质特色中等职业学校和市职教园区及实训基地建设。重视加强高等教育，加快推进南阳医专、河南经济管理学校、南阳农校等升格工作。健全医疗卫生体系，基本实现每个县（区）有一所达标的县级医院和 2－3 所达标的中心乡镇卫生院。重视精神卫生工作，搞好重大疾病防控。进一步加强基层文化、体育基础设施和公共服务建设，大力发展科技等各项社会事业。千方百计扩大就业，实施积极的就业政策，多渠道开发就业岗位，争取新增农村劳动力转移就业 8 万人、城镇新增就业 9 万人，零就业家庭动态归零。落实养老、医疗保险关系转移接续办法，扩大城镇居民养老保险和新农保试点范围。提高城镇职工、城镇居民医保统筹基金支付比例和最高支付限额，提高新农合补助标准，实现参合农民跨区域就医直补。扩大城乡低保覆盖面，实现被征地农民社会保障制度全覆盖。建立健全保障性住房管理体制机制，推进经济适用房、廉租住房、公共租赁住房等保障性安居工程建设。积极化解社会矛盾，健全信访工作责任制，启动“安全南阳”创建工作，坚决遏制重特大事故发生，维护社会大局稳定。

各位代表，做好今年的各项工作任务艰巨，责任重大。我们要在以胡锦涛同志为总书记的党中央领导下，全面贯彻党的十七大、十七届三中、四中、五中全会精神，以邓小平理论和“三个代表”重要思想为指导，深入落实科学发展观，认真落实市委决策部署，自觉接受市人大及其常委会和市政协监督，奋发有为，扎实工作，为实现“十二五”时期我市经济社会发展的良好开局、以优异成绩迎接建党九十周年而努力奋斗！

关于南阳市2010年财政预算执行情况和2011年财政预算(草案)的报告

——2011年2月13日在南阳市第四届人民代表大会第三次会议上

南阳市财政局局长　胡云生

各位代表：

我受市人民政府委托，向大会报告南阳市2010年财政预算执行情况和2011年财政预算草案，请予审议，并请各位政协委员和其他列席人员提出意见。

一、2010年和"十一五"全市财政预算执行情况

2010年是全面完成"十一五"规划的最后一年，面对复杂多变的经济环境和各种严峻挑战，在市委的正确领导和市人大、市政协的监督指导下，各级财政部门深入贯彻落实科学发展观，大力组织实施"四个带动"，着力支持构建"一个载体，三个体系"，狠抓增收节支，致力改善民生，预算执行情况好于预期。

(一)一般预算收支完成情况

1. 一般预算收入情况。地方财政总收入完成122.9亿元，增长21%。全市一般预算收入完成69.1亿元，为预算的112.8%，增长23%。其中，市级一般预算收入完成19.5亿元，为预算的104.3%，增长12.6%。分项完成情况是：全市地方税收收入完成54.1亿元，增长30.2%，税收占一般预算收入的比重78.4%。其中，增值税9.1亿元，增长16.3%；营业税15.6亿元，增长15.8%；企业所得税3.7亿元，增长12.9%。非税收入完成14.6亿元，增长2.2%。

2. 一般预算支出情况。全市一般预算支出完成247.1亿元，为调整预算的96.3%，增长21.4%，增支43.6亿元。其中，市级一般预算支出完成49亿元，为调整预算的86.4%，增长21.3%。主要支出完成情况：教育支出完成45.2亿元，增长15.7%；科技支出完成3.5亿元，增长22.2%；农林水支出完成32亿元，增长26.7%；文化体育与传媒支出完成2.4亿元，增长4.8%；社会保障与就业支出完成33.6亿元，增长29%；医疗卫生支出完成22.9亿元，增长25.3%；城乡社区事务支出完成8.1亿元，增长39.3%；环境保护支出完成15.8亿元，下降2.3%；一般公共服务支出完成36.3亿元，增长23%；公共安全支出完成13.4亿元，增长10.5%。

3. 基金收支情况。全市基金预算收入36.1亿元，增长118.9%。其中，国有土地使用权出让收入34.7亿元，增长124.2%。基金预算支出完成44.3亿元，增长81.8%。

市级基金预算收入7.8亿元，增长43.1%。其中，国有土地使用权出让收入7.3亿元，增长37.8%。基金预算支出8.7亿元，增长145.7%。

目前，我们正在汇编收支决算，待与省级结算后，及时向市人大常委会报告。

(二)财政预算执行的措施与成效

1. 狠抓收支管理，促进了财政保障能力显著提升。坚持把加强收支管理作为中心任务，加大组织协调力度，克服重重困难，圆满完成了市人代会确定的预算任务。一是财政收入持续增长。坚持强化收入征管，严格依法征税。全市国税部门

组织地方税收收入10.8亿元,增长12.7%;地税部门组织地方税收收入30.8亿元,增长13%。调整完善耕地占用税和契税征管体制,加之南水北调中线工程耕地占用税入库较多,两项税收完成12.5亿元,增长223.5%。收入质量进一步提高,地方税收占一般预算收入的比重比上年提高4.4个百分点。二是财政支出实现新跃升。面对支出压力不断加大的新形势,精心调度,强化管理,在从严控制一般性支出、加强各类资金统筹运作的基础上,集中财力确保经济社会发展急事、大事支出,确保了法定支出增长。一般预算支出规模超越洛阳市居全省第2位,增支43.6亿元,相当于2002年全市财政支出总量。三是资金争取取得新成效。坚持把财政资金争取工作作为提高各级财政保障能力的重要举措,认真研究上级政策,积极争取上级支持。全市共争取各项转移支付和专项资金144.9亿元,增长24.3%,保障了事关经济社会发展的重大资金需求。四是财源建设得到新加强。出台了加强财源建设的意见等一系列政策措施,建立了考核激励等机制,增强了财源建设合力。加大专项资金整合力度,支持了重点企业和高新技术项目等建设,夯实了财政增收的经济基础。

2.发挥财政调控职能,促进了经济平稳较快增长。坚持从经济到财政的理念,发挥财政调控经济职能,支持实施“四个带动”战略,支持经济结构调整和转型升级,促进经济回升向好。一是支持重点项目建设。争取中央、省级新增投资35.3亿元,市县配套资金8亿元,争取地方政府债券6.5亿元,实施了一批基础设施和民生工程项目,扩大了政府公共投资。筹措资金1.5亿元,奖励补助产业集聚区投融资平台建设,加速了我市产业集聚区建设。加大城建投融资力度,支持了农运会场馆建设和城区路、桥、坝新建改建工程。市级筹措1000万元,支持了招商引资和项目争取工作。筹措4.9亿元,支持了南水北调生态保护和移民搬迁安置。支持加大土地收储力度,强化了土地收入征收管理。二是支持实施品牌带动。筹措文化旅游专项资金3000万元,支持推进卧龙岗文化旅游产业集聚区、玉文化旅游区等建设。推进实施“质量兴市”,市财政投入资金700万元,重点支持了宛西制药、利达光电等企业研发中心和重点实验室建设。筹措专项资金2986万元,支持了福森制药、科尔沁牛业等一批具有较强辐射带动能力的农业产业化龙头企业发展。三是支持推进科技创新。不断完善财政投入机制,筹措自主创新资金3200万元,引导社会资源增加对技术创新领域的投入,支持光电光伏、新能源、装备制造、新材料、中医药等5大领域的科技创新。兑现科研人员奖励资金160万元,激发了科研人员研发的积极性。四是支持结构调整和转型升级。积极整合财政科技资金,推动实现重点领域关键技术突破和自主创新能力提高。大力推进节能减排和生态环保,筹措5.4亿元,支持了我市污水垃圾处理、农村环保等项目建设。争取省级中小企业发展资金2237万元,支持了中小企业技术创新和产业升级。积极深化投融资体制改革,推进银政、银企合作,为经济社会发展提供了信贷支持。

3.坚持服务和保障民生,促进了社会和谐稳定。始终将服务和保障民生放在重要地位,筹措落实“十项民生工程”资金50多亿元,促进了各项社会事业发展。一是促进了就业和社会保障。筹措就业资金1.4亿元,全年新增城镇就业10.4万人、农村劳动力转移就业12.4万人。覆盖城乡居民的养老、医疗保障体系初步建立,新农保试点县达到5个。及时对城乡低保、农村五保和优抚对象发放物价上涨临时补贴,对大中专院校学生食堂和家庭困难学生给予补助。支持廉租房建设和发放廉租房租赁补贴,全年新增保障性住房56.8万平方米。二是推进了教育发展。提高了农村中小学年生均公用经费标准和家庭经济困难寄宿生生活费补助标准。对210万农村中小学生免除学杂费和教科书费,对15.7万城市中小学生免除学杂费。筹措1800万元,支持实施中小学校舍安全工程、优化中小学布局等。推进义务教育教师绩效工资改革顺利实施,支持了中心城区7所中小学校建设,改善了城乡义务教育办学条件。三是支持了医疗卫生事业发展。落实资金7009万元,支持了城乡医疗救助体系建设。企业养老、城镇职工及居民医疗保险覆盖面进一步扩大。筹措落实补助资金10.8亿元,新农合参合农民达896万人。支持实施了农村改水改厕、15岁以下人群补种乙肝疫苗等重大公共卫生项目。积极筹措城乡居民基本公共卫生服务经费。此外，筹措资金2.4亿元，支持了文体与传媒事业发展。争取资金2.4亿元，完善政法经费保障机制，提高了基层政法机关办案和装备保障水平。

4.加大"三农"支持力度，促进农村经济社会发展。加大涉农资金整合力度，新增教育、卫生、文化等事业经费主要用于农村，促进农村经济社会协调发展、农民收入稳定增加。一是加大惠农补贴力度。兑现惠农补贴28.6亿元，其中：粮食直补和农资综合直补10亿元；农机具购置补贴9600万元；农作物和畜禽良种补贴3.1亿元；家电和汽车摩托车下乡补贴4.6亿元，销售量、销售额、补贴额均居全省前列。二是提高了粮食生产能力。筹措1.9亿元，支持农业综合开发，改造中低产田、建设高标准农田18.2万亩。筹措7200万元，支持5个小型农田水利重点县建设。争取产粮大县奖励1.1亿元，调动了产量大县发展粮食生产积极性。筹措资金5600万元，支持了方城、新野等8个县市区粮食、畜牧、茶叶、花卉等支柱产业发展。落实县域金融机构奖励资金3208万元，调动了金融机构加大涉农贷款投放的积极性。三是改善了农村生产生活条件。加大农村基础设施建设投入，支持解决户用沼气3.15万户，解决农村安全饮水44.3万人。发放大中型水库移民后期扶持基金2.1亿元，使34.1万移民得到实惠。筹措4.1亿元，完成农村义务教育债务化解工作。严格落实村级经费，确保了村组正常运转。

5.加强和改进监督管理，促进财政科学发展。坚持以促进财政科学发展为目标，深化改革，加强监管，全面提高财政科学化精细化管理水平。一是深化各项财政制度改革。部门预算全面推进，编制水平不断提升。大力推进国库集中收付制度改革，制订了国库集中支付改革意见和新的支付流程，提高了直接支付比例和财政资金拨付效率。政府采购范围和规模继续扩大，采购规模达到亿元，增长%。二是着力提高财政资金使用效益。充分发挥政府投资评审、绩效评价等平台作用，推进依法理财。全年评审财政投资8.6亿元，综合审减率达17.6%；加大对重点项目的绩效评价，并将评价结果同预算编制相结合，促进了财政资金使用效益的发挥。三是强化财政监督检查。开展强农惠农资金专项清理检查、工程建设领域物资采购和资金管理专项治理等工作。继续开展"小金库"专项治理，治理范围扩大到社会团体和国有企业。完善行政事业单位资产管理办法，提高了资产规范化管理水平。狠抓农村基层财会管理，巩固提高了"村账乡监"水平。四是加强财政"两基"建设。强化财政基本数据信息统计、收支科目体系、会计等各个方面的管理基础建设。在全市40余个乡镇开展了基层财政所规范化建设试点工作。积极推进政务公开和部门预算公开，认真办理代表建议和政协提案，自觉接受人大、政协监督指导，促进了依法行政。开展了"走进预算单位，了解预算单位，服务预算单位"调研活动，主动为预算单位服务，树立了财政部门良好形象。

（三）"十一五"财政工作简要回顾

2010年财政预算任务的圆满完成，标志着"十一五"期间我市财政发展迈上了新的台阶。五年来，我们始终坚持把加快发展作为第一要务，跳出就财政论财政的传统理财模式，把财政工作置于经济社会发展大局来把握、来定位，为扩内需、保增长、调结构、促转型、推改革、惠民生、促和谐做出了积极贡献。

一是财政收支规模不断扩大，财政实力明显提升。全市地方财政总收入由2005年的53.5亿元增至2010年的122.9亿元，年均增长18.1%；一般预算收入由2005年的28.8亿元增至2010年的69.1亿元，年均增长19.1%。一般预算支出由2005年的76.9亿元增至2010年的246.2亿元，年均增长26.2%。为贯彻落实各项重大决策部署、推动经济发展和社会进步，提供了坚实的财力保障。二是财税政策不断完善，支持经济作用持续强化。用足用好用活各种财政杠杆，发挥财政资金"四两拨千斤"的作用，全市筹措资金近50亿元，支持了"一个载体、三个体系"建设和招商引资等工作。在资金投放上注重向支持经济发展方式转变等方面倾斜，促进了财政经济协调发展。三是财政支出结构不断优化，保障改善民生取得新进展。坚持把保障和改善民生作为制定各项财政政策的出发点和落脚点，五年来全市用于支持民生事业的支出达200多亿元，年均增长20%以上；累计发放各类惠农补贴促进农民增收

120多亿元，是广大人民群众得到实惠最多的五年。四是改革创新不断深化，财政管理水平得到新提升。坚持把推进体制、机制和制度创新，作为提高财政管理水平的重要动力和手段。调整完善市与县区财政体制，推进部门预算、国库集中收付、政府采购、投资评审、绩效评价等改革，加强财政科学化精细化管理，为经济社会发展提供了有力的资金和体制保障。

总体上看，2010年全市财政预算执行情况良好，但也存在一些不容忽视的问题。财政收入方面，受产业结构不合理、发展方式粗放等结构性矛盾制约，财政收入占生产总值的比重仍然偏低。财政支出方面，人均财力和人均公共服务水平低，改善民生任务艰巨。同时，财政专项资金使用分散，绩效有待进一步提高。财政监管方面，财政基础管理工作相对粗放，财政科学化精细化管理水平有待提高；财政资金浪费现象依然存在，财政监督管理需进一步加强。对此，我们将高度重视，努力加以改进和解决。

二、"十二五"时期财政主要目标任务和2011年财政预算安排情况

(一)"十二五"时期财政主要目标任务

"十二五"时期，我市发展将进入工业化、城镇化加速推进的关键阶段，同时也是我市承接产业转移和推动创新发展的加速期，政策叠加效应的释放期，特别是省委、省政府出台了支持南阳加快发展的若干意见，南阳新区、国家级高新区建设的全面展开，南水北调中线工程、南阳核电等重大项目的陆续实施，"一个载体、三个体系"建设加快推进，有利于经济平稳较快增长，将为财政持续增长提供长久动力。虽然财政工作仍然面临着结构性矛盾突出、改善民生任务繁重等诸多困难，但是只要我们牢固树立大局意识，更加注重依法理财，更加注重科学管理，充分发挥职能作用，主动服务，积极跟进全市中心工作，履职尽责，就一定能够全面落实好"十二五"规划各项目标任务。根据市委经济工作会议要求，"十二五"全市财政收支主要目标是：财政一般预算收入增速要高于全省平均水平，人均财政支出力争接近全省平均水平。财政总收入突破230亿元，财政一般预算收入年均增长13%，一般预算收入占生产总值的比重、税收占一般预算收入的比重不断提高。按照上述目标，"十二五"全市财政工作要着力做好"六个坚持"：坚持科学发展，促进经济结构优化和平稳较快增长；坚持加强财源建设，增强财政发展后劲；坚持改善民生，推进和谐社会建设；坚持改革创新，完善公共财政体系；坚持科学管理，提高财政管理绩效；坚持加强队伍建设，提高财政干部素质。面对新形势新任务，各级财政部门要进一步增强机遇意识和责任意识，科学把握财政发展改革规律，加强体制机制创新，更加奋发有为地工作，为推动全市经济社会加快发展，提供坚实的物质基础和强有力的体制保障。

(二)2011年财政预算安排

今年是"十二五"开局之年，也是积极应对后金融危机时代，保持我市经济平稳较快发展的关键之年。总体上看，今年经济形势仍然极其复杂。财政收支矛盾依然比较突出。收入方面，从宏观上看，国家通过宏观调控应对国际金融危机影响成效开始显现，整体经济形势企稳回升；从我市实际看，通过扩内需，拉消费，加大投资力度，实施项目带动，尤其是南水北调中线工程建设、农运会场馆和城市基础设施建设对经济带动效益显著。但是经济快速增长的内生动力仍处在培育期，财政收入亮点不多；国家实施个人所得税改革、调整增值税征收范围、继续对小型微利企业实施所得税优惠政策等，都会减少收入。支出方面，保障中央扩大内需投资配套、深化医药卫生体制改革、落实津贴补贴调整政策、完善社会保障制度、提高新农合和城镇居民医保补助标准、扩大新农保试点、推行一事一议财政奖补政策等，需要大幅增加财政投入，增支数额大、刚性强，增支压力大于往年。

1.2011年财政工作和预算安排的指导思想：深入贯彻落实科学发展观，继续落实积极财政政策，紧紧围绕经济发展大局，狠抓财源建设，不断壮大财政实力；细化预算编制，强化预算执行，提高预算管理的科学化、精细化水平；大力调整支出结构，统筹兼顾、突出重点，着力促进经济平稳较快发展，着力促进经济发展方式转变，着力推动城乡协调发展，着力保障和改善民生，着力为经济社会科学发展、和谐发展提供财力保障。

2.2011年全市财政收入指导性计划。根据

当前经济财政形势,2011 年全市财政总收入增幅按 11%,财政一般预算收入增幅按 12% 安排。上述目标是指导性计划,各县市区应根据当地实际,妥善安排本级收入预算。

3.2011 年市级预算安排初步意见

(1)市级一般预算收入。计划安排 21.7 亿元,增长 11%,增加 2.2 亿元。其中,税收收入安排 18.1 亿元,占一般预算收入的比重比上年提高 1.3 个百分点。分征收部门情况是:国税部门安排 4.2 亿元,增长 10%。地税部门安排 12 亿元,增长 13.5%。契税安排 2 亿元,增长 15.1%。财政等部门安排 3.5 亿元,增长%。

(2)市级一般预算支出。安排 26.8 亿元,增长11.7%,增加 2.8 亿元。扣除成品油价格和税费改革转移支付列收列支,以及随收入增长增加体制上解列支,兑现津贴补贴政策、军工企业和学校绩效工资补助等增支因素后,市级可支配财力仅增加1.7亿元,增长 7%。支出结构是:基本支出 11.5 亿元,占一般预算支出的 43%;专项收入、行政性收费等政策性列支 5.9 亿元,占一般预算支出的 22%;事业发展和生产建设性支出 9.4 亿元,占一般预算支出的 35%。

2011 年,新增财力要优先保障教育等三项法定支出、工资津补贴发放和财源建设等重点支出。按照省人大确定的计算口径,2011 年市级财政经常性收入同比增长 6.8%,农业、教育、科技支出均按不低于 7% 增长,卫生、社保、环保、文化等也分别有所增长。主要项目安排情况是:教育支出安排 4.1 亿元,增长 12%;科技支出安排 0.3 亿元,增长 7%;农业支出安排 1.4 亿元,增长 7%;社会保障和就业支出安排 3.3 亿元,增长 8.3%;医疗卫生安排1.8亿元,增长 7.3%;环境保护安排 3185 万元,增长 4%;文化体育和传媒安排 3400 万元,增长 4%;住房保障支出安排 2345 万元。预备费 4500 万元,占财力支出的1.7%。

需要说明的是,根据上级统一要求,对 2011 年上级补助的各项转移支付资金全部计入年初财力。同时,市级新增财力弥补新增刚性支出缺口很大,为了保证重点支出资金需求,今年对不同性质、不同项目资金进一步加大整合统筹使用力度。部门项目专款大体维持上年水平,部分应当考虑的项目只有在预算执行中,通过争取上级补助或超收财力予以考虑。

(3)市级基金预算。2011 年市级基金预算收入拟安排 4.38 亿元。其中:土地出让金净收益拟安排 3.5 亿元;住房公积金增值收益 3362 万元;城市基础设施配套费 3000 万元。以上收入全部安排相应支出。

三、2011 年财政工作重点

在 2011 年的工作中,我们将坚持依法理财、统筹兼顾、增收节支,着力抓好以下五个方面的工作。

(一)加大财源培植力度,夯实财政增长基础

坚持把财源建设作为统领经济社会发展全局的重要工作来抓。一是全力支持财源建设。加大已设立的各类专项资金整合力度,筹措资金 8000 万元,采取财政贴息、以奖代补、投资入股、融资引导等形式,专项用于支持重点税源企业发展和落实财源建设奖补政策。安排专项经费 1400 万元,支持招商引资及项目建设,提高招商引资的针对性和实效性。二是支持产业集聚区建设。积极筹措资金,支持开展“产业集聚区建设提速年”活动,加快产业集聚区发展。强化主导产业培育,支持实施工业企业“双百”工程,加快主导产业及关联配套项目向集聚区集中,促进产业集群发展。三是支持做大做强中心城市。调整和完善市与区财政政体制,调动区级发展中心城区积极性。安排资金 2500 万元,支持中心城区产业集聚区发展。安排城区背街小巷改造、道路维护等资金 3300 万元,完善城市基础设施,提升城市建设管理水平。四是促进县域经济发展。建立和完善县域经济发展考核奖励机制,落实对县市区财政收入晋位升级考核奖励政策,促进县域经济跨越发展,增强县域财政实力。

(二)加强财政收支管理,提升各级财政保障能力

坚持把加强收支管理作为财政中心任务。一是狠抓财政收入组织工作。加强税收征管服务,增强收入组织合力,堵塞征管漏洞,切实做到依法征收、应收尽收,努力实现财政收入增长目标。规范各类非税收入管理,全面取消预算外资金,逐步将所有政府非税收入全部纳入预算管理。二是加大资金争取力度。抓住中央投资继续向中西部倾

斜,向"三农"、民生等方面倾斜的有利机遇,吃透上级政策,会同有关部门做好项目储备、筛选上报工作,争取更多上级资金支持,提升各级财政保障能力。三是强化财政支出管理。强化预算约束,提高财政资金使用效益。坚决压缩一般性支出,推进节约型政府建设。2011 年,公务接待经费、因公出国(境)经费、公务用车购置及运行费用等支出,不得超过 2009 年按规定比例压缩后的规模。四是坚持保重点、保大事。调整优化支出结构,统筹兼顾,全力保障好重点支出需要。安排资金 3000 万元,支持文化旅游业发展。筹措资金 1.7亿元,支持农运会场馆建设和各项筹备工作。安排经费 1000 万元,保障南水北调中线工程建设和移民迁安。

(三)推进科技创新和节能减排,促进经济结构调整和经济发展方式转变

坚持把落实加快转变经济发展方式的财政政策措施作为一项必须长期抓好的中心工作,贯穿到财政改革与发展的全过程。一是努力做大做优经济财政蛋糕。发挥财税政策扶持和资金引导作用,支持扩大投资和消费需求。支持培育和壮大市场主体,着力支持培育产值或销售收入上亿元、税收上千万元的大企业,着力培育产业集聚区成为主要税收增长来源。在此基础上,提高财政收入占 GDP 的比重,税收收入占财政收入的比重。二是落实推进经济结构调整和企业转型升级政策。充分发挥财政调控职能,支持淘汰落后产能和生态环境保护,努力使经济增长建立在结构优化的基础上,不断提高经济发展质量和效益。认真研究和运用政府性资金、资源、资产、资本机制,把政府投融资平台做大做强,强化政府调控力度。三是积极促进城乡区域协调发展。坚持两轮驱动,推进城乡一体,筹措小城镇建设奖补资金,支持加快城镇化进程。安排资金 4700 万元,支持城市生态环境支撑体系建设。安排农业综合开发及农田水利建设等资金 3210 万元,支持粮食生产核心区建设。安排资金 500 万元,支持农业产业化龙头企业发展。安排农村饮水安全、公路养护等资金 3200 万元,支持改善农村生产生活条件。

(四)支持持续改善民生,促进社会和谐

始终坚持以人为本,更加着力民生,更加着力民心,把更多的财政资源用于改善民生和发展社会事业。坚持加大财政强农惠农政策实施力度,促进粮食增产、农业增效、农民增收;坚持完善财政支持就业创业的政策体系,缓解"就业难";坚持完善教育经费保障机制,推进各级各类教育协调发展,缓解"就学难"问题;支持启动学前教育三年行动计划,解决"入园难"问题;支持深化医药卫生体制改革,缓解"看病难、看病贵"问题;支持建立无缝衔接的社会保障体系,保障好困难群众基本生活;支持完善财税政策体系,加快保障性安居工程建设,解决"住房难、住房贵"问题;支持深化政法经费保障体制改革,支持政法机关提高执法办案能力,促进社会和谐安全稳定。同时,注重发挥财税政策稳定物价和应对物价上涨的作用,促进市场供求平衡和物价基本稳定。

(五)加快推进财政体制改革,提高财政科学化精细化管理水平

坚持把推进体制、机制和制度创新作为提高财政管理水平的重要动力和手段。一是深化财政体制改革。推进建立县级财力基本保障机制,增强基层政府提供基本公共服务能力。深化财政国库管理制度改革,完善国库集中支付和收入收缴运行机制,健全预算执行动态监控机制。积极推进农村公益事业"一事一议"奖补工作。二是加强财政科学化精细化管理。扩大预算公开范围,加快推进预算支出绩效评价。建立健全财政监督机制。加快财政管理信息化建设。继续推进基层财政所规范化建设。建立、健全政府债务规模管理和风险预警机制。三是坚持依法行政,提高依法理财水平。及时主动向人大报告工作,自觉接受人大、审计和纪检部门以及社会各界的监督。对人大代表提出的议案,要有理有据认真研究解决好。

各位代表,2011 年财政工作任务艰巨、责任重大。我们将继续在市委的正确领导和市人大、市政协的监督指导下,深入贯彻落实科学发展观,开拓进取,奋力拼搏,为建设富强美好和谐新南阳做出积极的贡献!

关于2010年南阳市经济运行态势和2011年发展趋势的报告

南阳市统计局局长　王书延

刚刚过去的2010年是应对国际金融危机的关键之年,也是实施"十一五"规划的最后一年,宏观调控面临的形势极为复杂,经济工作任务艰巨而繁重。市委市政府根据中央、省委经济工作会议精神,坚持"四个重在",把"四个带动"作为新时期推动南阳科学发展、跨越发展的总抓手,推动全市经济延续2009年以来复苏向好的走势,整体呈现结构逐步优化、增长速度较快、效益不断提高、民生持续改善的良好态势,确保了"十一五"规划圆满收官。2011年是"十二五"规划的开局之年,更是南阳加快发展、奋力发展、推动发展,努力缩小与全省平均水平差距的重要一年,但目前影响经济发展的不确定性因素还很多,经济平稳较快发展的基础尚不牢固,发展中的新问题还有待加以解决。

一、客观分析,全年社会经济发展的基本态势良好

2010年南阳经济增长呈现"前高后稳、总体向好"的态势,主要经济指标实现较快增长。一季度,全市社会经济延续2009年二季度以来持续回升的态势,GDP同比实现13.3%的高速增长。进入二季度以来,随着政策效应不断消退、上年基数不断加大等因素影响,全市经济运行平稳回落,上半年、前三季度全市GDP累计分别增长12.4%、10.7%。初步统计,全年全市实现生产总值1955.84亿元,增长11.6%,连续八年保持两位数以上稳定较快增长。

(一)经济增长速度较快

农村经济保持平稳。2010年,全市认真贯彻落实中央一号文件精神,在着力提升土地产出能力、科技支撑能力、产业带动能力和农业自我发展能力上下功夫,不断提高农业综合生产能力保持农业现代化的可持续发展,初步统计全年农业实现增加值401.18亿元,同比增长4.5%。

粮食产量平稳增长。农业生产在遭受多年罕见的持续低温天气影响下实现丰收,粮食总产量预计达到584.02万吨(116.8亿斤),比上年增长0.8%,连续7年增产且连续5年保持在100亿斤以上。其中夏粮总产71.8亿斤,增长0.8%,连续8年实现增产;秋粮在西峡、淅川两山区县受灾严重情况下实现丰收,总产达到45.0亿斤,增长0.8%,连续7年实现增产。

经济作物发展势头良好。全年全市油料产量预计达到115.08万吨,增长3.3%,连续第8年实现增产。受政策调减和年初市场疲软的双重影响,棉花产量(籽棉)7.68万吨,下降14.6%;烟叶产量5.55万吨,下降5.4%。畜牧业在全市积极提升五大地方良种品牌、打造品种品牌群的政策带动下,生产效益跨上新台阶。

工业生产较快增长。2010年全市规模以上工业在2009年V型反转后逐步回落企稳,一季度增长26.9%,二季度增长24.9%,全年累计增长22.4%,增加值总量达到634.47亿元。从月度增速来看,由年初的25%以上逐步回稳到9月的18.6%,但从四季度以来再次出现回升的迹象。非公有制工业企业活跃,全年规模以上非公

有制工业企业实现增加值465.25亿元,同比增长24.0%。工业用电量稳步提升,全年累计达到117.75亿千万时,比上年增长24.0%。

投资增幅企稳回升。2010年,全市以"项目提速年"活动为契机,强力实施项目带动和"3121"投资促进计划,大力改善投资环境,吸引投资项目,稳定投资规模,一大批重大项目建成投产或开工建设。全年全市累计城镇固定资产投资1129.95亿元,同比增长21.6%。

对外贸易恢复性快速增长。据海关统计,全年全市进出口总值9.53亿美元,增长49.6%。其中进口3.07亿美元,增长47.4%;出口6.47亿美元,增长50.7%。利用外资实现较快增长。全年全市外商实际投资额2.01亿美元,同比增长51.2%,全市对外贸易已基本恢复至正常水平。

(二)经济效益不断提高

工业利润大幅回升。随着企业生产状况的好转,全市规模以上工业经济效益大幅回升。全年全市规模以上工业实现主营业务收入2015.57亿元,增长35.1%;实现利税240.56亿元,增长52.3%;实现利润129.58亿元,增长66.8%。行业生产形势良好,亏损企业减少,全年亏损额2.08亿元,同比下降78.0%。

财政收支状况良好。全年全市地方财政总收入达到122.88亿元,同比增长21.0%,其中一般预算收入累计完成69.07亿元,同比增长23.0%。全年全市累计完成财政一般预算支出247.11亿元,同比增长21.4%。增支的主要领域包括民生类、公共产品类、支农惠农类等方面,充分体现了市政府"保增长、保民生、保稳定"的发展要求。

金融运行平稳增长。全年全市金融机构存贷款余额均呈增长态势。年底全市金融机构人民币各项存款余额1471.22亿元,较年初增加325.32亿元。其中企业存款212.55亿元,较年初增加54.27亿元。全市金融机构人民币各项贷款余额827.50亿元,较年初增加128.42亿元。其中短期贷款548.99亿元,较年初增加109.47亿元;中长期贷款240.45亿元,较年初增加25.05亿元。

节能降耗扎实推进。2010年全市大力推进各项节能降耗措施,对"两高"和产能过剩行业实行停产、限产和限电措施,有力的推动了节能减排进展。单位工业增加值能耗降幅继续扩大,全年万元GDP能耗下降7.41%,完成"十一五"规划目标。

(三)经济结构逐步优化

自主创新能力不断增强。高技术产业发展加快,高技术产业投资不断提高,以新材料、新能源、汽车及零部件加工为主的重点技术创新服务平台正在抓紧建设,科技对经济发展支撑作用进一步显现。全年高技术产业增加值达到66.72亿元,同比增长55.8%,高于同期规模以上工业增加值增速33.4个百分点。高技术产业增加值占规模以上工业增加值的比重提高到10.5%,比上年同期提高1.7个百分点。

投资结构得到改善。从投资主体看,民间投资保持快速增长,全年累计完成投资855.71亿元,增长33.0%,高于同期城镇固定资产投资增速11.4个百分点,成为拉动投资增长的主要力量。

从投资对象看,房地产开发投资快速增长。全年全市房地产开发完成投资97.64亿元,同比增长23.5%。教育及卫生、社会保障和社会福利投资大幅回升,同比增长113.8%、15.1%。

房地产市场保持平稳。全年房屋施工面积967.35万平方米,增长15.7%,其中,住宅面积831.40万平方米,增长18.8%。房屋竣工面积170.95万平方米,同比上升7.5%。商品房销售面积272.90万平方米,增长24.9%,销售额56.80亿元,增长33.8%。

(四)人民生活持续改善。

城乡居民收入稳定增加。2010年,全市各级加大城乡居民就业力度,提高城乡居民最低生活保障水平和离退休人员工资待遇,落实各项惠农补贴,城乡居民收入得到较快增长。2010年度城镇居民人均可支配收入15077元,增长11.7%。农民人均纯收入5666元,增长14.9%。城乡居民储蓄存款保持平稳增长,11月末城乡居民储蓄存款余额为955.82亿元,比年初增加152.01亿元。

物价水平持续上涨。2010年全市居民消费价格同比上涨3.6%。分类别看,八大类商品价格"七涨一降",其中,食品类价格上涨8.8%,交通和通信类价格上涨0.3%,居住类价格上涨1.7%,烟酒及用品类价格上涨2.9%,衣着类价格上涨0.8%，家庭设备用品及维修服务价格下降0.3%，医疗保健和个人用品类价格上涨2.1%，娱乐、教育文化用品及服务价格上涨1.8%。从2009年三季度以来的物价走势看，CPI已由下降区间进入上升区间，通胀压力增大。

消费品市场保持活跃。2010年全市社会消费品零售市场在国家继续扩大消费需求的宏观政策主导下，居民消费结构不断优化升级，消费品市场承接上年良好的发展势头，保持了平稳发展，全年累计达到789.17亿元，同比增长18.7%。其中城镇市场增长19.6%，乡村市场增长16.4%，分别达到565.47亿元和223.71亿元。

二、充分认识，经济发展过程中存在问题依然不少

2010年的经济运行情况表明，在市委、市政府的带领下，全市经济已逐步走出经济危机的阴霾，但同时我们也应注意到，当前国内外经济形势依然十分复杂，积极变化和不利影响同时显现，短期问题和长期问题相互交织，国内因素和国际因素相互影响，未来政策微调的可能性不断增大，体制性与结构性矛盾制约更加突出，经济发展中需要关注的困难和问题还不少。

1、当前经济增长仍然带有一定程度的恢复性增长性质。由于受国际金融危机影响，2009年全市生产总值增幅跌落到近8年来最低的10.0%，增幅比2008年回落0.9个百分点。2010年上半年全市生产总值高速增长，既有经济回升因素的作用，更有上年同期基数相对较低的原因。而进入下半年，随着基数的逐月走高，全市经济发展速度也逐步放缓。如规模以上工业增加值累计增速由一季度的26.9%逐月下降到全年的22.4%。城镇固定资产投资累计增速由一季度的21.9%回落21.6%。财政一般预算收入由一季度的24.0%回落到23.0%。其中部分指标虽有一定回升，但和年初相比依然处于低位运行状态。

2.传统的工业增长模式面临严峻挑战。虽然近年南阳市一直大力发展新能源产业、光电产业、生物产业等战略新兴产业，但由于起步较晚，发展时间较短，这些产业尚未能成为南阳发展的中坚力量，目前全市经济发展依然主要依靠一些传统产业。随着长期以来形成的内需与外需、投资与消费结构性失衡的问题逐步凸显，经济发展与资源短缺、生态环境脆弱的矛盾进一步加剧，加上节能降耗约束不断增强、生产要素价格进一步上升，过于依赖能源、资源消耗的粗放型增长模式越来越难以为继。

一是市直、两属工业生产增速偏低。2009年以来，市直、两属工业一直是全市工业生产的掣肘因素。2010年虽然实现正增长，但是一直处于低速增长状态，全年市直、两属工业生产分别增长18.3%和19.0%，比全市平均水平低4.1和3.4个百分点。

二是工业投资持续低迷，全年全市工业投资同比增长19.1%，比同期城镇固定资产投资增速少2.5个百分点。全年工业投资单月增幅大都与城镇固定资产投资增速基本持平略低，整体呈下滑态势，这与往年工业投资引领全市投资增长的态势相反。工业投资支撑作用弱化，会对未来一段时期的工业发展带来不利影响。

三是部分传统行业增速放缓。全年规模以上工业增加值中，纺织业增长21.2%，非金属矿物制品业增长18.5%，黑色金属冶炼及加工业下降37.5%，分别比年初下降5.7个、17.6个、48.0个百分点。

同时，随着用工成本上升，部分企业出现用工难的情形，且导致企业成本上涨压力增大。受制于诸多因素的困扰，当前工业经济的回暖究竟是阶段性增长还是持续性增长尚不明朗。

3.需求仍然不足，经济增长的内生动力还不强。国务院为应对经济危机而采取的4万亿元“一揽子”刺激计划经过两年的实施已接近尾声，宏观政策将由积极逐步转为稳健，政府投资逐步放缓，从而导致全市出现需求不足，制约了全市的社会经济发展。全年投资增速放缓。全年全市完成城镇固定资产投资1129.95亿元，增长21.6%，比上年同期低9.6个百分点。其中7月当月10.5%的增速是多年来最低，其后虽有所回升，但依然较上年同期低。

4.长期积累的产业结构升级和城市化进程缓慢、收入分配结构不合理等深层次问题未能得到根本解决。

一是服务业比重较低。2009年由于工业的大幅下滑和三产的较快发展，使三产比重提高至27.5%，但还低于全省平均水平1.1个百分点，比

全省最高的郑州市低26.8个百分点。2010年随着工业经济的加速回升以及金融业务的回落和商品房销量的大幅下降,还将制约三产比重的提高。2010年三次产业结构为20.5：52.0：27.5,三产比重与上年持平。

二是高低收入群体之间的收入差距进一步扩大,隐藏着社会不稳定因素。尽管从城乡居民收入看,随着中央连续七个“一号文件”锁定“三农”,农民增收已经突破了连续多年的徘徊局面,但与城镇居民收入相比,全市农民收入仍然偏低。全年农民人均现金收入仅为城镇居民收入的37.6%。即使是从城镇居民内部收入来看,全市城镇居民中最高收入户与最低收入户的人均收入比已由上年同期的5.13：1扩大到5.32：1。高低收入群体之间的收入差距进一步扩大,无疑增加了社会不稳定因素,是一个在构建和谐社会中必须引起重视的问题。

此外,农资价格不断上涨、通胀预期增大等矛盾和问题还不同程度的存在,必须高度重视并积极应对。

三、理性展望,今年经济发展机遇和挑战并存

“十二五”时期,是南阳全面建设小康社会和实现建设富强美好和谐新南阳战略目标承前启后的关键时期。2011年作为实施“十二五”规划的第一年,更是重中之重。我们也应当看到,虽然当前全球经济已逐步走出经济危机的阴影,但并未完全恢复。未来国际经济走势究竟是继续回升还是二次探底目前尚不明朗,国家政策的不确定性因素仍然很多,整体对于南阳市经济发展的机遇和挑战并存,动力和压力同在。

从国际经济环境看,去年下半年以来,多数发达经济体的经济数据表现疲软,失业率居高不下。全球制造业PMI数据显示,2010年9月份全球制造业PMI跌至52.5%,而该指数在4月份曾达到近6年以来的最高点57.8%。PMI指数下滑预示着全球制造业复苏势头减缓。金融市场信心仍未明显恢复,全球主要股指在4月份以来震荡下行,标准普尔全球100指数在7月份达到最低点以后开始逐步回升,10月12日收报于1192.01点,比最低点回升9%,但仍未恢复到4月份的高位。亚太经合组织(OECD)9月13日公布的综合经济先行指数显示,发达经济体和新兴市场都出现经济减缓信号,全球经济复苏力度放缓迹象明显。相关数据显示,美国三季度GDP增长2.0%,10月份就业有所增加,但经济复苏态势依然缓慢,金融危机影响尚未消除。人民币升值压力加大,尽管央行明确拒绝人民币汇率一次性大幅升值,但国际市场普遍预期在未来三到五年内人民币将稳步升值,如果“十二五”时期继续像“十一五”期间一样升值20%,对南阳出口企业竞争力的影响不可低估。

从国内经济运行趋势看,2011年是“十二五”规划的开局之年,刚刚结束的中央经济工作会议指出,今年宏观经济政策的基本取向为积极稳健,审慎灵活。并将从提高宏观调控水平,保持经济平稳较快发展;加大经济结构调整力度,提高经济发展质量和效益;夯实“三农”发展基础,扩大内需增长空间;深化经济体制改革,增强经济发展动力和活力;推动出口稳定增长,促进国际收支平衡;着力保障和改善民生,全力维护社会稳定等六个方面做好全年经济工作。中国社会科学院于2010年12月7日发布《经济蓝皮书》预计,2011年经济将达到10%的增速,与2010年基本持平。宏观经济的好转,为全市争取投资,加快项目建设,推进科学发展带来了重大的政策机遇。

从南阳市发展现状看,近年全市GDP总量扩张明显,投资总额快速增加,财政实力大大增强,这为全市发展奠定了势能基础。从发展速度看,全市经济步入了又好又快的运行轨道,步入改革开放以来最好的发展时期,处于新的历史起点,这为全市发展奠定了动能基础。从经济结构看,工业化、城市化进程加快推进,产业结构与就业结构升级明显,经济结构高级化趋势增强,这为全市发展奠定了空间基础。从发展机遇看,在南阳筹办第七届农运会、南水北调中线工程建设,以及省委省政府加快推进中原经济区建设、国家实施中部崛起战略的大环境下,全市经济社会发展面临新的重要机遇,这为全市发展奠定了平台基础。

综合分析国际国内经济发展环境,中央宏观调控政策取向以及“十二五”规划目标,预计今年南阳市经济运行将保持平稳增长,但受去年同期高基数和政策调整因素的影响,上半年增速可能小幅下调,下半年走势逐步回稳,全年经济有望继

续保持两位数以上平稳高速发展。

四、攻坚克难，确保经济平稳较快增长的几点建议

从当前南阳经济的外部环境和运行态势看，不确定因素仍然存在，有利因素逐渐聚集。南阳要按照科学发展观的要求，全面贯彻落实中央宏观调控政策措施，将调控的重点转移到“转方式、扩需求、控物价、安民生”上来。

1. 转方式

加强农业基础地位，做强工业核心竞争力，提升服务业发展质量。着力构建现代产业体系，促进经济增长由主要依靠第二产业带动向依靠三次产业协同带动转变。着力构建以产业集聚区为载体，现代农业、工业主导产业、高新技术产业、现代服务业、基础设施和基础产业相互支撑、互动发展的现代产业体系，培育壮大战略支撑产业。积极应对国际市场变化，努力开拓国内市场，从而扭转工业生产增幅回落的走势。

积极促进经济增长由主要依靠增加物质资源消耗向主要依靠科技进步、劳动者素质提高、管理创新转变。以建设自主创新体系为重点，强化创新带动，实施知识产权战略、产业集聚区科技创新和创新型科技人才队伍建设，构建和完善自主创新公共服务平台。加快推进产业发展、投融资、公共服务、城乡统筹等关键领域的体制机制创新和企业管理、行政管理、社会管理、市区管理等方面的管理创新，为推动跨越发展提供强大动力。

2. 扩需求

从投资需求看，进一步加快企业投资项目的审批进度和新开工项目的落实，从而加快全市工业投资项目的建设速度；努力推进全市重点建设项目的顺利进展，对列入全年投资建设计划但尚未开工的项目要加大督查力度。同时积极谋划，尽快开工一批重大项目，保持投资的连续性。

从消费需求看，要继续保持促进消费的政策导向，合理布局，加大商业设施建设力度，提高居民消费能力；不断增强消费对经济增长的拉动作用。

从出口需求看，要积极主动地推进贸易多元化战略和贸易方式转变，努力开辟新的国际市场，应对国际需求放缓的挑战；继续调整出口结构，不断提高出口商品的技术含量和附加值水平。

3. 控物价

把稳定价格总水平放在更加突出的位置，切实增强经济发展的协调性、可持续性和内生动力。同时要坚持“立足当前、着眼长远，综合施策、重点治理，保障民生、稳定预期”的原则，以经济和法律手段为主，辅之以必要的行政手段，全面加强价格调控监管工作，保持物价总水平基本稳定。继续加强市场价格监管，努力保证市场商品供应的充足和稳定；加强关注由物价上涨引起的低收入居民实际生活困难问题。

4. 安民生

要继续加大保障和改善民生的工作力度，切实解决好人民群众最关心、最直接、最现实的利益问题；落实中央、省、市出台的推进社会卫生服务综合改革、推进义务教育均衡化等各项社会保障措施；全面推进经济适用房的开工建设，着力解决部分群众住房难、购房难的实际问题；加快城镇化进程，切实提高城乡居民收入水平，努力缩小城乡居民收入差距。

要继续推进积极就业政策，完善扶持创业带动就业的政策，鼓励有创业意愿和创业能力的劳动者通过创业实现就业；继续推进鼓励失业人员灵活就业及就业援助政策，帮助更多的就业困难人员实现就业；继续加强对全体劳动者的职业技能培训，提升劳动者整体技能素质。

统计资料

1

综　　合

资料整理：王兰芝　蔡　华

1-1 全市行政区划

	土地面积（平方公里）	乡、镇、街道办事处个数				农村村民委员会	社区居委会
		合计	乡政府个数	镇政府个数	市辖办事处		
全市	**26509**	**236**	**77**	**129**	**30**	**4180**	**307**
宛城区	970	16	6	4	6	232	54
卧龙区	1017	18	4	7	7	235	60
南召县	2933	16	8	8		236	58
方城县	2542	16	9	7		542	4
西峡县	3454	19	4	12	3	278	28
镇平县	1490	22	5	14	3	109	23
内乡县	2301	16	6	10		288	8
淅川县	2818	17	4	11	2	503	9
社旗县	1152	15	3	12		236	8
唐河县	2497	21	7	12	2	494	21
新野县	1056	15	5	8	2	257	9
桐柏县	1915	16	5	11		208	8
邓州市	2370	27	11	13	3	562	17
高新区		2			2		

注:本表农村村民委员会、社区居委会个数来自市民政局,截止日期为2011年6月。

1-2 各县(市、区)乡、镇、办事处名称

	乡	镇	街道办事处
卧龙区	七里园乡、王村乡、谢庄乡、龙兴乡	蒲山镇、石桥镇、英庄镇、青华镇、潦河镇、陆营镇、安皋镇	梅溪街道、靳岗街道、卧龙街道、七一街道、武侯街道、光武街道、车站街道
宛城区	溧河乡、汉冢乡、金华乡、茶庵乡、高庙乡、新店乡	官庄镇、红泥湾镇、瓦店镇、黄台岗镇	新华街道、东关街道、仲景街道、汉冶街道、白河街道、枣林街道
南召县	城郊乡、小店乡、皇后乡、太山庙乡、石门乡、四棵树乡、马市坪乡、崔庄乡	城关镇、皇路店镇、留山镇、云阳镇、乔端镇、南河店镇、白土岗镇、板山坪镇	
方城县	券桥乡、杨集乡、二郎庙乡、古庄店乡、杨楼乡、清河乡、柳河乡、四里店乡、袁店回族乡	小史店镇、城关镇、独树镇、拐河镇、赵河镇、博望镇、广阳镇	
西峡县	田关乡、寨根乡、石界河乡、军马河乡	丁河镇、丹水镇、回车镇、米坪镇、西坪镇、双龙镇、桑坪镇、五里桥镇、重阳镇、太平镇、二郎坪镇、阳城镇	白羽街道、莲花街道、紫金街道
镇平县	二龙乡、王岗乡、马庄乡、彭营乡、郭庄乡	高丘镇、遮山镇、老庄镇、卢医镇、曲屯镇、石佛寺镇、晁陂镇、贾宋镇、候集镇、枣园镇、杨营镇、安子营镇、张林镇、柳泉铺镇	涅阳街道、雪枫街道、玉都街道
内乡县	大桥乡、赵店乡、余关乡、乍岖乡、板场乡、七里坪乡	师岗镇、瓦亭镇、灌涨镇、湍东镇、王店镇、马山口镇、赤眉镇、夏馆镇、城关镇、桃溪镇	
淅川县	西簧乡、毛堂乡、大石桥乡、滔河乡	荆紫关镇、寺湾镇、盛湾镇、金河镇、上集镇、老城镇、仓房镇、香花镇、厚坡镇、马蹬镇、丹阳镇	商圣街道、龙城街道
社旗县	城郊乡、陌陂乡、唐庄乡	晋庄镇、李店镇、桥头镇、兴隆镇、郝寨镇、苗店镇、饶良镇、赊店镇、朱集镇、下洼镇、太和镇、大冯营镇	
唐河县	城郊乡、桐河乡、昝岗乡、祁仪乡、马振扶乡、古城乡、东王集乡	桐寨铺镇、张店镇、郭滩镇、苍台镇、源潭镇、龙潭镇、湖阳镇、黑龙镇、上屯镇、大河屯镇、毕店镇、少拜寺镇	文峰街道、溪河街道
新野县	城郊乡、前高庙乡、樊集乡、上庄乡、上港乡	五星镇、王庄镇、施庵镇、沙堰镇、新甸铺镇、歪子镇、王集镇、溧河铺	汉城街道、汉华街道
桐柏县	城郊乡、回龙乡、朱庄乡、程湾乡、新集乡	城关镇、月河镇、吴城镇、固县镇、毛集镇、埠江镇、大河镇、平氏镇、淮源镇、黄岗镇、安棚镇	
邓州市	龙堰乡、白牛乡、夏集乡、裴营乡、文曲乡、高集乡、陶营乡、小杨营乡、腰店乡、九龙乡、张楼乡	汲滩镇、穰东镇、赵集镇、罗庄镇、十林镇、张村镇、都司镇、构林镇、刘集镇、孟楼镇、林扒镇、桑庄镇、彭桥镇	花洲街道、古城街道、湍河街道
高新区			张衡街道、百里奚街道

1-3 基本单位数

单位:个

	法人单位数	单产业法人	多产业法人	产业活动单位数	多产业法人的活动单位	异地产业活动单位
1996	22633	21016	1617	35695	14679	
1997	22076	20514	1562	34996	14482	
1998	24317	22876	1441	36448	13572	
1999	22735	21361	1374	34521	13160	
2000	22496	21146	1350	34262	13116	
2001	27627	26316	1311	39478	13162	
2002	30580	29258	1322	42164	12906	
2003	31700	30414	1286	43368	12954	
2004	33070	31818	1252	45793	13945	30
2005	33800	32593	1207	46422	13829	
2006	34886	33737	1149	47200	13463	
2007	35468	34355	1113	47649	13294	
2008	38466	37426	1040	48278	10852	
2009	39681	38642	1039	49442	10800	
2010	40449	39374	1075	50278	10904	

1-4 各县(市、区)基本单位数

(2010年)　　单位:个

	法人单位数	单产业法人	多产业法人	产业活动单位数	多产业法人的活动单位
总计	**40449**	**39374**	**1075**	**50278**	**10904**
市辖区	953	857	96	914	57
宛城区	3354	3315	39	3703	388
卧龙区	4555	4409	146	5252	843
南召县	2028	1914	114	2702	788
方城县	4084	3977	107	4949	972
西峡县	2082	2006	76	2902	896
镇平县	2583	2494	89	3762	1268
内乡县	2499	2444	55	2983	539
淅川县	2575	2532	43	3237	705
社旗县	2313	2173	140	2963	790
唐河县	3828	3752	76	4390	638
新野县	3153	3090	63	4399	1309
桐柏县	2512	2478	34	3109	631
邓州市	4883	4790	93	5927	1137

注:市辖区单位数含在县市区。

1-5 按三次产业分的基本单位数及构成

单位:个、%

	单位数（个）	第一产业		第二产业		第三产业	
		绝对数	构成(%)	绝对数	构成(%)	绝对数	构成(%)
法人单位							
1996	22633	395	1.7	10221	45.2	12017	53.1
1997	22076	597	2.7	9646	43.7	11833	53.6
1998	24317	713	2.9	11231	46.2	12373	50.9
1999	22735	703	3.1	10279	45.2	11753	51.7
2000	22496	763	3.4	10068	44.8	11665	51.8
2001	27627	806	2.9	10478	37.9	16343	59.2
2002	30580	717	2.3	10203	33.4	19660	64.3
2003	31700	878	2.8	10696	33.7	20126	63.5
2004	33070	1955	5.9	11864	35.9	19251	58.2
2005	33800	2030	6.0	12541	37.1	19229	56.9
2006	34886	1917	5.5	13614	39.0	19355	55.5
2007	35468	1984	6.0	13958	39.0	19526	55.0
2008	38466	2289	6.0	13284	34.5	22893	59.5
2009	39681	2330	5.9	13736	34.6	23615	59.5
2010	40449	2483	6.2	14209	35.1	23757	58.7
产业活动单位							
1996	35695	424	1.2	11325	31.7	23946	67.1
1997	34996	625	1.8	6974	19.9	27397	78.3
1998	36448	750	2.1	11340	31.1	24358	66.8
1999	34521	218	0.6	11164	32.3	23139	67.1
2000	34262	773	2.3	10894	32.3	22595	65.4
2001	39478	832	2.1	11283	28.6	27363	69.3
2002	42164	733	1.7	10854	25.7	30577	72.6
2003	43368	893	2.1	11357	26.2	31118	71.7
2004	45793	1983	4.3	12555	27.4	31255	68.3
2005	46422	2065	4.4	13118	28.3	31239	67.3
2006	47200	1959	4.2	14174	30.0	31067	65.8
2007	47649	2009	4.2	14505	30.4	31135	65.4
2008	48278	2336	4.8	13580	28.1	32362	67.1
2009	49442	2364	4.8	14030	28.4	33048	66.8
2010	50278	2517	5	14507	28.9	33254	66.1

1-6 按登记注册类型分组的基本单位数

(2010年) 单位:个

	法人单位数			产业活动单位数	
		单产业法人	多产业法人		多产业法人的活动单位
全　　市	**40449**	**39374**	**1075**	**50278**	**10904**
内资	40364	39293	1071	50070	10777
国有	6953	6341	612	12360	6019
集体	1663	1572	91	3232	1660
股份合作	186	161	25	875	714
联营	65	63	2	69	6
国有联营	3	3		4	1
集体联营	29	27	2	32	5
国有与集体联营	4	4		4	
其他联营	29	29		29	
有限责任公司	2300	2242	58	2715	473
国有独资公司	31	22	9	56	34
其他有限责任公司	2269	2220	49	2659	439
股份有限公司	487	444	43	1184	74
私营	18865	18824	41	19279	455
私营独资	15943	15925	18	16238	313
私营合作	1234	1230	4	1258	28
私营有限责任公司	1374	1358	16	1469	111
私营股份有限公司	314	311	3	314	3
其他内资	9845	9646	199	10356	71
港澳台商投资	43	41	2	61	2
与港澳台商合资经营	22	22		24	2
与港澳台商合作经营	3	2	1	4	2
港澳台商独资	15	14	1	30	16
港澳台商投资股份有限公司	3	3		3	
外商投资	42	40	2	147	107
中外合资经营	27	26	1	28	2
中外合作经营	3	3		3	
外商独资	9	9		113	104
外商投资股份有限公司	3	2	1	3	1

1-7 按行业分的基本单位数

(2010年)　　单位:个

	法人单位数	单产业法人	多产业法人	产业活动单位数	多产业法人的活动单位
全　　市	**40449**	**39374**	**1075**	**50278**	**10904**
农、林、牧、渔业	2483	2482	1	2517	35
农业	180	180		181	1
林业	111	111		120	9
畜牧业	1556	1555	1	1567	12
渔业	60	60		64	4
农、林、牧、渔服务业	576	576		585	9
采矿业	1180	1178	2	1184	6
煤炭开采和洗选业					
石油和天然气开采业	4	2	2	7	5
黑色金属矿采选业	230	230		230	
有色金属矿采选业	126	126		126	
非金属矿采选业	809	809		810	1
其他采矿业	11	11		11	
制造业	12128	12094	34	12223	129
农副食品加工业	1760	1757	3	1798	41
食品制造业	293	293		294	1
饮料制造业	202	201	1	203	2
烟草制品业	2	2		2	
纺织业	702	700	2	704	4
纺织服装、鞋、帽制造业	124	123	1	124	1
皮革、毛皮、羽毛(绒)及其制品业	58	58		59	1
木材加工及木、竹、藤、棕、草制品业	791	791		791	
家具制造业	514	513	1	514	1
造纸及纸制品业	93	93		93	
印刷业和记录媒介的复制	167	166	1	168	2
文教体育用品制造业	22	22		24	2
石油加工、炼焦及核燃料加工业	26	26		26	
化学原料及化学制品制造业	354	352	2	357	5
医药制造业	123	120	3	124	4
化学纤维制造业	6	6		6	
橡胶制品业	34	34		35	1
塑料制品业	330	328	2	330	2
非金属矿物制品业	4181	4179	2	4189	10
黑色金属冶炼及压延加工业	60	59	1	62	3
有色金属冶炼及压延加工业	46	45	1	49	4
金属制品业	394	392	2	400	8

1－7 续表 1　　(2010 年)　　单位:个

	法人单位数	单产业法人	多产业法人	产业活动单位数	多产业法人的活动单位
通用设备制造业	246	243	3	246	3
专用设备制造业	250	249	1	254	5
交通运输设备制造业	249	248	1	251	3
电气机械及器材制造业	136	133	3	142	9
通信设备、计算机及其他电子设备制造业	48	48		49	1
仪器仪表及文化、办公用机械制造业	97	95	2	99	4
工艺品及其他制造业	790	788	2	800	12
废弃资源和废旧材料回收加工业	30	30		30	
电力、燃气及水的生产和供应业	184	174	10	363	189
电力、热力的生产和供应业	78	68	10	255	187
燃气生产和供应业	12	12		12	
水的生产和供应业	94	94		96	2
建筑业	717	709	8	737	28
房屋和土木工程建筑业	445	439	6	458	19
建筑安装业	57	55	2	61	6
建筑装饰业	182	182		182	
其他建筑业	33	33		36	3
交通运输、仓储和邮政业	313	307	6	602	295
铁路运输业					
道路运输业	170	165	5	199	34
城市公共交通业	29	29		32	3
水上运输业	12	12		12	
航空运输业	1	1		1	
管道运输业					
装卸搬运和其他运输服务业	40	40		40	
仓储业	53	53		55	2
邮政业	8	7	1	263	256
信息传输、计算机服务和软件业	314	308	6	495	187
电信和其他信息传输服务业	41	35	6	221	186
计算机服务业	265	265		265	
软件业	8	8		9	1
批发和零售业	3884	3686	198	6513	2827
批发业	1642	1576	66	2390	814
零售业	2242	2110	132	4123	2013
住宿和餐饮业	1177	1165	12	1289	124
住宿业	350	341	9	384	43
餐饮业	827	824	3	905	81
金融业	82	37	45	1397	1360
银行业	28	7	21	784	777
证券业	1	1		3	2

1－7 续表 2　　(2010 年)　　单位:个

	法人单位数	单产业法人	多产业法人	产业活动单位数	多产业法人的活动单位
保险业	29	6	23	559	553
其他金融活动	24	23	1	51	28
房地产业	559	558	1	566	8
房地产业	559	558	1	566	8
租赁和商务服务业	676	672	4	828	156
租赁业	39	39		39	
商务服务业	637	633	4	789	156
科学研究、技术服务和地质勘查业	468	459	9	505	46
研究与试验发展	42	42		45	3
专业技术服务业	277	272	5	297	25
科技交流和推广服务业	138	135	3	149	14
地质勘查业	11	10	1	14	4
水利、环境和公共设施管理业	285	281	4	312	31
水利管理业	109	107	2	120	13
环境管理业	57	56	1	65	9
公共设施管理业	119	118	1	127	9
居民服务和其他服务业	320	316	4	349	33
居民服务业	224	220	4	250	30
其他服务业	96	96		99	3
教育	3132	2901	231	5378	2477
教育	3132	2901	231	5378	2477
卫生、社会保障和社会福利业	4039	4003	36	4727	724
卫生	3875	3840	35	4534	694
社会保障业	42	42		50	8
社会福利业	122	121	1	143	22
文化、体育和娱乐业	378	374	4	487	113
新闻出版业	9	8	1	10	2
广播、电视、电影和音像业	48	45	3	76	31
文化艺术业	269	269		348	79
体育	12	12		12	
娱乐业	40	40		41	1
公共管理和社会组织	8130	7670	460	9806	2136
中国共产党机关	120	116	4	123	7
国家机构	2420	2161	259	3970	1809
人民政协和民主党派	14	13	1	15	2
群众团体、社会团体和宗教组织	743	715	28	865	150
基层群众自治组织	4833	4665	168	4833	168

1-8 国民经济和社会发

	1990	1995	2000	2005	2009	2010
人口与就业						
人口(万人)						
年底总人口	985.00	1025.61	1049.01	1074.58	1096.22	
#市镇人口	110.02	152.07	211.48	298.99	401.55	
#男性人口	516.30	537.22	548.43	555.22	570.87	
就业(万人)						
年底从业人员	456.60	570.04	611.08	627.01	660.54	675.57
#在岗职工	56.69	69.71	65.81	63.14	67.79	68.60
宏观经济						
国民核算(亿元)						
生产总值	90.79	306.60	519.66	1031.06	1714.49	1953.36
第一产业	41.20	98.83	153.70	258.23	366.91	401.18
第二产业	26.88	134.42	237.66	527.99	875.49	1017.07
#工业	24.41	124.16	214.23	468.17	781.28	910.56
第三产业	22.71	73.36	128.30	249.68	472.09	535.11
人均生产总值(元)	929	2999	4963	9618	16996	19145
固定资产投资(亿元)						
全社会固定资产投资总额	15.37	75.08	117.62	377.29	1153.18	1389.43
#城镇投资	7.77	52.94	70.74	285.38	929.52	1129.95
财政(亿元)						
地方财政收入	5.53	9.58	19.59	31.00	72.67	105.20
地方财政支出	6.92	15.19	29.90	82.99	227.88	291.37
物价总指数(以上年为100)						
居民消费价格总指数		116.5	98.7	102.3	99.6	103.6
商品零售价格总指数		116.4	98.0	102.2	99.3	103.7
农业生产资料价格总指数		128.4	98.0	107.8	101.4	101.1
利用外资(万美元)						
签订外商直接投资协议金额	112	4582	962	9428	32643	24360
实际利用外商直接投资金额	104	1571	884	4809	13303	20111
产业经济						
农林牧渔业						
播种面积(千公顷)	1530.58	1559.33	1692.93	1897.91	1857.40	1855.57
主要农产品产量						
粮食(万吨)	397.52	359.64	378.05	465.88	579.37	584.02
#小麦(万吨)	223.35	161.33	200.91	283.19	354.77	357.63
棉花(万吨)	9.30	15.16	11.85	11.85	9.00	7.68
油料(万吨)	17.71	37.05	53.34	90.46	111.40	115.08
烟叶(万吨)	5.83	4.46	4.65	5.49	5.87	5.55
水果(万吨)	2.82	8.75	20.71	38.00	61.75	70.73

展总量与速度指标

2010 年为以下各年 %					平均每年增长 %			
1990	1995	2000	2005	2009	1991－1995	1996－2000	2001－2005	2006－2010
					0.8	0.5	0.5	
					6.7	6.8	7.2	
					0.8	0.4	0.2	
148.0	118.5	110.6	107.7	102.3	4.5	1.4	0.5	1.5
121.0	98.4	104.2	108.6	101.2	4.2	-1.1	-0.8	1.7
2151.5	637.1	375.9	189.5	113.9	15.8	10.4	11.9	13.6
973.7	405.9	261.0	155.4	109.3	6.8	9.0	7.8	9.2
3783.7	756.6	428.0	192.6	116.2	25.5	11.7	14.4	14.0
3730.3	733.4	425.0	194.5	116.5	26.0	11.5	13.8	14.2
2356.3	729.4	417.1	214.3	113.3	15.2	9.6	12.0	16.5
2060.8	638.4	385.8	199.1	112.6	14.8	9.9	11.4	14.8
9039.9	1850.6	1181.3	368.3	120.5	37.3	9.4	26.3	29.8
14542.5	2134.4	1597.3	395.9	121.6	46.8	6.0	32.2	31.7
1902.4	1098.1	537.0	339.4	144.8	11.6	15.4	9.6	27.7
4210.5	1918.2	974.5	351.1	127.9	17.0	14.5	22.7	28.6
	88.9	105.0	101.3	104.0				0.3
	89.1	105.8	101.5	104.4				0.3
	78.7	103.2	93.8	99.7				-1.3
21750.0	531.6	2532.2	258.4	74.6	110.1	-26.8	57.9	20.9
19337.5	1280.1	2275.0	418.2	151.2	72.1	-10.9	40.3	33.1
121.2	119.0	109.6	97.8	99.9	0.5	2.1	2.9	-0.5
146.9	162.4	154.5	125.4	100.8	-2.0	1.0	4.3	4.6
160.1	221.7	178.0	126.3	100.8	-6.3	4.5	7.1	4.8
82.6	50.7	64.8	64.8	85.3	10.3	-4.8		-8.3
649.8	310.6	215.7	127.2	103.3	15.9	7.6	11.1	4.9
95.2	124.4	119.4	101.1	94.5	-5.2	0.8	3.4	0.2
2508.3	808.4	341.5	186.1	114.5	25.4	18.8	12.9	13.2

1-8 续表1

	1990	1995	2000	2005	2009	2010
工　业						
规模以上工业增加值(亿元)			211.53	225.12	486.38	634.47
主要工业产品产量						
纱(万吨)	2.53	5.22	9.45	28.12	89.97	102.90
布(亿米)	0.62	1.33	1.36	2.31	4.00	4.27
卷烟(万箱)	39.00	44.30	39.83	151.04	129.00	131.00
饮料酒(万吨)	8.87	12.18	7.84	17.39	36.05	24.33
原油(万吨)	252.00	192.00	185.00	187.00	188.00	228.00
发电量(亿千瓦小时)	1.62	1.01	46.12	57.75	128.74	150.96
生铁(万吨)	12.65	18.62	4.79	15.91	202.11	122.23
钢(万吨)	0.37	0.52		0.42	187.90	123.05
烧碱(万吨)	1.07	2.60	2.89	6.68	1.95	1.81
酒精(万吨)	6.61	10.59	7.61	19.13	4.13	3.76
合成氨(万吨)	18.56	22.58	15.47	24.07	9.46	0.27
水泥(万吨)	106.00	285.00	417.00	912.00	1519.00	1280.00
大理石板(万立方米)	17.70	679.23	408.28	362.85	227.64	221.38
建筑业						
施工房屋面积(万平方米)	89.65	362.00	448.50	874.82	1176.09	1201.68
竣工房屋面积(万平方米)	40.82	210.00	192.40	409.99	702.19	704.26
运输和邮电						
客运量(万人)	3953	4682	6113	8347	12657	16633
#公路	3778	4602	6058	8300	12601	16581
货运量(万吨)	698	3446	4381	6770	12779	15223
#公路	640	3380	4301	6600	12520	14732
邮电业务总量(万元)	3132	18832	130463	418756	424299	491884
批发零售贸易业、餐饮业						
社会消费品零售总额(亿元)	31.86	93.05	183.11	339.65	676.66	800.97
对外经济贸易						
进出口总额(万美元)		6467	10462	30336	63719	95324
进口额		545	3249	6869	20811	30671
出口额		5922	7213	23467	42908	64653
金融						
金融机构年底存款余额(亿元)	31.72	93.76	313.13	625.99	1145.90	1471.00
金融机构年底贷款余额(亿元)	49.63	125.00	305.78	441.84	699.08	828.00
教　育、文　化						
教　育						
专任教师数(人)						
高等学校	363	523	783	2094	3543	3645
中等专业学校	2408	3759	4369	4457	4737	4734
普通中学	26155	28437	35386	36815	35830	35550
小学	54191	40795	49398	48977	49527	49478

2010 年为以下各年 %					平均每年增长 %			
1990	1995	2000	2005	2009	1991－1995	1996－2000	2001－2005	2006－2010
		299.9	281.8	130.4			16.2	23.0
4067.2	1971.3	1088.9	365.9	114.4	15.6	12.6	24.4	29.6
688.7	321.1	314.0	184.8	106.8	16.5	0.4	11.2	13.1
335.9	295.7	328.9	86.7	101.6	2.6	-2.1	30.5	-2.8
274.3	199.8	310.3	139.9	67.5	6.5	-8.4	17.3	6.9
90.5	118.8	123.2	121.9	121.3	-5.3	-0.7	0.2	4.0
9318.5	14946.5	327.3	261.4	117.3	-9.0	114.7	4.6	21.2
966.2	656.4	2551.8	768.3	60.5	8.0	-23.8	27.1	50.3
33256.8	23663.5		29297.6	65.5	7.0			211.4
169.2	69.6	62.6	27.1	92.8	19.4	2.1	18.2	-23.0
56.9	35.5	49.4	19.7	91.0	9.9	-6.4	20.2	-27.8
1.5	1.2	1.7	1.1	2.9	4.0	-7.3	9.2	-59.3
1207.5	449.1	307.0	140.4	84.3	22.0	7.9	16.9	7.0
1250.7	32.6	54.2	61.0	97.3	107.4	-9.7	-2.3	-9.4
1340.4	332.0	267.9	137.4	102.2	32.2	4.4	14.3	6.6
1725.3	335.4	366.0	171.8	100.3	38.8	-1.7	16.3	11.4
420.8	355.3	272.1	199.3	131.4	3.4	5.5	6.4	14.8
438.9	360.3	273.7	199.8	131.6	4.0	5.7	6.5	14.8
2180.9	441.8	347.5	224.9	119.1	37.6	4.9	9.1	17.6
2301.9	435.9	342.5	223.2	117.7	39.5	4.9	8.9	17.4
15705.1	2612.0	377.0	117.5	115.9	43.2	47.3	26.3	3.3
2514.0	860.8	437.4	235.8	118.4	23.9	14.5	13.2	18.7
	1474.0	911.1	314.2	149.6		10.1	23.7	25.7
	5627.7	944.0	446.5	147.4		42.9	16.2	34.9
	1091.7	896.3	275.5	150.7		4.0	26.6	22.5
4638.1	1569.1	469.8	235.0	128.4	24.2	27.3	14.9	18.6
1667.3	662.0	270.6	187.3	118.4	20.3	19.6	7.6	13.4
1004.1	696.9	465.5	174.1	102.9	7.6	8.4	21.7	11.7
196.6	125.9	108.4	106.2	99.9	9.3	3.1	0.4	1.2
135.9	125.0	100.5	96.6	99.2	1.7	4.5	0.8	-0.7
91.3	121.3	100.2	101.0	99.9	-5.5	3.9	-0.2	0.2

1－8 续表2

	1990	1995	2000	2005	2009	2010
在校学生数(万人)						
高等学校	0.23	0.40	1.06	3.88	7.82	6.67
中等专业学校	3.04	7.01	8.53	10.37	13.11	13.50
普通中学	38.17	52.16	68.86	67.98	56.26	56.62
小学	123.69	113.88	100.83	85.56	105.36	112.21
文化、文物						
艺术表演团体	23	19	17	17	17	17
文化馆	20	19	19	16	15	15
公共图书馆	13	13	13	13	13	13
公共图书量(万册)	71	79	112	128	139	140
博物馆	11	11	11	13	16	16
家庭、生活						
家　庭						
家庭总户数(万户)	239.60	260.24	279.48	335.93	343.19	
城镇居民平均每户家庭人口(人)	3.62	3.45	3.28	3.04	2.89	2.87
农村居民平均每户家庭人口(人)	4.78	4.48	4.00	4.03	4.00	4.00
婚　姻						
登记结婚(对)			82250	78573	94690	92479
登记离婚(民政部门)(对)			1815	4463	8082	9705
居　住						
城市居民人均居住面积(平方米)	14.11	13.3	19.95	28.7	29.77	30.04
农村居民人均居住面积(平方米)	14.01	17.98	23.49	25.97	31.16	32.19
生　活						
城乡居民储蓄存款年底余额(亿元)	26.47	95.85	229.59	468.45	803.81	955.82
城镇居民人均可支配收入(元)	1265	2773	4430	7831	13498	15077
城镇居民人均消费性支出(元)	970	2245	3403	5283	9595	11116
农民人均纯收入(元)	487	1124	1889	2894	4931	5666
农民人均生活消费支出(元)	455	870	1179	2006	3606	4012
工　资						
在岗职工工资总额(亿元)	9.22	28.30	40.61	73.66	141.03	160.10
在岗职工平均工资(元)	1649	4143	6164	11820	20834	23309
卫　生						
医院、卫生院数(个)	281	289	296	305	302	302
卫生机构床位数(万张)	1.49	1.52	1.49	1.81	2.48	2.77
#医院、卫生院	1.34	1.37	1.44	1.7	2.28	2.59
卫生技术人员数(万人)	1.99	2.23	2.36	2.5	3.81	3.97

2010 年为以下各年 %					平 均 每 年 增 长 %			
1990	1995	2000	2005	2009	1991－1995	1996－2000	2001－2005	2006－2010
2900.0	1667.5	629.2	171.9	85.3	11.9	21.3	29.6	11.4
444.1	192.6	158.3	130.2	103.0	18.2	4.0	4.0	5.4
148.3	108.6	82.2	83.3	100.6	6.4	5.7	-0.3	-3.6
90.7	98.5	111.3	131.1	106.5	-1.6	-2.4	-3.2	5.6
73.9	89.5	100.0	100.0	100.0				0.0
75.0	78.9	78.9	93.8	100.0				-1.3
100.0	100.0	100.0	100.0	100.0				0.0
197.2	177.2	125.0	109.4	100.7	2.2	7.2	2.7	1.8
145.5	145.5	145.5	123.1	100.0				4.2
					1.7	1.4	3.7	
79.3	83.2	87.5	94.4	99.3	-1.0	-1.0	-1.5	-1.1
83.7	89.3	100.0	99.3	100.0	-1.3	-2.2	0.1	-0.1
							-0.9	3.3
							19.7	16.8
212.9	225.9	150.6	104.7	100.9	-1.2	8.4	1.3	0.9
229.8	179.0	137.0	124.0	103.3	5.1	5.5	2.0	4.4
3611.0	997.2	416.3	204.0	118.9	29.4	19.1		15.3
1191.9	543.7	340.3	192.5	111.7	17.0	9.8	12.1	14.0
1146.0	495.1	326.7	210.4	115.9	18.3	8.7	9.2	16.0
1163.4	504.1	299.9	195.8	114.9	18.2	10.9	8.9	14.4
881.8	461.2	340.3	200.0	111.3	13.8	6.3	11.2	14.9
1736.4	565.7	394.2	217.3	113.5	25.1	7.5	12.6	16.8
1413.5	562.6	378.1	197.2	111.9	20.2	8.3	13.9	14.5
107.5	104.5	102.0	99.0	100.0	0.6	0.5	0.6	-0.2
185.9	182.2	185.9	153.0	111.7	0.4	-0.4	4.0	8.9
193.3	189.1	179.9	152.4	113.6	0.5	1.0	3.4	8.8
199.5	178.0	168.2	158.8	104.2	2.3	1.2	1.1	9.7

1-9 国民经济和社会发展结构指标

单位:%

	1990	1995	2000	2005	2009	2010
人口与就业						
人　口						
城乡结构						
市镇	11.2	14.8	20.2	30.0	36.6	
乡村	88.8	85.2	79.8	70.0	63.4	
性别结构						
男	52.4	52.4	52.3	51.7	52.1	
女	47.6	47.6	47.7	48.3	47.9	
就　业						
从业人员产业结构						
第一产业	75.6	66.9	70.7	57.1	50.7	48.9
第二产业	11.5	17.2	13.5	19.9	25.5	26.4
第三产业	12.9	15.9	15.8	23.0	23.8	24.7
在岗职工人数登记注册类型结构						
国有单位	74.7	76.6	66.8	59.2	54.4	54.2
城镇集体单位	25.3	17.3	20.5	19.6	8.8	9.0
其他单位		6.1	12.7	21.2	36.8	36.8
宏观经济						
国民核算						
生产总值产业结构						
第一产业	45.4	32.2	29.6	24.9	21.4	20.5
第二产业	29.6	43.9	45.7	51.0	51.1	52.1
#工业	26.9	40.5	41.2	45.2	45.6	46.6
第三产业	25.0	23.9	24.7	24.1	27.5	27.4
投　资						
全社会固定资产投资结构						
#城镇	50.5	70.5	60.1	75.6	80.6	81.3
农村	49.5	29.5	39.9	24.4	19.4	18.7
城镇固定资产投资产业结构						
第一产业	3.5	0.8	2.3	2.9	4.1	3.1
第二产业	80.9	72.0	38.2	35.6	64.9	67.8
#工业	80.7	70.5	37.5	35.6	64.9	67.8
第三产业	15.7	27.2	59.5	61.5	25.0	29.0

1-9 续表

单位:%

	1990	1995	2000	2005	2009	2010
产　　业						
农　业						
农林牧渔业增加值结构						
农业	77.8	65.7	64.2	65.1	62.0	65.2
林业	2.9	3.0	3.6	4.1	3.2	2.0
牧业	18.6	30.7	31.1	27.5	30.8	28.9
渔业	0.7	0.6	1.2	1.4	1.2	1.1
农林牧渔服务业				1.9	2.8	2.7
农作物播种面积结构						
粮食作物	76.9	68.5	58.6	54.3	60.1	60.6
经济作物	23.1	31.5	41.4	44.9	39.6	39.4
其他农作物				0.8	0.4	0.4
工　业						
工业增加值结构						
规模以上			46.5	48.1	62.2	69.7
规模以下			16.8	18.1	12.1	10.1
城乡个体			36.7	33.8	25.6	20.0
工业增加值轻重工结构						
轻工业			49.3	52.1	51.4	49.1
重工业			50.7	47.9	48.6	50.9
批发零售贸易、住宿和餐饮业						
社会消费品零售总额结构						
批发零售贸易业	90.7	87.5	86.2	84.5	82.6	83.9
住宿和餐饮业	4.2	6.2	8.4	13.5	15.7	14.6
其它	5.1	6.3	5.4	2.0	1.7	1.5
生　活						
城镇居民消费结构						
食品类	51.2	49.0	39.5	34.3	33.0	33.1
衣着类	15.1	15.7	12.6	14.8	14.3	13.7
居住	6.7	7.8	15.4	10.8	10.4	10.1
日用品及其他	27.0	27.5	32.5	40.0	42.3	43.1
农村居民消费结构						
食品类	59.4	62.6	47.7	45.9	37.8	38.0
衣着类	9.2	8.1	5.9	5.6	5.4	5.4
居住	13.6	11.6	18.5	21.8	29.0	27.8
日用品及其他	17.8	17.7	27.9	26.7	27.8	28.8

1-10 国民经济和社会发展比例和效益指标

	1990	1995	2000	2005	2009	2010
人口和就业						
人口						
出生率(‰)	22.8	11.9	11.7	11.0	11.1	
死亡率(‰)	7.1	6.4	6.4	6.3	6.0	
自然增长率(‰)	15.8	5.5	5.3	4.8	5.1	
城市化水平(%)	11.2	14.8	20.2	30.0	36.6	33.0
宏观经济						
国民核算						
经济增长贡献率(%)						
第一产业	77.0	27.6	19.0	13.7	8.8	7.8
第二产业	-16.4	54.4	58.3	60.7	60.0	67.0
#工业		52.9	47.9	54.4	50.8	63.7
第三产业	39.4	18.0	22.7	25.6	31.2	25.2
全社会劳动生产率(元/人·年)	2013	5629	8527	16924	25956	29239
第一产业	1211	2755	3866	7494	10954	12059
第二产业	5159	13979	24108	45562	51960	58628
第三产业	3856	8171	11330	18013	30056	33054
人均国内生产总值(元)	929	2999	4963	9662	16996	19145
能耗						
单位GDP能耗(吨标准煤/万元)				1.36	1.17	1.09
单位GDP电耗(千瓦时/万元)				806.9	825.5	898.2
单位工业增加值能耗(吨标准煤/万元)				2.46	1.81	1.54
固定资产投资						
全社会固定资产投资相当于地区生产总值比例(%)	16.9	24.5	22.6	35.8	67.3	71.1
财政						
地方财政收入相当于地区生产总值比例(%)	6.1	3.1	3.8	2.9	4.2	5.4
地方财政支出相当于地区生产总值比例(%)	7.6	5.0	5.8	7.9	13.3	14.9
利用外资						
实际利用外资额相当于签订利用外资额比例(%)	92.9	34.3	91.9	51.0	40.8	82.6

1－10 续表

	1990	1995	2000	2005	2009	2010
产 业 经 济						
农 业						
每公顷播种面积农产量(千克)						
粮食	3377	3369	3813	4523	5168	5192
#小麦	3818	2840	3461	4707	5368	5394
棉花	823	865	819	829	845	905
油料	1322	2229	2500	3001	3646	3672
工 业						
规模以上工业企业经济						
总资产贡献率(%)			9.4	18.1	20.7	23.1
成本费用利润率(%)			4.7	7.6	7.3	7.7
资产负债率(%)			67.6	61.4	57.9	57.9
产品销售率(%)			98.7	99.2	98.6	98.1
资金利税率(%)			8.4	19.0	23.2	23.8
全员劳动生产率(元/人年)			68194	77680	149300	172199
对外经济贸易						
进出口总额相当于地区生产总值比例(%)		1.8	1.7	2.4	2.5	3.1
金 融						
金融机构存款相当于地区生产总值比例(%)	34.9	30.6	60.3	59.4	66.8	75.3
金融机构贷款相当于地区生产总值比例(%)	54.7	40.8	58.8	41.9	40.8	42.4
教 育						
小学适龄人口入学率(%)	98.9	99.6	100.0	99.3	99.8	99.7
小学毕业生升学率(%)	60.7	90.4	96.2	97.4	98.2	99.4
小学在校生巩固率(%)	98.8	98.9	99.8	100.0	98.9	98.0
初中毕业生升学率(%)	31.1	48.8	35.3	50.5	65.2	68.8
初中在校生巩固率(%)	98.0	96.1	98.3	99.4	99.4	98.5
学校教师负担系数						
高等学校	6.0	8.0	11.0	25.8	22.1	18.3
普通高中	15.0	18.0	19.0	22.6	17.6	17.0
普通初中				17.4	15.1	15.6
小学学校	23.0	28.0	20.0	17.5	21.3	22.7
生 活						
城乡居民收入比例(农民人均纯收入为1)	2.60	2.47	2.35	2.71	2.74	2.66
恩格尔系数(%)						
城镇居民	51.2	49.0	39.5	34.3	33.0	33.1
农村居民	54.5	62.6	47.7	45.9	37.8	38.0

1-11 主要社会经济指标人均水平

	1990	1995	2000	2005	2009	2010
人口密度(人/平方公里)	**372**	**387**	**396**	**404**	**414**	
生产总值(元)	**929**	**2999**	**4963**	**9662**	**16996**	**19145**
第一产业	422	967	1468	2572	3637	3932
第二产业	275	1315	2270	4925	8679	9968
工业	250	1214	2046	4367	7745	8925
第三产业	232	718	1225	2329	4680	5245
人民生活(元)						
在岗职工平均工资	1649	4143	6164	11820	20834	23309
城镇居民人均可支配收入	1265	2773	4430	7831	13498	15077
城镇居民人均消费性支出	970	2245	3403	5283	9595	11116
农民人均纯收入	487	1124	1889	2894	4931	5666
农民人均生活消费支出	455	870	1179	2006	3606	4012
居民储蓄额	271	938	2193	4370	7349	
农林牧渔业						
人均耕地面积(亩)	1.38	1.28	1.25	1.31		
主要农产品产量(千克)						
粮食	450.80	390.25	421.65	511.40	621.59	622.09
棉花	10.54	16.45	13.22	13.00	9.66	8.19
油料	20.09	40.20	59.50	99.30	119.52	122.58
猪牛羊肉	16.14	31.51	49.27	59.13	63.24	64.69
水产品	1.38	2.02	5.26	8.07	10.19	11.56
蔬菜	100.63	268.96	756.72	1097.71	966.56	1008.63
水果	3.20	9.49	23.10	41.71	66.25	70.73
工业						
主要工业产品产量						
纱(千克)	2.59	5.11	9.03	26.23	82.26	100.85
布(米)	6.34	13.01	12.99	21.55	36.57	41.85
原油(千克)	257.90	187.80	176.74	174.43	171.88	223.46
发电量(千瓦小时)	16.58	9.88	440.47	538.67	1177.00	1479.56
生铁(千克)	12.94	18.21	4.57	14.84	184.80	119.80
酒精(千克)	6.76	10.36	7.27	17.84	3.78	3.69
水泥(千克)	108.05	278.77	398.25	850.68	1388.77	1254.53
社会消费品零售总额(元)	326	910	1749	3168	6186	7850
财政						
地方财政收入(元)	57	94	187	289	664	1031
地方财政支出(元)	71	149	286	774	2083	2856
卫生						
每千人口拥有医生数(人)	0.82	0.76	0.77	0.8	1.02	1.05
每千人口拥有医院、卫生院病床数(张)	1.52	1.48	1.54	1.53	2.5	2.53

注：1. 本表价值量指标均按当年价格计算；

2. 每千人拥有医生指的是执业医师和执业助理医师。

主要统计指标解释

可比价格 指计算各种总量指标所采用的扣除了价格变动因素的价格，可进行不同时期总量指标的对比。按可比价格计算总量指标有两种方法：一种是直接用产品产量乘某一年的不变价格计算；另一种是用价格指数进行缩减。

不变价格 指以同类产品某年的平均价格作为固定价格，用于计算各年的产品价值。按不变价格计算的产品价值消除了价格变动因素，不同时期对比可以反映生产的发展速度。新中国成立后，随着工农业产品价格水平的变化，国家统计局先后五次制定了全国统一的工业产品不变价格和农业产品不变价格。从1952年到1957年使用1952年工(农)业产品不变价格，从1957年到1970年使用1957年不变价格，从1971年到1980年使用1970年不变价格，从1981年到1990年使用1980年不变价格，从1991年开始使用1990年不变价格。

平均增长速度 我国计算平均增长速度有两种方法：一种是习惯上经常使用的“水平法”，又称几何平均法，是以间隔期最后一年的水平同基期水平对比来计算平均每年增长(或下降)速度；另一种是“累计法”，又称代数平均法或方程法，是以间隔期内各年水平的总和同基期水平对比来计算平均每年增长(或下降)速度。在一般正常情况下，两种方法计算的平均每年增长速度比较接近；但在经济发展不平衡、出现大起大落时，两种方法计算的结果差别较大。

本《年鉴》内所列的平均增长速度，从某年到某年平均增长速度的年份，均不包括基期年在内。如建国四十三年的平均增长速度是以1949年为基期计算的，则写为1950－1992年平均增长速度，其余类推。

企业(单位)登记注册类型 是以在工商行政管理机关登记注册的各类企业为划分对象，以工商行政管理部门对企业登记注册的类型为依据，将企业登记注册类型分为内资企业、港澳台商投资企业和外商投资企业三大类。内资企业包括国有企业、集体企业、股份合作企业、联营企业、有限责任公司、股份有限公司、私营公司和其他企业；港澳台商投资企业和外商投资企业分别包括合资经营企业、合作经营企业、独资经营企业和股份有限公司。对不在工商行政管理部门进行登记注册的行政机关、事业单位和社会团体，主要按其经费来源和管理方式进行划分。

国有企业 指企业全部资产归国家所有，并按《中华人民共和国企业法人登记管理条例》规定登记注册的非公司制的经济组织。不包括有限责任公司中的国有独资公司。

集体企业 指企业资产归集体所有，并按《中华人民共和国企业法人登记管理条例》规定登记注册的经济组织。

股份合作企业 指以合作制为基础，由企业职工共同出资入股，吸收一定比例的社会资产投资组建，实行自主经营，自负盈亏，共同劳动，民主管理，按劳分配与按股分红相结合的一种集体经济组织。

联营企业 指两个及两个以上相同或不同所有制性质的企业法人或事业单位法人，按自愿、平等、互利的原则，共同投资组成的经济组织。联营企业包括国有联营企业、集体联营企业、国有与集体联营企业和其他联营企业。

有限责任公司 指根据《中华人民共和国公司登记管理条例》规定登记注册，由两个以上、五十个以下的股东共同出资，每个股东以其所认缴的出资额对公司承担有限责任，公司以其全部资产对其债务承担责任的经济组织。有限责任公司包括国有独资公司以及其他有限责任公司。

股份有限公司 指根据《中华人民共和国公司登记管理条例》规定登记注册，其全部注册资本由等额股份构成并通过发行股票筹集资本，股东以其认购的股份对公司承担有限责任，公司以其全部资产对其债务承担责任的经济组织。

私营企业 指由自然人投资设立或由自然人控股，以雇佣劳动为基础的营利性经济组织。包括按照《公司法》、《合伙企业法》、《私营企业暂行条例》规定登记注册的私营有限责任公司、私营股份有限公司、私营合伙企业和私营独资企业。

其他内资企业 指上述企业之外的其他内资经济组织。

与港澳台商合资经营企业 指港澳台地区投资者与内地企业依照《中华人民共和国中外合资经营企业法》及有关法律的规定，按合同规定的比例投资设立、分享利润和分担风险的企业。

与港澳台商合作经营企业 指港澳台地区投资者与内地企业依照《中华人民共和国中外合作经营企业法》及有关法律的规定，依照合作合同的约定进行投资或提供条件设立、分配利润和分担风险的企业。

港澳台商独资经营企业 指依照《中华人民共和国外资企业法》及有关法律的规定，在内地由港澳台地区投资者全额投资设立的企业。

港澳台商投资股份有限公司 指根据国家有关规定，经外经贸部依法批准设立，其中港、澳、台商的股本占公司注册资本的比例达25%以上的股份有限公司。凡其中港、澳、台商的股本占公司注册资本的比例小于25%的，属于内资企业中的股份有限公司。

中外合资经营企业 指外国企业或外国人与中国内地企业依照《中华人民共和国中外合资经营企业法》及有关法律的规定，按合同规定的比例投资设立、分享利润和分担风险的企业。

中外合作经营企业 指外国企业或外国人与中国内地企业依照《中华人民共和国中外合作经营企业法》及有关法律的规定,依照合作合同的约定进行投资或提供条件设立、分配利润和分担风险的企业。

外资企业 指依照《中华人民共和国外资企业法》及有关法律的规定,在中国内地由外国投资者全额投资设立的企业。

外商投资股份有限公司 指根据国家有关规定,经外经贸部依法批准设立,其中外资的股本占公司注册资本的比例达25%以上的股份有限公司。凡其中外资股本占公司注册资本的比例小于25%的,属于内资企业中的股份有限公司。

行政机关、事业单位和社会团体 参照企业登记注册类型,主要按其经费来源和管理方式划分。具体规定如下:

(1)行政机关:包括国家机关和政党机关,原则上均列为"国有"。但有特殊规定的,如供销社等,则列为"集体"。

(2)事业单位:包括经国家机构编制部门和有关业务主管部门批准成立的各类事业单位,不包括实行企业化管理的事业单位。事业单位的划分办法如下:

①由国家财政预算拨款或列入财政预算外资金管理以及经费主要来源于国有主管部门或国有上级单位的事业单位,列为"国有"。

②经费主要来源于集体单位的事业单位,列为"集体"。

③公民个人(或个人合伙)开办的事业单位,列为"私营"。

④上述以外的其他事业单位,如果其经费来源不明确,按管理方式进行归类。

(3)社会团体:包括经民政部门批准成立以及未纳入社会团体管理条例范围的工会、妇联等各类社会团体。社会团体的划分办法如下:

①未纳入民政部社会团体管理条例范围的工会、妇联、共青团、青联、工商联、科协、侨联等社会团体,国家拨款设立的基金会或基金管理组织以及经费主要来源于国有业务主管部门或国有上级单位的社会团体,列为"国有"。

②经费主要来源于集体单位的社会团体,列为"集体"。

③公民个人(或个人合伙)开办的社会团体,划为"私营"。

④上述以外的其他社会团体,如果其经费来源不明确,改按管理方式进行归类。

2

国民经济核算

资料整理：杨　飞　王　珂　刘春雨　张　莹　贺　洋

2-1 历年生产总值

	生产总值（万元）	第一产业	第二产业	工业	建筑业	第三产业	人均生产总值（元）
1952	33994	30577	2209			1208	63
1957	45688	37833	4041			3814	79
1962	38187	28437	4923			4827	67
1965	58138	42569	8628			6941	97
1970	77753	46437	20598			10718	116
1975	142548	80317	44809			17422	186
1978	184289	103700	58972	49314	9658	21617	226
1979	204440	110806	68078	57276	10802	25556	246
1980	234069	118417	79220	66650	12570	36432	277
1981	282312	153383	80952	67721	13231	47977	329
1982	283256	134913	82361	68449	13912	65982	324
1983	368773	206261	87947	74296	13651	74565	415
1984	399616	209104	98139	86911	11228	92373	444
1985	478988	234957	124705	112215	12490	119326	526
1986	526823	234663	148242	133313	14929	143918	573
1987	655471	299022	188242	169697	18545	168207	703
1988	714851	296305	227985	200541	27444	190561	756
1989	800143	338892	251374	226083	25291	209877	832
1990	907887	411982	268769	244075	24694	227136	929
1991	994993	415213	318870	288801	30069	260910	1004
1992	1195538	426141	443529	389724	53805	325868	1194
1993	1605313	501057	681923	610019	71904	422333	1590
1994	2230428	715246	952263	870527	81736	562919	2193
1995	3066008	988260	1344172	1241625	102547	733576	2999
1996	3714704	1198001	1618827	1488159	130668	897876	3651
1997	4390280	1392324	1957140	1779789	177351	1040816	4241
1998	4658731	1524433	2031461	1828110	203351	1102837	4480
1999	4849380	1550227	2105461	1922313	183148	1193692	4647
2000	5196645	1537025	2376582	2142323	234259	1283038	4963
2001	5741903	1696195	2617381	2334648	282733	1428327	5458
2002	6204033	1827172	2798215	2485027	313188	1578646	5866
2003	7156213	1955116	3421765	3036810	384955	1779332	6734
2004	8678834	2422649	4130981	3611661	519320	2125204	8132
2005	10310592	2582332	5279889	4681762	598127	2448371	9618
2006	11698833	2752929	6123277	5465536	657741	2822627	11740
2007	13570052	3020447	7147831	6414020	733811	3401774	13620
2008	15967720	3444769	8326278	7526882	799396	4196673	15971
2009	17144914	3669124	8754933	7812845	942088	4720857	16996
2010	19533562	4011814	10170697	9105630	1065067	5351051	19145

注:本表按当年价格计算。

2-2 历年生产总值指数

（以1952年为100）

	生产总值	第一产业	第二产业	工业	建筑业	第三产业	人均生产总值
1952	100.0	100.0	100.0			100.0	100.0
1957	128.9	118.7	175.5			303.1	120.1
1962	107.3	88.8	212.8			381.6	101.4
1965	160.7	130.8	367.0			539.8	144.5
1970	216.8	142.8	960.3			730.5	171.9
1975	335.1	220.8	1507.7			1091.2	234.5
1978	451.7	297.2	2068.9	100.0	100.0	1411.7	298.3
1979	468.6	297.0	2253.7	110.3	101.8	1521.8	303.6
1980	522.7	339.4	2285.0	111.3	106.0	1938.2	333.0
1981	549.5	348.9	2429.1	117.7	115.6	2156.8	344.5
1982	542.4	324.6	2388.8	116.3	111.2	2554.0	334.0
1983	704.9	466.8	2435.7	119.5	109.1	3519.5	426.5
1984	775.6	489.6	2746.9	139.9	97.3	4258.4	463.0
1985	860.8	494.9	3350.3	173.5	104.7	5219.2	508.3
1986	924.3	461.2	3928.6	205.9	110.1	6495.4	539.9
1987	1062.3	536.0	4942.9	261.5	126.8	6618.0	612.6
1988	1033.1	431.6	5420.4	279.8	174.3	7254.8	587.1
1989	1089.6	486.6	5745.3	303.3	150.0	6956.1	609.2
1990	1149.7	541.4	5602.1	298.2	135.0	7537.9	632.3
1991	1218.7	533.1	6410.5	339.9	160.8	8205.7	661.1
1992	1403.3	533.4	8277.6	428.0	261.0	9930.8	753.5
1993	1710.0	597.5	11004.3	578.6	299.9	11848.7	910.3
1994	2026.0	642.3	14296.6	768.4	308.9	13527.6	1070.6
1995	2398.6	751.9	17457.1	947.4	333.0	15321.9	1260.5
1996	2739.6	849.0	20151.0	1093.5	385.1	17379.5	1432.4
1997	3118.0	944.1	23559.9	1269.2	495.2	19270.8	1618.7
1998	3407.3	1044.2	25781.9	1381.3	578.6	20689.4	1761.1
1999	3683.4	1104.7	28052.6	1522.7	533.9	22647.2	1897.2
2000	3940.1	1156.6	30386.4	1634.3	651.3	24204.2	2022.5
2001	4329.6	1251.5	33652.7	1787.2	804.4	26705.1	2212.0
2002	4748.6	1350.4	37200.8	1964.4	930.1	29416.3	2413.1
2003	5278.7	1389.5	43290.7	2274.9	1122.2	32723.3	2669.8
2004	6103.3	1570.2	50967.4	2660.8	1384.1	37430.4	3073.6
2005	6901.4	1680.1	59508.9	3118.6	1573.6	41917.9	3460.2
2006	7820.1	1814.5	68897.8	3640.2	1704.9	47617.1	3903.6
2007	8802.2	1888.9	79025.1	4233.9	1724.0	55396.8	4395.4
2008	9758.1	1996.5	87574.2	4735.5	1738.6	64027.2	4855.4
2009	10733.9	2080.4	97382.5	5227.9	2091.5	71774.5	5293.6
2010	11979.1	2171.0	111405.6	6017.4	2254.6	79813.2	5838.8

注：本表按可比价格计算。第二产业其中项以1978年为100。

2-3 历年生产总值指数

（以上年为100）

	生产总值	第一产业	第二产业			第三产业	人均生产总值
				工业	建筑业		
1952	103.2	101.7	112.6			129.2	102.6
1957	93.4	89.3	120.9			119.7	92.3
1962	108.5	116.0	82.4			102.4	106.8
1965	122.9	123.3	139.0			105.5	121.2
1970	106.8	100.6	123.4			104.8	102.3
1975	107.1	108.6	103.4			110.7	105.0
1978	123.4	131.2	112.9			119.4	121.0
1979	103.7	99.9	108.9	110.3	101.8	107.8	101.8
1980	111.6	114.3	101.4	100.9	104.1	127.4	109.7
1981	105.1	102.8	106.3	105.8	109.1	111.3	103.5
1982	98.7	93.0	98.3	98.8	96.2	118.4	96.9
1983	130.0	143.8	102.0	102.7	98.1	137.8	127.7
1984	110.0	104.9	112.8	117.1	89.2	121.0	108.5
1985	111.0	101.1	122.0	124.0	107.6	122.6	109.8
1986	107.4	93.2	117.3	118.7	105.2	124.5	106.2
1987	114.9	116.2	125.8	127.0	115.1	101.9	113.5
1988	97.3	80.5	109.7	107.0	137.5	109.6	95.8
1989	105.5	112.7	106.0	108.4	86.6	95.9	103.8
1990	105.5	111.3	97.5	98.3	89.4	108.4	103.8
1991	106.0	98.5	114.4	114.0	119.1	108.9	104.6
1992	115.1	100.1	129.1	125.9	162.3	121.0	114.0
1993	121.9	112.0	132.9	135.2	114.9	119.3	120.8
1994	118.5	107.5	129.9	132.8	103.0	114.2	117.6
1995	118.4	117.1	122.1	123.3	107.8	113.3	117.7
1996	114.2	112.9	115.4	115.4	115.7	113.4	113.6
1997	113.8	111.2	116.9	116.1	128.6	110.9	113.0
1998	109.3	110.6	109.4	108.8	116.9	107.4	108.8
1999	108.1	105.8	108.8	110.2	92.3	109.5	107.7
2000	107.0	104.7	108.3	107.3	122.0	106.9	106.6
2001	109.9	108.2	110.8	109.4	123.5	110.3	109.4
2002	109.7	107.9	110.5	109.9	115.6	110.2	109.1
2003	111.2	102.9	116.4	115.8	120.7	111.2	110.6
2004	115.6	113.0	117.7	117.0	123.3	114.4	115.1
2005	113.1	107.0	116.8	117.2	113.7	112.0	112.6
2006	113.3	108.0	115.8	116.7	108.3	113.6	112.8
2007	112.6	104.1	114.7	116.3	101.1	116.3	112.6
2008	110.9	105.7	110.8	111.8	100.8	115.6	110.5
2009	110.0	104.2	111.2	110.4	120.3	112.1	109.0
2010	111.6	104.5	114.4	115.1	107.8	111.2	110.3

注：本表按可比价格计算。

2-4 历年生产总值分产业构成

	生产总值	第一产业	第二产业			第三产业
				工业	建筑业	
1952	100.0	90.0	6.5			3.5
1957	100.0	82.8	8.8			8.4
1962	100.0	74.5	12.9			12.6
1965	100.0	73.2	14.8			12.0
1970	100.0	59.7	26.5			13.8
1975	100.0	56.4	31.4			12.2
1978	100.0	56.3	32.0	26.8	5.2	11.7
1979	100.0	54.2	33.3	28.0	5.3	12.5
1980	100.0	50.6	33.9	28.5	5.4	15.6
1981	100.0	54.3	28.7	24.0	4.7	17.0
1982	100.0	47.6	29.1	24.2	4.9	23.3
1983	100.0	55.9	23.9	20.2	3.7	20.2
1984	100.0	52.3	24.6	21.8	2.8	23.1
1985	100.0	49.1	26.0	23.4	2.6	24.9
1986	100.0	44.5	28.1	25.3	2.8	27.3
1987	100.0	45.6	28.7	25.9	2.8	25.7
1988	100.0	41.5	31.9	28.1	3.8	26.7
1989	100.0	42.4	31.4	28.3	3.2	26.2
1990	100.0	45.4	29.6	26.9	2.7	25.0
1991	100.0	41.7	32.1	29.0	3.0	26.2
1992	100.0	35.6	37.1	32.6	4.5	27.3
1993	100.0	31.2	42.5	38.0	4.5	26.3
1994	100.0	32.1	42.7	39.0	3.7	25.2
1995	100.0	32.2	43.8	40.5	3.4	23.9
1996	100.0	32.3	43.6	40.1	3.5	24.2
1997	100.0	31.7	44.6	40.5	4.0	23.7
1998	100.0	32.7	43.6	39.2	4.4	23.7
1999	100.0	32.0	43.4	39.6	3.8	24.6
2000	100.0	29.6	45.7	41.2	4.5	24.7
2001	100.0	29.5	45.6	40.7	4.9	24.9
2002	100.0	29.5	45.1	40.1	5.1	25.5
2003	100.0	27.3	47.8	42.4	5.4	24.9
2004	100.0	27.9	47.6	41.6	6.0	24.5
2005	100.0	25.0	51.2	45.4	5.8	23.8
2006	100.0	23.5	52.3	46.7	5.6	24.2
2007	100.0	22.3	52.7	47.3	5.4	25.0
2008	100.0	21.6	52.1	47.1	5.0	26.3
2009	100.0	21.4	51.1	45.6	5.5	27.5
2010	100.0	20.5	52.1	46.6	5.5	27.4

注:本表按当年价格计算。

2-5 三次产业贡献率

单位:%

	生产总值	第一产业	第二产业	工业	第三产业
1990	100.0	77.0	-16.4	-10.1	39.4
1991	100.0	-11.2	75.0	66.5	36.2
1992	100.0	0.2	64.8	52.5	35.0
1993	100.0	20.6	55.1	52.0	24.3
1994	100.0	14.1	65.0	64.0	20.9
1995	100.0	28.9	52.3	50.5	18.8
1996	100.0	28.0	48.6	45.1	23.4
1997	100.0	24.8	55.7	49.0	19.5
1998	100.0	33.8	47.1	40.5	19.1
1999	100.0	21.6	50.8	53.8	27.6
2000	100.0	20.0	56.2	45.6	23.8
2001	100.0	24.5	49.9	39.1	25.6
2002	100.0	23.8	50.1	42.0	26.1
2003	100.0	7.4	67.8	57.8	24.8
2004	100.0	19.0	56.6	46.8	24.4
2005	100.0	23.2	56.6	52.4	20.2
2006	100.0	15.1	60.7	57.1	24.2
2007	100.0	7.8	61.2	60.7	31.0
2008	100.0	11.6	53.1	52.7	35.3
2009	100.0	8.8	60.0	50.8	31.2
2010	100.0	7.8	67.0	63.7	25.2

注:本表按可比价格计算,产业贡献率指各产业增加值增量与GDP增量之比。

2-6 三次产业对生产总值增长的拉动

单位:百分点

	生产总值	第一产业	第二产业	工业	第三产业
1990	5.5	4.2	-0.9	-0.6	2.2
1991	6.0	-0.7	4.5	4.0	2.2
1992	15.1	0.0	9.8	7.9	5.3
1993	21.9	4.5	12.1	11.4	5.3
1994	18.5	2.6	12.0	11.8	3.9
1995	18.4	5.3	9.6	9.3	3.5
1996	14.2	4.0	6.9	6.4	3.3
1997	13.8	3.4	7.7	6.8	2.7
1998	9.3	3.1	4.4	3.8	1.8
1999	8.1	1.7	4.1	4.4	2.3
2000	7.0	1.4	3.9	3.2	1.7
2001	9.9	2.4	5.0	3.9	2.5
2002	9.7	2.3	4.9	4.1	2.5
2003	11.2	0.8	7.6	6.5	2.8
2004	15.6	3.0	8.8	7.3	3.8
2005	13.1	3.0	7.4	6.9	2.7
2006	13.3	2.0	8.1	7.6	3.2
2007	12.6	1.0	7.7	7.6	3.9
2008	10.9	1.3	5.8	5.7	3.8
2009	10.0	0.9	6.0	5.1	3.1
2010	11.6	0.9	7.8	7.4	2.9

注:本表按可比价格计算,产业拉动指GDP增长速度与各产业贡献率之乘积。

2-7 第三产业增加值构成及指数

	2000	2005	2006	2007	2008	2009	2010
第三产业增加值(亿元)	128.30	244.84	282.26	340.18	419.67	472.09	535.11
交通运输、仓储和邮政业	18.71	42.43	47.89	53.97	64.67	70.57	83.75
信息传输、计算机服务和软件业	4.13	9.54	12.78	15.32	17.04	20.27	22.83
批发和零售业	33.87	50.59	56.66	63.00	76.65	87.09	100.12
住宿和餐饮业	9.15	30.16	32.97	40.62	49.69	58.94	64.81
金融业	3.38	8.35	10.37	15.08	23.47	28.04	32.81
房地产业	14.01	25.49	28.97	35.06	42.89	45.40	51.50
租赁和商务服务业	1.23	3.88	4.36	5.04	5.61	6.68	7.69
科学研究、技术服务和地质勘查业	0.73	2.22	2.78	3.56	4.36	5.19	5.81
水利、环境和公共设施管理业	1.70	3.05	3.39	4.06	4.81	5.30	6.15
居民服务和其他服务业	9.83	10.08	9.89	9.64	9.21	11.33	13.29
教育	11.38	20.01	24.35	30.90	38.98	43.91	48.44
卫生、社会保障和社会福利业	5.40	13.28	15.84	20.44	27.93	30.91	34.41
文化、体育和娱乐业	0.57	1.47	1.65	1.85	2.05	2.45	2.84
公共管理和社会组织	14.21	24.29	30.34	41.65	52.31	56.02	60.66
构　　成(%)							
第三产业	100.0	100.0	100.0	100.0	100.0	100.0	100.0
交通运输、仓储和邮政业	14.6	17.3	17.0	15.9	15.4	14.9	15.7
信息传输、计算机服务和软件业	3.2	3.9	4.5	4.5	4.1	4.3	4.3
批发和零售业	26.4	20.7	20.1	18.5	18.3	18.4	18.7
住宿和餐饮业	7.1	12.3	11.7	11.9	11.8	12.5	12.1
金融业	2.6	3.4	3.7	4.4	5.6	5.9	6.1
房地产业	10.9	10.4	10.3	10.3	10.2	9.6	9.6
租赁和商务服务业	1.0	1.6	1.5	1.5	1.3	1.4	1.4
科学研究、技术服务和地质勘查业	0.6	0.9	1.0	1.0	1.0	1.1	1.1
水利、环境和公共设施管理业	1.3	1.2	1.2	1.2	1.1	1.1	1.1
居民服务和其他服务业	7.7	4.1	3.5	2.8	2.2	2.4	2.5
教育	8.9	8.2	8.6	9.1	9.3	9.3	9.1
卫生、社会保障和社会福利业	4.2	5.4	5.6	6.0	6.7	6.5	6.4
文化、体育和娱乐业	0.4	0.6	0.6	0.5	0.5	0.5	0.5
公共管理和社会组织	11.1	9.9	10.7	12.2	12.5	11.9	11.3
指　　数(上年=100)							
第三产业		112.0	113.6	116.3	115.6	112.1	111.2
交通运输、仓储和邮政业		106.9	110.7	113.8	111.3	109.1	118.5
信息传输、计算机服务和软件业		123.8	132.6	115.0	111.1	119.1	113.5
批发和零售业		114.2	111.0	106.5	113.2	114.3	110.9
住宿和餐饮业		112.9	108.4	115.0	109.5	113.7	105.6
金融业		120.1	114.3	138.6	144.1	122.1	113.7
房地产业		110.2	111.8	114.0	110.3	106.7	107.8
租赁和商务服务业		114.5	110.3	112.1	108.9	116.7	115.0
科学研究、技术服务和地质勘查业		111.0	122.6	124.4	119.9	119.3	112.1
水利、环境和公共设施管理业		101.4	109.8	115.2	116.2	110.4	116.3
居民服务和其他服务业		91.5	96.3	94.5	93.6	127.0	115.1
教育		111.6	120.8	126.0	125.0	110.2	109.1
卫生、社会保障和社会福利业		116.9	119.0	126.1	131.9	110.9	112.9
文化、体育和娱乐业		107.3	112.4	111.0	109.9	117.9	115.2
公共管理和社会组织		118.9	123.3	130.2	117.4	107.3	106.3

2-8 各县(市、区)生产总值

(2010年)

	生产总值(万元)	第一产业	第二产业	工业	建筑业	第三产业	交通运输仓储和邮政业	批发和零售业	人均生产总值(元)
总计	**19533562**	**4011814**	**10170697**	**9105630**	**1065067**	**5351051**	**837510**	**1001165**	**19145**
宛城区	2285869	236779	1270549	1077431	193118	778541	64899	140532	26287
卧龙区	2241398	182270	960349	825636	134713	1098779	159922	167940	24454
南召县	936943	146191	566664	522475	44189	224088	50453	47800	16222
方城县	1091520	310919	486813	427335	59478	293788	48116	59135	11764
西峡县	1508280	219351	990600	896707	93893	298329	48770	54059	34754
镇平县	1506733	251610	849095	768515	80580	406028	59855	95068	16902
内乡县	1014390	284962	479347	410322	69025	250081	41565	57398	17077
淅川县	1264053	288824	706477	631530	74947	268752	43179	55957	18713
社旗县	874554	287807	368793	329691	39102	217954	30290	47839	14004
唐河县	1840480	582801	847591	738350	109241	410088	67679	80935	15209
新野县	1657185	366058	921299	877816	43483	369828	101528	71963	25242
桐柏县	1001253	168830	628458	583638	44820	203965	35553	40886	24780
邓州市	2347549	685412	1094613	1016136	78477	567524	88127	99957	16518

注:本表按当年价格计算。

2-9 各县(市、区)生产总值指数

(2010年,以上年为100)　　单位:%

	生产总值(万元)	第一产业	第二产业	工业	建筑业	第三产业	交通运输仓储和邮政业	批发和零售业	人均生产总值
总计	**111.6**	**104.5**	**114.4**	**115.1**	**107.8**	**111.2**	**118.5**	**110.9**	**110.3**
宛城区	112.7	104.6	115.4	116.8	106.9	111.1	118.8	116.4	109.9
卧龙区	111.7	104.6	114.5	115.7	107.2	110.6	115.7	110.0	110.2
南召县	115.3	104.5	120.4	121.5	109.5	111.5	112.3	112.9	119.1
方城县	111.0	104.8	113.7	114.4	107.8	113.1	122.0	108.9	111.4
西峡县	115.8	104.1	119.1	120.0	108.3	112.0	114.8	108.8	112.6
镇平县	110.1	104.3	111.1	111.6	105.3	111.3	119.5	112.6	113.7
内乡县	110.8	104.8	113.5	114.3	108.0	111.8	118.8	112.6	114.2
淅川县	112.2	104.2	115.0	115.6	108.5	113.2	121.6	110.9	110.1
社旗县	110.3	104.5	113.2	113.7	108.6	113.0	121.8	110.1	108.3
唐河县	110.3	104.7	113.2	113.6	109.4	111.8	114.4	113.4	103.3
新野县	112.3	104.4	115.2	115.5	108.8	112.3	121.7	110.1	116.7
桐柏县	111.8	104.7	113.1	113.4	108.4	113.3	116.2	110.8	114.5
邓州市	110.2	104.6	113.2	113.6	107.5	110.5	116.7	110.0	104.6

注:本表按可比价格计算。

2-10 各县(市、区)生产总值构成

(2010年)　　单位:%

	生产总值	第一产业	第二产业			第三产业		
				工　业	建筑业		交通运输仓储和邮政业	批发和零售业
总　　计	**100.0**	**20.5**	**52.1**	**46.6**	**5.5**	**27.4**	**4.3**	**5.1**
宛 城 区	100.0	10.4	55.6	47.1	8.5	34.0	2.8	6.2
卧 龙 区	100.0	8.1	42.9	36.8	6.0	49.0	7.1	7.5
南 召 县	100.0	15.6	60.5	55.8	4.7	23.9	5.4	5.1
方 城 县	100.0	28.5	44.6	39.2	5.5	26.9	4.4	5.4
西 峡 县	100.0	14.5	65.7	59.5	6.2	19.8	3.2	3.6
镇 平 县	100.0	16.7	56.4	51.0	5.4	26.9	4.0	6.3
内 乡 县	100.0	28.1	47.3	40.5	6.8	24.6	4.1	5.7
淅 川 县	100.0	22.9	55.9	50.0	5.9	21.2	3.4	4.4
社 旗 县	100.0	32.9	42.2	37.7	4.5	24.9	3.5	5.5
唐 河 县	100.0	31.7	46.1	40.1	5.9	22.2	3.7	4.4
新 野 县	100.0	22.1	55.6	53.0	2.6	22.3	6.1	4.3
桐 柏 县	100.0	16.9	62.8	58.3	4.5	20.3	3.6	4.1
邓 州 市	100.0	29.2	46.6	43.3	3.3	24.2	3.8	4.3

注:本表为在地数据,按当年价格计算。

2-11 各县(市、区)非公有制经济增加值占 GDP 比重

	绝　对　量(亿元)			占 GDP 比重(%)		
	2008年	2009年	2010年	2008年	2009年	2010年
总　　计	**899.35**	**979.24**	**1120.50**	**56.3**	**57.1**	**57.4**
宛 城 区	53.57	61.84	71.36	68.4	70.2	71.1
卧 龙 区	54.11	59.40	67.63	65.6	66.0	66.4
南 召 县	34.39	38.25	45.11	62.1	64.0	65.3
方 城 县	49.77	57.79	65.46	60.2	62.8	63.7
西 峡 县	84.61	93.70	110.76	76.1	75.4	76.0
镇 平 县	80.30	84.93	94.57	62.4	63.0	63.6
内 乡 县	54.77	63.24	69.86	64.7	69.5	69.8
淅 川 县	64.46	72.46	83.40	65.0	65.9	66.5
社 旗 县	43.69	50.10	57.15	64.1	64.9	65.5
唐 河 县	92.75	105.29	113.94	66.2	67.8	67.5
新 野 县	89.01	95.69	112.53	66.5	68.3	69.3
桐 柏 县	38.61	42.54	48.52	60.4	61.9	62.0
邓 州 市	127.27	140.37	159.39	65.9	66.5	69.0

注:本表县市区为属地数据,按当年价格计算。

2-12 生产总值分产业构成项目

(2010 年)

单位:万元

	增加值	劳动者报酬	生产税净额	补贴	固定资产折旧	营业盈余
地区生产总值	**19533562**	**9721421**	**2339740**	**69653**	**2269609**	**5202792**
第一产业	4011814	3492885	-15650	20113	162293	372286
第二产业	10170697	3715110	1943244	49540	1185049	3327294
工业	9105630	3147048	1833232	49540	1118128	3007222
建筑业	1065067	568062	110012		66921	320072
第三产业	5351051	2513426	412146		922267	1503212
交通运输、仓储和邮政业	837510	208678	73927		219052	335853
信息传输、计算机服务和软件业	228336	28770	11890		61349	126327
批发和零售业	1001165	456525	123007		38028	383605
住宿和餐饮业	648076	282157	85097		28194	252628
金融业	328093	79319	69732		22338	156704
房地产业	514970	22197	31276		415609	45888
租赁和商务服务业	76895	60559	1685		8698	5953
科学研究、技术服务和地质勘查业	58099	41525	1706		4148	10720
水利、环境和公共设施管理业	61517	39032	1115		8738	12632
居民服务和其他服务业	132926	55343	7642		9803	60138
教育	484388	430340	925		40354	12769
卫生、社会保障和社会福利业	344089	246587	923		21133	75446
文化、体育和娱乐业	28350	20894	516		2653	4287
公共管理和社会组织	606637	541500	2705		42170	20262

注:本表按当年价格计算。

2-13 按支出法计算的生产总值

单位:万元

	按当年价格计算		按可比价格计算		
	2010	2009	2010	2009	2010 年为上年%
支出法地区生产总值	**19533562**	**17144914**	**17890108**	**16030659**	**111.6**
一、最终消费支出	**9279046**	**8120030**	**8382030**	**7634515**	**109.8**
(一)居民消费支出	7034942	6102856	6384556	5737772	111.3
农村居民	2418458	2244115	2160117	2072547	104.2
城镇居民	4616484	3858741	4224439	3665225	115.3
(二)政府消费支出	2244104	2017174	1997474	1896743	105.3
二、资本形成总额	**20843538**	**18095779**	**18872037**	**17180457**	**109.8**
(一)固定资本形成总额	13894330	11660359	12809627	11126309	115.1
(二)存货增加	6949208	6435420	6062410	6054148	100.1
三、货物和服务净流出	**-10589022**	**-9070895**	**-9363959**	**-8784313**	**106.6**
(一)流出					
(二)流入	10589022	9070895	9363959	8784313	106.6

主要统计指标解释

地区生产总值(GDP) 指一个国家(或地区)所有常住单位在一定时期内生产活动的最终成果。地区生产总值有三种表现形态,即价值形态、收入形态和产品形态。从价值形态看,它是所有常住单位在一定时期内生产的全部货物和服务价值超过同期中间投入的全部非固定资产货物和服务价值的差额,即所有常住单位的增加值之和;从收入形态看,它是所有常住单位在一定时期内创造并分配给常住单位和非常住单位的初次收入分配之和;从产品形态看,它是所有常住单位在一定时期内最终使用的货物和服务价值与货物和服务净出口价值之和。在实际核算中,地区生产总值有三种计算方法,即生产法、收入法和支出法。三种方法分别从不同的方面反映地区生产总值及其构成。

三次产业 是根据社会生产活动历史发展的顺序对产业结构的划分,产品直接取自自然界的部门称为第一产业,对初级产品进行再加工的部门称为第二产业,为生产和消费提供各种服务的部门称为第三产业。它是世界上较为通用的产业结构分类,但各国的划分不尽一致。

我国的三次产业划分是:

第一产业:农业(包括种植业、林业、牧业、渔业和农林牧渔服务业)。

第二产业:工业(包括采掘业,制造业,电力、煤气及水的生产和供应业)和建筑业。

第三产业:除第一、第二产业以外的其他各业。由于第三产业包括的行业多、范围广,根据我国的实际情况,第三产业可分为两大部分;一是流通部门,二是服务部门。具体又可分为四个层次:

第一层次:流通部门,包括交通运输、仓储及邮电通信业,批发和零售贸易、餐饮业。

第二层次:为生产和生活服务的部门,包括金融、保险业,地质勘查业、水利管理业,房地产业,社会服务业,交通运输辅助业,综合技术服务业等。

第三层次:为提高科学文化水平和居民素质服务的部门,包括教育、文化艺术及广播电影电

第四层次:为社会公共需要服务的部门,包括国家机关、政党机关和社会团体以及军队、警察等。

支出法地区生产总值 指一个国家(或地区)所有常住单位在一定时期内用于最终消费、资本形成总额,以及货物和服务的净出口总额,它反映本期生产的地区生产总值的使用及构成。

最终消费 指常住单位在一定时期内对于货物和服务的全部最终消费支出,也就是常住单位为满足物质、文化和精神生活的需要,从本国经济领土和国外购买的货物和服务的支出;不包括非常住单位在本国经济领土内的消费支出。最终消费分为居民消费和政府消费。

居民消费 指常住住户对货物和服务的全部最终消费支出。居民消费按市场价格计算,即按居民支付的购买者价格计算。购买者价格是购买者取得货物所支付的价格,包括购买者支付的运输和商业费用。居民消费除了直接以货币形式购买货物和服务的消费之外,还包括以其他方式获得的货物和服务的消费支出,即所谓的虚拟消费支出。居民虚拟消费支出包括以下几种类型:单位以实物报酬及实物转移的形式提供给劳动者的货物和服务;住户生产并由本住户消费了的货物和服务,其中的服务仅指住户的自有住房服务;金融机构提供的金融媒介服务;保险公司提供的保险服务。

政府消费 指政府部门为全社会提供公共服务的消费支出和免费或以较低价格向住户提供的货物和服务的净支出。前者等于政府服务的产出价值减去政府单位所获得的经营收入的价值,政府服务的产出价值等于它的经常性业务支出加上固定资产折旧;后者等于政府部门免费或以较低价格向住户提供的货物和服务的市场价值减去向住户收取的价值。

资本形成总额 指常住单位在一定时期内获得的减去处置的固定资产加存货的变动,包括固定资本形成总额和存货增加。

固定资本形成总额 指常住单位购置、转入和自产自用的固定资产,扣除固定资产的销售和转出后的价值,分有形固定资产形成总额和无形固定资产形成总额。有形固定资产形成总额包括一定时期内完成的建筑工程、安装工程和设备工器具购置(减处置)价值,以及土地改良、新增役、种、奶、毛、娱乐用牲畜和新增经济林木价值。无形固定资产形成总额包括矿藏的勘探、计算机软件、娱乐和文学艺术品原件等获得减处置。

存货增加 指常住单位存货实物量变动的市场价值,即期末价值减期初价值的差额。存货增加可以是正值,也可以是负值;正值表示存货上升,负值表示存货下降。它包括生产单位购进的原材料、燃料和储备物资等存货,以及生产单位生产的产成品、在制品等存货等。

货物和服务净出口 指货物和服务出口减货物和服务进口的差额。出口包括常住单位向非常住单位出售或无偿转让的各种货物和服务的价值;进口包括常住单位从非常住单位购买或无偿得到的各种货物和服务的价值。由于服务活动的提供与使用同时发生,因此服务的进出口业务并不发生出入境现象,一般把常住单位从国外得到的服务作为进口,非常住单位从本国得到的服务作为出口。货物的出口和进口都按离岸价格计算。

劳动者报酬 指劳动者因从事生产活动所获得的全部报酬。包括劳动者获得的各种形式的工资、奖金和津贴,既

包括货币形式的,也包括实物形式的;还包括劳动者所享受的公费医疗和医药卫生费、上下班交通补贴和单位支付的社会保险费等。对于个体经济来说,其所有者所获得的劳动报酬和经营利润不易区分,这两部分统一作为劳动者报酬处理。

生产税净额 指生产税减生产补贴后的余额。生产税指政府对生产单位生产、销售和从事经营活动以及因从事生产活动使用某些生产要素(如固定资产、土地、劳动力)所征收的各种税、附加费和规费。生产补贴与生产税相反,指政府对生产单位的单方面收入转移,因此视为负生产税,包括政策亏损补贴、粮食系统价格补贴、外贸企业出口退税收入等。

固定资产折旧 指一定时期内为弥补固定资产损耗按照核定的固定资产折旧率提取的固定资产折旧,或按国民经济核算统一规定的折旧率虚拟计算的固定资产折旧。它反映了固定资产在当期生产中的转移价值。各类企业和企业化管理的事业单位的固定资产折旧是指实际计提并计入成本费中的折旧费;不计提折旧的政府机关、非企业化管理的事业单位和居民住房的固定资产折旧是按照统一规定的折旧率和固定资产原值计算的虚拟折旧。原则上,固定资产折旧应按固定资产的重置价值计算,但是目前我国尚不具备对全社会固定资产进行重估价的基础,所以暂时只能采用上述办法。

营业盈余 指常住单位创造的增加值扣除劳动者报酬、生产税净额和固定资产折旧后的余额。它相当于企业的营业利润加上生产补贴,但要扣除从利润中开支的工资和福利等。

货物 指通过我国海关进出口的货物,以海关进出口统计资料为基础,并根据国际收支统计口径的要求,出口、进口都以商品所有权变化为原则进行调整。出口和进口金额均按离岸价格统计。

服务 包括运输、旅游、通讯、建筑、保险、国际金融服务、计算机和信息服务、专有权力使用费和特许费、各种商业服务、个人文化娱乐服务以及政府服务。

3

人　口

资料整理：郑书俭　白明哲　贾楠

3-1 各县(市、区)常住人口和城镇化率

(2010 年末)

	常住人口(人)	出生率(‰)	死亡率(‰)	自然增长率(‰)	城镇化率(%)
全市	**10272215**	**11.13**	**6.01**	**5.12**	**33.00**
宛城区	888884	10.55	4.95	5.60	50.35
卧龙区	926556	10.64	5.11	5.53	51.00
南召县	556877	11.69	6.09	5.60	28.17
方城县	922927	11.70	5.76	5.94	26.05
西峡县	444783	10.51	5.53	4.98	37.09
镇平县	860560	11.17	6.80	4.37	29.06
内乡县	574922	11.34	7.13	4.21	28.52
淅川县	686252	10.86	5.65	5.21	30.43
社旗县	634520	10.94	6.46	4.48	28.07
唐河县	1284378	10.77	6.03	4.74	29.34
新野县	629000	11.74	7.29	4.45	28.86
桐柏县	393612	10.84	6.02	4.82	33.52
邓州市	1468944	11.64	5.97	5.67	28.33

注:本表数据为河南省第六次人口普查办公室反馈数据,城镇化计算方法调整。

3-2 南阳市六次人口普查基本情况

单位:万人

	1953	1964	1982	1990	2000	2010
总人口(万人)	**590.52**	**582.93**	**870.21**	**975.66**	**957.78**	**1026.37**
男			458.17	511.28	500.64	528.08
女			412.04	464.38	457.14	498.29
性别比(女=100)			111.21	110.1	109.52	105.98
家庭户规模(人/户)			4.7	4.08	3.41	3.57
各年龄组人口(%)						
0-14岁			35.68	29.86	22.66	234.92
15-64岁			58.78	64.16	70.35	705.85
65岁及以上			5.54	5.98	6.99	85.54
民族人口(万人、%)	590.52	582.93	870.21	975.66	957.78	1026.37
汉族	582.32	572.98	854.91	954.88	936.97	1006.30
占总人口比重	98.6	98.3	98.2	97.9	97.8	98.04
少数民族	8.2	9.95	15.3	20.78	20.81	20.07
占总人口比重	1.4	1.7	1.8	2.1	2.2	1.96
每十万人拥有的各种受教育程度人口(人)						
大专及以上			190	520	2076	4646
高中和中专			5010	5690	8590	10871
初中			17890	25350	41317	42740
小学			32140	40800	35355	26107
文盲人口及文盲率						
文盲人口(万人)			273.94	158.55	37.93	40.40
文盲率(%)			26.8	14.7	3.96	3.94
城乡人口(万人)			870.21	975.66	957.78	1026.37
城镇人口			62.31	110.02	193.21	333.36
乡村人口			807.9	874.98	764.57	693.01

注:2000 年数据是“五普”常住人口口径;2010 年数据是“六普”快速汇总常住人口口径。

3-3 全市分年龄、性别的常住人口

单位:万人

	人口数(万人)			占总人数的百分比(%)			性别比
	合计	男	女	合计	男	女	(女=100)
总计	**1026.37**	**528.07**	**498.29**	**100.00**	**51.45**	**48.55**	**105.98**
0-4	95.03	53.26	41.77	9.26	5.19	4.07	127.52
5-9	79.28	44.73	34.55	7.72	4.36	3.37	129.47
10-14	60.62	32.89	27.73	5.91	3.20	2.70	118.60
15-19	59.27	31.12	28.15	5.77	3.03	2.74	110.53
20-24	92.52	44.98	47.54	9.01	4.38	4.63	94.62
25-29	69.72	33.79	35.93	6.79	3.29	3.50	94.03
30-34	71.97	35.75	36.21	7.01	3.48	3.53	98.73
35-39	79.42	41.23	38.19	7.74	4.02	3.72	107.96
40-44	91.52	45.73	45.79	8.92	4.46	4.46	99.87
45-49	78.89	38.45	40.45	7.69	3.75	3.94	95.05
50-54	52.34	25.87	26.47	5.10	2.52	2.58	97.74
55-59	64.05	32.05	32.00	6.24	3.12	3.12	100.17
60-64	46.20	25.12	21.08	4.50	2.45	2.05	119.16
65-69	32.93	17.77	15.16	3.21	1.73	1.48	117.16
70-74	23.46	12.30	11.16	2.29	1.20	1.09	110.14
75-79	16.33	7.85	8.48	1.59	0.77	0.83	92.64
80-84	7.83	3.44	4.39	0.76	0.34	0.43	78.34
85-89	3.65	1.33	2.32	0.36	0.13	0.23	57.46
90-94	1.05	0.33	0.72	0.10	0.03	0.07	46.52
95岁及以上	0.30	0.09	0.21	0.03	0.01	0.02	42.86

注:本表数据为2010年11月1日第六次人口普查汇总数据。

3-4 各县(市、区)按性别分的常住人口

单位:万人

	总人口(万人)			占总人口(%)		性别比
	合计	男	女	男	女	(女=100)
全市	**1026.37**	**528.07**	**498.29**	**51.45**	**48.55**	**105.98**
宛城区	88.72	45.42	43.31	51.19	48.81	104.87
卧龙区	92.46	46.43	46.03	50.22	49.78	100.87
南召县	55.72	29.26	26.45	52.52	47.48	110.62
方城县	92.25	47.25	45.00	51.22	48.78	105.00
西峡县	44.44	23.16	21.28	52.12	47.88	108.84
镇平县	85.96	44.89	41.06	52.23	47.77	109.32
内乡县	57.52	29.38	28.14	51.08	48.92	104.43
淅川县	68.57	35.11	33.46	51.21	48.79	104.95
社旗县	63.38	32.63	30.75	51.48	48.52	106.09
唐河县	128.23	66.37	61.85	51.76	48.24	107.31
新野县	62.92	31.96	30.96	50.79	49.21	103.21
桐柏县	39.39	20.31	19.08	51.56	48.44	106.43
邓州市	146.82	75.91	70.91	51.70	48.30	107.04

注:本表数据为2010年11月1日第六次人口普查汇总数据。

3-5 各县(市、区)按城乡分的常住人口

单位:万人

	总人口	城镇	城市	镇	农村
全市	**1026.37**	**333.36**	**100.86**	**232.50**	**693.01**
宛城区	88.72	43.64	31.86	11.78	45.09
卧龙区	92.46	46.35	40.43	5.92	46.11
南召县	55.72	15.48		15.48	40.24
方城县	92.25	23.02		23.02	69.23
西峡县	44.44	16.26		16.26	28.19
镇平县	85.96	24.54		24.54	61.41
内乡县	57.52	16.20		16.20	41.32
淅川县	68.57	20.60		20.60	47.97
社旗县	63.38	17.54		17.54	45.84
唐河县	128.23	37.10		37.10	91.13
新野县	62.92	17.92		17.92	45.00
桐柏县	39.39	13.21		13.21	26.19
邓州市	146.82	41.51	28.57	12.93	105.31

注:本表数据为2010年11月1日第六次人口普查汇总数据。

3-6 各县(市、区)按民族分的常住人口

单位:万人

	总人口	汉族		各少数民族	
		人数	占总人口%	人数	占总人口%
全市	**1026.37**	**1006.29**	**98.04**	**20.08**	**1.96**
宛城区	88.72	85.91	96.83	2.81	3.17
卧龙区	92.46	90.82	98.23	1.64	1.77
南召县	55.72	53.43	95.89	2.29	4.11
方城县	92.25	90.69	98.31	1.56	1.69
西峡县	44.44	44.09	99.21	0.35	0.79
镇平县	85.96	81.89	95.27	4.07	4.73
内乡县	57.52	56.05	97.44	1.47	2.56
淅川县	68.57	67.98	99.14	0.59	0.86
社旗县	63.38	62.80	99.08	0.58	0.92
唐河县	128.23	127.13	99.14	1.10	0.86
新野县	62.92	62.11	98.71	0.81	1.29
桐柏县	39.39	39.13	99.34	0.26	0.66
邓州市	146.82	144.25	98.25	2.57	1.75

注:本表数据为2010年11月1日第六次人口普查汇总数据。

3-7 各县(市、区)常住人口年龄结构

单位:万人、%

	总人口	按年龄分人口数			占总人口数百分比		
		0-14	15-64	65岁以上	0-14	15-64	65岁以上
全　市	**1026.37**	**234.92**	**705.89**	**85.55**	**22.89**	**68.78**	**8.34**
宛城区	88.72	17.93	63.57	7.22	20.20	71.65	8.14
卧龙区	92.46	19.08	66.10	7.27	20.64	71.50	7.86
南召县	55.72	13.10	38.11	4.50	23.52	68.40	8.09
方城县	92.25	23.37	60.54	8.33	25.34	65.63	9.03
西峡县	44.44	9.56	31.33	3.55	21.51	70.50	8.00
镇平县	85.96	20.33	58.37	7.26	23.65	67.91	8.44
内乡县	57.52	14.35	38.04	5.13	24.95	66.13	8.92
淅川县	68.57	17.38	46.16	5.03	25.35	67.31	7.34
社旗县	63.38	14.31	43.64	5.43	22.57	68.85	8.57
唐河县	128.23	26.59	89.86	11.78	20.74	70.08	9.18
新野县	62.92	14.79	42.36	5.77	23.50	67.32	9.17
桐柏县	39.39	9.43	26.83	3.13	23.94	68.11	7.95
邓州市	146.82	34.70	100.98	11.14	23.63	68.78	7.59

注:本表数据为2010年11月1日第六次人口普查汇总数据。

3-8 各县(市、区)常住人口受教育程度

单位:万人

	6岁及以上	未上过学	小学	初中	高中	大学专科	大学本科	研究生
全　市	**913.15**	**47.26**	**267.95**	**438.67**	**111.58**	**33.73**	**13.35**	**0.61**
宛城区	79.63	3.24	19.36	35.03	12.70	5.89	3.27	0.15
卧龙区	83.66	3.27	19.71	35.77	13.51	6.97	4.26	0.16
南召县	49.63	3.08	16.19	23.49	5.02	1.47	0.35	0.02
方城县	79.75	6.07	24.64	37.33	8.58	2.32	0.73	0.07
西峡县	40.60	2.35	12.28	17.45	6.44	1.62	0.44	0.02
镇平县	76.23	3.49	24.57	39.32	7.03	1.36	0.44	0.03
内乡县	50.36	2.66	16.14	24.76	5.28	1.15	0.35	0.01
淅川县	61.42	3.27	19.92	29.55	6.68	1.53	0.45	0.03
社旗县	56.76	3.84	17.33	27.46	6.49	1.34	0.27	0.02
唐河县	114.97	6.15	31.64	57.93	14.36	3.72	1.13	0.04
新野县	55.00	2.78	15.50	29.77	5.28	1.30	0.35	0.02
桐柏县	34.56	1.66	10.58	15.72	4.78	1.38	0.43	0.01
邓州市	130.60	5.40	40.08	65.09	15.43	3.68	0.88	0.04

注:本表数据为2010年11月1日第六次人口普查汇总数据。

主要统计指标解释

人口数 指一定时点、一定地区范围内的有生命的个人的总和。年度统计的年末人口数指每年12月31日24时的人口数。

出生率(又称粗出生率) 指在一定时期内(通常为一年)平均每千人所出生的人数的比率,一般用千分率表示。计算公式为:

出生率=年出生人数/年平均人数×1000‰式中:出生人数指活产婴儿,即胎儿脱离母体时(不管怀孕月数),有过呼吸或其他生命现象。年平均人数指年初、年底人口数的平均数,也可用年中人口数代替。

死亡率(又称粗死亡率) 指在一定时期内(通常为一年)一定地区的死亡人数与同期平均人数(或期中人数)之比,一般用千分率表示。计算公式为:

死亡率=年死亡人数/年平均人数×1000‰

人口自然增长率 指在一定时期内(通常为一年)人口自然增加数(出生人数减死亡人数)与该时期内平均人数(或期中人数)之比,一般用千分率表示。计算公式为:

人口自然增长率=(本年出生人数-本年死亡人数)/年平均人数×1000‰=人口出生率-人口死亡率

性别比 总人口中男性人数与女性人数之比。通常用每100个女性人口相应有多少男性人口表示。其计算公式为:性别比=男性人口数/女性人口数×100%

常住人口 是指本年度末在本辖区居住半年以上的全部人口。

总抚养系数 指被抚养人口(0-14岁和65岁以上人口)与15-64岁人口的比例。计算公式为:总抚养系数=被抚养人口/15-64岁人口×100

老年抚养系数 指老年人口(65岁以上人口)与15-64岁人口的比例。计算公式为:

老年抚养系数=老年人口/15-64岁人口×100

少儿抚养系数 指少年儿童与15-64岁人口的比例。计算公式为:

少儿抚养系数=少年儿童人口/15-64岁人口×100

4

从业人员和职工工资

资料整理:宋　晓

4-1 重点年份从业人员

单位:人

	从业人员	按三次产业分			按城乡分	
		第一产业	第二产业	第三产业	城镇	乡村
1983	3539804	3071228	219073	249503	423209	3116595
1984	3738250	3222838	223799	291613	470618	3267632
1985	3909000	3004000	362000	543000	542000	3367000
1986	4144000	3247000	443000	454000	574000	3570000
1987	4298000	3289000	491000	518000	597000	3701000
1988	4396000	3228000	574000	594000	644000	3752000
1989	4456000	3349000	516000	591000	650000	3806000
1990	4566000	3453000	526000	587000	641000	3925000
1991	4813000	3694000	373000	746000	634000	4179000
1992	4994000	3703000	434000	857000	659000	4335000
1993	5022130	3371783	941322	709025	755997	4266133
1994	5193400	3361000	945000	887400	792200	4401200
1995	5700400	3814000	978200	908200	968000	4732400
1996	5396300	3299600	1000500	1096200	1029200	4367100
1997	5629300	3425400	1047400	1156500	1024900	4604400
1998	6017000	3610200	1143200	1263600	1444800	4572200
1999	6077200	3632200	1145200	1299800	752500	5324700
2000	6110800	4319400	826400	965000	747100	5363700
2001	5947317	4002320	946745	998252	717417	5229900
2002	5848170	4010011	790898	1047261	853070	4995100
2003	6077423	3773704	1043367	1260352	918923	5158500
2004	6178890	3777968	1067422	1333500	973190	5205700
2005	6270099	3581187	1250241	1438671	879587	5390512
2006	6387977	3538687	1375004	1474286	1031377	5356600
2007	6375106	3431101	1471600	1472405	992006	5383100
2008	6490720	3410636	1574859	1505225	1028420	5462300
2009	6605422	3349674	1685026	1570722	1072392	5533030
2010	6755710	3304135	1784489	1667086	1141093	5614617

4-2 按城乡分的从业人员

（2010 年底）　　单位:人

	合计	城镇	国有单位	集体单位	私营	个体	乡村
从业人员总计	**6755710**	**1141093**	**378999**	**63285**	**134185**	**301899**	**5614617**
按国民经济行业分							
农、林、牧、渔业	3304135	23665	6993	2041	4778	7317	3280470
工业	1279775	283522	55996	8246	52530	18686	996253
采掘业	118185	35702	27476	119	2033	1081	82483
制造业	1057806	230904	16589	7643	49755	17439	826902
电力、燃气及水的生产和供应业	103784	16916	11931	484	742	166	86868
建筑业	504714	75727	10259	10782	6097	1600	428987
交通运输、仓储和邮政业	205689	32724	10705	1819	3152	7759	172965
信息传输、计算机服务和软件业	37965	10984	3160		4052	675	26981
批发和零售业	617804	298822	20515	17704	38159	204758	318982
住宿和餐饮业	183764	45185	4678	2020	2368	33689	138579
金融业	19957	19957	3478	4773	559	4	
房地产业	10697	10697	3145	278	3153	2	
租赁和商务服务业	271884	20484	9104	501	5684	823	251400
科学研究、技术服务和地质勘查业	13552	13552	11619	536	610	93	
水利、环境和公共设施管理业	14009	14009	12659	49	833	38	
居民服务和其他服务业	16577	16577	844		11226	3518	
教育	142319	142319	102424	13528	149	20579	
卫生、社会保障和社会福利业	40118	40118	34717	605	251	487	
文化、体育和娱乐业	8104	8104	4970	156	584	1871	
公共管理和社会组织	84647	84647	83733	247			
按三次产业分							
第一产业	3304135	23665	6993	2041	4778	7317	3280470
第二产业	1784489	359249	66255	19028	58627	20286	1425240
第三产业	1667086	758179	305751	42216	70780	274296	908907

4-3 各县(市、区)分城乡、分三次产业的从业人员

(2010年底) 单位:人

	合计	城镇							
			国有经济	集体经济	股份合作经济	联营经济	有限责任公司	股份有限公司	其他
全　　市	**6755710**	**1141093**	**378999**	**63285**	**15821**	**1170**	**158860**	**54565**	**17221**
市　　直	228245	228245	80011	6709	9918	63	58605	20503	1887
宛城区	378284	57546	14439	5280	1000	40	7168	1820	6463
卧龙区	437024	98333	21908	5596	1268		1001	2664	298
南召县	376564	41681	17418	2041			1999	2003	96
方城县	676304	58032	18540	9434	488	8	1971	1172	1985
西峡县	340322	76497	15419	793			11891	3869	
镇平县	550743	75991	21938	9379	252	736	8760	855	795
内乡县	352493	58686	19107	1840		230	10788	225	1483
淅川县	453137	82987	21786	1745	138	57	6485	7191	1446
社旗县	427771	43080	15616	3647			2961	1219	823
唐河县	693682	59467	28551	5072	850		2582	188	88
新野县	524738	79967	18403	3093	1081		12976	9175	51
桐柏县	247850	36911	15311	813	289	36	6453	409	718
邓州市	1023719	98836	44633	7350	537		7571	2499	1088
油　　田	44834	44834	25919	493			17649	773	

4-3 续表 (2010年底) 单位:人

	港澳台投资经济	外商投资经济	私营经济	城镇个体	乡村	第一产业	第二产业	第三产业
全　　市	**8084**	**7004**	**134185**	**301899**	**5614617**	**3304135**	**1784489**	**1667086**
市　　直	3525	5463	27076	14485		276	110123	117846
宛城区	210	208	2061	18857	320738	202920	76701	98663
卧龙区	132	126	11066	54274	338691	225472	68710	142842
南召县		192	1434	16498	334883	232810	70458	73296
方城县	119		8616	15699	618272	373926	146858	155520
西峡县		119	13906	30500	263825	180335	71406	88581
镇平县			5798	27478	474752	252410	156098	142235
内乡县	390		14982	9641	293807	153841	100365	98287
淅川县	1356		12072	30711	370150	221065	126483	105589
社旗县	866		5191	12757	384691	255723	85612	86436
唐河县	516		1282	20338	634215	402072	160071	131539
新野县			21320	13868	444771	261709	154737	108292
桐柏县	632	511	1481	10258	210939	124660	67697	55493
邓州市	338	385	7900	26535	924883	416916	344336	262467
油　　田							44834	

4-4 按经济类型分的在岗职工人数

单位:人

	职工年末人数				职工平均人数			
	合计	国有经济	集体经济	其他经济	合计	国有经济	集体经济	其他经济
1978	312858	264920	47938		302738	255288	47249	
1979	335991	281768	54223		324425	273344	51081	
1980	374430	321064	53366		360912	308703	51927	
1981	402629	344697	57932		386340	330795	55737	
1982	400530	342305	58225		396774	339686	56894	
1983	423985	362454	61531		407486	348329	59304	
1984	442985	344838	98147		428696	337371	91417	
1985	471878	367265	104613		457462	360123	97232	
1986	504246	389518	114728		487053	378475	108577	
1987	532037	406600	125437		510550	396566	114252	
1988	562414	427532	134882		546184	419512	126586	
1989	560218	421621	138597		553249	419575	133489	
1990	566853	423659	143194		558563	419698	139128	
1991	585412	442413	141943	1056	566782	432714	133462	1031
1992	631527	497362	133358	807	613425	484748	128727	932
1993	630696	487675	136816	6205	615409	475443	134235	6180
1994	671406	507268	137434	26704	656319	496622	134183	26679
1995	697092	533790	121028	42274	682986	522980	119175	42249
1996	714792	548521	119803	46468	695794	536614	114472	46443
1997	725429	503896	153117	68416	713271	496916	149602	68391
1998	736705	482390	154925	99390	730762	479333	153354	99365
1999	663260	446599	134256	82405	659950	444429	132318	83203
2000	658117	439629	134991	83497	658861	438633	135014	85214
2001	647210	434241	134771	78198	646212	436385	131982	77845
2002	650705	421905	131766	97034	651392	423041	131505	96846
2003	634259	379561	128228	126470	628140	375697	127462	124981
2004	630244	377218	123104	129922	619035	370422	121855	126758
2005	631381	373477	123829	134075	623200	368549	122223	132428
2006	660971	373928	75485	211558	650435	369837	74548	206050
2007	676381	378388	77802	220191	662241	373666	76916	211659
2008	678144	386712	67082	224350	675923	386335	67012	222576
2009	677901	368628	59598	249675	676938	368227	59602	249109
2010	686035	371789	61779	252467	686878	372548	61783	252547

4-5 按经济类型分的在岗职工工资和平均工资

	职工工资总额（万元）				职工平均工资（元）			
	合计	国有经济	集体经济	其他经济	合计	国有经济	集体经济	其他经济
1978	15924	13760	2164		510	539	458	
1979	18969	16403	2566		584	604	473	
1980	24145	21424	2721		669	694	524	
1981	26387	23288	3099		683	704	556	
1982	28290	24865	3425		713	732	602	
1983	29502	26264	3238		724	754	546	
1984	33524	28103	5421		782	833	593	
1985	41995	35004	6991		918	972	719	
1986	50897	42200	8697		1045	1115	801	
1987	58458	48381	10077		1145	1220	882	
1988	73571	61039	12532		1347	1455	990	
1989	81217	67174	14043		1468	1601	1052	
1990	92170	76469	15638		1649	1822	1124	
1991	102871	85461	17270	140	1815	1975	1294	1358
1992	130905	111686	19219	155	2134	2304	1493	1663
1993	154837	127704	25894	1239	2516	2686	1929	2005
1994	222492	183750	30889	7853	3390	3700	2302	2944
1995	282961	232569	35955	14437	4143	4447	3017	3417
1996	326884	267019	40775	19090	4698	4976	3562	4110
1997	342798	254620	61217	26961	4806	5124	4092	3942
1998	361362	260326	59946	41090	4945	5431	3909	4135
1999	379414	276786	61974	40655	5749	6228	4684	4886
2000	406096	303919	63867	38310	6164	6929	4730	4496
2001	440319	326243	70650	43425	6814	7476	5353	5578
2002	495996	351629	82576	61792	7614	8312	6279	6380
2003	551114	365245	92511	93359	8774	9722	7258	7464
2004	629024	413000	103500	112524	10164	11148	8496	8880
2005	736571	478692	120479	137400	11820	12984	9852	10380
2006	873877	551107	82161	240609	13440	14904	11016	11676
2007	1059675	675228	101438	283009	15996	18072	13188	13368
2008	1206299	783011	96148	327140	17847	20268	14348	14698
2009	1410318	899229	99658	411431	20834	24420	16721	16516
2010	1601027	1029140	118032	453855	23309	27624	19104	17971

4-6 各县(市、区)年末在岗职工人数

单位:人

	1978	1980	1985	1990	1995	2000	2005	2009	2010
总计	**312858**	**374430**	**471878**	**567353**	**697092**	**658117**	**631381**	**677901**	**686035**
宛城区	19603	24875	35432	38328	30611	29029	33031	36421	36628
卧龙区	67964	78589	104352	126168	45875	30987	28790	31534	32993
南召县	18074	30221	37258	41797	29560	25160	23885	23525	23744
方城县	17433	20418	27884	31985	31254	33876	29522	31501	31770
西峡县	12277	14513	19227	27601	28861	26678	25290	30710	31426
镇平县	18658	25249	30787	37235	39376	37670	41434	41965	42289
内乡县	16167	17980	20534	25848	31540	31512	31183	33013	32824
淅川县	18467	21715	28280	35273	42251	40399	37496	39312	39790
社旗县	14943	15811	20099	21931	25186	23066	23652	24622	25092
唐河县	21311	24835	30042	36803	47744	43309	39749	35874	37587
新野县	20068	23393	28200	32419	46991	45777	40819	44333	44203
桐柏县	12861	13623	16129	20325	24505	24463	22479	21986	22188
邓州市	29125	34201	42721	54176	57544	57818	59485	59173	59476
市直					143132	150759	153640	180054	181490
军工油田					72662	57614	40926	43878	44535

4-7 各县(市、区)在岗职工工资总额

单位:万元

	1978	1980	1985	1990	1995	2000	2005	2009	2010
总计	**15924**	**24145**	**41996**	**92170**	**282961**	**406096**	**736571**	**1410318**	**1601027**
宛城区	1014	1481	2171	6124	12274	15652	32456	65905	84004
卧龙区	3837	5423	9505	21398	14777	16297	28041	56707	76438
南召县	901	2032	3619	7309	9184	11988	21861	42415	46472
方城县	890	1219	2275	4477	10711	18005	28338	59885	65914
西峡县	590	924	1678	4354	10374	15791	27797	67332	74649
镇平县	931	1581	2520	5346	13670	19976	38434	89060	97256
内乡县	808	1093	1870	3813	10352	15785	30795	65423	71428
淅川县	932	1278	2203	4861	13650	20469	34650	86716	94964
社旗县	716	983	1721	3116	8266	11360	20144	43371	49794
唐河县	1048	1500	2236	5482	15304	22319	36867	65256	72769
新野县	931	1246	2160	4393	15246	23177	35914	73433	81776
桐柏县	631	836	1387	3273	9320	12816	22093	38010	43516
邓州市	1354	2131	3646	7733	19542	28096	58543	125394	139389
市直					67779	109439	222140	401594	453653
军工油田	1341	2418	5005	10491	52512	64926	98498	129817	149005

4-8 各县(市、区)在岗职工平均工资

单位:元

	1978	1980	1985	1990	1995	2000	2005	2009	2010
总　　计	**526**	**669**	**918**	**1649**	**4143**	**6164**	**11820**	**20834**	**23309**
宛城区	517	654	672	1642	3907	5600	9924	18095	22934
卧龙区	565	711	943	1730	3264	5228	9768	18067	23169
南召县	499	697	975	1770	3167	4990	9204	18027	19568
方城县	511	621	853	1416	3528	5329	9636	19017	20802
西峡县	481	650	903	1609	3650	5901	11016	22128	23947
镇平县	499	645	841	1418	3531	5330	9312	21196	22984
内乡县	500	603	920	1497	3399	5105	10044	19818	21435
淅川县	505	614	826	1419	3362	5212	9312	21962	23866
社旗县	479	646	879	1401	3376	4955	8580	17664	19833
唐河县	492	614	791	1522	3286	5154	9396	18301	19328
新野县	464	572	785	1382	3280	5059	8952	16544	18293
桐柏县	491	627	871	1639	3867	5266	9960	17309	19637
邓州市	465	643	864	1428	3530	4893	10032	21244	23448
市　　直					4891	7078	14760	22338	25023
军工油田					7176	10993	24336	29637	33216

4-9 各种分组的在岗职工

（2010年底） 单位：人

	合计	国有单位	城镇集体单位	其他单位
总计	**686035**	**371789**	**61779**	**252467**
#女性	257881	143205	21850	92826
按企业、事业、机关分				
企业	402331	114766	45293	242272
事业	211870	193433	13461	4976
机关	58954	57467	1408	79
民间非营利组织	1932	924	156	852
其他	10948	5199	1461	4288
按三次产业分				
第一产业	11180	6628	2016	2536
第二产业	273761	65157	18537	190067
#工业	208140	55405	8055	144680
第三产业	401094	300004	41226	59864
按国民经济行业分				
（一）农、林、牧、渔业	11180	6628	2016	2536
农业	1214	1214		
林业	1355	1223	12	120
畜牧业	2280	278	21	1981
渔业	339	339		
农、林、牧、渔服务业	5992	3574	1983	435
（二）采矿业	31439	27476	119	3844
煤炭开采和洗选业				
石油和天然气开采业	27320	25919	119	1282
黑色金属矿采选业	165			165
有色金属矿采选业	1838	6		1832
非金属矿采选业	2116	1551		565
其他采矿业				
（三）制造业	160753	16057	7452	137244
农副食品加工业	5752	1160	398	4194
食品制造业	2296		200	2096
饮料制造业	7886	1128		6758
烟草制品业	1731	1091		640
纺织业	27452	1258	556	25638
纺织服装、鞋、帽制造业	1163		45	1118
皮革、毛皮、羽毛(绒)及其制品业	621			621
木材加工及木、竹、藤、棕、草制品业	1287		209	1078
家具制造业	381		207	174
造纸及纸制品业	3734	774	85	2875
印刷业和记录媒介的复制	1609	228	749	632
文教体育用品制造业	198			198
石油加工、炼焦及核燃料加工业	275			275
化学原料及化学制品制造业	12044	3116	2011	6917
医药制造业	9360			9360

4－9 续表1 （2010年底） 单位:人

	合计	国有单位	城镇集体单位	其他单位
化学纤维制造业				
橡胶制品业	520			520
塑料制品业	2074		130	1944
非金属矿物制品业	18256	2177	828	15251
黑色金属冶炼及压延加工业	11278			11278
有色金属冶炼及压延加工业	1356			1356
金属制品业	2825	433	65	2327
通用设备制造业	8013	788	255	6970
专用设备制造业	7279		68	7211
交通运输设备制造业	11608	2949	322	8337
电气机械及器材制造业	7052		628	6424
通信设备、计算机及其他电子设备制造业	2039	420		1619
仪器仪表及文化、办公用机械制造业	8849	270		8579
工艺品及其他制造业	3572	265	526	2781
废弃资源和废旧材料回收加工业	243		170	73
（四）电力、燃气及水的生产和供应业	15948	11872	484	3592
电力、热力的生产和供应业	11272	9930	329	1013
燃气生产和供应业	1166	120		1046
水的生产和供应业	3510	1822	155	1533
（五）建筑业	65621	9752	10482	45387
房屋和土木工程建筑业	55339	8798	9629	36912
建筑安装业	7732	368	684	6680
建筑装饰业	1505	109	169	1227
其他建筑业	1045	477		568
（六）交通运输、仓储和邮政业	21114	10204	1719	9191
道路运输业	14826	6455	1027	7344
城市公共交通业	3644	1871	461	1312
水上运输业	42	30	12	
航空运输业	216			216
装卸搬运和其他运输服务业	314	92	22	200
仓储业	1718	1402	197	119
邮政业	354	354		
（七）信息传输、计算机服务和软件业	6257	3160		3097
电信和其他信息传输服务业	5043	3160		1883
计算机服务业	565			565
软件业	649			649
（八）批发和零售业	52971	18695	16831	17445
批发业	30028	14109	8913	7006
零售业	22943	4586	7918	10439
（九）住宿和餐饮业	9001	4551	2020	2430
住宿业	7433	4178	1774	1481
餐饮业	1568	373	246	949
（十）金融业	14795	3389	4756	6650

4-9 续表2　　(2010 年底)　　单位:人

	合计	国有单位	城镇集体单位	其他单位
银行业	12146	2780	4756	4610
保险业	2640	609		2031
其他金融活动	9			9
(十一)房地产业	7009	2952	278	3779
房地产开发经营	6386	2452	266	3668
物业管理	51	35		16
房地产中介服务	572	465	12	95
(十二)租赁和商务服务业	13955	9082	501	4372
租赁业	2375	755	20	1600
商务服务业	11580	8327	481	2772
(十三)科学研究、技术服务和地质勘查业	12723	11497	536	690
研究与试验发展	1760	1749	11	
专业技术服务业	6172	5362	361	449
科技交流和推广服务业	2978	2573	164	241
地质勘查业	1813	1813		
(十四)水利、环境和公共设施管理业	12934	12455	49	430
水利管理业	6446	6348	13	85
环境管理业	3927	3560	22	345
公共设施管理业	2561	2547	14	
(十五)居民服务和其他服务业	1833	844		989
居民服务业	1448	844		604
其他服务业	385			385
(十六)教育	120684	101527	13528	5629
学前教育	1860	1269	15	576
初等教育	51371	41498	7774	2099
中等教育	59448	52243	4643	2562
高等教育	3353	3348		5
其他教育	4652	3169	1096	387
(十七)卫生、社会保障和社会福利业	38394	33768	605	4021
卫生	36881	32422	554	3905
社会保障业	871	871		
社会福利业	642	475	51	116
(十八)文化、体育和娱乐业	5644	4965	156	523
新闻出版业	459	432	17	10
广播、电视、电影和音像业	1948	1848	80	20
文化艺术业	2406	2258	59	89
体育	377	377		
娱乐业	454	50		404
(十九)公共管理和社会组织	83780	82915	247	618
中国共产党机关	3686	3666		20
国家机构	77805	77563	191	51
人民政协和民主党派	525	525		
群众团体、社会团体和宗教组织	1764	1161	56	547

4-10 各种分组的在岗职工工资总额

(2010年)

单位:万元

	合　计	国有单位	城镇集体单　位	其他单位
总　计	**1601027**	**1029140**	**118032**	**453855**
按企业、事业、机关分				
企业	791949	296564	70178	425207
事业	626121	569721	40173	16227
机关	144204	140124	3913	168
民间非盈利组织	4473	2375	479	1619
其他	34280	20357	3289	10634
按三次产业分				
第一产业	14902	9523	2025	3354
第二产业	547816	199608	32322	315885
#工业	442899	184265	14862	243772
第三产业	1038310	820010	83685	134616
按国民经济行业分				
(一)农、林、牧、渔业	14902	9523	2025	3354
农业	1221	1221		
林业	1596	1356	12	228
畜牧业	2675	281	66	2327
渔业	342	342		
农、林、牧、渔服务业	9068	6323	1946	799
(二)采矿业	122693	114048	370	8275
煤炭开采和洗选业				
石油和天然气开采业	113949	110367	370	3213
黑色金属矿采选业	186			186
有色金属矿采选业	3926	14		3912
非金属矿采选业	4632	3667		965
其他采矿业				
(三)制造业	280555	40295	13592	226668
农副食品加工业	8138	2025	587	5526
食品制造业	3112		296	2816
饮料制造业	13424	1078		12346
烟草制品业	12328	11136		1192
纺织业	40631	1545	910	38177
纺织服装、鞋、帽制造业	1809		65	1745
皮革、毛皮、羽毛(绒)及其制品业	968			968
木材加工及木、竹、藤、棕、草制品业	2078		263	1815
家具制造业	571		353	218
造纸及纸制品业	6799	1318	97	5384
印刷业和记录媒介的复制	4023	235	3142	645
文教体育用品制造业	363			363
石油加工、炼焦及核燃料加工业	472			472
化学原料及化学制品制造业	24000	10254	2293	11453
医药制造业	14895			14895

4－10 续表 1　　(2010 年)　　单位:万元

	合　计	国有单位	城镇集体单位	其他单位
橡胶制品业	1128			1128
塑料制品业	4041		194	3847
非金属矿物制品业	26684	3567	1343	21774
黑色金属冶炼及压延加工业	14586			14586
有色金属冶炼及压延加工业	2197			2197
金属制品业	4409	771	62	3575
通用设备制造业	16452	1328	905	14219
专用设备制造业	18087		74	18013
交通运输设备制造业	20138	5923	445	13771
电气机械及器材制造业	15816		1515	14301
通信设备、计算机及其他电子设备制造业	2945	631		2314
仪器仪表及文化、办公用机械制造业	15232	315		14918
工艺品及其他制造业	4884	171	808	3906
废弃资源和废旧材料回收加工业	343		239	103
(四)电力、燃气及水的生产和供应业	39651	29923	900	8828
电力、热力的生产和供应业	31920	26951	744	4225
燃气生产和供应业	2572	371		2201
水的生产和供应业	5159	2601	156	2402
(五)建筑业	104917	15343	17461	72113
房屋和土木工程建筑业	89419	13599	16083	59737
建筑安装业	11898	798	1061	10040
建筑装饰业	2145	236	318	1591
其他建筑业	1455	710		745
(六)交通运输、仓储和邮政业	34245	15816	3074	15355
道路运输业	23688	10269	1941	11478
城市公共交通业	5511	2724	730	2058
水上运输业	34	19	15	
航空运输业	1426			1426
装卸搬运和其他运输服务业	475	208	38	229
仓储业	2521	2006	350	164
邮政业	591	591		
(七)信息传输、计算机服务和软件业	13575	6841		6735
电信和其他信息传输服务业	11053	6841		4212
计算机服务业	1190			1190
软件业	1332			1332
(八)批发和零售业	80058	33608	20447	26002
批发业	47474	26973	9643	10859
零售业	32583	6635	10805	15143
(九)住宿和餐饮业	13494	6691	3140	3663
住宿业	11266	6246	2774	2245
餐饮业	2228	444	366	1418
(十)金融业	46823	15552	9967	21304

4－10 续表2　　(2010年)　　单位:万元

	合　计	国有单位	城镇集体单位	其他单位
银行业	39871	13495	9967	16409
保险业	6928	2057		4870
其他金融活动	25			25
(十一)房地产业	20855	8623	573	11659
房地产开发经营	19271	7356	537	11378
物业管理	105	81		24
房地产中介服务	1479	1187	36	257
(十二)租赁和商务服务业	29184	17931	871	10382
租赁业	4896	1233	91	3572
商务服务业	24287	16698	779	6810
(十三)科学研究、技术服务和地质勘查业	37389	34421	1504	1463
研究与试验发展	4320	4274	46	
专业技术服务业	16922	14914	1047	961
科技交流和推广服务业	8105	7192	411	502
地质勘查业	8041	8041		
(十四)水利、环境和公共设施管理业	35179	33705	107	1367
水利管理业	18432	18161	48	223
环境管理业	9691	8504	43	1144
公共设施管理业	7056	7039	17	
(十五)居民服务和其他服务业	3411	1477		1934
居民服务业	2809	1477		1331
其他服务业	602			602
(十六)教育	382282	323832	41660	16789
学前教育	4326	2928	20	1377
初等教育	160302	129466	23765	7072
中等教育	192867	170416	15002	7449
高等教育	12731	12719		13
其他教育	12056	8304	2872	879
(十七)卫生、社会保障和社会福利业	131749	114586	1635	15528
卫生	128412	111573	1558	15281
社会保障业	1923	1923		
社会福利业	1414	1090	77	247
(十八)文化、体育和娱乐业	12275	10905	93	1277
新闻出版业	1137	1120	11	6
广播、电视、电影和音像业	4333	4267	46	19
文化艺术业	4898	4669	36	194
体育	741	741		
娱乐业	1167	108		1059
(十九)公共管理和社会组织	197792	196021	613	1158
中国共产党机关	9150	9110		40
国家机构	183155	182581	487	87
人民政协和民主党派	1775	1775		
群众团体、社会团体和宗教组织	3712	2555	125	1031

4-11 各种分组的在岗职工平均工资

（2010年） 单位:元

	合　计	国有单位	城镇集体单位	其他单位
总　计	**23309**	**27624**	**19104**	**17971**
按企业、事业、机关分				
企业	19655	25730	15490	17545
事业	29511	29407	29858	32617
机关	24470	24394	27788	21266
民间非营利组织	23186	25727	31117	19000
其他	31335	39223	22513	24794
按三次产业分				
第一产业	13305	14324	10045	13225
第二产业	19976	30497	17449	16603
#工业	21221	33084	18448	16817
第三产业	25864	27293	20291	22529
按国民经济行业分				
（一）农、林、牧、渔业	13305	14324	10045	13225
农业	10056	10056		
林业	11771	11080	10167	18983
畜牧业	11732	10115	31619	11748
渔业	10080	10080		
农、林、牧、渔服务业	15086	17598	9815	18363
（二）采矿业	38620	41052	31101	21389
煤炭开采和洗选业				
石油和天然气开采业	41225	42086	31101	24751
黑色金属矿采选业	11255			11255
有色金属矿采选业	21243	23500		21236
非金属矿采选业	21903	23643		17117
其他采矿业				
（三）制造业	17425	25095	18237	16485
农副食品加工业	14151	17486	14756	13173
食品制造业	13542		14820	13420
饮料制造业	17057	9558		18311
烟草制品业	71426	102542		18625
纺织业	14549	12277	16358	14620
纺织服装、鞋、帽制造业	15598		14422	15646
皮革、毛皮、羽毛(绒)及其制品业	15593			15593
木材加工及木、竹、藤、棕、草制品业	16148		12603	16835
家具制造业	14995		17053	12546
造纸及纸制品业	18203	17025	11459	18720
印刷业和记录媒介的复制	24925	10311	41676	10212
文教体育用品制造业	18354			18354
石油加工、炼焦及核燃料加工业	17160			17160
化学原料及化学制品制造业	19925	32895	11403	16558
医药制造业	15910			15910

4-11 续表1　　(2010年)　　单位:元

	合　计	国有单位	城镇集体单位	其他单位
橡胶制品业	21700			21700
塑料制品业	19407		14908	19706
非金属矿物制品业	14678	16385	16223	14349
黑色金属冶炼及压延加工业	13044			13044
有色金属冶炼及压延加工业	16204			16204
金属制品业	15606	17808	9600	15364
通用设备制造业	20269	16723	35482	20118
专用设备制造业	24814		10868	24945
交通运输设备制造业	17394	20084	13811	16577
电气机械及器材制造业	22523		24272	22352
通信设备、计算机及其他电子设备制造业	14332	15026		14154
仪器仪表及文化、办公用机械制造业	17462	11659		17648
工艺品及其他制造业	13620	6434	15352	13976
废弃资源和废旧材料回收加工业	14099		14082	14137
(四)电力、燃气及水的生产和供应业	24886	25234	18587	24585
电力、热力的生产和供应业	28345	27154	22602	41959
燃气生产和供应业	21834	30917		20804
水的生产和供应业	14765	14345	10065	15740
(五)建筑业	16012	15728	16680	15919
房屋和土木工程建筑业	16181	15452	16716	16216
建筑安装业	15426	21690	15643	15059
建筑装饰业	14251	21624	18799	12970
其他建筑业	13924	14883		13120
(六)交通运输、仓储和邮政业	16148	15370	17882	16693
道路运输业	15943	15846	18902	15614
城市公共交通业	14943	14225	15824	15682
水上运输业	7976	6267	12250	
航空运输业	66009			66009
装卸搬运和其他运输服务业	15134	22620	17409	11440
仓储业	14672	14308	17782	13807
邮政业	15919	15919		
(七)信息传输、计算机服务和软件业	21706	21668		21746
电信和其他信息传输服务业	21931	21668		22371
计算机服务业	21064			21064
软件业	20525			20525
(八)批发和零售业	15090	17877	12148	14927
批发业	15753	18982	10817	15484
零售业	14219	14456	13646	14551
(九)住宿和餐饮业	14940	14672	15341	15104
住宿业	15083	14919	15404	15158
餐饮业	14256	11909	14882	15020
(十)金融业	31770	45930	20957	32299

4－11 续表2　　(2010年)　　单位:元

	合　　计	国有单位	城镇集体单位	其他单位
银行业	32934	48646	20957	35858
保险业	26411	33616		24218
其他金融活动	27889			27889
(十一)房地产业	29883	29211	20608	31100
房地产开发经营	30319	30000	20184	31276
物业管理	20588	23029		15250
房地产中介服务	25862	25516	30000	27032
(十二)租赁和商务服务业	20916	19757	17341	23731
租赁业	20616	16335	45600	22324
商务服务业	20977	20067	16168	24542
(十三)科学研究、技术服务和地质勘查业	29201	29727	28067	21234
研究与试验发展	24559	24451	41818	
专业技术服务业	27405	27794	29011	21449
科技交流和推广服务业	26999	27693	25067	20834
地质勘查业	43048	43048		
(十四)水利、环境和公共设施管理业	27192	27055	21878	31784
水利管理业	28616	28632	36615	26235
环境管理业	24634	23842	19455	33151
公共设施管理业	27541	27626	12000	
(十五)居民服务和其他服务业	18669	17501		19671
居民服务业	19476	17501		22264
其他服务业	15644			15644
(十六)教育	31586	31786	30823	29816
学前教育	23243	23056	13533	23910
初等教育	31079	31038	30594	33690
中等教育	32342	32505	32326	29050
高等教育	38313	38332		25200
其他教育	26034	26346	26304	22724
(十七)卫生、社会保障和社会福利业	34454	34088	27028	38636
卫生	34964	34575	28126	39152
社会保障业	22077	22077		
社会福利业	22061	23002	15098	21276
(十八)文化、体育和娱乐业	21753	21969	5936	24423
新闻出版业	24776	25935	6235	6200
广播、电视、电影和音像业	22241	23092	5763	9500
文化艺术业	20366	20685	6085	21742
体育	19647	19647		
娱乐业	25698	21620		26203
(十九)公共管理和社会组织	23616	23649	24798	18743
中国共产党机关	24884	24911		20100
国家机构	23546	23545	25503	17039
人民政协和民主党派	33808	33808		
群众团体、社会团体和宗教组织	21041	22008	22393	18852

4－12 各 县（市、区）分 行 业

（2010

	合计	农林牧渔业	采掘业	制造业	电力燃气及水的生产和供应业	建筑业	交通运输仓储和邮政业	信息传输计算机服务和软件业	批发和零售业
全市	**686035**	**11180**	**31439**	**160753**	**15948**	**65621**	**21114**	**6257**	**52971**
宛城区	36628	2180	468	5568	449	5659	450	6	3780
卧龙区	32993	38		2158	335	7361	86		2520
南召县	23744	837	6	2559	543	2366	99		1793
方城县	31770	730	165	2615	1151	940	1563	35	1983
西峡县	31426	593	119	14780	490	43	793	93	1406
镇平县	42289	1290	181	8756	678	2675	1154	227	5073
内乡县	32824	432	259	9013	663	1581	1349		3009
淅川县	39790	699		13043	1191	3333	496	41	1880
社旗县	25092	1078		2719	681	4816	41	88	1910
唐河县	37587	188		1912	1142	2770	417		5011
新野县	44203	1057		16769	715	2635	797	60	5059
桐柏县	22188	606	1573	2517	476	1742	939	85	425
邓州市	59476	1176		11817	1474	3584	2057		9071
市直	181490	276	1626	51118	5960	24032	10873	5622	10051
军工油田	44535		27042	15409		2084			

4－13 各 县（市、区）分 行 业

（2010

	合计	农林牧渔业	采掘业	制造业	电力燃气及水的生产和供应业	建筑业	交通运输仓储和邮政业	信息传输计算机服务和软件业	批发和零售业
全市	**1601027**	**14902**	**122693**	**280555**	**39651**	**104917**	**34245**	**13575**	**80058**
宛城区	84004	2323	1012	9373	1115	7834	1343	9	5589
卧龙区	76438	51		3486	625	9342	135		4321
南召县	46472	1087	14	2794	915	2996	147		2864
方城县	65914	804	186	2503	2280	1440	1724	61	3420
西峡县	74649	709	134	24456	1167	75	1457	176	1511
镇平县	97256	2542	275	10984	2090	4122	2371	362	6517
内乡县	71428	751	230	11773	1639	2237	1521		4160
淅川县	94964	741		13399	3195	3703	474	72	2688
社旗县	49794	749		3419	1703	6270	44	118	2000
唐河县	72769	151		2033	2313	2705	224		5981
新野县	81776	1451		25437	1592	3641	1056	105	7093
桐柏县	43516	499	3681	4793	1666	2663	1333	104	424
邓州市	139389	2533		24752	3547	7042	4043		17128
市直	453653	511	4160	110900	15803	45296	18375	12568	16363
军工油田	149005		113001	30454		5551			

在 岗 职 工 人 数

年 底）

单位:人

住宿和餐饮业	金融业	房地产业	租赁和商务服务业	科学研究技术服务和地质勘查业	水利环境和公共设施管理业	居民服务和其他服务业	教育	卫生社会保障和社会福利业	文化、体育和娱乐业	公共管理和社会组织
9001	**14795**	**7009**	**13955**	**12723**	**12934**	**1833**	**120684**	**38394**	**5644**	**83780**
626	630	783	228	183	76	100	7921	3041	192	4288
703	560	150	243	194	484	278	9225	3149	320	5189
169	321	72	105	782	603	15	7121	1567	96	4690
361	671	363	162	376	238	81	9585	2889	380	7482
286	390	211	135	286	385	12	5283	1338	87	4696
414	392	340	305	495	618	135	9534	2793	284	6945
460	339	204	391	499	467	48	6582	1805	342	5381
513	353	199	578	576	607	98	9043	2074	237	4829
53	508	115	310	276	199	15	5473	1651	216	4943
251	850	300	719	731	941	49	10397	2925	204	8780
510	621	27	303	507	301	321	7717	2348	63	4393
	273	70	239	520	528		5054	1557	244	5340
744	531	680	272	1527	1367	39	14351	3273	645	6868
3911	8356	3495	9965	5771	6120	642	13398	7984	2334	9956

在 岗 职 工 工 资 总 额

年）

单位:万元

住宿和餐饮业	金融业	房地产业	租赁和商务服务业	科学研究技术服务和地质勘查业	水利环境和公共设施管理业	居民服务和其他服务业	教育	卫生社会保障和社会福利业	文化、体育和娱乐业	公共管理和社会组织
13494	**46823**	**20855**	**29184**	**37389**	**35179**	**3411**	**382282**	**131749**	**12275**	**197792**
971	1574	4085	378	704	198	204	24636	9575	544	12540
1721	1450	616	450	532	1187	419	26466	11988	634	13017
252	495	266	185	1479	1175	45	19279	3654	134	8691
298	995	1013	234	797	538	68	28964	7115	374	13102
305	1052	876	203	1204	1465	20	22526	5814	185	11315
696	986	1063	557	1984	2013	247	36175	9345	560	14370
576	360	332	554	1178	1130	42	23643	9240	557	11506
701	510	365	762	1643	1425	139	38751	9818	427	16152
49	1161	276	427	661	449	20	15340	6844	335	9930
277	2550	434	731	1057	1309	65	27009	9276	269	16386
585	1332	82	505	1131	523	454	21152	5541	134	9963
	536	151	347	1144	909		12055	3614	325	9271
1178	1503	2313	573	5133	3999	72	37066	9570	1435	17502
5887	32320	8984	23279	18743	18860	1616	49222	30356	6362	34049

4－14 各县（市、区）分行业

（2010

	合计	农林牧渔业	采掘业	制造业	电力燃气及水的生产和供应业	建筑业	交通运输仓储和邮政业	信息传输计算机服务和软件业	批发和零售业
全市	**23309**	**13305**	**38620**	**17425**	**24886**	**16012**	**16148**	**21706**	**15090**
宛城区	22934	10656	21624	16834	24824	13843	29836	14167	14785
卧龙区	23169	13474		16162	18657	12691	15640		17145
南召县	19568	12987	23500	10918	16851	12663	14808		15975
方城县	20802	11014	11255	9571	19811	16111	11029	17400	17202
西峡县	23947	11943	11373	16657	23863	17535	18368	18946	10638
镇平县	22984	19706	15204	12544	30827	15409	20108	15960	12846
内乡县	21435	16656	8888	13062	24727	14149	11277		13848
淅川县	23866	10595		10273	26830	11109	9546	17585	14299
社旗县	19833	6945		12672	25007	13020	10683	13364	10472
唐河县	19328	8016		10631	20256	9765	5367		11769
新野县	18293	13725		14728	22266	13819	13255	17500	14020
桐柏县	19637	8226	23256	19446	35139	15298	14195	12271	9986
邓州市	23448	21541		20994	24066	19648	19657		18882
市直	25023	18525	25584	21726	26568	18870	16794	22368	16286
军工油田	33216		41297	19731		26932			

4－15 各县（市、区）按登记注册类型分组的在岗职工

（2010年） 单位：人

	在岗职工	国有经济	集体经济	股份合作经济	联营经济	港澳台经济	外商经济	其它
全市	**686035**	**371789**	**61779**	**15557**	**1138**	**7967**	**6993**	**220812**
宛城区	36628	14439	5280	1000	40	210	208	15451
卧龙区	32993	21908	5596	1268		132	126	3963
南召县	23744	17413	2041				192	4098
方城县	31770	18152	9051	488	8	119		3952
西峡县	31426	14758	793				119	15756
镇平县	42289	21512	9379	252	736			10410
内乡县	32824	18366	1827		198	390		12043
淅川县	39790	21701	1693	138	57	1356		14845
社旗县	25092	15576	3647			866		5003
唐河县	37587	28311	5072	850		516		2838
新野县	44203	18327	3093	1081				21702
桐柏县	22188	14677	413	273	36	563	511	5715
邓州市	59476	41069	6791	375		293	385	10563
市直	181490	79661	6610	9832	63	3522	5452	76350
军工油田	44535	25919	493					18123

在岗职工平均工资

年)

单位:元

住宿和餐饮业	金融业	房地产业	租赁和商务服务业	科学研究技术服务和地质勘查业	水利环境和公共设施管理业	居民服务和其他服务业	教育	卫生社会保障和社会福利业	文化、体育和娱乐业	公共管理和社会组织
14940	**31770**	**29883**	**20916**	**29201**	**27192**	**18669**	**31586**	**34454**	**21753**	**23616**
15508	24984	52171	16570	38481	26026	20420	31102	31486	28354	29243
24481	25893	41040	18535	27402	24514	15083	28689	38068	19822	25086
14923	15421	36903	17629	18792	19481	30067	27073	23318	14000	18531
8290	14821	27912	14420	21189	22609	8395	30278	24756	9837	17528
10678	26964	44457	15007	43302	39059	16583	43553	44279	21310	24094
16807	25153	31253	18246	40075	32566	18267	37943	33457	19725	20691
12524	10617	16289	14237	23613	24193	8771	33403	51248	16272	21410
13655	14448	18337	13189	28524	23478	14163	42852	47340	18004	33447
9151	22860	24017	13765	23949	22578	13200	28029	40567	15505	20089
11028	30000	14473	10160	14465	13905	13286	25978	31713	13322	18678
11465	21454	30370	16680	22306	17375	14134	27413	23598	21238	22678
	19648	21571	14502	20831	17222		23819	23257	13426	17407
15828	28299	34012	21066	33612	29257	18487	25833	29240	22253	25483
14926	38944	25823	23361	32172	30751	25410	36810	38729	27221	34172

4-16 各县(市、区)离开本单位仍保留劳动关系的职工

(2010年底)

单位:人

	合计	按登记注册类型分						按三次产业分		
		国有单位	城镇集体单位	其他单位	内资	港澳台投资	外商投资	第一产业	第二产业	第三产业
全市	**13023**	**6809**	**1725**	**4489**	**3924**	**134**	**431**	**431**	**4945**	**7647**
宛城区										
卧龙区										
南召县	7	7								7
方城县	245	209	36							245
西峡县	33	33								33
镇平县	442	255	187					35	80	327
内乡县	607	356	241	10	9	1			7	600
淅川县	2019	1211	369	439	439				288	1731
社旗县	345	18	327					274		71
唐河县	374	374								374
新野县	2068	291	230	1547	1547				1003	1065
桐柏县	1257	525		732	221	80	431	120	666	471
邓州市	554	520	15	19	19			2	106	446
市直	4639	2624	320	1695	1642	53			2362	2277
军工油田	433	386		47	47				433	

4-17 离开本单位仍保留劳动关系的职工

（2010 年底）

单位：人

	合计	国有单位	城镇集体单位	其他单位
总计	**13023**	**6809**	**1725**	**4489**
按企业、事业、机关分				
企业	11338	5126	1723	4489
事业	458	456	2	
机关	766	766		
民间非营利组织				
其他	461	461		
按国民经济行业分				
农、林、牧、渔业	431	157	274	
工业	4505	1958	154	2393
采掘业	924	386		538
制造业	3351	1418	154	1779
电力、燃气及水的生产和供应业	230	154		76
建筑业	440	144	24	272
交通运输、仓储和邮政业	804	544	15	245
信息传输、计算机服务和软件业				
批发和零售业	4185	2212	1192	781
住宿和餐饮业	61	46		15
金融业	1299	505	64	730
房地产业	10	10		
租赁和商务服务业	10	10		
科学研究、技术服务和地质勘查业	131	131		
水利、环境和公共设施管理业	6	6		
居民服务和其他服务业	1	1		
教育	79	76		3
卫生、社会保障和社会福利业	103	101	2	
文化、体育和娱乐业	50			50
公共管理和社会组织	908	908		
按三次产业分				
第一产业	431	157	274	
第二产业	4945	2102	178	2665
第三产业	7647	4550	1273	1824

4－18 离开本单位仍保留劳动关系的职工生活费

（2010 年）

单位：万元

	合　计	国有单位	城镇集体单位	其他单位
总　计	**13657**	**9181**	**755**	**3721**
按企业、事业、机关分				
企业	11395	6920	754	3721
事业	306	305	1	
机关	750	750		
民间非营利组织				
其他	1205	1205		
按国民经济行业分				
农、林、牧、渔业	112	30	82	
工业	6400	4671	252	1477
采掘业	1134	929		
制造业	5166	3641	252	204
电力、燃气及水的生产和供应业	101	101		1273
建筑业	331	121	24	
交通运输、仓储和邮政业	541	276	5	185
信息传输、计算机服务和软件业				260
批发和零售业	2422	1683	378	
住宿和餐饮业	25	15		361
金融业	2768	1329	12	10
房地产业	4	4		1427
租赁和商务服务业	2	2		
科学研究、技术服务和地质勘查业	54	54		
水利、环境和公共设施管理业	10	10		
居民服务和其他服务业	2	2		
教育	17	17		
卫生、社会保障和社会福利业	94	93	1	1
文化、体育和娱乐业				
公共管理和社会组织	875	875		
按三次产业分				
第一产业	112	30	82	
第二产业	6731	4792	277	1477
第三产业	6814	4359	397	2244

4-19 城镇私营单位从业人员工资

(2010年)

	工资总额（万元）	平均工资（元）
合计	**705523**	**14379**
按国民经济行业分		
农、林、牧、渔业	20768	10592
采矿业	50000	14531
制造业	500026	14626
电力、燃气及水的生产和供应业	3560	13074
建筑业	20514	15529
交通运输、仓储和邮政业	6974	15444
信息传输、计算机服务和软件业	1867	12502
批发和零售业	42500	13774
住宿和餐饮业	27933	13637
金融业	220	11121
房地产业	5951	16128
租赁和商务服务业	3729	12344
科学研究、技术服务和地质勘查业	1411	13781
水利、环境和公共设施管理业	2108	14431
居民服务和其他服务业	4338	13860
教育	7595	13669
卫生、社会保障和社会福利业	4796	18780
文化、体育和娱乐业	1231	14316

4-20 再就业人数

单位:万人

	2005	2006	2007	2008	2009	2010
城镇新就业人数	**12.54**	**13.05**	**14.58**	**11.71**	**10.46**	**10.43**
按来源分						
城镇劳动力	3.99	4.04	4.77	3.73	3.45	3.37
乡村劳动力	5.64	5.87	6.56	5.27	4.71	4.69
大中专技校毕业生	2.99	3.01	3.12	2.55	2.15	2.24
转业复员军人	0.12	0.13	0.13	0.16	0.16	0.15
按安置去向分						
国有单位	2.51	2.35	2.92	2.34	1.99	1.88
城镇集体单位	1.51	1.54	1.75	1.17	1.15	1.04
其他单位	7.34	7.95	8.50	6.22	5.65	5.74
从事个体及私营劳动	1.19	1.21	1.42	1.98	1.67	1.77

主要统计指标解释

经济活动人口 指在16岁以上,有劳动能力,参加或要求参加社会经济活动的人口;包括从业人员和失业人员。

从业人员 指从事一定社会劳动并取得劳动报酬或经营收入的人员,包括全部职工、再就业的离退休人员、私营业主、个体户主、私营和个体从业人员、乡镇企业从业人员、农村从业人员、其他从业人员(包括民办教师、宗教职业者、现役军人等)。这一指标反映了一定时期内全部劳动力资源的实际利用情况,是研究我国基本国情国力的重要指标。

各单位的从业人员 指在各级国家机关、政党机关、社会团体及企业、事业单位中工作,取得工资或其他形式的劳动报酬的全部人员。包括在岗职工、再就业的离退休人员、民办教师以及在各单位中工作的外方人员和港澳台方人员、兼职人员、借用的外单位人员和第二职业者。不包括离开本单位仍保留劳动关系的职工。各单位的从业人员反映了各单位实际参加生产或工作的全部劳动力。

城镇私营和个体从业人员 城镇私营从业人员指在工商管理部门注册登记,其经营地址设在县城关镇(含城关镇)以上的私营企业从业人员;包括私营企业投资者和雇工。城镇个体从业人员指在工商管理部门注册登记,并持有城镇户口或在城镇长期居住,经批准从事个体工商经营的从业人员;包括个体经营者和在个体工商户劳动的家庭帮工和雇工。

城镇登记失业人员 指有非农业户口,在一定的劳动年龄内,有劳动能力,无业而要求就业,并在当地就业服务机构进行求职登记的人员。

城镇登记失业率 指城镇登记失业人数同城镇从业人数与城镇登记失业人数之和的比。计算公式为:

城镇登记失业率=城镇登记失业人数/(城镇从业人数+城镇登记失业人数)×100%

职工 指在国有经济、城镇集体经济、联营经济、股份制经济、外商和港、澳、台投资经济、其他经济单位及其附属机构工作,并由其支付工资的各类人员,不包括返聘的离退休人员、民办教师、在国有经济单位工作的外方人员和港、澳、台人员(1998年以后的数据均为在岗职工数据,其他相关指标如职工工资总额,职工平均工资等指标也从1998年按此口径进行了相应调整)。

国有单位职工 指在国有经济单位及其附属机构工作,并由其支付工资的各类人员。

城镇集体单位职工 指在城镇集体经济单位及其管理部门工作,并由其支付工资的各类人员。

其他单位职工 指在联营经济、股份制经济、外商投资经济、港、澳、台投资经济单位工作,并由其支付工资的各类人员。

在岗职工 指在本单位工作并由单位支付工资的人员,以及有工作岗位,但由于学习、病伤产假等原因暂未工作,仍由单位支付工资的人员。

职工工资总额 指各单位在一定时期内直接支付给本单位全部职工的劳动报酬总额。工资总额的计算原则应以直接支付给职工的全部劳动报酬为根据。各单位支付给职工的劳动报酬以及其他根据有关规定支付的工资,不论是计入成本的还是不计入成本的,不论是按国家规定列入计征奖金税项目的,还是未列入计征奖金税项目的,不论是以货币形式支付的还是以实物形式支付的,均包括在工资总额内。

奖金 指支付给职工的超额劳动报酬和增收节支的劳动报酬。

津贴和补贴 指为了补偿职工特殊或额外的劳动消耗和因其他特殊原因支付给职工的津贴,以及为了保证职工工资水平不受物价影响支付给职工的物价补贴。

职工平均工资 指企业、事业、机关单位的职工在一定时期内平均每人所得的货币工资额。它表明一定时期职工工资收入的高低程度,是反映职工工资水平的主要指标。计算公式为:职工平均工资=报告期实际支付的全部职工工资总额/报告期全部职工平均人数

职工平均工资指数 指报告期职工平均工资与基期职工平均工资的比率,是反映不同时期职工货币工资水平变动情况的相对数。计算公式为:

职工平均工资指数=报告期职工平均工资/基期职工平均工资

职工平均实际工资指数 职工平均实际工资指扣除物价变动因素后的职工平均工资。

职工平均实际工资指数是反映实际工资变动情况的相对数,表明职工实际工资水平提高或降低的程度。计算公式为:

职工平均实际工资指数=报告期职工平均工资指数/报告期城镇居民消费价格指数×100%。

5

固定资产投资

资料整理:陈喜祥　张书范　许珂　杜英

5-1 历年全社会固定资产投资总额

单位:万元

	全社会固定资产投资额	#城镇投资	农村投资
1978	28827	28827	
1979	31411	31411	
1980	15126	15126	
“六五”时期	257070	160511	96559
1981	34435	18571	15864
1982	44949	33822	11127
1983	42984	20732	22252
1984	64522	46021	18501
1985	70180	41365	28815
“七五”时期	598395	339059	259336
1986	73288	37331	35957
1987	101462	56189	45273
1988	133663	84683	48980
1989	136295	83200	53095
1990	153687	77656	76031
“八五”时期	2110359	1417192	693167
1991	175593	98435	77158
1992	286796	192685	94111
1993	415466	282231	133235
1994	481708	314480	167228
1995	750796	529361	221435
“九五”时期	5359066	3485968	1873098
1996	921418	644312	277106
1997	1157083	808175	348908
1998	1124221	753409	370812
1999	980122	572722	407400
2000	1176222	707350	468872
“十五”时期	11583835	8261419	3322416
2001	1437977	928737	509240
2002	1623120	1079820	543300
2003	2078108	1468525	609583
2004	2671708	1930517	741191
2005	3772922	2853820	919102
“十一五”时期	46525062	37244675	9280387
2006	5144331	4022191	1122140
2007	6996308	5542295	1454013
2008	8958338	7085454	1872884
2009	11531755	9295194	2236561
2010	13894330	11299541	2594789

5-2 各种分组的全社会固定资产投资

	1978	1980	1985	1990	1995	2000	2005	2009	2010
投资总额(万元)	**28827**	**15126**	**70180**	**153687**	**750796**	**1176222**	**3772922**	**11531755**	**13894330**
按登记注册类型分									
国有经济	28648	14955	35357	68347	297855	566697	1383714	2831425	2663146
集体经济	179	171	4639	18704	111329	240495	514596	1362206	1496404
#农村			3210	14040	88345	229024	408183	538467	651015
城乡个人			30184	66636	172297	279007	510919	1240066	1313503
#农村			25605	61991	133090	239848	510919	857271	870130
联营经济					80	472	2460	1130	7628
股份制经济					19230	38772	875752	2188482	2832666
外商投资经济					3681	2996	39232	34748	195461
港澳台投资经济						2537	24697	95311	70963
私营经济						2447	353966	3423189	4607110
其他经济					146324	42799	67586	355198	707449
按管理渠道分									
城镇投资	28827	15126	41365	77656	529361	707350	2853820	9295194	11299541
房地产开发				1293	7610	50421	165361	561243	703209
农村投资			28815	76031	221435	468872	919102	2236561	2594789
农村非农户			3210	14040	88345	229024	408183	1379290	1724659
农村农户			25605	61991	133090	239848	510919	857271	870130
按隶属关系分									
中央	23750	7468	18373	44341	156433	200498	265396	611526	531689
地方	5077	7658	51807	109346	594363	975724	3507526	10920229	13362641
按资金来源分									
上年末结余资金					3860	33684	73750	184517	169665
国家预算内资金	26672	4172	3765	5563	5898	57139	84989	443769	356268
国内贷款		1725	4260	19395	135117	157571	619195	572989	490059
债券					912	3277			
利用外资		1700		5426	115415	10426	30405	40680	32832
自筹资金		5873	56097	122347	394069	268013	1756876	8634731	1128077
其他资金	2155	1656	6058	956	95525	646112	90667	1847525	1841025
按构成分									
建筑安装工程	20231	9236	38099	69361	426556	984630	2965765	8399124	9364597
设备工器具购置	1182	5861	15911	27799	279402	138258	471489	2460833	3293984
其他费用	7414	29	16170	56527	44838	53334	335668	671798	1235749
房屋建筑面积(万平方米)									
施工面积	53.23	50.58	148.65	196.29	197.48	305.98	757.22	2916.51	2932.43
#住宅	16.14	19.99	93.38	103.23	56.17	188.81	324.43	747.23	902.88
竣工面积	26.77	39.78	123.23	172.63	129.75	161.10	305.68	489.70	560.06
#住宅	8.37	17.04	76.08	97.46	41.22	100.02	129.04	147.27	182.48

5-3 按登记注册类型分的全社会固定资产投资

(2010 年)　　单位:万元

	合　计	国有经济	集体经济	农　村	个人投资	农村个人
投资总额	**13894330**	**2663146**	**1496404**	**651015**	**1313503**	**870130**
按隶属关系分						
中央	531689	506115	850	500		
地方	13362641	2157031	1495554	650515	1313503	870130
按资金来源分						
上年末结余资金	169665	37035	8227			
国家预算内资金	356268	276089	70007	35713		
国内贷款	490059	58985	15460		7050	
利用外资	32832	10000		2314		
债券						
自筹资金	11280770	2124309	1386269	610040	284161	
其他资金	1841025	194948	24668	2948	1022292	870130
按构成分						
建筑工程	8883437	1899338	1131985	542693	1256141	870130
安装工程	481160	69500	41060	15994	2896	
设备、工具、器具购置	3293984	486500	197160	56901	24713	
其他费用	1235749	207808	126199	35427	29753	

5-3 续表　　(2010 年)　　单位:万元

	联营经济	股份制经济	港澳台投资	外商投资	私营经济	其他经济
投资总额	**7628**	**2832666**	**195461**	**70963**	**4607110**	**707449**
按隶属关系分						
中央		14504	10220			
地方	7628	2818162	185241	70963	4607110	707449
按资金来源分						
上年末结余资金		58845	1004	34976	20808	8770
国家预算内资金		3812			1990	4370
国内贷款		249556	7395	9630	132773	9210
利用外资			21902	110	820	
债券						
自筹资金	6328	2298157	120436	36353	4390587	634170
其他资金	1300	334767	50129	11914	133108	67899
按构成分						
建筑工程	5528	1416568	113511	55674	2540937	463755
安装工程	100	135148	5034	332	218822	8268
设备、工具、器具购置	1100	924811	61043	6593	1503862	88202
其他费用	900	356139	15873	8364	343489	147224

5-4 重点年份各县(市、区)全社会固定资产投资

单位:万元

	1978	1980	1985	1990	1995	2000	2005	2009	2010	2010(调整后数据)
全　　市	**28827**	**15126**	**70180**	**153687**	**750796**	**1176222**	**3772922**	**11531755**	**13894330**	**11783525**
宛 城 区	80	750	1791	1283	19192	52143	147080	594903	788384	648355
卧 龙 区	2253	1970	7371	12222	20330	43423	132192	516846	663630	608372
南 召 县	395	457	1082	1292	22664	56584	136208	487881	628819	548741
方 城 县	126	265	1101	1274	18372	60807	194897	741873	937662	737671
西 峡 县	299	468	1158	1308	17473	53080	175025	1042239	1352308	1122350
镇 平 县	553	491	1463	920	37363	97923	263761	849290	1163388	1003413
内 乡 县	203	332	1884	1458	18480	63167	223211	732800	963472	763446
淅 川 县	666	534	1038	502	25376	65971	236509	972637	1240588	998773
社 旗 县	41	321	715	991	17912	32647	123872	442389	560722	505730
唐 河 县	85	538	1510	1669	21750	93631	250565	800784	1053030	894891
新 野 县	126	434	1030	1100	25220	81675	199671	855418	1090963	930979
桐 柏 县	228	529	872	5476	26073	49797	123072	634200	810308	450300
邓 州 市	194	554	1827	1828	33612	74678	187745	1112553	1278752	1163798
市　　直	23578	7312	18523	46333	306279	350696	1379114	1747942	1425724	1406706

注:分县市区投资中:1980 年不包括城镇集体投资;1985、1990 年不包括农村农户和农村非农户投资;1995 年不包括房地产开发和农村农户投资;2005 年以后年份为 50 万元及以上项目投资。2010(调整后数据)为统计起点提高到 500 万元及以上项目后的数据,仅作为 2011 年对比时基数使用。

5-5 各县（市、区）全社

	全社会固定资产投资			1.城镇固定资产投资			#50万元及以上项目投资		
	2010	2009	增减%	2010	2009	增减%	2010	2009	增减%
全　市	**13894330**	**11531755**	**20.5**	**11299541**	**9295194**	**21.6**	**10596332**	**8733951**	**21.3**
宛城区	788384	594903	32.5	684649	505895	35.3	552466	420065	31.5
卧龙区	663630	516846	28.4	558270	427270	30.7	463462	324820	42.7
南召县	628819	487881	28.9	404583	311707	29.8	400363	308952	29.6
方城县	937662	741873	26.4	790047	610153	29.5	730102	584134	25.0
西峡县	1352308	1042239	29.8	1196168	897069	33.3	1183076	885095	33.7
镇平县	1163388	849290	37.0	688672	506350	36.0	684371	502765	36.1
内乡县	963472	732800	31.5	858888	636012	35.0	855888	633541	35.1
淅川县	1240588	972637	27.5	1086915	823440	32.0	1033865	801130	29.1
社旗县	560722	442389	26.7	392786	295074	33.1	387206	288990	34.0
唐河县	1053030	800784	31.5	612035	470743	30.0	582378	443051	31.4
新野县	1090963	855418	27.5	950147	735398	29.2	927453	717940	29.2
桐柏县	810308	634200	27.8	656770	513180	28.0	651520	508456	28.1
邓州市	1278752	1112553	14.9	993887	814961	22.0	953827	776098	22.9
市　直	649406	795948	-18.4	649406	795948	-18.4	414037	586920	-29.5
高新区	192385	136878	40.6	192385	136878	40.6	192385	136878	40.6
两　属	583933	815116	-28.4	583933	815116	-28.4	583933	815116	-28.4

5-6 各县（市、区）分行业

（2010

	投资总额	农、林、牧、渔业	工　业	建筑业	交通运输、仓储和邮政业	信息传输、计算机服务和软件业	批发和零售业	住宿和餐饮业
全　市	**13894330**	**912492**	**7689479**	**3984**	**482936**	**45604**	**596973**	**237404**
市直两属	1233339		621053		109049	24941	6118	3400
宛　城	788384	37927	261501		20050		88098	25952
卧　龙	663630	44310	334539		34358	1980	36020	17092
高　新	192385		117356	500	12270	1830	4640	1300
南　召	628819	31599	376423		1260		41550	9350
方　城	937662	92869	345497		52279	6063	66643	9651
西　峡	1352308	40560	1055760		12929		30450	21900
镇　平	1163388	120473	522215		35242	620	125130	12096
内　乡	963472	11438	649337	34	53542	1550	16230	90860
淅　川	1240588	41933	934444		18052		2600	6800
社　旗	560722	65908	255028		27832	300	10160	5355
唐　河	1053030	127407	527164		22832		31769	475
新　野	1090963	95528	729532		35996	8120	33751	10448
桐　柏	810308	79964	394632	3450	24865	200	20494	9375
邓　州	1278752	122576	564998		22380		83320	13350

会 固 定 资 产 投 资

单位:万元

#50万元及以上项目投资			2.农村固定资产投资			其中:农村非农户投资			其中:农村农户投资		
2010	2009	增减%	2010	2009	增减%	2010	2009	增减%	2010	2009	增减%
703209	**561243**	**25.3**	**2594789**	**2236561**	**16.0**	**1724659**	**1379290**	**25.0**	**870130**	**857271**	**1.5**
132183	85830	54.0	103735	89008	16.5	41480	27755	49.5	62255	61253	1.6
94808	102450	-7.5	105360	89576	17.6	75767	60503	25.2	29593	29073	1.8
4220	2755	53.2	224236	176174	27.3	201080	153500	31.0	23156	22674	2.1
59945	26019	130.4	147615	131720	12.1	51108	36737	39.1	96507	94983	1.6
13092	11974	9.3	156140	145170	7.6	128250	117777	8.9	27890	27393	1.8
4301	3585	20.0	474716	342940	38.4	356276	225134	58.3	118440	117806	0.5
3000	2471	21.4	104584	96788	8.1	34576	28110	23.0	70008	68678	1.9
53050	22310	137.8	153673	149197	3.0	97535	94280	3.5	56138	54917	2.2
5580	6084	-8.3	167936	147315	14.0	116651	96960	20.3	51285	50355	1.8
29657	27692	7.1	440995	330041	33.6	307395	197291	55.8	133600	132750	0.6
22694	17458	30.0	140816	120020	17.3	76519	56870	34.6	64297	63150	1.8
5250	4724	11.1	153538	121020	26.9	129322	97329	32.9	24216	23691	2.2
40060	38863	3.1	284865	297592	-4.3	172120	187044	-8.0	112745	110548	2.0
235369	209028	12.6									
0											

全 社 会 固 定 资 产 投 资

年)

单位:万元

金融业	房地产业	租赁和商务服务业	科学研究、技术服务和地质勘查业	水利环境和公共设施管理业	居民服务和其他服务业	教　育	卫生、社会保障和社会福利业	文化、体育和娱乐业	公共管理和社会组织
7914	**1746329**	**47921**	**17303**	**1546592**	**33135**	**187145**	**117249**	**149652**	**72219**
	324674			94421		20781	8670	20232	
2500	233941	2000	400	33220	3690	31531	4633	25282	17660
800	137900		850	33937	1485	8178	1127	910	4875
1600	10390	2410	800	28919		1870	5290		3210
	32577			104130	800	3400	4430	21400	1900
3014	126524	15000		155691	1320	24011	17549	9851	11700
	45714			116716	16160	3200		6520	2400
	117540	3200	3750	163727	4560	17050	8160	22484	7141
	64453			67582	1300	3860	900	1950	436
	112037	12100		91523		400	2800	17900	
	91405			86040	2000	5880	3792	2950	4071
	142634	5575		96610	10	18752	10530	9780	1340
	60844		2493	99334	410	1932	4368	3601	4606
	73619	2036	4300	151221	600	21350	15600	6392	2210
	172077	5600	4710	223521	800	24950	29400	400	10670

5-7 城镇50万元及以上项目固定资产投资

	1978	1980	1985	1990	1995	2000	2005	2009	2010
投资总额(万元)	**28827**	**15126**	**35479**	**71718**	**482344**	**581673**	**2688459**	**8733951**	**10596332**
按资金来源分									
上年末结余资金					2324	33684	32594	97374	55532
国家预算内资金	26672	4172	8871	4693	4871	57139	84989	390416	307618
国内贷款		1725	4260	13200	108777	157571	580871	510363	371327
债券					912	3277			
利用外资		1700		4578	107472	10426	30405	37980	32832
自筹资金		5873	21279	44471	206259	268013	1687309	7131131	9314515
其他资金	2155	1656	92	733	76030	77945	226223	37980	570040
按隶属关系分									
中央	23750	7468	19346	46723	156433	200498	265396	611526	527689
地方	5077	7658	16133	24995	325911	381175	2423063	8122425	10068643
按构成分									
建筑安装工程	20231	8826	22451	45445	207844	390081	1942540	5905873	6570922
设备、工器具购置	1182	5889	10106	22180	239164	138258	470498	2307459	3032195
其他费用	7414	411	2922	4093	35336	53334	275421	520619	993215
按建设性质分									
#新建	26438	12429	5063	20729	218753	275105	1804575	6432471	8007544
扩建	2147	2697	25402	43474	214111	160034	411243	1285885	1427701
改建			3473	2706	41715	122172	403302	879784	1039206
按三次产业分									
第一产业		985	1450	2682	4064	16321	81870	377654	333505
第二产业	26207	11512	27257	62809	381147	270125	1016414	6030956	7185212
#工业	26207	11479	27074	62650	373258	265353	1014734	6030691	7181982
第三产业	2620	2629	6772	6227	97133	295227	1590175	2325341	3077615
#交通运输邮电通信业	355	750	2443	2264	34377	155337	943861	338545	444839
新增固定资产(万元)	20259	13798	22061	49485	266370	350795	1931937	7457870	7095928
房屋建筑面积(万平方米)									
施工面积	54.25	50.58	83.34	58.88	171.84	206.69	497.81	1895.81	1779.72
#住宅	16.26	20.49	28.11		34.73	99.49	113.68	40.15	54.82
竣工面积	42.6	38.54	68.02	38.76	111.94	118.63	222.06	284.75	318.62
#住宅	15.01	16.11	24.94	13.43	26.69	60.74	55.77	12.97	24.83

注:本表不包括房地产开发投资数据。

5-8 按行业分的城镇50万元及以上项目固定资产投资

（2010年）　　　　单位:万元

	投资总额	按构成分				按建设性质分		
		建筑工程	安装工程	设备购置	其他费用	新建	扩建	改建
合计	10596332	6132960	437962	3032195	993215	8007544	1427701	1039206
(一)农、林、牧、渔业	333505	199310	10192	80741	43262	286931	25602	19580
农业	69357	52027	1010	5690	10630	57537	6120	5700
林业	38529	22517	574	7108	8330	33219	2310	3000
畜牧业	147606	83356	4593	42721	16936	133498	14103	5
渔业	2680	2580		100		2680		
农、林、牧、渔服务业	75333	38830	4015	25122	7366	59997	3069	10875
(二)采矿业	711993	432128	24733	193407	61725	335379	136985	233279
煤炭开采和洗选业	2900	2700		200		2900		
石油和天然气开采业	305140	171332	11753	85118	36937	40667	61944	202529
黑色金属矿采选业	50815	26529	2770	18844	2672	45025	2800	2990
有色金属矿采选业	94685	64342	2820	23375	4148	62554	21181	10100
非金属矿采选业	258453	167225	7390	65870	17968	184233	51060	17660
(三)制造业	6164925	3031677	317066	2291553	524629	4802753	829250	479198
农副食品加工业	568134	319585	19690	179344	49515	457029	85758	20050
食品制造业	172890	101565	9787	50968	10570	150752	21138	1000
饮料制造业	149339	69615	9307	58277	12140	113640	8370	6849
烟草制品业	8178	4580	234	3364		800		7378
纺织业	532817	179884	11362	302431	39140	281199	188911	57517
纺织服装、鞋、帽制造业	75934	28189	3163	31601	12981	57044	16146	1796
皮革、毛皮、羽毛(绒)及其制品业	60623	34010	1609	23669	1335	54224	5399	1000
木材加工及木、竹、藤、棕、草制品业	90402	38640	3266	33631	14865	77422	12900	80
家具制造业	82789	50064	1591	25813	5321	55998	22369	3500
造纸及纸制品业	43860	27564	2336	12010	1950	34080	2750	7030
印刷业和记录媒介的复制	69011	34980	2556	30585	890	52860	14831	360
文教体育用品制造业	16100	9485	487	5588	540	12600	3500	
石油加工、炼焦即核燃料加工业	21550	15600	350	5410	190	21550		
化学原料及化学制品制造业	478824	223283	23243	193396	38902	408842	47387	22099
医药制造业	203668	99281	7312	65055	32020	160112	31246	11410
化学纤维制造业	12850	5136	547	6167	1000	12800	50	
橡胶制品业	7222	5170	100	1652	300	5170	1700	
塑料制品业	124485	77444	6634	35896	4511	107820	13926	763
非金属矿物制品业	1292215	712068	76896	381544	121707	974222	107807	208888
黑色金属冶炼及压延加工业	112960	36370	11210	46730	18650	100770	3440	8750
有色金属冶炼及压延加工业	317458	87933	34950	183630	10945	229758	44300	42400

注:本表不包括房地产开发投资数据。

5－8 续表1　　(2010 年)　　单位:万元

	投资总额	按构成分				按建设性质分		
		建筑工程	安装工程	设备购置	其他费用	新 建	扩 建	改 建
金属制品业	277245	132266	11409	113819	19751	220549	49696	800
通用设备制造业	173106	92083	8530	62907	9586	144700	14706	11700
专用设备制造业	285809	132883	17509	116194	19223	235706	31763	16740
交通运输设备制造业	347584	154435	31116	139306	22727	287044	29530	28250
电气机械及器材制造业	248342	100558	13971	94357	39456	204620	23864	19858
通信设备、计算机及其他电子设备制造业	159288	107185	3819	45701	2583	134766	23177	
仪器仪表及文化、办公用机械制造业	76507	47692	3426	25259	130	73844	2663	
工艺品及其他制造业	125845	86054	404	5853	33534	102942	21923	980
废弃资源和废旧材料回收加工业	29890	18075	252	11396	167	29890		
(四)电力、燃气及水的生产和供应业	305064	142030	31968	113131	17935	202646	70028	32143
电力、热水的生产和供应业	124132	51543	17404	41901	13284	91948	14438	17746
燃气生产和供应业	72143	27714	10055	33874	500	48015	23881	
水的生产和供应业	108789	62773	4509	37356	4151	62683	31709	14397
(五)建筑业	3230	500		2730		500		
房屋和土木工程建筑业	3230	500		2730		500		
(六)交通运输、仓储和邮政业	399855	264463	6413	36480	92499	268184	75201	44775
铁路运输业	13900	6800	1000	6100		13900		
道路运输业	203781	118207	1654	6405	77515	146848	7460	42646
城市公共交通业	759	529	10	220		530		229
水上运输业	4300			4300				
航空运输业	11000	9900			1100		11000	
管道运输业	2050	970		660	420		2050	
装卸搬运及其他运输服务业	39931	27176	945	5525	6285	39931		
仓储业	117366	94911	2804	12602	7049	62675	54691	
邮政业	6768	5970		668	130	4300		1900
(七)信息传输、计算机服务和软件业	44984	25259	419	18281	1025	17403	16747	10834
电信和其他信息传输服务业	42504	23579	419	18281	225	16903	14947	10654
计算机服务业	2480	1680			800	500	1800	180
(八)批发和零售业	497338	344385	14496	101986	36471	434029	45422	16439
批发业	189608	117861	6623	45214	19910	159090	22410	6660
零售业	307730	226524	7873	56772	16561	274939	23012	9779
(九)住宿和餐饮业	219904	168501	3997	22417	24989	188458	13488	17958
住宿业	150064	119891	3146	12564	14463	126340	10638	13086
餐饮业	69840	48610	851	9853	10526	62118	2850	4872
(十)金融业	7914	6355	150	848	561	5770	20	1906

5－8 续表 2　　　　(2010 年)　　　　单位:万元

	投资总额	按构成分				按建设性质分		
		建筑工程	安装工程	设备购置	其他费用	新建	扩建	改建
银行业	5214	4155	150	848	61	3150		1846
保险业	200	200				120	20	60
其他金融活动	2500	2000			500	2500		
(十一)房地产业	273197	225595	1820	9830	35952	265807	4590	2800
房地产业	273197	225595	1820	9830	35952	265807	4590	2800
(十二)租赁和商务服务业	44383	39995	725	2613	1050	43885		498
商务服务业	44383	39995	725	2613	1050	43885		498
(十三)科学研究、技术服务和地质勘查业	12603	6083	70	6050	400	3693	6710	
研究与实验发展	4710	2410	70	2230			4710	
专业技术服务业	7043	3673		2970	400	3693	2000	
地质勘查业	850			850				
(十四)水利、环境和公共设施管理业	1130282	915867	17084	81189	116142	802355	172281	155646
水利管理业	109226	94244	1181	11438	2363	63021	11362	34843
环境管理业	55711	47441	955	4615	2700	46303	7213	2195
公共设施管理业	965345	774182	14948	65136	111079	693031	153706	118608
(十五)居民服务和其他服务业	25190	13290	2440	8470	990	21090	3100	1000
居民服务业	7350	4070	585	1815	880	7350		
其他服务业	17840	9220	1855	6655	110	13740	3100	1000
(十六)教育	156677	126375	1793	18387	10122	136240	11054	6946
教育	156677	126375	1793	18387	10122	136240	11054	6946
(十七)卫生、社会保障和社会福利业	106998	74564	1852	23958	6624	55719	8026	5648
卫生	98079	65705	1852	23958	6564	48009	7462	5003
社会福利业	8919	8859			60	7710	564	645
(十八)文化、体育和娱乐业	97613	75761	1837	9210	10805	82601	9197	4850
广播、电视、电影和音像业	5450	2700	1350	1400		3450	2000	
文化艺术业	23242	19282	45	3800	115	18818	2459	1000
体育	33920	32320	90	1300	210	31170		2750
娱乐业	35001	21459	352	2710	10480	29163	4738	1100
(十九)公共管理与社会组织	60677	40822	907	10914	8034	54101		5706
国家机构	50042	33377	683	8027	7955	43666		5506
人民政协和民主党派	1000	650	43	307		1000		
群众社团、社会团体和宗教组织	2300	2160	11	110	19	2100		200
基层群众自治组织	7335	4635	170	2470	60	7335		

5-9 按行业分的城镇50万元及以上项目个数及新增固定资产

(2010年)

	施工项目(个)	新开工	全部投产项目(个)	项目建成投产率(%)	新增固定资产(万元)	固定资产交付使用率(%)
合计	**4146**	**2965**	**2809**	**67.8**	**7095928**	**67.0**
(一)农、林、牧、渔业	248	191	188	75.8	301751	90.5
农业	56	44	35	62.5	47524	68.5
林业	27	22	24	88.9	36149	93.8
畜牧业	123	91	97	78.9	151579	102.7
渔业	3	3	2	66.7	2280	85.1
农、林、牧、渔服务业	39	31	30	76.9	64219	85.2
(二)采矿业	200	162	167	83.5	623995	87.6
煤炭开采和洗选业	2	2	1	50.0	1500	51.7
石油和天然气开采业	3	3	3	100.0	303411	99.4
黑色金属矿采选业	35	27	28	80.0	42410	83.5
有色金属矿采选业	46	31	38	82.6	68080	71.9
非金属矿采选业	114	99	97	85.1	208594	80.7
(三)制造业	2168	1520	1371	63.2	3924635	63.7
农副食品加工业	252	183	178	70.6	437613	77.0
食品制造业	78	57	53	67.9	126527	73.2
饮料制造业	49	31	35	71.4	118050	79.0
烟草制品业	2	2	2	100.0	8178	100.0
纺织业	169	128	126	74.6	414661	77.8
纺织服装、鞋、帽制造业	38	36	20	52.6	34515	45.5
皮革、毛皮、羽毛(绒)及其制品业	24	18	18	75.0	51609	85.1
木材加工及木、竹、藤、棕、草制品业	43	37	29	67.4	52190	57.7
家具制造业	63	57	51	81.0	73575	88.9
造纸及纸制品业	24	16	18	75.0	42460	96.8
印刷业和记录媒介的复制	24	17	15	62.5	36620	53.1
文教体育用品制造业	11	11	10	90.9	12100	75.2
石油加工、炼焦即核燃料加工业	6	2	6	100.0	25660	119.1
化学原料及化学制品制造业	130	89	88	67.7	315092	65.8
医药制造业	55	34	33	60.0	112687	55.3
化学纤维制造业	3	1	2	66.7	12800	99.6
橡胶制品业	4	3	2	50.0	3852	53.3
塑料制品业	58	44	39	67.2	91798	73.7
非金属矿物制品业	491	332	292	59.5	749774	58.0
黑色金属冶炼及压延加工业	26	15	19	73.1	78140	69.2
有色金属冶炼及压延加工业	56	18	35	62.5	183908	57.9
金属制品业	90	66	57	63.3	156047	56.3
通用设备制造业	72	45	42	58.3	120803	69.8
专用设备制造业	88	62	44	50.0	139831	48.9
交通运输设备制造业	131	94	68	51.9	185201	53.3
电气机械及器材制造业	65	37	39	60.0	183110	73.7
通信设备、计算机及其他电子设备制造业	41	28	17	41.5	81021	50.9
仪器仪表及文化、办公用机械制造业	15	7	4	26.7	21102	27.6
工艺品及其他制造业	53	43	26	49.1	44211	35.1
废弃资源和废旧材料回收加工业	7	7	3	42.9	11500	38.5
(四)电力、燃气及水的生产和供应业	102	63	66	64.7	221568	72.6
电力、热水的生产和供应业	46	26	27	58.7	89879	72.4
燃气生产和供应业	10	8	7	70.0	57023	79.0
水的生产和供应业	46	29	32	69.6	74666	68.6
(五)建筑业	1	1	1	100.0	3230	100.0
房屋和土木工程建筑业	1	1	1	100.0	3230	100.0
(六)交通运输、仓储和邮政业	160	121	115	71.9	242943	60.8
铁路运输业	2	1				

注:本表不包含房地产开发数据。

5－9 续表　　　　　　　　　　(2010 年)

	施工项目(个)	新开工	全部投产项目(个)	项目建成投产率(%)	新增固定资产(万元)	固定资产交付使用率(%)
道路运输业	100	82	74	74.0	80845	39.7
城市公共交通业	2		2	100.0	1600	210.8
水上运输业					4300	100.0
航空运输业	1					
管道运输业	1	1				
装卸搬运及其他运输服务业	13	9	7	53.8	18485	46.3
仓储业	35	24	27	77.1	132645	113.0
邮政业	6	4	5	83.3	5068	74.9
(七)信息传输、计算机服务和软件业	20	14	14	70.0	45540	101.2
电信和其他信息传输服务业	17	11	11	64.7	43060	101.3
计算机服务业	3	3	3	100.0	2480	100.0
(八)批发和零售业	283	216	213	75.3	373978	75.2
批发业	90	65	62	68.9	114084	60.2
零售业	193	151	151	78.2	259894	84.5
(九)住宿和餐饮业	130	101	92	70.8	156054	71.0
住宿业	65	47	37	56.9	91921	61.3
餐饮业	65	54	55	84.6	64133	91.8
(十)金融业	11	10	7	63.6	6748	85.3
银行业	7	6	5	71.4	4128	79.2
保险业	3	3	1	33.3	120	60.0
其他金融活动	1	1	1	100.0	2500	100.0
(十一)房地产业	71	43	53	74.6	140520	51.4
房地产业	71	43	53	74.6	140520	51.4
(十二)租赁和商务服务业	9	6	5	55.6	19949	44.9
商务服务业	9	6	5	55.6	19949	44.9
(十三)科学研究、技术服务和地质勘查业	6	4	2	33.3	5000	39.7
研究与实验发展	1					
专业技术服务业	5	4	2	40.0	4150	58.9
地质勘查业					850	100.0
(十四)水利、环境和公共设施管理业	452	292	312	69.0	724825	64.1
水利管理业	67	34	58	86.6	91236	83.5
环境管理业	26	18	15	57.7	17790	31.9
公共设施管理业	359	240	239	66.6	615799	63.8
(十五)居民服务和其他服务业	25	20	20	80.0	12180	48.4
居民服务业	13	12	13	100.0	7350	100.0
其他服务业	12	8	7	58.3	4830	27.1
(十六)教育	108	93	77	71.3	113858	72.7
教育	108	93	77	71.3	113858	72.7
(十七)卫生、社会保障和社会福利业	48	33	33	68.8	67390	63.0
卫生	42	28	29	69.0	59295	60.5
社会福利业	6	5	4	66.7	8095	90.8
(十八)文化、体育和娱乐业	53	34	34	64.2	60520	62.0
广播、电视、电影和音像业	3	3	2	66.7	3750	68.8
文化艺术业	17	11	10	58.8	20460	88.0
体育	9	2	4	44.4	12890	38.0
娱乐业	24	18	18	75.0	23420	66.9
(十九)公共管理与社会组织	51	41	39	76.5	51244	84.5
国家机构	36	27	27	75.0	40889	81.7
人民政协和民主党派	1		1	100.0	5000	500.0
群众社团、社会团体和宗教组织	5	5	3	60.0	1020	44.3
基层群众自治组织	9	9	8	88.9	4335	59.1

5-10 各县(市、区)城镇50万元

(2010

	投资总额	按三次产业分			按建
		第一产业	第二产业	第三产业	新建
全市	**10596332**	**333505**	**7185212**	**3077615**	**8007544**
宛城区	552466	6500	254701	291265	479143
卧龙区	463462	18767	316880	127815	378182
南召县	400363	11650	272623	116090	367998
方城县	730102	40453	343497	346152	618512
西峡县	1183076	13100	1018800	151176	982566
镇平县	684371	22040	398760	263571	612846
内乡县	855888	4210	637107	214571	435644
淅川县	1033865	26433	875309	132123	918345
社旗县	387206	15534	234967	136705	307850
唐河县	582378	2362	472738	107278	483992
新野县	927453	46857	698443	182153	465570
桐柏县	651520	44971	372990	233559	377597
邓州市	953827	80628	549488	323711	849411
市直	414037		159419	254618	262644
高新区	192385		117856	74529	178116
两属	583933		461634	122299	289128

注:本表不包括房地产开发投资数据。

5-11 各县(市、区)分行业城镇50万元

(2010

	投资总额	农林牧渔业	工业	采矿业	制造业	电力燃气水的生产和供应业	建筑业	交通运输、仓储和邮政业	信息传输、计算机服务和软件业
全市	**10596332**	**333505**	**7181982**	**711993**	**6164925**	**305064**	**3230**	**399855**	**44984**
宛城区	552466	6500	254701		238381	16320		16650	
卧龙区	463462	18767	316880	3010	312640	1230		29980	1980
南召县	400363	11650	272623	6002	266421	200		1260	
方城县	730102	40453	343497	92809	241101	9587		41809	6063
西峡县	1183076	13100	1018800	31850	964550	22400		12400	
镇平县	684371	22040	398760	2993	379978	15789		20388	
内乡县	855888	4210	637107	69167	558970	8970		46529	1550
淅川县	1033865	26433	875309	67490	767919	39900		14900	
社旗县	387206	15534	234967		227457	7510		17282	300
唐河县	582378	2362	472738	43257	409411	20070		11000	
新野县	927453	46857	698443		662589	35854		33786	8120
桐柏县	651520	44971	370260	90275	277385	2600	2730	11472	200
邓州市	953827	80628	549488		508670	40818		21080	
市直	414037		159419		113149	46270		12381	
高新区	192385		117356		115356	2000	500	12270	1830
两属	583933		461634	305140	120948	35546		96668	24941

注:本表不包括房地产开发投资数据。

及以上项目固定资产投资

年）

单位:万元

设性质分		按构成分				新增固定资产
扩建	改建	建筑工程	安装工程	设备购置	其他费用	
1427701	**1039206**	**6132960**	**437962**	**3032195**	**993215**	**7095928**
38046	21910	269184	14412	130578	138292	394918
50303	31387	235356	29308	141664	57134	391312
29365	3000	215533		23700	161130	235110
67259	31266	661785	5601	49959	12757	549334
86940	113570	583226	131280	465870	2700	595886
37442	25346	478784	14356	100043	91188	383018
232414	187830	770748	3835	35963	45342	497774
64720	49950	259207	135995	570465	68198	677661
68124	7232	310259	4143	26537	46267	186630
95501	2885	537079	1917	43082	300	365650
321461	134525	271563	9658	615927	30305	767864
154403	94020	354309	745	195630	100836	475811
31590	48876	501207	44058	350854	57708	1056967
70221	61007	273086	19228	88028	33695	136879
1810	9699	152346		3680	36359	49412
78102	216703	259288	23426	190215	111004	331702

及以上项目固定资产投资

年）

单位:万元

批发和零售业	住宿和餐饮业	金融业	房地产业	租赁和商务服务业	科学研究、技术服务和地质勘查业	水利环境和公共设施管理业	居民服务和其他服务业	教育	卫生、社会保障和社会福利业	文化、体育和娱乐业	公共管理与社会组织
497338	**219904**	**7914**	**273197**	**44383**	**12603**	**1130282**	**25190**	**156677**	**106998**	**97613**	**60677**
84398	25952	2500	49702			31860	3690	29431	4140	25282	17660
33920	14962	800	9370		850	22858	1000	6673	627	590	4205
33550	3700		2500			56330		3400	1850	13100	400
64593	9451	3014	5003	15000		144317	1320	17038	17449	9495	11600
30450	21900					63716	15510	2000		2800	2400
105929	9296			3200	1750	97964		7480	8160	7904	1500
8810	90860		1650			60242		2080	900	1950	
2600	6800		5000	12100		82723		400	2800	4800	
4300	4000		21678			73617	2000	4080	3242	2890	3316
11259	105		7410	5575		47377	10	14662	8540		1340
30256	10448				2493	85024	410	1882	2930	3278	3526
18315	5380		44149	498	2000	111903	450	20200	13000	4892	1100
58200	12350		27040	5600	4710	129011	800	24700	29400	400	10420
6118	3400		89305			94421		20091	8670	20232	
4640	1300	1600	10390	2410	800	28919		1870	5290		3210
								690			

5-12 按登记注册类型分的城镇50

(2010

	合 计	国有经济	集体经济	联营经济
投资总额	**10596332**	**2320932**	**842754**	**2528**
按隶属关系分				
中央	527689	502615	350	
地方	10068643	1818317	842404	2528
按资金来源分				
上年末结余资金	55532	30155	5050	
国家预算内资金	307618	264452	34294	
国内贷款	371327	50185	12946	
利用外资	32832	10000		
债券				
自筹资金	9314515	1820734	776229	2528
其他资金	570040	175561	19285	
按构成分				
建筑工程	6132960	1607947	586657	2428
安装工程	437962	65793	25066	
设备、工具、器具购置	3032195	464404	140259	
其他费用	993215	182788	90772	100

注:本表不包括房地产开发投资数据。

5-13 按登记注册类型分的农村

(2010

	总 计	内 资	国 有	集 体	股份合作	其他联营
投资总额	**1724659**	**1664641**	**302716**	**645665**	**5350**	**5100**
按构成分						
建筑工程	1282561	1238671	256164	539993	2700	3100
安装工程	41388	40640	3701	15994		100
设备工器具购置	246338	236613	22031	56901		1100
其他费用	154372	148717	20820	32777	2650	800
按资金来源分						
本年资金来源合计	1767832	1706214	308896	670118	5350	5100
上年末结余资金	8227	8227	3050	3177		
本年资金来源小计	1759605	1697987	305846	666941	5350	5100
国家预算内资金	48650	48650	11637	35713		
国内贷款	5704	5704	100	2314		
自筹资金	1624609	1580131	279895	604690	5350	3800
其他资金来源	80642	63502	14214	24224		1300

万元及以上项目固定资产投资

年）

股份制经济	港澳台投资	外商投资	私营经济	个体经济	其他经济
2393213	**187581**	**36143**	**3875179**	**552667**	**385335**
14504	10220				
2378709	177361	36143	3875179	552667	385335
15953	4		200	4170	
3812			1990	3070	
201221	7395		83320	9210	7050
	21902	110	820		
2084603	118386	36353	3745837	488112	241733
103577	39898	-320	43212	52275	136552
1064806	106631	20854	2048595	351041	344001
132171	4934	332	199943	7575	2148
901534	60143	6593	1371487	72687	15088
294702	15873	8364	255154	121364	24098

50万元及以上固定资产投资

年）

其他有限责任公司	股份有限公司	私营	其他内资	澳台商投资	个体经营	个体户	个人合伙
15720	**33903**	**542005**	**114182**	**1980**	**58038**	**41888**	**16150**
6770	18095	332415	79434	1880	42010	33496	8514
490	1386	18326	643		748	416	332
6045	10272	127909	12355	100	9625	3485	6140
2415	4150	63355	21750		5655	4491	1164
17720	37685	545013	116332	2050	59568	43418	16150
			2000				
17720	37685	545013	114332	2050	59568	43418	16150
			1300				
	1000	2290					
17720	34385	531033	103258	2050	42428	26318	16110
	2300	11690	9774		17140	17100	40

5-14 按行业分的农村50万元及以上固定资产投资

(2010年)　　　　单位:万元

	投资总额	按构成分				按建设性质分		
		建筑工程	安装工程	设备购置	其他费用	新建	扩建	改建
合计	**1724659**	**1282561**	**41388**	**246338**	**154372**	**1405670**	**162523**	**134944**
(一)农、林、牧、渔业	455225	359505	10309	44732	40679	390572	36469	24484
农业	64734	44395	865	5265	14209	54194	7830	2710
林业	82659	65189	3050	6190	8230	66834	9485	6340
畜牧业	149410	109250	3361	24608	12191	142990	5420	1000
渔业	5300	3260	590	550	900	3700		1600
农、林、牧、渔服务业	153122	137411	2443	8119	5149	122854	13734	12834
(二)采矿业	62515	28039	1230	16800	16446	37450	9000	11600
黑色金属矿采选业	6340	5340		1000			1700	4640
有色金属矿采选业	26460	11610	305	4550	9995	14200	7300	4960
非金属矿采选业	25815	8289	625	10550	6351	19350		2000
其他采选业	3900	2800	300	700	100	3900		
(三)制造业	378033	210056	14800	117185	35992	320218	42971	11340
农副食品加工业	58071	37692	1209	14741	4429	50465	5577	1360
食品制造业	8470	6100	162	1958	250	8470		
饮料制造业	19959	6628	270	10894	2167	13121	6838	
烟草制品业	2490	2110	80	300		2490		
纺织业	25227	14271	641	8493	1822	18119	3778	3280
纺织服装、鞋、帽制造业	6210	3170	370	1970	700	5210	1000	
皮革、毛皮、羽毛(绒)及其制品业	6066	3350	410	1506	800	3616	2450	
木材加工及木、竹、藤、棕、草制品业	13999	10199	50	2260	1490	10423	3576	
家具制造业	8595	4839	124	3222	410	5575	1760	1260
造纸及纸制品业	3701	2828	125	480	268	3701		
印刷业和记录媒介的复制	700		200	500		700		
文教体育用品制造业	976	559	7	410		976		
石油加工、炼焦即核燃料加工业	137	54		83		137		
化学原料及化学制品制造业	11173	5935	409	4119	710	5460	5713	
医药制造业	800	800				800		
橡胶制品业	855	368	6	481		405	450	
塑料制品业	6688	3476	752	2396	64	4308	500	1880
非金属矿物制品业	96370	46281	5495	31361	13233	85611	8859	1900
黑色金属冶炼及压延加工业	5070	1850	950	2170	100	5070		
有色金属冶炼及压延加工业	3770	800	500	2370	100	2870	900	
金属制品业	16492	12410	835	2850	397	14832		1660
通用设备制造业	5880	1230		3750	900	5250	630	
专用设备制造业	15466	6188	395	8026	857	11741	940	
交通运输设备制造业	11190	6490	200	1800	2700	11190		
电气机械及器材制造业	14280	4300	440	8325	1215	14280		
通信设备、计算机及其他电子设备制造业	4900	4550	50	230	70	4900		
仪器仪表及文化、办公用机械制造业	2000	800			1200	2000		
工艺品及其他制造业	20653	15633	1030	1880	2110	20653		
废弃资源和废旧材料回收加工业	7845	7145	90	610		7845		
(四)电力、燃气及水的生产和供应业	38916	26153	1577	8606	2580	33049	2022	3845
电力、热水的生产和供应业	14983	7775	610	4998	1600	11038	100	3845
燃气生产和供应业	1340	1050	70	180	40	1340		
水的生产和供应业	22593	17328	897	3428	940	20671	1922	

5－14 续表1　　　　(2010年)　　　　单位:万元

	投资总额	按构成分				按建设性质分		
		建筑工程	安装工程	设备购置	其他费用	新建	扩建	改建
(五)建筑业	720			720		260		
房屋和土木工程建筑业	720			720		260		
(六)交通运输、仓储和邮政业	56010	47830	620	2755	4805	36220	7994	8611
铁路运输业	2000	900			1100			2000
道路运输业	36605	35185	110	605	705	24600	5314	6611
装卸搬运及其他运输服务业	5505	1895	260	1150	2200	2400		
仓储业	11900	9850	250	1000	800	9220	2680	
(七)信息传输、计算机服务和软件业	620	305	110	200	5	620		
电信和其他信息传输服务业	620	305	110	200	5	620		
(八)批发和零售业	99635	79550	2051	10997	7037	89738	7309	1658
批发业	46277	34874	812	7186	3405	40659	4600	568
零售业	53358	44676	1239	3811	3632	49079	2709	1090
(九)住宿和餐饮业	17500	13630	130	1385	2355	14505		2995
住宿业	5480	4070	20	300	1090	5480		
餐饮业	12020	9560	110	1085	1265	9025		2995
(十)金融业								
(十一)房地产业	80749	69313	1480	2750	7206	71589	3800	5360
房地产业	80749	69313	1480	2750	7206	71589	3800	5360
(十二)租赁和商务服务业	2000	800	30	970	200	2000		
租赁业	2000	800	30	970	200	2000		
(十三)科学研究、技术服务和地质勘查业	4700	2770	430	1150	350	400	2000	2300
专业技术服务业	2500	1370	380	400	350		2000	500
科技交流和推广服务业	2200	1400	50	750		400		1800
(十四)水利、环境和公共设施管理业	416310	348838	7396	31520	28556	324934	31262	55616
水利管理业	65857	56185	1205	6180	2287	48029	5170	12160
环境管理业	24750	20543	150	350	3707	17360	2530	3660
公共设施管理业	325703	272110	6041	24990	22562	259545	23562	39796
(十五)居民服务和其他服务业	7945	6850	50	785	260	6385	1560	
居民服务业	7460	6610		750	100	5900	1560	
其他服务业	485	240	50	35	160	485		
(十六)教育	30468	27828	125	1035	1480	19403	6015	4270
教育	30468	27828	125	1035	1480	19403	6015	4270
(十七)卫生、社会保障和社会福利业	10088	8008	65	590	1425	4820	3588	1680
卫生	4058	3728	45	260	25	1470	2588	
社会保障业	100	100				100		
社会福利业	5930	4180	20	330	1400	3250	1000	1680
(十八)文化、体育和娱乐业	51683	43480	930	3763	3510	47940	3723	20
新闻出版业	800	800				500	300	
广播、电视、电影和音像业	1120	820		240	60	1100		20
文化艺术业	24493	20310	430	1903	1850	22870	1623	
娱乐业	25270	21550	500	1620	1600	23470	1800	
(十九)公共管理与社会组织	11542	9606	55	395	1486	5567	4810	1165
国家机构	3271	3171			100	1996	330	945
群众社团、社会团体和宗教组织	260	200	5	25	30	260		
基层群众自治组织	8011	6235	50	370	1356	3311	4480	220

5-15 按行业分的农村50万元及以上项目个数及新增固定资产

(2010年)

	施工项目(个)	新开工	全部投产项目(个)	项目建成投产率(%)	新增固定资产(万元)	固定资产交付使用率(%)
合计	**1667**	**1135**	**1341**	**80.4**	**1523551**	**88.3**
(一)农、林、牧、渔业	467	317	380	81.4	408793	89.8
农业	58	45	46	79.3	46348	71.6
林业	82	52	74	90.2	83246	100.7
畜牧业	193	125	158	81.9	147759	98.9
渔业	5	4	4	80.0	3700	69.8
农、林、牧、渔服务业	129	91	98	76.0	127740	83.4
(二)采矿业	36	25	31	86.1	54765	87.6
黑色金属矿采选业	2	1	1	50.0	4640	73.2
有色金属矿采选业	12	7	10	83.3	22960	86.8
非金属矿采选业	19	15	18	94.7	25265	97.9
其他采选业	3	2	2	66.7	1900	48.7
(三)制造业	379	258	303	79.9	336910	89.1
农副食品加工业	60	32	44	73.3	55070	94.8
食品制造业	8	5	5	62.5	2990	35.3
饮料制造业	9	5	5	55.6	13051	65.4
烟草制品业	1		1	100.0	2490	100.0
纺织业	29	19	25	86.2	27295	108.2
纺织服装、鞋、帽制造业	11	8	6	54.5	4030	64.9
皮革、毛皮、羽毛(绒)及其制品业	8	7	8	100.0	6866	113.2
木材加工及木、竹、藤、棕、草制品业	18	16	14	77.8	8259	59.0
家具制造业	10	9	8	80.0	8180	95.2
造纸及纸制品业	5	5	3	60.0	1993	53.9
印刷业和记录媒介的复制	1		1	100.0	700	100.0
文教体育用品制造业	5	4	3	60.0	1500	153.7
石油加工、炼焦即核燃料加工业	1		1	100.0	750	547.4
化学原料及化学制品制造业	13	8	9	69.2	8640	77.3
医药制造业	1	1				
橡胶制品业	2		2	100.0	1300	152.0
塑料制品业	9	6	7	77.8	6310	94.3
非金属矿物制品业	103	75	93	90.3	99653	103.4
黑色金属冶炼及压延加工业	5	4	5	100.0	5070	100.0
有色金属冶炼及压延加工业	4	3	4	100.0	3770	100.0
金属制品业	19	14	15	78.9	14862	90.1
通用设备制造业	6	5	6	100.0	6250	106.3
专用设备制造业	12	10	6	50.0	5437	35.2
交通运输设备制造业	7	2	6	85.7	12400	110.8
电气机械及器材制造业	8	5	7	87.5	13080	91.6
通信设备、计算机及其他电子设备制造业	5	3	3	60.0	3780	77.1
仪器仪表及文化、办公用机械制造业	1	1	1	100.0	2000	100.0
工艺品及其他制造业	11	8	9	81.8	9322	45.1
废弃资源和废旧材料回收加工业	7	3	6	85.7	11862	151.2
(四)电力、燃气及水的生产和供应业	37	23	27	73.0	30957	79.5
电力、热水的生产和供应业	12	7	10	83.3	14138	94.4
燃气生产和供应业	2	1	2	100.0	1340	100.0
水的生产和供应业	23	15	15	65.2	15479	68.5

5-15 续表 (2010 年)

	施工项目（个）	新开工	全部投产项目（个）	项目建成投产率（%）	新增固定资产（万元）	固定资产交付使用率（%）
（五）建筑业	1	1	1	100.0	720	100.0
房屋和土木工程建筑业	1	1	1	100.0	720	100.0
（六）交通运输、仓储和邮政业	72	51	53	73.6	42189	75.3
铁路运输业	1	1	1	100.0	2000	100.0
道路运输业	58	42	44	75.9	26539	72.5
装卸搬运及其他运输服务业	2	1	1	50.0	2900	52.7
仓储业	11	7	7	63.6	10750	90.3
（七）信息传输、计算机服务和软件业	1	1	1	100.0	620	100.0
电信和其他信息传输服务业	1	1	1	100.0	620	100.0
（八）批发和零售业	93	63	72	77.4	91352	91.7
批发业	31	17	25	80.6	47979	103.7
零售业	62	46	47	75.8	43373	81.3
（九）住宿和餐饮业	25	19	21	84.0	16260	92.9
住宿业	5	5	3	60.0	4480	81.8
餐饮业	20	14	18	90.0	11780	98.0
（十）金融业						
（十一）房地产业	61	39	41	67.2	69885	86.5
房地产业	61	39	41	67.2	69885	86.5
（十二）租赁和商务服务业	1	1	1	100.0	2000	100.0
租赁业	1	1	1	100.0	2000	100.0
（十三）科学研究、技术服务和地质勘查业	4	4	4	100.0	4700	100.0
专业技术服务业	2	2	2	100.0	2500	100.0
科技交流和推广服务业	2	2	2	100.0	2200	100.0
（十四）水利、环境和公共设施管理业	352	230	288	81.8	366763	88.1
水利管理业	79	59	65	82.3	55937	84.9
环境管理业	21	16	19	90.5	19492	78.8
公共设施管理业	252	155	204	81.0	291334	89.4
（十五）居民服务和其他服务业	9	5	6	66.7	3085	38.8
居民服务业	8	4	5	62.5	2600	34.9
其他服务业	1	1	1	100.0	485	100.0
（十六）教育	38	32	32	84.2	24018	78.8
教育	38	32	32	84.2	24018	78.8
（十七）卫生、社会保障和社会福利业	23	18	20	87.0	11808	117.0
卫生	10	7	10	100.0	5368	132.3
社会保障业	1	1	1	100.0	100	100.0
社会福利业	12	10	9	75.0	6340	106.9
（十八）文化、体育和娱乐业	39	24	32	82.1	46170	89.3
新闻出版业	2	2	2	100.0	800	100.0
广播、电视、电影和音像业	2	1	2	100.0	1400	125.0
文化艺术业	23	18	17	73.9	19780	80.8
娱乐业	12	3	11	91.7	24190	95.7
（十九）公共管理与社会组织	29	24	28	96.6	12556	108.8
国家机构	15	12	15	100.0	4235	129.5
群众社团、社会团体和宗教组织	1	1	1	100.0	260	100.0
基层群众自治组织	13	11	12	92.3	8061	100.6

5-16 各县(市、区)农村50万元及以上项目

(2010

	投资总额	按三次产业分			按建
		第一产业	第二产业	第三产业	新建
全市	**1724659**	**455225**	**480184**	**789250**	**1405670**
宛城区	41480	21390	6800	13290	38330
卧龙区	70498	24777	17659	28062	58401
南召县	201080	11290	103800	85990	180800
方城县	51108	23263	2000	25845	48658
西峡县	128250	26420	36960	64870	125650
镇平县	356276	97743	105464	153069	263646
内乡县	34576	4070	12230	18276	17976
淅川县	97535	15500	59135	22900	81450
社旗县	116651	39087	13681	63883	111198
唐河县	249244	101596	50764	96884	226764
新野县	76519	22524	31089	22906	40339
桐柏县	129322	33385	25092	70845	43138
邓州市	172120	34180	15510	122430	169320

5-17 各县(市、区)农村50万元及以

(2010

	投资总额	农林牧渔业	工业	采矿业	制造业	电力燃气水的生产和供应业	建筑业	交通运输、仓储和邮政业	信息传输、计算机服务和软件业
全市	**1724659**	**455225**	**479464**	**62515**	**378033**	**38916**	**720**	**56010**	**620**
宛城区	41480	21390	6800		3550	3250		3400	
卧龙区	70498	24777	17659		15370	2289		4378	
南召县	201080	11290	103800	30000	67500	6300			
方城县	51108	23263	2000	800	1200			5048	
西峡县	128250	26420	36960	1000	33320	2640			
镇平县	356276	97743	105464	5560	85539	14365		14320	620
内乡县	34576	4070	12230	2800	9430				
淅川县	97535	15500	59135	5150	49385	4600			
社旗县	116651	39087	13681		12181	1500		4170	
唐河县	249244	101596	50764		50464	300		7791	
新野县	76519	22524	31089	400	28215	2474		2210	
桐柏县	129322	33385	24372	16805	6369	1198	720	13393	
邓州市	172120	34180	15510		15510			1300	

按三次产业和构成分的固定资产投资

年）

单位：万元

设性质分		按构成分				新增固定资产
扩建	改建	建筑工程	安装工程	设备购置	其他费用	
162523	**134944**	**1282561**	**41388**	**246338**	**154372**	**1523551**
3150		24755	824	8792	7109	33920
9160	2807	43231	2155	6040	19072	64330
16700	3580	104620	100	23150	73210	177380
2450		48277	66	1969	796	51108
	2600	79380	10510	38360		116450
37252	41008	275925	13285	43111	23955	204287
12990	3610	31516	130	1550	1380	29740
16085		46800	7630	39520	3585	91535
3228	2225	103286	1456	6411	5498	105650
16300	6180	249024	70	150		275256
14671	21509	47061	188	25237	4033	84190
29587	49575	95346	340	21422	12214	109062
950	1850	133340	4634	30626	3520	180643

上项目分行业固定资产投资

年）

单位：万元

批发和零售业	住宿和餐饮业	房地产业	租赁和商务服务业	科学研究、技术服务和地质勘查业	水利环境和公共设施管理业	居民服务和其他服务业	教育	卫生、社会保障和社会福利业	文化、体育和娱乐业	公共管理与社会组织
99635	**17500**	**80749**	**2000**	**4700**	**416310**	**7945**	**30468**	**10088**	**51683**	**11542**
3700			2000	400	1360		2100	330		
2100	2130	4895			11079	485	1505	500	320	670
8000	5650	11360			47800	800		2580	8300	1500
2050	200				11374		6973	100		100
		6300			53000	650	1200		3720	
19201	2800	14014		2000	65763	4560	9570		14580	5641
7420					7340	1300	1780			436
		1000			8800				13100	
5860	1355	36910			12423		1800	550	60	755
20510	370	3120			49233		4090	1990	9780	
3495					14310		50	1438	323	1080
2179	3995	3150		2300	39318	150	1150	2600	1500	1110
25120	1000				94510		250			250

5－18 各县（市、区）农户

（2010

	农村固定资产投资额	按投资构成分		
		建筑工程	设备工器具购置	其他
全市	**870130**	**711761**	**145622**	**12750**
宛城区	62255	54259	6697	1299
卧龙区	29593	28827	766	
南召县	23156	15736	7420	
方城县	96507	69321	26698	488
西峡县	27890	26322	1569	
镇平县	118440	99225	19215	
内乡县	70008	60002	8221	1785
淅川县	56138	52987	3152	
社旗县	51285	32881	9380	9024
唐河县	133600	107475	26125	
新野县	64297	38150	26147	
桐柏县	24216	21070	2993	154
邓州市	112745	105506	7239	

5－18 续表

（2010

	按具体投资项			
	房屋	住宅	设备	水利
全市	**696122**	**688300**	**145622**	**7083**
宛城区	53447	52056	6697	
卧龙区	28827	28827	766	
南召县	14497	13639	7420	1240
方城县	61576	61576	26698	
西峡县	26322	26322	1569	
镇平县	99225	99225	19215	
内乡县	59803	59803	8221	199
淅川县	52987	52987	3152	
社旗县	27237	27237	9380	5644
唐河县	107475	102447	26125	
新野县	38150	38150	26147	
桐柏县	21070	21054	2993	
邓州市	105506	104977	7239	

固　定　资　产　投　资

年）

单位:万元

按投资方向分						
第一产业	第二产业	工业	第三产业	交通运输仓储及邮电业	文化教育事业	卫生体育福利和社会服务业
123762	**28067**	**28033**	**718302**	**27071**	**356**	**1701**
10037			52219			163
766			28827			
8659			14497			
29153			67354	5422	356	
1040			26851	529		
690	17991	17991	99759	534		
3158	34		66816	7013		
			56139	3152		
11287	6380	6380	33617	6380		
23449	3662	3662	106488	4041		
26147			38150			
1608			22608			1538
7768			104977			

年）

单位:万元

目分				
其他	本年施工房屋面积（万平方米）	住宅	本年竣工房屋面积（万平方米）	住宅
21307	**1812**	**1789**	**1803**	**1779**
2111	142	132	142	132
	75	75	75	75
	39	39	39	39
8233	215	215	215	215
	69	69	69	69
	299	299	299	299
1785	138	138	138	138
	99	99	99	99
9024	69	69	69	69
	256	245	256	245
	71	71	71	71
154	59	59	50	49
	281	279	281	279

5-19 城镇和农村生产能力

(2010年)

	建设规模	本年施工规模	本年新开工	累计生产能力(或效益)	本年新增
洗煤(万吨/年)	20	10			
焦炭(万吨/年)	100	100	100	100	100
铁矿开采(原矿)(万吨/年)	449.5	346.5	100.5	100.5	100.5
铁矿选矿处理原矿量(万吨/年)	70	48		20	20
铁矿石成品矿(万吨/年)	2	2			
生铁(万吨/年)	60	56	50	50	50
连铸坯(万吨/年)	1.2	1.2			
钢材					
热轧钢材(万吨/年)	10	10			
冷轧(拔)钢材(万吨/年)	50	40			
镀层、涂层钢材(万吨/年)	10	10	10	10	10
锻压、挤压、旋压钢材(万吨/年)	0.5	0.5	0.5	0.5	0.5
铜采矿(原矿)(万吨/年)	301.3	301.3	1.3	1.3	1.3
铜冶炼(吨/年)	60	50			
铅锌采矿(原矿)(万吨/年)	8.6	8.6	8.6	8.6	8.6
铅锌选矿:(1)处理原矿(万吨/年)	1.4	1.4	1.4	1.4	1.4
(2)铅含量(吨/年)	7884	7884	7884	7884	7884
(3)锌含量(吨/年)	5256	5256	5256	5256	5256
铝加工(万吨/年)	13.58	13.56	13.50	13.50	13.50
水力发电(万千瓦)	3	3	3	3	3
其他发电(万千瓦)	6.67	6.52	5.97	5.97	5.97

5－19 续表 (2010 年)

	建设规模	本年施工规模	本年新开工	累计生产能力（或效益）	本年新增
输电线路长度(11 万伏及以上)(公里)	304	304	206	222	222
水泥(万吨/年)	420	420	170	170	170
石墨及炭素制品(吨/年)	56173	43883	1060	4660	3810
氮肥(万吨/年)	24.8	24.8	16.3	21.3	21.3
磷肥(吨/年)	120	120			
钾肥(吨/年)	8000	8000	8000	8000	8000
化学农药原药(吨/年)	14140	13740	13000	13900	13400
精甲醇(吨/年)	60000	60000	60000	60000	60000
塑料树脂及共聚物(吨/年)	6800	6500	4910	4910	4910
化学纤维(吨/年)	150	150			
棉纺锭(万锭)	44.1	44.1	28.9	32.9	32.9
新建公路(公里)	428	395	345	345	345
其中:高速公路(公里)	90	90	90		
二级公路(公里)	30	30			
改建公路(公里)	1233.1	1233.1	1233.1	1212.1	1212.1
新建独立公路桥梁(延长米)	2845	2845	1825	1925	1925
新建独立公路桥梁(座)	18	17	14	14	14
新(扩)建公路客、货运站(个)	6	6	4	4	4
新(扩)建公路客、货运站(平方米)	13789	10389	9802	9802	9802
城市自来水供水能力(万吨/日)	3	3			
城市污水处理能力(万吨/日)	3	3		3	3

5-20 计划总投资2亿元

（2010

	项目名称	计划总投资
河南合力投资发展有限公司	中国内乡石材基地项目建设	800000
南阳市移民局	安置移民扶持生产等工程	508200
河南省鸿润建材发展有限公司	闽商陶瓷园项目	500000
南阳宛达昕高速公路建设有限公司	内乡至邓州高速公路新建	392414
唐河县产业集聚区管理委员会	建台湾产业园	270000
河南石油勘探局	更新改造	228600
河南省大地环保纸业有限公司	纸业生产项目	200000
南阳市新新电机技术开发有限公司	年产50千瓦电机用铜转30万个、工程防爆电机10万台生产线	199050
唐河县时代矿业有限公司	铜镍矿开采	189000
南阳郑燃燃气有限公司	西气东输南阳支线工程	172344
河南省明超石业发展有限公司	岗石加工项目	150000
桐柏安棚碱矿有限责任公司	三期工程年产100万吨纯碱项目	150000
乐凯集团第二胶片厂	数码版材及配套工程	128481
西峡县龙成集团	年产50万吨钢结构项目	120500
河南中光学集团有限公司	光学引擎等项目	117000
镇平县国际玉城有限公司	国际玉城建设项目	100000
河南省裕丰复合肥有限公司	年产100万吨复合肥项目二期	100000
西峡县通宇冶材集团	年产10万套基于电驱动变速器的电动车动力系统	100000
淅川县铝业集团	年产12万吨电解铝节能减排置换项目	100000
唐河县王集昱鑫碱业有限公司	碱矿开采	100000
河南天冠企业集团有限公司	10万吨/年全降解塑料	96000
南阳高新区建设环保局	产业集聚区市政道路工程	82862
南阳市鸭河口灌区管理局	续建配套项目	79200
镇平县涅阳办英奇陶瓷有限公司	一期建设	75000
唐河县南阳华轩光伏科技有限公司	建年产1000万吨的多晶硅一期	75000
南召县天瑞集团有限公司	青山水泥粉磨站项目	70000
淅川县铝业集团有限公司	年产10万吨PS板及铝箔毛料一期工程	70000
南阳市新新电机技术开发有限公司	年产3000万套防爆铍青铜工具生产线建设项目	69550
南阳二机石油装备有限公司	数字化钻机40台/年及钻机配件400套	67500
南阳二机石油装备(集团)有限公司	大型数字化钻机及钻机配套开发二期项目	67500
南召县县城工业办	针织业生产项目	65300
南阳市七运会筹建处	第七届农运会主体育场游泳馆和综合训练馆	64000
西峡县龙成集团	铁矿探矿采矿选矿项目	62000
河南裕丰复合肥有限公司	大型复合肥厂建设	61809
内乡县南阳天一密封制品有限公司	年产1000万件橡胶油封生产线	60000
南阳首控光电有限公司	年产15万台激光高清数字屏及智能拼接单元	55800
西峡县西保集团有限公司	冶金机械配件及修复	55500
南阳迅天宇硅品有限公司	2400吨太阳能级多晶硅扩建项目	53000
河南石油勘探局	其他投资	53000

及以上项目情况

年）

单位:万元

累计完成投资	本年完成投资	建筑工程	安装工程	设备购置	其他费用	本年新增固定资产
171000	160000	137842	820	14038	7300	
190155	89305	89305				
20000	20000	14450			5550	
91838	85668	12780			72888	
22510	22510	22510				
202529	202529	111391	10126	70885	10127	201340
100	100	100				
20050	20050	11050	400	5550	3050	
37900	16800	16800				
63201	34455	11605	2700	20150		
36520	36520	27020			9500	
150000	12425	500		3269	8656	12425
59708	59708	17751	4907	37050		
20100	20100	4900	2700	12500		
38652	38652	15960	2832	19860		
29260	28080	20280	800	5800	1200	
59520	59520	30000	3072	22948	3500	
5000	5000	2000		3000		
93500	93500	700	6800	85000	1000	
12270	7290	7290				
31091	29291	12641	3350	13300		
18310	18310	350			17960	
24834	2519	2116	3	12	388	
21000	21000	1000			20000	
17770	17770	17770				
70000	25000	17000			8000	25000
70000	900			900		900
10550	10550	3550	200	6800		
67150	19068		848	18220		
26050	21350	21350				
54358	31915	13285			18630	
16459	16241	16241				
5000	5000	5000				
65809	22209	13550	819	7840		65809
3700	3700	3400			300	
7000	7000	2000	500	4500		
15700	15700	3700	2500	9500		
27500	10000	2900	100	7000		
61944	61944	37574			24370	61944

5－20续表1

（2010

	项　目　名　称	计划总投资
西峡县宏泰橄榄石有限公司	年产10万吨电熔氧化镁	52000
南方航空河南分公司南阳基地	姜营机场扩建工程	51188
西峡县西保集团有限公司	年产5万吨功能陶瓷材料	50000
南阳防爆集团股份有限公司	年产200台核级电机及其他核级配套电机共计300台生产能力	50000
河南中光学集团有限公司	光电新区一期工程建设项目	49390
南阳高新区建设环保局	1#、2#工业园区市政设施升级改造工程	49118
河南天冠企业集团有限公司	30万吨玉米综合深加工一期工程	49000
桐柏县产业集聚区	工业城配套设施建设	47900
新野县金大地粮油有限公司	年加工50万吨花生仁生产高档花生油生产线	46143
中国联合网络通信有限公司南阳市分公司	2009年南阳新扩建工程	45046
镇平县涅阳办南阳兴龙纺织有限公司	基础建设	45000
西峡县龙成集团	厂内铁路线建设项目	45000
河南淅川水泥有限公司	日产4500吨新型干法水泥熟料生产线项目	45000
内乡县中汇铁路物流有限公司	建设年吞吐500万吨的物流中心	45000
南阳市卧龙区银海市场开发有限公司	物流钢材市场建设	43000
南阳市建设委员会	健康路新建工程	42747
河南国力商业发展有限公司	建国力商贸城	42000
镇平县雪枫办事处南阳润达实业集团有限公司	黄牛养殖及肉食深加工项目建设	42000
河南天冠有限公司企业集团	老厂搬迁10万吨/年薯类乙醇	42000
河南天冠企业集团有限公司	城市民用沼气工程	41826
镇平县鑫兴钢管厂	钢管制造项目	40000
西峡县航天建筑工程公司	白羽停车场	40000
淅川县永煤集团有限公司	厂房修建及设施配套	40000
淅川县九信电化有限公司	4台25500KVA电石炉工程	40000
南召县旅游局	莲花温泉开发项目	40000
镇平县涅阳办南阳新微特电机有限公司	基础建设	38600
南阳首控光电有限公司	年产20万台MD电视机生产建设项目	38500
镇平县山东国风风电南阳公公司	兆瓦级风电机组200套	38000
镇平县石佛寺镇天下玉源指挥部	建天下玉源商城	38000
淅川县福森药业有限公司	10万亩中药材基地建设	38000
西峡县新合作万客来商贸有限公司	新建大型超市	37000
桐柏三源粮油食品有限责任公司	油厂建设	37000
中国电信集团公司南阳分公司	2009年本地网扩建	36546
西峡县特种材料有限公司	年产500台有色金属冶机械项目	36187
南阳市万家园旅游投资股份有限公司	大观山旅游开发项目	36000
南阳市红祥纸箱包装有限公司	新型包装材料二期工程建设项目	36000
桐柏县产业集聚区	园区标准化厂房建设项目	36000
唐河县粮食局	唐河县粮油产业园	36000
西峡县龙成集团	边铸结晶器铜板项目	35300

年）　　　　单位:万元

累计完成投资	本年完成投资	建筑工程	安装工程	设备购置	其他费用	本年新增固定资产
7800	7800	2500	1000	4300		
13100	11000	9900			1100	
15000	15000	5000	1000	9000		
21400	7890	5590		2300		
16940	6840	6840				
9699	9699	200			9499	
25000	18950	5150	3500	10300		
35136	35136	25202			9934	
755	755	755				
46742	10654	10654				26500
6300	6300	500			5800	
10900	10900	3800	1000	6100		
45000	900		100	800		900
45000	38900	35947	953	1500	500	40000
43000	6900	4450	720	620	1110	43000
15846	15359	5635			9724	
42000	42000	38500		500	3000	40000
20480	20480	9660	200	6200	4420	
20000	20000	6100	1400	8700	3800	
41826	23881	6431	6700	10750		41826
4750	4750	2600	800	400	950	
5000	5000	1000	500	3500		
40000	1000	200		800		1000
40000	7800	300	400	6900	200	7800
27000	8000				8000	
9000	9000	1000			8000	
6000	6000	3000	200	2800		
8500	8500	1500			7000	
38000	37850	26480	350	11020		37850
37000	37000	11000			26000	
4000	4000	1000		3000		
27000	27000	14000		11000	2000	
25797	3850	3850				
20000	14400	3300	1500	9600		
100	100	100				
7000	7000	2000	500	4500		
18019	18019	8219			9800	
26070	26070	26070				
30300	15300	5600	2800	5900	1000	20300

5－20 续表 2　　（2010

	项目名称	计划总投资
南阳市污水净化中心	污水处理厂二期工程	35199
方城县新能源产业集聚区管委会	基础设施建设	35000
南阳市万家园旅游投资股份有限公司	猿人大峡谷景区开发项目	35000
南召县云钢铸造有限公司	450 立方米高炉锰铁项目	35000
河南石油勘探局	基本建设	35000
南阳天羽有色金属压延有限公司	10 吨 ps 版基生产线	35000
南阳市住房和城乡建设委员会	光武大桥新建	34809
西峡县伏牛山旅游接待中心	新建旅游接待中心项目	33518
南阳市先河新型材料有限公司	多元醇生产建设项目	33000
南阳市新天地农业高科技开发公司	现代农业科技城	32833
邓州市城镇化综合开发示范园区	产业聚集区标准化厂房建设	32804
唐河县产业集聚区管委会	基础设施	32580
南阳理工学院	东南校区新建	32434
镇平县玉都街道办事处大刘营城中村改造建设领导小组	大刘营城中村改造	32000
南阳市中心医院	综合病房楼	32000
南阳中南金刚石有限公司	高品级工业钻石项目	30000
河南桂园公司桐柏方便面厂	方便面制造项目	30000
唐河泰隆水泥有限公司	泰隆水泥新型干法生产线项目	30000
西峡县龙成集团	年产 500 台套冶金机械项目	29770
南阳防爆集团有限公司	综合改造项目	29500
河南东山投资开发有限公司	建闽浙商务会所	29000
新野神龙汽车配件有限公司	年产 3 万架汽车大梁及 3 万台汽车大厢生产线	29000
新野县鼎泰电子精工科技有限公司	新增5000万支PCB微钻针及新上年产50万米软硬板生产线	28000
西峡县霞光农业高科投份有限公司	辣椒红、辣椒精生产线项目	28000
南阳光辉机械厂	新型成套面粉机组、节能变压器项目	28000
河南新野纺织股份有限公司	年产高档紧密纺纱 5641 吨生产线	27860
南阳广宇太阳能有限公司	太阳能组件项目	27500
邓州市永泰棉纺有限公司	10 万锭紧密纺、2 万锭进口气流纺项目	27000
南阳市公路局	S331 申营－草店段	26846
内乡县产业集聚管理委员会	新建标准化厂房	26520
河南陆德筑机股份有限公司	大型筑路机械扩建项目	26308
镇平县涅阳办南阳金冠科技有限公司	基础建设	26000
南阳奥博物流中心	奥博建材物流园	26000
乐凯集团第二胶片厂	计算机直接制版柔性版、PCB 胶片、免处理 CTP 版材项目	26000
西峡县龙成集团	建成结晶器铜板生产线	25300
南阳市建设委员会	光武西路新建工程	25095
西峡县西保冶材集团有限公司	系列连铸结晶器功能保护材料产品	25000
淅川县九信电化有限公司	新建两台电石炉项目	25000
南阳新豪地陶瓷有限公司	年产 1000 万平方米地板砖生产线工程	25000

年）

单位:万元

累计完成投资	本年完成投资	建筑工程	安装工程	设备购置	其他费用	本年新增固定资产
15577	8993	3793	270	4930		
8100	8100	8100				
26000	26000	17000			9000	
35000	28800	12800			16000	28800
40667	40667	22367	1627	14233	2440	40127
35000	4108	2173			1935	4108
350	350				350	
10700	10400	3000	1800	5600		
3600	3600	3600				
4100	4100	2100			2000	
32804	32804	17750	1334	6320	7400	32804
18630	18630	18630				
19349	19349	18247			1102	
10610	10610	9090	400	1120		
31550	7770	350	570	6850		
17000	5650	5650				
14000						
30000	1670	1670				30000
7500	7500	4300	100	3100		
5508	5458	1451	343	3476	188	
26125	26125	17025		5000	4100	
6982	6982	1385	97	5100	400	
22123	22123	3200	574	17688	661	
3000	3000	600	400	2000		
10700	5500	1500	500	2000	1500	
17320	17320	1852	268	14600	600	
14782	14782	12900	532	1050	300	
19800	19800	10650	485	7165	1500	
17601	2600	2600				
26520	26520	25520			1000	26520
5727	5727	2592	50	1000	2085	
7000	7000	1000			6000	
7670	7670	7670				
14715	10000	2500	300	4000	3200	
25300	13200	4300	1900	7000		13200
3847	3356	184			3172	
15000	15000	6000	2000	7000		
20000	20000	400	5500	13900	200	
23500	23500	13650	760	2440	6650	

5－20续表3　　（2010

	项　目　名　称	计划总投资
内乡县产业集聚区管理委员会	新建集聚区道路	24580
南阳飞龙电器制造有限公司	ABB合作年产5000台(套)500KV输变电开关设备生产线项目	24000
南阳市公路局	S331南召县城至宛洛界	23373
天瑞集团云阳铸造有限公司	新建年产10万吨铸件	23000
邓州市第一人民医院	医院整体搬迁项目	23000
南阳首控光电有限公司	年产50万台全高清投影机生产建设项目	23000
社旗县福润禽业食品有限公司	社旗福润年宰杀3000万只肉鸡项目	23000
河南三色鸽豆业有限公司	河南三色鸽食品加工项目	22740
南阳华商冷藏物流有限公司	华商冷藏冷冻生产线扩建项目	22600
镇平县涅阳办西安东仪新能源有限公司	秸杆发电建设项目	22350
河南方欣米业有限公司	年产12万吨精炼花生油续建项目	22166
南阳市鸭河口水库管理局	水库除险加固工程	22016
南阳市建设委员会	仲景大桥新建工程	22000
新野县奇盛板业有限责任公司	年产5万立方米农作物秸秆人造板生产线项目	22000
西峡县通宇集团	双零铝箔材	22000
桐柏县顺成干法水泥有限公司	年产100万吨干法水泥	22000
南阳市寅兴钢结构有限公司	年产5万吨H型钢结构项目	21160
方城县新能源产业集聚区管委会	阳光路工程	21000
南阳裕祥纺织有限公司	5万锭高支纱项目	21000
南阳市建设委员会	仲景中路扩建	20688
镇平县涅阳办伟业绣品有限责任公司	基础建设	20300
南阳市凌峰电子科技有限公司	年产10亿点SMT及100万只LED灯生产线	20275
南阳康卫集团有限公司	遮山镇危险废物处置中心	20000
镇平县南阳新奥针织有限公司	年产1000万羊毛衫项目	20000
镇平县涅阳昌达纺织有限公司	基础建设	20000
河南省南召县圣明实业有限公司	地毯加工项目	20000
河南天籁生态资源开发有限公司	生态园项目	20000
南阳市太子奶生物科技有限公司	二期工程	20000
西峡县联强航模有限公司	航模生产线	20000
西峡县通宇集团	薄板连铸机械装备项目	20000
南阳市卧龙区金光数显有限公司	光显数字高清晰大屏幕电视及投影产业化建设	20000
南阳裕园实业有限公司	年产2000台摆式平衡智能型控制抽油机生产线建设项目	20000
南阳首控光电有限公司	年产5万台激光电视机项目	20000
南阳正茂传动机械有限公司	年产26万套汽车传动配件生产建设项目	20000
淅川县水泥有限公司	标准化厂房建设项目	20000
河南红宇企业集团	专用汽车生产项目	20000
南阳红宇机电有限公司	专用车辆生产项目	20000
南阳仲盛生物质能发电有限公司	生物质能发电项目	20000

年）

单位:万元

累计完成投资	本年完成投资	建筑工程	安装工程	设备购置	其他费用	本年新增固定资产
24580	24580	23250	350	980		24580
7550	5050	5050				
14401	1483	1483				
2800	2800	50		2250	500	
23000	23000	10350	746	10204	1700	23000
5000	5000	2000	200	2800		
6400	6400	4250			2150	
18426	6500	1000	300	3200	2000	
7621	7621	1000	500	6121		
7000	7000	1000			6000	
22166	2666	266			2400	2666
15395	12835	7611	421	4803		
22000	11550	11550				11550
15322	15322	1542	145	13285	350	
22000	16700	6000	2000	8700		16700
22000	22000	15790		3400	2810	22000
12200	12200	3690	300	3600	4610	
14000	14000	14000				
19670	1000			1000		
20688	7310	2310			5000	7310
4000	4000	200			3800	
11660	11660	2250	107	8823	480	
15950	15950	12150	200	3600		
18940	18940	8772	500	8000	1668	
5160	5160	1160			4000	
10000	9900	4600			5300	
20000	3500	2100		300	1100	3500
20000	20000	9970	1080	8350	600	20000
4000	4000	800	200	3000		
20000	19600	7500	2000	10100		19600
20000	6650	1240	800	4610		20000
8000	8000	5000			3000	
4000	4000	1000	500	2500		
2500	2500	2500				
13000	13000	7800	1000	4000	200	
9100	7700	7700				
12100	8000	8000				
11300	7500	1200	1000	2000	3300	

5-21 当年完成投资亿元

(2010

	项目名称	计划总投资
河南石油勘探局	更新改造	228600
河南合力投资发展有限公司	中国内乡石材基地项目建设	800000
淅川县铝业集团	年产12万吨电解铝节能减排置换项目	100000
南阳市移民局	安置移民扶持生产等工程	508200
南阳宛达昕高速公路建设有限公司	内乡至邓州高速公路新建	392414
河南石油勘探局	其他投资	53000
乐凯集团第二胶片厂	数码版材及配套工程	128481
河南省裕丰复合肥有限公司	年产100万吨复合肥项目二期	100000
河南国力商业发展有限公司	建国力商贸城	42000
河南石油勘探局	基本建设	35000
内乡县中汇铁路物流有限公司	建设年吞吐500万吨的物流中心	45000
河南中光学集团有限公司	光学引擎等项目	117000
镇平县石佛寺镇天下玉源指挥部	建天下玉源商城	38000
淅川县福森药业有限公司	10万亩中药材基地建设	38000
河南省明超石业发展有限公司	岗石加工项目	150000
桐柏县产业集聚区	工业城配套设施建设	47900
南阳郑燃燃气有限公司	西气东输南阳支线工程	172344
邓州市城镇化综合开发示范园区	产业聚集区标准化厂房建设	32804
南召县县城工业办	针织业生产项目	65300
河南天冠企业集团有限公司	10万吨/年全降解塑料	96000
南召县云钢铸造有限公司	450立方米高炉锰铁项目	35000
镇平县国际玉城有限公司	国际玉城建设项目	100000
桐柏三源粮油食品有限责任公司	油厂建设	37000
内乡县产业集聚管理委员会	新建标准化厂房	26520
河南东山投资开发有限公司	建闽浙商务会所	29000
唐河县粮食局	唐河县粮油产业园	36000
南阳市万家园旅游投资股份有限公司	猿人大峡谷景区开发项目	35000
南召县天瑞集团有限公司	青山水泥粉磨站项目	70000
内乡县产业集聚区管理委员会	新建集聚区道路	24580
河南天冠企业集团有限公司	城市民用沼气工程	41826
南阳新豪地陶瓷有限公司	年产1000万平方米地板砖生产线工程	25000
邓州市第一人民医院	医院整体搬迁项目	23000
唐河县产业集聚区管理委员会	建台湾产业园	270000
河南裕丰复合肥有限公司	大型复合肥厂建设	61809
新野县鼎泰电子精工科技有限公司	新增5000万支PCB微钻针及新上年产50万米软硬板生产线	28000
桐柏县顺成干法水泥有限公司	年产100万吨干法水泥	22000
南阳二机石油装备(集团)有限公司	大型数字化钻机及钻机配套开发二期项目	67500
镇平县涅阳办英奇陶瓷有限公司	一期建设	75000
镇平县雪枫办事处南阳润达实业集团有限公司	黄牛养殖及肉食深加工项目建设	42000
西峡县龙成集团	年产50万吨钢结构项目	120500
南阳市新新电机技术开发有限公司	年产50千瓦电机用铜转30万个、工程防爆电机10万台生产线	199050
河南省鸿润建材发展有限公司	闽商陶瓷园项目	500000
河南天冠有限公司企业集团	老厂搬迁10万吨/年薯类乙醇	42000

及以上项目情况

年)　　　　　　　　　　　　　　　　　　　　　　　　　　　单位:万元

累计完成投资	本年完成投资	建筑工程	安装工程	设备购置	其他费用	本年新增固定资产
202529	202529	111391	10126	70885	10127	201340
171000	160000	137842	820	14038	7300	
93500	93500	700	6800	85000	1000	
190155	89305	89305				
91838	85668	12780			72888	
61944	61944	37574			24370	61944
59708	59708	17751	4907	37050		
59520	59520	30000	3072	22948	3500	
42000	42000	38500		500	3000	40000
40667	40667	22367	1627	14233	2440	40127
45000	38900	35947	953	1500	500	40000
38652	38652	15960	2832	19860		
38000	37850	26480	350	11020		37850
37000	37000	11000			26000	
36520	36520	27020			9500	
35136	35136	25202			9934	
63201	34455	11605	2700	20150		
32804	32804	17750	1334	6320	7400	32804
54358	31915	13285			18630	
31091	29291	12641	3350	13300		
35000	28800	12800			16000	28800
29260	28080	20280	800	5800	1200	
27000	27000	14000		11000	2000	
26520	26520	25520			1000	26520
26125	26125	17025		5000	4100	
26070	26070	26070				
26000	26000	17000			9000	
70000	25000	17000			8000	25000
24580	24580	23250	350	980		24580
41826	23881	6431	6700	10750		41826
23500	23500	13650	760	2440	6650	
23000	23000	10350	746	10204	1700	23000
22510	22510	22510				
65809	22209	13550	819	7840		65809
22123	22123	3200	574	17688	661	
22000	22000	15790		3400	2810	22000
26050	21350	21350				
21000	21000	1000			20000	
20480	20480	9660	200	6200	4420	
20100	20100	4900	2700	12500		
20050	20050	11050	400	5550	3050	
20000	20000	14450			5550	
20000	20000	6100	1400	8700	3800	

5－21 续表 1 （2010

	项 目 名 称	计划总投资
南阳市太子奶生物科技有限公司	二期工程	20000
淅川县九信电化有限公司	新建两台电石炉项目	25000
邓州市永泰棉纺有限公司	10 万锭紧密纺、2 万锭进口气流纺项目	27000
西峡县通宇集团	薄板连铸机械装备项目	20000
南阳理工学院	东南校区新建	32434
南阳二机石油装备有限公司	数字化钻机 40 台/年及钻机配件 400 套	67500
河南天冠企业集团有限公司	30 万吨玉米综合深加工一期工程	49000
镇平县南阳新奥针织有限公司	年产 1000 万羊毛衫项目	20000
唐河县产业集聚区管委会	基础设施	32580
南阳高新区建设环保局	产业集聚区市政道路工程	82862
桐柏县产业集聚区	园区标准化厂房建设项目	36000
镇平县石佛寺镇人民政府	金冠科技有限公司	18000
内乡县牧原食品股份有限公司十七分厂	建肉食品分厂	18000
唐河县南阳华轩光伏科技有限公司	建年产 1000 万吨的多晶硅一期	75000
镇平县雪枫办事处南阳锐力防爆电机有限公司	锐力防爆电机项目建设	17700
河南新野纺织股份有限公司	年产高档紧密纺纱 5641 吨生产线	27860
唐河县时代矿业有限公司	铜镍矿开采	189000
西峡县通宇集团	双零铝箔材	22000
南阳英宝电子有限公司	年产 10 万只 LED 路灯、490 万只 LED 节能灯项目	16243
南阳市七运会筹建处	第七届农运会主体育场游泳馆和综合训练馆	64000
镇平县雪枫办事处御景园市场	御景园市场项目建设	16000
南阳康卫集团有限公司	遮山镇危险废物处置中心	20000
西峡县西保集团有限公司	冶金机械配件及修复	55500
南阳市建设委员会	健康路新建工程	42747
新野县奇盛板业有限责任公司	年产 5 万立方米农作物秸秆人造板生产线项目	22000
西峡县龙成集团	边铸结晶器铜板项目	35300
新野县和平棉业有限公司	新建 8 万锭环锭纺生产线	15000
西峡县西保集团有限公司	年产 5 万吨功能陶瓷材料	50000
西峡县西保冶材集团有限公司	系列连铸结晶器功能保护材料产品	25000
河南新野纺织股份有限公司	淘汰落后产能改建特种纱项目	14800
南阳广宇太阳能有限公司	太阳能组件项目	27500
西峡县瑞发水电设备有限公司	年产 400 台风力发电设备高技术产业化示范项目	19800
西峡县特种材料有限公司	年产 500 台有色金属冶机械项目	36187
方城县新能源产业集聚区管委会	阳光路工程	21000
西峡县恐龙遗迹园旅游公司	恐龙遗迹园二期工程	15216
南阳思龙防爆电机有限公司	建厂	13200
西峡县龙成集团	建成结晶器铜板生产线	25300
南阳新新光电科技有限公司	光学仪器生产线二期扩建工程	13000
淅川县水泥有限公司	标准化厂房建设项目	20000
淅川县产业集聚区管委会办公室	工业大道建设项目	14416
桐柏县淮源俯坻	住宅区建设	13000
桐柏县第二人民医院	医院迁建项目	15000
南阳市鸭河口水库管理局	水库除险加固工程	22016

年)

单位:万元

累计完成投资	本年完成投资	建筑工程	安装工程	设备购置	其他费用	本年新增固定资产
20000	20000	9970	1080	8350	600	20000
20000	20000	400	5500	13900	200	
19800	19800	10650	485	7165	1500	
20000	19600	7500	2000	10100		19600
19349	19349	18247			1102	
67150	19068		848	18220		
25000	18950	5150	3500	10300		
18940	18940	8772	500	8000	1668	
18630	18630	18630				
18310	18310	350			17960	
18019	18019	8219			9800	
18000	18000	7900	600	8600	900	18000
18000	18000	17170	100	230	500	18000
17770	17770	17770				
17700	17700	8350	1320	6800	1230	17700
17320	17320	1852	268	14600	600	
37900	16800	16800				
22000	16700	6000	2000	8700		16700
16570	16570	7120	350	3400	5700	16570
16459	16241	16241				
16000	16000	10470	1410	4000	120	16000
15950	15950	12150	200	3600		
15700	15700	3700	2500	9500		
15846	15359	5635			9724	
15322	15322	1542	145	13285	350	
30300	15300	5600	2800	5900	1000	20300
15000	15000	1651	115	12971	263	15000
15000	15000	5000	1000	9000		
15000	15000	6000	2000	7000		
14800	14800		1123	13490	187	14800
14782	14782	12900	532	1050	300	
19800	14600	5400	3300	5900		14600
20000	14400	3300	1500	9600		
14000	14000	14000				
15216	13616	3716	2500	7400		13616
13200	13200	6220	2200	3800	980	13200
25300	13200	4300	1900	7000		13200
13000	13000	2920	117	9862	101	13000
13000	13000	7800	1000	4000	200	
13000	13000	12600			400	
13000	13000	9000			4000	13000
13000	13000	10000			3000	
15395	12835	7611	421	4803		

5－21 续表2 （2010

	项　目　名　称	计划总投资
唐河县世航皮业有限公司	皮革制造	12700
桐柏安棚碱矿有限责任公司	三期工程年产100万吨纯碱项目	150000
南阳市寅兴钢结构有限公司	年产5万吨H型钢结构项目	21160
方城县华裕肥料有限公司	钾镁肥生产项目	15000
南召县崔庄乡人民政府	召崔新区建设项目	12000
邓州市电业局	电力服务中心项目	12000
唐河县中德新能源科技有限公司	建甲醇、汽、柴油生产项目	12000
唐河县实验中学	建实验中学	12600
淅川县淅减汽车配件有限公司	年产20万支高速列车及城市轨道地铁减震器项目	12478
南阳普康药业有限公司	年产500吨低钠林可霉素	15000
河南中光学集团有限公司	数字投影产品生产线项目	11832
南阳市凌峰电子科技有限公司	年产10亿点SMT及100万只LED灯生产线	20275
河南省佛教学院	教学楼建设项目	17000
南阳市建设委员会	仲景大桥新建工程	22000
西峡县通宇集团	精炼引流剂项目	11500
南阳市建设委员会	中州路大修工程	11309
唐河县公路局	建四桥、修路	12000
河南省南召县宝天粮油食品进出口有限公司	食用油生产项目	15000
南方航空河南分公司南阳基地	姜营机场扩建工程	51188
邓州市洋光农业综合开发有限公司	洋光农业综合开发项目	11000
邓州市赵集镇人民政府	农机大市场建设	11000
西峡县龙成集团	厂内铁路线建设项目	45000
淅川县淅减汽车配件有限公司	年产300万支汽车减震器项目	11445
南阳普康药业有限公司	林可霉素生产节水节能技术改造工程	10930
中国联合网络通信有限公司南阳市分公司	2009年南阳新扩建工程	45046
镇平县玉都街道办事处大刘营城中村改造建设领导小组	大刘营城中村改造	32000
镇平县石佛寺镇白玉市场指挥部	白玉市场建设项目	14000
淅川县淅减汽车配件有限公司	齿轮公司搬迁项目	10600
南阳市新新电机技术开发有限公司	年产3000万套防爆铍青铜工具生产线建设项目	69550
方城县新能源产业集聚区管委会	吴府大道拆迁扩建工程	11540
唐河县宏达造纸有限公司	建造纸厂	11000
西峡县伏牛山旅游接待中心	新建旅游接待中心项目	33518
中国联通南阳市分公司	3G项目	15000
唐河县鸿利达电子科技有限公司	建电子科技	12000
南阳市建设委员会	光武东路新建	12081
南阳迅天宇硅品有限公司	2400吨太阳能级多晶硅扩建项目	53000
邓州市恒安混凝土有限公司	年产90万立方米商品混凝土项目	10000
邓州市致远实验学校	新建11万平方米教学楼102个班5000名学生	10000
西峡县西泵特种铸造有限公司	重马力桥壳与高镍涡轮增压器壳生产线	15000
淅川县九信电化有限公司	碳化焦粒和节能技改项目	11000
乐凯集团第二胶片厂	计算机直接制版柔性版、PCB胶片、免处理CTP版材项目	26000
南召县丹霞寺	景区开发	10000

年）

单位:万元

累计完成投资	本年完成投资	建筑工程	安装工程	设备购置	其他费用	本年新增固定资产
12700	12700	12700				12700
150000	12425	500		3269	8656	12425
12200	12200	3690	300	3600	4610	
12000	12000	12000				
12000	12000	6500			5500	12000
12000	12000	6405	580	3415	1600	12000
12000	12000	12000				12000
12600	11920	11920				12600
11900	11900	400	2300	8700	500	
11832	11832	1980	802	9050		
11834	11832	11832				11832
11660	11660	2250	107	8823	480	
17000	11600	5500		6100		11600
22000	11550	11550				11550
11500	11300	3600	1000	6700		11300
11309	11250	11250				11250
12000	11170	11170				12000
11200	11000				11000	
13100	11000	9900			1100	
11000	11000	5579	186	4435	800	11000
11000	11000	7350	554	3096		11000
10900	10900	3800	1000	6100		
10800	10800	400	2400	7600	400	
10666	10666	2324	805	7437	100	
46742	10654	10654				26500
10610	10610	9090	400	1120		
10600	10600	7600	100	2000	900	
10600	10600	500	2900	6800	400	10600
10550	10550	3550	200	6800		
10540	10540	10540				
11000	10470	10470				11000
10700	10400	3000	1800	5600		
10220	10220	906	210	9104		
10170	10170	8970	200	1000		
10431	10121	5857			4264	
27500	10000	2900	100	7000		
10000	10000	4075	331	4394	1200	10000
10000	10000	4450	710	2590	2250	10000
10000	10000	2700		7000	300	
10000	10000	400	3400	6000	200	
14715	10000	2500	300	4000	3200	
10000	10000	9000			1000	10000

主要统计指标解释

固定资产投资 固定资产投资是社会固定资产再生产的主要手段。通过建造和购置固定资产的活动,国民经济不断采用先进技术装备,建立新兴部门,进一步调整经济结构和生产力的地区分布,增强经济实力,为改善人民物质文化生活创造物质条件。这对我国的社会主义现代化建设具有重要意义。

固定资产投资额 是以货币表现的建造和购置固定资产活动的工作量,它是反映固定资产投资规模、速度、比例关系和使用方向的综合性指标。全社会固定资产投资按经济类型可分为国有、集体、个体、联营、股份制、外商、港澳台商、其他等。按照管理渠道,全社会固定资产投资总额分为基本建设、更新改造、房地产开发投资和其他固定资产投资四个部分。

房地产开发投资 指房地产开发公司、商品房建设公司及其他房地产开发法人单位和附属于其他法人单位实际从事房地产开发或经营的活动单位统一开发的包括统代建、拆迁还建的住宅、厂房、仓库、饭店、宾馆、度假村、写字楼、办公楼等房屋建筑物和配套的服务设施,土地开发工程(如道路、给水、排水、供电、供热、通讯、平整场地等基础设施工程)的投资;不包括单纯的土地交易活动。

城镇和工矿区私人建房投资和农村个人投资 城镇和工矿区私人建房包括市、县城、镇、工矿区所辖范围内的全部私人建房,不论其房主是否系本地的常住户口均应包括。农村个人投资包括农村个人建房及购置生产性固定资产的投资。

固定资产投资的资金来源 根据固定资产投资的资金来源不同,分为国家预算内资金、国内贷款、利用外资、自筹资金和其他资金来源。

(1)国家预算内资金:指中央财政和地方财政中由国家统筹安排的基本建设拨款和更新改造拨款,以及中央财政安排的专项拨款中用于基本建设的资金和基本建设拨款改贷款的资金等。

(2)国内贷款:指报告期内企、事业单位向银行及非银行金融机构借入的用于固定资产投资的各种国内借款。包括银行利用自有资金及吸收的存款发放的贷款、上级主管部门拨入的国内贷款、国家专项贷款(包括煤代油贷款、劳改煤矿专项贷款等)、地方财政专项资金安排的贷款、国内储备贷款、周转贷款等。

(3)利用外资:指报告期内收到的用于固定资产投资的国外资金,包括统借统还、自借自还的国外贷款,中外合资项目中的外资,以及对外发行债券和股票等。国家统借统还的外资指由我国政府出面同外国政府、团体或金融组织签订贷款协议、并负责偿还本息的国外贷款。

(4)自筹资金:指建设单位报告期内收到的,用于进行固定资产投资的上级主管部门、地方和企、事业单位自筹资金。

(5)其他资金来源:指报告期内收到的除以上各种拨款、借款、自筹资金之外,其他用于固定资产投资的资金。

固定资产投资按国民经济行业分 建设项目归哪个行业,按其建成投产后的主要产品或主要用途及社会经济活动性质来确定。基本建设按建设项目划分国民经济行业,更新改造、国有单位其他固定资产投资及城镇集体投资根据整个企业、事业单位所属的行业来划分。一般情况下,一个建设项目或一个企业、事业单位只能属于一种国民经济行业。为了更准确地反映国民经济各行业之间的比例关系,联合企业(总厂)所属分厂属于不同行业的,原则上按分厂划分行业。

固定资产投资按建设性质分 建设项目的性质一般分为新建、扩建、改建、迁建、恢复。基本建设按建设项目划分建设性质,更新改造、国有单位其他固定资产投资及城镇集体投资等按整个企业、事业单位的建设情况确定建设性质,房地产开发单位、农村投资、城镇工矿区私人建房等投资不划分建设性质。

(1)新建:一般是指从无到有、"平地起家"新开始建设的单位。有的单位原有的基础很小,经过建设后其新增加的固定资产价值超过原有固定资产价值(原值)三倍以上的也算新建。

(2)扩建:一般是指为扩大原有产品的生产能力,在厂内或其他地点增建主要生产车间(或主要工程)、独立的生产线或分厂的企业;事业单位和行政单位在原单位增建业务用房(如学校增建教学用房、医院增建门诊部或病床用房、行政机关增建办公楼等)也作为扩建。

(3)改建:一般是指现有企业、事业单位为了技术进步,提高产品质量,增加花色品种,促进产品升级换代,降低消耗和成本,加强资源综合利用和三废治理、劳保安全等,采用新技术、新工艺、新设备、新材料等对现有设施、工艺条件进行技术改造或更新(包括相应配套的辅助性生产、生活福利设施)。有的企业为充分发挥现有生产能力,进行填平补齐而增建不增加本单位主要产品生产能力的车间等,也属于改建。

固定资产投资按构成分 固定资产投资活动按其工作内容和实现方式分为建筑安装工程,设备、工具、器具购置,其他费用三个部分。

(1)建筑安装工程(建筑安装工作量):指各种房屋、建筑物的建造工程和各种设备、装置的安装工程。包括各种房屋建造工程,各种用途设备基础和各种工业窑炉的砌筑工程;为施工而进行的各种准备工作和临时工程以及完工后的清理工作等;铁路、道路的铺设,矿井的开凿及石油管道的架设等;水利工程;防空地下建筑等特殊工程;以及各种机械设备的安装工程;为测定安装工程质量,对设备进行的试运工作。在安装工程中,不包括被安装设备本身的价值。

(2)设备、工具、器具购置:指购置或自制达到固定资产标准的设备、工具、器具的价值,固定资产的标准按财务部门规定。新建单位、扩建单位的新建车间按照设计和计划要求购置或自制的全部设备、工具、器具,不论是否达到固定资产标准均计入“设备、工具、器具购置”中。

(3)其他费用:指在固定资产建造和购置过程中发生的,除建筑安装工程和设备、工具、器具购置以外的各种应摊入固定资产的费用。

施工项目 指报告期内曾进行建筑或安装工程施工活动的建设项目,包括报告期内新开工项目、报告期以前开工跨入报告期继续施工的项目以及报告期施过工并在报告期内全部建成投产或停缓建的项目。

全部建成投产项目 工业项目是指设计文件规定形成生产能力的主体工程及其相应配套的辅助设施全部建成,经负荷试运转,证明具备生产设计规定合格产品的条件,并经过验收鉴定合格或达到竣工验收标准,与生产性工程配套的生活福利设施可以满足近期正常生产的需要,正式移交生产的建设项目。非工业项目是指设计文件规定的主体工程和相应的配套工程全部建成,能够发挥设计规定的全部效益,经验收鉴定合格或达到竣工验收标准,正式移交使用的建设项目。

新增生产能力 指通过固定资产投资活动而增加的设计能力或工程效益,它是用实物形态表示的固定资产投资的成果。新增生产能力的计算,是以能独立发挥生产能力或工程效益的单项工程(或项目)为对象。当单项工程(或项目)建成,经有关部门鉴定合格,正式移交投入生产,即可计算新增生产能力。

新增生产能力或工程效益有以下几种表现形式:

(1)以建设项目或单项工程建成后的年产能力表示,如煤炭开采、石油开采等。

(2)以建设项目或单项工程建成后处理原料的能力表示,如选矿工程的年处理矿石能力、洗煤厂年洗原煤能力等。

(3)以新增的主要设备数量或容量表示,如棉纺锭锭数、发电机组容量等。

(4)以建筑物容积、容量、面积或长度表示,如水库容量、铁路公路里程等。

新增生产能力的数量一般按设计能力计算。设计能力是指设计文件中规定的在正常情况下能够达到的生产能力,而不论投产后的实际产量如何。以设备数量、建筑物容积、面积、长度等表示的新增生产能力或工程效益,则按建成的实际数量计算。

新增固定资产 指通过投资活动所形成的新的固定资产价值,包括已经建成投入生产或交付使用的工程价值和达到固定资产标准的设备、工具、器具的价值及有关应摊入的费用。它是以价值形式表示的固定资产投资成果的综合性指标,可以综合反映不同时期、不同部门、不同地区的固定资产投资成果。

建设项目投产率 指一定时期内全部建成投入生产项目个数与同期正式施工项目个数的比率。它是从项目建设速度的角度反映投资效果的指标。

固定资产交付使用率 指一定时期新增固定资产与同期完成投资额的比率。

它是反映各个时期固定资产动用速度,衡量建设过程中投资效果的一个综合性指标。

6

能　源

资料整理：王秀英　胡旭平　孟　倩　刘小龙

6-1 综合能源消费情况(经普调整前)

单位:万吨标准煤

	2005	2006	2007	2008	2009	2010
能源消费总量	**1437.3**	**1604.2**	**1701.6**	**1797.6**	**1875.3**	**1939.1**
第一产业	50.2	51.7	54.3	56.3	66.9	68.8
农林牧渔业	50.2	51.7	54.3	56.3	66.9	68.8
第二产业	1132.0	1292.0	1359.6	1430.0	1468.6	1497.5
工业	1118.4	1279.2	1348.0	1418.0	1454.4	1481.0
规模以上工业	718.7	718.9	1111.7	1187.6	1227.5	1277.8
建筑业	13.6	12.8	11.6	12.0	14.2	16.5
第三产业	118.4	116.7	131.1	145.4	162.7	182.7
交通运输业	34.0	34.7	35.5	40.0	45.5	51.3
批零住宿业	31.6	32.4	33.2	35.0	38.6	42.5
其他	52.8	49.6	61.3	70.4	78.6	89.0
生活消费	136.7	143.9	156.6	165.9	177.1	190.1
城镇居民生活消费	69.8	75.9	80.1	84.9	89.8	98.3
农村居民生活消费	67.0	68.0	76.5	81.0	87.3	91.8
人均生活能耗(千克标准煤/人)	136.5	133.2	144.3	152.4	161.9	174.2
其中:城镇居民	233.3	247.5	241.7	228.5	229.2	250.9
农村居民	86.3	100.6	101.5	113.0	124.4	130.7

6-2 分行业能源消费构成(经普调整前)

单位:%

	2005	2006	2007	2008	2009	2010
总计	**100.0**	**100.0**	**100.0**	**100.0**	**100.0**	**100.0**
第一产业	3.5	3.2	3.2	3.1	3.6	3.5
农林牧渔业	3.5	3.2	3.2	3.1	3.6	3.5
第二产业	78.8	80.5	79.9	79.6	78.3	77.2
工业	77.8	79.7	79.2	78.9	77.6	76.4
规模以上工业	63.8	65.4	65.3	66.1	65.5	65.9
建筑业	0.9	0.8	0.7	0.7	0.8	0.9
第三产业	8.2	7.3	7.7	8.1	8.7	9.4
交通运输业	2.4	2.2	2.1	2.2	2.4	2.6
批零住宿业	2.2	2.0	2.0	1.9	2.1	2.2
其他	3.7	3.1	3.6	3.9	4.2	4.6
生活消费	9.5	9.0	9.2	9.2	9.4	9.8
城镇居民生活消费	4.9	4.7	4.7	4.7	4.8	5.1
农村居民生活消费	4.7	4.2	4.5	4.5	4.7	4.7

6-3 万元GDP能耗

单位:吨标准煤/万元

	2005	2006	2007	2008	2009	2010
合计	**1.36**	**1.34**	**1.28**	**1.24**	**1.17**	**1.09**
第一产业	0.18	0.16	0.17	0.15	0.19	0.21
农林牧渔业	0.18	0.16	0.17	0.15	0.19	0.21
第二产业	2.12	2.11	1.97	1.83	1.76	1.51
工业	2.36	2.35	2.17	1.85	1.93	1.64
规模以上工业	2.46	2.36	2.18	2.05	1.81	2.03
建筑业	0.24	0.14	0.1	0.14	0.18	0.27
第三产业	0.53	0.42	0.42	0.68	0.39	0.39
交通运输业	0.93	0.7	0.57	0.71	0.70	0.67
批零住宿业	0.67	0.52	0.39	0.60	0.31	0.31
其他	0.38	0.3	0.4	0.49	0.34	0.34

6-4 各县(市、区)万元GDP能耗

单位:吨标准煤/万元

	2005	2006	2007	2008	2009	2010
全市	**1.36**	**1.34**	**1.28**	**1.24**	**1.17**	**1.09**
宛城区	1.34	1.31	1.24	1.17	1.10	1.06
卧龙区	1.35	1.29	1.24	1.21	1.19	1.08
南召县	1.78	1.75	1.67	1.64	1.50	1.40
方城县	1.44	1.42	1.36	1.26	1.21	1.15
西峡县	2.23	2.21	2.12	1.99	1.87	1.74
镇平县	1.28	1.27	1.21	1.15	1.09	1.03
内乡县	1.49	1.45	1.39	1.34	1.26	1.17
淅川县	3.39	3.26	3.13	2.96	2.83	2.61
社旗县	1.31	1.30	1.23	1.17	1.11	1.03
唐河县	1.37	1.35	1.28	1.21	1.14	1.09
新野县	1.29	1.28	1.21	1.14	1.06	1.03
桐柏县	2.03	2.00	1.92	1.81	1.76	1.58
邓州县	1.67	1.60	1.52	1.45	1.38	1.28

6-5 各县(市、区)万元GDP电耗

单位:千瓦时/万元

	2005	2006	2007	2008	2009	2010
全市	**806.9**	**801.9**	**847.8**	**854.3**	**825.5**	**898.2**
宛城区	791.5	759.7	804.6	1539.7	1522.3	1531.9
卧龙区	909.4	872.0	923.5	1654.0	1607.2	1632.5
南召县	431.8	436.3	440.7	444.5	374.0	582.3
方城县	376.7	354.0	354.8	353.6	364.9	401.2
西峡县	441.5	441.9	494.2	517.4	625.6	739.7
镇平县	183.7	222.6	331.1	587.9	548.8	550.1
内乡县	408.6	471.1	505.4	481.7	440.2	423.6
淅川县	3066.9	3004.6	3700.1	3440.9	2752.7	3475.7
社旗县	341.3	355.2	355.1	224.2	248.9	266.0
唐河县	283.9	277.4	242.2	226.7	272.4	299.2
新野县	612.4	601.0	524.0	497.6	564.9	519.6
桐柏县	478.0	499.3	333.1	343.1	376.6	399.1
邓州县	373.8	327.1	338.0	302.6	348.4	346.7

6-6 各县(市、区)万元工业增加值能耗

单位:吨标准煤/万元

	2005	2006	2007	2008	2009	2010
全市	**2.46**	**2.36**	**2.18**	**2.05**	**1.81**	**1.54**
宛城区	1.71	1.64	1.49	1.35	1.35	1.19
卧龙区	1.02	0.91	0.96	1.11	1.02	0.82
南召县	1.98	1.94	1.66	1.58	0.83	0.78
方城县	1.81	1.65	1.53	1.34	1.22	0.93
西峡县	3.35	3.29	3.35	3.54	2.97	2.07
镇平县	1.21	1.16	1.03	1.07	0.86	0.59
内乡县	2.07	1.98	1.93	1.99	1.42	1.01
淅川县	4.04	3.98	3.52	3.30	3.08	2.60
社旗县	1.86	1.76	1.68	1.63	1.50	0.90
唐河县	1.48	1.42	1.31	1.22	1.04	0.90
新野县	0.94	0.90	0.88	0.82	0.67	0.59
桐柏县	4.41	4.28	4.05	3.82	3.19	2.44
邓州县	2.03	1.86	1.71	1.68	1.43	1.02

6-7 各县(市、区)万元 GDP 能耗降低率

单位:%

	2006	2007	2008	2009	2010	"十一五"累计降低率
全　市	**-1.48**	**-4.15**	**-3.55**	**-5.16**	**-7.38**	**20.00**
宛　城	-2.14	-4.80	-5.36	-5.74	-3.75	20.01
卧　龙	-4.09	-4.13	-2.10	-3.58	-7.85	20.02
南　召	-1.76	-4.15	-2.03	-7.33	-6.42	20.00
方　城	-1.39	-4.51	-7.30	-4.28	-4.40	20.12
西　峡	-0.89	-4.00	-5.94	-5.58	-7.70	22.01
镇　平	-1.13	-4.01	-4.99	-5.73	-4.92	19.18
内　乡	-2.43	-4.05	-3.90	-7.13	-5.72	21.23
淅　川	-3.76	-4.12	-5.43	-4.79	-7.92	23.50
社　旗	-1.05	-4.14	-4.55	-6.49	-5.73	20.19
唐　河	-1.69	-4.50	-5.81	-5.51	-4.42	20.13
新　野	-0.73	-4.17	-5.98	-6.02	-3.65	19.01
桐　柏	-1.48	-4.00	-5.75	-4.90	-8.10	22.09
邓　州	-4.05	-4.30	-4.86	-5.17	-6.89	22.86

6-8 规模以上工业企业分品种能源购进、消费及库存

(2010 年)

	年初库存	购进量		消费量	生产消费	
		实物量	金额(万元)		工业	非工业
原煤(吨)	433578	10484040	6245882	10452682	10239879	212803
洗精煤(吨)	2	155585	136926	149474	149474	
其它洗煤(吨)	260	2456	1635	2456	2456	
煤制品(吨)		150	62	150	150	
焦炭(吨)	5622	729589	609670	721430	721430	
其它焦化产品(吨)		7263	6523	7263	7263	
天然气(气态、立方米)				2953	2953	
原油(吨)				692957	692957	
汽油(吨)	2727	5718	39379	13607	10057	3550
煤油(吨)	4	311	1769	310	280	31
柴油(吨)	1733	19548	121299	74370	64903	9467
燃料油(吨)		24	170	80650	80626	24
液化石油气(吨)	79	756	4647	1087	1087	
炼厂干气(吨)				13172	13172	
润滑油(吨)				178	178	
溶剂油(吨)	3	121	610	121	121	
其它石油制品(吨)	151	74763	80356	101011	101011	
热力(百万千焦)		1119824	58487	1263548	1263548	
电力(万千瓦时)		1109201	6782225	1295253	1283037	12216
煤矸石用于燃料(吨)		32310	4603	32310	32310	
生物质废料用于燃料(吨)		4488	1186	4488	4488	
余热余压(百万千焦)				350358	350358	
其他燃料(吨)	16	8714	2402	8975	8975	

6-9 规模以上工业企业分行业主要能源消费量

（2010 年）

	原煤（吨）	焦炭（吨）	原油（吨）	汽油（吨）	柴油（吨）	燃料油（吨）	热力（百万千焦）	电力（万千瓦时）
总计	**10452682**	**721430**	**692957**	**13607**	**74370**	**80650**	**1263548**	**1295253**
采矿业	363335		692957	6208	61172	80626	143724	117153
石油和天然气开采业	327001		692957	5536	56186	80626	143724	72515
黑色金属矿采选业				170	3351			5333
有色金属矿采选业	380			262	692			9088
非金属矿采选业	35954			241	944			30217
制造业	3495091	721430		7061	10983	24	1119824	981557
农副食品加工业	24780	132		64	59			34755
食品制造业	42341	710		128	765			10261
饮料制造业	604526			171	1453			40378
烟草制品业	9546							1669
纺织业	100999			208	63		9100	168767
纺织服装、鞋、帽制造业	866			38	13			962
皮革、毛皮、羽毛(绒)及其制品业	1171							332
木材加工及木、竹、藤、棕、草制品业	26770	54		69	76			4348
家具制造业	169			12				4124
造纸及纸制品业	153865			133				13430
印刷业和记录媒介的复制	2822			58				2153
文教体育用品制造业		1582						165
石油加工、炼焦业及核燃料加工业	50							191
化学原料及化学制品制造业	1017748	43546		2881	3394			105998
医药制造业	26000	1995		188	150		1110724	46274
橡胶制品业	4311			290				1938
塑料制品业	179			92	173			7223
非金属矿物制品业	1202137	11945		886	2560			178544
黑色金属冶练及压延加工业	229051	561803		59	11			140927
有色金属冶练及压延加工业	1851	95766		59	29			119826
金属制品业				63	56			3733
通用设备制造业	21752	435		356	312			23924
专用设备制造业	8861	230		345	945			7530
交通运输设备制造业	1690			209	303			25816
电气机械及器材制造业		61		100	149			6597
通信设备、计算机及其它电子设备制造	1232			231	232			4204
仪器仪表及文化、办公用机械制造业	10056	3171		402	240	24		20916
工艺品及其他制造业	2319			21				6573
电力、燃气、及水的生产和供应业	6594256			337	2215			196543
电力、热力的生产和供应业	6594256			265	2213			191972
煤气生产和供应业				72	2			141
水的生产和供应业								4430

6-10 各县(市、区)规模以上工业企业产值能耗情况(属地)

	企业数	2010			2009			2010与2009对比(%)		
		综合能源消费量(吨标准煤)	工业总产值(万元)	产值单耗(吨标准煤/万元)	综合能源消费量(吨标准煤)	工业总产值(万元)	产值单耗(吨标准煤/万元)	综合能源消费量比	工业总产值比	产值能耗比
全市	**1437**	**7642731**	**20817121**	**0.37**	**7478567**	**15864881**	**0.47**	**2.20**	**31.22**	**-22.12**
市直	24	675567	1685284	0.40	646504	1279288	0.51	4.50	31.74	-20.68
宛城区	83	139829	648644	0.22	127548	478836	0.27	9.63	35.46	-19.07
卧龙区	78	194250	589204	0.33	194193	446078	0.44	0.03	32.09	-24.27
南召县	77	51258	630170	0.08	107084	491940	0.22	-52.13	28.10	-62.63
方城县	104	61408	697597	0.09	65718	494667	0.13	-6.56	41.02	-33.74
西峡县	94	917148	2610287	0.35	1048315	2099896	0.50	-12.51	24.31	-29.62
镇平县	102	285282	1241395	0.23	339320	954825	0.36	-15.93	30.01	-35.33
内乡县	63	196836	668566	0.29	212302	479896	0.44	-7.29	39.31	-33.45
淅川县	43	814193	1421979	0.57	763417	1164860	0.66	6.65	22.07	-12.63
社旗县	93	54490	656798	0.08	74379	496462	0.15	-26.74	32.30	-44.62
唐河县	148	104698	1044210	0.10	104676	797254	0.13	0.02	30.98	-23.63
新野县	176	209753	2347844	0.09	192699	1604341	0.12	8.85	46.34	-25.62
桐柏县	75	475554	719575	0.66	561252	561905	1.00	-15.27	28.06	-33.84
邓州县	174	286116	2211757	0.13	302257	1716907	0.18	-5.34	28.82	-26.52
高新区	82	200133	676364	0.30	166528	531641	0.31	20.18	27.22	-5.54
两属	21	2976217	2967447	1.00	2572374	2266084	1.14	15.70	30.95	-11.65

6-11 各县(市、区)规模以上工业企业产值能耗情况(在地)

	企业数	2010			2009			2010与2009对比(%)		
		综合能源消费量(吨标准煤)	工业总产值(万元)	产值单耗(吨标准煤/万元)	综合能源消费量(吨标准煤)	工业总产值(万元)	产值单耗(吨标准煤/万元)	综合能源消费量比	工业总产值比	产值能耗比
全市	**1437**	**7642731**	**20817121**	**0.37**	**7478567**	**15864881**	**0.47**	**2.20**	**31.22**	**-22.12**
宛城区	106	904376	2938999	0.31	835235	2244721	0.37	-7.65	30.93	-17.30
卧龙区	170	839774	1784370	0.47	848397	1363891	0.62	1.03	30.83	-24.34
南召县	81	2048888	1236017	1.66	1741609	970326	1.79	-15.00	27.38	-7.64
方城县	105	80647	834123	0.10	84538	575221	0.15	4.82	45.01	-34.21
西峡县	94	917148	2610287	0.35	1048315	2099896	0.50	14.30	24.31	-29.62
镇平县	102	285282	1241395	0.23	339320	954825	0.36	18.94	30.01	-35.33
内乡县	63	196836	668566	0.29	212302	479896	0.44	7.86	39.31	-33.45
淅川县	43	814193	1421979	0.57	763417	1164860	0.66	-6.24	22.07	-12.63
社旗县	93	54490	656798	0.08	74379	496462	0.15	36.50	32.30	-44.62
唐河县	152	237581	1398243	0.17	219949	1070837	0.21	-7.42	30.57	-17.28
新野县	177	242444	2435001	0.10	221263	1673374	0.13	-8.74	45.51	-24.70
桐柏县	76	729783	1310098	0.56	783347	1007305	0.78	7.34	30.06	-28.37
邓州县	175	291288	2281245	0.13	306494	1763268	0.17	5.22	29.38	-26.54

6-12 各县(市、区)高耗能行业情况(属地)

	企业数	2010			2009			2010与2009对比(%)		
		综合能源消费量(吨标准煤)	工业总产值(万元)	产值单耗(吨标准煤/万元)	综合能源消费量(吨标准煤)	工业总产值(万元)	产值单耗(吨标准煤/万元)	综合能源消费量比	工业总产值比	产值能耗比
全市	**363**	**5614783**	**7100198**	**0.79**	**5665960**	**5827105**	**0.97**	**-0.90**	**21.85**	**-18.67**
市直	3	144853	570044	0.25	139363	433489	0.32	3.94	31.50	-20.96
宛城区	10	28173	39856	0.71	32154	38971	0.83	-12.38	2.27	-14.33
卧龙区	35	184450	342807	0.54	185112	256197	0.72	-0.36	33.81	-25.53
南召县	24	39358	236373	0.17	97212	191356	0.51	-59.51	23.53	-67.22
方城县	36	25356	183858	0.14	26860	137995	0.19	-5.60	33.24	-29.15
西峡县	55	872214	2075232	0.42	1013069	1654759	0.61	-13.90	25.41	-31.35
镇平县	24	264062	385595	0.68	320248	289201	1.11	-17.54	33.33	-38.16
内乡县	21	84491	197006	0.43	166199	208734	0.80	-49.16	-5.62	-46.14
淅川县	24	799303	1136133	0.70	741757	976824	0.76	7.76	16.31	-7.35
社旗县	17	4806	94976	0.05	10503	81025	0.13	-54.24	17.22	-60.96
唐河县	29	50899	193184	0.26	54615	156192	0.35	-6.80	23.68	-24.65
新野县	15	8142	97027	0.08	10422	77870	0.13	-21.88	24.60	-37.30
桐柏县	16	458738	380407	1.21	546068	303701	1.80	-15.99	25.26	-32.93
邓州县	37	185842	262082	0.71	207676	332799	0.62	-10.51	-21.25	13.63
高新区	13	177833	86255	2.06	145079	71939	2.02	22.58	19.90	2.23
两属	4	2286263	819362	2.79	1969625	616053	3.20	16.08	33.00	-12.73

6-13 各县(市、区)高耗能行业情况(在地)

	企业数	2010			2009			2010与2009对比(%)		
		综合能源消费量(吨标准煤)	工业总产值(万元)	产值单耗(吨标准煤/万元)	综合能源消费量(吨标准煤)	工业总产值(万元)	产值单耗(吨标准煤/万元)	综合能源消费量比	工业总产值比	产值能耗比
全市	**363**	**5614783**	**7100198**	**0.79**	**5665960**	**5827105**	**0.97**	**-0.90**	**21.85**	**-18.67**
宛城区	12	96540	582384	0.17	90560	445157	0.20	6.60	30.83	-18.52
卧龙区	50	724762	691735	1.05	742770	541063	1.37	-2.42	27.85	-23.68
南召县	26	2020389	684052	2.95	1716394	541231	3.17	17.71	26.39	-6.87
方城县	37	44596	320383	0.14	45679	218548	0.21	-2.37	46.60	-33.40
西峡县	55	872214	2075232	0.42	1013069	1654759	0.61	-13.90	25.41	-31.35
镇平县	24	264062	385595	0.68	320248	289201	1.11	-17.54	33.33	-38.16
内乡县	21	84491	197006	0.43	166199	208734	0.80	-49.16	-5.62	-46.14
淅川县	24	799303	1136133	0.70	741757	976824	0.76	7.76	16.31	-7.35
社旗县	17	4806	94976	0.05	10503	81025	0.13	-54.24	17.22	-60.96
唐河县	29	50899	193184	0.26	54615	156192	0.35	-6.80	23.68	-24.65
新野县	15	8142	97027	0.08	10422	77870	0.13	-21.88	24.60	-37.30
桐柏县	16	458738	380407	1.21	546068	303701	1.80	-15.99	25.26	-32.93
邓州县	37	185842	262082	0.71	207676	332799	0.62	-10.51	-21.25	13.63

6-14 各县(市、区)规模以上工业企业分品种主要工业能源消费量

(2010年)

	原煤(吨)	焦炭(吨)	原油(吨)	汽油(吨)	柴油(吨)	燃料油(吨)	热力(百万千焦)	电力(万千瓦时)
南阳市	**10452682**	**721430**	**692957**	**13607**	**74370**	**80650**	**1263548**	**1295253**
市直	677540			635	1770		1119824	165138
宛城区	118547			137	105			45476
卧龙区	219423	842		3008	242			29938
南召县	1516	15715		1173	1590			25570
方城县	15105			199	5155			33800
西峡县	214195	536656		167	524			121082
镇平县	314950			13	219			53635
内乡县	242807			301	237			23900
淅川县	377764	162922		211	27			265827
社旗县	33522							25995
唐河县	46280	5035		218	865			44722
新野县	53110			119	16			143218
桐柏县	847747			133	2528			51090
邓州县	307692			395	57			46529
高新区	604005	30		407	1600	24		23017
两属	6378482	230	692957	6491	59437	80626	143724	196317

6-15 规模以上工业能源转换效率

单位:吨标准煤、%

	2010年			2009年		
	能源加工转换产出合计	能源加工转换投入合计	能源转换效率	能源加工转换产出合计	能源加工转换投入合计	能源转换效率
总计	**2849907**	**5518432**	**51.64**	**2390653**	**4778205**	**50.03**
火力发电	1989319	4643558	42.84	1643944	4010766	40.99
供热	23776	31701	75.00			
原煤入洗						
炼焦						
炼油	836812	843173	99.25	746709	767440	97.30
制气						
天然气液化						
加工型煤						
热电联产	2013095	4675259	43.06	1643944	4010766	40.99
炼焦与制气						

6-16 全 社 会 用 电 量

单位:万千瓦时

行　　业	2009	2010
全社会用电量	**1323842**	**1606920**
居民生活用电	183117	215285
城镇居民	74720	95748
乡村居民	108397	119537
行业用电	1140725	1391635
第一产业	110912	114051
第二产业	953235	1183870
工业	949845	1177509
轻工业	166029	214183
重工业	783816	963325
建筑业	3390	6361
第三产业	76578	93714
交通运输、仓储和邮政业	19428	30166
信息传输、计算机服务和软件业	3651	4420
批发和零售业	11550	14421
住宿和餐饮业	5575	6285
金融业	3034	3599
房地产业	6517	6628
租赁和商务服务业、居民服务和其他服务业	5574	7098
科学研究、技术服务和地质勘查业	805	872
水利、环境和公共管理业	4158	4243
教育、卫生、社会保障和社会福利业	8020	7876
卫生、社会保障和社会福利业	5249	5259
公共管理和社会组织	3017	2847

注:本表由市电力公司提供。(下表同)

6-17 工业用电量

单位:万千瓦时

行　　业	2009	2010
合　　计	**949845**	**1177509**
采矿业	84053	100266
煤炭开采和洗选业	5685	11369
石油和天然气开采业	62522	60231
黑色金属矿采选业	8420	11679
有色金属矿采选业	5165	9023
非金属矿采选业	2082	6071
其他采矿业	179	1893
制造业	646597	837925
食品、饮料和烟草制造业	31793	43196
纺织业	74699	89211
服装鞋帽、皮革羽绒及其制品业	298	312
木材加工及制品和家具制品业	2259	3969
造纸及纸制品业	2756	3741
印刷业和记录媒介的复制	821	1114
文体用品制造业	50	107
石油加工、炼焦及核燃料加工业	319	305
化学原料及化学制品制造业	47441	111339
医药制造业	25641	29755
化学纤维制造业	2614	2468
橡胶和塑料制品业	2832	3157
非金属矿物制品业	98321	106532
黑色金属冶炼及压延加工业	186690	218344
有色金属冶炼及压延加工业	105419	156253
金属制品业	14837	14474
通用及专用设备制造业	29035	24013
交通运输、电气、电子设备制造业	9246	7824
工艺品及其他制造业	11474	21710
废弃资源和废旧材料回收加工业	53	102
电力、燃气、及水的生产和供应业	219195	239318
电力、热力的生产和供应业	214629	232057
煤气生产和供应业	317	172
水的生产和供应业	4249	7089

6-18 规模以上工业企业分行业水消费总量

（2010 年）

单位:万吨

行业	取水总量	地表水	地下水	自来水	其它水
全部工业企业	**43626.17**	**29068.84**	**12672.04**	**1876.80**	**8.49**
轻工业	12036.21	1227.46	9417.20	1383.06	8.49
重工业	31589.96	27841.38	3254.84	493.74	
采矿业	2288.12	616.18	1663.01	8.93	
石油和天然气开采业	2007.57	481.55	1517.45	8.58	
黑色金属矿采选业	47.63	18.09	29.54		
有色金属矿采选业	129.20	101.08	28.12		
非金属矿采选业	103.73	15.47	87.91	0.35	
制造业	8904.55	2950.89	4090.30	1854.86	8.49
农副食品加工业	392.39	7.07	345.08	38.37	1.87
食品制造业	318.12	52.50	206.70	58.93	
饮料制造业	1539.42	462.50	760.81	309.51	6.60
烟草制品业	22.30		5.69	16.59	0.02
纺织业	1247.50	37.54	862.87	347.09	
纺织服装、鞋、帽制造业	23.14	0.20	19.58	3.36	
皮革、毛皮、羽毛(绒)及其制品业	0.62		0.62		
木材加工及木、竹、藤、棕、草制品	35.42	8.57	25.38	1.47	
家具制造业	17.37	3.52	11.11	2.74	
造纸及纸制品业	381.50	214.00	166.98	0.52	
印刷业和记录媒介的复制	30.99	0.57	23.70	6.72	
文教体育用品制造业	1.52		1.52		
石油加工、炼焦业及核燃料加工业	5.52		5.52		
化学原料及化学制品制造业	1423.29	670.70	516.69	235.89	
医药制造业	1166.57	441.21	138.66	586.71	
橡胶制品业	10.70		10.56	0.13	
塑料制品业	42.37	5.48	32.37	4.52	
非金属矿物制品业	1161.51	675.23	472.61	13.67	
黑色金属冶练及压延加工业	129.74	55.50	73.97	0.27	
有色金属冶练及压延加工业	19.75	10.07	7.25	2.43	
金属制品业	31.22	1.38	15.69	14.15	
通用设备制造业	274.40	210.18	60.49	3.72	
专用设备制造业	132.59	0.41	111.75	20.43	
交通运输设备制造业	155.50	87.60	50.37	17.53	
电气机械及器材制造业	87.09	1.48	47.95	37.67	
通信设备、计算机及其它电子设备制造	24.86	2.09	19.07	3.71	
仪器仪表及文化、办公用机械制造业	206.72		88.08	118.64	
工艺品及其他制造业	22.42	3.10	9.23	10.10	
电力、燃气、及水的生产和供应业	32433.50	25501.77	6918.72	13.01	
电力、热力的生产和供应业	25606.83	25501.77	93.97	11.09	
煤气生产和供应业	14.12		12.20	1.92	
水的生产和供应业	6812.56		6812.56		

主要统计指标解释

能源生产总量 指一定时期内全国一次能源生产量的总和。该指标是观察全国能源生产水平、规模、构成和发展速度的总量指标。一次能源生产量包括原煤、原油、天然气、水电、核能及其他动力能(如风能、地热能等)发电量,不包括低热值燃料生产量、生物质能、太阳能等的利用和由一次能源加工转换而成的二次能源产量。

能源消费总量 指一定时期内全国物质生产部门、非物质生产部门和生活消费的各种能源的总和。该指标是观察能源消费水平、构成和增长速度的总量指标。能源消费总量包括原煤和原油及其制品、天然气、电力,不包括低热值燃料、生物质能和太阳能等的利用。能源消费总量分为终端能源消费量、能源加工转换损失量和能源损失量三部分。

工业企业能源消费量 包括工业企业在生产过程中作为燃料、动力、原料、辅助材料使用的能源以及工艺用能、非生产用能。作为能源加工转换企业,还要包括能源加工转换的投入量。

工业生产能源消费 指工业企业为进行工业生产活动所消费的能源。主要包括:

(1)用于本企业产品生产、工业性作业的能源,包括用作原料、材料、燃料、动力;作为能源加工转换企业,还包括用作加工转换的能源(这部分能源不能理解为用作原材料,用作原材料的概念见后面的解释)。

(2)产品生产过程中作为辅助材料使用的能源。

(3)生产工艺过程使用的能源。

(4)新技术研究、新产品试制、科学试验使用的能源。

(5)为了工业生产活动而在进行的各种修理过程中使用的能源。

(6)生产区内的劳动保护用能等

能源加工、转换消费 能源加工、转换是指为了特定的用途,将一种能源(一般为一次能源),经过一定的工艺,加工或转换成另外一种能源(二次能源)

能源加工转换产出量 指各种能源经过加工转换后产出的各种二次能源产品(包括不作能源使用的其他副产品和联产品),比如火力发电产出的电力,热电联产同时产出的电力、蒸汽、热水,洗煤产出的洗精煤、洗中煤、煤泥等,炼焦产出的焦炭、焦炉煤气和其他焦化产品,炼油产出的汽油、煤油、柴油、燃料油、液化石油气、炼厂干气和其他石油制品(石脑油、各种原料油、溶剂油、石蜡、润滑油、石油沥青等),制气产出的是焦炉煤气、其他煤气、焦炭和其他焦化产品(煤焦油、粗苯等)。

综合能源消费量 指报告期内工业企业在工业生产活动中实际消费的各种能源的总和。计算综合能源消费量时,需要先将使用的各种能源折算成标准燃料后再进行计算。根据生产活动的性质,综合能源消费量在不同的企业有不同的计算方法。

非能源加工转换企业综合能源消费量 就是企业工业生产消费的各种一次能源和二次能源的总和,即:综合能源消费量=工业生产消费的能源合计。

能源加工转换企业综合能源消费量 是企业工业生产消费的各种一次能源和二次能源扣除加工转换产出的二次能源后的实际能源消费量。计算公式为:综合能源消费量=工业生产消费的能源合计-能源加工转换产出合计

标准煤 标准煤亦称煤当量,具有统一的热值标准。我国规定每千克标准煤的热值为7000千卡。将不同品种、不同含量的能源按各自不同的热值换算成每千克热值为7000千卡的标准煤。能源折标准煤系数=某种能源实际热值(千卡/千克)/7000(千卡/千克)。

单位GDP能耗=能源消耗总量/GDP

单位GDP电耗 指一定时期内,一个国家或地区每生产一个单位的国内生产总值所消耗的电力。计算公式为:

单位GDP电耗=全社会用电量/GDP

单位工业增加值能耗 指一定时期内,一个国家或地区每生产一个单位的工业增加值所消耗的能源。计算公式为:

单位工业增加值能耗=工业能源消耗量/工业增加值

7

物　　价

资料整理：王　勇　王英轩　项白玲

7-1 居民消费价格总指数和商品零售价格总指数

（以上年为100）

	全市		城镇		#城区		农村	
	居民消费价格总指数	商品零售价格总指数	居民消费价格总指数	商品零售价格总指数	居民消费价格总指数	商品零售价格总指数	居民消费价格总指数	商品零售价格总指数
1984					102.0	101.6		
1985					107.1	106.5		
1986					106.0	105.4		
1987					107.6	107.4		
1988					121.8	123.5		
1989					116.1	115.9		
1990					103.5	102.5		
1991					106.4	106.2		
1992	105.3	105.0	107.4	107.4	106.9	106.8	103.4	102.9
1993	110.3	107.2	110.6	107.7	111.1	107.9	109.8	106.5
1994	123.6	119.9	123.5	119.6	124.3	117.9	123.8	120.0
1995	116.5	116.4	115.6	113.7	114.8	113.0	116.7	118.2
1996	110.8	109.2	110.3	107.3	110.4	107.4	110.9	109.8
1997	104.7	101.3	103.3	100.1	103.6	100.1	104.8	102.1
1998	96.9	96.2	96.8	95.3	96.8	95.3	97.0	96.7
1999	97.1	96.4	97.2	95.9	97.2	95.9	97.1	96.6
2000	98.7	98.0	98.9	99.3	98.9	99.3	98.4	97.5
2001	101.2	99.7	101.3	100.2	101.5	100.2	101.1	99.5
2002	100.9	99.1	100.0	98.5	99.9	98.3	101.6	99.3
2003	101.8	100.6	102.2	100.6	102.2	100.6	101.4	100.6
2004	105.3	104.8	105.7	104.5	105.7	104.5	105.0	104.9
2005	102.3	102.2	102.1	102.3	102.1	102.3	102.4	102.1
2006	101.0	101.1	100.7	100.7	100.7	100.7	101.4	101.3
2007	104.8	104.1	105.4	104.3	105.4	104.3	104.2	104.0
2008	106.5	106.4	106.8	107.6	106.8	107.6	105.8	105.8
2009	99.6	99.3	99.5	99.2	99.5	99.2	99.7	99.6
2010	103.6	103.7	103.8	104.0	103.8	104.0	103.3	103.4

注:“商品零售价格总指数”不包括“农业生产资料价格指数”。

7-2 居民消费价格总指数和商品零售价格总指数

（2010年）

	全市		城镇		#城区		农村	
	居民消费价格总指数	商品零售价格总指数	居民消费价格总指数	商品零售价格总指数	居民消费价格总指数	商品零售价格总指数	居民消费价格总指数	商品零售价格总指数
以1987价格为100					367.7	248.7		
以1988价格为100					301.9	233.3		
以1989价格为100					260.0	201.3		
以1990价格为100					251.2	196.4		
以1991价格为100	234.6	193.8	235.2	189.7	236.1	184.9	227.7	193.9
以1992价格为100	222.8	184.6	218.9	176.6	220.9	173.2	220.3	188.4
以1993价格为100	202.1	172.2	197.9	164.0	198.8	160.5	200.6	176.9
以1994价格为100	163.4	143.6	160.3	137.1	159.9	136.1	162.1	147.4
以1995价格为100	140.3	123.4	138.6	120.6	139.3	120.4	138.8	124.7
以1996价格为100	126.6	113.0	125.7	112.4	126.2	112.1	125.2	113.6
以1997价格为100	120.9	111.5	121.7	112.3	121.8	112.1	119.4	111.2
以1998价格为100	124.8	115.9	125.7	117.8	125.8	117.6	123.1	115.1
以1999价格为100	128.5	120.3	129.3	122.8	129.4	122.6	126.8	119.1
以2000价格为100	130.2	122.7	130.8	123.7	130.9	123.5	128.9	122.2
以2001价格为100	128.7	123.1	129.1	123.5	129.0	123.2	127.5	122.8
以2002价格为100	127.5	124.2	129.1	125.3	129.1	125.3	125.5	123.6
以2003价格为100	125.3	123.5	126.3	124.6	126.3	124.6	123.7	122.9
以2004价格为100	118.9	117.8	119.5	119.2	119.5	119.2	117.8	117.2
以2005价格为100	116.3	115.3	117.1	116.5	117.1	116.5	115.1	114.7
以2006价格为100	115.2	114.1	116.2	115.7	116.2	115.7	113.5	113.3
以2007价格为100	109.8	109.5	110.3	111.0	110.3	111.0	108.9	108.9
以2008价格为100	103.2	102.9	103.2	103.2	103.2	103.2	102.9	102.9
以2009价格为100	103.6	103.7	103.8	104.0	103.8	104.0	103.3	103.4

注："商品零售价格总指数"不包括"农业生产资料价格指数"。

7-3 居民消费价格指数

(2010年)

	以上年价格为100			定基比		
	全市	城市	农村	全市	城市	农村
居民消费价格总指数	**103.6**	**103.8**	**103.3**	**120.0**	**120.4**	**119.3**
非食品价格指数	**101.4**	**101.3**	**101.5**	**104.3**	**102.6**	**107.3**
服务项目价格指数	**101.4**	**101.1**	**102.0**	**102.1**	**100.4**	**106.2**
工业品价格指数	**101.3**	**101.4**	**101.4**	**105.9**	**104.3**	**108.0**
扣除食品和能源价格指数	**101.1**	**101.0**	**101.3**	**102.9**	**101.4**	**105.3**
扣除鲜菜鲜果总指数	**102.2**	**102.2**	**102.3**	**115.7**	**115.4**	**116.1**
消费品价格指数	**104.4**	**104.8**	**103.7**	**125.7**	**127.6**	**122.6**
一、食品	**108.8**	**109.4**	**107.5**	**162.2**	**167.7**	**151.2**
1.粮食	107.8	107.5	108.2	147.4	153.0	138.8
大米	112.9	112.1	114.6	153.0	152.9	152.8
面粉	106.8	106.7	106.9	142.2	146.3	137.6
2.淀粉	105.5	110.9	101.4	131.0	139.3	118.5
3.干豆类及豆制品	105.8	105.9	105.7	148.8	145.1	158.9
4.油脂	107.2	108.3	106.0	152.2	150.8	153.7
食用植物油	109.9	112.5	107.3	156.4	170.9	143.9
植物油制品	104.6	103.6	107.3	123.6	123.0	129.9
5.肉禽及其制品	103.1	105.6	99.1	167.0	178.8	151.2
(1)食用畜肉及副产品	102.7	105.8	98.2	170.4	183.6	154.7
猪肉	101.1	105.0	95.6	161.0	170.9	147.7
牛肉	101.7	100.5	103.4	179.4	173.8	191.6
羊肉	114.8	117.6	109.7	179.2	187.9	168.9
(2)禽	108.1	110.1	103.8	160.8	152.0	175.9
(3)加工肉禽	102.1	102.9	100.6	144.4	163.0	113.6
6.蛋	107.6	106.2	109.1	141.5	149.6	129.2
鲜蛋	108.3	106.6	110.4	143.1	150.9	129.3
蛋制品	102.5	101.1	103.2	131.4	137.0	127.6
7.水产品	105.3	105.5	104.6	149.0	159.5	126.7
(1)鱼	105.4	105.9	103.4	142.0	150.1	125.5
(2)其他水产品	104.2	103.0	110.7	180.3	201.1	130.6
8.菜	137.1	141.4	129.1	214.8	213.1	210.3
鲜菜	139.8	143.6	132.0	228.2	217.0	239.8
9.调味品	103.1	103.7	102.7	133.6	140.0	124.8
10.糖	115.5	111.2	118.4	142.0	143.0	143.5
11.茶及饮料	99.8	99.3	101.3	105.2	106.0	105.1
12.干鲜瓜果	117.4	114.7	125.5	234.4	246.4	203.0
鲜瓜果	119.6	116.7	127.8	269.4	289.9	216.3
13.糕点饼干	102.5	103.6	100.3	122.9	129.7	106.8
14.液体乳及乳制品	100.5	100.3	102.0	122.1	121.5	128.9
15.在外用膳食品	101.2	100.5	102.9	147.1	148.4	139.1
16.其他食品	100.6	100.7	100.4	108.8	114.1	104.9
二、烟酒及用品	**102.9**	**103.5**	**102.1**	**112.8**	**115.2**	**110.3**
1.烟草	100.7	100.7	100.8	105.1	102.2	107.5
2.酒	105.6	107.0	103.7	123.5	133.2	113.9
3.吸烟、饮酒用品	100.0	100.0	100.1	100.7	100.0	102.4
三、衣着	**100.8**	**100.5**	**101.5**	**100.6**	**100.7**	**99.1**
1.服装	98.7	97.4	101.9	95.6	94.4	97.0
2.衣着材料	101.6	104.2	100.6	105.9	113.9	102.6
3.鞋袜帽	107.5	110.6	100.7	115.7	122.2	101.9
4.衣着加工服务费	101.5	101.5	101.4	116.4	136.5	111.3
四、家庭设备用品及维修服务	**99.7**	**99.6**	**100.0**	**105.1**	**107.2**	**101.9**
1.耐用消费品	98.5	98.2	99.2	100.2	101.7	98.2
(1)家具	99.9	100.3	99.2	100.6	102.1	98.9
(2)家庭设备	97.5	97.0	99.2	99.8	101.0	97.5

注:定基比是以2005年平均价格为100进行对比计算的指数。

7－3续表 (2010年)

	以上年价格为100			定基比		
	全市	城市	农村	全市	城市	农村
洗衣机	97.7	97.0	98.9	100.1	99.1	102.7
电冰箱(柜)	97.6	97.6	97.7	107.8	113.6	93.3
空调器	98.8	98.6	100.6	96.7	96.4	100.1
2.室内装饰品	100.2	100.0	100.7	104.1	104.3	103.3
3.床上用品	100.0	100.0	100.1	100.6	100.7	100.7
4.家庭日用杂品	101.4	102.3	100.4	105.2	105.9	104.6
5.家庭服务及加工维修服务	101.3	101.0	102.0	146.6	163.2	113.7
五、医疗保健和个人用品	**102.1**	**102.4**	**101.6**	**106.5**	**105.1**	**108.4**
1.医疗保健	102.5	102.8	102.0	104.7	103.3	106.6
(1)医疗器具及用品	101.2	89.8	107.3	96.0	76.4	108.0
(2)中药材及中成药	109.9	110.3	109.0	133.5	130.2	140.4
(3)西药	100.4	100.6	99.8	95.2	93.0	98.4
(4)保健器具及用品	99.8	99.3	100.7	98.4	98.8	100.3
(5)医疗保健服务	100.3	100.3	100.2	99.2	98.4	100.6
2.个人用品及服务	101.2	101.5	100.7	110.3	109.2	112.3
(1)化妆美容用品	100.3	100.3	100.2	95.2	93.0	99.9
(2)清洁化妆用品	101.5	101.8	100.9	107.8	110.8	103.2
(3)个人饰品	103.1	106.0	99.5	113.3	123.5	103.5
(4)个人服务	100.6	100.0	101.7	121.7	114.9	132.6
六、交通和通信	**100.3**	**100.2**	**100.5**	**96.9**	**95.0**	**101.1**
1.交通	101.7	101.9	101.5	105.4	105.1	105.6
(1)交通工具	99.5	99.6	99.4	95.5	95.9	94.8
摩托车	98.9	99.0	98.8	91.1	94.9	86.4
轿车	99.9	99.9	100.0	82.5	82.2	100.0
(2)车用燃料及零配件	109.2	108.0	111.3	129.3	127.6	133.1
汽油	114.7	114.7	114.7	150.1	149.0	156.6
柴油	116.9	115.1	117.5	151.7	148.9	158.3
(3)车辆使用及维修费	101.7	100.7	103.1	107.4	110.8	102.9
(4)市区公共交通费	100.2	100.0	101.4	103.5	100.0	125.4
(5)城市间交通费	102.9	103.7	101.9	112.4	106.6	119.4
2.通信	99.3	99.4	99.2	90.5	90.4	91.8
(1)通信工具	94.9	94.2	95.7	44.1	37.2	67.1
(2)通信服务	100.0	100.0	100.2	100.7	100.7	100.6
七、娱乐教育文化用品及服务	**101.8**	**101.4**	**102.4**	**106.1**	**105.9**	**104.1**
1.文娱用耐用消费品及服务	98.0	97.4	98.8	86.2	77.7	94.3
电视机	96.5	95.5	97.2	82.1	66.7	90.5
电脑	96.2	96.1	99.1	86.9	87.2	81.1
2.教育	102.0	100.8	104.1	109.0	108.0	108.2
(1)教材及参考书	101.8	100.0	103.4	106.9	120.4	96.6
(2)学杂托幼费	102.0	100.9	104.2	109.2	106.9	109.9
3.文化娱乐类	100.1	100.0	100.5	104.8	105.7	101.3
(1)文化娱乐用品	100.1	100.0	100.3	103.1	103.7	101.5
(2)书报杂志	100.3	100.0	100.8	112.1	116.7	101.2
(3)文娱费	100.0	100.0	100.4	102.2	102.3	101.0
4.旅游	110.0	111.8	100.4	130.7	135.5	102.4
八、居住	**101.7**	**101.6**	**101.8**	**106.5**	**101.0**	**117.5**
1.建房及装修材料	101.3	101.5	101.2	117.8	116.3	118.8
2.租房	100.3	100.0	100.6	107.9	113.7	101.8
3.自有住房	100.6	100.6	100.7	90.8	90.3	97.9
4.水、电、燃料	103.4	103.5	103.1	120.7	115.8	131.5
其他燃料	102.5	95.4	103.8	172.0	171.9	170.6

7-4 各县(市、区)居民消费价格指数

(2010年,上年=100)

	中心城区	南召县	方城县	西峡县	镇平县	内乡县	淅川县	社旗县	唐河县	新野县	桐柏县	邓州市
居民消费价格总指数	**103.8**	**103.3**	**103.1**	**102.9**	**103.3**	**103.5**	**102.1**	**103.3**	**103.5**	**103.2**	**103.2**	**104.4**
非食品价格指数	**101.3**	**102.5**	**102.8**	**101.0**	**101.5**	**102.2**	**100.8**	**101.5**	**101.2**	**101.6**	**101.0**	**101.6**
服务项目价格指数	**101.1**	**101.5**	**108.3**	**101.9**	**102.1**	**103.9**	**101.8**	**101.6**	**101.1**	**100.4**	**101.4**	**100.2**
工业品价格指数	**101.4**	**102.8**	**100.8**	**100.6**	**101.3**	**101.5**	**100.4**	**101.5**	**101.3**	**102.2**	**100.8**	**102.1**
扣除食品和能源价格指数	**101.0**	**102.3**	**102.6**	**100.7**	**101.0**	**102.0**	**100.2**	**101.4**	**100.9**	**101.4**	**100.8**	**101.4**
扣除鲜菜鲜果总指数	**102.2**	**103.0**	**102.7**	**102.1**	**102.5**	**103.0**	**101.5**	**102.2**	**102.0**	**102.5**	**101.7**	**102.3**
消费品价格指数	**104.8**	**103.7**	**101.9**	**103.1**	**103.5**	**103.4**	**102.2**	**103.6**	**104.1**	**104.0**	**103.6**	**105.4**
一、食品	**109.4**	**105.2**	**104.2**	**107.1**	**107.9**	**107.1**	**106.0**	**107.2**	**109.4**	**106.8**	**108.5**	**111.6**
1.粮食	107.5	106.7	105.2	107.1	109.3	106.0	108.3	107.8	115.7	114.6	110.1	102.7
大米	112.1	112.0	108.4	115.8	114.8	109.5	108.3	112.0	117.6	131.5	129.6	110.9
面粉	106.7	107.6	103.5	106.9	104.7	103.4	112.5	112.0	117.0	105.3	104.4	103.1
2.淀粉	110.9	106.5	101.2	100.0	109.5	103.3	100.0	103.3	100.0	100.0	116.7	93.8
3.干豆类及豆制品	105.9	112.2	97.4	105.0	101.9	107.2	108.2	109.1	110.4	110.7	111.5	100.0
4.油脂	108.3	99.3	99.9	111.3	112.4	107.2	106.9	106.2	100.4	102.6	103.7	117.2
食用植物油	112.5	102.4	106.9	114.4	112.6	114.0	116.0	107.1	100.2	104.6	106.7	107.4
植物油制品	103.6	101.8	87.5	105.2	105.8	98.2	96.6	111.0	100.9	101.5	101.0	132.7
5.肉禽及其制品	105.6	99.7	98.4	103.9	97.3	104.4	103.5	102.0	100.3	101.5	100.6	100.8
(1)食用畜肉及副产品	105.8	98.5	98.6	103.8	93.7	103.5	104.7	101.6	99.3	101.5	99.9	102.6
猪肉	105.0	96.1	97.5	103.2	88.3	104.0	104.0	101.8	96.1	99.0	98.8	100.5
牛肉	100.5	99.8	102.2	106.3	96.8	96.3	110.1	100.0	107.1	104.2	100.0	105.6
羊肉	117.6	108.9	106.5	111.6	112.8	111.2	109.2	109.9	110.7	111.8	103.5	112.1
(2)禽	110.1	106.0	99.1	105.9	111.0	113.7	103.0	104.9	108.4	102.8	106.1	92.4
(3)加工肉禽	102.9	100.0	97.1	104.1	104.2	99.1	101.1	102.4	99.5	100.6	100.2	101.2
6.蛋	106.2	111.3	107.6	104.9	110.7	112.4	104.4	105.6	108.9	105.1	105.9	114.9
鲜蛋	106.6	114.2	108.2	105.9	112.0	113.8	105.4	105.9	109.2	106.7	107.6	117.1
蛋制品	101.1	100.0	104.4	100.0	105.9	100.0	100.0	102.4	107.3	97.8	98.6	105.4
7.水产品	105.5	115.7	100.5	116.1	111.3	105.3	103.4	102.4	108.5	107.0	107.8	97.3
(1)鱼	105.9	113.9	101.3	118.1	103.0	102.5	104.1	102.8	107.2	106.8	109.3	96.6
(2)其他水产品	103.0	122.9	96.3	107.7	155.9	115.8	100.0	100.2	114.0	107.7	100.7	100.5
8.菜	141.4	113.9	116.9	126.5	122.5	113.3	113.1	127.9	141.4	113.5	143.6	152.8
鲜菜	143.6	109.7	112.6	128.8	122.2	115.6	114.7	128.4	149.0	113.2	153.7	163.5
9.调味品	103.7	106.8	100.6	105.4	108.5	101.5	103.6	103.1	101.6	103.4	101.1	100.6
10.糖	111.2	110.4	113.2	104.5	116.2	125.4	109.9	108.6	124.3	117.0	118.2	110.9
11.茶及饮料	99.3	102.6	96.6	100.0	109.3	100.0	100.0	100.0	100.0	100.0	100.8	100.3
12.干鲜瓜果	114.7	113.2	114.0	112.1	131.7	124.3	135.8	116.9	114.4	119.4	107.8	139.5
鲜瓜果	116.7	110.7	113.8	116.9	139.4	126.2	142.6	119.6	118.4	122.3	105.8	148.2
13.糕点饼干	103.6	102.6	97.5	100.0	103.9	100.3	100.0	101.2	100.0	100.4	98.2	99.5
14.液体乳及乳制品	100.3	99.2	100.6	103.4	105.2	105.4	100.0	100.0	101.0	102.2	100.0	100.0
15.在外用膳食品	100.5	101.6	101.7	103.0	105.2	103.1	102.7	101.8	101.3	105.3	102.4	103.9
16.其他食品	100.7	100.0	100.0	100.0	100.9	101.1	100.0	100.0	101.6	100.3	99.5	100.0
二、烟酒及用品	**103.5**	**102.0**	**100.2**	**100.0**	**102.1**	**100.0**	**100.0**	**100.4**	**103.7**	**111.9**	**100.8**	**100.1**
1.烟草	100.7	100.0	100.0	100.0	100.5	100.0	100.0	100.0	103.9	100.0	101.9	100.0
2.酒	107.0	104.3	100.5	100.0	104.2	100.0	100.0	101.0	103.9	126.7	99.8	100.3
3.吸烟、饮酒用品	100.0	102.3	100.0	100.0	100.0	100.0	100.0	100.0	100.0	100.0	99.0	100.0
三、衣着	**100.5**	**101.1**	**99.4**	**100.9**	**102.3**	**100.7**	**97.2**	**103.7**	**101.4**	**100.4**	**102.1**	**103.3**
1.服装	97.4	101.9	99.1	101.3	102.3	102.3	97.2	105.1	101.8	100.5	102.9	103.1
2.衣着材料	104.2	104.1	101.5	100.0	99.5	102.3	100.0	100.8	100.0	100.5	100.0	100.9
3.鞋袜帽	110.6	97.0	98.3	100.0	103.6	94.9	95.1	100.5	100.7	100.0	100.0	105.1
4.衣着加工服务费	101.5	103.0	103.5	100.0	100.6	100.8	100.0	104.9	100.0	100.0	106.7	100.0
四、家庭设备用品及维修服务	**99.6**	**102.8**	**99.8**	**99.9**	**99.5**	**100.1**	**99.7**	**101.4**	**99.7**	**99.9**	**99.6**	**99.9**
1.耐用消费品	98.2	100.4	99.1	99.8	97.4	99.3	99.2	100.1	99.4	99.7	98.9	99.5
(1)家具	100.3	100.7	97.7	100.0	98.9	98.1	97.8	100.0	99.5	99.8	99.3	100.0

7-4 续表 （2010 年，上年=100）

	中心城区	南召县	方城县	西峡县	镇平县	内乡县	淅川县	社旗县	唐河县	新野县	桐柏县	邓州市
(2)家庭设备	97.0	100.0	100.6	99.7	95.7	100.4	100.6	100.2	99.4	99.7	98.5	99.0
洗衣机	97.0	99.2	99.6	100.0	94.8	96.7	103.3	100.9	99.4	100.0	97.4	100.3
电冰箱(柜)	97.6	98.2	100.0	98.9	89.2	100.0	101.6	100.0	98.5	100.0	96.6	96.1
空调器	98.6	101.8	106.5	99.6	97.8	110.4	97.7	102.3	98.7	98.6	98.6	99.7
2.室内装饰品	100.0	105.9	100.0	100.0	103.9	100.0	100.0	100.0	100.0	100.0	100.0	100.2
3.床上用品	100.0	101.8	101.0	100.0	97.9	100.0	100.0	100.6	100.0	100.0	100.0	100.8
4.家庭日用杂品	102.3	103.0	100.0	100.0	102.2	100.9	100.3	100.0	100.0	100.1	99.8	100.0
5.家庭服务及加工维修服务	101.0	115.2	100.4	100.0	100.4	100.6	100.0	116.7	100.0	100.0	101.9	100.0
五、医疗保健和个人用品	**102.4**	**104.8**	**100.2**	**100.6**	**102.7**	**105.1**	**99.4**	**100.2**	**101.1**	**101.2**	**102.1**	**103.6**
1.医疗保健	102.8	106.2	101.0	100.4	102.3	106.5	98.9	99.6	100.6	100.8	100.8	104.2
(1)医疗器具及用品	89.8	119.9	99.4	120.8	115.5	128.7	97.8	101.7	100.0	100.0	113.4	104.4
(2)中药材及中成药	110.3	116.0	109.4	97.4	101.6	117.8	96.7	102.5	102.7	100.0	100.0	127.3
(3)西药	100.6	106.0	98.5	100.0	102.0	104.7	98.7	97.3	100.0	102.2	100.7	94.9
(4)保健器具及用品	99.3	108.7	100.0	100.0	102.6	101.7	100.4	98.6	100.0	100.0	100.0	100.0
(5)医疗保健服务	100.3	100.2	100.0	100.0	101.7	100.0	100.0	100.0	100.0	100.0	100.0	100.0
2.个人用品及服务	101.5	101.9	98.5	101.1	103.3	101.7	100.5	101.3	102.1	101.9	104.8	102.4
(1)化妆美容用品	100.3	100.1	100.0	100.0	102.6	100.0	100.0	100.0	100.0	100.0	99.6	100.0
(2)清洁化妆用品	101.8	102.8	101.4	100.0	103.7	100.0	100.0	100.3	100.7	100.0	100.0	100.0
(3)个人饰品	106.0	105.9	91.2	104.8	102.1	105.9	102.1	104.1	105.0	106.6	103.3	110.1
(4)个人服务	100.0	99.3	100.8	100.0	104.0	100.8	100.0	100.7	102.9	102.0	112.7	100.0
六、交通和通信	**100.2**	**100.3**	**100.0**	**99.7**	**99.1**	**102.3**	**100.5**	**101.9**	**100.0**	**100.6**	**100.3**	**100.3**
1.交通	101.9	102.3	101.1	101.0	100.1	105.5	100.8	102.2	102.0	101.3	101.0	100.5
(1)交通工具	99.6	101.4	100.0	100.0	95.8	98.9	99.8	100.0	100.0	100.0	99.4	99.4
摩托车	99.0	101.9	100.0	100.0	93.0	100.0	99.4	100.0	100.0	100.0	99.8	98.1
轿车	99.9	100.0	100.0	100.0	100.0	100.0	100.0	100.0	100.0	100.0	100.0	100.0
(2)车用燃料及零配件	108.0	110.6	111.5	110.5	114.4	110.2	109.8	109.6	107.7	109.1	109.4	107.8
汽油	114.7	114.8	114.2	116.6	107.3	114.8	116.2	114.4	113.6	114.4	114.6	114.2
柴油	115.1	114.8	120.0	121.8	111.3	122.0	112.6	115.8	114.0	115.9	114.8	115.2
(3)车辆使用及维修费	100.7	105.2	100.3	99.3	100.1	100.2	100.0	100.2	113.1	102.3	100.9	100.0
(4)市区公共交通费	100.0	101.6	100.0	100.0	103.3	100.0	100.0	119.7	100.0	100.0	103.6	100.9
(5)城市间交通费	103.7	100.0	100.0	100.0	103.4	121.6	98.7	100.0	100.0	100.0	100.0	100.0
2.通信	99.4	97.9	98.4	98.8	97.7	99.1	100.0	101.5	97.3	100.0	99.4	100.0
(1)通信工具	94.2	90.3	93.4	94.3	90.1	95.6	100.0	100.0	88.1	100.0	97.4	98.9
(2)通信服务	100.0	100.0	100.0	100.0	100.0	100.0	100.0	101.8	100.0	100.0	100.0	100.4
七、娱乐教育文化用品及服务	**101.4**	**101.5**	**112.9**	**102.6**	**101.2**	**104.0**	**103.1**	**100.6**	**101.0**	**100.9**	**100.4**	**100.2**
1.文娱用耐用消费品及服务	97.4	98.7	97.1	99.3	97.3	98.3	99.8	100.0	99.3	100.0	99.9	100.1
电视机	95.5	94.0	94.9	98.2	90.1	98.7	99.6	100.0	98.5	100.0	93.1	100.3
电脑	96.1	95.9	98.7	97.6	100.0	96.2	98.8	100.0	100.0	100.0	98.8	100.0
2.教育	100.8	101.4	120.6	104.3	103.0	107.6	105.0	101.1	101.6	101.4	100.0	100.3
(1)教材及参考书	100.0	110.7	112.8	99.9	101.8	101.7	102.1	100.1	100.2	110.6	100.0	100.5
(2)学杂托幼费	100.9	100.0	121.6	104.6	103.1	108.3	105.4	101.2	101.8	100.2	100.0	100.3
3.文化娱乐类	100.0	104.8	99.6	100.0	102.2	100.1	100.0	100.1	102.0	100.2	99.7	100.0
(1)文化娱乐用品	100.0	103.6	99.3	100.0	102.0	100.0	100.0	100.2	100.0	100.0	99.4	100.0
(2)书报杂志	100.0	100.0	100.0	100.0	101.9	100.0	100.0	100.0	105.9	100.0	100.0	100.0
(3)文娱费	100.0	121.0	100.0	100.0	103.5	100.4	100.0	100.0	100.0	101.3	100.0	100.0
4.旅游	111.8	103.8	100.4	100.0	98.8	100.0	100.5	100.0	100.0	100.4	107.0	100.0
八、居住	**101.6**	**103.6**	**102.3**	**101.2**	**102.1**	**101.4**	**102.5**	**102.0**	**101.6**	**101.1**	**100.8**	**101.9**
1.建房及装修材料	101.5	104.2	101.9	100.3	100.4	100.7	101.5	102.4	100.5	100.6	100.4	101.4
2.租房	100.0	110.2	100.0	100.0	100.0	100.0	100.0	100.3	100.7	105.0	100.0	100.0
3.自有住房	100.6	100.4	102.7	100.2	100.0	102.4	100.5	100.2	100.5	100.0	100.1	100.1
4.水、电、燃料	103.5	102.6	103.2	103.2	106.3	102.3	105.1	101.9	103.8	102.2	101.3	103.6
其他燃料	95.4	101.7	103.4	100.0	111.7	103.2	109.8	101.0	103.5	101.4	103.8	104.3

7-5 商品零售价格指数

（2010年）

	以上年价格为100			定基比		
	全市	城市	农村	全市	城市	农村
商品零售价格总指数	**103.7**	**104.0**	**103.4**	**119.2**	**120.0**	**119.0**
一、食品	**108.8**	**109.8**	**108.0**	**156.0**	**167.8**	**150.7**
1. 粮食	108.3	108.1	108.6	144.4	151.3	140.9
大米	113.8	112.1	116.3	154.2	152.9	154.7
面粉	106.8	106.7	106.5	139.3	146.3	135.1
2. 淀粉	104.0	110.9	103.1	130.5	139.3	129.7
3. 干豆类及豆制品	108.2	105.6	109.5	152.6	145.2	157.4
4. 油脂	107.8	108.9	107.0	144.1	154.4	141.2
食用植物油	109.5	112.5	107.9	150.0	170.9	144.1
植物油制品	104.4	103.6	105.0	123.2	123.0	123.6
5. 肉禽及其制品	101.6	105.8	99.6	157.2	173.5	152.2
（1）食用畜肉及副产品	100.7	106.0	98.1	161.4	174.0	157.0
猪肉	98.3	105.0	94.9	152.3	170.9	144.9
牛肉	102.8	100.5	103.4	183.2	173.8	185.7
羊肉	112.3	117.6	109.8	183.9	187.9	183.4
（2）禽	105.9	110.5	104.8	176.3	152.9	180.2
（3）肉禽加工制品	101.9	102.9	101.0	128.5	167.5	118.2
6. 蛋	107.9	106.1	109.0	136.4	149.7	130.4
鲜蛋	108.7	106.6	110.0	138.4	150.9	132.4
蛋制品	102.4	101.1	102.9	122.5	137.0	117.7
7. 水产品	106.7	104.4	108.7	148.8	164.0	135.3
（1）鱼	106.9	105.9	108.0	142.0	150.0	133.3
（2）其他水产品	105.5	100.1	110.7	167.0	201.4	140.2
8. 菜	133.7	140.7	127.7	204.3	211.0	201.3
鲜菜	137.7	143.6	131.8	229.2	217.0	240.2
9. 调味品	104.0	104.0	103.6	128.4	143.7	125.2
10. 糖	116.7	112.6	117.3	144.0	144.8	143.3
11. 干鲜瓜果	118.3	114.7	120.8	204.8	248.1	183.8
鲜瓜果	121.3	116.7	125.4	240.9	289.9	215.5
12. 糕点饼干面包	101.7	103.6	100.4	114.0	129.7	106.2
13. 液体乳及乳制品	100.5	100.2	101.7	122.8	120.3	129.5
14. 在外用膳食品	101.9	100.6	102.7	139.7	148.5	135.1
15. 其他食品	100.5	100.7	100.4	105.3	114.1	103.6
二、饮料、烟酒	**102.5**	**102.2**	**102.2**	**111.4**	**112.4**	**110.6**
1. 茶及饮料	100.8	99.6	101.6	106.2	106.8	105.9
2. 烟草	100.6	100.6	100.6	106.1	101.8	107.1
3. 酒	105.0	105.7	103.8	118.7	128.6	115.3
三、服装、鞋帽	**101.9**	**101.8**	**101.3**	**99.9**	**103.3**	**98.0**
1. 服装	100.1	97.7	101.8	95.7	95.5	97.0
2. 鞋袜帽	106.4	110.7	100.5	111.3	122.5	101.5
3. 其他	100.0	100.0	99.9	93.8	100.0	92.4
四、纺织品	**100.9**	**101.4**	**100.4**	**102.0**	**105.0**	**100.8**
1. 衣着材料	101.7	104.4	100.7	103.8	115.2	101.4
2. 床上用品	100.0	100.0	99.9	100.1	100.3	99.9
五、家用电器及音像器材	**98.0**	**97.2**	**98.6**	**93.1**	**88.3**	**95.5**
1. 家庭设备	98.4	96.7	99.2	98.4	100.2	98.9

注：定基比是以2005年平均价格为100进行对比计算的指数。

7-5续表　　　　(2010年)

	以上年价格为100			定基比		
	全市	城市	农村	全市	城市	农村
洗衣机	98.3	97.0	98.9	101.6	99.1	103.1
电冰箱(柜)	97.7	97.6	97.4	99.1	113.6	93.0
空调器	99.3	98.6	100.8	97.4	96.4	101.1
2.文娱用耐用消费品	97.4	97.4	97.7	85.7	73.3	90.8
电视机	96.1	95.5	96.9	83.1	66.7	90.0
3.音像器材	100.0	100.0	100.0	86.7	93.3	77.1
六、文化办公用品	**98.7**	**98.3**	**99.8**	**95.8**	**94.0**	**101.0**
电脑及配件	96.3	96.1	98.7	88.3	89.2	88.3
打印机及配件	100.0	100.0	99.7	90.6	90.2	98.9
七、日用品	**100.4**	**100.3**	**100.4**	**102.4**	**101.7**	**103.0**
1.日用百货	99.2	98.2	100.0	99.6	97.5	101.4
2.日用杂品	100.6	99.4	101.2	101.4	99.3	102.4
3.洗涤用品	101.9	103.7	100.4	107.9	108.8	106.9
4.其他日用品	100.2	99.8	100.4	100.8	100.7	101.0
八、体育娱乐用品	**100.2**	**100.0**	**100.3**	**97.1**	**93.1**	**101.0**
1.体育用品	100.3	100.0	100.6	101.1	100.7	101.4
2.娱乐用品	100.0	100.0	99.9	92.0	87.0	100.1
九、交通、通信用品	**98.1**	**98.4**	**98.0**	**78.8**	**75.2**	**82.4**
1.交通运输机械	99.8	99.8	99.5	91.1	90.8	90.6
轿车	99.9	99.9	100.0	79.0	78.9	100.0
摩托车	99.1	99.0	99.2	88.7	94.9	86.6
2.通信器材	95.6	94.4	96.9	64.9	45.1	77.0
固定电话机	98.7	100.0	98.4	92.2	100.0	91.1
移动电话机	92.7	93.6	92.5	40.2	33.2	49.5
十、家具	**99.6**	**100.4**	**99.1**	**97.6**	**102.3**	**95.6**
十一、化妆品	**100.4**	**100.5**	**100.3**	**98.0**	**96.0**	**99.5**
十二、金银珠宝	**108.3**	**107.0**	**109.8**	**156.5**	**155.4**	**166.2**
金饰品	116.9	114.5	118.5	184.1	157.1	228.7
银饰品	102.1	100.0	103.6	143.2	200.0	111.8
铂金饰品	101.2	99.7	107.0	160.4	156.2	189.0
十三、中西药品及医疗保健用品	**103.6**	**103.6**	**103.0**	**109.0**	**105.2**	**110.4**
1.医疗器具及用品	97.4	89.8	109.4	90.7	76.4	108.8
2.中药材及中成药	110.2	111.1	107.3	138.9	131.9	139.3
3.西药	100.6	100.6	100.2	94.8	92.8	95.7
4.保健品及器具	99.4	98.6	100.9	98.7	97.0	99.7
十四、书报杂志及电子出版物	**101.2**	**100.0**	**102.5**	**104.3**	**114.9**	**99.6**
1.教材及参考书	102.1	100.0	103.9	100.7	113.9	97.1
2.书报杂志	100.6	100.0	100.9	108.7	118.5	102.6
3.电子音像制品	100.0	100.0	99.9	100.0	100.0	99.9
十五、燃料	**110.2**	**111.6**	**108.8**	**151.9**	**146.2**	**157.7**
1.煤炭及制品	101.6	98.6	102.7	160.4	134.4	169.2
2.石油及制品	114.7	115.4	114.6	146.0	148.3	147.4
汽油	114.7	114.7	114.8	149.7	149.0	157.1
柴油	116.2	115.1	117.2	158.2	148.9	166.6
十六、建筑材料及五金电料	**101.3**	**101.0**	**101.6**	**116.1**	**114.9**	**116.7**
1.建筑装璜材料	102.0	102.7	101.8	121.1	122.2	120.5
2.五金电料	98.2	96.1	100.1	95.5	94.5	98.3

7-6 各县(市、区)商品零售价格指数

(2010年,上年=100)

	中心城区	南召县	方城县	西峡县	镇平县	内乡县	淅川县	社旗县	唐河县	新野县	桐柏县	邓州市
商品零售价格总指数	**104.0**	**103.8**	**102.0**	**103.1**	**103.3**	**103.4**	**102.4**	**103.5**	**104.0**	**104.4**	**103.9**	**104.9**
一、食品	**109.8**	**106.1**	**104.4**	**108.5**	**108.7**	**108.1**	**108.1**	**108.1**	**110.6**	**107.6**	**110.4**	**111.7**
1.粮食	108.1	107.2	105.1	108.3	109.3	105.9	109.1	109.1	116.1	114.3	112.8	103.2
大米	112.1	112.0	108.4	115.8	114.8	109.5	108.3	112.0	117.6	131.5	129.6	110.9
面粉	106.7	107.6	103.5	106.9	104.7	103.4	112.5	112.0	117.0	105.3	104.4	103.1
2.淀粉	110.9	106.5	101.2	100.0	109.5	103.3	100.0	103.3	100.0	100.0	116.7	93.8
3.干豆类及豆制品	105.6	113.4	100.4	105.1	108.2	109.1	111.1	110.7	113.1	112.2	115.1	100.7
4.油脂	108.9	101.5	102.2	112.6	111.7	109.0	109.9	106.9	100.4	103.2	104.1	114.6
食用植物油	112.5	102.4	106.9	114.4	112.6	114.0	116.0	107.1	100.2	104.6	106.7	107.4
植物油制品	103.6	101.8	87.5	105.2	105.8	98.2	96.6	111.0	100.9	101.5	101.0	132.7
5.肉禽及其制品	105.8	100.0	98.3	104.3	98.3	104.5	103.3	102.2	100.3	101.7	100.5	100.2
(1)食用畜肉及副产品	106.0	98.6	98.8	104.0	93.7	103.8	104.6	101.7	99.4	101.7	100.2	102.1
猪肉	105.0	96.1	97.5	103.2	88.3	104.0	104.0	101.8	96.1	99.0	98.8	100.5
牛肉	100.5	99.8	102.2	106.3	96.8	96.3	110.1	100.0	107.1	104.2	100.0	105.6
羊肉	117.6	108.9	106.5	111.6	112.8	111.2	109.2	109.9	110.7	111.8	103.5	112.1
(2)禽	110.5	106.2	97.9	107.6	111.0	111.5	103.3	105.1	107.6	102.9	105.0	92.4
(3)肉禽加工制品	102.9	100.0	97.3	103.9	104.2	98.9	101.3	102.6	99.3	100.6	100.2	101.3
6.蛋	106.1	112.8	107.7	104.8	110.8	112.4	104.7	105.6	109.0	105.7	106.4	115.6
鲜蛋	106.6	114.2	108.2	105.9	112.0	113.8	105.4	105.9	109.2	106.7	107.6	117.1
7.水产品	104.4	114.1	99.5	115.8	110.9	105.7	103.0	102.2	109.4	107.9	107.0	98.4
(1)鱼	105.9	113.5	100.6	118.0	103.0	102.5	104.0	102.7	107.1	106.5	109.1	97.6
(2)其他水产品	100.1	116.0	96.1	109.0	153.0	114.0	100.0	100.2	115.7	111.5	102.2	100.7
8.菜	140.7	113.9	115.8	124.3	122.5	111.8	113.5	127.5	140.7	112.8	143.5	151.4
鲜菜	143.6	109.7	112.6	128.8	122.2	115.6	114.7	128.4	149.0	113.2	153.7	163.5
9.调味品	104.0	107.3	100.6	104.5	108.7	101.3	103.6	103.3	101.7	102.5	101.7	101.5
10.糖	112.6	111.3	113.1	104.6	117.9	130.8	112.8	110.3	126.3	119.6	120.2	112.7
11.干鲜瓜果	114.7	113.2	114.1	112.2	131.7	123.9	133.3	116.7	113.2	118.3	108.5	138.6
鲜瓜果	116.7	110.7	113.8	116.9	139.4	126.2	142.6	119.6	118.4	122.3,	105.8	148.2
12.糕点饼干面包	103.6	102.7	97.9	100.0	103.9	100.3	100.0	101.3	100.0	100.4	98.2	99.5
13.液体乳及乳制品	100.2	99.3	100.7	103.1	105.2	106.0	100.0	100.0	101.1	102.3	100.0	100.0
14.在外用膳食品	100.6	101.4	101.2	101.4	104.9	102.9	102.5	101.7	101.6	105.1	101.9	103.8
15.其他食品	100.7	100.0	100.0	100.0	100.9	101.1	100.0	100.0	101.6	100.3	99.5	100.0
二、饮料、烟酒	**102.2**	**102.3**	**99.7**	**100.0**	**103.8**	**100.0**	**100.0**	**100.4**	**103.3**	**109.9**	**100.0**	**100.2**
1.茶及饮料	99.6	102.5	96.5	100.0	110.0	100.0	100.0	100.0	100.0	100.0	100.6	100.2
2.烟草	100.6	100.0	100.0	100.0	100.4	100.0	100.0	100.0	104.1	100.0	100.1	100.0
3.酒	105.7	104.2	100.6	100.0	104.5	100.0	100.0	101.0	104.0	124.8	99.6	100.3
三、服装、鞋帽	**101.8**	**100.3**	**98.9**	**101.1**	**102.5**	**100.3**	**96.7**	**103.7**	**101.2**	**100.4**	**101.9**	**103.9**
1.服装	97.7	101.6	99.0	101.6	102.3	102.3	97.3	105.2	101.5	100.6	102.8	103.5
2.鞋袜帽	110.7	97.1	98.3	100.0	103.6	95.5	95.0	100.5	100.7	100.0	100.0	105.4
3.其他	100.0	100.0	100.0	100.0	99.5	100.0	100.0	100.0	100.0	100.0	100.0	100.0
四、纺织品	**101.4**	**103.1**	**101.3**	**100.0**	**98.8**	**101.4**	**100.0**	**100.7**	**100.0**	**100.2**	**100.0**	**100.9**
1.衣着材料	104.4	103.9	101.7	100.0	99.5	102.5	100.0	100.7	100.0	100.5	100.0	100.9
2.床上用品	100.0	101.9	100.8	100.0	97.9	100.0	100.0	100.6	100.0	100.0	100.0	100.8
五、家用电器及音像器材	**97.2**	**98.5**	**99.1**	**99.4**	**94.4**	**100.7**	**100.2**	**100.2**	**99.1**	**99.8**	**97.3**	**99.6**
1.家庭设备	96.7	99.9	100.7	99.7	95.8	101.6	100.4	100.4	99.2	99.7	98.5	99.2
洗衣机	97.0	99.2	99.6	100.0	94.8	96.7	103.3	100.9	99.4	100.0	97.4	100.3

7－6 续表 (2010年,上年=100)

	中心城区	南召县	方城县	西峡县	镇平县	内乡县	淅川县	社旗县	唐河县	新野县	桐柏县	邓州市
电冰箱(柜)	97.6	98.2	100.0	98.9	89.2	100.0	101.6	100.0	98.5	100.0	96.6	96.1
空调器	98.6	101.8	106.5	99.6	97.8	110.4	97.7	102.3	98.7	98.6	98.6	99.7
2. 文娱用耐用消费品	97.4	96.4	96.7	98.9	92.2	99.3	99.8	100.0	98.8	100.0	95.2	100.2
电视机	95.5	94.0	94.9	98.2	90.1	98.7	99.6	100.0	98.5	100.0	93.1	100.3
3. 音像器材	100.0	100.0	100.0	100.0	100.0	100.0	100.0	100.0	100.0	100.0	100.0	100.0
六、文化办公用品	98.3	99.6	99.9	99.6	100.4	99.2	99.9	100.4	100.0	100.0	99.0	100.0
电脑及配件	**96.1**	**95.9**	**98.7**	**97.6**	**100.0**	**96.2**	**98.8**	**100.0**	**100.0**	**100.0**	**98.8**	**100.0**
打印机及配件	100.0	100.0	99.8	100.0	100.0	98.1	100.0	100.0	99.1	100.0	100.0	100.0
七、日用品	100.3	103.2	100.1	100.0	101.5	99.7	100.0	100.0	100.1	100.0	100.0	100.0
1. 日用百货	98.2	103.6	100.0	100.0	99.6	99.1	100.0	100.0	100.2	100.0	99.5	100.0
2. 日用杂品	99.4	105.0	99.8	100.0	106.1	100.0	100.0	100.0	100.0	100.0	102.3	100.0
3. 洗涤用品	103.7	102.6	100.0	100.0	101.6	100.0	100.0	100.0	100.0	100.1	99.3	100.0
4. 其他日用品	99.8	102.0	100.6	100.0	101.3	100.0	100.0	100.0	100.0	100.0	100.0	100.0
八、体育娱乐用品	**100.0**	**100.5**	**99.7**	**100.0**	**102.2**	**100.0**	**100.0**	**100.0**	**100.0**	**100.0**	**100.0**	**100.0**
1. 体育用品	100.0	100.0	100.0	100.0	104.2	100.0	100.0	100.0	100.0	100.0	100.0	100.0
2. 娱乐用品	100.0	101.5	99.1	100.0	97.7	100.0	100.0	100.0	100.0	100.0	100.0	100.0
九、交通、通信用品	**98.4**	**96.8**	**96.0**	**98.0**	**92.3**	**98.2**	**99.8**	**100.0**	**93.7**	**107.1**	**99.0**	**98.8**
1. 交通运输机械	99.8	101.7	100.0	100.0	95.3	100.0	99.7	100.0	100.0	100.0	99.9	98.7
轿车	99.9	100.0	100.0	100.0	100.0	100.0	100.0	100.0	100.0	100.0	100.0	100.0
摩托车	99.0	101.9	100.0	100.0	93.0	100.0	99.4	100.0	100.0	100.0	99.8	98.1
2. 通信器材	94.4	93.1	93.0	96.0	90.1	96.4	100.0	100.0	87.4	115.3	98.1	99.0
固定电话机	100.0	100.0	89.3	100.0	98.3	100.0	100.0	100.0	100.0	100.0	100.0	100.0
移动电话机	93.6	85.3	96.4	89.5	86.7	93.5	100.0	100.0	82.3	100.0	95.9	98.3
十、家具	100.4	100.6	97.8	100.0	99.0	97.5	97.5	100.0	99.4	99.8	99.3	100.0
十一、化妆品	100.5	100.6	100.0	100.0	102.5	100.0	100.0	100.0	100.0	100.0	99.6	100.0
十二、金银珠宝	107.0	122.3	103.1	115.0	104.2	114.1	99.8	113.0	114.7	109.1	110.0	116.1
金饰品	**114.5**	**130.5**	**112.5**	**124.4**	**109.6**	**118.9**	**98.0**	**123.1**	**122.4**	**109.3**	**117.5**	**121.4**
银饰品	100.0	100.0	100.0	100.0	100.0	100.0	101.3	104.8	108.6	100.0	115.8	111.5
铂金饰品	99.7	110.6	92.3	108.9	103.5	113.3	101.6	103.2	108.7	118.0	99.1	111.7
十三、中西药品及医疗保健用品	**103.6**	**109.9**	**102.4**	**100.2**	**102.7**	**109.7**	**98.2**	**99.4**	**100.9**	**101.3**	**101.1**	**106.7**
1. 医疗器具及用品	89.8	119.9	99.4	120.8	115.5	128.7	97.8	101.7	100.0	100.0	113.4	104.4
2. 中药材及中成药	111.1	115.9	109.5	97.4	101.6	117.2	96.7	102.5	102.7	100.0	100.1	128.2
3. 西药	100.6	105.6	98.5	100.0	102.0	104.5	98.8	97.4	100.0	102.3	100.6	94.2
4. 保健品及器具	98.6	108.7	100.0	100.0	102.6	101.4	100.4	98.4	100.0	100.0	100.0	100.0
十四、书报杂志及电子出版物	**100.0**	**103.8**	**107.5**	**100.3**	**102.6**	**100.7**	**100.8**	**100.1**	**103.5**	**103.7**	**100.0**	**100.5**
1. 教材及参考书	100.0	107.5	113.3	100.9	102.5	101.4	101.8	100.2	102.4	108.5	100.0	101.0
2. 书报杂志	100.0	100.0	100.0	100.0	103.0	100.0	100.0	100.0	105.5	100.0	100.0	100.0
3. 电子音像制品	100.0	104.1	100.0	100.0	97.7	100.0	100.0	100.0	100.0	100.0	100.0	100.0
十五、燃料	**111.6**	**108.1**	**109.3**	**110.7**	**110.3**	**108.5**	**107.4**	**108.3**	**109.1**	**108.6**	**111.9**	**107.9**
1. 煤炭及制品	98.6	101.1	104.0	100.0	110.3	99.7	100.4	101.2	103.5	100.3	103.2	102.5
2. 石油及制品	115.4	114.9	114.5	120.0	110.5	115.2	113.7	114.4	114.2	114.7	115.8	112.3
液化石油气	122.7	117.2	109.4	126.9	111.3	109.7	112.2	115.4	122.5	112.3	128.7	110.0
汽油	114.7	114.8	114.2	116.6	107.3	114.8	116.2	114.4	113.6	114.4	114.6	114.2
柴油	115.1	114.8	120.0	121.8	111.3	122.0	112.6	115.8	114.0	115.9	114.8	115.2
十六、建筑材料及五金电料	**101.0**	**105.6**	**101.7**	**101.2**	**100.5**	**101.6**	**100.2**	**101.7**	**100.9**	**101.6**	**101.3**	**102.4**
1. 建筑装璜材料	102.7	106.0	102.0	101.6	100.7	102.1	100.3	102.2	101.2	102.0	102.0	103.0
2. 五金电料	96.1	103.3	100.0	100.0	99.8	100.0	100.0	100.0	100.0	100.0	100.0	100.0

7-7 农业生产资料价格指数

（2010 年）

	以上年价格为 100	定　基　比
农业生产资料价格指数	**101.1**	**121.8**
一、农用手工工具	**99.4**	**101.3**
农用手工工具	99.4	101.3
二、饲料	**104.0**	**117.7**
混合饲料	104.1	116.7
其他	103.5	122.8
三、产品畜	**97.4**	**110.8**
幼禽家畜	97.4	110.8
四、半机械化农具	**100.6**	**106.1**
半机械化农具	100.6	106.1
五、机械化农具	**101.4**	**107.1**
农用机械	101.4	107.1
六、化学肥料	**95.6**	**128.3**
氮肥	98.5	128.9
磷肥	88.7	117.0
钾肥	100.8	133.3
复合肥料	92.9	150.2
七、农药及农药械	**99.4**	**105.4**
1. 化学农药	99.0	105.4
杀虫剂	98.9	104.8
杀菌剂	98.8	104.1
除草剂	99.5	110.0
2. 农药器械	101.9	104.9
农药器械	101.9	104.9
八、农用机油	**106.6**	**127.5**
农用机油	106.6	127.5
九、其他农业生产资料	**104.6**	**119.5**
1. 农用种子	106.1	123.5
农用种子	106.1	123.5
2. 其他	101.0	110.4
农用薄膜	99.8	119.0
其他	102.0	103.5
十、农业生产服务	**111.7**	**131.7**
排灌费	109.4	147.9
机械作业费	100.9	108.6
其他	115.9	140.5

注：定基比是以 2005 年平均价格为 100 进行对比计算的指数。

7-8 各县(市、区)农业生产资料价格指数

(2010年,上年=100)

	南召县	方城县	西峡县	镇平县	内乡县	淅川县	社旗县	唐河县	新野县	桐柏县	邓州市
农业生产资料价格指数	**101.4**	**95.4**	**101.0**	**102.3**	**101.5**	**99.5**	**97.2**	**102.3**	**104.3**	**102.6**	**103.2**
一、农用手工工具	**100.0**	**85.5**	**100.0**	**100.0**	**100.0**	**100.0**	**100.0**	**100.0**	**104.1**	**100.0**	**100.0**
二、饲料	**109.9**	**98.1**	**102.4**	**109.5**	**110.8**	**100.0**	**104.6**	**103.5**	**101.0**	**113.4**	**103.3**
混合饲料	109.3	97.1	101.7	111.7	110.4	100.0	105.8	101.9	100.0	115.9	104.5
三、产品畜	**103.5**	**98.4**	**104.1**	**91.8**	**93.3**	**75.9**	**100.7**	**99.6**	**100.0**	**104.0**	**98.9**
四、半机械化农具	**100.5**	**100.0**	**100.0**	**106.8**	**100.0**	**93.4**	**100.0**	**100.0**	**100.0**	**100.0**	**100.0**
五、机械化农具	**100.5**	**100.0**	**100.0**	**99.7**	**99.0**	**100.2**	**108.1**	**100.0**	**100.0**	**100.0**	**100.5**
六、化学肥料	**98.5**	**88.8**	**101.4**	**97.3**	**100.1**	**100.0**	**81.0**	**98.8**	**100.3**	**102.7**	**107.3**
氮肥	98.2	90.0	102.0	96.3	97.9	100.0	65.0	98.7	100.4	98.5	108.6
磷肥	100.1	74.2	100.0	93.3	101.5	100.0	64.3	96.6	100.0	107.2	109.3
钾肥	105.6	101.3	100.0	123.0	100.0	100.0	90.6	107.3	100.0	122.8	100.0
复合肥料	92.3	90.8	100.0	94.9	109.8	100.0	89.0	96.0	100.0	99.2	101.4
七、农药及农药械	**99.2**	**92.3**	**101.5**	**106.3**	**100.0**	**100.1**	**99.0**	**98.5**	**99.8**	**110.8**	**99.1**
1.化学农药	99.1	87.4	101.7	106.9	100.0	100.1	98.8	98.2	99.7	108.9	98.9
2.农药器械	100.0	120.1	100.0	100.0	100.0	100.0	100.0	100.0	100.0	99.0	100.0
八、农用机油	**107.7**	**98.6**	**100.0**	**105.9**	**108.7**	**100.0**	**107.7**	**107.0**	**107.7**	**107.5**	**108.9**
九、其他农业生产资料	**105.3**	**100.2**	**100.7**	**110.8**	**106.5**	**108.9**	**103.1**	**109.8**	**103.6**	**100.7**	**100.2**
1.农用种子	107.7	98.7	100.0	117.0	109.0	112.0	103.8	114.0	105.2	101.4	100.0
2.其他	99.4	103.8	102.3	96.7	100.5	102.1	100.1	100.0	100.6	100.0	100.7
农用薄膜	98.8	85.1	104.2	94.7	101.1	104.6	100.1	100.0	101.3	100.0	101.7
十、农业生产服务	**102.0**	**100.0**	**100.0**	**111.2**	**100.0**	**100.0**	**120.0**	**112.0**	**128.6**	**100.0**	**100.0**
排灌费	100.0	100.0	100.0	116.6	100.0	100.0	109.1	103.7	100.0	100.0	100.0
机械作业费	106.7	100.0	100.0	100.0	100.0	100.0	100.0	104.2	100.0	100.0	100.0
其他	100.0	100.0	100.0	101.7	100.0	100.0	142.2	116.7	158.3	100.0	100.0

7-9 各月全市居民消费、商品零售、农资价格指数

(2010年,上年同月=100)

	1月	2月	3月	4月	5月	6月	7月	8月	9月	10月	11月	12月
居民消费价格总指数	**101.6**	**102.4**	**102.1**	**102.4**	**102.8**	**102.7**	**103.7**	**103.8**	**104.2**	**105.9**	**106.3**	**105.5**
#城市	102.1	102.9	102.5	102.9	102.9	102.7	103.9	103.8	104.3	106.2	106.4	105.2
农村	100.9	101.5	101.4	102.0	102.6	102.9	103.4	103.8	104.0	105.3	106.2	106.2
#食品	105.0	107.3	106.2	105.7	106.8	106.6	108.4	108.8	109.6	113.1	115.3	111.8
烟酒及用品	101.8	101.9	101.9	102.1	102.6	102.7	102.7	101.8	101.8	104.8	105.1	104.8
衣着	100.0	100.3	98.6	100.4	100.2	100.1	103.1	103.0	102.6	102.6	99.7	99.7
家庭设备用品及维修服务	99.0	98.2	99.4	99.8	99.6	99.7	99.8	99.8	100.1	100.2	100.5	100.3
医疗	101.2	101.0	101.3	102.0	101.6	101.8	101.6	101.5	102.6	103.1	103.8	103.4
交通和通讯	99.6	99.7	99.9	100.3	100.5	100.3	100.4	100.6	100.5	100.6	100.5	100.5
娱乐教育文化用品及服务	100.9	100.9	101.3	101.5	101.7	101.8	102.0	102.4	102.3	102.1	102.1	102.2
居住	99.0	99.5	100.1	100.5	101.0	101.1	101.4	101.1	101.4	104.3	104.4	106.1
商品零售价格总指数(%)	**101.2**	**102.0**	**102.1**	**102.9**	**103.5**	**103.4**	**103.7**	**104.0**	**104.2**	**105.8**	**106.2**	**105.8**
农业生产资料价格指数(%)	**98.3**	**98.4**	**100.1**	**100.8**	**101.0**	**100.4**	**100.1**	**100.3**	**101.7**	**102.3**	**105.0**	**104.8**

主要统计指标解释

商品零售价格指数 是反映城乡商品零售价格变动趋势的一种经济指数。零售物价的调整变动直接影响到城乡居民的生活支出和国家的财政收入,影响居民购买力和市场供需平衡,影响消费与积累的比例。因此,计算零售价格指数,可以从一个侧面对上述经济活动进行观察和分析。

消费价格指数 是反映一定时期内城乡居民所购买的生活消费品价格和服务项目价格变动趋势和程度的相对数,是对城市居民消费价格指数和农村居民消费价格指数进行综合汇总计算的结果。利用居民消费价格指数,可以观察和分析消费品的零售价格和服务价格变动对城乡居民实际生活费支出的影响程度。

城市居民消费价格指数 是反映城市居民家庭所购买的生活消费品价格和服务项目价格变动趋势和程度的相对数。城市居民消费价格指数可以观察和分析消费品的零售价格和服务项目价格变动对职工货币工资的影响,作为研究职工生活和确定工资政策的依据。

农村居民消费价格指数 是反映农村居民家庭所购买的生活消费品价格和服务项目价格变动趋势和程度的相对数。农村居民消费价格指数可以观察农村消费品的零售价格和服务项目价格变动对农村居民生活消费支出的影响,直接反映农民生活水平的实际变化情况,为分析和研究农村居民生活问题提供依据。

8

人民生活

资料整理：朱芸苹　张季　王同阳　杜英　李磊　鞠达艳

8-1 居民消费水平及指数

	居民消费水平(元)			城乡消费水平对比农民=1	居民消费水平指数(以上年为100)		
	全体居民	农村居民	城镇居民		全体居民	农村居民	城镇居民
1980	147	130	428	3.29			
1981	181	164	456	2.78	109.4	111.4	94.3
1982	187	168	468	2.79	101.2	101.4	101.0
1983	228	206	534	2.59	121.8	122.2	114.0
1984	245	225	521	2.32	109.0	110.4	98.7
1985	286	255	664	2.60	108.2	105.0	117.8
1986	317	277	779	2.81	108.4	106.6	114.9
1987	391	344	918	2.67	113.6	114.7	108.9
1988	396	343	972	2.83	90.4	88.8	94.5
1989	401	342	1017	2.97	95.8	94.3	98.0
1990	476	420	1046	2.49	110.3	113.9	96.2
1991	499	416	1314	3.16	102.1	96.5	122.1
1992	591	513	1343	2.62	114.6	119.1	98.7
1993	678	575	1594	2.77	108.8	106.5	112.8
1994	914	767	2113	2.75	111.5	109.9	110.5
1995	1086	883	2615	2.96	105.4	103.7	105.4
1996	1429	1210	2999	2.48	119.2	123.6	104.8
1997	1534	1273	3336	2.62	104.6	102.9	108.1
1998	1567	1279	3464	2.71	104.9	103.4	106.1
1999	1644	1346	3554	2.64	108.2	108.3	106.2
2000	1688	1359	3739	2.75	103.4	101.8	106.2
2001	1795	1434	3984	2.78	105.6	104.7	105.8
2002	1956	1531	4467	2.92	108.6	106.1	112.4
2003	2056	1608	4660	2.90	103.6	103.6	102.6
2004	2583	1701	5057	2.97	108.1	107.9	107.4
2005	2957	1843	5902	3.20	112.1	106.1	114.3
2006	4059	2244	8566	3.82	135.8	120.2	143.8
2007	4770	2643	9632	3.64	111.4	111.6	106.7
2008	5431	3190	9608	3.01	113.4	118.5	100.2
2009	6050	3464	10691	3.09	112.1	109.2	111.9
2010	6974	3733	12791	3.43	111.3	104.2	115.3

注:本表绝对数按当年价格计算,指数按可比价格计算。

8-2 城乡居民收支及恩格尔系数

单位:元、%

	城镇居民家庭人均					农民家庭人均				
	可支配收入	可支配收入指数	消费性支出	食品	恩格尔系数	纯收入	纯收入指数	生活消费支出	食品	恩格尔系数
1985	602	116.0	545	258	47.3	317	111.0	270	153	56.7
1986	723	120.2	646	309	47.9	325	123.5	304	164	53.9
1987	808	111.8	706	354	50.2	357	103.6	283	156	55.1
1988	867	107.3	793	392	49.5	353	107.4	320	169	52.8
1989	1084	125.0	935	451	48.2	395	116.5	372	193	51.9
1990	1265	116.7	970	497	51.2	487	112.2	455	248	54.5
1991	1382	109.3	1097	518	47.3	511	94.2	434	248	57.1
1992	1577	114.1	1112	556	50.0	546	122.4	482	274	56.8
1993	1690	107.2	1282	647	50.5	633	112.3	541	316	58.4
1994	2158	127.7	1765	885	50.1	874	139.5	751	434	57.8
1995	2773	128.5	2245	1101	49.0	1124	114.7	870	545	62.6
1996	3376	121.8	2735	1300	47.5	1499	149.0	1230	728	59.2
1997	3713	110.0	3057	1372	44.9	1777	105.6	1378	798	57.9
1998	3860	103.9	3149	1364	43.3	1846	101.8	1266	715	56.5
1999	4144	107.4	3169	1355	42.8	1886	92.8	1201	680	56.6
2000	4430	106.9	3403	1345	39.5	1889	118.0	1179	562	47.7
2001	4752	107.3	3693	1230	33.3	1940	106.6	1360	683	50.2
2002	5659	119.1	4118	1366	33.2	2020	107.7	1453	700	48.2
2003	6109	108.0	4253	1460	34.3	2122	99.8	1532	694	45.3
2004	6919	113.3	4591	1573	34.2	2495	112.1	1714	816	47.6
2005	7831	113.2	5283	1813	34.3	2894	103.0	2006	921	45.9
2006	8913	113.8	6630	2032	30.6	3386	115.8	2397	998	41.6
2007	10713	120.2	7276	2460	33.8	4014	112.3	2837	1136	40.0
2008	12395	115.7	8362	2864	34.3	4570	107.8	3256	1291	39.7
2009	13498	108.9	9595	3169	33.0	4931	99.7	3606	1363	37.8
2010	15077	111.7	11116	3676	33.1	5666	103.0	4012	1525	38.0

注:农民人均纯收入指数为计算现金纯收入、实物纯收入及扣除物价因素后得出。

8-3 各县(市、区)居民收支及恩格尔系数

(2010年) 单位:元

	城镇居民人均				农村居民人均			
	可支配收入	消费性支出	食品	恩格尔系数(%)	纯收入	生活费支出	食品	恩格尔系数(%)
全市	**15077**	**11116**	**3676**	**33.1**	**5666**	**4012**	**1525**	**38.0**
宛城区	16402	12624	3896	30.9	6486	5279	2173	41.2
卧龙区	16436	12645	3978	31.5	6097	4520	2165	47.9
南召县	13141	7496	2600	34.7	4306	3147	1543	49.0
方城县	13434	9775	3419	35.0	5246	3729	1357	36.4
西峡县	14607	10176	3172	31.2	6512	4402	1599	36.3
镇平县	13475	9279	3441	37.1	6254	4419	1578	35.7
内乡县	13732	9400	3338	35.5	5196	4108	1357	33.0
淅川县	14037	11141	3806	34.2	4237	3623	1796	49.6
社旗县	12231	7758	3414	44.0	4069	3440	1596	46.4
唐河县	13710	9439	3681	39.0	5919	3582	1336	37.3
新野县	14217	9223	3144	34.1	6489	4960	1410	28.4
桐柏县	13175	9984	4252	42.6	3857	3250	1264	38.9
邓州市	14340	10716	3360	31.4	6141	3900	1252	32.1

8-4 城镇居民家庭基本情况

	单位	1985	1990	1995	2000	2005	2009	2010
一、调查户数	**户**	**130**	**130**	**300**	**650**	**650**	**650**	**650**
二、家庭人口数	**人**	**514**	**471**	**1034**	**2130**	**1976**	**1879**	**1866**
平均每户家庭人口数	人	3.95	3.62	3.45	3.28	3.04	2.89	2.87
三、就业人口数	**人**	**285**	**249**	**551**	**1152**	**1125**	**1060**	**1066**
平均每户就业人口数	人	2.19	1.91	1.84	1.77	1.73	1.63	1.64
平均每一就业人口负担人数	人	1.80	1.89	1.88	1.85	1.76	1.77	1.75
四、平均每人全年家庭总收入	**元**	**604**	**1269**	**2775**	**4436**	**8154**	**14098**	**15747**
#可支配收入	元	602	1265	2773	4430	7831	13498	15077
五、平均每人全年家庭总支出	**元**	**627**	**1270**	**2551**	**3945**	**7556**	**12120**	**13023**
#消费性支出	元	545	970	2245	3403	5283	9595	11116
六、现住房总使用面积	**平方米**	**4893**	**6653**	**13755**	**42340**	**56711**	**55932**	**56035**
平均每户总使用面积	平方米	37.64	51.18	76.00	65.14	87.25	86.05	86.21
平均每人总使用面积	平方米	9.52	14.11	13.30	19.95	28.70	29.77	30.04
现住房总辅助面积	平方米	1884	1411	5025	13583	13812	18635	18660
平均每户总辅助面积	平方米	14.49	10.85	16.75	20.90	21.25	28.67	28.71
平均每人总辅助面积	平方米	3.67	3.00	4.86	6.38	6.99	9.92	10.00

8-5 城镇居民家庭平均每人现金收支情况

单位:元

	1985	1990	1995	2000	2005	2009	2010
一、期初手存现金	**64.03**	**95.15**	**152.40**	**159.64**	**494.15**	**703.26**	**1010.15**
二、家庭总收入	**603.56**	**1268.91**	**2774.66**	**4435.63**	**8154.00**	**14097.88**	**15746.57**
其中:可支配收入	601.63	1264.85	2772.61	4429.54	7830.69	13498.13	15077.02
(一)工薪收入	490.92	814.38	2048.93	2731.88	5712.04	9596.84	10648.52
1.工资及补贴收入	488.02	805.07	2035.90	2663.77	5472.76	9387.48	10321.69
2.其他劳动收入	2.90		13.03	68.11	239.28	209.36	326.83
(二)经营净收入		9.31	50.67	540.76	1003.73	1495.88	1691.81
(三)财产性收入			52.98	287.79	142.38	310.12	409.82
1.利息收入			30.46	25.25	51.39	40.08	42.00
2.股息与红利收入			12.09	5.77	12.82	133.24	183.22
3.保险收益					0.97	6.56	20.75
4.其它投资收入			1.40	50.35	16.41	25.71	50.99
5.出租房屋收入			8.12	205.41	56.93	98.32	96.8
6.知识产权收入							
7.其他财产性收入			0.90	1.00	3.87	6.21	16.05
(四)转移性收入	65.64	216.86	493.59	859.25	1295.84	2695.03	2996.43
1.养老金或离退休金	14.68	113.92	412.80	729.10	977.46	2376.06	2647.57
2.社会救济收入	1.10	1.34	1.57	3.36	3.31	0.66	0.74
3.辞退金						1.03	11.17
4.赔偿收入					0.73		
5.保险收入					0.91	6.12	2.64
其中:失业保险金					0.08		
6.赡养收入	8.96	22.21	40.58	47.80	55.12	97.05	98.12
7.捐赠收入	14.57	42.34	35.00	76.10	212.16	186.73	195.57
8.亲友搭伙费	3.72	10.61	0.45	0.30	2.06		
9.提取住房公积金					5.50	0.45	0.42
10.记帐补贴	5.92	8.65	3.27	3.15	22.66	18.26	33.68
11.其他转移性收入	15.37	15.46	0.40	2.47	15.94	8.67	7.99
三、出售财物收入	**2.42**	**3.67**	**1.02**	**0.32**	**9.39**	**330.57**	**5.41**
1.出售住房收入					2.73	327.26	
2.出售其他物品收入					6.66	3.31	5.41
四、借贷收入	**151.04**	**178.48**	**392.68**	**484.22**	**1744.28**	**1869.33**	**1724.08**
1.提取储蓄存款	54.63	112.21	260.68	349.56	1611.41	1178.84	1623.46
2.借入款	79.83	47.42	107.54	113.92	113.31	305.93	42.43
3.收回借出款			18.72	16.16	16.21	183.59	16.36
4.收回储蓄性保险本金						1.79	
5.兑售有价证券			7.08	2.98		1.78	
6.收回投资本金					0.94		
7.住房贷款						197.4	36.69
8.汽车贷款							

8-5续表

单位:元

	1985	1990	1995	2000	2005	2009	2010
9.教育贷款					0.79		
10.其他贷款					0.95		3.67
11.其他借贷收入	1.33	3.68	6.74	1.57	0.68		
五、家庭总支出	**627.15**	**1269.88**	**2551.47**	**3944.82**	**7555.64**	**12120.00**	**13023.34**
(一)消费支出	545.35	970.42	2245.07	3402.94	5283.14	9594.61	11116.03
其中:服务性消费支出					1290.01	2300.53	2622.25
(二)购房与建房支出		24.55	26.45	51.29	1071.50	649.82	45.43
1.购房					1057.83	649.05	45.43
2.建房					13.67	0.77	
(三)转移性支出	81.80	274.91	277.78	487.03	917.52	1301.33	1272.09
1.交纳的个人收入税			0.30	0.16	19.60	11.18	53.98
2.捐赠支出	49.89	185.80	199.99	407.71	595.02	1022.48	1029.49
3.购买彩票					1.64	4.90	3.19
4.赡养支出	31.91	89.11	56.00	39.20	234.39	213.47	149.72
其中:在外就学子女费用					153.05	125.21	63.21
5.各种非储蓄性保险支出			0.97	4.50	18.94	28.68	12.66
其中:车辆保险支出					0.09	3.40	
6.其他转移性支出			20.52	35.46	47.93	20.62	23.06
(四)财产性支出		1.98	2.17	3.56	2.45	9.37	7.89
1.非生产性利息支出		1.98	2.17	3.56	2.19	9.37	4.63
2.其他					0.26		3.26
(五)社会保障支出					281.04	564.87	581.89
1.个人交纳的养老基金					118.88	216.80	223.47
2.个人交纳的住房公积金					83.99	178.70	176.52
3.个人交纳的医疗基金					60.22	145.14	160.26
4.个人交纳的失业基金					17.75	23.52	19.78
5.其他社会保障支出					0.20	0.71	1.86
六、借贷支出	**116.56**	**258.25**	**612.59**	**728.27**	**1944.49**	**3475.29**	**4135.29**
1.存入储蓄款	62.10	177.62	481.08	563.92	1570.85	2919.70	3858.83
2.借出款	7.76	16.27	23.38	38.15	100.58	78.40	36.80
3.归还借款	33.68	43.88	67.07	59.31	107.19	274.46	152.44
4.储蓄性保险支出			2.76	55.07	97.75	54.22	21.62
5.购买有价证券			6.67	1.57	1.37	8.65	2.39
6.其它投资支出					15.74	78.54	29.95
7.归还住房贷款			1.93		46.48	60.77	28.91
8.归还汽车贷款							1.12
9.归还教育贷款							
10.归还其他贷款					4.18		
11.其他借贷支出	6.84	8.83	5.95	9.22	0.35	0.55	3.21
七、期末手存现金	**42.55**	**68.00**	**155.38**	**406.40**	**528.11**	**1538.29**	**1745.24**

8-6 各县(市、区)城镇居民家庭平均每人现金收支情况

(2010 年)　　　　单位:元

	期初手存现金	家庭总收入	可支配收入	工薪收入	经营净收入	财产性收入	转移性收入	出售财物收入	借贷收入
全　市	**1010.15**	**15746.57**	**15077.02**	**10648.52**	**1691.81**	**409.82**	**2996.43**	**5.41**	**1724.08**
市　区	670.68	17405.10	16448.94	12230.94	845.72	530.35	3798.10	5.31	2251.24
宛城区	526.15	17104.81	16402.29	11912.54	739.91	754.14	3698.22	4.78	2735.63
卧龙区	640.71	17234.42	16435.93	12039.62	1038.60	315.29	3840.91	7.01	2420.04
南召县	286.21	13518.23	13141.08	9727.77	2779.74	126.39	884.33		77.42
方城县	1100.00	13975.35	13434.29	8548.07	3171.41	665.04	1590.83	19.48	677.59
西峡县	1517.43	15091.84	14607.05	10998.42	2483.73	94.04	1515.65		842.84
镇平县	694.94	13985.02	13475.10	7793.26	1721.37	401.07	4069.32	21.46	2519.73
内乡县	262.94	13864.98	13732.46	10063.42	610.72	216.28	2974.56	1.00	1488.52
淅川县	338.30	14313.08	14037.03	9586.46	1700.49	748.46	2277.67	2.12	2618.71
社旗县	1827.51	12545.57	12231.00	6828.08	3743.59	259.99	1713.91	0.19	222.76
唐河县	941.26	13780.98	13710.18	8365.85	1955.27	99.37	3360.50	14.12	1989.68
新野县	763.33	14986.58	14216.99	11134.35	1186.26	268.22	2397.75	0.59	1892.97
桐柏县	227.54	13982.41	13175.28	8487.48	4228.74	90.06	1176.13		484.05
邓州市	1648.57	14531.41	14340.33	8501.75	3960.78	222.87	1846.00		316.35

8-6 续表　　　　(2010 年)　　　　单位:元

	家庭总支出	消费支出	购房与建房支出	转移性支出	财产性支出	社会保障支出	借贷支出	期末手存现金
全　市	**13023.34**	**11116.03**	**45.43**	**1272.09**	**7.89**	**581.89**	**4135.29**	**1745.24**
市　区	14663.83	12633.95		1174.11	3.56	852.22	4825.21	1518.84
宛城区	14486.06	12624.72		1211.34	7.17	642.82	4877.45	2044.79
卧龙区	14419.49	12644.59		1041.12		733.79	5225.49	983.25
南召县	8583.59	7496.49		743.08		344.02	5087.55	210.72
方城县	11200.60	9775.10	246.91	[illegible]75.35	14.92	[illegible]38.32	4866.69	1500.00
西峡县	12000.69	10175.65		1367.08	0.62	457.34	4479.20	1236.26
镇平县	11912.37	9278.64	402.94	1780.85	63.48	386.46	4563.38	796.42
内乡县	11219.99	9400.26		1705.77		113.96	3380.22	1010.78
淅川县	12958.54	11141.47		1537.77	15.40	263.90	3930.37	386.92
社旗县	8992.30	7757.75		983.63		250.92	2862.80	1600.00
唐河县	11358.17	9439.20		1870.70	34.[illegible]	13.66	4412.55	1038.78
新野县	12205.17	9223.37	419.85	1824.90		737.05	4598.63	839.67
桐柏县	11759.46	9983.82		1356.02		419.61	2669.33	339.92
邓州市	12043.31	10715.56		1154.45		173.30	3432.49	1610.78

8-7 按收入等级分的城镇居民家庭人均现金收支情况

（2010年） 单位:元

	最低 10%	更低 5%	低 10%	较低 20%	中间 20%	较高 20%	高 10%	最高 10%	更高 5%
一、期初手存现金	**720.07**	**568.29**	**952.99**	**988.74**	**895.51**	**1091.93**	**1026.27**	**1400.01**	**1595.24**
二、家庭总收入	**7710.20**	**6551.86**	**10289.94**	**11928.52**	**13806.40**	**17257.92**	**20961.56**	**29883.68**	**35806.07**
其中:可支配收入	7397.37	6290.37	9672.77	11393.96	13394.15	16518.75	20294.46	28233.79	33448.08
(一)工薪收入	5950.95	4487.14	7685.38	8861.35	10094.20	11613.70	12854.11	17458.01	19150.67
1.工资及补贴收入	5879.28	4440.82	7302.89	8675.02	9710.74	11278.27	12691.14	16662.19	17790.47
2.其他劳动收入	71.67	46.32	382.49	186.33	383.47	335.42	162.97	795.82	1360.20
(二)经营净收入	915.08	698.11	413.30	763.13	1063.51	1750.26	3114.07	4834.36	7426.69
(三)财产性收入	76.75	91.60	78.19	227.26	209.53	297.66	485.25	1871.75	3546.11
1.利息收入	0.33	0.48	24.01	32.98	22.94	65.45	117.97	22.38	33.02
2.股息与红利收入	1.33	2.87		23.62	49.65	24.67	109.48	1456.58	2882.39
3.保险收益			15.46	15.53	1.84	36.01	6.30	75.12	128.94
4.其它投资收入			6.37	59.99	33.55	10.10	97.31	187.74	380.70
5.出租房屋收入	73.88	85.64	10.04	86.99	84.24	158.97	139.12	66.09	48.06
6.知识产权收入									
7.其他财产性收入	1.21	2.62	22.30	8.15	17.32	2.46	15.08	63.84	73.01
(四)转移性收入	767.42	1275.01	2113.06	2076.78	2439.15	3596.29	4508.13	5719.56	5682.59
1.养老金或离退休金	509.48	871.83	1955.00	1869.15	2247.96	3021.27	4137.66	5031.70	4790.98
2.社会救济收入					0.72	2.62		0.38	
3.辞退金			23.22				83.87		
4.赔偿收入									
5.保险收入					3.68		17.33		
其中:失业保险金									
6.赡养收入	78.39	115.00	1.20	33.83	37.31	190.67	34.90	317.34	595.16
7.捐赠收入	141.99	243.16	99.28	138.12	116.63	341.91	194.85	294.06	227.26
8.亲友搭伙费									
9.提取住房公积金						1.98			
10.记帐补贴	36.81	45.02	32.27	29.01	26.72	29.94	34.29	61.49	69.20
11.其他转移性收入	0.74		3.67	7.52	8.96	7.90	10.53	14.58	
三、出售财物收入	**6.82**	**14.71**	**1.31**	**5.82**	**5.26**	**6.15**	**2.37**	**8.97**	**10.00**
1.出售住房收入									
2.出售其他物品收入	6.82	14.71	1.31	5.82	5.26	6.15	2.37	8.97	10.00
四、借贷收入	**390.53**	**495.92**	**566.13**	**1701.13**	**919.93**	**844.29**	**4761.89**	**4174.49**	**6330.74**
1.提取储蓄存款	369.61	493.07	564.54	1668.96	880.74	679.07	4737.55	3721.49	5430.16
2.借入款	20.92	2.85		5.24	1.44	139.00	5.82	90.88	184.28
3.收回借出款				26.07	34.92	8.74	13.22	8.89	

8-7 续表 (2010年) 单位:元

	最低 10%	更低 5%	低 10%	较低 20%	中间 20%	较高 20%	高 10%	最高 10%	更高 5%
4.住房贷款								353.24	716.31
5.其他贷款						17.49			
五、家庭总支出	**6864.53**	**6135.72**	**8463.13**	**10702.65**	**10661.64**	**14198.71**	**19064.74**	**22682.68**	**26576.36**
(一)消费支出	5866.55	5175.06	7119.06	9307.95	9122.08	11949.63	16929.00	18748.83	22060.57
其中:服务性消费支出	1276.26	1075.58	1247.14	1990.39	2115.95	2984.42	4142.43	4849.83	5527.70
(二)购房与建房支出						50.26	100.82	230.98	
1.购房						50.26	100.82	230.98	
(三)转移性支出	730.83	745.58	767.73	898.20	1178.11	1545.62	1470.62	2293.88	2609.50
1.交纳的个人收入税	8.87	1.40	20.75	17.38	24.08	58.77	69.59	222.92	396.62
2.捐赠支出	554.39	647.98	622.45	759.30	1031.43	1257.00	1216.90	1632.57	1755.27
3.购买彩票	16.87		0.31	0.09	1.28	5.70	0.64	0.72	1.46
4.赡养支出	143.58	92.21	103.72	101.66	79.99	197.18	118.16	359.07	419.56
其中:在外就学子女费用	35.91	76.25	19.79	77.90	26.09	60.70	51.43	190.15	134.88
5.各种非储蓄性保险支出	1.69	0.22	0.53	5.57	25.94	6.29	32.36	11.52	12.13
6.其他转移性支出	5.44	3.78	19.96	14.21	15.39	20.69	32.97	67.08	24.46
(四)财产性支出			12.20	8.33		2.74	1.07	43.51	14.13
1.非生产性利息支出			11.80	8.33		2.74	0.86	12.73	14.13
2.其他			0.40				0.21	30.77	
(五)社会保障支出	267.15	215.08	564.15	488.17	361.45	650.47	563.23	1365.49	1892.17
1.个人交纳的养老基金	97.34	74.45	270.61	222.91	151.25	211.10	163.97	525.28	760.77
2.个人交纳的住房公积金	79.31	30.99	132.92	134.45	66.40	223.69	177.93	499.97	709.27
3.个人交纳的医疗基金	83.57	104.82	140.29	109.46	125.61	195.81	206.78	286.15	357.49
4.个人交纳的失业基金	6.62	4.39	19.93	20.77	17.17	18.98	14.35	41.87	46.77
5.其他社会保障支出	0.32	0.43	0.40	0.57	1.01	0.88	0.20	12.21	17.86
六、借贷支出	**937.88**	**688.39**	**1848.84**	**2439.46**	**3226.04**	**3676.00**	**5845.43**	**12978.46**	**19316.65**
1.存入储蓄款	916.26	677.43	1816.05	2324.64	3156.69	3303.69	5729.36	11584.70	16808.84
2.借出款				11.39	7.46	114.23	12.15	75.31	140.95
3.归还借款			1.15	8.09	26.04	130.24	12.02	1124.06	2232.83
4.储蓄性保险支出	21.63	10.96	1.19	18.62	19.48	26.09	43.94	16.96	2.72
5.购买有价证券					11.46				
6.其它投资支出						87.43		111.75	116.97
7.归还住房贷款			30.45	63.64	4.75	14.32	47.96	48.02	
8.归还汽车贷款				5.94					
9.其他借贷支出				7.13	0.16			17.66	14.33
七、期末手存现金	**1009.76**	**805.63**	**1583.00**	**1575.81**	**1875.64**	**1709.00**	**1969.10**	**2415.07**	**2705.21**

8-8 城镇居民家庭平均每人全年消费支出

单位:元

	1985	1990	1995	2000	2005	2009	2010
消费支出	**545.35**	**970.42**	**2245.07**	**3402.94**	**5283.14**	**9594.61**	**11116.03**
其中:服务性消费支出					1290.01	2300.53	2622.25
一、食品	**258.20**	**496.68**	**1101.08**	**1345.42**	**1813.15**	**3168.61**	**3675.59**
(一)粮油类	81.03	122.06	383.79	381.72	404.86	578.29	649.11
1.粮食	69.57	98.68	299.03	270.70	265.40	354.28	393.62
(1)大米	20.79	41.85	56.62	53.34	72.98	94.82	121.04
(2)面粉	25.42	51.15	85.46	83.38	66.97	84.23	75.30
(3)其他粮食	23.36	5.68	6.01	8.32	12.77	175.23	197.28
2.淀粉及薯类			15.80	23.93	22.78	28.19	36.36
3.干豆类及豆制品	3.14	9.53	18.45	25.46	29.18	51.48	60.21
4.油脂类	8.32	13.85	50.51	61.63	87.50	144.34	158.92
(1)食用植物油	8.32	13.82	50.50	59.12	87.08	144.2	158.38
(2)食用动物油			0.01	2.51	0.42	0.15	0.53
(二)肉禽蛋水产品类	68.14	129.98	290.76	321.73	479.53	724.45	831.05
1.肉类	52.10	92.30	213.01	214.59	294.85	457.4	531.38
(1)猪肉	30.25	64.40	137.76	121.25	160.38	220.02	237.99
(2)牛肉	4.31	10.32	13.16	21.28	37.97	80.11	95.79
(3)羊肉	7.35	17.58	22.41	36.23	61.00	99.42	114.13
2.禽类	4.07	6.33	7.66	31.42	67.13	102.04	117.35
(1)鸡	3.66	5.70	6.59	28.28	40.39	62.51	72.11
(2)鸭	0.41	0.63	0.67	3.14	6.59	9.59	10.73
3.蛋类	11.97	31.35	77.09	75.72	86.29	113.86	123.96
(1)鲜蛋	10.83	26.47	56.43	74.23	82.89	107.19	117.88
4.水产品类	4.93	7.54	14.61	24.40	31.25	51.15	58.36
(1)鱼	3.08	6.61	13.71	21.45	26.59	41.42	46.26
(2)虾				1.78	1.20	3.58	4.15
(三)菜类	28.55	63.35	107.82	131.19	216.64	382.04	361.76
1.鲜菜	25.86	56.29	102.05	114.90	198.60	351.95	331.70
2.干菜	2.69	7.06	4.21	12.25	13.37	15.81	18.47
(四)调味品	5.21	12.26	16.47	29.32	27.74	44.6	47.75
(五)糖烟酒饮料类	49.94	83.61	149.87	245.21	253.13	525.66	631.46
1.糖类	7.04	13.14	16.12	16.76	14.74	23.64	28.70
2.烟草类	19.35	42.61	64.80	104.33	103.88	217.58	225.29
3.酒类	11.20	21.45	53.09	88.33	101.10	214.41	292.97
4.饮料	3.35	6.41	15.86	35.79	33.41	70.03	84.50
(六)干鲜瓜果类	12.48	29.06	51.84	41.17	74.44	144.14	187.25
(七)糕点、奶及奶制品	11.85	19.97	33.96	50.35	115.05	178.08	208.06
(八)其他食品			1.73	4.71	26.74	39.41	51.15
(九)饮食服务	5.01	10.72	39.07	91.94	215.02	551.93	736.55
#在外饮食					214.62	549.57	735.77
二、衣着	**72.23**	**146.64**	**351.41**	**428.48**	**784.32**	**1323.15**	**1522.69**

8-8 续表1

单位:元

	1985	1990	1995	2000	2005	2009	2010
(一)服装	29.55	61.94	231.55	290.42	578.80	984.37	1110.21
(二)衣着材料	28.50	52.80	42.77	22.28	3.19	4.54	3.99
(三)鞋类	10.89	24.63	54.05	85.23	156.97	277.43	335.77
(四)其他衣着用品	3.21	7.27	15.96	23.01	42.35	53.15	69.25
(五)衣着加工服务费			7.08	7.53	3.01	3.16	3.47
三、家庭设备用品及服务	**44.52**	**104.87**	**183.61**	**228.50**	**284.26**	**654.14**	**795.09**
(一)耐用消费品	26.29	67.75	103.24	109.83	129.28	363.4	425.86
1.家具	2.17	11.87	24.83	33.34	33.24	81.74	69.83
2.家庭设备	18.81	50.57	63.41	65.21	96.03	281.66	356.04
(二)室内装饰品		1.13	5.63	15.46	9.36	20.63	19.76
(三)床上用品	1.30	2.00	11.59	22.85	26.80	43.84	61.76
(四)家庭日用杂品	4.21	8.19	43.93	54.17	104.88	196.76	248.03
(五)家具材料	10.31	20.00	2.03	10.07	1.53	3.52	3.51
(六)家庭服务	2.41	6.00	17.20	16.12	12.41	25.99	36.17
四、医疗保健	**10.53**	**45.17**	**95.29**	**261.63**	**370.24**	**830.01**	**943.15**
(一)医疗器具			0.39	0.71	1.78	1.85	6.46
(二)保健器具	0.50	0.80	1.45	2.59	12.77	16.59	14.25
(三)药品费	7.97	36.00	81.55	229.96	251.67	484.64	552.71
(四)滋补保健品	0.63	2.40	1.05	0.61	25.44	37.33	91.28
(五)医疗费	1.43	5.98	7.58	26.73	71.76	265.55	267.64
(六)其他			3.27	1.04	6.82	24.05	10.82
五、交通和通讯	**0.43**	**20.83**	**91.62**	**209.19**	**568.10**	**1264.49**	**1430.86**
(一)交通	9.16	20.30	44.18	78.71	164.72	709.26	846.23
1.家庭交通工具	5.29	13.46	22.63	31.87	75.37	462.76	555.72
2.车辆用燃料及零配件			0.03	4.32	21.98	42.74	88.37
3.交通工具服务支出			4.43	8.79	15.13	44.23	35.92
4.交通费	3.87	6.84	17.10	33.72	52.23	159.54	166.21
(二)通信	0.27	0.53	47.43	130.49	403.38	555.23	584.64
1.通信工具			5.04	17.17	48.71	79.98	81.17
2.通信服务	0.27	0.53	42.39	113.32	354.68	475.25	503.47
(1)电信费			15.95	109.72	347.91	468.15	500.8
(2)邮费	0.27	0.53	3.24	2.10	2.03	1.59	0.79
(3)其他			23.20	1.50	4.74	5.51	1.89
六、教育文化娱乐服务	**31.50**	**61.87**	**182.35**	**315.24**	**713.96**	**1095.05**	**1275.09**
(一)文化娱乐用品	16.30	26.69	40.13	69.08	138.04	241.6	288.03
(二)文化娱乐服务	10.03	15.12	35.29	89.01	198.38	383.36	551.12
1.参观游览			5.50	31.44	25.22	37.31	91.98
2.健身活动					3.06	23.28	19.51
3.团体旅游				4.00	98.75	215.91	319.44
4.其它文娱活动	1.31	1.65	11.05	24.21	69.30	103.86	115.52
5.文娱用品修理服务费	0.72	3.74	6.73	7.35	2.04	3.01	4.66

8－8 续表2

单位:元

	1985	1990	1995	2000	2005	2009	2010
(三)教育	13.17	27.06	118.94	179.15	377.55	470.09	435.94
1.教材	1.50	2.00	8.47	13.30	30.07	29.41	25.64
(1)课本及参考书	1.50	2.00	8.47	13.30	24.05	28.08	24.32
(2)教育软件					1.35		0.42
2.教育费用	11.67	25.06	110.47	165.85	347.47	440.68	410.30
(1)非义务教育学杂费	2.77	7.67	34.54	49.11	100.06	164.37	176.28
(2)义务教育学杂费	4.58	12.67	56.89	81.15	50.35	7.7	7.29
(3)托幼费	2.32	2.58	3.05	4.78	31.70	25.59	26.19
(4)成人教育费			5.11	8.55	66.18	39.63	38.72
(5)家教费					3.18	26.88	16.10
(6)培训班					39.39	113.81	103.60
(7)学校住宿费					9.24	6.37	5.61
(8)其他	2.00	2.14	10.68	22.27	47.38	56.32	36.50
七、居住	**31.89**	**65.04**	**175.32**	**522.65**	**571.11**	**940.92**	**1124.65**
(一)住房					114.64	243.75	431.8
1.租赁房房租	2.33	4.49	8.20	7.49	14.39	2.7	3.51
2.住房装潢支出					65.39	142.76	282.79
3.维修用建筑材料	15.34	26.47	65.11	102.61	24.45	78.71	131.58
4.其他	0.81	1.51	6.72	17.23	10.41	19.57	13.93
(二)水电燃料及其他	13.41	32.57	87.29	185.32	427.40	629.21	609.26
1.水	0.98	3.83	9.96	29.61	48.40	77.37	82.82
2.电	2.13	8.84	22.26	78.17	198.01	318.14	357.90
3.燃料	10.30	19.90	54.37	76.30	165.00	231.21	166.39
4.其他			0.70	1.02	15.99	2.51	0.54
(三)居住服务费					29.08	67.96	83.6
1.物业管理费					7.21	31.82	49.05
2.维修服务费					4.62	13.22	23.24
3.其它					17.25	22.92	11.3
八、杂项商品和服务	**26.09**	**45.89**	**64.39**	**91.83**	**177.99**	**318.25**	**348.91**
(一)杂项商品	18.23	35.06	45.46	62.96	120.39	220.38	241.29
1.金银珠宝饰品	4.23	4.83	5.48	5.57	24.14	57.33	56.77
2.手表	0.35	0.62	0.59	0.27	1.40	10.15	10.13
3.理发美容用具	0.24	0.45	0.63	0.23	0.93	1.41	2.45
4.化妆品	5.85	8.15	16.17	25.24	47.50	78.13	96.79
5.其他杂品	7.56	21.01	22.50	31.65	46.41	73.36	75.16
(二)服务	1.86	10.83	18.93	28.81	57.61	97.87	107.62
1.旅馆住宿费	0.83	0.91	1.00	1.06	2.42	5.05	4.49
2.理发洗澡费	3.55	4.65	8.00	9.36	29.53	59.96	66.84
3.美容费	2.00	2.10	3.42	4.10	18.38	18.7	22.24
4.其他服务	1.48	3.17	6.51	14.35	7.28	14.16	14.05

8-9 各县(市、区)城镇居民家庭

(2010

	消费支出	#服务型消费支出	食品	粮油类	肉禽蛋水产品类	菜类	调味品	糖烟酒饮料类	干鲜瓜果类	糕点、奶及奶制品
全市	**11116.03**	**2622.25**	**3675.59**	**649.11**	**831.05**	**361.76**	**47.75**	**631.46**	**187.25**	**208.06**
市区	12633.95	2985.18	3981.43	719.13	920.10	406.34	49.66	637.31	209.14	232.13
宛城区	12624.72	2873.29	3895.55	667.06	892.87	407.35	43.75	584.76	230.71	253.87
卧龙区	12644.59	2809.12	3977.81	821.06	1013.83	443.18	60.72	709.67	176.11	216.07
南召县	7496.49	1221.37	2600.02	651.83	933.20	305.32	55.35	341.22	123.47	67.06
方城县	9775.10	2507.83	3418.95	559.75	791.67	319.99	39.79	644.78	206.13	216.16
西峡县	10175.65	2194.68	3172.42	599.72	734.79	244.44	30.93	260.08	131.18	172.42
镇平县	9278.64	1923.82	3441.45	549.35	750.88	278.33	45.57	600.52	153.12	271.38
内乡县	9400.26	2035.64	3338.30	512.15	543.94	252.11	39.03	386.60	159.17	297.65
淅川县	11141.47	3414.59	3805.74	513.24	671.46	296.54	40.58	1004.67	153.27	207.66
社旗县	7757.75	1760.66	3413.91	700.98	773.47	527.42	54.78	508.49	159.93	116.27
唐河县	9439.20	2314.18	3680.87	616.60	701.85	300.19	39.39	560.68	214.87	184.10
新野县	9223.37	2438.33	3144.48	431.64	628.41	278.35	39.16	444.37	168.29	227.23
桐柏县	9983.82	1866.85	4252.10	740.68	853.64	381.12	60.25	1526.36	129.25	42.26
邓州市	10715.56	2689.82	3360.24	545.36	776.07	347.25	55.44	560.39	188.44	190.74

8-9 续表

(2010

	家具材料	家庭服务	医疗保健	医疗器具	保健器品	药品费	滋补保健类	医疗类	其他	交通和通讯
全市	**3.51**	**36.17**	**943.15**	**6.46**	**14.25**	**552.71**	**91.28**	**267.64**	**10.82**	**1430.86**
市区	5.74	52.87	1137.14	3.08	15.86	657.29	119.93	323.13	17.85	1847.48
宛城区	11.59	51.51	856.11	6.03	30.59	318.67	161.87	325.96	12.99	2217.23
卧龙区		59.65	1235.43	0.21	1.65	750.70	100.05	355.64	27.19	2129.67
南召县	1.29	2.83	447.99	0.90		379.17	56.50	10.90	0.52	698.71
方城县		22.77	607.77		5.56	356.16	21.64	217.68	6.74	1009.23
西峡县		30.11	777.73			745.66		24.90	7.16	1027.61
镇平县	0.35	20.59	767.33	13.32	55.42	510.62	40.03	140.22	7.72	844.91
内乡县		60.59	1034.53	92.50	8.40	840.74	56.61	36.16	0.14	1062.84
淅川县		29.10	766.29	2.01		223.06	5.05	536.16		1266.25
社旗县		3.70	432.47	0.02	2.07	203.30	14.83	211.21	1.03	743.76
唐河县		8.02	644.17		4.09	468.85	1.86	163.23	6.14	827.12
新野县		12.20	977.79		8.92	337.74	453.22	175.50	2.40	894.03
桐柏县			523.87		60.92	461.88		1.07		1020.58
邓州市	7.90	20.58	632.20	0.08		397.92	67.91	159.18	7.11	1441.64

平均每人全年消费支出

年）

单位:元

其他食品	饮食服务	衣着	服装	衣着材料	鞋类	其他衣着用品	衣着加工服务费	家庭设备用品及服务	耐用消费品	室内装饰品	床上用品	家庭日用杂品
51.15	**736.55**	**1522.69**	**1110.21**	**3.99**	**335.77**	**69.25**	**3.47**	**795.09**	**425.86**	**19.76**	**61.76**	**248.03**
46.95	760.68	1734.89	1230.87	5.88	405.89	90.00	2.24	870.43	509.44	6.80	33.94	261.64
74.85	740.34	1584.58	1316.30	4.73	436.46	93.87	3.22	754.20	512.82		52.97	125.31
22.79	514.38	1424.85	1011.12	2.35	312.82	98.24	0.32	1069.97	551.67	16.19	14.83	427.64
13.80	108.79	1416.14	1191.91	0.15	208.33	14.92	0.84	487.66	78.51	34.07	68.19	302.77
207.97	432.71	1547.29	987.14	7.84	338.41	206.14	7.77	793.13	346.88	19.99	159.75	243.73
31.20	967.67	1428.11	1192.32		219.15	13.21	3.43	1025.12	755.21		78.58	161.21
24.14	768.16	1123.20	895.44	5.49	195.41	16.20	10.67	742.40	438.11	50.85	54.03	178.48
16.86	1130.80	1285.67	966.66	4.95	236.78	71.40	5.88	575.69	236.62		62.72	215.76
110.68	807.64	1501.22	1086.93		377.20	34.78	2.31	687.79	390.39		62.82	205.47
41.62	530.94	965.40	706.27	3.26	236.49	17.57	1.81	407.00	264.39	3.02	15.59	120.30
48.63	1014.55	1307.46	986.56	1.57	292.00	19.06	8.27	638.42	263.92	87.44	68.30	210.74
97.77	829.28	1330.07	1046.43	1.24	220.16	58.58	3.65	575.93	381.13	0.20	29.63	152.77
	518.54	1189.12	903.83		254.22	31.07		722.82	450.06	4.91		267.85
27.45	669.10	1257.51	912.58		294.53	45.57	4.84	1033.31	276.29	92.76	255.35	380.44

年）

单位:元

交通	通信	教育文化娱乐服务	文化娱乐用品	文化娱乐服务	教育	居住	住房	水电燃料及其他	居住服务费	杂项商品和服务	杂项商品	服务
846.23	**584.64**	**1275.09**	**288.03**	**551.12**	**435.94**	**1124.65**	**431.80**	**609.26**	**83.60**	**348.91**	**241.29**	**107.62**
1208.07	639.41	1458.24	314.60	785.51	358.13	1204.73	392.82	696.86	115.05	399.61	276.99	122.62
1600.72	616.51	1427.87	313.57	765.41	348.91	1163.42	441.68	632.69	89.04	455.76	340.62	115.14
1510.59	619.08	1337.63	270.65	812.14	254.84	1203.79	283.76	789.67	130.36	265.44	177.56	87.87
295.19	403.52	840.33	455.50	179.23	205.61	691.83	188.32	501.02	2.49	313.81	212.23	101.58
395.22	614.02	1344.20	221.62	496.77	625.81	782.02	99.43	597.83	84.75	272.51	173.68	98.82
409.85	617.76	1244.50	387.14	655.90	201.47	1067.30	559.20	496.24	11.86	432.86	338.27	94.60
361.52	483.40	938.09	345.50	341.57	251.03	1010.03	322.45	594.22	93.35	411.22	271.35	139.87
603.12	459.72	1054.59	334.23	214.06	506.30	786.87	343.99	429.87	13.02	261.78	194.88	66.90
672.94	593.31	1734.34	487.08	290.52	956.74	1079.21	619.50	437.67	22.04	300.63	175.80	124.83
174.23	569.53	644.29	92.52	75.67	476.10	874.57	173.23	612.40	88.94	276.35	194.47	81.88
439.41	387.71	966.18	170.10	357.60	438.49	1151.44	571.69	560.38	19.36	223.55	156.21	67.34
324.31	569.73	1154.57	172.26	296.92	685.39	844.32	290.11	498.01	56.20	302.19	195.40	106.79
388.70	631.88	818.83	74.85	139.90	604.09	1275.19	679.51	594.93	0.75	181.31	131.50	49.82
888.90	552.74	1128.00	154.66	374.68	598.66	1542.58	930.21	471.70	140.66	320.08	230.70	89.38

8-10 按收入等级分的城镇居民家庭平均每人全年消费性支出

(2010年)　　　　单位:元

	最低 10%	更低 5%	低 10%	较低 20%	中间 20%	较高 20%	高 10%	最高 10%	更高 5%
消费支出	**5866.55**	**5175.06**	**7119.06**	**9307.95**	**9122.08**	**11949.63**	**16929.00**	**18748.83**	**22060.57**
#服务性消费支出	1276.26	1075.58	1247.14	1990.39	2115.95	2984.42	4142.43	4849.83	5527.70
一、食品	**2417.58**	**2112.24**	**2943.10**	**3072.66**	**3393.41**	**4122.12**	**4559.93**	**5528.50**	**5879.02**
(一)粮油类	497.49	503.35	663.32	576.07	590.32	679.33	694.63	911.17	963.00
1.粮食	310.80	338.58	406.58	335.44	362.61	413.52	429.64	544.70	580.70
(1)大米	88.40	79.80	119.96	96.80	98.20	131.79	163.02	174.85	194.75
(2)面粉	58.43	60.20	78.84	60.15	69.99	89.67	90.60	80.09	72.56
(3)其他粮食	163.97	198.58	207.78	178.49	194.42	192.06	176.02	289.75	313.38
2.淀粉及薯类	25.93	30.01	46.29	34.77	34.88	33.52	35.57	49.25	50.26
3.干豆类及豆制品	41.89	37.77	59.69	56.84	60.70	58.64	61.61	83.51	88.63
4.油脂类	118.88	96.98	150.76	149.02	132.13	173.65	167.81	233.71	243.42
(1)食用植物油	117.88	96.98	150.59	148.63	131.74	173.03	167.17	233.02	242.76
(2)食用动物油	1.00		0.17	0.39	0.39	0.62	0.64	0.70	0.66
(二)肉禽蛋水产品类	591.44	524.76	694.32	704.18	755.79	892.60	1080.49	1157.35	1112.42
1.肉类	366.75	353.25	433.12	442.54	467.95	589.17	733.33	722.78	690.21
(1)猪肉	188.95	202.02	238.32	206.08	220.11	223.69	323.19	314.57	372.56
(2)牛肉	50.37	36.90	62.56	89.64	82.25	124.42	127.32	112.22	69.31
(3)羊肉	72.60	60.39	89.76	87.09	97.31	142.96	155.21	153.59	110.36
2.禽类	71.09	55.76	94.73	106.18	113.06	120.49	126.49	190.60	201.51
(1)鸡	50.47	35.30	65.18	74.47	73.44	68.23	72.24	97.81	96.40
(2)鸭	7.92	3.57	11.30	9.36	10.33	11.12	10.07	15.82	12.58
3.蛋类	107.65	88.88	113.35	108.56	128.18	119.25	141.42	158.36	153.99
(1)鲜蛋	101.91	83.05	109.76	102.60	121.02	115.30	131.54	151.36	148.04
4.水产品类	45.96	26.87	53.12	46.90	46.61	63.69	79.25	85.61	66.71
(1)鱼	29.57	23.79	44.48	39.28	36.08	48.83	68.72	66.94	53.32
(2)虾	2.87	0.84	0.76	3.74	4.32	3.24	4.47	10.17	4.73
(三)菜类	230.24	228.73	385.23	312.45	341.90	374.67	418.54	500.38	510.14
1.鲜菜	216.80	217.60	363.63	291.40	316.23	341.06	371.11	448.49	453.53
2.干菜	7.95	5.39	14.33	12.38	14.86	22.76	20.34	38.96	41.70
(四)调味品	34.13	31.80	37.48	44.49	48.20	53.41	48.32	61.62	65.45
(五)糖烟酒饮料类	403.27	246.25	427.87	485.38	559.28	740.01	880.20	940.62	862.43
1.糖类	25.45	19.32	19.89	23.01	33.04	30.37	30.66	35.40	44.61
2.烟草类	169.81	102.60	162.36	190.60	196.49	243.71	291.46	343.42	318.76
3.酒类	157.91	88.60	168.42	207.05	256.21	377.09	455.04	411.01	337.36
4.饮料	50.10	35.72	77.21	64.71	73.53	88.84	103.03	150.79	161.70
(六)干鲜瓜果类	108.04	99.28	145.37	165.47	185.37	200.63	183.73	313.09	337.56
(七)糕点、奶及奶制品	135.71	143.61	183.83	178.91	200.92	220.14	218.18	324.84	323.23
(八)其他食品	28.39	37.27	40.28	39.09	68.55	53.69	58.22	55.05	46.28
(九)饮食服务	388.87	297.20	365.39	566.62	643.07	907.64	977.61	1264.39	1658.51
#在外饮食	388.75	297.02	365.19	566.20	642.84	906.21	976.83	1262.09	1658.18
二、衣着	**843.33**	**829.53**	**1073.62**	**1263.52**	**1375.98**	**1576.71**	**1863.13**	**2810.57**	**3576.64**

8－10 续表1 （2010年） 单位:元

	最低 10%	更低 5%	低 10%	较低 20%	中间 20%	较高 20%	高 10%	最高 10%	更高 5%
(一)服装	610.60	606.85	792.91	890.30	987.08	1133.29	1412.80	2108.97	2696.27
(二)衣着材料	2.40	3.28	0.59	1.99	1.98	6.62	6.05	8.58	12.27
(三)鞋类	200.19	186.47	236.99	297.43	317.66	354.40	356.93	586.93	750.38
(四)其他衣着用品	28.86	31.17	40.67	70.28	65.27	79.21	83.34	100.94	112.97
(五)衣着加工服务费	1.28	1.76	2.46	3.51	4.00	3.19	4.01	5.15	4.76
三、家庭设备用品及服务	**290.54**	**262.40**	**607.43**	**435.62**	**621.1**	**994.26**	**1441.79**	**1326.04**	**1623.29**
(一)耐用消费品	110.34	128.12	402.80	152.50	282.58	560.83	1004.45	630.3	853.66
1.家具	41.7	69.27	62.45	30.62	50.71	91.77	141.96	90.91	159.85
2.家庭设备	68.65	58.84	340.35	121.88	231.88	469.06	862.49	539.40	693.80
(二)室内装饰品	1.91	2.27	4.60	29.48	25.55	19.83	3.90	35.77	65.13
(三)床上用品	34.69	10.04	38.99	43.09	84.50	79.56	33.50	87.13	110.06
(四)家庭日用杂品	136.99	116.02	146.17	195.76	201.22	305.73	342.66	407.84	540.41
(五)家具材料				0.08	2.93	0.06	16.37	10.60	
(六)家庭服务	6.61	5.95	14.87	14.71	24.32	28.25	40.92	154.40	54.03
四、医疗保健	**448.22**	**333.51**	**381.18**	**919.06**	**632.44**	**1135.12**	**1059.06**	**1750.93**	**1862.07**
(一)医疗器具			0.25	1.08	6.31	20.87		5.22	0.36
(二)保健器具	0.88	1.91	0.69	7.45	1.84	44.12	6.91	22.25	15.41
(三)药品费	327.23	263.59	246.46	659.74	372.38	648.62	633.56	907.48	1020.35
(四)滋补保健品	15.11	7.54	34.47	34.98	57.43	84.83	81.68	400.48	457.55
(五)医疗费	101.81	59.86	94.73	213.55	192.32	304.19	331.96	397.36	356.96
(六)其他	3.19	0.62	4.58	2.26	2.16	32.49	4.95	18.13	11.44
五、交通和通讯	**580.78**	**404.29**	**556.65**	**1612.48**	**828.48**	**1241.86**	**3500.76**	**2046.14**	**2605.98**
(一)交通	218.3	102.05	191.58	1122.49	358.15	544.38	2780.43	1043.53	1577.74
1.家庭交通工具	75.60	4.33	60.94	905.17	146.72	208.53	2330.64	450.00	694.59
2.车辆用燃料及零配件	42.13	22.40	33.11	70.52	51.24	83.79	166.36	212.08	406.78
3.交通工具服务支出	7.65	4.29	13.22	16.02	24.92	26.82	54.05	138.17	253.61
4.交通费	92.91	71.02	84.31	130.78	135.26	225.24	229.38	243.27	222.76
(二)通信	362.48	302.24	365.07	489.99	470.34	697.47	720.33	1002.61	1028.25
1.通信工具	91.07	71.26	13.20	36.51	48.37	122.87	108.44	165.97	127.37
2.通信服务	271.41	230.98	351.87	453.48	421.97	574.60	611.89	836.64	900.88
(1)电信费	269.75	229.37	349.83	450.71	420.66	571.76	607.08	832.54	898.05
(2)邮费	0.82	0.13	0.59	0.43	0.09	0.79	0.14	3.63	2.56
(3)其他	0.83	1.48	1.45	2.34	1.22	2.05	4.66	0.48	0.26
六、教育文化娱乐服务	**664.76**	**594.93**	**568.54**	**940.63**	**1062.33**	**1299.45**	**2122.55**	**2528.97**	**2880.34**
(一)文化娱乐用品	146.42	121.36	226.82	244.17	235.68	235.07	387.13	653.86	743.73
(二)文化娱乐服务	151.17	158.37	138.90	323.36	358.31	677.98	1054.28	1281.18	1546.84
1.参观游览	64.86	42.11	3.02	58.83	75.18	161.73	135.12	101.51	92.68
2.健身活动			8.08	31.82	20.29	4.37	61.77	9.33	4.41
3.团体旅游	28.64	56.61	47.16	141.46	150.88	381.44	715.41	935.35	1241.14

8-10 续表2　　(2010年)　　单位:元

	最低 10%	更低 5%	低 10%	较低 20%	中间 20%	较高 20%	高 10%	最高 10%	更高 5%
4.其它文娱活动	54.69	57.19	77.57	88.58	105.53	126.49	140.00	223.16	191.73
5.文娱用品修理服务费	2.98	2.46	3.07	2.66	6.42	3.95	1.98	11.84	16.89
(三)教育	367.17	315.21	202.82	373.11	468.34	386.40	681.14	593.93	589.78
1.教材	21.44	7.35	16.39	35.16	48.63	11.43	8.99	20.13	8.83
2.教育费用	345.73	307.86	186.43	337.95	419.70	374.98	672.15	573.80	580.95
(1)非义务教育学杂费	90.80	128.23	45.22	118.15	179.14	169.29	496.72	146.18	114.46
(2)义务教育学杂费	3.83	8.28	12.65	6.41	12.95	2.92	8.12	3.89	7.88
(3)托幼费	41.75	43.88	18.43	18.38	20.32	24.06	20.73	55.21	90.43
(4)成人教育费	13.72		17.45	44.10	60.33	35.92	31.31	39.54	7.90
(5)家教费	3.44	7.43	10.97	15.63	23.63	9.33	15.58	31.64	16.26
(6)培训班	102.56	61.69	60.12	114.98	95.94	63.06	50.84	274.04	324.06
(7)学校住宿费	2.99	6.48	2.39	5.85	2.99	13.99	0.84	3.60	7.30
(8)其他	86.64	51.88	19.20	14.46	24.40	56.41	48.02	19.70	12.66
七、居住	**489.03**	**498.18**	**742.88**	**842.16**	**832.23**	**1200.14**	**2056.09**	**1991.54**	**2629.17**
(一)住房	71.97	39.85	163.44	210.31	232.78	396.09	1279.90	971.66	1494.93
1.租赁房房租	0.17	0.37	2.22	3.66	4.75	0.23	14.04	0.42	
2.住房装潢支出	37.96	4.96	87.94	74.88	142.05	275.55	1045.21	547.89	782.27
3.维修用建筑材料	33.69	34.52	58.90	129.12	81.66	107.71	180.30	382.84	631.15
4.其他	0.15		14.38	2.65	4.32	12.60	40.35	40.51	81.52
(二)水电燃料及其他	375.77	430.28	533.26	545.17	546.76	708.55	670.05	857.68	952.26
1.水	42.90	44.60	62.19	76.24	66.91	105.27	101.31	115.07	128.26
2.电	206.56	238.27	283.47	299.45	327.06	418.79	412.30	543.64	602.23
3.燃料	125.95	146.62	187.25	167.09	148.96	184.13	150.21	198.16	221.77
4.其他	0.37	0.79	0.36	0.34	0.79	0.35	1.64		
(三)居住服务费	41.29	28.04	46.18	86.68	52.69	95.50	106.14	162.21	181.98
1.物业管理费	19.61	13.20	27.24	48.49	22.37	51.86	75.58	115.14	163.27
2.维修服务费	14.76	7.44	16.21	11.73	17.38	40.34	19.52	38.78	6.61
3.其它	6.92	7.40	2.73	26.46	12.94	3.30	11.05	8.29	12.10
八、杂项商品和服务	**132.31**	**139.98**	**245.65**	**221.82**	**376.11**	**379.97**	**325.69**	**766.12**	**1004.05**
(一)杂项商品	85.76	83.58	151.68	128.61	276.86	271.29	209.36	561.4	721.44
1.金银珠宝饰品	4.03	0.79	15.83	28.17	97.46	39.43	47.62	153.59	265.7
2.手表	0.04		30.91	0.17	2.33	5.71	15.74	37.59	22.17
3.理发美容用具	0.50		0.61	1.93	6.29	1.88	0.16	2.51	4.28
4.化妆品	49.82	31.97	71.16	60.28	101.94	87.18	76.14	257.05	338.08
5.其他杂品	31.37	50.82	33.17	38.07	68.84	137.09	69.7	110.66	91.21
(二)服务	46.55	56.40	93.98	93.21	99.24	108.69	116.33	204.72	282.60
1.旅馆住宿费	3.62	7.84	0.30	1.51	2.04	7.55	13.44	3.68	0.72
2.理发洗澡费	37.11	41.85	56.02	57.28	61.21	61.51	66.79	141.8	197.21
3.美容费	0.05		7.99	27.72	17.15	26.56	28.66	38.97	58.68
4.其他服务	5.77	6.71	29.67	6.70	18.83	13.06	7.44	20.28	26.00

8-11 城镇居民家庭平均每人全年购买的主要商品量

	单位	1985	1990	1995	2000	2005	2009	2010
粮食	千克	155.14	159.7	141.92	136.9	108.57	121.31	115.04
大米	千克	30.15	31.13	28.38	28.4	26.45	27.08	29.00
面粉	千克	59.99	62.34	59.92	57.6	33.3	34.82	28.51
油脂类	千克	4.41	4.44	5.04	7	8.98	10.44	10.53
食用植物油	千克	4.11	4.14	4.9	6.6	8.93	10.43	10.49
食用动物油	千克	0.3	0.3	0.14	0.4	0.05	0.01	0.01
猪肉	千克	11.69	10.05	12.57	12.4	11.64	11.01	12.10
牛肉	千克	0.6	0.8	0.92	1.6	2.25	2.71	3.04
羊肉	千克	1.4	1.6	1.81	2.6	3	3.08	3.07
鸡	千克	1.9	2.2	2.4	3.5	3.79	4.49	4.72
鸭	千克				0.02	0.06	0.75	0.74
鲜蛋	千克	5.35	6.8	12.5	17.7	14.68	16.37	16.49
蛋制品	千克	0.12	0.14	0.15	0.2	0.48	1.02	0.62
鱼	千克	0.61	1.43	1.75	3.1	3.39	4.02	4.18
虾	千克	0.07	0.05	0.05	0.1	0.06	0.18	0.18
鲜菜	千克	130.58	132.88	116.3	108	139.52	157.71	124.72
干菜	千克	0.45	1.04	0.34	0.6	0.69	1.58	1.69
白酒	千克	2.41	2.28	3.16	3.4	3.64	3.59	3.41
果酒	千克	0.1	0.1	0.1	0.1	0.08	0.11	0.13
啤酒	千克	1.04	2.29	3.3	6.2	3.66	2.83	3.24
碳酸饮料	千克	0.4	0.6	0.8	1.3	0.79	0.47	0.74
果蔬饮料	千克	0.13	0.14	0.15	0.18	0.55	2.53	3.91
鲜果	千克	12.4	13.6	14.7	17.8	17.94	19.91	23.67
鲜瓜	千克	6.3	7.3	8.8	9.2	10.43	9.67	13.69
干果	千克	0.2	0.2	0.25	0.3	0.96	2.53	2.63
瓜果制品	千克	1.2	1.4	1.8	1.9	0.19	2.64	2.74
坚果及果仁	千克	1.4	2.6	3	4	1.06	2.03	2.17
糕点	千克	2.25	2.23	2.49	2.1	3.16	4.03	4.62
鲜乳品	千克	5.64	5.36	1.93	5.7	15.5	19.05	20.41
服装	件	1.61	2.33	5.03	4.2	6.57	6.92	7.40
鞋类	双	2.25	2.3	2.4	2.5	2.83	3.12	3.38

8-12 按收入等级分的城镇居民家庭平均每人全年购买的主要商品

（2010年）

	单位	最低10%	更低5%	低10%	较低20%	中间20%	较高20%	高10%	最高10%	更高5%
粮　　食	千克	94.33	107.99	119.41	97.59	108.44	121.67	125.44	149.99	153.25
大　　米	千克	22.23	18.94	28.90	23.51	23.73	31.57	37.76	41.20	45.88
面　　粉	千克	21.37	22.62	29.99	22.66	26.85	33.64	35.22	30.04	27.54
油 脂 类	千克	8.69	6.85	10.94	9.56	9.17	11.00	10.45	15.38	16.34
食用植物油	千克	8.64	6.85	10.93	9.53	9.15	10.93	10.42	15.35	16.31
食用动物油	千克	0.11	0.01	0.02	0.04	0.04	0.06	0.06	0.07	0.07
猪　　肉	千克	9.99	10.50	11.85	10.71	11.12	11.01	16.89	15.85	18.58
牛　　肉	千克	1.70	1.25	1.97	2.81	2.60	3.84	4.08	3.70	2.13
羊　　肉	千克	1.95	1.63	2.36	2.29	2.64	3.81	4.24	4.26	2.97
鸡	千克	3.61	2.44	4.44	4.97	4.74	4.45	4.54	6.15	6.13
鸭	千克	0.53	0.19	0.65	0.71	0.70	0.77	0.70	1.08	0.79
鲜　　蛋	千克	14.25	11.51	15.25	14.34	17.12	16.30	18.24	20.74	19.91
蛋 制 品	千克	0.51	0.49	0.37	0.63	0.74	0.44	0.95	0.75	0.62
鱼	千克	2.78	2.19	3.97	3.75	3.39	4.25	5.69	6.20	4.62
虾	千克	0.16	0.03	0.03	0.15	0.20	0.15	0.21	0.33	0.17
鲜　　菜	千克	85.93	87.31	144.98	110.91	124.87	125.37	134.03	154.68	153.71
干　　菜	千克	0.66	0.45	1.19	1.03	1.24	1.89	1.70	3.25	3.48
白　　酒	千克	2.71	1.64	2.88	2.36	3.27	4.20	4.38	4.11	2.95
果　　酒	千克	0.04	0.05	0.11	0.11	0.09	0.19	0.17	0.18	0.15
啤　　酒	千克	2.57	1.40	5.04	2.80	2.84	3.03	3.97	3.55	4.15
碳酸饮料	千克	0.42	0.26	0.84	0.46	0.57	1.16	0.60	1.06	1.50
鲜　　果	千克	15.58	13.60	19.53	21.39	23.70	25.14	23.34	35.83	34.90
鲜　　瓜	千克	9.79	11.36	14.39	11.86	13.91	14.02	12.63	19.86	21.46
干　　果	千克	1.62	1.62	2.31	3.54	3.22	3.44	3.98	6.16	7.71
瓜果制品	千克	1.50	1.43	1.99	2.01	3.01	3.02	2.11	5.01	5.13
糕　　点	千克	3.69	3.72	3.01	4.17	4.78	4.79	4.79	6.81	5.80
鲜 乳 品	千克	9.97	12.73	23.60	14.50	17.88	22.75	25.05	32.98	33.27
服　　装	件	5.65	5.61	6.13	6.39	6.99	7.58	8.13	11.56	13.39
鞋　　类	双	2.55	2.38	3.53	3.03	3.26	3.59	3.23	4.57	5.45

8-13 城镇居民家庭平均每百户年末主要耐用消费品拥有量

	单位	1985	1990	1995	2000	2005	2009	2010
1. 摩托车	辆		2.5	3.2	20.73	42.29	50.61	53.28
2. 助力车	辆			2.3	3.2	22.06	60.46	66.60
3. 家用汽车	辆				0.48	0.51	2.22	3.79
4. 洗衣机	台	33.11	79.53	91.05	91.38	98.3	100.91	101.24
5. 电冰箱	台	5	23.36	28.85	61.62	77.8	86.51	87.50
6. 彩色电视机	台	14.64	39.78	66	101.4	120.21	120.44	121.97
7. 家用电脑	台				2.2	25.22	39.84	43.20
8. 组合音响	套		3.41	6.25	11.01	9.7	11.33	11.33
9. 摄像机	架				0.7	1.35	3.58	3.61
10. 照相机	架	2.5	8.92	14.25	15.61	31.13	20.24	21.98
11. 钢琴	架				0.7	1.42	1.27	1.27
12. 其他中高档乐器	件		5.9	6.15	1.62	5.9	1.82	1.91
13. 微波炉	台		0.58	1.8	2.2	21.63	31	34.7
14. 空调器	台		4.81	8.1	30.35	87.71	117.21	124.44
15. 淋浴热水器	台		5.1	8.9	11.79	30.7	50.07	50.8
16. 消毒碗柜	台				3.8	8.18	6.68	6.84
17. 洗碗机	台					0.14	1.05	1.05
18. 健身器材	套	1.1	1.8	2.2	2.34	1.89	2.98	3.58
19. 普通电话	部	10.21	24	34	75	88.89	72.14	72.39
20. 移动电话	部		5	15	45.11	112.49	157.03	162.61

8-14 城镇居民家庭主要收支指标构成

单位:元、%

	1985		1990		1995		2000	
	总量	构成	总量	构成	总量	构成	总量	构成
一、家庭总收入	**603.6**	**100.0**	**1268.9**	**100.0**	**2774.7**	**100.0**	**4435.6**	**100.0**
其中:可支配收入	601.6		1264.9		2772.6		4429.5	
(一)工薪收入	490.9	81.3	942.7	74.3	2148.9	77.5	2747.8	62.0
(二)经营净收入			9.3	0.7	50.7	1.8	540.8	12.2
(三)财产性收入					53.0	1.9	287.8	6.5
(四)转移性收入	112.6	18.7	316.9	25.0	522.1	18.8	859.3	19.4
二、家庭总支出	**627.2**	**100.0**	**1269.9**	**100.0**	**2551.5**	**100.0**	**3944.8**	**100.0**
(一)消费支出	545.4	87.0	970.4	76.4	2245.1	88.0	3402.9	86.3
1.食品	289.2	53.0	496.7	51.2	1101.1	49.0	1345.4	39.5
2.衣着	72.2	13.2	146.6	15.1	351.4	15.7	428.5	12.6
3.设备用品及服务	49.5	9.1	98.3	10.1	183.6	8.2	228.5	6.7
4.医疗保健	20.5	3.8	45.2	4.7	95.3	4.2	261.6	7.7
5.交通通讯	14.4	2.6	20.8	2.2	91.6	4.1	209.2	6.2
6.娱乐文教服务	31.5	5.8	61.9	6.4	182.4	8.1	315.2	9.3
7.居住	41.9	7.7	65.0	6.7	175.3	7.8	522.7	15.4
8.杂项商品和服务	26.1	4.8	35.9	3.7	64.4	2.9	91.8	2.7
(二)购房与建房支出			24.6	1.9	26.5	1.0	51.3	1.3
(三)转移性支出	81.8	13.0	274.9	21.7	277.8	10.9	487.0	12.4
(四)财产性支出			2.0		2.2	0.1	3.6	0.1
(五)社会保障支出								

8-14 续表

	2005		2008		2009		2010	
	总量	构成	总量	构成	总量	构成	总量	构成
一、家庭总收入	**8154.0**	**100.0**	**12828.2**	**100.0**	**14097.9**	**100.0**	**15746.57**	**100.0**
其中:可支配收入	7830.7		12395.3		13498.1		15077.02	
(一)工薪收入	5712.0	70.1	8934.0	69.6	9596.8	68.1	10648.52	67.7
(二)经营净收入	1003.7	12.3	1336.5	10.4	1495.9	10.6	1691.81	10.7
(三)财产性收入	142.4	1.8	250.4	2.0	310.1	2.2	409.82	2.6
(四)转移性收入	1295.8	15.9	2307.3	18.0	2695.0	19.1	2996.43	19.0
二、家庭总支出	**7555.6**	**100.0**	**10199.3**	**100.0**	**12120.0**	**100.0**	**13023.34**	**100.0**
(一)消费支出	5283.1	69.9	8362.1	82.0	9594.6	79.2	11116.03	85.3
1.食品	1813.2	34.3	2864.2	34.3	3168.6	33.0	3675.59	33.1
2.衣着	784.3	14.9	1195.7	14.3	1325.2	13.8	1522.69	13.7
3.设备用品及服务	284.3	5.4	578.1	6.9	654.1	6.8	795.09	7.2
4.医疗保健	370.2	7.0	669.8	8.0	830.0	8.7	943.15	8.5
5.交通通讯	568.1	10.8	903.7	10.8	1264.5	13.2	1430.86	12.8
6.娱乐文教服务	714.0	13.5	1004.9	12.0	1095.1	11.4	1275.09	11.5
7.居住	571.1	10.8	870.2	10.4	940.9	9.8	1124.65	10.1
8.杂项商品和服务	178.0	3.4	275.6	3.3	318.3	3.3	348.91	3.1
(二)购房与建房支出	1071.5	14.2	167.5	1.6	649.8	5.4	45.43	0.3
(三)转移性支出	917.5	12.1	1267.9	12.4	1301.3	13.6	1272.09	9.8
(四)财产性支出	2.5	0.1	5.7	0.1	9.4	0.1	7.89	0.1
(五)社会保障支出	281.0	3.7	396.2	3.9	564.9	4.7	581.89	4.5

8-15 市城区按收入等级分的城镇居民家庭人均现金收支情况

（2010 年）　　单位:元

	最低 10%	更低 5%	低 10%	较低 20%	中间 20%	较高 20%	高 10%	最高 10%	更高 5%
一、期初手存现金	**563.94**	**538.00**	**969.13**	**491.76**	**491.84**	**780.60**	**741.49**	**1032.35**	**1416.36**
二、家庭总收入	**8895.00**	**7653.53**	**11731.58**	**13485.69**	**16308.58**	**20719.25**	**24672.21**	**38364.41**	**44230.37**
其中:可支配收入	8242.62	7195.04	10834.92	12981.90	15687.61	19613.96	23433.04	35250.03	42086.61
(一)工薪收入	6494.05	6311.56	8647.81	9237.14	11013.74	15756.26	18289.89	23619.91	18186.05
1. 工资及补贴收入	6494.05	6311.56	8405.65	9237.14	10892.08	15613.40	18205.68	22169.91	15866.05
2. 其他劳动收入			242.16		121.66	142.86	84.21	1450.00	2320.00
(二)经营净收入	578.13	1027.78			506.91	1583.21		4779.40	9558.80
(三)财产性收入	2.05	3.64	289.03	206.14	392.70	182.05	224.21	4361.69	8721.87
1. 利息收入	0.17	0.31	42.58	7.06	89.92	96.34	3.16	34.75	68.00
2. 股息与红利收入				80.00		67.86	78.95	3882.50	7765.00
3. 保险收益			32.26		66.36			180.00	360.00
4. 其它投资收入			119.35					239.00	478.00
5. 出租房屋收入			94.84	119.08	236.42	17.86	126.32		
6. 知识产权收入									
7. 其他财产性收入	1.88	3.33					15.79	25.44	50.87
(四)转移性收入	1820.78	310.56	2794.74	4042.40	4395.22	3197.73	6158.11	5603.42	7763.65
1. 养老金或离退休金	1607.03		2578.94	3899.24	3958.36	2758.98	5783.89	4814.42	6507.65
2. 社会救济收入					5.53				
3. 辞退金									
4. 赔偿收入									
5. 保险收入									
其中:失业保险金									
6. 赡养收入	15.63	27.78	72.26	41.67	253.46	89.29	265.79	595.00	1190.00
7. 捐赠收入	156.88	236.11	114.52	72.50	150.23	300.89	42.11	125.00	
9. 提取住房公积金									
10. 记帐补贴	41.25	46.67	29.03	29.00	27.65	37.50	66.32	69.00	66.00
11. 其他转移性收入						11.07			
三、出售财物收入	**3.40**	**6.05**	**0.32**	**9.67**	**10.52**	**1.68**	**1.32**	**2.84**	**5.68**
1. 出售住房收入									
2. 出售其他物品收入	3.40	6.05	0.32	9.67	10.52	1.68	1.32	2.84	5.68
四、借贷收入	**264.38**	**105.56**	**4136.42**	**801.67**	**595.39**	**4110.71**	**1437.37**	**6915.00**	**11450.00**
1. 提取储蓄存款	251.88	83.33	4136.42	801.67	411.06	4075.00	1437.37	5915.00	9450.00
2. 借入款	12.50	22.22			184.33				
3. 收回借出款									
4. 收回储蓄性保险本									
5. 兑售有价证券									
6. 收回投资本金									
7. 住房贷款								1000.00	2000.00
8. 汽车贷款									

8-15 续表　　(2010 年)　　单位:元

	最低 10%	更低 5%	低 10%	较低 20%	中间 20%	较高 20%	高 10%	最高 10%	更高 5%
9. 教育贷款									
10. 其他贷款						35.71			
11. 其他借贷收入									
五、家庭总支出	**7519.23**	**6905.02**	**13353.48**	**9855.52**	**13145.87**	**19634.00**	**20072.54**	**27613.94**	**30669.39**
(一)消费支出	6259.22	5720.48	12051.01	8433.87	11497.81	17262.02	16616.32	22677.32	26347.94
其中:服务性消费支出	1187.35	1411.26	2316.20	1899.90	3034.58	3929.15	4429.27	6005.49	6151.22
(二)购房与建房支出									
1. 购房									
2. 建房									
(三)转移性支出	654.50	772.72	463.68	938.37	1062.91	1389.99	2351.99	2392.05	2391.68
1. 交纳的个人收入税	5.63		28.84	5.75	8.17	85.80	74.57	500.80	147.99
2. 捐赠支出	368.34	479.83	291.29	786.97	975.80	959.61	1717.63	1462.50	2215.00
3. 购买彩票	25.63	45.56			3.69	0.04			
4. 赡养支出	230.63	243.33	129.03	123.33	57.14	305.36	428.42	400.00	
其中:在外就学子女费用			129.03	48.33		89.29	368.42	25.00	
5. 各种非储蓄性保险支出				10.00	1.11	1.29	12.63		
其中:车辆保险支出									
6. 其他转移性支出	24.28	4.00	14.52	12.32	17.00	37.90	118.74	28.75	28.69
(四)财产性支出				14.25			5.95		
1. 非生产性利息支出				14.25			5.95		
2. 其他									
(五)社会保障支出	605.51	411.83	838.79	469.03	585.15	981.99	1098.28	2544.58	1929.77
1. 个人交纳的养老基金	238.99	113.99	374.08	224.45	201.42	258.76	386.51	1022.25	785.00
2. 个人交纳的住房公积金	197.09	153.06	215.58	72.92	112.48	393.64	366.11	966.21	731.12
3. 个人交纳的医疗基金	152.81	135.12	215.15	146.50	245.87	301.16	284.92	472.07	313.26
4. 个人交纳的失业基金	16.63	9.67	33.98	23.77	25.12	28.43	50.62	61.25	54.79
5. 其他社会保障支出				1.39	0.26		10.13	22.80	45.60
六、借贷支出	**994.41**	**45.61**	**2157.71**	**3390.23**	**3014.19**	**5015.91**	**5443.79**	**23184.85**	**37349.69**
1. 存入储蓄款	968.75		2157.71	3259.01	2428.57	5000.91	5131.58	20064.85	31109.69
2. 借出款					239.63				
3. 归还借款					147.47		68.42	3100.00	6200.00
4. 储蓄性保险支出	25.66	45.61			14.19	15.00	22.74		
5. 购买有价证券									
6. 其它投资支出					184.33		157.89		
7. 归还住房贷款				108.85			31.58		
8. 归还汽车贷款				10.17					
9. 归还教育贷款									
10. 归还其他贷款									
11. 其他借贷支出				12.20			31.58	20.00	40.00
七、期末手存现金	**1206.31**	**1146.02**	**1358.52**	**1723.02**	**1576.06**	**1185.48**	**1844.06**	**2124.77**	**2725.18**

8-16 市城区按收入等级分的城镇居民家庭平均每人全年消费性支出

（2010年）

	最低 10%	更低 5%	低 10%	较低 20%	中间 20%	较高 20%	高 10%	最高 10%	更高 5%
消费支出	**6259.22**	**5720.48**	**12051.01**	**8433.87**	**11497.81**	**17262.02**	**16616.32**	**22677.32**	**26347.94**
#服务性消费支出	1187.35	1411.26	2316.20	1899.90	3034.58	3929.15	4429.27	6005.49	6151.22
一、食品	**2860.23**	**2276.61**	**2970.82**	**3178.71**	**3802.43**	**4985.13**	**5817.11**	**5681.24**	**6249.92**
（一）粮油类	619.20	376.59	556.67	665.31	712.10	760.99	1003.13	924.27	876.36
1.粮食	362.86	208.32	312.55	402.69	413.17	480.07	577.37	546.09	482.53
(1)大米	92.19	46.11	94.98	113.60	123.98	212.63	186.38	201.93	115.50
(2)面粉	63.22	22.88	50.50	62.00	93.33	105.64	90.97	63.35	49.89
(3)其他粮食	207.45	139.32	167.07	227.10	195.85	161.81	300.02	280.82	317.14
2.淀粉及薯类	50.15	19.47	47.66	45.27	38.10	38.61	56.76	43.50	49.41
3.干豆类及豆制品	62.22	41.12	68.50	70.31	60.57	59.54	97.92	76.75	104.56
4.油脂类	143.97	107.69	127.95	147.05	200.26	182.78	271.08	257.93	239.86
（二）肉禽蛋水产品类	620.22	501.72	720.64	761.32	917.49	1161.90	1482.69	980.99	900.43
1.肉类	372.10	293.87	449.04	437.04	584.86	806.51	935.83	575.67	507.81
(1)猪肉	217.07	140.61	235.51	232.49	195.62	320.83	380.06	272.88	261.12
(2)牛肉	44.88	22.64	75.83	75.78	119.91	176.71	158.15	63.07	54.63
(3)羊肉	39.24	37.83	62.34	59.90	166.53	159.32	205.85	78.77	40.55
2.禽类	67.07	41.72	115.89	113.18	132.70	129.77	225.80	201.58	193.86
(1)鸡	37.53	22.23	95.06	66.94	76.45	62.21	113.57	92.30	72.24
(2)鸭	13.12	6.34	3.99	10.73	10.11	7.73	21.47	13.31	16.12
3.蛋类	141.99	122.36	100.61	160.13	120.44	143.33	192.06	144.19	139.57
(1)鲜蛋	135.69	112.71	98.13	149.58	118.44	137.25	183.69	139.99	136.18
4.水产品类	39.06	43.78	55.10	50.97	79.49	82.30	129.00	59.56	59.19
(1)鱼	18.82	11.10	38.91	37.10	54.29	71.76	95.44	45.62	38.01
(2)虾	0.56	1.00	2.82	6.31	6.60	3.51	21.61	5.84	8.17
（三）菜类	373.09	178.54	339.30	368.02	362.82	461.05	582.28	476.10	478.73
1.鲜菜	351.08	165.05	323.35	336.12	327.54	411.65	522.75	419.49	391.96
2.干菜	10.37	5.26	5.87	16.21	22.41	19.58	39.72	44.46	66.66
（四）调味品	33.01	27.18	49.99	44.74	48.57	56.46	68.84	56.26	80.04
（五）糖烟酒饮料类	490.16	483.54	373.08	378.60	633.56	962.16	1035.08	781.15	858.02
1.糖类	27.28	28.83	15.96	26.71	36.64	31.26	31.12	38.99	57.16
2.烟草类	185.09	205.44	146.48	140.73	204.70	318.48	449.47	274.65	236.30
3.酒类	209.23	215.39	173.39	169.48	308.70	507.62	397.62	287.77	466.75
4.饮料	68.56	33.88	37.25	41.68	83.52	104.80	156.87	179.74	97.81
（六）干鲜瓜果类	129.76	95.48	160.03	201.29	226.66	186.14	352.93	316.09	414.97
（七）糕点、奶及奶制品	207.78	161.29	143.90	233.60	216.66	219.53	395.23	325.79	304.89
（八）其他食品	21.13	27.91	11.60	57.45	51.37	65.53	71.96	23.73	38.90
（九）饮食服务	365.89	424.34	615.62	468.38	633.20	1111.38	824.97	1796.87	2297.59
#在外饮食	365.89	424.34	615.62	467.88	631.74	1109.95	822.81	1796.52	2296.89
二、衣着	**985.42**	**949.10**	**1410.10**	**1454.08**	**1418.80**	**1945.91**	**2385.78**	**3928.06**	**4438.07**
（一）服装	713.47	672.06	973.19	970.46	931.00	1472.18	1695.21	2936.00	3317.40

8－16 续表1 (2010 年)

	最低	更低	低	较低	中间	较高	高	最高	更高
	10%	5%	10%	20%	20%	20%	10%	10%	5%
（二）衣着材料	1.30	2.32		1.97	4.62	13.59	11.26	10.80	21.60
（三）鞋类	226.08	238.73	376.55	391.89	369.24	367.12	550.55	851.57	949.43
（四）其他衣着用品	43.50	34.27	58.03	86.94	112.75	91.34	124.16	125.25	140.74
（五）衣着加工服务费	1.06	1.72	2.32	2.82	1.21	1.68	4.61	4.45	8.90
三、家庭设备用品及服务	**270.08**	**127.14**	**542.77**	**434.81**	**878.54**	**1621.04**	**1118.87**	**1286.06**	**1661.13**
（一）耐用消费品	163.69	41.61	325.65	206.65	506.06	1145.16	411.00	578.60	958.30
1. 家具	10.94	19.44		2.00	22.12	166.79		9.50	
2. 家庭设备	152.75	22.17	325.65	204.65	483.94	978.38	411.00	569.10	958.30
（二）室内装饰品			59.68						
（三）床上用品	7.00	2.44	2.87	53.75	47.94	16.73	68.42	43.20	62.50
（四）家庭日用杂品	93.01	73.64	135.71	142.85	277.67	406.45	289.97	607.21	529.03
（五）家具材料						17.21	31.58		
（六）家庭服务	6.38	9.44	18.87	31.56	46.88	35.48	317.89	57.05	111.30
四、医疗保健	**414.18**	**469.08**	**1615.20**	**690.26**	**1314.20**	**1087.40**	**1775.16**	**1946.35**	**1934.55**
（一）医疗器具			0.02	11.73	1.84	0.10	0.99	0.50	
（二）保健器具				11.67	64.85			5.00	10.00
（三）药品费	294.76	362.72	1207.57	306.98	683.10	668.01	942.54	1064.29	1153.44
（四）滋补保健品	4.84	8.61	67.23	81.86	96.13	96.37	145.31	606.37	563.74
（五）医疗费	106.66	89.22	340.39	275.19	418.53	309.75	649.95	254.79	206.57
（六）其他	7.92	8.53		2.83	49.74	13.18	36.37	15.40	0.80
五、交通和通讯	**526.20**	**623.50**	**3167.03**	**592.22**	**957.19**	**3749.86**	**1648.13**	**2959.63**	**3759.61**
（一）交通	190.70	281.50	2744.73	199.42	359.49	2849.08	488.26	1870.77	2220.19
1. 家庭交通工具	77.81	138.33	2619.35	64.67	62.67	2433.66	147.26	763.50	1527.00
2. 车辆用燃料及零配件	23.42	37.81	50.70	55.87	67.28	180.50	10.11	552.43	338.70
3. 交通工具服务支出	9.11	10.61	10.45	21.47	26.30	23.33	27.84	343.55	93.59
4. 交通费	80.36	94.75	64.23	57.42	203.24	211.59	303.05	211.30	260.90
（二）通信	335.50	342.00	422.30	392.80	597.70	900.78	1159.87	1088.86	1539.42
1. 通信工具	75.00	133.33		15.50	60.65	174.43	224.21	156.50	313.00
2. 通信服务	260.50	208.67	422.30	377.30	537.05	726.35	935.66	932.36	1226.42
（1）电信费	260.50	208.67	421.01	376.78	533.10	722.34	928.66	929.86	1221.42
（2）邮费			0.65	0.02	0.73		7.00	2.50	5.00
（3）其他			0.65	0.50	3.23	4.02			
六、教育文化娱乐服务	**558.53**	**846.78**	**1114.70**	**1080.00**	**1383.84**	**1833.57**	**2139.52**	**3068.67**	**2763.38**
（一）文化娱乐用品	96.32	135.07	193.77	356.49	198.75	341.88	590.41	701.27	1133.88
（二）文化娱乐服务	141.22	209.94	541.94	369.66	938.53	1090.36	1217.79	1762.20	1239.00
1. 参观游览	65.69	116.78	122.58		136.59	42.50	117.89	107.50	148.00
2. 健身活动			61.29	23.35	40.83	73.89	1.58		
3. 团体旅游	39.06	55.56	241.94	230.48	607.19	837.91	824.21	1422.15	876.30

8-16 续表2

(2010年)

	最低 10%	更低 5%	低 10%	较低 20%	中间 20%	较高 20%	高 10%	最高 10%	更高 5%
4. 其它文娱活动	36.47	37.61	116.13	115.49	153.92	136.05	273.32	210.05	214.70
5. 文娱用品修理服务费				0.33			0.79	22.50	
(三)教育	320.99	501.77	379.00	353.86	246.56	401.33	331.32	605.20	390.50
1. 教材	27.53	26.16	10.31	32.37	18.32	5.44	41.37	2.40	
2. 教育费用	293.47	475.61	368.69	321.49	228.24	395.89	289.95	602.80	390.50
(1)非义务教育学杂费	7.94	14.11	161.73	159.80	133.64	288.57	64.68		
(2)义务教育学杂费	5.22	9.28			7.59	1.25		11.00	
(3)托幼费	40.63	67.22	43.55	3.67	51.43	9.64		126.25	
(4)家教费	2.50			4.83					
(5)培训班	130.94	196.11	143.23	49.18	35.58	10.71	225.26	449.80	390.00
(6)其他	85.00	151.11	0.84	4.01		57.14		15.75	0.50
七、居住	**518.96**	**309.68**	**928.94**	**696.26**	**1259.83**	**1745.40**	**1067.17**	**2722.19**	**4309.33**
(一)住房	0.72	1.28	255.16	9.58	367.83	835.61	3.16	1581.40	3085.80
1. 租赁房房租									
3. 住房装潢支出			56.45	9.58	292.63	771.79		939.00	1878.00
4. 维修用建筑材料	0.72	1.28	189.03		75.21	55.96	3.16	540.40	1067.80
5. 其他			9.68			7.86		102.00	140.00
(二)水电燃料及其他	460.21	248.07	612.54	565.41	783.52	779.49	935.91	907.03	959.08
1. 水	61.50	36.20	101.20	73.69	119.74	143.59	119.03	144.89	124.74
2. 电	247.07	128.21	316.61	347.36	446.85	498.34	613.04	572.52	654.94
3. 燃料	151.64	83.67	194.74	136.28	216.93	130.96	201.43	189.63	179.40
4. 其他						1.79			
(三)居住服务费	58.03	60.33	61.23	121.27	108.48	130.30	128.11	233.76	264.45
1. 物业管理费	53.47	53.06	55.75	69.02	59.93	113.46	94.42	227.16	259.35
2. 维修服务费			4.84	1.08	45.42	8.75	26.84		
3. 其它	4.56	7.28	0.65	51.17	3.13	8.09	6.84	6.60	5.10
八、杂项商品和服务	**125.61**	**118.58**	**301.45**	**307.52**	**482.98**	**293.71**	**664.58**	**1085.12**	**1231.96**
(一)杂项商品	77.99	79.80	146.05	224.06	391.24	154.41	523.71	756.10	782.71
1. 金银珠宝饰品			0.19	53.27	84.70	14.29	32.74	294.40	342.80
2. 手表			48.39		1.46	2.75	72.63	29.45	58.90
3. 理发美容用具				1.17				5.50	
4. 化妆品	19.51	24.68	34.38	87.18	59.80	42.37	214.71	325.73	241.52
5. 其他杂品	58.48	55.12	63.09	82.45	245.28	95.00	203.64	101.02	139.49
(二)服务	47.63	38.78	155.39	83.47	91.74	139.31	140.87	329.03	449.25
1. 旅馆住宿费				1.33	5.35	7.98			
2. 理发洗澡费	46.25	37.72	70.51	51.32	69.33	66.16	103.50	232.75	325.00
3. 美容费			53.55	30.00	10.65	62.41	18.42	65.00	121.00
4. 其他服务	1.37	1.06	31.34	0.82	6.41	2.75	18.95	31.28	3.25

8-17 各县(市、区)城镇居民人均可支配收入

单位:元

	2000	2005	2006	2007	2008	2009	2010
全　　市	**4430**	**7831**	**8913**	**10713**	**12395**	**13498**	**15077**
宛城区	5217	8603	9917	11746	13546	14718	16402
卧龙区	5217	8713	9953	11780	13586	14762	16436
南召县	3826	6760	7655	9315	10803	11764	13141
方城县	4209	7026	7931	9525	11034	12016	13434
西峡县	4133	7130	7990	10012	11754	13007	14607
镇平县	3963	6931	7948	9433	10956	12085	13475
内乡县	4062	7100	7932	9747	11268	12272	13732
淅川县	3957	6798	7815	9658	11291	12488	14037
社旗县	3736	6294	7099	8424	9852	10901	12231
唐河县	4030	6874	7818	9658	11190	12231	13710
新野县	4081	7206	8187	9990	11655	12739	14217
桐柏县	4074	6772	7465	9163	10683	11763	13175
邓州市	4305	7294	8384	10217	11818	12990	14340

8-18 农民家庭基本情况

	单位	1985	1990	1995	2000	2005	2009	2010
调查户数	户	700	1190	1280	1410	1340	1340	1340
调查户常住人口	人	3596	5694	5735	5633	5398	5352	5363
平均每户常住人口	人	5.14	4.78	4.48	4.00	4.03	4.00	4.00
平均每户整、半劳动力	人	2.83	2.75	3.00	2.72	2.93	2.94	2.97
平均每个劳动力负担人口	人	1.81	1.74	1.50	1.47	1.37	1.36	1.35
平均每百个劳动力文化状况								
1. 文盲半文盲人数	人	23.21		15.60	3.91	3.33	2.52	2.69
2. 小学程度人数	人	35.57		28.25	24.9	16.11	13.52	13.92
3. 初中程度人数	人	33.80		42.59	59.29	67.68	68.32	67.68
4. 高中程度人数	人	6.96		12.68	10.46	9.57	11.84	11.56
5. 中专程度人数	人	0.40		0.76	1.23	2.01	2.49	2.61
6. 大专以上程度人数	人	0.05		0.13	0.21	1.30	1.24	1.53
平均每百人经营耕地面积	公顷	10.98	10.73	9.96	9.96	10.61	12.38	12.50
平均每百人经营山地面积	公顷	2.19	1.73	4.04	1.58	0.55	0.76	0.79
平均每人年内新建(购)住房面积	平方米	0.84		0.64	1.21	1.42	1.61	1.06
#砖木结构	平方米	0.56		0.13	0.17	0.18	0.48	0.14
钢筋混凝土结构	平方米	0.05		0.48	0.97	1.23	1.14	0.92
年内平均每平方米新建(购)房屋价值	元	36.78		155.06	218.08	356.61	475.86	642.09
年内平均每人新建(购)房屋中楼房面积	平方米	0.03		0.01	0.56	1.03	1.24	0.91
平均每人年末住房面积	平方米	11.57	14.01	17.98	23.49	25.97	31.16	32.19
#砖木结构	平方米	6.69		9.11	10.60	8.24	11.56	10.85
钢筋混凝土结构	平方米	0.42		4.78	10.83	16.97	17.93	19.82

8-19 农民家庭平均每人总收入

单位:元

	1985	1990	1995	2000	2005	2009	2010
全年总收入	**443.72**	**647.31**	**1760.16**	**2467.46**	**3840.64**	**6766.33**	**7635.72**
工资性收入	**27.43**	**40.02**	**108.82**	**404.08**	**747.89**	**1445.85**	**1689.06**
在非企业组织中劳动得到的收入			21.8	104.59	89.09	141.66	147.34
在本地企业中劳动得到的收入				106.5	74.97	640.53	799.62
#在本地乡镇企业得到的收入				61.7	43.14	120.86	156.91
常住人口外出从业得到的收入				125.01	339.68	663.66	742.10
家庭经营收入	**405.06**	**588.77**	**1563.11**	**1921.62**	**2930.38**	**4934.73**	**5519.64**
农业收入	302.45	411.2	1142.8	1385.43	2182.07	3610.45	4001.01
林业收入	4.98	4.41	6.9	11.96	27.18	33.96	40.14
牧业收入	48.79	85.61	250.07	321.85	468.09	775.01	862.29
渔业收入	0.49	1.11	0.34	7.82	3.39	5.97	4.15
工业收入	0.28	6.43	17.62	52.76	71.48	129.82	162.21
建筑业收入	4.47	6.95	22.04	20.61	28.8	84.70	112.24
交通运输、邮电业收入	2.94	7.67	12.18	24.94	35.38	72.15	78.65
批发和零售贸易、餐饮业收入	4.31	5.58	29.49	36.69	59.02	97.37	129.19
社会服务业收入	4.56	5	7.19	16.85	22.89	46.05	37.83
文教卫生业收入				4.92	8.01	19.32	23.45
其他家庭经营收入	4.59	6.19	32.39	34.78	23.6	59.61	68.5
财产性收入			**33.72**	**19.18**	**36.35**	**41.40**	**51.60**
转移性收入			**54.51**	**122.57**	**126.03**	**344.35**	**375.41**
#家庭非常住人口寄回和带回	7.21	4.92	24.69	55.15	27.2	42.60	38.09
亲友赠送收入				39.2	61.82	63.86	67.24
退耕还林还草补贴收入					2.71	2.42	2.24
粮食直接补贴收入					18.69	114.38	76.22

8-20 农民家庭人均现金收入构成

单位:元

	1985	1995	2000	2005	2009	2010
全年现金收入	**274.49**	**962.47**	**1506.55**	**2551.74**	**4809.94**	**5606.70**
1.工资性收入		108.7	391.33	746.99	1444.88	1688.93
2.家庭经营现金收入		742.8	998.81	1649.76	2998.11	3506.95
#农业现金收入	127.32	410.98	555.41	960.38	1755.59	2065.06
林业现金收入	4.35	4.44	3.69	26.52	28.92	37.20
牧业现金收入	39.27	177.52	224.77	409.88	700.76	788.96
渔业现金收入	0.45	0.2	6.43	3.33	5.97	4.10
工业现金收入	1.36	8.56	12.73	71.48	129.28	162.21
建筑业现金收入	4.45	22.04	20.61	28.8	84.43	111.81
交通、运输、邮电业现金收入	2.88	12.18	24.94	35.38	72.15	78.65
批零贸易业、饮食业现金收入		6.54		59.02	97.37	129.19
社会服务业现金收入	4.56	7.19	16.85	22.89	46.05	37.83
文教卫生业收入				8.01	19.32	23.45
其他家庭经营现金收入	2.42	32.86	31.43	23.6	57.94	68.50
3.转移性收入		65.3	97.79	119.14	330.57	369.32
4.财产性收入		45.67	18.62	35.83	36.38	41.50

8-21 农民家庭人均总支出构成

单位:元

	1985	1990	1995	2000	2005	2009	2010
全年总支出	**412.33**	**617.13**	**1518.44**	**1802.2**	**3091.24**	**5782.14**	**6462.71**
一、家庭经营费用支出	**92.14**	**148.21**	**534.35**	**380.41**	**815.88**	**1677.96**	**1875.80**
1.农业生产支出	62.77	98.32	346.72	219.62	553.06	1157.8	1235.58
2.林业生产支出	0.35	2	3.33	0.52	5.82	5.96	7.48
3.牧业生产支出	22.56	34.29	141.5	116.69	190.21	352.85	433.28
4.渔业生产支出	1.25	0.17	0.21	0.98	0.98	2.49	3.58
5.工业生产支出	0.1	0.38	4.1		24.1	59.47	58.19
6.建筑业支出	0.04	1.34	1.68	7.21	10.23	30.98	55.58
7.交通运输邮电业支出	0.47	2.1	3.75	6.03	10.87	18.48	20.98
8.批零贸易业、饮食业支出		0.44	8.4		12.72	30.6	43.63
9.文教卫生业					1.19	6.18	8.17
10.社会服务业支出	0.62	0.65	0.86	0.65	5.19	9.8	8.45
11.其他经营支出	1.03	4.89	13.94	4.55	1.5	3.34	0.87
二、购置生产性固定资产支出	**18.29**	**12.21**	**50.6**	**36.93**	**106.01**	**201.7**	**220.30**
三、建造生产性固定资产雇工支出					**0.2**	**3.01**	**0.63**
四、缴纳税款	**5.36**	**7.59**	**11.1**	**102.08**	**2.92**	**0.76**	**2.88**
五、生活消费支出	**269.95**	**400.13**	**870.13**	**1178.91**	**2005.75**	**3605.56**	**4012.18**

8-22 农民家庭人均纯收入构成

单位:元

	1985	1990	1995	2000	2005	2009	2010
全年纯收入	**317**	**439**	**1124**	**1889**	**2894**	**4931**	**5666**
一、按来源分							
1.工资性收入			109	404	748	1446	1689
2.家庭经营纯收入		388	933	1379	2033	3155	3607
3.转移性收入			49	87	76	289	318
4.财产性收入			33	19	36	41	52
二、按性质分							
生产性纯收入		398	1035	1767	2781	4601	5296
非生产性纯收入		41	89	122	113	330	370

8-23 农民家庭人均纯收入分组户数构成

单位:%

	1985	1990	1995	2000	2005	2009	2010
合计	**100**	**100**	**100**	**100**	**100**	**100**	**100**
100元以下的户	0.7	0.1					
100-200元的户	11.7	1.3			0.1	0.3	0.1
200-300元的户	37.6	11.5	0.8				
300-400元的户	30.4	22.1	0.4	0.1	0.1	0.2	0.4
400-500元的户	12	23.3	2.1	0.4		0.1	0.1
500-600元的户	4.6	18.6	2.8	1	0.1	0.1	0.1
600-800元的户	2.4	16.4	14.5	3.4	0.9	0.1	0.4
800-1000元的户	0.4	3.9	19.7	5.7	1.9	1.0	0.2
1000-1200元的户	0.1	2.3	44.1	9.6	1.9	1.5	1.0
1200-1300元的户				5.3	1	0.5	0.4
1300-1500元的户				13.1	3.7	0.9	0.7
1500-1700元的户		0.5	11.5	11.4	5.1	1.1	0.8
1700-2000元的户				13.4	9.3	1.9	2.2
2000-2500元的户		0.2	4.2	15.7	18.7	5.1	5.4
2500-3000元的户				9.6	18.1	6.6	6.3
3000-3500元的户				5.1	14.3	10.2	5.8
3500-4000元的户				2.8	9.2	9.8	7.8
4000-4500元的户				1.6	5.4	7.9	8.7
4500-5000元的户				1	3.4	7.9	8.1
5000元以上的户				1.1	7.1	44.6	51.3

8-24 农民家庭人均生活消费支出

单位:元

	1980	1985	1990	1995	2000	2005	2009	2010
全年生活消费支出	**133.70**	**269.95**	**400.13**	**870.13**	**1178.91**	**2005.75**	**3605.56**	**4012.18**
#货币性消费	74.60	144.88		473.37	830.13	1477.65	2882.87	3347.60
一、食品	**77.30**	**153.14**	**363.08**	**544.89**	**562.33**	**921.34**	**1363.01**	**1525.21**
#货币性消费	25.70	47.99		177.21	270.25	494.61	802.55	989.00
二、衣着	**17.20**	**27.34**	**36.89**	**70.56**	**69.98**	**112.24**	**195.69**	**215.14**
#货币性消费	16.80	26.35		68.56	69.15	111.60	195.38	215.04
三、居住				**100.70**	**218.27**	**437.54**	**1044.04**	**1113.80**
#货币性消费				73.62	162.41	337.33	882.45	986.19
四、家庭设备、用品及服务				**37.25**	**51.12**	**80.85**	**190.06**	**247.95**
#货币性消费				37.25	51.10	80.34	189.72	247.29
五、医疗保健				**30.46**	**54.56**	**103.98**	**228.50**	**265.00**
#货币性消费				30.46	54.56	103.98	228.50	265.00
六、交通和通讯				**14.23**	**47.91**	**150.91**	**324.63**	**366.94**
#货币性消费				14.23	47.91	150.91	324.63	366.94
七、文化、教育、娱乐用品及服务				**59.57**	**130.20**	**157.07**	**179.75**	**208.44**
#货币性消费				59.57	130.20	157.07	179.75	208.44
八、其他商品和服务				**12.47**	**44.55**	**41.82**	**79.89**	**69.70**
#货币性消费				12.47	44.55	41.82	79.89	69.70

8-25 农民家庭主要消费品人均消费量

	单位	1980	1985	1990	1995	2000	2005	2009	2010
粮食	千克	225.30	258.47	277.05	244.41	282.96	236.76	272.36	264.63
#小麦	千克	101.20	189.22		175.91	216.42	166.72	193.59	189.55
稻谷	千克	5.35	11.75		22.07	20.61	26.22	30.18	27.04
玉米	千克					36.35	37.41	41.62	41.92
薯类	千克					8.95	1.99	1.27	1.30
豆类及豆制品	千克					4.22	3.80	4.04	3.44
#大豆	千克					2.16	1.96	1.53	1.55
杂豆	千克					0.06	1.12	1.79	1.23
蔬菜及菜制品	千克	58.55	68.69	76.27	55.93	146.42	121.79	113.66	96.22
油脂类	千克	1.16	17.15	2.90	2.88	4.93	3.38	4.27	4.51
#植物油	千克	0.90	16.66	2.09	2.26	4.25	2.86	4.04	4.39
动物油	千克	0.26	0.49	0.81	0.62	0.68	0.52	0.23	0.12
肉禽及其制品	千克	4.15	5.43	5.76	5.07	12.98	11.00	12.22	14.07
#猪肉	千克	3.55	4.86	5.31	4.59	10.54	8.36	8.97	10.18
牛肉	千克					0.65	0.42	0.49	0.98
羊肉	千克					0.49	0.27	0.76	0.33
家禽	千克		0.35		0.15	1.17	1.58	1.64	2.17
肉禽制品	千克					0.05	0.38	0.35	0.41
蛋类及制品	千克	1.55	2.60	3.26	2.61	10.94	10.91	15.60	15.56
奶及奶制品	千克				0.09	0.11	0.73	2.31	3.19
水产品	千克	0.01	0.13		0.21	0.70	1.12	1.32	1.27
食糖	千克	0.60	1.24	1.70	1.94	1.43	1.18	1.12	0.97
酒和饮料	千克	1.00	1.74	2.77	3.09	5.58	6.83	7.36	7.53
瓜类	千克						1.98	3.69	3.12
水果类	千克						4.00	6.46	5.89
茶叶	千克						0.07	0.10	0.16
坚果	千克						0.19	0.39	0.44

8-26 农民家庭年末平均每百户主要耐用消费品拥有量

	单位	1980	1985	1990	1995	2000	2005	2009	2010
洗衣机	台			2.10	4.45	23.55	54.40	74.40	80.52
电冰箱	台				0.86	4.47	9.70	22.54	32.01
空调机	台					0.14	5.45	16.72	28.13
抽油烟机	台					0.50	0.90	1.87	3.43
吸尘器	台						0.15	0.52	0.07
微波炉	台					0.07	0.60	4.18	5.52
热水器	台					0.92	1.64	12.76	22.46
自行车	辆	37.50	91.29	119.92	136.33	145.46	130.22	124.93	128.06
摩托车	辆		0.14		0.55	12.06	43.06	62.76	69.48
汽车(生活用)	辆							0.07	0.22
固定电话机	部					22.48	54.70	44.33	40.67
移动电话	部					0.43	40.75	106.87	126.87
彩色电视机	台			2.10	5.55	37.09	73.66	96.94	98.36
黑白电视机	台		0.29	22.44	68.98	60.64	33.73	12.69	11.87
摄像机	台						0.45	0.15	0.15
影碟机	台					6.31	21.04	24.55	23.43
照相机	架		0.29	0.34	0.39	0.92	0.90	2.09	1.87
家用计算机	台					1.28	0.52	1.34	4.33
中高挡乐器	件					0.43	0.52	0.67	0.52

8-27 各县(市、区)农民人均现金收入

单位:元

	1995	2000	2005	2009	2010
全　　市	**962**	**1507**	**2552**	**4810**	**5607**
宛 城 区	1246	1879	2895	5469	6535
卧 龙 区	1132	1976	3062	5865	7359
南 召 县	832	940	2057	3511	3902
方 城 县	714	1351	2263	4068	5011
西 峡 县	700	1832	2996	5697	6675
镇 平 县	1170	1750	2853	4876	5651
内 乡 县	1042	1594	2698	4793	5085
淅 川 县	751	1120	2122	3753	4865
社 旗 县	742	1142	2152	4869	5747
唐 河 县	1091	1683	2722	4761	5376
新 野 县	1427	1517	2869	5703	6393
桐 柏 县	717	920	1471	3202	3576
邓 州 市	887	1496	2546	5264	5955

8-28 各县(市、区)农民人均纯收入

	1978	1980	1985	1990(老)	1990(新)	1995	2000	2005	2009	2010
全　　市	**65**	**148**	**317**	**439**	**487**	**1124**	**1889**	**2894**	**4931**	**5666**
宛 城 区	78	170	364	487	552	1458	2122	3153	5533	6486
卧 龙 区	90	108	371	770	801	1070	2002	2956	5132	6097
南 召 县	55	62	186	351	393	1040	1461	2448	3828	4306
方 城 县	65	71	292	386	413	999	1901	2685	4626	5246
西 峡 县	53	58	256		370	983	1938	3004	5514	6512
镇 平 县	87	139	357	510	588	1355	2192	3281	5396	6254
内 乡 县	42	134	296	420	471	1144	1976	2955	4906	5196
淅 川 县	41	48	126	321	355	925	1369	2356	3994	4237
社 旗 县	70	92	341	493	471	1038	1477	2290	3691	4069
唐 河 县	91	111	341	441	482	1203	2097	3189	5310	5919
新 野 县	60	84	309	430	462	1239	1960	3240	5561	6489
桐 柏 县	63	60	149		417	1123	1365	1929	3447	3857
邓 州 市	50	152	280	417	474	1080	1989	3104	5481	6141

注释:1. 卧龙、宛城两区 1993 年以前数据分别为原南阳市、南阳县数据;
2. 1990 年以后数据为新口径数据。

8-29 各县（市、区）农民

（2010

	总收入	工资性收入	家庭经营收入	第一产业收入	# 粮食收入	第二产业收入	第三产业收入	财产性收入	转移性收入
市区	7635.72	1689.06	5519.64	4907.59	2338.16	274.45	337.61	51.60	375.41
宛城区	9590.96	1575.26	7619.73	6285.29	2744.61	774.65	559.79	107.82	288.15
卧龙区	9589.21	3129.52	5800.11	5042.94	1922.22	473.72	283.45	55.07	604.51
南召县	5660.13	1024.08	4482.75	3751.73	977.26	359.16	371.86	4.83	148.47
方城县	6695.67	1659.80	4492.29	4317.91	2359.26	34.91	139.47	57.66	485.92
西峡县	8399.55	1852.79	5956.93	5810.57	601.27	81.67	64.69	238.72	351.10
镇平县	7588.07	1951.56	5315.76	3751.93	1907.31	1138.50	425.33	36.18	284.56
内乡县	6961.20	2132.09	4440.32	3984.24	1639.08		456.08	16.52	372.27
淅川县	6460.48	1641.19	4472.12	3550.82	1521.17	489.25	432.05	10.85	336.32
社旗县	7163.90	862.72	5977.56	5395.78	2805.22		581.77	0.28	323.35
唐河县	8088.08	1035.75	6745.13	6466.59	3226.27	53.41	225.14	8.33	298.88
新野县	8995.82	2440.06	6189.37	5970.93	2833.15	7.84	210.60	8.26	358.13
桐柏县	4669.88	1376.07	2932.71	2271.50	1357.63	92.29	568.93	73.97	287.13
邓州市	7841.20	1660.78	5565.95	5119.84	3185.79	129.99	316.12	100.85	513.61

8-30 各县（市、区）农民

（2010

	期内现金收入	工资性收入	家庭经营现金收入	财产性收入	转移性收入	非收入现金所得	非借贷性现金所得	借贷性现金所得	期内现金支出
市区	5606.70	1688.93	3506.95	41.50	369.32	483.64	129.43	354.21	5538.30
宛城区	6535.48	1575.26	4564.25	107.82	288.15	243.40	159.97	83.42	6989.64
卧龙区	7359.31	3129.52	3584.03	55.07	590.69	531.71	229.41	302.30	6030.00
南召县	3902.36	1024.08	2745.78	4.83	127.67	138.43	23.69	114.73	3243.96
方城县	5010.53	1659.80	2809.93	54.87	485.92	250.03	84.88	165.15	5244.78
西峡县	6674.89	1852.79	4232.27	238.72	351.10	831.13	433.56	397.57	6731.06
镇平县	5650.85	1951.56	3391.75	24.59	282.96	895.79	121.09	774.70	5705.06
内乡县	5085.24	2132.09	2616.49	16.52	320.14	520.72	327.67	193.05	4990.58
淅川县	4864.80	1639.20	2878.42	10.85	336.32	148.81	108.03	40.78	5671.05
社旗县	5746.64	862.72	4560.30	0.28	323.35	24.22	24.22		5701.64
唐河县	5376.01	1035.75	4033.05	8.33	298.88	321.01	63.46	257.55	5596.77
新野县	6392.67	2440.06	3589.21	8.26	355.14	555.40	81.47	473.93	6691.20
桐柏县	3575.97	1376.07	1849.79	73.97	276.14	406.01	149.36	256.65	3827.32
邓州市	5954.95	1660.78	3736.74	45.92	511.52	926.39	121.61	804.78	5262.54

家 庭 总 收 支 情 况

年）

单位:元/人

总支出	家庭经营费用支出				购置生产性固定资产支出	建、造生产性固定资产雇工支出	税费支出	生活消费支出	财产性支出	转移性支出
		第一产业生产费用支出	第二产业生产费用支出	第三产业生产费用支出						
6462.71	1875.80	1679.91	113.78	82.11	220.30	0.63	2.88	4012.18	10.01	340.92
8453.64	2949.20	2571.71	256.33	121.16	66.54			5279.22	5.99	152.68
8098.59	3323.47	2877.59	229.66	216.22	24.68		0.11	4520.22		230.11
4521.85	1198.10	1034.59	77.54	85.97	154.29			3146.80		22.66
5829.10	1260.67	1229.34	4.49	26.84	368.50		22.00	3729.11	1.52	447.31
7142.31	1796.73	1661.56	101.06	34.11	288.56		0.02	4402.22	0.93	653.85
6455.46	1207.43	664.37	363.26	179.80	388.99		0.54	4418.73	0.73	439.04
6145.06	1524.89	1310.58	5.05	209.26	56.77			4107.83	7.37	448.20
5923.18	1998.47	1475.33	457.62	65.52	190.69	9.71		3622.71		101.59
6566.53	2990.93	2990.93			93.66			3439.85		42.09
6264.36	2007.45	1958.54	9.81	39.10	229.61		4.58	3581.85	0.80	440.07
8224.67	2324.64	2276.92	13.65	34.06	536.19			4960.08		403.76
4347.34	681.85	610.09	9.34	62.42	34.77			3249.82	5.93	374.98
6077.14	1505.59	1396.40	50.81	58.38	185.60			3900.48	54.23	431.23

家 庭 现 金 收 支 情 况

年）

单位:元/人

生产费用支出	税费支出	生活消费支出	财产性支出	转移性支出	非消费性支出	非借贷性支出	储蓄、借贷性支出	期末金融资产余额	期末债务余额
1837.07	2.88	3347.60	10.01	340.76	728.30	147.42	580.88	3571.90	109.54
2383.14		4447.83	5.99	152.68	950.30	356.37	593.93	700.14	140.31
2323.56	0.11	3478.51		227.82	549.98	463.96	86.02	1383.23	
972.04		2249.25		22.66	304.04	304.04		327.53	
1570.53	22.00	3203.43	1.52	447.31	236.13	22.99	213.14	1747.92	251.56
2085.29	0.02	3990.97	0.93	653.85	940.47	313.43	627.04	7525.50	10.78
1584.54	0.54	3680.21	0.73	439.04	2056.09	54.34	2001.75	8603.95	
1264.71		3270.30	7.37	448.20	423.86	73.86	349.99	2515.76	25.26
2185.30		3384.16		101.59	94.49	67.25	27.23	299.65	38.11
3066.40		2593.16		42.09	159.50	159.50		899.16	
2026.89	4.58	3124.43	0.80	440.07	134.49	51.04	83.46	3632.30	
1831.29		4456.15		403.76	449.37	70.67	378.70	6062.58	568.58
714.73		2732.03	5.93	374.63	616.41	574.80	41.61	2896.21	521.98
1663.77		3113.30	54.23	431.23	1571.36	37.56	1533.80	5711.27	56.69

8-31 各县(市、区)农民家庭纯收入情况

(2010年)

单位:元

	全年纯收入	工资性收入	#外出从业得到收入	家庭经营纯收入	第一产业纯收入	第二产业纯收入	第三产业纯收入	财产性纯收入	转移性纯收入	现金纯收入	实物纯收入
全市	**5666.01**	**1689.06**	**742.10**	**3606.88**	**3204.12**	**157.53**	**245.23**	**51.60**	**318.46**	**3882.45**	**1783.56**
宛城区	6485.61	1575.26	606.40	4539.97	3601.97	514.88	423.13	107.82	262.57	4128.01	2357.60
卧龙区	6097.13	3129.52	563.19	2355.16	2072.67	238.96	43.54	55.07	557.37	4965.22	1131.91
南召县	4306.04	1024.08	375.63	3152.84	2604.16	278.40	270.28	4.83	124.29	3015.32	1290.72
方城县	5246.20	1659.80	1170.65	3111.23	2979.19	30.32	101.72	57.66	417.50	3668.88	1577.31
西峡县	6512.13	1852.79	285.71	4088.65	4087.17	-20.02	21.50	238.72	331.96	4823.23	1688.90
镇平县	6254.12	1951.56	764.09	4029.49	3041.75	762.83	224.92	36.18	236.89	4369.54	1884.58
内乡县	5196.40	2132.09	1361.29	2805.88	2587.99	-5.05	222.95	16.52	241.90	3744.28	1452.11
淅川县	4236.89	1641.19	288.98	2298.56	1900.40	31.63	366.53	10.85	286.28	2742.32	1494.57
社旗县	4068.52	862.72	401.28	2890.72	2308.94		581.77	0.28	314.81	2717.41	1351.11
唐河县	5918.72	1035.75	616.34	4603.73	4382.17	36.47	185.09	8.33	270.92	3481.50	2437.22
新野县	6489.33	2440.06	941.54	3755.65	3584.92	-5.81	176.54	8.26	285.36	4973.24	1516.09
桐柏县	3856.99	1376.07	370.99	2154.57	1593.73	78.20	482.65	73.97	252.38	2824.09	1032.90
邓州市	6141.04	1660.78	1024.25	3975.81	3647.05	78.27	250.49	100.85	403.60	4326.58	1814.45

8-32 各县(市、区)农民家庭可支配收入情况

(2010年)

单位:元

	全年可支配收入	工资性收入	#外出从业得到收入	家庭经营收入	第一产业纯收入	第二产业纯收入	第三产业纯收入	财产性纯收入	转移性纯收入
全市	**5297.50**	**1689.06**	**742.10**	**3606.88**	**3204.12**	**157.53**	**245.23**	**41.59**	**34.49**
宛城区	6352.52	1575.26	606.40	4539.97	3601.97	514.88	423.13	101.82	135.47
卧龙区	5914.15	3129.52	563.19	2355.16	2072.67	238.96	43.54	55.07	374.39
南召县	4307.55	1024.08	375.63	3152.84	2604.16	278.40	270.28	4.83	125.80
方城县	4865.79	1659.80	1170.65	3111.23	2979.19	30.32	101.72	56.15	38.62
西峡县	5876.49	1852.79	285.71	4088.65	4087.17	-20.02	21.50	237.80	-302.76
镇平县	5862.02	1951.56	764.09	4029.49	3041.75	762.83	224.92	35.45	-154.47
内乡县	4871.20	2132.09	1361.29	2805.88	2587.99	-5.05	222.95	9.15	-75.93
淅川县	4185.33	1641.19	288.98	2298.56	1900.40	31.63	366.53	10.85	234.73
社旗县	4034.97	862.72	401.28	2890.72	2308.94		581.77	0.28	281.26
唐河县	5505.81	1035.75	616.34	4603.73	4382.17	36.47	185.09	7.52	-141.19
新野县	6158.34	2440.06	941.54	3755.65	3584.92	-5.81	176.54	8.26	-45.63
桐柏县	3510.84	1376.07	370.99	2154.57	1593.73	78.20	482.65	68.04	-87.85
邓州市	5765.59	1660.78	1024.25	3975.81	3647.05	78.27	250.49	46.62	82.38

8-33 各县(市、区)农民家庭生活消费支出情况

(2010年)

单位:元

	生活消费支出	#服务性支出	食品消费支出	衣着消费支出	居住消费支出	家庭设备用品消费支出	交通和通讯消费支出	文化教育娱乐消费支出	医疗保健消费支出	其他商品和服务消费支出
全　　市	**4012.18**	**860.24**	**1525.21**	**215.14**	**1113.80**	**247.95**	**366.94**	**208.44**	**265.00**	**69.70**
宛城区	5279.22	1091.75	2172.82	248.30	1241.74	383.31	502.92	239.48	363.12	127.52
卧龙区	4520.22	1091.36	2165.23	295.78	726.96	334.51	341.91	290.69	310.94	54.21
南召县	3146.80	502.04	1543.43	267.77	566.43	175.06	338.32	91.08	116.96	47.75
方城县	3729.11	863.74	1357.11	217.87	1049.65	238.34	322.24	191.23	315.39	37.28
西峡县	4402.22	1206.74	1598.92	158.29	1373.06	249.33	311.70	243.73	415.53	51.66
镇平县	4418.73	841.58	1578.38	279.07	1325.09	315.03	384.36	210.74	288.45	37.62
内乡县	4107.83	1346.17	1356.90	200.45	826.91	240.10	429.34	371.12	357.94	325.07
淅川县	3622.71	432.95	1795.62	164.73	1054.52	146.41	223.83	98.71	118.25	20.64
社旗县	3439.85	361.15	1595.86	151.02	1016.80	177.21	247.78	54.49	89.33	107.35
唐河县	3581.85	704.26	1335.79	222.40	910.72	304.92	375.02	171.58	206.42	55.01
新野县	4960.08	956.60	1409.83	263.29	2033.49	231.54	491.68	197.22	272.43	60.59
桐柏县	3249.82	978.03	1263.66	270.13	528.79	225.48	263.12	346.75	289.26	62.61
邓州市	3900.48	977.52	1251.66	137.32	1305.34	192.22	411.35	255.57	310.74	36.28

8-34 农村居民家庭按收入水平分组的基本情况

（2010年）

单位:元

项目	低收入户	中低收入户	中等收入户	中高收入户	高收入户
平均每户常住人口(人)	4.56	4.27	4.07	3.77	3.34
平均每户整半劳动力(人)	3.26	3.07	2.91	2.85	2.75
平均每个劳动力负担人口(人)	1.40	1.39	1.40	1.32	1.22
平均每人总收入	4268.48	5599.96	6896.49	8509.80	13632.06
#现金收入	2778.80	3933.47	5204.11	6413.22	10632.65
平均每人总支出	4908.00	5579.04	5514.07	6452.61	9726.00
#现金支出	2778.80	3933.47	5204.11	6413.22	10632.65
全年纯收入	2601.88	3938.03	5117.99	6581.51	10358.04
工资性收入	758.90	1180.75	1746.75	2154.66	3080.63
家庭经营收入	1632.61	2446.39	3052.66	3995.84	6679.43
第一产业	1558.03	2214.16	2708.00	3441.48	5799.42
农业收入	1546.15	2066.96	2411.89	2956.81	4301.89
林业收入	6.41	32.53	34.50	51.98	83.50
牧业收入	6.12	113.47	263.26	424.00	1415.91
渔业收入	-0.65	1.21	-1.64	8.68	-1.87
第二产业	3.39	83.72	149.83	258.24	305.37
工业收入	7.28	44.10	81.16	154.82	209.32
建筑业收入	-3.89	39.62	68.66	103.41	96.05
第三产业	71.19	148.51	194.83	296.13	574.64
交通、运输、邮电业收入	8.42	8.78	23.19	108.80	160.40
批发、零售贸易及餐饮业收入	29.76	70.51	60.59	71.01	185.09
社会服务业收入	1.28	10.88	51.61	21.89	81.23
文教卫生业收入	-3.61	2.44	15.03	-0.09	44.31
其他收入	35.35	55.91	44.41	94.52	103.60
财产性收入	29.82	52.15	40.66	75.92	76.81
转移性收入	180.54	258.74	277.92	355.08	521.18
全年可支配收入	2434.84	3708.10	4845.23	6249.77	9909.04

主要统计指标解释

城镇居民家庭全部收入 指被调查城镇居民家庭全部的实际收入，包括经常或固定得到的收入和一次性收入。不包括周转性收入，如提取银行存款、向亲友借款、收回借出款以及其他各种暂收款。

城镇居民家庭可支配收入 指被调查的城镇居民家庭在支付个人所得税、财产税及其他经常性转移支出后所余下的实际收入。

城镇居民家庭消费性支出 指被调查的城镇居民家庭用于日常生活的全部支出，包括购买商品支出和文化生活、服务等非商品性支出。不包括罚没、丢失款和缴纳的各种税款（如个人所得税、牌照税、房产税等），也不包括个体劳动者生产经营过程中发生的各项费用。

城镇居民家庭购买商品支出 指被调查的城镇居民家庭为自用或赠送亲友而购买商品的全部支出，包括从商店、工厂、饮食业、工作单位食堂、集市以及直接从农民手中购买各种商品的开支。商品支出分为以下八类：食品；衣着；家庭设备用品及服务；医疗保健；交通与通信；娱乐、教育、文化服务；居住；杂项商品和服务。

农村居民家庭纯收入 指农村常住居民家庭总收入中，扣除从事生产和非生产经营费用支出、缴纳税款和上交承包集体任务金额以后剩余的，可直接用于进行生产性、非生产性建设投资、生活消费和积蓄的那一部分收入。农村居民家庭纯收入包括从事生产性和非生产性的经营收入，取自在外人口寄回带回和国家财政救济、各种补贴等非经营性收入；既包括货币收入，又包括自产自用的实物收入。但不包括向银行、信用社和向亲友借款等属于借贷性的收入。

农村居民家庭生活消费支出 指农村常住居民家庭用于日常生活的全部开支，是反映和研究农民家庭实际生活消费水平高低的重要指标。

农民家庭总收入 是指调查期内农村住户和住户成员从各种来源渠道得到的收入总和。按收入的性质划分为工资性收入、家庭经营收入、财产性收入和转移性收入。

农民家庭现金收入 指农村住户和住户成员在调查期内得到以现金形态表现的收入。按来源分成工资性收入、家庭经营现金收入、财产性收入、转移性收入。

9

城市建设

资料整理：宋　秋　鲁　乔　马嵩阳

9-1 南阳中心城区建设基本情况

	2000	2005	2006	2007	2008	2009	2010
城区人口数(万人)	59.8	70	75.84	83.29	88.07	91.88	94.21
城区暂住人口(万人)		9	22.5	17.04	17.18	16.77	17.62
城区面积(平方公里)	70	70	208.81	208.81	217.51	217.51	225.14
#建成区面积	37	58	70	74.59	80.72	80.72	91.85
城区人口密度(人/平方公里)		10000	3632	4805	4839	4995	4967
城市建设用地面积(平方公里)	36.31	58.87	64.73	68.28	71.06	77.16	85.39
#居住用地	5.38	12.16	13.68	15.22	16.52	18.87	20.60
本年征用土地面积(平方公里)	1.52		2.18	1.39	1.53	1.49	3.76
年底供水综合生产能力(万立方米/日)	34.14	32.1	35.4	36.4	36.40	39.4	41.40
全年供水总量(万立方米)	7741	5458	5462	4265	4045	3872	4729
#居民家庭用水量	2401	2024	1934	1236	1316	1363	1600
人均日生活用水量(升)	123.05	99.31	90.66	78.28	82.34	88.29	87.16
用水普及率(%)	83.75	91.00	91.77	71.17	68.61	65.75	68.36
用气人口(万人)	37.5	51.48	47.84	61.35	65.87	69.31	75.11
燃气普及率(%)	63	73.54	63.08	61.15	62.58	63.79	67.16
集中供热面积(万平方米)	44.87	50	58	58	58	58	63.7
道路长度(千米)	200	222	274	469	482	539	579
道路面积(万平方米)	278	531	637	812	892	926	981
人均道路面积(平方米)		7.59	8.4	8.09	8.48	8.52	8.78
排水管道长度(千米)	320	468.63	476	499	566	625	698
污水处理率(%)		43.09	43.52	50.74	60.01	62.45	66.45
建成区绿化覆盖面积(公顷)	872	2134	2213	2532	2566	2583	2838
建成区绿化覆盖率(%)	23.57	36.80	31.61	33.95	31.79	32.00	29.10
公园绿地面积(公顷)	652.5	969.81	1218	1226	1237	1237	1238
人均公园绿地面积(平方米)	10.92	13.85	16.06	12.22	11.75	11.39	11.07
公园个数(个)	28	31	6	6	6	6	6
公园面积(公顷)	464.06	470.12	748	748	748	748	748
生活垃圾清运量(万吨)	23.2	25	26.5	24.7	27.5	29.52	30.96
生活垃圾无害化处理率(%)	100	100	100	100	100	100	96.67

注:1.本部分资料来源于南阳市建设委员会城市建设年报。

2.本部分资料中中心城区不含市辖建制镇。

3.按照建设部要求,南阳市(不含南阳油田)城区面积,2000-2005年为北起312国道、南至长江路、西至北京路、东至机场路的闭合区域;2006年起为全市十五个办事处和一个七里园乡所辖的全部土地面积;2010年起为全市十五个办事处、七里园乡、南阳生态工业园区和南阳高新技术产业集聚区白河南区的全部土地面积。

4.绿化覆盖面积不含水域,绿地面积含水域。2005年以前公园个数含面积在400平方米以上,宽度不小于8米的小游园。2006年起指综合公园、专类公园和带状公园。

5.2010年报中人均指标含有暂住人口。

9-2 城 市 市 政 公

（2010 年，

	人口密度（人/平方公里）	人均日生活用水量（升）	用水普及率（%）	燃气普及率（%）	人均城市道路面积（平方米）
中心城区	4967	87.16	68.36	67.16	8.78
南召县	2657	119.20	74.40	37.64	11.07
方城县	4435	227.44	76.76	44.12	15.76
西峡县	1308	106.69	70.49	51.02	16.74
镇平县	1597	85.95	88.70	32.70	14.75
内乡县	2433	113.81	90.68	29.86	17.88
淅川县	605	102.61	75.95	15.10	6.50
社旗县	2547	128.05	69.87	19.44	13.93
唐河县	4215	126.03	64.18	16.47	10.95
新野县	6770	75.94	67.50	34.61	8.70
桐柏县	748	103.85	84.23	34.38	14.79
邓州市	6475	84.46	75.52	34.02	12.18

9-3 人 口 和

（2010

	城区面积（平方公里）	城区人口（万人）	暂住人口（万人）	建成区面积（平方公里）	城市		
					合计	居住用地	公共设施用地
中心城区	225.14	94.21	17.62	91.85	85.39	20.60	18.77
南召县	30.00	7.51	0.46	12.00	14.74	3.89	0.77
方城县	23.00	8.60	1.60	16.00	15.79	6.50	1.79
西峡县	128.00	14.40	2.34	15.00	19.88	5.70	1.97
镇平县	108.00	16.20	1.05	18.10	17.83	4.74	3.07
内乡县	30.00	6.60	0.70	10.60	9.77	3.55	1.20
淅川县	387.50	22.06	1.39	18.53	13.11	3.02	0.84
社旗县	50.30	12.42	0.39	16.35	16.35	3.57	2.12
唐河县	59.48	14.87	10.20	20.21	10.87	4.16	1.00
新野县	30.00	15.60	4.71	18.00	18.08	4.42	2.90
桐柏县	136.50	10.06	0.15	11.10	12.17	3.35	1.52
邓州市	40.00	22.70	3.20	24.99	18.95	5.80	1.71

用 设 施 水 平

含暂住人口)

建成区供水管道密度(公里/平方公里)	建成区排水管道密度(公里/平方公里)	污水处理率(%)	污水处理厂集中处理率	人均公园绿地面积(平方米)	建成区绿化覆盖率(%)	建成区绿地率(%)	生活垃圾无害化处理率
7.92	7.60	66.45	66.45	11.07	29.10	24.79	96.67
5.12	5.75	66.82	66.82	2.63	4.83	3.92	89.58
11.94	10.38	73.25	73.25	3.04	7.00	5.63	100.00
7.50	9.13	37.07	37.07	15.41	39.67	34.80	
8.81	6.30	84.04	84.04	3.71	10.11	8.73	90.68
6.79	9.25	52.80	52.80	1.10	8.21	6.98	98.71
6.74	5.02	41.46	41.46	18.08	36.37	29.68	71.62
6.62	7.52	81.07	81.07	1.09	5.20	3.00	88.61
3.51	4.95	53.73	53.73	1.32	7.92	4.55	61.98
3.69	5.17	77.38	77.38	2.17	3.78	3.61	64.44
10.06	9.01	95.39	95.39	13.52	45.05	34.23	100.00
20.60	5.76	94.48	94.48	7.03	35.97	30.89	100.00

建 设 用 地

年)

建设用地面积(平方公里)							本年征用土地面积(平方公里)	
工业用地	仓储用地	对外交通用地	道路广场用地	市政公用设施用地	绿地	特殊用地		#耕地
16.82	2.67	3.07	12.66	4.90	5.69	0.21	3.76	1.66
6.85	0.23	0.77	1.13	0.41	0.51	0.18	0.20	0.03
1.60	0.30	0.75	2.83	0.57	1.15	0.30	0.40	0.32
3.51	0.51	1.71	2.30	0.55	2.59	1.04		
3.36	0.46	1.05	2.18	0.92	1.92	0.13		
1.76	0.25	0.64	1.11	0.52	0.67	0.07	0.40	
1.98	0.43	0.35	2.39	2.98	1.02	0.10	0.07	
3.68	0.92	1.11	2.12	0.90	1.88	0.05	0.21	0.17
0.86	0.52	0.53	2.27	0.64	0.69	0.20	0.01	0.01
4.80	0.93	0.69	2.19	0.91	1.13	0.11	0.09	
1.12	0.20	0.50	1.50	0.95	2.73	0.30		
2.80	1.42	1.45	2.35	0.20	3.22			

9-4 城市供水、

(2010

	供水综合生产能力（万立方米/日）	地下水	供水管道长度（公里）	全年供水总量（万立方米）	生产运营用水
中心城区	41.40	36.60	727.18	4729.00	1758.00
南召县	3.70	1.10	61.40	490.10	175.10
方城县	3.90	3.90	191.00	1071.00	281.00
西峡县	4.00	3.55	112.54	1310.10	828.20
镇平县	4.90	1.10	159.50	1294.00	588.00
内乡县	3.50	3.00	72.00	1086.00	655.00
淅川县	4.19	4.09	124.90	1342.50	497.50
社旗县	2.11	2.11	108.20	626.51	165.10
唐河县	3.48	3.12	71.00	1257.99	308.70
新野县	3.71	1.50	66.48	799.00	379.00
桐柏县	6.73	0.79	111.70	695.90	305.00
邓州市	10.10	10.10	514.91	1204.15	476.00

9-5 城市道路、桥

(2010

	道路长度（公里）	道路面积（万平方米）	#人行道	桥梁数（座）
中心城区	579	981	344	82
南召县	56.6	88.2	26.5	23
方城县	92.9	160.8	47.1	12
西峡县	93.4	280.2	80.5	24
镇平县	95.9	254.4	77.8	43
内乡县	64.4	130.5	31.4	9
淅川县	78.5	152.4	46.4	34
社旗县	97.7	178.5	30	4
唐河县	103.4	274.4	70.1	38
新野县	82.7	176.6	65	18
桐柏县	78.3	151	22.3	34
邓州市	154.5	315.4	42	47

排　水　情　况

年)

公共服务用水	居民家庭用水	用水户数（户）	#家庭用户	用水人口（万人）	排水管道长度（公里）	#污水管道
752.00	1600.00	116989	113397	76.45	698	159
60.00	198.00	14921	14471	5.93	69	16
208.00	442.00	26685	26205	7.83	166	78
135.10	324.40	36712	33512	11.80	137	20
100.00	380.00	46719	43715	15.30	114	33
68.00	207.00	14610	13860	6.62	98	16
176.00	491.00	29442	27337	17.81	93	30
79.30	339.00	20361	19872	8.95	123	26
267.00	473.17	24031	23181	16.09	100	18
149.00	211.00	36162	34445	13.71	93	
176.00	144.00	15942	15146	8.60	100	43
186.00	417.00	43575	42285	19.56	144	27

梁、防　洪　堤　情　况

年)

道路照明灯盏数（千盏）	安装路灯的道路长度（公里）	防洪堤长度（公里）	#百年一遇标准	#五十年一遇标准
20109	244	39	12	10
1262	20	13		13
2561	86	12		12
2316	52	16		
11500	65	4		
9087	60	8		6
6150	57	14	14	
5855	86	5		5
3969	39	6		
2513	13	7		2
4338	78	15		14
8792	76	35		

9-6 城市园林绿化情况

(2010年)

	绿化覆盖面积(公顷)	#建成区	园林绿地面积(公顷)	#建成区	公共绿地面积(公顷)	公园个数(个)	公园面积(公顷)
中心城区	2838	2673	2285	2277	1238	6	748
南召县	60	58	48	47	21	2	39
方城县	128	112	90	90	31		
西峡县	595	595	522	522	258	1	180
镇平县	317	183	161	158	64	1	33
内乡县	110	87	74	74	8	1	2
淅川县	674	674	550	550	424	1	420
社旗县	98	85	51	49	14	1	12
唐河县	189	160	118	92	33	1	2
新野县	101	68	69	65	44	1	23
桐柏县	800	500	380	380	138	1	2
邓州市	930	899	772	772	182	1	35

9-7 城市燃气及集中供热情况

(2010年)

	液化气供气总量(吨)	#居民家庭	用气总户数(户)	家庭用户	用气总人口(万人)	集中供热面积(万平方米)	住宅
中心城区	13436.00	12982.00	144243	144243	49.76	63.7	49.3
南召县	638.00	636.00	7260	7240	3.00		
方城县	1762.00	1350.00	15200	15000	4.50		
西峡县	2241.00	2176.00	24380	24131	8.54		
镇平县	1452.32	1449.32	16103	16103	5.64		
内乡县	572.00	530.00	5892	5880	2.18		
淅川县	1840.00	1070.00	11890	11430	3.54		
社旗县	808.50	710.00	7900	7600	2.49		
唐河县	1000.00	940.00	10860	10260	4.13		
新野县	1524.15	1510.00	16777	16777	7.03		
桐柏县	700.00	700.00	7775	7775	3.51		
邓州市	2980.00	2900.00	21086	20890	8.81		

注:上表为液化石油气。中心城区还有人工煤气,供气管道长度279公里,全年供气总量3086万立方米,其中居民家庭用气1140万立方米,用气户数73853户,其中居民家庭用户73651户,用气人口25.35万人。

9-8 城市污水及市容环境卫生

（2010年）

	污水处理能力（万吨/日）	COD设计削减能力（万吨/年）	污水排放量（万立方米）	污水处理量（万吨）	全年COD削减量（万吨）	道路清扫保洁面积（万平方米）	#机械化	生活垃圾清运量（万吨）	密闭车（箱）清运量
中心城区	10.0	1.00	4200	2791	1.00	1261	36	30.96	30.96
南召县	2.0	0.20	440	294	0.08	60		4.80	
方城县	2.5	0.30	856	627	0.14	170	70	5.20	
西峡县	1.0	0.30	1052	390	0.10	172	2	6.00	
镇平县	3.0	0.30	1084	911	0.26	213	23	4.72	
内乡县	3.0	0.40	966	510	0.14	123	32	3.09	1.05
淅川县	2.5	0.27	1112	461	0.12	107		9.83	7.89
社旗县	2.0	0.20	581	471	0.14	142		4.74	
唐河县	2.0	0.21	1020	548	0.14	241	4	10.60	1.27
新野县	3.0	0.34	650	503	0.07	188		4.50	
桐柏县	2.0	0.21	608	580	0.11	149		4.55	
邓州市	3.0	0.70	852	805	0.26	260	17	8.10	

9-8 续表

（2010）

	生活垃圾无害化处理厂（场）数（座）	生活垃圾无害化处理能力（吨/日）	生活垃圾无害化处理量（万吨）	粪便清运量（万吨）	粪便处理量（万吨）	公共厕所（座）	三类以上	市容环卫专用车辆设备总数（辆）
中心城区	1	820	29.93	5.63		609	592	166
南召县	1	110	4.30	2.54		18	7	7
方城县	1	145	5.20	1.20		26	15	30
西峡县				1.55	0.95	47	36	20
镇平县	1	170	4.28	2.19		104	68	33
内乡县	1	140	3.05	2.55		53	12	23
淅川县	1	190	7.04	3.23		28	8	11
社旗县	1	120	4.20	3.00		123	25	27
唐河县	1	180	6.57	3.75		30	8	18
新野县	1	241	2.90	2.20		55	16	25
桐柏县	1	130	4.55			48	48	8
邓州市	1	280	8.1	1.85		73	43	24

主要统计指标解释

年末自来水生产能力 指年底城建部门管理的自来水厂和自备水源的社会单位取水、净化、送水、出厂输水干管等环节的实际生产能力。

年末供水管道长度 指从送水泵到用户水表之间所有管道的长度。

全年供水总量 指公用自来水厂和自备水源的社会单位全年的供水总量,包括有效供水量及损失水量。

生活用水量 指居民日常生活与公共福利设施的用水量,包括居民、饮食店、旅馆、医院、理发店、浴池、洗衣店、游泳池、商店、学校、机关、部队等单位的用水量。

用水普及率 指报告期末城区用水人口与总人口的比率。计算公式为:

用水普及率 = 城区用水人口/(城区人口 + 城区暂住人口) ×100%

人工煤气生产能力 指城市煤气厂制气、净化、输送等环节的综合实际生产能力。

输气管道长度 指由压缩机、鼓风机、储气罐的出口到用户煤气表之间的全部管道长度。

全年供气总量 指全年售给各类用户的全部煤气量,包括工业用量、家庭用量和其他用量。

燃气普及率 指报告期末城区使用燃气的人口与总人口的比率。计算公式为:

燃气普及率 = 城区用气人口/(城区人口 + 城区暂住人口) ×100%

城市供热能力 指热电厂、热力公司和达到标准的集中采暖锅炉房向城市输送的供热源的设计能力,即每小时向城市输送蒸汽、热水的能力。

城市供热总量 指热电厂、热力公司和达到标准的集中采暖锅炉房向城市输送的全部蒸汽、热水量。

城市供热管道长度 指热电厂、热力公司和达到标准的集中采暖锅炉房管理的集中供热热源到用户之间的全部供气、供热水的管道长度。

年底实有铺装道路长度 指除土路外,路面经过铺装宽度在3.5米以上的道路,包括高级、次高级道路和普通道路。

城市桥梁 指城市范围内,修建在河道上的桥梁和道路与道路立交、道路跨越铁路的立交桥及人行天桥。包括永久性桥和半永久性桥,不包括临时性桥、铁路桥、涵洞。

城市下水道总长度 指所有排水总管、干管、支管及暗渠、检查井、连接井进出水口等长度之和。

城市污水日处理能力 指污水处理厂每昼夜处理污水量的设计能力。

年末实有公共汽(电)车 指年底可参加营运的全部车辆数,包括营运车辆数和库存查封未参加营运的车辆。不包括非营运车辆,如架线车、油罐车、工程车、货车及其他专用车辆和借入的客运车辆。

城市绿地面积 指报告期末用作园林和绿化的各种绿地面积,包括公园绿地、生产绿地、防护绿地、附属绿地和其他绿地的面积。

公园绿地 指城市中向公众开放的、以游憩为主要功能,有一定的游憩设施和服务设施,同时兼有健全生态、美化景观、防灾减灾等综合作用的绿化用地,它是城市建设用地、城市绿地系统和城市市政公用设施的重要组成部分。

10

农村经济

资料整理：常仕申　王俊凯　李磊

10-1 农村基本情况

（年底数）

	1990	1995	2000	2005	2009	2010
农村基层组织(个)						
乡镇	224	227	227	206	201	201
#镇	54	78	117	115	116	118
村民委员会	4638	4669	4651	4622	4619	4621
农村基础设施(个)						
自来水受益村数		980	1365	2227	2642	2855
通汽车村数		4319	4485	4622	4607	4610
通电话村数		1955	4635	4622	4619	4621
乡村人口和从业人员						
乡村户数(万户)	216.00	228.76	230.51	236.16	239.65	240.80
乡村人口数(万人)	881.81	921.58	896.59	910.99	932.08	938.81
乡村劳动力资源数(万人)	391.13	424.43	536.37	577.24	600.66	611.23
#劳动力年龄内(万人)			486.34	528.04	552.70	558.45
乡村从业人员(万人)	391.13	424.43	536.37	526.25	553.30	561.46
#劳动力年龄内(万人)			486.34	495.85	515.08	521.81
按性别分						
男	218.11	228.92	286.67	283.13	297.43	303.55
女	173.02	195.51	249.7	243.12	255.88	257.91
按国民经济行业分						
农业	327.93	322.01	431.61	355.93	333.03	328.05
工业	17.44	30.99	37.38	66.74	93.11	99.63
建筑业	14.97	20.74	14.51	27.91	38.71	42.90
交运仓储及邮电通讯业	4.91	8.58	9.14	14.51	16.79	17.30
信息传输、计算机服务和软件业					2.42	2.70
批零贸易及餐饮业	6.39	11.02	16.56	22.18	29.89	31.90
住宿与餐饮业					12.85	13.86
其他	19.47	31.09	27.17	38.98	26.49	25.14

注:注:1. 乡镇、镇、村民委员会个数以农业普查口径(不含城关镇和居委会)(10-2表同)。

2. 1995年以前的乡村实有劳动力数与乡村从业人员数相等,分行业以乡村实有劳动力进行分解。

10-2 各县(市、区)农村基本情况

(2010年底)

	乡镇(个)	镇	村委会个数	自来水村收益村数	通汽车村数	通公路村数	乡村户数(户)	乡村人口数(人)	乡村劳动力资源数(人)	劳动力年龄内	乡村从业人员(人)
全市	**201**	**118**	**4621**	**2855**	**4610**	**4621**	**2408047**	**9388063**	**6112296**	**5584479**	**5614617**
宛城区	10	4	219	125	219	219	155864	591486	362236	337293	320738
卧龙区	11	7	225	135	225	225	152883	598901	379164	335534	338691
南召县	15	7	333	220	333	333	137075	519090	337706	321425	334883
方城县	15	6	561	218	550	561	255909	957427	658517	591690	618272
西峡县	16	10	287	280	287	287	107253	377658	281506	246307	263825
镇平县	19	12	410	348	410	410	226258	871094	497599	453178	474752
内乡县	15	9	288	132	288	288	150550	529099	328980	298761	293807
淅川县	15	11	491	329	491	491	154669	605122	409690	391818	370150
社旗县	14	9	240	190	240	240	154549	610741	413463	373470	384691
唐河县	19	12	514	302	514	514	300193	1185885	702002	660896	634215
新野县	13	8	268	190	268	268	171453	687764	481801	454084	444771
桐柏县	15	10	209	79	209	209	96030	360888	231779	217009	210939
邓州市	24	13	576	307	576	576	345361	1492908	1027853	903014	924883

10-2 续表 (2010年底)

	乡村从业人员										
	劳动力年龄内	男	女	农业	工业	建筑业	交通仓储及邮电运输业	信息传输、计算机服务和软件业	批零贸易及餐饮业	住宿与餐饮业从业人员	其他
全市	**5218050**	**3035468**	**2579149**	**3280470**	**996253**	**428987**	**172965**	**26981**	**318982**	**138579**	**251400**
宛城区	297015	178816	141922	199768	44805	29226	8665	1261	18432	7447	11134
卧龙区	308451	179715	158976	224107	35018	30596	13829	953	12036	4786	17366
南召县	306611	191868	143015	231118	52111	10662	6207	1307	9133	6491	17854
方城县	575741	327428	290844	372330	94338	41551	18845	2842	40002	20913	27451
西峡县	234848	144033	119792	179379	34868	11215	8189	613	11803	6615	11143
镇平县	426477	253989	220763	250312	107345	31819	15730	5380	32946	9700	21520
内乡县	277549	157976	135831	152552	46165	31772	13979	112	19252	8639	21336
淅川县	357684	193085	177065	219266	80947	20205	11850	1853	19540	3724	12765
社旗县	359790	207058	177633	254281	48554	26423	10454	1780	19844	7270	16085
唐河县	595823	337667	296548	400401	88854	62904	13971	1886	30436	14659	21104
新野县	427272	239623	205148	259533	88879	28610	13255	229	22892	8178	23195
桐柏县	204562	115419	95520	123390	37791	20244	6732	447	8509	5668	8158
邓州市	846227	508791	416092	414033	236578	83760	31259	8318	74157	34489	42289

10-3 农村劳动力就业、外出、转移情况

	单　位	2010年	2009年	增　减	增　减%
一、农村劳动力就业总人数	**万人**	**561.46**	**553.30**	**8.16**	**1.47**
(一)就业的产业分布					
1.第一产业	万人	384.75	387.20	-2.45	-0.63
2.第二产业	万人	104.82	95.55	9.27	9.70
3.第三产业	万人	71.89	70.55	1.34	1.90
(二)就业地点					
1.乡内	万人	433.08	430.72	2.36	0.55
2.县内乡外	万人	9.64	9.19	0.45	4.90
3.省内县外	万人	24.10	22.71	1.39	6.12
4.国内省外	万人	94.51	90.55	3.96	4.37
5.国外	万人	0.13	0.14	-0.01	-7.14
(三)年平均从业时间	月/人	10.19	10.16	0.03	0.30
#从事农业的时间	月/人	6.42	6.19	0.23	3.72
(四)本地企业职工人数	万人	6.56	6.22	0.34	5.47
二、农村劳动力外出从业人数	**万人**	**188.93**	**186.12**	**2.81**	**1.51**
(一)外出从业的劳动力人数分布					
1.举家外出住户的劳动力人数	万人	18.24	16.64	1.60	9.62
2.常住户外出从业劳动力人数	万人	170.69	169.48	1.21	0.71
#从业6个月以上	万人	149.27	148.12	1.15	0.78
(二)外出劳动力就业的产业分布					
1.第一产业	万人	5.93	5.79	0.14	2.42
2.第二产业	万人	89.65	88.16	1.49	1.69
3.第三产业	万人	93.35	92.17	1.18	1.28
(三)外出劳动力地区分布					
1.到东部地区	万人	131.14	130.91	0.23	0.18
2.到中部地区	万人	51.27	48.68	2.59	5.32
#外省	万人	4.45	4.30	0.15	3.49
3.到西部地区	万人	5.63	5.79	-0.16	-2.76
4.其他	万人	0.89	0.74	0.15	20.27
(四)外出劳动力平均外出时间	月/人	11.33	11.15	0.18	1.61
(五)外出劳动力年平均总收入	元/人	14790.19	14759.93	30.26	0.21
三、农村劳动力转移人数	**万人**	**218.12**	**215.04**	**3.08**	**1.43**
(一)行业分布					
1.第一产业	万人	4.51	4.36	0.15	3.44
2.第二产业	万人	109.39	108.47	0.92	0.85
3.第三产业	万人	104.22	102.21	2.01	1.97
(二)地域分布(按地域分,不含行业转移)					
1.东部地区	万人	116.89	114.40	2.49	2.18
2.中部地区	万人	45.22	44.95	0.27	0.60
#外省	万人	9.32	8.72	0.60	6.88
3.西部地区	万人	3.61	3.76	-0.15	-3.99
4.其他地区	万人	1.80	1.65	0.15	9.09
(三)行业转移人数(乡内)	万人	50.60	50.28	0.32	0.64
1.转移到第二产业的劳动力人数	万人	20.75	20.68	0.07	0.34
2.转移到第三产业的劳动力人数	万人	29.85	29.60	0.25	0.84
(四)地域转移人数(按产业分)	万人	167.52	164.76	2.76	1.68
1.第一产业	万人	4.51	4.36	0.15	3.44
2.第二产业	万人	88.64	87.79	0.85	0.97
3.第三产业	万人	74.37	72.61	1.76	2.42

10-4 历年农林牧渔业总产值

单位:万元

	农林牧渔业	农业	林业	牧业	渔业	农林牧渔服务业
1949	31561	26298	702	4521	40	
1952	40981	35115	979	4804	83	
1957	53783	46564	1952	5157	110	
1962	41324	35191	581	5488	64	
1965	57182	48699	1735	6646	102	
1970	70701	59565	3168	7830	138	
1975	115569	95271	5234	14638	426	
1978	125189	104069	4326	16548	246	
1979	126598	106640	3000	16645	313	
1980	150948	128594	3341	18631	382	
1981	194587	169273	5950	18803	561	
1982	194648	163887	6995	23301	465	
1983	261462	228610	8200	24119	533	
1984	276081	236919	10103	28289	770	
1985	320742	268293	11595	39693	1161	
1986	330291	273874	12084	43403	930	
1987	420311	356293	11795	50663	1560	
1988	453789	363534	15036	72865	2354	
1989	520100	384774	17998	113636	3692	
1990	617951	480468	18085	115029	4369	
1991	635537	472098	19990	138334	5115	
1992	663259	478572	23471	155549	5667	
1993	823308	583764	30288	201797	7459	
1994	1239925	853732	39815	337238	9140	
1995	1686216	1107992	50586	518317	9321	
1996	2073870	1465656	62216	533434	12564	
1997	2403665	1645837	71919	668881	17028	
1998	2613323	1760515	73933	755770	23105	
1999	2661641	1754322	86522	792908	27889	
2000	2640999	1695177	94017	820189	31616	
2001	2909214	1894958	101341	875810	37105	
2002	3126350	2007482	111523	967389	39956	
2003	3367155	1906982	109428	1206935	36967	106843
2004	4140282	2533469	129710	1316519	44398	116186
2005	4401820	2641086	144621	1426544	53005	136564
2006	4689328	2843918	140668	1536316	55717	112709
2007	5136678	3120000	166000	1614193	96380	140105
2008	5863075	3464532	198410	1978199	70350	151584
2009	6265797	3884349	198434	1929574	76116	177324
2010	6821822	4444724	138878	1974861	77591	185768

10-5 历年农林牧渔业总产值指数

（1952年=100）

	农林牧渔业	农　业	林　业	牧　业	渔　业	农林牧渔服务业
1949	77.1	75.0	71.8	93.9	47.9	
1952	100.0	100.0	100.0	100.0	100.0	
1957	125.6	126.7	190.8	103.8	128.2	
1962	94.5	94.4	51.0	104.7	76.1	
1965	127.9	127.8	149.4	124.3	118.3	
1970	161.7	159.7	278.7	150.7	163.4	
1975	191.6	187.0	302.1	196.2	393.0	
1978	207.3	203.9	249.5	222.6	226.8	
1979	210.3	210.0	173.6	221.9	290.1	
1980	214.4	215.9	165.2	216.1	301.4	
1981	272.9	283.8	188.4	223.5	350.7	
1982	256.9	258.2	208.4	261.1	273.2	
1983	341.8	356.7	242.0	271.2	309.9	
1984	362.1	370.4	299.1	320.3	449.3	
1985	379.2	377.7	309.5	403.7	611.3	
1986	359.3	354.2	296.7	408.7	450.7	
1987	420.0	423.4	266.1	440.4	694.4	
1988	367.8	348.7	275.1	516.2	849.3	
1989	414.1	399.3	293.7	542.1	907.0	
1990	451.1	442.5	274.5	557.0	945.1	
1991	453.9	429.3	266.2	641.2	1028.2	
1992	464.4	425.8	289.0	716.7	1083.1	
1993	546.3	493.6	363.8	872.4	1254.9	
1994	622.7	529.0	473.8	1144.6	1362.3	
1995	734.8	586.4	511.3	1554.7	1563.9	
1996	832.3	698.8	581.9	1583.8	1987.6	
1997	962.1	808.4	658.7	1826.7	2561.2	
1998	1056.8	871.0	690.7	2090.3	3375.4	
1999	1119.2	892.8	779.8	2339.0	3989.7	
2000	1175.2	924.9	839.9	2505.1	4412.6	
2001	1271.5	1019.2	870.1	2610.3	5709.9	
2002	1372.0	1091.6	963.2	2853.0	5932.6	
2003	1411.8	1057.8	1058.6	3212.5	6608.9	104.6
2004	1595.3	1240.8	1126.4	3447.0	6985.6	115.7
2005	1707.0	1311.5	1225.5	3729.7	7837.8	132.6
2006	1843.6	1429.5	1286.8	3983.3	8315.9	142.0
2007	1919.2	1498.1	1362.7	4070.9	8881.4	147.0
2008	2028.6	1571.5	1456.7	4359.9	9218.9	155.2
2009	2115.8	1621.8	1561.6	4608.4	9725.9	164.2
2010	2211.0	1691.5	1675.6	4815.8	10328.9	173.6

说明：本表按可比价格计算。

10-6 历年农林牧渔业总产值指数

（上年=100）

	农林牧渔业	农业	林业	牧业	渔业	农林牧渔服务业
1952	103.0	101.7	102.8	113.9	109.2	
1957	93.0	92.5	95.3	97.7	92.9	
1962	121.7	117.2	84.3	171.6	100.0	
1965	117.2	118.6	117.3	107.6	139.7	
1970	109.4	110.4	120.0	99.1	117.5	
1975	107.3	108.2	112.3	99.2	207.6	
1978	109.8	110.5	109.9	105.5	116.4	
1979	101.4	103.0	69.6	99.7	127.7	
1980	101.9	102.8	95.2	97.4	104.2	
1981	137.4	136.0	211.9	133.0	171.9	
1982	94.1	91.0	110.7	116.8	78.1	
1983	133.0	138.1	116.1	103.9	113.3	
1984	105.9	103.9	123.6	118.1	145.0	
1985	104.7	102.0	103.5	126.1	135.9	
1986	94.7	93.8	95.9	101.2	73.7	
1987	116.9	119.5	89.7	107.7	154.1	
1988	87.6	82.4	103.4	117.2	122.4	
1989	112.6	114.5	106.7	105.0	106.8	
1990	109.0	110.8	93.5	102.7	104.1	
1991	194.4	182.7	221.6	250.1	283.5	
1992	102.3	99.2	108.5	111.8	105.3	
1993	117.6	115.9	125.9	121.7	115.9	
1994	114.0	107.2	130.2	131.2	108.6	
1995	118.0	110.9	107.9	135.8	114.8	
1996	113.3	119.2	113.8	101.9	127.1	
1997	115.6	115.7	113.2	115.3	128.9	
1998	109.9	107.7	104.9	114.4	131.8	
1999	105.9	102.5	112.9	111.9	118.2	
2000	105.0	103.6	107.7	107.1	110.6	
2001	108.2	110.2	103.6	104.2	129.4	
2002	107.9	107.1	110.7	109.3	103.9	
2003	102.9	96.9	109.9	112.6	111.4	104.6
2004	113.0	117.3	106.4	107.3	105.7	110.6
2005	107.0	105.7	108.8	108.2	112.2	114.6
2006	108.0	109.0	105.0	106.8	106.1	107.1
2007	104.1	104.8	105.9	102.2	106.8	103.5
2008	105.7	104.9	106.9	107.1	103.8	105.6
2009	104.3	103.2	107.2	105.7	105.5	105.8
2010	104.5	104.3	107.3	104.5	106.2	105.7

说明：本表按可比价格计算。

10-7 农林牧渔业增加值

	1990	1995	2000	2005	2009	2010
农林牧渔业增加值(万元)	**362737**	**988260**	**1532610**	**2582332**	**3669124**	**4011814**
农业	287890	681559	1034184	1681471	2449379	2805147
林业	13415	37525	66003	105038	144876	105042
牧业	58216	262316	410092	710419	947421	969655
渔业	3216	6860	22331	37443	54745	55805
农林牧渔服务业				47961	72703	76165
农林牧渔业增加值占总产值比重(%)	**58.7**	**58.6**	**58.0**	**58.7**	**58.6**	**58.8**
农业	59.9	61.5	61.0	63.7	63.1	63.1
林业	74.2	74.2	70.2	72.6	73.0	75.6
牧业	50.6	50.6	50.0	49.8	49.1	49.1
渔业	73.6	73.6	70.6	70.6	71.9	71.9
农林牧渔服务业				35.1	41.0	41.0

10-8 农林牧渔业分项产值

	绝对数（万元）		构成（%）		2010年比2009年增长%
	2009	2010	2009	2010	
农林牧渔业总产值	**6265797**	**6821822**	**100.0**	**100.0**	**4.5**
农业产值	3938074	4444723	62.9	65.2	4.3
谷物及其它作物	1899157	2218160	30.3	32.5	2.7
#谷物	869970	989945	13.9	14.5	
薯类	79054	92902	1.3	1.4	
油料	493434	639319	7.9	9.4	
豆类	61614	75491	1.0	1.1	
棉花	174376	231552	2.8	3.4	
麻类	171	249		0.0	
糖类	338	361		0.0	
烟草	76276	81588	1.2	1.2	
其他农作物	143924	106752	2.3	1.6	
蔬菜园艺作物	1604594	1749998	25.6	25.7	6.6
蔬菜（含菜用瓜）	1292149	1371710	20.6	20.1	
食用菌	280662	353301	4.5	5.2	
花卉	14613	12987	0.2	0.2	
盆景园艺	17170	12000	0.3	0.2	
水果、坚果、饮料和香料作物	310446	355034	5.0	5.2	4.4
水果（含果用瓜）	241355	300050	3.9	4.4	
坚果	31278	29858	0.5	0.4	
茶及其饮料	18711	25126	0.3	0.4	
中药材	123877	121533	2.0	1.8	-1.7
林业产值	144709	138878	2.3	2.0	7.3
林木的培育和种植	97862	96908	1.6	1.4	6.8
竹木采运	14654	7319	0.2	0.1	-40.7
林产品	32193	34651	0.5	0.5	31.0
牧业产值	1929574	1974861	30.8	28.9	4.5
牲畜饲养	814098	840898	13.0	12.3	6.2
#牛的饲养	549928	556320	8.8	8.2	
羊的饲养	152833	166100	2.4	2.4	
其他牲畜饲养	12146	12225	0.2	0.2	
奶产品	91518	98600	1.5	1.4	
毛绒产品	7673	7653	0.1	0.1	
猪的饲养	660819	698450	10.5	10.2	7.4
家禽的饲养	270138	287480	4.3	4.2	9.1
肉禽	66903	65439	1.1	1.0	
禽蛋	203235	222041	3.2	3.3	
狩猎和捕捉动物	20068	21600	0.3	0.3	7.6
其他畜牧业	164451	126433	2.6	1.9	-23.1
渔业产值	76116	77591	1.2	1.1	6.2
农林牧渔服务业	177324	185768	2.8	2.7	5.7

说明：1. 本表绝对数、构成按当年价格计算，速度按可比价格计算。

2. 由于方法制度统计口径改变，2009年部分数据有所调整。

10-9 各县(市、区)农林牧渔业总产值及指数

(2010 年)

	农林牧渔业总产值(万元)	农业	林业	牧业	渔业	农林牧渔服务业
全市	**6821822**	**4444723**	**138879**	**1974861**	**77591**	**185768**
宛城区	410376	303877	3079	76929	4288	22203
卧龙区	308906	196357	7076	79021	3889	22563
南召县	247996	147550	24243	63314	11062	1827
方城县	529138	412174	10273	78036	3655	25000
西峡县	371807	266545	26178	72716	3728	2640
镇平县	427469	312443	5358	94373	5884	9411
内乡县	483132	260698	8397	207983	3249	2805
淅川县	491769	299050	5412	166555	19037	1715
社旗县	487964	319733	3928	152393	3486	8424
唐河县	989942	645293	5494	319789	5844	13522
新野县	621283	373721	6206	225612	3494	12250
桐柏县	286129	173816	28987	74466	5458	3402
邓州市	1165911	733466	4248	363674	4517	60006

10-9 续表

(2010 年)

	农林牧渔业指数(上年=100)	农业	林业	牧业	渔业	农林牧渔服务业
全市	**104.5**	**104.3**	**107.3**	**104.5**	**106.2**	**105.7**
宛城区	104.6	104.3	107.2	104.7	105.6	107.6
卧龙区	104.6	104.3	107.2	104.7	105.6	105.7
南召县	104.5	103.9	106.1	104.8	105.7	105.7
方城县	104.8	105.3	102.8	103.7	103.0	103.8
西峡县	104.1	103.9	105.5	104.0	109.0	105.9
镇平县	104.3	104.0	104.1	104.8	109.5	106.1
内乡县	104.8	104.3	107.2	105.1	106.6	105.7
淅川县	104.2	104.3	108.9	104.0	102.6	109.0
社旗县	104.5	104.4	101.7	104.8	105.6	105.7
唐河县	104.7	104.7	107.2	104.7	105.6	105.7
新野县	104.4	103.9	107.7	104.9	101.0	106.7
桐柏县	104.7	104.2	107.2	104.7	105.6	105.7
邓州市	104.6	104.3	107.2	104.8	105.6	105.7

说明:本表绝对数按当年价格计算,指数按可比价格计算。

10-10 各县(市、区)农林牧渔业增加值

(2010年)

单位:万元

	农林牧渔业	农业	林业	牧业	渔业	农林牧渔服务业
全市	**4011814**	**2805147**	**105042**	**969655**	**55805**	**76165**
宛城区	236779	187152	2308	36052	3164	8103
卧龙区	182270	125022	5271	40419	2797	8761
南召县	146191	91912	18336	27087	7956	900
方城县	310919	256020	7706	34315	2628	10250
西峡县	219351	163725	19955	31703	2686	1282
镇平县	251610	195352	4002	44237	4161	3858
内乡县	284962	169431	6451	105524	2406	1150
淅川县	288824	188035	4093	82208	13785	703
社旗县	287807	203433	2990	74824	2507	4053
唐河县	582801	403046	4115	166463	4233	4944
新野县	366058	242842	4683	110775	2542	5216
桐柏县	168830	107335	21924	34062	3955	1554
邓州市	685412	471842	3208	181986	2985	25391

说明:本表按当年价格计算。

10-11 各县(市、区)农林牧渔业增加值占总产值的比重

(2010年,各业总产值=100)

	农林牧渔业	农业	林业	牧业	渔业	农林牧渔服务业
全市	**58.8**	**63.1**	**75.6**	**49.1**	**71.9**	**41.0**
宛城区	57.7	61.6	75.0	46.9	73.8	36.5
卧龙区	59.0	63.7	74.5	51.1	71.9	38.8
南召县	58.9	62.3	75.6	42.8	71.9	49.3
方城县	58.8	62.1	75.0	44.0	71.9	41.0
西峡县	59.0	61.4	76.2	43.6	72.0	48.6
镇平县	58.9	62.5	74.7	46.9	70.7	41.0
内乡县	59.0	65.0	76.8	50.7	74.1	41.0
淅川县	58.7	62.9	75.6	49.4	72.4	41.0
社旗县	59.0	63.6	76.1	49.1	71.9	48.1
唐河县	58.9	62.5	74.9	52.1	72.4	36.6
新野县	58.9	65.0	75.5	49.1	72.8	42.6
桐柏县	59.0	61.8	75.6	45.7	72.5	45.7
邓州市	58.8	64.3	75.5	50.0	66.1	42.3

10-12 农用机械和农产品加工机械拥有量

	1985	1990	1995	2000	2005	2009	2010
农用机械总动力(万千瓦)	112.46	152.91	177.97	354.24	608.07	1075.62	1120.40
#柴油发动机动力		107.88	125.22	291.92	534.80	984.55	1027.20
汽油发动机动力		4.64	5.12	7.15	7.42	10.05	10.14
电动机动力		40.39	47.63	55.17	65.85	81.02	83.11
大中型拖拉机(万台)	0.34	0.24	0.27	0.37	0.81	2.28	2.75
(万千瓦)				10.05	21.84	73.77	96.74
小型拖拉机(万台)	2.29	5.77	7.05	18.94	43.92	92.66	86.98
(万千瓦)				165.58	357.56	734.31	736.91
大中型拖拉机配套农具(万部)	0.45	0.26	0.37	0.76	1.49	6.37	6.91
小型拖拉机配套农具(万部)	1.69	6.31	10.27	40.31	95.62	155.48	159.75
农用排灌动力机械(万台)				5.70	7.62	9.07	9.50
(万千瓦)	25.60	29.53	34.63	42.92	55.03	62.40	64.47
#柴油机(万台)				2.29	3.53	3.83	3.86
(万千瓦)	13.57	15.07	15.95	21.34	29.94	32.00	32.58
电动机(万台)				3.41	4.09	5.24	5.64
(万千瓦)	12.03	14.46	18.68	21.58	25.09	30.40	31.89
农用水泵(万台)	2.58	3.26	4.74	9.19	14.46	16.03	16.86
节水灌溉类机械(万套)				1.02	1.36	1.54	1.64
联合收获机(台)	30	15	28	300	2690	5900	6353
(万千瓦)				1.52	10.16	26.48	31.70
机动脱粒机(万台)	2.35	2.65	2.48	3.84	3.24	2.91	3.48
机动喷雾(粉)机(万台)				8.58	4.42	6.03	6.04
(万千瓦)				3.44	7.42	10.04	10.09
农产品加工作业机械(万台)	3.58	3.89	3.63	3.31	3.97	5.07	5.78
#粮食加工机械	2.67	3.09	2.92	2.63	2.92	3.57	3.64
棉花加工机械	0.41	0.32	0.27	0.24	0.33	0.48	0.67
油料加工机械	0.50	0.48	0.43	0.44	0.72	1.02	1.47
农用运输车(万辆)	0.22	0.30	0.31	5.53	6.89	6.67	7.11
农用运输车(万千瓦)				62.94	91.34	91.42	95.25

10－13 各县(市、区)农用机械和

(2010

	农用机械总动力(万千瓦)				大中型拖拉机		小型
		柴油发动机	汽油发动机	电动机	(万台)	(万千瓦)	(万台)
全　　市	**1120.40**	**1027.20**	**10.14**	**83.11**	**2.75**	**96.74**	**86.98**
宛城区	113.94	97.10	0.68	16.16	0.21	7.01	5.82
卧龙区	59.07	54.77	0.21	4.10	0.07	4.49	4.53
南召县	28.04	25.68	0.06	2.30	0.04	1.52	1.70
方城县	100.23	94.45	0.10	5.68	0.76	15.40	6.64
西峡县	11.30	8.52	0.18	2.60	0.01	0.56	0.32
镇平县	77.49	73.37	0.29	3.83	0.08	4.45	8.71
内乡县	59.30	53.70	0.26	5.34	0.07	3.10	5.03
淅川县	49.26	40.53	0.13	8.60	0.09	3.19	3.28
社旗县	65.17	62.31	0.56	2.29	0.12	5.12	6.33
唐河县	173.46	164.00	2.15	7.31	0.31	8.56	15.79
新野县	137.60	130.92	1.76	4.92	0.26	13.96	8.26
桐柏县	76.86	69.59	0.08	7.19	0.12	3.08	6.89
邓州市	168.69	152.21	3.69	12.79	0.62	26.30	13.68

10－13 续表

(2010

	农用水泵	节水灌溉机械	联合收获机		机动割晒机	机动脱粒机	机动喷
	(万台)	(万套)	(万台)	(万千瓦)	(万台)	(万台)	(万台)
全　　市	**16.86**	**1.64**	**0.64**	**31.70**	**0.45**	**3.48**	**6.04**
宛城区	3.41	0.06	0.05	2.56	0.12	1.04	0.59
卧龙区	0.80	0.01	0.03	1.70	0.02	0.05	0.03
南召县	0.30	0.05	0.02	0.80		0.09	0.02
方城县	1.73	0.11	0.04	2.51		0.34	0.10
西峡县	0.29			0.19		0.15	0.06
镇平县	0.92	0.22	0.04	1.37		0.23	0.20
内乡县	0.65	0.09	0.03	0.31		0.16	0.13
淅川县	0.46	0.09	0.02	0.93	0.02	0.59	0.07
社旗县	0.67	0.51	0.05	2.77			0.20
唐河县	0.88	0.07	0.11	6.47	0.15	0.32	1.76
新野县	1.82	0.04	0.02	1.01		0.39	0.59
桐柏县	0.96	0.13	0.05	3.26	0.15		0.06
邓州市	3.98	0.27	0.17	7.83		0.12	2.22

农产品加工机械拥有量

年底）

拖拉机	大中型拖拉机配套农具（万台）	小型拖拉机配套农具（万台）	农用排灌动力机械		#柴油机		#电动机	
（万千瓦）			（万台）	（万千瓦）	（万台）	（万千瓦）	（万台）	（万千瓦）
736.91	**6.91**	**159.75**	**9.50**	**64.47**	**3.86**	**32.58**	**5.64**	**31.89**
72.68	0.57	15.53	1.13	8.18	0.36	3.25	0.77	4.93
34.37	0.08	7.55	0.54	4.17	0.24	2.14	0.30	2.03
14.08	0.05	3.22	0.40	0.78	0.05	0.28	0.35	0.50
64.89	2.23	10.62	0.72	3.80	0.09	0.61	0.64	3.18
2.70	0.09	0.75	0.12	0.89	0.04	0.40	0.08	0.49
57.08	0.24	20.57	1.03	4.66	0.30	2.29	0.73	2.37
36.10	0.14	10.08	0.49	3.68	0.11	1.20	0.38	2.48
22.89	0.25	6.53	0.36	3.02	0.06	0.59	0.30	2.43
46.53	0.19	9.47	0.24	1.69	0.08	0.85	0.16	0.84
130.40	0.76	32.26	1.31	9.09	0.88	6.75	0.43	2.34
103.15	0.34	10.59	0.84	6.80	0.48	4.80	0.36	2.00
55.66	0.21	14.22	0.55	4.86			0.55	4.86
96.38	1.75	18.36	1.77	12.86	1.18	9.41	0.59	3.45

年底）

雾（粉）机	农副产品加工作业机械（万台）				农用运输车		农田基本建设机械	
（万千瓦）		粮食加工	棉花加工	油料加工	（万辆）	（万千瓦）	（万辆）	（万千瓦）
10.09	**5.78**	**3.64**	**0.67**	**1.4684**	**7.1099**	**95.254**	**0.13**	**9.32**
0.68	0.78	0.64	0.04	0.1	0.65	8.89	0.02	0.97
0.21	0.15	0.10	0.02	0.025	0.7126	10.28	0.01	1.43
0.05	0.27	0.24	0.02	0.0054	0.6948	7.8535		0.15
0.10	0.65	0.46	0.04	0.1488	0.7985	8.8235	0.01	0.47
0.16	0.15	0.13		0.02	0.13	2.64		
0.29	0.62	0.25	0.07	0.3	0.66	7.62		0.16
0.26	0.27	0.16	0.02	0.09	0.305	5.57		0.04
0.11	0.49	0.39	0.02	0.073	0.84	11.296		0.20
0.56	0.34	0.23	0.05	0.0554	0.66	6.4901	0.01	0.37
2.15	0.33	0.25	0.05	0.0344	0.463	7.15	0.02	1.14
1.76	0.26	0.16	0.04	0.0664	0.306	4,4406	0.01	0.60
0.07	0.95	0.27	0.28	0.4	0.27	5.15	0.02	2.32
3.69	0.53	0.37	0.01	0.15	0.62	9.05	0.03	1.47

10－14 农业机械化、能源、主要物资消耗及水利建设情况

	1985	1990	1995	2000	2005	2009	2010
农业机械化情况							
当年实际机耕面积(千公顷)	161.00	525.00	595.36	765.93	817.65	1301.79	1310.96
为耕地面积%	17.3	58.3	68.4	87.6	87.1		
当年机械播种面积(千公顷)	5.00	26.00	109.03	512.04	638.97	1160.55	1225.29
为农作物播种面积%	0.3	1.7	7.0	30.3	33.7		
当年机械收获面积(千公顷)	31	125	178.07	353.37	511.44	737.59	803.57
为农作物播种面积%	2.1	8.2	11.4	20.9	26.9		
农村能源情况							
农村用电量(万千瓦小时)	16962	32519	63251	94521	129129	166983	169808
乡、村水电站数(个)				152	153	47	48
装机容量(千千瓦)				9.92	11.82	20.53	21.34
实际发电量(万千瓦小时)				1097	2375	9284	10884
农业主要物资消耗情况							
农用化肥施用折纯量(吨)	203000	260000	394513	529475	704943	766494	798804
每公顷耕地平均施用量(千克)	226	289	453	606	750		
农用塑料薄膜使用量(吨)		3641	7045	12239	19328	26638	26326
农药施用实物量(吨)		5311	10111	14111	16949	19172	19168
农用柴油使用量(吨)			53792	97953	112916	135168	137307
农田水利建设情况							
农田有效灌溉面积(千公顷)	241.00	297.00	347.93	431.54	442.55	464.24	468.52
有效灌溉面积占耕地面积比重(%)	26.0	33.0	39.9	49.4	47.1		
机电井数(万眼)	3.39	3.24	4.69	7.21	7.45	8.06	8.22
旱涝保收农田面积(千公顷)	201.00	211.00	252.70	284.16	311.25	332.17	335.64

10－15 水库、灌区情况

	1985	1990	1995	2000	2005	2009	2010
年底水库数(座)	508	505	495	496	494	494	494
大型水库(1亿立方米以上)	1	1	1	2	2	2	2
中型水库(1千万至1亿立方米)	19	19	19	18	20	22	22
小型水库(10万至1千万立方米)	488	485	475	476	472	470	470
水库库容量(万立方米)	227625	227880	235329	236467	245709	291914	292202
大型水库	122000	122500	131600	142250	142250	142250	142250
中型水库	66457	66457	66457	56742	67345	69418	69706
小型水库	39168	38923	37272	37475	36114	35023	35023
水库灌溉面积(公顷)	152527	131300	135984	137705	138443	156715	156715
#大型水库	101033	88407	89034	97605	97904	81560	81560
中型水库	29000	26020	29566	21906	22735	30660	30660
年底灌区数(处)	4495	3305	3302	3301	3301	3301	3301
#3.3万公顷以上	2	2	2	2	2	2	2
灌区有效灌溉面积(公顷)	204233	184567	193358	199985	203591	214080	214730
#3.3万公顷以上	126860	122107	124820	119886	120885	167510	167510

10－16 除涝、治水、治碱情况

	1985	1990	1995	2000	2005	2009	2010
易涝面积(千公顷)	223.35	224.69	224.69	224.69	224.69	224.69	224.69
除涝面积(千公顷)	190.96	178.00	182.91	185.25	210.65	217.87	218.02
占易涝面积比重(%)	85.5	79.2	81.4	82.5	93.8	97.00	97.03
水土流失面积(平方公里)	12547	12547	12547	12547	12547	12605	12547
水土流失治理面积(平方公里)	7963	8947	6626	7338	8052	8893	9474
占水土流失面积比重(%)	63.5	71.3	52.8	58.5	67.8	70.6	75.51
堤防长度(公里)	832	834	834	842	846	846	846
堤防保护面积(千公顷)	136.17	133.38	133.38	132.50	105.10	105.10	105.10

10－17 各县(市、区)农业机械化和能源情况

(2010年)

	农业机械化情况				农村能源情况			
						乡、村及村以下办水电站		
	机耕面积(千公顷)	机械深耕面积(千公顷)	机收面积(千公顷)	机播面积(千公顷)	农村用电量(万千瓦小时)	个数	装机容量(千千瓦)	发电量(万千瓦小时)
全市	**1310.96**	**529.25**	**803.5673**	**1225.293**	**169808**	**48**		**10884**
宛城区	72.17	36.35	57.52	69.36	8304			
卧龙区	59.73	40.26	50.50	66.82	12023			
南召县	50.94	12.44	14.42	29.81	3069	7	2.30	1219
方城县	106.92	56.67	76.68	139.94	10399			
西峡县	20.30		1.49	11.40	19727	27	15.20	4076
镇平县	112.48	19.00	59.14	109.46	11698			
内乡县	56.00	36.80	38.00	43.00	13923	6	1.47	506
淅川县	81.17		41.48	63.68	23456	8	2.37	5083
社旗县	62.32	20.00	72.34	129.21	6217			
唐河县	239.95	150.00	148.27	187.51	14687			
新野县	104.00	16.95	63.08	65.74	20417			
桐柏县	38.80	8.80	13.80	8.10	6702			
邓州市	306.18	131.98	166.85	301.26	19186			

10－17 续表1 (2010年)

	精少量播种面积（千公顷）	机械深施化肥面积（千公顷）	机械脱粒粮食数量（万吨）	机械初加工农副产品数量（万吨）				农机运输作业量（万吨\公里）
					加工粮食数量	加工棉花数量	加工油料数量	
全　　市	**501.46**	**265.11**	**307.94**	**717.34**	**530.94**	**98.47**	**87.08**	**9.49**
宛城区	39.57	9.37	27.58	58.49	27.53	28.90	1.31	1.42
卧龙区	31.40	17.80	29.90	61.92	51.15	1.46	9.31	1.12
南召县	6.57		9.64	7.35	6.99		0.36	0.02
方城县	66.67	10.11	30.33	69.08	66.62	0.52	1.94	2.42
西峡县				8.05	4.87	2.90	0.28	0.04
镇平县	45.30	22.60	6.79	55.48	42.38	11.64	1.46	0.61
内乡县	35.00	26.00	9.00	32.00	29.00	0.60	2.40	0.33
淅川县				22.97	22.60	0.05	0.32	0.58
社旗县		1.00	100.00	186.00	130.00	28.00	28.50	0.20
唐河县	111.80	35.73	46.00	108.00	77.00	7.00	24.00	0.75
新野县	35.20	16.12	48.70	71.60	44.20	16.00	11.40	0.89
桐柏县				19.20	15.00		4.20	0.17
邓州市	129.95	126.38		17.20	13.60	1.40	1.60	0.95

10－17 续表2 (2010年)

	跨区机收小麦（千公顷）	小麦机播面积（千公顷）	玉米机播面积（千公顷）	小麦机收面积（千公顷）	玉米机收面积（千公顷）	机械化秸秆还田面积（千公顷）	农田机械节水灌溉面积（千公顷）	机械植保面积（千公顷）
全　　市	**132.263**	**667.82**	**323.80**	**639.99**	**131.04**	**273.66**	**100.73**	**452.61**
宛城区	15.08	42.33	17.17	42.29	7.62	11.93	3.60	34.21
卧龙区	6.00	41.51	16.07	39.90	6.70	28.40	8.40	9.70
南召县	0.37	9.76	2.71	9.38	0.07	0.92	1.99	1.99
方城县	8.40	66.67	37.33	64.67	12.01	16.67	3.97	30.71
西峡县	0.09	15.60	1.00	11.20	1.06			3.03
镇平县	4.60	56.50	47.40	56.50	1.84	47.00		36.00
内乡县	10.00	26.00	15.00	27.00	12.00	26.00	6.20	30.00
淅川县	14.72	34.90	15.42	31.44	8.40		2.77	13.02
社旗县	30.00	57.50	61.50	56.93	15.38	20.00	27.00	8.00
唐河县	17.00	134.00	34.00	117.30	23.87	43.63	5.60	91.00
新野县	1.20	41.20	21.30	40.20	21.30	33.32	41.20	50.50
桐柏县	2.00	8.10		13.80		0.10		22.00
邓州市	22.80	133.75	54.90	129.39	20.80	45.70		122.45

10-18 各县(市、区)农用物资消耗情况

(2010年)

	农用化肥使用折纯量(吨)					农用塑膜使用量(吨)			农用柴油使用量(吨)	农药使用量(吨)
		氮肥	磷肥	钾肥	复合肥		地膜施用量(吨)	地膜覆盖面积(千公顷)		
全市	**798804**	**287574**	**157258**	**94953**	**259019**	**26326**	**13122**	**180599**	**137307**	**19168**
宛城区	49085	20157	7619	6373	14936	1051	241	4343	7876	621
卧龙区	45006	16115	8171	3741	16979	827	356	6741	12990	1059
南召县	16478	8583	3629	1009	3257	775	231	103	2167	358
方城县	89430	23863	13547	12003	40017	3432	2328	43907	10094	1255
西峡县	30327	13072	7483	3972	5800	1977	631	4362	6667	727
镇平县	44100	17442	13570	3543	9545	970	609	9987	8168	919
内乡县	32200	8484	5589	5582	12545	916	487	8969	5921	708
淅川县	44838	16908	8699	6384	12847	1124	576	8263	3472	681
社旗县	62207	21685	13362	7185	19975	1136	654	11923	9459	1385
唐河县	110260	37045	22134	15302	35779	2043	1233	12319	24233	3821
新野县	110502	38232	17967	14830	39473	7816	3163	29633	10202	3247
桐柏县	41614	22150	11662	1869	5933	751	441	5694	8232	427
邓州市	122757	43838	23826	13160	41933	3508	2172	34355	27826	3960

10-19 各县(市、区)农田水利情况

(2010年)

	农田有效灌溉面积(千公顷)	机电灌溉面积	有效灌溉面积占常用耕地面积(%)	机电灌溉面积占有效灌溉面积(%)	旱涝保收农田面积(千公顷)
全市	**468.52**	**225.89**		**48.21**	**335.64**
宛城区	41.71	10.40		24.93	34.36
卧龙区	31.97	23.89		74.73	24.37
南召县	15.75	3.70		23.49	12.94
方城县	36.76	18.64		50.71	31.61
西峡县	6.59	0.21		3.19	4.61
镇平县	46.72	30.26		64.77	36.28
内乡县	22.01	7.20		32.71	16.65
淅川县	17.37	3.73		21.47	10.15
社旗县	30.50	19.46		63.80	20.60
唐河县	51.76	20.62		39.84	35.39
新野县	49.91	28.36		56.82	37.16
桐柏县	23.70	6.74		28.44	14.75
邓州市	93.77	52.68		56.18	56.77

10-20 各县(市、区)水利设施和除涝面积

(2010年)

	水库数（座）	水库库容量（万立方米）	易涝耕地面积（千公顷）	除涝面积（千公顷）	除涝面积占易涝面积（%）
全市	**494**	**246691**	**224.69**	**218.02**	**97.03**
宛城区			45.33	41.67	91.93
卧龙区	29	19090	13.33	12.98	97.37
南召县	86	8666			
方城县	101	8765	12.95	12.95	100.00
西峡县	66	15980			
镇平县	19	19696	10.47	10.47	100.00
内乡县	48	9518	10.20	10.20	100.00
淅川县	23	1733			
社旗县	9	1239	21.15	20.40	96.45
唐河县	22	14051	23.67	23.53	99.41
新野县			44.00	42.27	96.07
桐柏县	72	11967			
邓州市	18	4386	43.59	43.55	99.91
市直	1	131600			

10-21 农民家庭平均每百户拥有主要生产性固定资产

	1985	1995	2000	2005	2009	2010
房屋及建筑物(平方米)	884.43		865.17	1006.34	1086.12	1093.06
汽车(辆)		0.16	0.28	0.82	0.97	0.67
大中型拖拉机(台)	0.14	2.96	3.40	4.85	6.94	6.79
小型和手扶拖拉机(台)	1.84	8.52	31.28	50.97	55.90	56.27
动力三轮车(台)					10.07	11.72
机动脱粒机(台)		1.02	5.18	5.37	7.01	7.24
收割机(台)			1.35	2.61	1.42	1.49
农用动力机械(台)			9.29	5.82	9.55	8.88
胶轮大车(辆)		1.17	18.87	24.85	20.97	20.60
水泵(台)		7.27	22.27	20.97	37.24	41.12
役畜(头)	64.19	54.06	25.46	22.69	16.19	12.99
产品畜(头)	15.36	39.84	34.26	9.93	34.78	33.51

10-22 农作物播种面积

单位:千公顷

	1985	1990	1995	2000	2005	2009	2010
播种面积总计	**1499.77**	**1530.58**	**1559.33**	**1692.92**	**1897.91**	**1857.40**	**1855.57**
粮食作物	1155.95	1176.86	1067.47	991.48	1029.91	1121.09	1124.78
#谷物	779.02	831.00	798.26	785.49	850.56	975.22	981.01
粮食作物占总播种面积%	77.07	76.88	68.46	58.59	54.27	60.36	60.62
夏收粮食	589.93	606.51	579.56	585.59	607.97	666.27	667.60
小麦	560.01	584.75	568.01	580.54	601.61	660.96	663.06
夏杂粮	29.92	21.76	11.55	5.05	6.36	4.63	4.07
秋收粮食	566.02	570.35	487.91	405.89	421.94	454.82	457.18
稻谷	25.65	29.81	46.62	54.19	50.72	49.20	48.19
玉米	146.10	171.77	163.33	143.20	193.72	262.89	267.91
大豆	115.80	97.00	84.61	62.30	68.82	61.81	62.46
薯类	158.42	169.23	150.51	119.33	88.98	62.72	60.64
高粱	16.97	11.67	5.04	2.33	1.46	0.92	0.98
谷子	20.37	10.55	3.71	1.82	1.26	0.53	0.40
其他秋杂粮(含绿豆)	82.71	80.32	34.09	22.72	16.98	21.34	16.60
经济作物	344.00	354.00	491.86	701.44	852.69	736.31	730.79
占总播种面积%	22.93	23.12	31.54	41.51	44.93	39.64	39.38
棉花	104.75	112.99	175.23	144.72	142.93	106.56	84.89
油料	122.51	133.56	166.17	213.36	301.52	305.54	313.36
#花生	24.75	40.77	89.10	129.27	183.11	197.15	202.52
油菜籽	17.10	26.97	24.84	20.44	48.16	48.00	50.95
芝麻	80.52	65.81	52.23	63.58	70.08	60.38	59.90
麻类	16.47	3.80	1.36	0.61	0.16	0.10	0.11
#黄红麻	11.99	2.71	1.32	0.31	0.16	0.10	0.11
烟叶	34.13	32.83	27.19	29.07	24.24	22.73	20.61
#烤烟	31.97	31.19	25.80	27.65	22.78	22.73	20.61
糖料	0.38	0.33	0.37	0.38	0.18	0.08	0.09
药材	2.44	0.33	0.95	9.62	45.37	20.41	21.29
其他农作物	5.55	8.57	0.39	3.24	15.31	6.80	7.61
占总播种面积%	0.33	0.59	0.03	0.19	0.80	0.37	0.41
#蔬菜	37.01	50.03	81.60	264.17	303.93	239.27	246.73
果用瓜	14.07	6.26	11.25	35.31	34.36	34.83	36.10
青饲料	2.47	7.58	0.39	0.62	7.55	1.34	1.69

10-23 主要农产品产量

单位:吨

	1985	1990	1995	2000	2005	2009	2010
粮食	3443870	3975157	3596428	3780463	4658800	5793695	5840195
#谷物	2829820	3301661	2813942	403376	4062543	5311395	5349842
夏收粮食	2137815	2289275	1636931	2023285	2855000	3562300	3590789
小麦	2073205	2233461	1613259	2009131	1831929	3547738	3576332
夏杂粮	64610	55814	23672	14154	23071	12306	12747
秋收粮食	1306055	1685882	1959497	1757198	1803800	2231395	2249406
稻谷	123360	192218	333236	403376	314440	313284	304209
玉米	424100	686810	734829	660109	902542	1444949	1464877
大豆	125755	153541	173102	117551	146029	120664	121704
薯类	488295	519955	641784	530557	409814	317486	323702
高粱	25915	24002	12387	6718	3576	1470	1564
谷子	29065	19943	9432	4498	2213	1575	1150
其他秋杂粮(含绿豆)	89565	89413	54727	34389	25186	44150	32200
棉花	83958	92951	151598	118487	118495	90033	76849
油料	121875	177146	370464	533434	904617	1113995	1150761
#花生	44570	84932	282475	444382	698175	887193	925920
油菜籽	27020	46701	35008	31260	120742	132840	132752
芝麻	50120	45513	52961	57542	85010	93962	92089
麻类	24235	6937	3432	1413	540	511	516
#黄红麻	17260	5597	3302	730	540	511	516
烟叶	64705	58265	44562	46503	54854	58719	55540
#烤烟	6051	55384	42623	45647	50903	58719	55540
糖料	16865	17639	21231	20354	10015	3843	4106
蔬菜	824960	887362	2478718	6784708	10000000	9009080	9469095
果用瓜	262480	137572	376232	1333204	1546683	1871679	1959185

10-24 按乡村人口平均的主要农产品产量

单位:千克/人

	1985	1990	1995	2000	2005	2009	2010
粮食	412.68	450.80	390.25	421.65	511.40	621.59	622.09
#谷物	339.10	374.42	305.34	345.01	445.94	569.85	569.86
棉花	10.06	10.54	16.45	13.22	13.00	9.66	8.19
油料	14.60	20.09	40.20	59.50	99.30	119.52	122.58
猪、牛、羊肉	9.20	16.14	31.51	49.27	59.13	63.24	64.69
水产品	0.65	1.38	2.02	5.26	8.07	10.19	11.56
蔬菜	98.85	100.63	268.96	756.72	1097.71	966.56	1008.63
果用瓜	31.45	15.60	40.86	148.70	169.78	200.81	208.69
水果	3.77	3.20	9.49	23.10	41.71	66.25	70.73

10－25 主要农产品单位面积产量(按播种面积计算)

单位:千克/公顷

	1985	1990	1995	2000	2005	2009	2010
粮食	2979.13	3377.36	3369.11	3812.95	4523.50	5167.91	5192.29
#谷物	3541.70	3973.12	3525.09	513.53	4776.32	5446.33	5453.41
夏收粮食	3623.42	3771.46	2824.44	3455.12	4695.96	5346.66	5378.65
小麦	3702.15	3817.88	2840.19	3460.80	4707.25	5367.55	5393.69
夏杂粮	2153.67	2537.00	2049.52	2802.77	3627.52	2656.16	3128.87
秋收粮食	2307.52	2957.69	4016.10	4329.25	4275.02	4906.07	4920.15
稻谷	4744.62	6407.27	7147.92	7443.74	6199.53	6367.56	6312.70
玉米	2904.79	4016.43	4499.04	4609.70	4659.00	5496.42	5467.73
大豆	1084.09	1582.90	2045.88	1886.85	2121.90	1952.33	1948.54
薯类	3090.47	3076.66	4264.06	4446.13	4605.69	5061.96	5338.09
高粱	1524.41	2000.17	2457.74	2883.26	2449.32	1596.09	1602.46
谷子	1453.25	1813.00	2542.32	2471.43	1756.35	2977.32	2853.60
其他秋杂粮(含绿豆)	1079.10	1117.66	1605.37	404.39	1483.27	2068.79	1939.64
棉花	799.60	822.58	865.14	818.73	829.04	844.90	905.27
油料	990.85	1321.99	2229.43	2500.16	3000.19	3646.02	3672.33
#花生	1800.00	2085.00	3170.31	3437.63	3812.87	4500.00	4572.06
油菜籽	1582.50	1725.00	1409.34	1529.35	2507.10	2767.50	2605.64
芝麻	622.50	690.00	1014.00	905.03	1213.04	1556.10	1537.51
麻类	1514.69	1734.25	2523.53	2316.39	3375.00	5110.00	4648.65
#黄红麻	1440.00	2070.00	2501.52	2354.84	3375.00	5110.00	4648.65
烟叶	1903.09	1765.61	1638.91	1599.69	2262.95	2583.89	2694.68
#烤烟	1890.00	1770.00	1652.05	1650.89	2234.55	2583.33	2694.81
糖料	44385.00	52920.00	57381.08	53563.16	55638.89	46865.85	48305.88
蔬菜	21709.47	17747.24	30376.45	25683.11	32902.31	37651.73	38378.52
果用瓜	18748.57	22928.67	33442.84	37757.12	45014.06	53743.73	54275.56

10－26 各县（市、区）主要农

（2010

	农作物播种面积	粮食作物	夏收粮食	小麦	秋收粮食	稻谷	玉米	大豆	薯类
全市	**1855567**	**1124782**	**667600**	**663059**	**457182**	**48190**	**267913**	**62459**	**60640**
宛城区	117077	66333	40920	40820	25413	1646	15861	4540	2460
卧龙区	97438	61431	34625	34237	26806	1111	19071	1891	4012
南召县	60693	36834	16609	16407	20225	7507	8296	941	3184
方城县	202436	116711	63189	62983	53522	101	32428	11328	8004
西峡县	38516	24011	10927	10897	13084	3075	6782	977	2067
镇平县	138160	97880	51240	50440	46640	590	41150	1270	2670
内乡县	94955	56159	26916	26916	29243	519	21688	253	6611
淅川县	128678	61003	34660	33560	26343	3400	16050	50	3700
社旗县	139148	89032	52054	52054	36978		20294	7602	6087
唐河县	301650	214388	135649	135174	78739	12771	35643	15167	13678
新野县	135550	71314	47656	47656	23658		17576	2520	3077
桐柏县	72722	44879	20425	20285	24454	16530	2354	3460	1290
邓州市	334157	190420	136063	134963	54357	940	33000	12460	3800

10－27 各县（市、区）主要

（2010

	粮食作物	夏收粮食	小麦	秋收粮食	稻谷	玉米	大豆	薯类
全市	**5840195**	**3590789**	**3576332**	**2249406**	**304209**	**1464877**	**121704**	**323702**
宛城区	382326	248166	247668	134160	10674	101296	8494	11712
卧龙区	297238	161558	160572	135680	7206	101324	3960	22093
南召县	188589	68139	67837	120450	50070	50401	1327	18021
方城县	560600	319040	318513	241560	485	185669	17852	34091
西峡县	99950	36870	36802	63080	18789	32512	1529	9583
镇平县	519726	275808	273540	243918	3365	220448	2817	16038
内乡县	280252	136192	136192	144060	2882	100684	360	39826
淅川县	249323	132673	129638	116650	19263	77586	95	12247
社旗县	504170	302790	302790	201380		142454	19908	33022
唐河县	1135302	774482	771307	360820	71529	179881	24513	82076
新野县	473601	345870	345870	127731		103578	8377	15219
桐柏县	224600	87750	87370	136850	114051	12595	3899	5674
邓州市	1035195	764535	761317	270660	5895	204042	28573	24100

作 物 播 种 面 积

年)

单位:千公顷

油 料	#花 生	油菜籽	芝 麻	棉 花	麻 类	烟 叶	烤 烟	蔬 菜	果用瓜
313360	**202517**	**50948**	**59895**	**84891**	**111**	**20611**	**20611**	**246729**	**36097**
6837	4068	651	2118	12921				27468	2919
13509	11610	1030	869	4298				15585	1068
11135	10090	528	517					7213	595
46933	34025	7333	5575	3085		4495	4495	27545	2895
2510	1273	555	682			1460	1460	3420	524
21370	14560	3690	3120	4830		580	580	9750	1700
17442	9867	4335	3240	1246		4004	4004	14133	1510
39600	10850	14550	14200	800	25	3650	3650	21500	680
17987	9286	3050	5651	10198		2700	2700	16542	1592
26510	17263	3853	5394	12876	36	1722	1722	30372	11589
24054	20235	1390	2429	11347	50			26831	1572
20073	15490	2483	2100	230				4280	1140
65400	43900	7500	14000	23060		2000	2000	42090	8313

农 产 品 产 量

年)

单位:吨

油 料	#花 生	油菜籽	芝 麻	棉 花	麻 类	烟 叶	烤 烟	蔬 菜	果用瓜
1150761	**925920**	**132752**	**92089**	**76849**	**516**	**55540**	**55540**	**9469095**	**1959185**
22657	18546	2016	2095	11869				1142506	156245
42808	39363	2393	1052	4050				682133	46520
48874	47073	970	831					285797	19646
187325	160932	16972	9421	2847		11035	11035	773675	97292
6355	3504	1274	1577			4664	4664	211767	23100
61410	49926	9374	2110	4472		1075	1075	499060	94800
59026	47208	9545	2273	956		7927	7927	376608	32313
108555	45000	36855	26700	610	100	11000	11000	293516	16370
66847	52930	6624	7293	8420		6990	6990	436647	97512
110782	89594	11109	10079	11674	201	4649	4649	675857	716194
95588	87822	5270	2496	10725	215			1777729	111293
67894	60132	5750	2012	143				98844	47062
272640	223890	24600	24150	21083		8200	8200	2214956	500838

10－28 各县(市、区)主要农产品单位面积产量

(2010 年,按播种面积计算)　　单位:千克/公顷

	粮　食	夏收粮食	小　麦	秋收粮食	稻　谷	玉　米	大　豆	薯　类	油　料
全　　市	**5192.29**	**5378.65**	**5393.69**	**4920.15**	**6312.70**	**5467.73**	**1948.54**	**5338.09**	**3672.33**
宛　城　区	5763.74	6064.66	6067.32	5279.19	6484.81	6386.48	1870.93	4760.98	3313.88
卧　龙　区	4838.57	4665.94	4690.01	5061.55	6486.05	5312.99	2094.13	5506.73	3168.85
南　召　县	5119.97	4102.53	4134.64	5955.50	6669.77	6075.34	1410.20	5659.86	4389.22
方　城　县	4803.32	5048.98	5057.13	4513.28	4801.98	5725.58	1575.92	4259.25	3991.33
西　峡　县	4162.68	3374.21	3377.26	4821.16	6110.24	4793.87	1564.99	4636.19	2531.87
镇　平　县	5309.83	5382.67	5423.08	5229.80	5703.39	5357.18	2218.11	6006.74	2873.65
内　乡　县	4990.33	5059.89	5059.89	4926.31	5552.99	4642.38	1422.92	6024.20	3384.13
淅　川　县	4087.06	3827.84	3862.87	4428.12	5665.59	4834.02	1900.00	3310.00	2741.29
社　旗　县	5662.80	5816.84	5816.84	5445.94		7019.51	2618.78	5425.00	3716.41
唐　河　县	5295.55	5709.46	5706.03	4582.48	5600.89	5046.74	1616.21	6000.58	4178.88
新　野　县	6641.07	7257.64	7257.64	5399.06		5893.15	3324.21	4946.05	3973.89
桐　柏　县	5004.57	4296.21	4307.12	5596.22	6899.64	5350.47	1126.88	4398.45	3382.35
邓　州　市	5436.38	5618.98	5640.93	4979.30	6271.28	6183.09	2293.18	6342.11	4168.81

10－28 续表　　(2010 年,按播种面积计算)　　单位:千克/公顷

	#花　生	油菜籽	芝　麻	棉　花	麻　类	烟　叶	烤　烟	蔬　菜	果用瓜
全　　市	**4572.06**	**2605.64**	**1537.51**	**905.27**	**4648.65**	**2694.68**	**2694.68**	**38378.52**	**54275.56**
宛　城　区	4559.00	3096.77	989.14	918.58				41594.07	53526.89
卧　龙　区	3390.44	2323.30	1210.59	942.30				43768.56	43558.05
南　召　县	4665.31	1837.12	1607.35					39622.49	33018.49
方　城　县	4729.82	2314.47	1689.87	922.85		2454.95	2454.95	28087.67	33606.91
西　峡　县	2752.55	2295.50	2312.32			3194.52	3194.52	61920.18	44083.97
镇　平　县	3428.98	2540.38	676.28	925.88		1853.45	1853.45	51185.64	55764.71
内　乡　县	4784.43	2201.85	701.54	767.26		1979.77	1979.77	26647.42	21399.34
淅　川　县	4147.47	2532.99	1880.28	762.50	4000.00	3013.70	3013.70	13651.91	24073.53
社　旗　县	5699.98	2171.80	1290.57	825.65		2588.89	2588.89	26396.26	61251.26
唐　河　县	5189.94	2883.21	1868.56	906.65	5583.33	2699.77	2699.77	22252.63	61799.47
新　野　县	4340.10	3791.37	1027.58	945.18	4300.00			66256.53	70797.07
桐　柏　县	3881.99	2315.75	958.10	621.74				23094.39	41282.46
邓　州　市	5100.00	3280.00	1725.00	914.27		4100.00	4100.00	52624.28	60247.56

10-29 茶园、果园面积和茶叶、蚕茧、水果产量

	1985	1990	1995	2000	2005	2009	2010
面　积							
茶园面积(千公顷)	3.02	1.46	1.49	1.52	1.77	1.88	2.18
果园面积(千公顷)	12.62	22.01	44.64	46.68	68.90	77.28	76.08
苹果园	6.02	10.37	29.75	16.76	10.33	9.95	9.35
梨园	1.17	1.05	5.23	8.16	9.30	10.70	10.62
葡萄园	0.21	0.28	0.81	1.54	1.36	1.99	1.97
枣园	3.70	1.01	0.44	1.66	7.90	7.63	7.49
柿园	0.11	0.35	1.12	2.57	6.75	4.87	4.80
桃园	0.19	1.48	2.85	5.72	16.38	15.00	16.03
柑桔园	1.04	6.03	2.89	4.77	9.04	10.11	10.41
其他果园	0.18	1.44	1.55	5.50	7.84	17.03	15.40
产　量							
茶叶产量(吨)	60	116	267	616	874	1286	1413
蚕茧产量(吨)	3325	3905	10765	9620	13293	21482	22031
#桑蚕茧	95	367	8646	7259	8921	16256	16658
柞蚕茧	3229	3538	2119	2361	4372	5226	5373
水果产量(万吨)	3.15	2.84	8.75	20.71	38.00	61.75	66.41
苹果	1.08	1.06	4.60	7.12	4.86	5.85	5.75
梨	0.38	0.26	0.93	4.29	6.76	1.94	7.98
葡萄	0.02	0.08	0.64	1.04	1.18	1.74	1.79
鲜枣	0.53	0.30	0.44	0.63	1.86	3.13	3.21
柿	0.88	0.55	0.70	1.30	1.61	2.99	3.46
桃	0.08	0.22	1.13	2.55	7.24	12.47	13.36
柑桔	0.02	0.13	0.23	1.85	3.47	3.93	4.10
其他水果	0.16	0.24	0.08	1.93	11.02	29.69	26.77

10-30 各县(市、区)果园面积

(2010年) 单位:公顷

	年末果园面积(公顷)	苹果园	梨园	柑桔园	桃园	猕猴桃园	葡萄园	枣园	柿园
全市	**76075**	**9352**	**10615**	**10410**	**16033**	**8793**	**1971**	**7494**	**4801**
宛城区	2428	8	1211		505		238	5	33
卧龙区	2307	236	354		484		95	177	457
南召县	5960	1987	469		1102	100	15	26	549
方城县	6594	1273	491	13	2198	14	66	660	1268
西峡县	17855	2104	2340	265	1201	8448	288	115	971
镇平县	537	132	48		120		8	6	37
内乡县	5459	551	475	713	2821	64	89	28	155
淅川县	13909	640	655	8938	600		88	2640	348
社旗县	4471	678	1544		1050		311	310	264
唐河县	5905	88	1781		2371		271	1045	322
新野县	2389	460	680		805	145	82	95	22
桐柏县	2241	543	123		1031	22	46	409	29
邓州市	6020	652	444	481	1745		374	1978	346

10-31 各县（市、区）水果产量

（2010 年）　　单位:吨

	园林水果（吨）	苹　果	红富士苹果	国光苹果	梨	雪花梨	鸭梨
全　市	**664060**	**57538**	**17645**	**11336**	**79848**	**17940**	**6568**
宛城区	33369	158	50		21715	40	384
卧龙区	22127	2675	230	272	6253	3106	50
南召县	13479	4931	827	51	1018	61	
方城县	32444	12415	4011	5860	4027	45	60
西峡县	282809	10171	2521	134	1803		
镇平县	6241	1377	935	418	847	25	20
内乡县	51201	7752	192	1394	3733	22	68
淅川县	50792	1621	364		1612	1120	492
社旗县	5102	972	56	30	1980	150	45
唐河县	82852	1789	76	516	27146	9123	2534
新野县	23171	3244	2556	433	3818	982	1428
桐柏县	16444	2580	2349	231	492	340	152
邓州市	44029	7853	3478	1997	5404	2926	1335

10-31 续表　　（2010 年）　　单位:吨

	柑　桔	其他园林水果	桃	猕猴桃	葡　萄	红　枣	柿　子
全　市	**40958**	**485716**	**133563**	**237393**	**17866**	**32080**	**34556**
宛城区		11496	7329		3810	32	325
卧龙区		13199	6160		895	350	2850
南召县		7530	641	164	20	158	1925
方城县	5	15997	6566	16	407	2995	5370
西峡县	1323	269512	7045	233070	1334	580	14005
镇平县		4017	398	18	402	1321	306
内乡县	1916	37800	32362	323	857	383	3784
淅川县	30778	16781	3327		4841	7951	662
社旗县		2150	960		325	220	235
唐河县		53917	43740		1603	5013	2323
新野县		16109	4813	3795	1048	1924	286
桐柏县		13372	11438	7	343	637	116
邓州市	6936	23836	8784		1981	10516	2369

10－32 林业生产情况

	1990	1995	2000	2005	2009	2010
营林情况						
当年造林面积(千公顷)	32	31.37	29.33	28.88	60.97	33.03
人工造林	29	27.67	25.87	25.22	53.17	25.5
飞机播种造林	3	3.7	3.46	2.66		
按用途分的造林面积(千公顷)						
用材林	19	13.78	7.35	18.18	15.68	2.09
经济林	10	10.12	14.38	4.44	7.2	3.36
防护林	1	6.88	7.6	5.26	38.1	27.59
薪炭林	2	0.59				
迹地更新面积(千公顷)	3	4.92	2.12			
零星(四旁)植树(万株)	3119	2997	3443	6854	5842.8	6234.8
育苗面积(千公顷)	3	1.93	1.85	3.72	4.03	4.39
幼林抚育作业面积(千公顷次)	59	257.65	318.04	424.87	456.22	402.5
成林抚育面积(千公顷)	31	113.08	207.88	284.6	369.34	323.45
主要林产品产量						
生漆(吨)	26	57	448	811	1143	1237
油桐籽(吨)	7089	10676	20566	28547	31907	33203
油茶籽(吨)		39	301	729	415	
乌桕籽(吨)	532	475	1573	2659	4412	4701
五倍子(吨)		88	558	1989	2863	3205
核桃(吨)	571	1579	3184	6855	9997	10309
木耳(按干重计算)(吨)		791				
板栗(吨)	592	4037	22432	31567	40808	41688
猕猴桃(吨)		3954			81073	51918
山楂(吨)		1662				
花椒(吨)		2789	999		14330	14016
白果(吨)		114			839	891
村及村以下竹木采伐量						
木材(万立方米)	11.73	14.99	11.63	4.41	4.16	7.47
竹材(万根)	6.8	34.25	4			

10－33 各县(市、区)林业生产情况

(2010年)　　单位:公顷

	当年造林面积	按造林方式分		按林种用途分		
		人工造林	飞播造林	用材林	经济林	防护林
全　市	**33031**	**25497**		**2086**	**3355**	**27590**
宛城区	1295	1295		907		388
卧龙区	1589	1589		506	217	866
南召县	3742	3008			180	3562
方城县	2829	2162		96	102	2631
西峡县	3438	2571		147	1430	1861
镇平县	666	533				666
内乡县	2077	1744		6	1253	818
淅川县	7439	4239		113	73	7253
社旗县	1561	1561		60		1501
唐河县	3040	2040			33	3007
新野县	489	489		144		345
桐柏县	2706	2106		107	67	2532
邓州市	1974	1974				1974
市直	186	186				186

10－33 续表

(2010年)　　单位:公顷

	薪炭林	迹地更新面积(公顷)	零星(四旁)植树(万株)	育苗面积	幼林抚育作业面积(千公顷次)	成林抚育面积(公顷)
全　市			**6235**	**4394**	**402500**	**323452**
宛城区			260	291	460	10600
卧龙区			1955	233	19500	30900
南召县			260	1581	99800	102500
方城县			376	201	38644	22652
西峡县			540	240	43000	64000
镇平县			240	233	6000	666
内乡县			312	233	42000	30000
淅川县			80	325	8400	8760
社旗县			690	173	4000	1800
唐河县			181.6	203	26606	15878
新野县			370	202	29890	25000
桐柏县			300	242	80000	2396
邓州市			670	237	4200	8300

注:涉及市直的指标数据直接在总计中反映。

10-34 畜牧业生产情况

	1990	1995	2000	2005	2009	2010
牲畜年底头数						
大牲畜(万头)	153.17	160.08	165.29	168.54	168.50	162.67
牛	147.54	152.66	154.71	160.22	161.29	156.45
黄牛	145.44	149.10	152.30	153.90		
良种及改良乳牛	0.06	0.27	0.92	2.92	5.62	5.72
水牛	2.04	3.29	1.49	3.40		
马	1.77	2.72	3.76	3.46	2.65	2.66
驴	3.81	3.97	5.65	3.97	4.04	3.04
骡	0.05	0.73	1.17	0.89	0.53	0.52
猪(万头)	207.85	286.60	433.60	467.98	533.00	535.13
羊(万只)	143.61	205.68	253.62	271.38	279.20	264.96
山羊	123.94	189.60	236.89	252.28	269.00	255.36
绵羊	19.67	16.08	16.73	19.10	10.20	9.60
家禽(万只)	2543.12	3566.23	4112.92	5316.23	5822.30	5759.50
家兔(万只)	38.12	157.01	283.13	415.94	325.04	332.20
畜产品产量						
猪牛羊出栏头(只)数						
猪(万头)	130.00	233.01	389.38	521.26	545.10	568.20
牛(万头)	30.00	70.29	83.97	84.46	91.84	92.30
羊(万只)	86.00	178.31	243.27	298.32	322.55	312.56
肉类总产量(吨)	151347	327237	496814	610681	675700	684437
猪肉	96002	174391	307139	396158	413751	431400
牛肉	33497	93092	105891	107265	137482	138641
羊肉	12824	22885	28704	35201	38222	37250
禽肉	8240	33717	39383	48244	57059	61000
兔肉	323	2156	4691	7786	6053	6681
其他畜产品产量						
奶类产量(吨)	4965	16031	46987	153000	289614	302852
#牛奶	935	9211	29022	107266	224470	235000
山羊毛(吨)	342	874	874	1084	1670	1681
绵羊毛(吨)	551	593	541	576	435	429
羊绒(吨)	1	30	129	104	418	422
蜂蜜(吨)	2024	3802	11581	13605	30186	30837
禽蛋(吨)	78020	176007	247959	268302	312300	317811

10－35 各县(市、区)牲畜期末存栏情况

(2010 年)

	猪(万头)	能繁母猪	牛(万头)	肉牛	奶牛	役用
全市	**535.13**	**57.27**	**156.45**	**83.46**	**5.72**	**67.26**
宛城区	26.94	3.39	2.64	0.63	1.86	0.16
卧龙区	20.26	2.96	2.10	0.42	1.05	0.63
南召县	17.87	1.51	7.42	3.12	0.01	4.29
方城县	22.54	5.32	5.42	1.73	0.12	3.57
西峡县	23.62	2.30	6.18	3.05	0.03	3.09
镇平县	25.55	4.93	5.90	3.34	0.30	2.25
内乡县	76.32	8.08	10.41	4.10	0.20	6.11
淅川县	43.55	3.29	17.85	8.00	0.05	9.81
社旗县	68.44	4.34	12.62	4.13	0.40	8.09
唐河县	83.84	7.36	32.78	24.11	0.49	8.18
新野县	26.62	4.07	14.25	7.78	0.43	6.04
桐柏县	19.48	1.29	8.40	3.12	0.04	5.23
邓州市	99.11	8.44	30.48	19.94	0.73	9.81

10－35 续表

(2010 年)

	羊(万头)	山羊	绵羊	家禽(万只)	其它大牲畜(万头)	马	驴	骡	兔(万只)
全市	**264.96**	**255.36**	**9.60**	**5759.50**	**6.22**	**2.66**	**3.04**	**0.52**	**332.21**
宛城区	5.06	4.46	0.60	227.87					19.27
卧龙区	4.82	4.61	0.21	324.36					2.01
南召县	11.03	10.61	0.42	202.69	0.23	0.02	0.21		0.41
方城县	20.33	19.30	1.03	297.11	0.71	0.21	0.31	0.20	6.22
西峡县	16.95	16.53	0.42	235.87	0.02	0.01	0.01		0.70
镇平县	10.79	10.19	0.60	421.68	0.48	0.21	0.21	0.06	4.72
内乡县	46.52	45.93	0.59	358.10					13.34
淅川县	20.96	20.96		475.32	0.89	0.59	0.30	0.01	1.35
社旗县	14.32	13.42	0.90	346.18	1.78	0.63	0.93	0.22	61.04
唐河县	31.71	30.67	1.05	931.68	1.92	0.96	0.93	0.03	110.09
新野县	22.88	21.91	0.97	501.48					42.02
桐柏县	9.82	9.53	0.30	215.17	0.08	0.01	0.06		4.50
邓州市	49.76	47.24	2.52	1222.01	0.12	0.02	0.09	0.01	66.55

10-36 各县(市、区)畜产品产量

(2010年)

	猪牛羊出栏头(万头、万只)数				肉类总产量(吨)				
	猪	牛	羊	禽		猪肉	牛肉	羊肉	禽肉
全市	**568.20**	**92.30**	**312.56**	**5238.06**	**684437**	**431400**	**138641**	**37250**	**61000**
宛城区	28.70	1.75	6.41	155.60	28254	22102	2639	762	1865
卧龙区	21.69	1.37	5.74	278.62	22568	16241	2022	678	3307
南召县	19.58	2.59	15.19	126.80	23090	15385	3891	1811	1487
方城县	24.43	2.61	24.18	354.80	30273	18446	3869	2862	4084
西峡县	25.24	3.18	19.78	134.08	27933	18858	4809	2343	1632
镇平县	27.03	2.59	15.40	446.30	31807	20389	3828	1822	5101
内乡县	83.29	7.65	54.63	366.89	85456	62447	11249	6505	4467
淅川县	45.41	10.14	24.27	387.16	56951	34409	14270	2877	4474
社旗县	72.02	8.03	17.12	275.03	71857	51116	12136	2024	3148
唐河县	89.62	17.74	34.29	785.24	112223	69598	26014	4134	8716
新野县	27.76	7.99	28.07	592.61	45168	20657	12239	3393	7574
桐柏县	20.33	3.48	12.61	255.71	25882	15666	5518	1473	2915
邓州市	102.77	23.18	54.87	1079.23	135942	79053	36157	6566	12230

10-36 续表

(2010年)

	奶类总产量(吨)		蜂蜜(吨)	禽蛋(吨)		绵羊毛(吨)			山羊毛(吨)
		牛奶			鸡蛋		细羊毛	半细毛	
全市	**302852**	**235000**	**30837**	**317811**	**280032**	**429**	**59**	**339**	**1681**
宛城区	94050	79463	416	12285	10825	17		14	
卧龙区	86886	53116	101	17465	15389	29		29	
南召县	791	791	705	11368	10017	32		29	125
方城县	7960	6800	964	16252	14320	66		66	314
西峡县	1464	1464	178	13064	11511				
镇平县	14780	14542	347	23507	20713	42		42	88
内乡县	9272	8058	1050	22349	19692	62	48	14	217
淅川县	874	874	126	26464	23318	1		1	
社旗县	19627	18459	3693	18648	16431	43	11	31	169
唐河县	19713	16455	24611	49715	43805	29		5	436
新野县	28490	18388	11903	26582	23422	62		62	
桐柏县	1907	1665	5899	12012	10584	27		27	30
邓州市	17038	14925	2995	68100	60005	20		20	303

10－37 各县(市、区)渔业生产情况

(2010 年)

	水产品产量(吨)					
	合计	天然生产	人工养殖	鱼类	虾蟹类	其他
全市	**108552**	**4420**	**104132**	**99527**	**297**	**4308**
宛城区	5200	20	5180	5170		10
卧龙区	6000	150	5850	5850		
南召县	15500	520	14980	14979		1
方城县	5400	120	5280	5270		10
西峡县	4100	80	4020	3720	180	120
镇平县	8900	180	8720	8320		400
内乡县	4600	100	4500	4420	44	36
淅川县	22352	2900	19452	18924		528
社旗县	4900	20	4880	4873		7
唐河县	10700	180	10520	7356	8	3156
新野县	4800		4800	4760		40
桐柏县	9000	50	8950	8885	65	
邓州市	7100	100	7000	7000		

10－38 农民家庭平均每人出售的主要农产品

单位:千克

	1985	1995	2000	2005	2009	2010
粮食(公斤)	130.66	81.97	150.02	289.94	607.45	614.93
棉花(公斤)	9.87	10.71	15.13	32.32	36.91	25.47
油料(公斤)	9.81	19.97	37.86	47.72	38.30	27.65
烟叶(公斤)	7.11	2.97	3.74	5.25	4.83	2.70
蔬菜(公斤)	19.83	77.79	143.92	120.64	135.95	129.54
瓜果水果(公斤)	0.11	2.62	127.58	13.36	21.99	20.99
肉猪(头)	0.08	0.4	0.24	0.31	0.39	0.45
猪肉(公斤)	5.95	0.47	0.92	21.98	30.75	46.94
肉牛(头)	0.004	0.02	0.02	0.04	0.03	0.07
牛肉(公斤)	0.44	0.02	0.06	5.89	5.24	2.25
菜羊(只)	0.06	0.08	0.07	0.08	0.09	0.03
羊肉(公斤)	0.94	0.01	0.09	1.88	1.26	8.85
家禽(公斤)	0.36	0.4	0.69	0.63	0.57	2.61
蛋类(公斤)	1.69	0.91	2.45	4.86	5.62	4.08
奶类(公斤)					3.52	0.52
水产品(公斤)	0.19	0.03	1.3	0.41	0.57	0.41

说明:本表为农村住户抽样调查资料。2003 年以前出售猪肉、牛肉、羊肉的数量,不包括出售猪、牛、羊的毛重按胴体重折肉,2003 年以后(包括 2003 年)数据包括出售猪、牛、羊的毛重按胴体重折肉。

主要统计指标解释

粮食产量 指全社会的产量。包括国有经济经营的、集体统一经营的和农民家庭经营的粮食产量,还包括工矿企业办的农场和其他生产单位的产量。粮食除包括稻谷、小麦、玉米、高粱、谷子及其他杂粮外,还包括薯类和豆类。其产量计算方法,豆类按去豆荚后的干豆计算;薯类(包括甘薯和马铃薯,不包括芋头和木薯)1963 年以前按每 4 公斤鲜薯折 1 公斤粮食计算,从 1964 年开始改为按 5 公斤鲜薯折 1 公斤粮食计算。城市郊区作为蔬菜的薯类(如马铃薯等)按鲜品计算,并且不作粮食统计。其他粮食一律按脱粒后的原粮计算。

油料产量 指全部油料作物的生产量。包括花生、油菜籽、芝麻、向日葵籽、胡麻籽(亚麻籽)和其他油料。不包括大豆、木本油料和野生油料。花生以带壳干花生计算。

水产品产量 指人工养殖的水产品和天然生长的水产品的捕捞量。包括海水的鱼类、虾蟹类、贝类和藻类以及内陆水域的鱼类、虾蟹类和贝类,不包括淡水生植物。

猪、牛、羊肉产量 指当年出栏并已屠宰、除去头蹄下水后带骨肉(即胴体重)的重量。

期初(末)畜禽存栏头(只)数 指报告期初(末)农村各种合作经济组织和国营农场、农民个人、机关、团体、学校、工矿企业、部队等单位以及城镇居民饲养的大牲畜、猪、羊、家禽等畜禽的存栏数。

常用耕地 是指耕地总资源中专门种植农作物并经常进行耕种、能够正常收获的土地。包括当年实际耕种的熟地;弃耕、休闲不满三年,随时可以复耕的地;开荒利用三年以上的地。不包括临时种植农作物的坡度在 25 度以上的陡坡地;在河套、湖畔、库区临时开发的成片或零星土地;也不包括已列为国家和省(区、市)退耕计划但临时耕种的土地。

农作物播种面积 指实际播种或移植有农作物的面积。凡是实际种植有农作物的面积,不论种植在耕地上还是种植在非耕地上,均包括在农作物播种面积中。在播种季节基本结束后,因遭灾而重新改种和补种的农作物面积,也包括在内。

有效灌溉面积 指具有一定的水源,地块比较平整,灌溉工程或设备已经配套,在一般年景下当年能够进行正常灌溉的耕地面积。

农用化肥施用量 指本年内实际用于农业生产的化肥数量,包括氮肥、磷肥、钾肥和复合肥。化肥施用量要求按折纯量计算数量。折纯量是指把氮肥、磷肥、钾肥分别按含氮、含五氧化二磷、含氧化钾的百分之一百成份进行折算后的数量。复合肥按其所含主要成分折算。

农业机械总动力 指主要用于农、林、牧、渔业的各种动力机械的动力总和。包括耕作机械、排灌机械、收获机械、农用运输机械、植物保护机械、牧业机械、林业机械、渔业机械和其他农业机械〔内燃机按引擎马力折成瓦(特)计算、电动机按功率折成瓦(特)计算〕。不包括专门用于乡镇、村、组办工业、基本建设、非农业运输、科学试验和教学等非农业生产方面用的动力机械与作业机械。

农林牧渔业劳动力 指全社会直接参加农林牧渔业生产活动的劳动力。

乡村从业人员 指乡村人口中劳动年龄在 16 周岁以上实际参加生产经营活动并取得实物或货币收入的人员,包括劳动年龄内经常参加劳动的人员,也包括超过劳动年龄但经常参加劳动的人员,但不包括户口在家的在外学生、现役军人和丧失劳动能力的人,也不包括待业人员和家务劳动者。从业人员按从事主业时间最长(时间相同按收入)分为农业从业人员、工业从业人员、建筑从业人员、交运仓储及邮电业从业人员、批零贸易及餐饮业从业人员、其它从业人员。

工　　业

资料整理：马协龙　王涛　张祎　焦静琴　康晶晶　袁鸿　刘新莹

11-1 历年工业企业单位数

单位:个

	总计	国有工业	集体工业	城乡个体工业	城乡合作工业	其他经济类型工业	轻工业	重工业
1949	22	8		14				
1952	66	43		23				
1957	232	78		154				
1962	685	178	507					
1965	515	153	362					
1970	753	231	522					
1975	1007	314	693					
1978	1299	362	937					
1979	1367	373	994					
1980	1445	383	1062					
1981	1443	379	1064					
1982	1484	397	1087					
1983	3096	416	1127	1553				
1984	70359	350	4147	65862				
1985	36553	369	3697	27695	4791	1		
1986	65275	386	3951	52817	8121			
1987	90982	421	6404	76041	8110	6		
1988	101597	431	6692	85216	9256	2		
1989	93768	443	5800	84017	3504	4	58499	35269
1990	99427	474	5029	85745	8173	6	65451	33976
1991	97955	445	5056	92323	128	3	60684	37271
1992	118719	433	5318	111637	1322	9	92256	26463
1993	170367	500	6186	160694	2892	95	78927	91440
1994	201462	438	6432	189674	4654	264	129784	71678
1995	188576	481	6186	161755	19697	457	132861	55715
1996	189189	525	6933	162212	19151	368	133043	56146
1997	161564	403	7723	41973	110977	488	127065	34499
1998	137295	201	4883	128399		3812	107353	29942
1999	132393	302	4755	123617		3719	104928	27465
2000	132020	252	4695	123043		4030	102709	29311
2001	131098	250	4378	121063		5407	100020	31078
2002	135407	300	3419	126361		5327	105847	29560
2003	141032	283	2960	131989		5800	106038	34994
2004	138412	236	2113	129040		7023	104562	33850
2005	131093	222	2085	121579		7207	97909	33184
2006	120514	179	991	110050		9294	91875	28639
2007	117833	167	921	105582		11163	90115	27718
2008	117702	106	228	105011		12357	88202	29500
2009	119455	92	221	106784		12358	89925	29530
2010	133931	90	235	121179		12427	103719	30212

11-2 各县(市、区)全部工业单位数

(2010年) 单位:个

	合计	规模以上企业	规模以下企业	个体经营单位	轻工业	重工业
总计	**133931**	**1474**	**11278**	**121179**	**103719**	**30212**
宛城区	7366	83	960	6323	4574	2792
卧龙区	5509	78	848	4583	3271	2238
南召县	6861	77	299	6485	5686	1175
方城县	10109	106	913	9090	7561	2548
西峡县	7321	100	611	6610	5969	1352
镇平县	34555	103	840	33612	30659	3896
内乡县	5168	65	974	4129	3352	1816
淅川县	11662	47	693	10922	10355	1307
社旗县	5528	93	636	4799	4383	1145
唐河县	11258	151	1254	9853	7869	3389
新野县	6488	179	1253	5056	4551	1937
桐柏县	5159	77	668	4414	3253	1906
邓州市	16814	182	1329	15303	12190	4624
市直	30	30			12	18
高新区	82	82			29	53
两属	21	21			5	16

11-2续表 (2010年) 单位:个

	公有制企业	国有及国有控股	集体及集体控股	非公有制企业	#大型企业	#中型企业
总计	**325**	**90**	**235**	**133606**	**16**	**93**
宛城区	28	6	22	7338		6
卧龙区	91	9	82	5418		4
南召县	16	6	10	6845		2
方城县	5	2	3	10104		3
西峡县	9	4	5	7312	4	6
镇平县	34	3	31	34521		5
内乡县	9	4	5	5159		5
淅川县	34	9	25	11628	1	6
社旗县	12	5	7	5516		3
唐河县	10	7	3	11248		5
新野县	6	3	3	6482	1	3
桐柏县	8	3	5	5151		8
邓州市	22	4	18	16792		8
市直	16	11	5	14	4	9
高新区	11	6	5	71	1	12
两属	14	8	6	7	5	8

11-3 全部工业增加值

单位:万元

	2000	2005	2006	2007	2008	2009	2010
全部工业总计	**2115251**	**4681756**	**5465568**	**6413271**	**7526856**	**7813580**	**9105600**
按注册类型分							
内资企业	1285855	3007695	3635724	4407473	5343463	5599444	6991710
国有	532429	1000804	1063772	783128	989895	827795	803823
集体	351111	393842	248073	269949	208655	131234	139891
股份合作	135874	99846	80292	71607	71796	95847	122758
股份制工业	192013	852516	1259853	1661997	2094639	2220011	3320283
私营企业	171388	1189638	1643392	2124585	2593117	2613878	3308457
外商及港澳台商投资	52212	90161	95664	147098	187415	210935	271352
按控股经济分							
公有制		1459003	1406337	1598126	1672666	1527531	1715003
国有工业		1000636	1063772	1192636	1381252	1286726	1419849
集体工业		458367	342565	405490	291414	240805	294864
非公有制		3222753	4059321	4815145	5854190	6286049	7390887
按轻重工业分							
轻工业	1050163	2441102	2780655	3277347	3694847	4013913	4472775
重工业	1065088	2240654	2684913	3135924	3832009	3799667	4632825
按企业规模分							
大型企业	385992	695435	798710	1010820	1410631	1296481	1459470
中型企业	72185	463034	555843	817663	944002	1199339	1824758
小型企业	879890	1939187	2379215	2726055	3176244	3314560	3978544
一、规模以上工业企业总计	**983721**	**2251156**	**2811568**	**3513171**	**4587256**	**4863780**	**6344700**
按注册类型分							
内资企业	932617	2165319	2717233	3370259	4402069	4655079	6075715
国有	532429	732855	702936	783128	988620	826516	802582
集体	212580	250730	128517	134911	147648	70033	80535
股份合作	80912	61372	57194	45524	57817	81824	109157
股份制工业	186631	828694	1211925	1576240	2050068	2175299	3276919
私营企业	30173	590449	951080	1342811	1789412	1807636	2525641
外商及港澳台商投资	51104	85837	94335	142912	185188	208701	269275

11－3 续表

单位:万元

	2000	2005	2006	2007	2008	2009	2010
按控股经济分							
公有制		1225783	1275556	1450412	1644330	1499107	1692457
国有工业		998642	1060485	1188924	1375368	1280824	1414124
集体工业		227141	215071	261488	268962	218283	278043
非公有制		1025373	1536102	2062759	2942926	3364673	4652533
按轻重工业分							
轻工业	356699	912311	1131506	1473891	1837623	2026592	2739717
重工业	627022	1338845	1680062	2039280	2749633	2837187	3604983
按企业规模分							
大型企业	385992	695435	798710	1010820	1410631	1296481	1459470
中型企业	72185	463034	555843	817663	944002	1199339	1824758
小型企业	74252	1092687	1457015	1684688	2232623	2367960	3060472
二、规模以下工业企业总计	**354346**	**846500**	**922200**	**1041400**	**943621**	**946600**	**918072**
按注册类型分							
内资企业	353238	842376	918491	1037214	941394	944366	915995
国有企业					1275	1279	1241
集体企业	138531	161367	119556	135038	61007	61200	59356
股份合作企业	54962	38474	23098	26083	13979	14023	13601
股份制工业	5382	38011	34267	45757	44571	44712	43364
私营企业	141215	599189	692312	781774	803705	806242	782816
外商及港澳台商投资企业	1108	4124	3709	4186	2227	2234	2077
按控股经济分							
公有制		233220	130781	147714	28336	28425	22546
国有工业		1994	3287	3712	5884	5903	5725
集体工业		231226	127494	144002	22452	22522	16821
非公有制		613280	791419	893686	915285	918175	895526
按轻重工业分							
轻工业	141923	335712	370630	418556	369341	396057	359340
重工业	212423	510788	551570	622844	574280	550543	558732
三、城乡个体工业合计	**777184**	**1584100**	**1731800**	**1858700**	**1995979**	**2003200**	**1842828**
轻工业	551541	1172259	1278519	1384900	1487883	1591263	1373718
重工业	225643	431643	453281	473800	508096	411937	469110

注:本表按当年价格计算。

11-4 全部工业增加值指数

（上年=100） 单位:%

	2000	2005	2006	2007	2008	2009	2010
全部工业总计	**107.6**	**117.2**	**116.7**	**116.3**	**115.1**	**110.9**	**116.5**
按注册类型分							
内资企业				120.1	118.0	119.5	124.9
国有		107.1	110.4	113.9	109.9	99.2	97.1
集体		110.9	93.1	112.8	119.0	103.6	106.6
股份合作				112.5	101.5	94.7	128.1
股份制工业		133.2	124.4	130.7	125.8	122.5	149.6
私营企业		113.5	119.9	123.7	122.9	114.6	126.6
外商及港澳台商投资		102.1	117.9	119.3	116.1	111.5	128.6
按控股经济分							
公有制				113.1	110.6	102.8	112.3
国有工业		107.1	110.3	113.0	112.8	103.3	110.3
集体工业			93.1	113.2	103.4	104.8	122.6
非公有制			135.6	124.4	124.1	131.2	117.6
按轻重工业分							
轻工业		122.5	115.7	117.1	113.2	109.4	111.4
重工业		111.5	116.0	115.4	117.0	112.8	121.9
按企业规模分							
大型企业		112.2	114.1	122.4	119.5	110.4	112.6
中型企业		112.1	111.9	120.4	117.8	117.3	134.4
小型企业		128.6	123.8	119.2	117.3	109.8	126.5
一、规模以上工业企业总计	**116.9**	**123.6**	**122.9**	**123.0**	**120.1**	**114.0**	**122.4**
按注册类型分							
内资企业			123.1	123.1	120.2	114.1	122.5
国有		101.4	110.7	113.9	110.1	99.2	115.4
集体		127.8	122.4	114.3	115.2	104.5	105.1
股份合作			130.6	113.2	111.7	92.6	110.1
股份制工业		139.9	124.4	127.4	126.0	122.8	125.0
私营企业				132.2	122.7	115.7	122.7
外商及港澳台商投资		99.6	117.6	119.6	116.8	111.5	120.6

11-4 续表　　（上年=100）　　单位:%

	2000	2005	2006	2007	2008	2009	2010
按控股经济分							
公有制			111.7	113.3	112.3	102.7	118.5
国有工业		107.1	110.3	113.0	112.5	103.3	121.2
集体工业				114.2	115.2	104.5	105.1
非公有制				131.0	124.6	120.2	124.0
按轻重工业分							
轻工业		131.0	126.3	127.1	119.8	112.2	122.0
重工业		119.1	120.7	120.2	120.4	115.2	122.7
按企业规模分							
大型企业		112.2	114.1	122.4	119.5	110.4	122.1
中型企业		112.1	111.9	120.4	117.8	117.3	118.1
小型企业		128.6	123.8	124.7	121.5	114.8	124.8
二、规模以下工业企业总计	**106.7**	**111.7**	**110.7**	**111.3**	**108.6**	**106.7**	**103.0**
按注册类型分							
内资企业			110.8	111.3	108.8	100.3	103.0
国有企业						103.6	103.0
集体企业		109.7	75.2	111.3	54.1	102.5	79.3
股份合作企业			61.0	111.3	64.2	106.7	102.9
股份制工业		114.3	91.6	246.8	116.7	108.2	129.8
私营企业		112.2	117.4	111.3	123.2	112.0	103.6
外商及港澳台商投资企业		107.4	91.4	111.3	63.8	107.2	98.7
按控股经济分							
公有制		48.2	57.0	111.3	23.0	105.9	84.2
国有工业		66.9	167.5	111.3	190.0	103.6	103.0
集体工业		48.1	56.0	111.3	14.4	108.2	79.3
非公有制		226.3	131.1	111.3	122.8	107.5	103.6
按轻重工业分							
轻工业		113.5	110.4	114.1	105.8	107.6	96.3
重工业		110.5	108.0	109.4	110.5	106.4	107.8
三、城乡个体工业合计	**109.0**	**112.6**	**111.1**	**107.9**	**106.7**	**105.3**	**103.0**
轻工业		119.9	110.8	108.9	106.8	106.2	96.7
重工业		96.0	111.9	105.1	106.5	104.4	127.5

注:本表按可比价格计算。

11-5 各县(市、区)全部工业增加值及指数

	工业增加值(万元)						
	2000	2005	2006	2007	2008	2009	2010
全　　市	**2115251**	**4681762**	**5465568**	**6413271**	**7526856**	**7813580**	**9105600**
市　　直	143747	835219	323912	299125	350190	319854	425843
宛城区	74390	159339	188418	221249	252192	305568	360823
卧龙区	104793	230213	243730	267899	305046	351572	391359
南召县	93194	262130	304646	342021	233004	243661	292867
方城县	72843	180548	212369	247504	310981	353024	382097
西峡县	89214	271584	358899	471396	683222	747723	896718
镇平县	323621	744293	809307	887059	722801	707950	768515
内乡县	101502	228842	261270	305456	370292	383389	410327
淅川县	116261	301191	345810	418886	489170	545344	631512
社旗县	37171	105495	136495	174723	249638	287196	329691
唐河县	153661	320907	384378	479921	528306	591899	615085
新野县	166458	419320	484725	598741	695591	698620	848832
桐柏县	76890	203144	241663	288609	318886	330397	380888
邓州市	185029	419530	505064	623230	832137	934398	1000085
两　　属	369549		621566	679642	992681	789848	1145716
高新区			50314	107812	155131	184076	225242

11-5 续表

	工业增加值指数(上年=100)						
	2000	2005	2006	2007	2008	2009	2010
全　　市	**107.6**	**117.2**	**116.7**	**116.3**	**115.1**	**110.9**	**116.5**
市　　直	95.1	100.0	123.8	115.2	113.1	99.8	118.3
宛城区	98.6	116.3	119.8	114.1	113.6	114.4	114.4
卧龙区	109.7	118.5	115.8	113.2	112.9	110.6	112.3
南召县	103.8	117.5	115.7	112.5	88.6	112.6	118.7
方城县	108.7	120.0	120.0	114.2	113.5	111.4	114.8
西峡县	111.6	136.5	124.9	122.8	118.3	122.3	121.9
镇平县	109.9	119.5	115.4	114.4	87.8	110.1	113.1
内乡县	110.2	118.2	117.0	112.2	111.0	110.6	117.0
淅川县	109.1	123.3	119.4	121.1	115.1	112.7	117.5
社旗县	65.1	119.7	120.0	114.6	112.8	112.7	114.8
唐河县	106.7	118.7	118.4	118.9	114.2	111.5	114.3
新野县	99.7	124.0	119.6	119.7	116.1	114.0	117.1
桐柏县	112.5	119.0	116.3	115.2	114.3	111.3	114.5
邓州市	105.2	118.7	118.5	118.0	115.1	115.2	115.6
两　　属	138.5		105.1	115.5	113.6	96.3	119.0
高新区			126.9	138.8	122.5	116.8	120.1

注:本表增加值按当年价格计算,指数按可比价格计算。

11-6 各县(市、区)工业增加值

(2010年)

	全部工业		限额以上工业		限额以下企业			
	增加值(万元)	比上年增长(%)	增加值(万元)	比上年增长(%)	增加值(万元)	比上年增长(%)	#企业	#个体
全市	**9105600**	**16.5**	**6344700**	**22.4**	**2760900**	**3.0**	**918072**	**1842828**
市直	425843	18.3	425843	18.3				
宛城区	360823	14.4	210362	22.6	150461	3.0	63115	87346
卧龙区	391359	12.3	192750	22.4	198609	2.5	50734	147875
南召县	292867	18.7	207346	25.0	85521	3.5	19808	65713
方城县	382097	14.8	220423	23.4	161674	3.1	68786	92888
西峡县	896718	21.9	744645	25.7	152073	2.9	55977	96096
镇平县	768515	13.1	388665	23.2	379850	2.7	60517	319333
内乡县	410327	17.0	215996	29.8	194331	2.8	118834	75497
淅川县	631512	17.5	390593	26.4	240919	3.1	72308	168611
社旗县	329691	14.8	195786	22.3	133905	3.8	40683	93222
唐河县	615085	14.3	325350	24.1	289735	3.3	76852	212883
新野县	848832	17.1	608639	22.8	240193	2.8	124666	115527
桐柏县	380888	14.5	225948	22.0	154940	3.6	63976	90964
邓州市	1000085	15.6	649002	22.4	351083	3.0	85129	265954
两属	1145716	19.0	1145716	19.0				
高新区	225242	20.1	197636	22.6	27606	2.5	16687	10919

注:本表增加值按当年价格计算,增长速度按可比价格计算。

11-7 限额以上工业企业分行业单位数、总产值、增加值及销售产值

（2010年）

	单位数(个)	工业总产值（万元）	工业增加值（万元）	比上年增长（%）	工业销售产值（万元）
总计	**1474**	**20980430**	**6344700**	**22.4**	**20572196**
煤炭开采和洗选业					
石油和天然气开采业	4	1534246	333600	8.2	1528795
黑色金属矿采选业	17	149206	57442	14.3	146860
有色金属矿采选业	26	205219	85776	18.0	201685
非金属矿采选业	60	399141	174203	48.3	386051
其他采矿业					
农副食品加工业	182	1360448	382773	27.1	1335003
食品制造业	46	498239	133874	33.8	483431
饮料制造业	32	834079	254222	12.7	792446
烟草制品业	2	216737	184348	12.0	216970
纺织业	214	3317131	1038194	21.2	3299665
纺织服装、鞋、帽制造业	21	141942	48609	46.6	140544
皮革、毛皮、羽毛(绒)及其制品业	5	25169	7382	72.2	24619
木材加工及木、竹、藤、棕、草制品业	34	392171	132068	39.1	394996
家具制造业	16	117527	39530	65.0	116267
造纸及纸制品业	20	266412	79159	40.9	261746
印刷业和记录媒介的复制	24	90728	29434	17.9	89380
文教体育用品制造业	5	41927	15459	17.8	41219
石油加工、炼焦及核燃料加工业	3	12963	72963	12.1	12655
化学原料及化学制品制造业	81	1020433	295730	13.9	981531
医药制造业	49	849096	256353	8.2	829602
化学纤维制造业					
橡胶制品业	5	53432	21296	111.7	51787
塑料制品业	47	342156	117330	17.7	336694
非金属矿物制品业	244	2294920	794430	18.5	2246572
黑色金属冶炼及压延加工业	17	1552268	172106	-37.5	1560526
有色金属冶炼及压延加工业	12	589417	220758	7.9	585527
金属制品业	29	150644	42211	28.4	148513
通用设备制造业	36	397503	99969	34.4	375205
专用设备制造业	40	446820	238408	62.8	405937
交通运输设备制造业	40	504463	151939	46.1	493134
电气机械及器材制造业	30	412379	131391	39.0	393904
通信设备、计算机及其他电子设备制造业	22	154823	48231	46.8	153375
仪器仪表及文化、办公用机械制造业	47	533368	248564	169.0	487556
工艺品及其他制造业	38	387386	157050	26.0	381377
废弃资源和废旧材料回收加工业					
电力、热力的生产和供应业	19	1675144	273437	15.6	1655032
燃气生产和供应业	2	4248	1788	50.2	4942
水的生产和供应业	5	8649	4965	5.3	8649

注：本表产值按当年价格计算，增长速度按可比价格计算。

11－8 各县(市、区)限额以上工业企业单位数

(2010年底) 单位:个

	合计	#国有及国有控股企业	集体企业	非公有制工业	#外商及港澳台投资企业	轻工业	重工业	大型企业	中型企业	小型企业
总计	**1474**	**65**	**84**	**1325**	**46**	**796**	**678**	**16**	**93**	**1365**
宛城区	83	2	11	70	2	46	37		6	77
卧龙区	78	3	15	60	4	35	43		4	74
南召县	77	2	5	70	2	15	62		2	75
方城县	106	2	1	103	3	33	73		3	103
西峡县	100	3	2	95	5	23	77	4	6	90
镇平县	103	2	9	92	2	71	32		5	98
内乡县	65	3	2	60	2	18	47		5	60
淅川县	47	5	4	38	1	16	31	1	6	40
社旗县	93	2	9	82	2	71	22		3	90
唐河县	151	4		147	4	104	47		5	146
新野县	179	3		176		171	8	1	3	175
桐柏县	77	5	1	71	3	29	48		8	69
邓州市	182	4	9	169	4	118	64		8	174
市直	30	11	5	14	5	12	18	4	9	17
高新区	82	6	5	71	6	29	53	1	12	69
两属	21	8	6	7	1	5	16	5	8	8

11－9 各县(市、区)限额以上工业总产值

(2010年) 单位:万元

	总产值	国有及国有控股企业	集体企业	非公有制工业	#外商及港澳台投资企业	轻工业	重工业	大型企业	中型企业	小型企业
总计	**20980430**	**5510399**	**891171**	**14578859**	**844461**	**9155333**	**11825097**	**5948777**	**5129170**	**9902483**
宛城区	648644	61713	51789	535143	142991	392621	256023		228914	419730
卧龙区	589204	22112	116276	450816	54035	228523	360681		154286	434918
南召县	630170	26571	34201	569398	10859	132546	497625		27578	602592
方城县	697928	20713		677215	8390	245223	452705		70680	627248
西峡县	2664696	54687	2140	2607868	35289	328973	2335723	2079874	245608	339214
镇平县	1242552	45657	117064	1079830	32619	737757	504795		197976	1044576
内乡县	695165	44448	19725	630992	25032	211563	483602		188654	506512
淅川县	1426742	325916	61587	1039239	100125	166386	1260356	260798	905757	260187
社旗县	656798	13114	99297	544387	36202	492107	164691		94787	562011
唐河县	1058598	30231		1028368	27138	739167	319432		91263	967335
新野县	2348058	470030		1878028		2222659	125399	411604	143181	1793273
桐柏县	721189	175252	27988	517949	26337	279933	441256		248037	473152
邓州市	2268343	56985	141846	2069512	65586	1641989	626354		672701	1595642
市直	1688537	1186435	23389	478714	140085	829506	859031	996497	646021	46019
高新区	676360	142745	165258	368357	94004	77838	598521	152203	314996	209161
两属	2967447	2833790	30612	103045	45772	428542	2538905	2047801	898731	20914

注:本表按当年价格计算。

11－10 各县(市、区)限额以上工业总产值指数

(2010 年,上年＝100)　　单位:%

	合计	国有及国有控股企业	集体企业	非公有制工业	#外商及港澳台投资企业	轻工业	重工业	大型企业	中型企业	小型企业
总计	**121.6**	**119.7**	**106.7**	**123.5**	**122.1**	**123.0**	**120.7**	**117.7**	**119.0**	**125.4**
宛城区	123.6	121.0	112.6	125.6	106.9	125.6	119.8		109.2	133.2
卧龙区	122.2	104.2	112.8	127.9	122.7	123.8	121.6		112.8	125.9
南召县	124.8	164.3	146.1	122.2	122.0	141.5	120.8		62.8	130.6
方城县	122.1	97.5		124.7	138.3	98.4	138.4		130.8	121.3
西峡县	120.7	115.7	45.8	120.9	111.4	98.6	122.9	117.3	132.0	135.1
镇平县	122.9	110.4	107.3	125.7	115.1	118.9	127.8		121.5	123.1
内乡县	131.0	124.5	110.2	132.4	135.7	145.9	121.4		168.2	120.9
淅川县	121.6	114.2	130.3	123.2	170.3	178.1	116.1	109.8	112.8	195.1
社旗县	124.7	126.7	118.8	126.3	172.4	122.3	129.5		118.0	125.9
唐河县	123.7	81.9		125.6	91.4	122.9	125.1		124.2	123.7
新野县	122.9	127.8		121.7		121.3	136.6	133.0	155.1	118.7
桐柏县	119.5	120.3	89.5	121.2	119.6	156.8	116.6		118.6	120.0
邓州市	122.9	109.4	83.7	127.2	145.0	128.3	112.0		117.8	125.0
市直	119.5	124.0	102.2	111.0	132.6	114.1	124.2	121.9	118.1	96.9
高新区	122.4	111.5	115.9	131.3	110.0	117.4	122.8	114.3	121.7	131.1
两属	118.0	119.4	105.1	94.6	78.0	115.2	118.3	115.0	124.5	110.2

注:本表按可比价格计算。

11－11 各县(市、区)限额以上工业销售产值

(2010 年)　　单位:万元

	合计	国有及国有控股企业	集体企业	非公有制工业	#外商及港澳台投资企业	轻工业	重工业	大型企业	中型企业	小型企业
总计	**20572196**	**5365561**	**855702**	**14350934**	**820283**	**8992944**	**11579252**	**5775888**	**5052375**	**9743933**
宛城区	635916	59276	50560	526081	142131	387966	247950		225150	410767
卧龙区	580895	20978	114339	445578	53758	222551	358344		155447	425448
南召县	603484	26341	33814	543329	10645	128213	475271		26861	576623
方城县	670984	20713		650271	6219	237087	433897		69968	601016
西峡县	2649271	54583	1976	2592712	33540	326551	2322721	2084595	241371	323306
镇平县	1238687	45658	116330	1076700	32249	739858	498830		192560	1046128
内乡县	683018	44232	20237	618550	25370	212377	470642		183071	499948
淅川县	1418245	325682	60791	1031772	99800	159947	1258298	260798	904871	252576
社旗县	650162	13114	98814	538234	36152	485913	164249		91579	558583
唐河县	1035448	30098		1005350	26939	723180	312268		90080	945367
新野县	2340044	466524		1873521		2214646	125399	408196	139722	1792126
桐柏县	711991	175178	29461	507352	26193	276995	434996		244930	467061
邓州市	2236129	56333	131775	2048022	63272	1612749	623381		671820	1564310
市直	1611679	1146708	25445	439526	126800	775546	836132	913168	644746	53765
高新区	637610	138602	142112	356896	91443	76851	560759	129062	303458	205090
两属	2868633	2741543	30049	97041	45772	412515	2456118	1980069	866742	21822

注:本表按当年价格计算。

11-12 各县(市、区)限额以上工业增加值

(2010年)

单位:万元

	合　计	#国有及国有控股企业	集体企业	非公有制工业	外商及#港澳台投资企业	轻工业	重工业	大型企业	中型企业	小型企业
总　计	**6344700**	**1414124**	**278043**	**4652533**	**269275**	**2739717**	**3605000**	**1459470**	**1824758**	**3060472**
宛城区	210364	21043	17307	172014	45213	139546	70818		74395	135969
卧龙区	192741	7123	39191	146427	16561	57470	135271		50497	142244
南召县	207355	2632	10388	194335	4219	47351	160004		2930	204425
方城县	220414	1977		218436	2001	71973	148441		19718	200695
西峡县	744634	8108	966	735560	19580	77968	666666	506051	84517	154066
镇平县	388665	3262	35670	349733	11287	213804	174861		50473	338192
内乡县	215991	5470	7426	203095	9616	98100	117891		55103	160889
淅川县	390612	46149	19496	324967	23024	54725	335887	27302	288460	74850
社旗县	195779	1438	27977	166364	9484	131830	63949		28249	167530
唐河县	325345	3926		321418	10737	202797	122548		23873	301472
新野县	608657	111934		496722		565191	43466	107305	27448	473903
桐柏县	225957	47577	8515	169865	8825	60265	165692		74940	151017
邓州市	649011	10809	42481	595721	21498	459990	189021		194025	454986
市　直	425860	221084	13119	191657	36629	236199	189661	266547	134576	24737
高新区	197634	44492	35312	117830	27038	14027	183607	31323	102670	63641
两　属	1145726	877100	20195	248431	23563	308481	837245	520942	612900	11884

注:本表按当年价格计算

11-13 各县(市、区)限额以上工业增加值率

(2010年)

单位:%

	合　计	#国有及国有控股企业	集体企业	非公有制企业	#外商及港澳台投资企业	轻工业	重工业	大型企业	中型企业	小型企业
总　计	**30.2**	**25.7**	**31.2**	**31.9**	**31.9**	**29.9**	**30.5**	**24.5**	**35.6**	**30.9**
宛城区	32.4	34.1	33.4	32.1	31.6	35.5	27.7		32.5	32.4
卧龙区	32.7	32.2	33.7	32.5	30.6	25.1	37.5		32.7	32.7
南召县	32.9	9.9	30.4	34.1	38.9	35.7	32.2		10.6	33.9
方城县	31.6	9.5		32.3	23.8	29.4	32.8		27.9	32.0
西峡县	27.9	14.8	45.1	28.2	55.5	23.7	28.5	24.3	34.4	45.4
镇平县	31.3	7.1	30.5	32.4	34.6	29.0	34.6		25.5	32.4
内乡县	31.1	12.3	37.6	32.2	38.4	46.4	24.4		29.2	31.8
淅川县	27.4	14.2	31.7	31.3	23.0	32.9	26.7	10.5	31.8	28.8
社旗县	29.8	11.0	28.2	30.6	26.2	26.8	38.8		29.8	29.8
唐河县	30.7	13.0		31.3	39.6	27.4	38.4		26.2	31.2
新野县	25.9	23.8		26.4		25.4	34.7	26.1	19.2	26.4
桐柏县	31.3	27.1	30.4	32.8	33.5	21.5	37.6		30.2	31.9
邓州市	28.6	19.0	29.9	28.8	32.8	28.0	30.2		28.8	28.5
市　直	25.2	18.6	56.1	40.0	26.1	28.5	22.1	26.7	20.8	53.8
高新区	29.2	31.2	21.4	32.0	28.8	18.0	30.7	20.6	32.6	30.4
两　属	38.6	31.0	66.0	41.1	51.5	72.0	33.0	25.4	68.2	56.8

11-14 各县(市、区)高新技术增加值及占限额以上工业增加值比重

	2010（万元）	2009（万元）	2010年比重（%）	2009年比重（%）	2010年比2009年增减百分点
总计	**667244**	**426218**	**10.5**	**8.8**	**1.7**
宛城区	46244	27545	22.0	18.2	3.8
卧龙区	30469	25800	15.8	16.1	-0.3
南召县	2137	1194	1.0	0.8	0.3
方城县	9302	9669	4.2	5.2	-1.0
西峡县	125560	39033	16.9	6.9	10.0
镇平县	20892	15766	5.4	5.1	0.3
内乡县	42786	30848	19.8	18.8	1.0
淅川县	29428	24095	7.5	8.2	-0.7
社旗县	13436	8951	6.9	5.8	1.0
唐河县	41801	33043	12.8	11.5	1.3
新野县	29805	19740	4.9	4.4	0.5
桐柏县	44168	36995	19.5	21.9	-2.3
邓州市	58114	45716	9.0	8.1	0.8
高新区	38900	26125	19.7	16.9	2.8
市直	54700	23635	12.8	7.4	5.4
两属	79502	58062	6.9	7.4	-0.7

11-15 主 要 工 业

	单 位	1952	1957	1965	1970	1978
纱	吨			199	167	44800
布	万米	5	534	109	296	2157
#化纤布	万米					134
生丝	吨					29
丝织品	万米	11	76	177		317
皮鞋	万双					21
卷烟	万箱	3	2	4	7	13
饮料酒	吨	450	1310	4579	9343	24210
啤酒	吨					
塑料制品	吨					1939
原油	万吨					167
天然汽	万立方米					
发电量	万千瓦时	6	151	2415	4877	12723
铁矿石	吨				66080	185941
生铁	吨	202	583		713	38890
钢	吨					2950
硫酸	吨					1597
烧碱	吨				17	1577
合成氨	吨					36556
化肥	吨				22964	126436
氮肥	吨					109618
磷肥	吨					16818
油漆	吨					421
水泥	万吨			1	5	24
交流电动机	万千瓦				3	17
酒精	吨	431	2399	3518	8303	16257
机砖	万块	1229	905	2250		61327
家具	万件					
铁合金	吨					636
大理石板	平方米					9220
服装	万件					

产 品 产 量

1980	1985	1990	1995	2000	2005	2009	2010
5968	13410	25271	52210	94455	281247	899701	1028999
2986	3898	6232	13275	13643	23075	39951	42671
258	225	381	1358	478	690	5356	4753
34	23	60	557	871	519		
391	545	522	725	971	327		
	37	23	114	4	2	27	53
21	39	39	44	40	151	129	131
33486	72178	88671	121828	78394	173863	360503	243277
	7657	17394	27061	38526	135372	283977	148489
3476	6544	9880	29884	23321	64585	175920	207861
231	243	252	192	185	187	188	228
	4389	3781	3560	5332	10131	5662	5874
9900	11478	16225	10089	461180	577519	1287367	1509611
155527		159438	324091	186654	531696	815527	1180175
46597	54453	126461	186152	47864	159068	2021079	1222309
2161	4334	3735	5166		4226	1879012	1230541
2413	4049	15469	23241	13436	6707		
3316	7078	10666	25954	28877	66840	19530	18128
67654	90542	185595	225831	154686	240650	94584	2650
46524	62894	159315	195904	136346	202786	293536	207362
45503	61258	132420	171252	116122	202388	193872	72691
1021	16363	26895	24652	18044	398		
752	1455	4284	33166	26373	22090	75929	57815
28	73	106	285	417	912	1519	1280
17	36	50	48	93	332	973	1124
18092	30744	66090	105938	76082	191256	41324	37616
71433	153212	85982	1010662	126929	125280	391642	575152
	23	29	33	3	4	5	10
308	4535	12705	16067	9047	92147	105437	100530
11246		176963	6792340	4082809	3628548	2276363	2213813
		181	865	621	974	3125	4162

11－16 各县（市、区）主要

（2010

	原油 （万吨）	铁矿石 （吨）	饮料酒 （吨）	啤酒 （吨）	酒精 （吨）	卷烟 （箱）
总计	**228**	**1180175**	**243277**	**148489**	**37616**	**1308803**
宛城区						
卧龙区						
南召县		322822				
方城县		584302	3081			
西峡县		4495	1962			
镇平县						
内乡县						
淅川县						
社旗县			18308		24086	
唐河县			43240	25946		
新野县		16088	4290		9445	
桐柏县		252469	4143			
邓州市			146242	102532		
市直			22012	20011	4085	
高新区						
两属	228					

11－16 续表

（2010

	烧碱 （吨）	合成氨 （吨）	化肥 （折纯吨）	氮肥 （折纯吨）	油漆 （吨）	塑料制品 （吨）
总计	**18128**	**2650**	**207362**	**72691**	**57815**	**207861**
宛城区			57077	57077		
卧龙区					16900	
南召县						
方城县			134671			4816
西峡县						
镇平县					10335	
内乡县		2650	2005	2005		
淅川县	18128					
社旗县						54625
唐河县						43311
新野县			13609	13609		
桐柏县						58342
邓州市					30580	44671
市直						1637
高新区						
两属						460

工　业　产　品　产　量

年）

纱（吨）	布（万米）	化纤布（万米）	生丝（吨）	丝织品（万米）	服装（万件）	家俱（件）
1028999	**42671**	**4753**			**4162**	**99455**
45306	699					
1334	565	565			918	30640
					900	
					300	
					93	9882
8334					354	33162
20952					623	6959
732904	21456				19	4331
163263	11682	4188			936	14481
56906	8269					
					18	

年）

水泥（万吨）	砖（万块）	大理石板材（平方米）	生铁（吨）	铁合金（吨）	交流电动机（万千瓦）	发电量（万千瓦时）	天然气（万立方米）
1280	**575152**	**2213813**	**1222309**	**100530**	**1124**	**1509611**	**5874**
68	14687						
160	71764	210528				3212	
137		1738400	16518			201	
45	145104					5266	
66		106010	1197542			7134	
173						4674	
45	64994	81851				5454	
79		75000		100530		10138	
55	15274					1141	
70	152058						
56	46396						
40			8249			32011	
188	64875	2024					
98					677	27157	
					447	153977	
						1259246	5874

11－17 限 额 以 上 工 业 企

（2010

	合　　计	#国有及国有控股企业	集体工业	非公有制工业
企业单位数(个)	1474	65	84	1325
#亏损企业	26	5	6	15
平均从业人员(人)	368469	76060	20332	272077
工业总产值(现价)	20980430	5510399	891171	14578859
#新产品产值	1727583	397037	100799	1229748
工业增加值	6344700	1414124	80535	4652533
工业销售产值	20572196	5365561	855702	14350934
#出口交货值	667806	205071	63267	399467
资产总计	13285108	5566556	591794	7126758
流动资产合计	5817133	1936624	316072	3564437
#应收帐款	1193591	371186	93814	728592
#存货	1524599	454765	96089	973745
#产成品	568666	80488	36630	451548
固定资产合计	6353255	3127218	169197	3056840
固定资产原价	8391756	3548940	315290	4527526
累计折旧	3410889	1512488	156820	1741581
#.本年折旧				
固定资产净值	4980867	2036452	158470	2785945
负债合计	7688577	3513285	334949	3840343
#.流动负债	6105149	2786645	276782	3041723
长期负债	1242273	681326	47682	513265
所有者权益合计	5474829	1999825	252842	3222163
#实收资本	3384713	1557255	194049	1633410
#国家资本	579549	473695	31352	74502
集体资本	35578	4285	13496	17797
法人资本	1565122	1000769	80975	483377
港澳台资本	47981			47981
产品销售收入	20097691	5259398	837940	14000353
#产品销售成本	16768980	4213023	714964	11840993
产品销售税金及附加	372652	297539	5089	70024
营业费用	581603	76498	28942	476163
管理费用	734307	341573	36752	355982
#税金	37260	18564	1587	17108
技术(研究)开发费	55672	26844	2518	26309
社保费	31405	18274	1143	11987
财务费用	267357	94603	6151	166603
#利息支出	237879	89257	5409	143213
营业利润	1427718	243818	48895	1135005
利润总额	1417756	247280	51607	1118869
#应交所得税	206968	59976	7226	139767
亏损企业的亏损总额	18180	8346	2260	7574
税利总额	2565811	777401	84773	1703638
本年应交增值税	775404	232582	28076	514746
本年销项税额	2441010	757591	74583	1608836
本年进项税额	1812407	581965	51831	1178612

业 主 要 经 济 指 标

年)

单位:万元

#外商及港澳台投资企业	轻工业	重工业	大型企业	中型企业	小型企业
46	796	678	16	93	1365
4	10	16		14	12
19987	177474	190995	82478	78629	207362
844461	9155333	11825097	5948777	5129170	9902483
194319	678576	1049007	712926	689029	325628
269275	2739717	3604983	1459470	1611658	3273862
820283	8992944	11579252	5775888	5052375	9743933
117557	399030	268776	324569	79630	263607
625900	4334441	8950667	5293678	4484047	3507383
335738	2159108	3658025	2519411	1773803	1523919
65008	275532	918059	462474	414867	316249
85958	607287	917312	810860	377980	335759
29465	175154	393513	296128	112443	160096
272748	1914506	4438749	2620929	2050950	1681376
460957	2906625	5485131	2471398	3429492	2490866
207574	1220669	2190221	916588	1567676	926625
253383	1685956	3294911	1554810	1861816	1564241
350587	2359668	5328909	3023453	2986530	1678594
259820	1884810	4220339	2839945	2168722	1096483
37749	286043	956230	164299	724075	353898
275162	1883686	3591143	2200193	1483961	1790675
186137	1023119	2361594	1169438	973530	1241744
9030	32736	546813	70241	454612	54695
342	10293	25285		18687	16892
68159	269289	1295832	960044	281031	324047
36622	22343	25638		20970	27011
794267	8779884	11317808	5574252	4966047	9557392
646692	7360311	9408668	4490316	4158575	8120089
515	135831	236821	207516	120406	44730
29075	291883	289720	163116	111675	306812
36190	240468	493839	306894	208928	218485
1035	14387	22873	15898	11154	10208
5359	12715	42956	39405	15470	796
1773	10696	20709	18540	9998	2866
8719	108770	158586	84419	96041	86897
6683	97836	140043	77029	91792	69058
73354	658997	768721	313423	316656	797640
79444	659851	757905	300912	325087	791757
10280	89884	117084	55058	58020	93891
4319	3235	14945		12973	5206
113622	1115751	1450060	723744	649111	1192957
33664	320070	455334	215316	203619	356469
116343	1097622	1343388	1031447	513534	896029
95452	825031	987376	853213	352460	606735

11－18 限额以上工业企业

（2010

	企业单位数（个）	资产总计	流动资产合计	产成品库存	固定资产合计	固定资产原价	固定资产净值
总计	**1474**	**13285108**	**5817133**	**568666**	**6353255**	**8391756**	**4980867**
一、总计中：（按轻重工分）							
轻工业	796	4334441	2159108	175154	1914506	2906625	1685956
以农产品为原料	628	3559832	1712449	124122	1628944	2429204	1441724
以非农产品为原料	168	774609	446659	51032	285562	477421	244233
重工业	678	8950667	3658025	393513	4438749	5485131	3294911
采掘工业	111	2069172	492308	15998	1541266	953795	660588
原料工业	166	3087330	1083937	32233	1393436	2473091	1229055
加工工业	401	3794165	2081779	345282	1504048	2058246	1405268
二、总计中：（按规模分组）							
大型企业	16	5293678	2519411	296128	2620929	2471398	1554810
中型企业	93	4484047	1773803	112443	2050950	3429492	1861816
小型企业	1365	3507383	1523919	160096	1681376	2490866	1564241
三、按国民经济行业分							
煤炭开采和洗选业							
石油和天然气开采业	4	1652089	343010	660	1308260	684680	438542
黑色金属矿采选业	17	23537	6991	381	14046	15407	13425
有色金属矿采选业	26	100009	49844	3055	38616	53517	34896
非金属矿采选业	60	122483	49984	5956	61029	69783	59776
其他采矿业							
农副食品加工业	182	350504	153584	13668	176097	253348	169739
食品制造业	46	139887	60143	4886	70884	132552	70229
饮料制造业	32	808759	406604	21512	329228	357053	233021
烟草制品业	2	169439	122201	828	38712	78042	33860
纺织业	214	1454637	642923	32261	757263	1207004	702025
纺织服装、鞋、帽制造业	21	39508	20400	2605	16618	21157	15715
皮革、毛皮、羽毛（绒）及其制品业	5	13346	8133	263	2242	4340	2242
木材加工及木、竹、藤、棕、草制品业	34	77743	24316	1788	47840	214396	45208
家具制造业	16	28826	10621	1438	14267	18001	14267
造纸及纸制品业	20	125879	53016	18940	67106	132489	65497
印刷业和记录媒介的复制	24	41959	23366	3523	15776	21791	14445
文教体育用品制造业	5	5759	2389	235	3370	4691	3278
石油加工、炼焦及核燃料加工业	3	3009	1896	52	727	1018	727
化学原料及化学制品制造业	81	765093	277712	32145	322910	403766	232883
医药制造业	49	600781	367880	48414	194141	368221	180712
化学纤维制造业							
橡胶制品业	5	16985	12413	1212	4430	6810	4427
塑料制品业	47	109406	50617	3015	51387	62674	50785
非金属矿物制品业	244	1517578	725917	110846	688250	891392	646756
黑色金属冶炼及压延加工业	17	857118	481839	122934	352790	494408	348446
有色金属冶炼及压延加工业	12	429541	265638	6374	160936	174872	120886
金属制品业	29	47925	26376	2172	19564	24424	19354
通用设备制造业	36	288246	142539	11646	114712	146003	93792
专用设备制造业	40	377470	268669	35603	78047	112825	73747
交通运输设备制造业	40	352291	210682	28059	121407	174976	118572
电气机械及器材制造业	30	311328	198814	17767	107913	117767	85681
通信设备、计算机及其他电子设备制造业	22	177004	62677	4950	48555	54455	43582
仪器仪表及文化、办公用机械制造业	47	390220	204936	21908	165962	260475	151137
工艺品及其他制造业	38	88684	42485	9404	32255	48273	30297
废弃资源和废旧材料回收加工业							
电力、热力的生产和供应业	19	1730332	470765	34	899415	1741501	836315
燃气生产和供应业	2	31056	15455	85	9228	13357	9192
水的生产和供应业	5	36679	12301	51	19273	26292	17415

分行业主要经济指标

年）

单位:万元

所有者权益	#实收资本	流动负债合计	长期负债合计	产品销售收入	产品销售费用	产品销售税金及附加	利润总额	利税总额	从业人员数（人）
5474829	**3384713**	**6105149**	**1242273**	**20097691**	**581603**	**372652**	**1417756**	**2603071**	**368469**
1883686	1023119	1884810	286043	8779884	291883	135831	659851	1130138	177474
1530424	790457	1558038	228531	7183603	250390	127093	544177	943010	142243
353262	232662	326772	57512	1596281	41493	8738	115673	187128	35231
3591143	2361594	4220339	956230	11317808	289720	236821	757905	1472933	190995
1068076	953389	894318	82007	2329317	38261	196625	177716	530498	44257
894727	619855	1449374	705359	3741076	60313	18351	214961	387401	42897
1628340	788351	1876648	168864	5247415	191146	21846	365228	555034	103841
2200193	1169438	2839945	164299	5574252	163116	207516	300912	739641	82478
1483961	973530	2168722	724075	4966047	111675	120406	325087	660265	78629
1790675	1241744	1096483	353898	9557392	306812	44730	791757	1203165	207362
812371	779540	803629	36049	1457933	15761	190181	90472	399740	21494
16235	12611	2457	2189	146286	4508	1386	13049	19392	3619
51067	30566	24455	17205	199804	4152	810	25357	34692	4985
76741	50778	28946	11179	383693	9646	3852	35034	56510	10148
184881	118668	108516	34698	1313171	41403	4630	98016	150479	20807
65248	42967	64559	9609	475129	13088	1376	48897	75632	7360
122738	85190	560706	51303	764793	29145	10362	33298	67390	10743
90507	34347	77814	1119	216378	5160	94926	21920	142059	1745
802010	369398	472647	91359	3166489	101258	10126	251699	367155	66630
17711	13364	18495	1627	141755	2934	653	9043	14476	6063
6990	2411	4689	1329	25095	1188	97	1727	2433	1212
52465	27197	17604	5758	371111	12307	1431	27792	44767	5722
16954	8049	9637	1702	118136	3517	324	11094	15703	3513
39474	26872	77780	1189	238532	4617	959	10299	17429	4579
19486	15292	16937	2544	86063	2020	306	5201	8563	2899
3041	1305	1746	971	41071	873	791	3970	6150	615
1839	1228	828	243	12750	398	90	1211	1885	270
389673	228151	283033	63919	984031	39417	8779	79856	133774	16932
193455	72114	328521	52436	818790	50058	3637	56640	92652	19845
9134	2367	4162	1540	46558	1040	207	2984	4376	1441
53049	36646	30174	18436	329874	7592	2789	31301	48400	7729
755038	375610	553834	153115	2140558	94170	9646	185458	298227	42819
367570	57369	472566	13395	1586480	30202	10731	77383	132826	12937
71086	35198	350793	617	557716	2949	254	34224	58425	3055
19807	15731	22026	4787	148767	6225	725	11987	18892	3132
136874	71885	121737	20160	374533	10334	1017	17679	29462	10257
144194	78562	220326	10894	408345	15344	1366	21006	30995	9423
101398	50986	159135	34935	484758	14340	1110	50290	70487	13462
140171	65790	139954	12311	391140	20914	2136	43580	57719	7925
109286	81200	55141	10300	163722	6111	263	14589	19205	5072
181677	85538	181183	22878	472807	14262	1060	25883	35208	16511
44212	45700	27418	6655	373866	11245	1008	35915	52024	9599
368967	428453	828608	524335	1633545	1547	5351	43003	96938	12563
2403	20030	10036	18617	15385	2386	183	-494	-52	1034
7080	13601	25057	2873	8627	1491	92	-1607	-941	2329

11－19 各县(市、区)限额以上工

(2010

	企业单位数(个)	资产总计	流动资产合计	产成品库存	固定资产合计	固定资产原价	固定资产净值年平均余额
总计	**1474**	**13285108**	**5817133**	**568666**	**6353255**	**8391756**	**4980867**
宛城区	83	331154	143795	22529	168143	204303	164990
卧龙区	78	244474	94286	11724	113439	134723	110210
南召县	77	264098	120672	10600	125483	139463	123799
方城县	106	280139	99384	9436	157853	169316	149145
西峡县	100	1750564	1105894	250172	595830	890164	566080
镇平县	103	384530	146512	14454	170762	243235	168868
内乡县	65	294670	102015	26508	156910	230172	153971
淅川县	47	1111626	736957	30826	330473	399627	288025
社旗县	93	152429	54121	7050	84290	97054	83933
唐河县	151	366554	159674	8274	177686	227781	170376
新野县	179	1050505	407542	2295	629588	1021522	554396
桐柏县	77	557099	135920	10750	259759	303239	198643
邓州市	182	617121	242513	20541	350545	860923	330461
市直	30	1844711	815596	53972	923115	1175543	747132
高新区	82	782616	402131	42637	296145	393769	291130
两属	21	3252819	1050121	46898	1813232	1900922	879709

业 企 业 主 要 经 济 指 标

年）

单位:万元

所有者权益	#实收资本	流动负债合计	长期负债合计	产品销售收入	产品销售费用	产品销售税金及附加	利润总额	利税总额
5474829	**3384713**	**6105149**	**1242273**	**20097691**	**581603**	**372652**	**1417756**	**2603071**
155480	116939	150510	17756	619334	14324	1611	63061	85669
153061	108945	75467	11274	564457	22472	3033	33822	51449
89693	58683	79874	82476	627503	11483	3616	38958	57251
123486	104658	112481	37714	653520	21396	1995	47124	74719
714468	118894	972404	43992	2584072	120544	15068	143477	251778
224077	211582	67734	39004	1145444	32728	1663	136457	198650
96372	48854	137437	54166	621711	11537	1325	14556	26116
246139	77259	726433	62857	1427651	25351	4001	107691	181007
106598	66627	32858	10057	659084	14499	3923	38110	65702
170904	98915	117924	56746	1049957	25643	5728	96671	149480
605108	289200	288432	15013	2268301	78828	5691	195317	269578
287924	167960	198582	59187	709107	25099	12921	86069	140186
356382	184165	162708	97931	2140937	76019	14984	169162	278843
415294	218771	1099868	268853	1591750	41201	6509	53324	88805
273580	303747	485520	15544	631714	21900	1372	22765	34392
1456265	1209516	1396918	369704	2803152	38581	289214	171191	649447

11-20 限额以上国有控股工业

(2010

行业	企业单位数（个）	资产总计	流动资产合计	产成品库存	固定资产合计	固定资产原价
总计	**65**	**5566556**	**1936624**	**80488**	**3127218**	**3548940**
一、总计中：（按轻重工分）						
轻工业	23	1507115	780206	39725	645566	793801
以农产品为原料	15	1276377	652740	18582	544927	673770
以非农产品为原料	8	230738	127466	21144	100639	120032
重工业	42	4059441	1156419	40763	2481652	2755139
采掘工业	4	1695924	358636	3866	1330068	717068
原料工业	21	1521247	453445	2626	704884	1416037
加工工业	17	842271	344338	34271	446700	622034
二、总计中：（按规模分组）						
大型企业	9	3456693	1323405	51986	2034052	1592675
中型企业	26	1907771	539235	17058	980434	1815337
小型企业	30	202092	73984	11445	112731	140929
三、按国民经济行业分						
煤炭开采和洗选业						
石油和天然气开采业	1	1632592	328239	660	1304354	679296
黑色金属矿采选业						
有色金属矿采选业	2	42030	20978	1403	13832	24291
非金属矿采选业	1	21301	9419	1803	11882	13481
其他采矿业						
农副食品加工业	6	9502	4136	47	5226	5144
食品制造业						
饮料制造业	2	707509	363673	16738	277176	271762
烟草制品业	2	169439	122201	828	38712	78042
纺织业	3	375971	154814	844	221011	315769
纺织服装、鞋、帽制造业						
皮革、毛皮、羽毛(绒)及其制品业						
木材加工及木、竹、藤、棕、草制品业						
家具制造业						
造纸及纸制品业						
印刷业和记录媒介的复制	1	259	53	6	206	352
文教体育用品制造业						
石油加工、炼焦及核燃料加工业						
化学原料及化学制品制造业	3	206255	125141	23357	75383	85056
医药制造业						
化学纤维制造业						
橡胶制品业						
塑料制品业						
非金属矿物制品业	6	182840	41718	6148	128948	189085
黑色金属冶炼及压延加工业						
有色金属冶炼及压延加工业						
金属制品业	1	4687	4129	2	454	1001
通用设备制造业	3	172250	81982	3707	71120	92601
专用设备制造业	3	87495	52056	9544	30352	39410
交通运输设备制造业	4	47343	34299	5928	13044	22802
电气机械及器材制造业						
通信设备、计算机及其他电子设备制造业						
仪器仪表及文化、办公用机械制造业	5	207016	119352	9389	75475	123226
工艺品及其他制造业						
废弃资源和废旧材料回收加工业						
电力、热力的生产和供应业	17	1654111	455326	34	840438	1578608
燃气生产和供应业	1	30476	15229		8874	12999
水的生产和供应业	4	15481	3879	51	10731	16016

企业分行业主要经济指标

年）

单位:万元

固定资产净值年平均余额	所有者权益	#实收资本	流动负债合计	长期负债合计	产品销售收入	产品销售费用	产品销售税金及附加	利润总额	利税总额
2036452	**1999825**	**1557255**	**2786645**	**681326**	**5259398**	**76498**	**297539**	**247280**	**795966**
520207	493023	213661	887703	64005	1502850	31923	100303	62626	219473
450489	351749	132070	817382	58691	1172215	27478	98253	52355	192939
69719	141274	81591	70322	5314	330635	4445	2049	10271	26533
1516245	1506801	1343593	1898941	617322	3756548	44575	197237	184655	576493
461417	834474	798723	811099	46949	1495875	16988	190096	94447	406429
641512	301039	260651	700752	510958	1601518	7322	5598	58621	117615
413316	371288	284219	387091	59414	659155	20265	1543	31587	52450
1014427	1410156	1031606	1858334	131608	3106980	52044	194508	145873	491619
915156	518844	467754	816843	535794	1827886	15373	101004	87524	265517
106869	70825	57894	111468	13924	324532	9080	2026	13884	38829
435872	805231	778451	791563	35799	1436705	15592	189717	88702	396632
13663	13974	5816	13655	10999	23861	18	202	3932	5306
11882	15269	14456	5881	151	35309	1379	177	1813	4491
4327	1533	1197	2436	1402	25708	330	133	12	345
188741	82913	40906	535105	46452	511645	17018	2894	11002	25323
33860	90507	34347	77814	1119	216378	5160	94926	21920	142059
220759	167500	48046	199034	8052	410827	4862	299	19254	24999
206	154	100	105		3392			2	30
44364	133307	65838	60288	500	351345	8208	2084	17575	37009
126472	126805	37087	32144	6915	171844	3401	924	31795	48681
454	671	73	4017		4825	361	159	708	868
54437	79177	44510	72435	13070	152763	2597	283	1316	4261
27384	41149	30343	36694	9642	80480	3717	110	3579	5543
13044	6321	7348	40969	54	64838	4064	9	267	1747
64218	112412	37899	74863	19741	167023	5614	113	4462	6798
777521	315921	380237	822835	506935	1586574	1547	5309	42993	93360
8874	2044	20000	9836	18596	12772	2365	142	-916	-538
10374	4940	10601	6972	1900	3110	268	59	-1136	-946

11－21 各县(市、区)限额以上国有

(2010

	企业单位数(个)	资产总计	流动资产合计	产成品库存	固定资产合计	固定资产原价	固定资产净值年平均余额
总计	**65**	**5566556**	**1936624**	**80488**	**3127218**	**3548940**	**2036452**
宛城区	2	39979	17453	3502	21726	26342	21726
卧龙区	3	24189	13127	1110	6421	8823	6168
南召县	2	12750	7031	70	5719	9915	4293
方城县	2	30821	5436		24941	31974	24941
西峡县	3	44010	21418	90	22131	30061	16169
镇平县	2	25024	6900	85	11067	17176	10968
内乡县	3	12144	3563	127	7712	17044	7712
淅川县	5	250138	167433	2283	73452	99778	71290
社旗县	2	6539	256		3378	7501	3378
唐河县	4	14255	4725	23	8803	18673	8803
新野县	3	404982	164047	24	228991	333985	228104
桐柏县	5	65214	30978	5154	25305	41759	24666
邓州市	4	33980	12030	660	16662	29483	12493
市直	11	1286272	454033	18691	755229	943594	611508
高新区	6	255132	71813	8341	179966	220894	179966
两属	8	3061128	956382	40329	1735715	1711940	804266

控股工业企业主要经济指标

年)

单位:万元

所有者权益	#实收资本	流动负债合计	长期负债合计	产品销售收入	产品销售费用	产品销售税金及附加	利润总额	利税总额
1999825	**1557255**	**2786645**	**681326**	**5259398**	**76498**	**297539**	**247280**	**795966**
20653	19606	16779	2548	53518	1783	192	2443	5219
13776	10916	8731	1681	17847	866	29	243	553
4091	571	5158	3501	26370	18	105	342	1618
7553	5598	20594	2652	21797		71	71	965
26276	4133	11224	6461	59447	682	256	8713	12254
20149	5395	2636	1758	41696	6	5	4822	6855
3723	1313	3800	4621	41976	1	88	359	1643
55938	23591	180690	13435	320919	4122	856	20297	38327
147	470	3598	2794	13044	259	178	508	1466
4596	3935	3526	4582	26481	980	73	57	1256
185531	49607	195352	10926	464267	4995	622	23851	32006
22603	8073	23011	16198	185388	612	1640	4560	19507
20622	11758	8298	5060	55499	399	280	3851	6707
190934	122661	800654	251644	1127270	21223	4655	10507	28407
54058	145924	193146	361	146029	4433	272	-2112	72
1369175	1143704	1309449	353106	2657849	36119	288217	168769	639110

11－22 限额以上集体工业企业

（2010

行业	企业单位数（个）	资产总计	流动资产合计	产成品库存	固定资产合计	固定资产原价
总计	**84**	**591794**	**316072**	**36630**	**169197**	**315290**
一、总计中：（按轻重工分）						
轻工业	39	130399	76807	11780	45762	148324
以农产品为原料	28	88839	48345	6248	37066	72380
以非农产品为原料	11	41560	28462	5532	8696	75944
重工业	45	461395	239265	24851	123435	166966
采掘工业	5	7911	3955	273	1916	3513
原料工业	8	122972	35500	1586	76710	101551
加工工业	32	330512	199810	22992	44810	61902
二、总计中：（按规模分组）						
大型企业	1	149075	122321	13966	12929	23238
中型企业	7	158668	58171	3742	80925	129447
小型企业	76	284051	135580	18923	75343	162604
三、按国民经济行业分						
煤炭开采和洗选业						
石油和天然气开采业	2	5957	3394		2105	1029
黑色金属矿采选业	1	545	68		477	477
有色金属矿采选业	1	736	439	100	298	380
非金属矿采选业	2	3931	1846	41	561	1410
其他采矿业						
农副食品加工业	6	14978	6555	423	7932	8869
食品制造业	4	14578	7328	897	6220	7960
饮料制造业	1	8758	5050	157	2360	31499
烟草制品业						
纺织业	7	21268	10221	1862	10816	11961
纺织服装、鞋、帽制造业	3	6780	2738	131	4003	4377
皮革、毛皮、羽毛（绒）及其制品业						
木材加工及木、竹、藤、棕、草制品业						
家具制造业	1	1113	355	4	758	848
造纸及纸制品业	2	4523	3378	988	1027	1264
印刷业和记录媒介的复制	4	14671	11041	1245	3464	4952
文教体育用品制造业						
石油加工、炼焦及核燃料加工业						
化学原料及化学制品制造业	8	63486	22171	1938	38938	71476
医药制造业	3	7977	4786	702	3146	44082
化学纤维制造业						
橡胶制品业	1	1749	1617	478		
塑料制品业	4	23492	16137	420	4561	8882
非金属矿物制品业	10	80218	26257	1744	43050	56139
黑色金属冶炼及压延加工业						
有色金属冶炼及压延加工业						
金属制品业	3	6137	4704	482	933	1674
通用设备制造业	3	25249	11573	2426	6109	6477
专用设备制造业	3	151299	123572	13987	13846	24843
交通运输设备制造业	1	377	179	28	198	217
电气机械及器材制造业	7	39208	31219	2676	6706	9471
通信设备、计算机及其他电子设备制造业	1	73246	9381	1574	3927	5135
仪器仪表及文化、办公用机械制造业	1	4505	3133	259	1372	1197
工艺品及其他制造业	4	13916	8443	4067	3779	4586
废弃资源和废旧材料回收加工业						
电力、热力的生产和供应业	1	3099	489		2610	6087
燃气生产和供应业						
水的生产和供应业						

分行业主要经济指标

年)

单位:万元

固定资产净值年平均余额	所有者权益	#实收资本	流动负债合计	长期负债合计	产品销售收入	产品销售费用	产品销售税金及附加	利润总额	利税总额
158470	**252842**	**194049**	**276782**	**47682**	**837940**	**28942**	**5089**	**51607**	**86360**
43894	47272	40829	64989	11638	382669	11385	2804	25056	40538
35642	35385	27663	41297	7662	257007	8122	2477	15386	26758
8252	11888	13167	23691	3976	125662	3263	327	9670	13780
114577	205570	153220	211793	36044	455272	17557	2286	26551	45822
1868	3806	3117	2523	164	40296	709	769	2607	4601
70937	57003	43789	46170	19798	97688	2821	437	3045	10302
41772	144761	106314	163100	16081	317288	14027	1080	20899	30919
12917	51006	15369	98069		114050	4810	161	5566	7809
73988	71447	51528	68929	18292	157054	5927	2420	8456	19982
71566	130389	127152	109784	29390	566836	18206	2509	37584	58569
869	1163	340	4503	250	5622		108	155	597
429	532	496	4	10	1243	22	15	388	413
298	444	450	292		6080	5	17	30	115
561	2119	671	1813		17948	260	725	764	1921
7213	4716	3850	8057	2179	71249	989	135	3550	6145
6100	6515	5468	7117	837	17380	561	52	1982	2692
2360	3566	3000	5192		43566	4168	1691	5428	9078
10349	8668	7562	4794	3669	48081	1010	162	2498	4327
3895	3454	2282	3326		36829	367	317	1452	3313
758	573	560	160	380	15061	1216	36	1379	2333
1027	1700	718	2696	10	11595	672	20	358	601
3464	5466	3777	8486	614	16013	297	95	104	494
33748	31560	25309	27666	4055	65488	1875	140	520	2925
3146	2080	2662	3619	1778	34662	467	25	2890	3337
	198	53			2026	57	7	19	109
4561	5008	4693	10126	6816	55299	2078	234	5163	8909
42197	36970	26491	27146	15359	128885	5854	859	12598	19271
928	1365	1265	4275	143	23808	868	62	1294	2094
4944	10252	5930	13177	1526	30568	1035	56	1211	2449
13829	52383	16548	98916		116634	4829	200	5618	7964
198	309	99	68		2257	36	5	65	83
6706	16716	13228	17987	1534	35293	930	81	965	2172
3927	52884	60596	14843	5519	2002	118	8	-121	-37
1023	208	775	4297		7540	452	11	158	282
3331	3735	6676	7785	602	42051	778	25	3140	4710
2610	259	550	439	2401	763		4		65

11－23 各县(市、区)限额以上集体

(2010

	企业单位数(个)	资产总计	流动资产合计	产成品库存	固定资产合计	固定资产原价	固定资产净值年平均余额
总计	**84**	**591794**	**316072**	**36630**	**169197**	**315290**	**158470**
宛城区	11	32793	17243	2146	14686	17198	13436
卧龙区	15	50681	28721	4932	17407	20880	15762
南召县	5	6673	2916	731	3355	3779	3307
方城县	1						
西峡县	2	6392	3215	225	3160	6817	3160
镇平县	9	20282	9647	1064	5636	9344	5636
内乡县	2	3901	2452	671	1428	2763	1419
淅川县	4	68940	22408	1406	36729	43727	36147
社旗县	9	12107	3528	159	7756	8964	7744
唐河县							
新野县							
桐柏县	1	48585	12967	113	35304	44645	30114
邓州市	9	32586	19664	827	11236	106418	10943
市直	5	37525	28841	6270	6440	8778	6000
高新区	5	233007	139185	15559	20058	32477	20046
两属	6	38324	25285	2527	6003	9499	4757

工业企业主要经济指标

年）

单位:万元

所有者权益	#实收资本	流动负债合计	长期负债合计	产品销售收入	产品销售费用	产品销售税金及附加	利润总额	利税总额
252842	**194049**	**276782**	**47682**	**837940**	**28942**	**5089**	**51607**	**86360**
15011	11732	6999	6745	50273	951	144	2052	3595
19080	10987	29670	1809	107698	5572	1283	7593	10083
1951	1581	4433	290	34258	233	321	715	2266
489	928	1912	3491	2207	101	10		81
9461	14289	4325	1624	113539	3709	159	13022	18584
1439	1106	2109	353	21800	101	16	95	342
29482	21095	23994	13846	62002	763	334	3726	8201
9124	6539	1714	895	98757	2631	264	7323	11875
25425	21000	20722	2439	23722	1033	94	-1517	441
8084	6570	16047	8454	139664	7418	1752	11836	18619
13741	11271	20244	619	23736	1045	133	153	1265
108871	80525	118617	5519	129119	5059	199	6215	8884
10684	6426	25996	1598	31166	326	380	395	2125

11－24 限额以上外商及港澳台投资

（2010

	企业单位数（个）	资产总计	流动资产合计	产成品库存	固定资产合计	固定资产原价
总计	**46**	**625900**	**335738**	**29465**	**272748**	**460957**
一、总计中:(按轻重工分)						
轻工业	29	240407	131239	16797	99534	140202
以农产品为原料	20	122114	58655	5762	58854	78164
以非农产品为原料	9	118293	72584	11034	40680	62038
重工业	17	385494	204499	12668	173214	320754
采掘工业	2	49973	19985	2683	27916	27524
原料工业	4	101984	25376	630	73594	193373
加工工业	11	233537	159139	9355	71704	99858
二、总计中:(按规模分组)						
大型企业	1	68311	39027	1670	27833	48281
中型企业	13	454589	250811	22156	191445	336863
小型企业	32	103001	45901	5638	53470	75813
三、按国民经济行业分						
煤炭开采和洗选业						
石油和天然气开采业						
黑色金属矿采选业						
有色金属矿采选业	1	25973	14357	702	9545	14754
非金属矿采选业	1					
其他采矿业						
农副食品加工业	4	12564	9421	76	3027	6808
食品制造业	7	69192	28689	1097	38270	51139
饮料制造业	1	3461	1600	691	1861	2028
烟草制品业						
纺织业	2	21992	11706	2985	8139	10218
纺织服装、鞋、帽制造业	1	1291	673	7	618	688
皮革、毛皮、羽毛(绒)及其制品业						
木材加工及木、竹、藤、棕、草制品业	3	4772	1838	71	1626	20244
家具制造业	1	4237	856	93	3381	4311
造纸及纸制品业						
印刷业和记录媒介的复制						
文教体育用品制造业						
石油加工、炼焦及核燃料加工业						
化学原料及化学制品制造业						
医药制造业	3	99452	66745	9856	29125	48597
化学纤维制造业						
橡胶制品业						
塑料制品业	1	4397	1689	12	2708	3078
非金属矿物制品业	1	22654	8073	442	14572	14839
黑色金属冶炼及压延加工业						
有色金属冶炼及压延加工业	1	24000	5629	1981	18371	12770
金属制品业						
通用设备制造业						
专用设备制造业						
交通运输设备制造业	3	98676	76435	4413	22241	31998
电气机械及器材制造业						
通信设备、计算机及其他电子设备制造业	3	57654	35407	774	20785	17327
仪器仪表及文化、办公用机械制造业	7	90506	52705	5198	36291	58274
工艺品及其他制造业	5	11959	4968	1067	5822	7077
废弃资源和废旧材料回收加工业						
电力、热力的生产和供应业	1	73121	14950		56367	156806
燃气生产和供应业						
水的生产和供应业						

企业分行业主要经济指标

年）

单位:万元

固定资产净值年平均余额	所有者权益	#实收资本	流动负债合计	长期负债合计	产品销售收入	产品销售费用	产品销售税金及附加	利润总额	利税总额
253383	**275162**	**186137**	**259820**	**37749**	**794267**	**29075**	**515**	**79444**	**114657**
97582	86713	69671	143633	6500	411813	14865	356	39905	56822
58288	60969	43867	56033	3302	288259	11608	262	32853	46366
39294	25744	25805	87599	3197	123554	3257	94	7051	10455
155801	188449	116466	116187	31250	382454	14209	159	39539	57836
20943	20368	26397	18606	10999	16440	107	87	-2187	-1797
69560	63163	50681	23312	15509	102182	5495	51	6087	12191
65298	104918	39388	74269	4742	263832	8607	21	35640	47442
25899	48503	19924	17608	2200	45011	1405		1823	2429
182528	167970	111942	204789	30562	465811	12280	254	62487	84355
44956	58688	54271	37423	4987	283445	15390	260	15134	27874
9543	2548	1616	12426	10999	14432		87	1160	1362
2931	8254	6657	4089	211	55127	5727	126	2459	4418
38270	30962	22582	37487	743	163788	4812	51	27402	37365
1391	1179	966	496	1785	8527	475	75	14	128
8139	10903	9960	9089	200	16905			811	1225
618	769	750	358	164	3789	177	3	325	370
1626	3801	1856	823	147	41020	4529	20	3014	4475
3381	1918	624	1716	604	12386	49	41	1026	1653
29125	18983	17834	80469		56866	1680	1	674	1579
2708	1647	1500	2071	680	9511	464	17	1170	1498
10764	6371	1000	16284		23325	1056		3050	4203
11400	17820	24781	6180		2007	107		-3347	-3159
22241	23081	6278	25702	425	129826	4528	3	26066	35063
15952	28840	8789	25231	3583	41677	2088		4345	5396
34297	60067	26869	27736	2563	94528	1679	3	4282	5888
4813	5233	6408	4329	646	74346	1705	51	6983	9680
56184	52787	47667	5334	15000	46208		38	10	3514

11－25 各县(市、区)限额以上外商及港澳台投资企业主要经济指标

(2010 年)　　　　单位:万元

	企业单位数(个)	资产总计	流动资产合计	流动资产年平均余额	固定资产合计	固定资产原价	固定资产净值年平均余额
总　　计	**46**	**625900**	**335738**	**29465**	**272748**	**460957**	**253383**
宛城区	2	72643	29410	3030	40867	53181	40867
卧龙区	4	15065	7777	28	6562	10854	6449
南召县	2	1741	1118	63	515	612	515
方城县	3	30224	7513	1989	22432	16571	15084
西峡县	5	6957	5579	1046	1307	1794	1307
镇平县	2	4911	2199	214	1544	2546	1544
内乡县	2	3256	1146	912	2103	2154	1094
淅川县	1	74085	58222	1523	15863	20872	15863
社旗县	2	25268	14910	3895	10357	11093	10357
唐河县	4	9925	3218	112	6708	8077	6708
新野县							
桐柏县	3	32611	17589	1573	12949	18877	12435
邓州市	4	8009	2995	78	3813	22820	3813
市　直	5	187883	115687	11958	67637	107728	61894
高新区	6	80204	53425	3046	23724	26972	19268
两　属	1	73121	14950		56367	156806	56184

11－25 续表　　　　(2010 年)　　　　单位:万元

所有者权益	# 实收资本	流动负债合计	长期负债合计	产品销售收入	产品销售费用	产品销售税金及附加	利润总额	利税总额	
总　　计	**275162**	**186137**	**259820**	**37749**	**794267**	**29075**	**515**	**79444**	**114657**
宛城区	36232	28934	34411	200	127070	3105	20	27223	32974
卧龙区	10976	6501	3939		50596	2098	101	4184	5545
南召县	1070	941	671		11071	154	8	41	55
方城县	19955	27340	8122	2147	6117	324		-3147	-2877
西峡县	1309	1258	5622	26	38537	543		14	4017
镇平县	1811	2500	1004	346	31876	1101	17	4589	6162
内乡县	181	2464	3073	1	23570	14	1	311	343
淅川县	19584	819	4633	400	89412	2075		25012	32833
社旗县	13922	5500	11345		36152	243		2032	3184
唐河县	4333	2874	4145	1447	25685	689	61	2521	3522
新野县									
桐柏县	5001	3682	14464	13146	25660	539	162	1228	1544
邓州市	6529	2784	821	658	63002	9050	72	5056	8636
市　直	68850	34574	116833	2200	124168	3977		4170	6554
高新区	32622	18299	45404	2178	95141	5164	35	6200	8653
两　属	52787	47667	5334	15000	46208		38	10	3514

11－26 限额以上工业企业主要经济效益指标

(2010年)

	总资产贡献率(%)	成本费用利润率(%)	资产负债率(%)	产品销售率(%)	资本保值增值率(%)	销售收入利税率(%)	资金利税率(%)	固定资产原价利税率(%)	流动资产周转次数(次/年)	全员劳动生产率(元/人年)
总计	**23.1**	**7.7**	**57.9**	**98.1**	**117.7**	**12.8**	**23.8**	**30.6**	**3.5**	**172199**
一、总计中:(按轻重工分)										
轻工业	30.8	8.2	54.4	98.2	120.3	12.7	29.0	38.4	4.1	167823
以农产品为原料	31.4	8.3	54.5	98.5	121.4	13.0	29.6	38.5	4.2	170942
以非农产品为原料	27.9	7.8	54.1	97.1	115.9	11.4	26.3	38.0	3.6	155230
重工业	19.4	7.3	59.5	97.9	116.3	12.8	20.9	26.4	3.1	176265
采掘工业	27.7	9.4	48.1	98.7	102.5	22.4	45.2	54.6	4.7	170276
原料工业	16.1	6.1	70.7	98.9	124.2	10.2	16.5	15.4	3.5	240498
加工工业	17.5	7.4	56.7	96.9	122.9	10.4	15.7	26.6	2.5	152283
二、总计中:(按规模分组)										
大型企业	16.8	6.0	57.1	97.1	116.1	13.0	17.8	29.3	2.2	176953
中型企业	18.1	7.1	66.6	98.5	123.6	13.1	17.9	18.9	2.8	204970
小型企业	39.1	9.1	47.9	98.4	115.2	12.5	38.6	47.9	6.3	157882
三、按国民经济行业分										
石油和天然气开采业	26.3	8.2	50.8	99.6	99.9	26.8	50.1	57.2	4.3	189526
黑色金属矿采选业	90.5	9.7	26.6	98.4	117.8	13.2	94.9	125.7	20.9	158723
有色金属矿采选业	33.1	14.8	44.8	98.3	94.5	17.2	40.6	64.2	4.0	172069
非金属矿采选业	52.1	10.1	36.4	96.7	132.0	14.6	50.9	80.1	7.7	150426
农副食品加工业	50.0	8.1	46.0	98.1	134.9	11.4	46.3	59.1	8.6	180046
食品制造业	56.8	11.8	53.4	97.0	100.0	15.9	57.8	56.8	7.9	216738
饮料制造业	12.5	4.5	79.6	95.0	134.4	8.7	10.4	18.6	1.9	225988
烟草制品业	90.5	21.6	46.6	100.1	114.2	65.5	90.8	181.5	1.8	1056435
纺织业	29.2	8.7	43.9	99.5	114.2	11.4	26.9	30.0	4.9	160362
纺织服装、鞋、帽制造业	40.3	6.8	55.1	99.0	102.2	10.2	40.0	68.3	6.9	76752
皮革、毛皮、羽毛(绒)及其制品业	23.9	7.3	47.6	97.8	134.7	9.7	23.5	56.1	3.1	60908
木材加工及木、竹、藤、棕、草制品业	72.2	8.8	32.5	100.7	169.9	12.0	64.2	20.8	15.3	230808
家具制造业	64.9	10.2	41.2	98.9	116.1	13.3	63.0	87.1	11.1	112525
造纸及纸制品业	16.4	4.6	65.0	98.2	117.4	7.2	14.4	12.9	4.5	180508
印刷业和记录媒介的复制	23.9	6.4	49.4	98.5	133.5	9.9	22.6	39.2	3.7	108937
文教体育用品制造业	117.0	10.9	47.2	98.3	113.4	14.8	107.0	129.3	17.2	251359
石油加工、炼焦及核燃料加工业	66.1	10.6	35.6	97.6	112.5	14.8	71.9	185.2	6.7	142878
化学原料及化学制品制造业	20.3	8.6	48.9	96.2	117.9	13.0	25.0	31.6	3.5	179967
医药制造业	19.6	7.5	64.7	97.7	124.2	11.2	16.7	24.9	2.2	132919
塑料制品业	48.1	10.5	49.1	98.4	110.5	14.7	47.7	77.1	6.5	150303
非金属矿物制品业	23.0	9.3	50.2	97.9	117.2	13.8	21.6	33.2	2.9	181411
黑色金属冶炼及压延加工业	20.4	5.1	57.1	100.5	157.5	8.1	15.5	26.0	3.3	292667
有色金属冶炼及压延加工业	19.3	6.5	83.0	99.3	123.9	10.4	15.0	33.1	2.1	749900
金属制品业	44.6	8.8	57.9	98.6	104.3	12.7	41.3	77.4	5.6	134775
通用设备制造业	11.4	5.0	52.3	94.4	138.4	7.7	12.2	19.7	2.6	108148
专用设备制造业	9.8	5.4	61.6	90.9	118.5	7.4	8.9	26.9	1.5	113518
交通运输设备制造业	21.9	11.6	70.9	97.8	117.6	14.2	20.9	39.3	2.3	99928
电气机械及器材制造业	21.0	12.4	52.0	95.5	126.5	14.8	20.3	49.0	2.0	156242
通信设备、计算机及其他电子设备制造业	13.0	9.8	38.2	99.1	114.3	11.7	18.0	35.2	2.6	94573
仪器仪表及文化、办公用机械制造业	11.1	5.7	53.2	91.4	118.7	7.3	9.7	13.2	2.3	96475
工艺品及其他制造业	61.8	10.5	50.0	98.4	90.8	13.9	71.5	107.7	8.8	158854
电力、热力的生产和供应业	8.8	2.7	78.2	98.8	124.4	5.9	7.3	5.5	3.5	221139
燃气生产和供应业	1.1	-3.1	92.3	116.3	40.7	-0.8	-0.5	-0.9	1.0	14475
水的生产和供应业	-1.6	-15.0	80.7	100.0	76.0	-12.2	-3.5	-4.0	0.7	21319

11-27 各县(市、区)限额以上工业企业主要经济效益指标

(2010年)

	总资产贡献率(%)	成本费用利润率(%)	资产负债率(%)	产品销售率(%)	资本保值增值率(%)	销售收入利税率(%)	资金利税率(%)	固定资产原价利税率(%)	流动资产周转次数(次/年)	全员劳动生产率(元/人年)
总计	**23.1**	**7.7**	**57.9**	**98.1**	**117.7**	**12.8**	**23.8**	**30.6**	**3.5**	**172199**
宛城区	31.5	11.2	51.5	98.0	143.2	13.7	27.5	41.6	4.3	156552
卧龙区	24.6	6.2	36.6	98.6	122.8	8.7	24.1	36.5	6.0	133814
南召县	25.7	6.6	65.3	95.8	130.1	9.1	23.4	41.0	5.2	149575
方城县	30.9	7.7	55.1	96.1	124.5	11.4	29.9	43.8	6.6	118372
西峡县	18.3	5.9	58.1	99.4	127.7	9.6	14.8	27.7	2.3	187237
镇平县	52.5	12.9	41.7	99.7	91.6	17.3	62.9	81.6	7.8	142170
内乡县	11.1	2.4	66.6	98.3	126.0	4.0	9.7	10.8	6.1	138259
淅川县	21.6	8.2	77.3	99.4	142.9	12.6	17.6	45.1	1.9	278269
社旗县	48.8	6.1	28.4	99.0	118.8	9.9	47.4	67.4	12.2	174794
唐河县	45.6	10.2	53.1	97.8	111.5	14.2	45.2	65.6	6.6	133882
新野县	29.7	9.4	40.4	99.7	117.8	11.7	27.7	26.0	5.6	184090
桐柏县	28.3	13.1	47.1	98.7	116.6	18.9	40.0	44.2	5.2	223503
邓州市	53.8	9.1	42.2	98.6	141.8	12.9	48.2	32.1	8.8	189938
市直	7.8	3.4	74.7	95.4	121.7	5.4	5.5	7.4	2.0	151800
高新区	6.2	3.7	65.0	94.3	104.2	5.3	4.9	8.6	1.6	111733
两属	22.1	7.5	55.2	96.7	108.5	22.8	33.1	33.6	2.7	222644

11-28 限额以上国有及国有控股工业企业主要经济效益指标

（2010 年）

	总资产贡献率（%）	成本费用利润率（%）	资产负债率（%）	产品销售率（%）	资本保值增值率（%）	销售收入利税率（%）	资金利税率（%）	固定资产原价利税率（%）	流动资产周转次数（次/年）	全员劳动生产率（元/人年）
总计	**17.0**	**5.2**	**63.1**	**97.4**	**115.8**	**14.8**	**19.6**	**21.9**	**2.7**	**185922**
一、总计中：（按轻重工分）										
轻工业	18.4	4.6	64.5	96.3	135.8	14.1	16.3	26.7	1.9	270537
以农产品为原料	19.5	5.0	69.1	96.7	140.5	16.2	17.3	28.3	1.8	284189
以非农产品为原料	12.9	3.2	38.8	94.9	124.1	6.6	11.1	18.2	2.6	217581
重工业	16.5	5.5	62.6	97.8	110.1	15.0	21.1	20.5	3.2	155636
采掘工业	26.0	8.3	50.6	99.6	101.1	26.6	48.5	55.4	4.2	185568
原料工业	11.0	3.8	79.7	98.8	129.6	7.3	10.7	8.3	3.5	206937
加工工业	7.8	4.8	55.9	91.6	119.4	7.7	6.7	8.2	1.9	88881
二、总计中：（按规模分组）										
大型企业	16.7	5.4	58.0	96.5	111.6	15.5	20.5	30.1	2.3	166311
中型企业	17.1	5.2	72.2	98.5	128.2	14.4	18.1	14.5	3.4	240392
小型企业	22.0	4.3	65.0	100.6	121.9	10.5	18.8	24.2	4.4	156921
三、按国民经济行业分										
石油和天然气开采业	26.4	8.2	50.7	99.6	99.7	27.0	50.8	57.2	4.4	192824
有色金属矿采选业	12.4	20.8	58.7	100.0	120.3	20.9	14.4	20.5	1.1	76898
非金属矿采选业	27.8	5.3	28.3	97.2	227.0	11.9	19.7	31.1	3.7	161816
农副食品加工业	3.7		83.9	98.8	95.7	1.3	4.1	6.7	6.2	111159
饮料制造业	7.5	2.1	82.3	93.8	143.8	4.8	4.4	9.0	1.4	327681
烟草制品业	90.5	21.6	46.6	100.1	114.2	65.5	90.8	181.5	1.8	1056435
纺织业	9.5	4.9	55.4	99.0	148.9	5.8	6.4	7.6	2.7	128128
印刷业和记录媒介的复制	13.5	0.1	40.6	95.8	283.6	0.9	11.6	8.5	63.6	104764
化学原料及化学制品制造业	20.2	5.3	35.4	95.0	128.1	9.2	19.0	37.9	2.8	299805
非金属矿物制品业	28.0	19.0	30.6	97.6	131.0	28.0	28.6	25.5	4.1	157138
金属制品业	18.6	17.2	85.7	100.0	47.4	18.0	18.9	86.7	1.2	96769
通用设备制造业	2.5	0.9	54.0	89.8	139.8	2.5	2.8	4.1	1.9	92798
专用设备制造业	7.5	4.7	53.0	99.0	141.2	6.7	6.8	13.7	1.5	64342
交通运输设备制造业	5.8	0.4	86.6	95.9	130.9	2.7	3.7	7.7	1.9	62459
仪器仪表及文化、办公用机械制造业	4.1	2.7	45.7	82.4	102.7	3.8	3.5	5.2	1.4	70068
电力、热力的生产和供应业	8.9	2.7	80.4	98.8	130.2	5.8	7.5	5.9	3.5	215732
燃气生产和供应业	-0.8	-6.8	93.3	155.0	36.5	-4.8	-2.5	-4.7	0.8	5471
水的生产和供应业	-5.6	-26.0	68.1	100.0	75.8	-30.4	-6.6	-5.9	0.8	17781

11-29 各县(市、区)国有及国有控股工业企业主要经济效益指标

(2010年)

	总资产贡献率(%)	成本费用利润率(%)	资产负债率(%)	产品销售率(%)	资本保值增值率(%)	销售收入利税率(%)	资金利税率(%)	固定资产原价利税率(%)	流动资产周转次数(次/年)	全员劳动生产率(元/人年)
总计	**17.0**	**5.2**	**63.1**	**97.4**	**115.8**	**14.8**	**19.6**	**21.9**	**2.7**	**185922**
宛城区	17.7	4.7	48.3	96.1	180.3	9.2	12.6	18.7	3.1	99187
卧龙区	3.4	1.5	43.0	94.9	207.5	3.0	2.8	6.1	1.4	47517
南召县	13.6	1.2	67.9	99.1	106.1	6.0	14.0	16.0	3.8	41398
方城县	5.9	0.3	75.5	100.0	106.3	4.1	3.0	2.8	4.0	25124
西峡县	30.7	18.1	40.3	99.8	132.7	20.6	32.6	40.8	2.8	110830
镇平县	31.8	11.4	19.5	100.0	171.3	16.4	38.4	39.9	6.0	48416
内乡县	16.5	0.9	69.3	99.5	103.4	3.7	13.7	9.1	11.8	45681
淅川县	19.4	6.5	77.6	99.9	112.9	11.9	16.0	38.2	1.9	167503
社旗县	22.5	3.1	97.8	100.0	62.7	11.0	39.7	19.2	51.0	20559
唐河县	9.2	0.2	67.8	99.6	87.4	4.4	8.7	6.3	5.6	33863
新野县	10.7	5.4	52.3	99.3	149.4	6.6	7.9	9.2	2.8	129177
桐柏县	30.9	2.5	60.1	100.0	118.9	7.8	25.9	34.6	6.0	248632
邓州市	20.4	7.4	39.3	98.9	110.2	12.1	27.3	22.7	4.6	58145
市直	5.4	0.9	81.9	96.7	134.7	2.4	2.6	2.9	2.5	213567
高新区	3.4	-1.4	78.8	97.1	104.1				2.0	110787
两属	23.1	7.8	55.3	96.7	108.8	23.7	35.7	36.7	2.8	238037

11－30 限额以上集体工业企业主要经济效益指标

（2010 年）

	总资产贡献率（%）	成本费用利润率（%）	资产负债率（%）	产品销售率（%）	资本保值增值率（%）	销售收入利税率（%）	资金利税率（%）	固定资产原价利税率（%）	流动资产周转次数（次/年）	全员劳动生产率（元/人年）
总计	**16.4**	**6.6**	**56.6**	**96.0**	**103.0**	**10.1**	**17.9**	**26.9**	**2.7**	**136894**
一、总计中：（按轻重工分）										
轻工业	34.9	7.2	61.0	96.2	110.1	10.6	33.5	27.2	5.0	157211
以农产品为原料	34.2	6.5	56.1	98.1	122.3	10.4	31.7	36.8	5.3	150336
以非农产品为原料	36.2	8.9	71.4	92.2	83.0	10.9	37.4	18.1	4.4	173006
重工业	11.4	6.0	55.4	95.9	101.4	9.8	12.5	26.6	1.9	123589
采掘工业	64.9	7.0	51.9	99.0	124.6	11.4	79.0	130.9	10.2	101330
原料工业	9.8	3.2	53.6	101.5	99.3	9.6	8.8	9.2	2.8	128245
加工工业	10.8	6.7	56.1	93.9	101.7	9.6	12.6	49.2	1.6	125787
二、总计中：（按规模分组）										
大型企业	6.5	5.0	65.8	84.8	103.2	6.5	5.5	32.1	0.9	147266
中型企业	14.1	5.8	55.0	100.1	104.0	12.0	14.2	14.5	2.7	117554
小型企业	22.8	7.1	52.7	97.8	102.4	10.3	28.2	36.0	4.2	142407
三、按国民经济行业分										
石油和天然气开采业	12.0	2.9	80.5	100.0	133.3	10.6	14.0	58.0	1.7	153325
黑色金属矿采选业	76.3	46.1	2.5	94.2	111.7	33.2	83.0	86.5	18.3	90630
有色金属矿采选业	16.7	0.5	39.7	98.0	132.5	1.9	15.6	30.2	13.9	285964
非金属矿采选业	58.6	4.6	46.1	99.7	449.8	10.7	79.7	136.0	9.7	95961
农副食品加工业	47.7	5.3	68.5	97.5	133.4	8.6	44.5	69.1	10.9	238911
食品制造业	21.4	12.9	55.3	97.2	171.3	15.5	20.1	33.8	2.4	89958
饮料制造业	122.2	16.1	59.3	98.5	87.8	20.7	121.5	28.6	8.6	286371
纺织业	25.6	5.5	42.8	97.6	156.5	9.0	21.0	36.2	4.7	141904
纺织服装、鞋、帽制造业	49.7	4.1	49.1	98.8	88.8	9.0	49.8	75.4	13.5	105772
家具制造业	223.3	9.5	48.5	100.0	102.3	15.4	208.3	273.4	42.4	149544
造纸及纸制品业	13.9	3.2	62.4	97.7	90.9	5.2	13.6	47.5	3.4	223870
印刷业和记录媒介的复制	3.5	0.6	62.0	98.4	100.4	3.1	3.4	9.9	1.5	72375
化学原料及化学制品制造业	5.2	0.8	50.3	98.6	103.1	3.3	3.9	3.0	3.0	108190
医药制造业	46.1	11.0	73.9	78.5	102.3	9.6	41.9	7.5	7.2	412367
橡胶制品业	10.4	0.9	88.7	88.8	142.8	5.4	6.8		1.3	43138
塑料制品业	40.1	9.9	78.7	100.4	73.1	16.1	42.9	100.0	3.4	119475
非金属矿物制品业	27.8	10.0	53.9	100.1	95.0	14.8	27.9	34.0	4.9	197519
金属制品业	39.5	5.8	72.1	97.5	83.2	8.8	37.2	125.1	5.1	243559
通用设备制造业	10.8	4.1	59.4	99.0	138.5	7.6	14.0	35.7	2.6	58100
专用设备制造业	6.5	4.9	65.4	85.0	103.6	6.5	5.5	30.7	0.9	141638
交通运输设备制造业	49.8	3.0	18.0	107.3		3.7	22.0	38.3	12.6	66590
电气机械及器材制造业	5.8	2.8	57.2	105.1	138.2	6.2	5.7	22.9	1.1	191281
通信设备、计算机及其他电子设备制造业	-0.1	-5.7	27.8	99.8	95.8	-1.8	-0.3	-0.7	0.2	13552
仪器仪表及文化、办公用机械制造业	6.3	2.1	95.4	100.0	5.6	3.7	6.8	23.6	2.4	65759
工艺品及其他制造业	36.8	8.3	73.2	100.1	73.6	11.2	40.0	102.7	5.0	145809
电力、热力的生产和供应业	6.2		91.6	100.0	17.2	8.5	2.1	1.1	1.6	70967

11-31 各县(市、区)限额以上集体工业企业主要经济效益指标

(2010年)

	总资产贡献率(%)	成本费用利润率(%)	资产负债率(%)	产品销售率(%)	资本保值增值率(%)	销售收入利税率(%)	资金利税率(%)	固定资产原价利税率(%)	流动资产周转次数(次/年)	全员劳动生产率(元/人年)
总计	**16.4**	**6.6**	**56.6**	**96.0**	**103.0**	**10.1**	**17.9**	**26.9**	**2.7**	**136894**
宛城区	14.9	4.3	43.3	97.6	195.2	7.2	11.7	20.9	2.9	140575
卧龙区	22.6	7.1	62.3	98.3	89.8	9.3	22.5	47.9	3.7	136176
南召县	36.1	2.2	70.8	98.9	119.4	6.6	36.3	59.8	11.7	110066
方城县										
西峡县	3.6		92.4	92.3	25.6	3.6	1.3	1.2	0.7	65748
镇平县	90.5	12.8	53.4	99.4	73.1	16.4	121.6	198.9	11.8	139039
内乡县	9.6	0.4	63.1	102.6	94.2	1.6	8.8	12.4	8.9	170619
淅川县	14.2	6.3	57.1	98.7	96.7	12.9	13.7	18.4	2.8	224633
社旗县	103.1	7.8	21.8	99.5	105.9	12.0	105.0	132.0	28.0	208056
唐河县										
新野县										
桐柏县	1.5	-6.2	47.7	105.3	103.4	-1.4	-0.8	-0.7	1.8	74354
邓州市	62.5	10.4	75.2	92.9	101.7	13.3	60.6	17.4	7.1	223257
市直	4.2	0.6	63.4	108.8	132.9	5.3	3.6	14.4	0.8	88538
高新区	4.6	5.0	53.3	86.0	99.6	6.6	5.4	26.3	0.9	126715
两属	6.1	1.2	72.1	98.2	121.0	6.5	6.8	21.4	1.2	46967

11－32 限额以上外商及港澳台投资企业主要经济效益指标

（2010 年）

	总资产贡献率（%）	成本费用利润率（%）	资产负债率（%）	产品销售率（%）	资本保值增值率（%）	销售收入利税率（%）	资金利税率（%）	固定资产原价利税率（%）	流动资产周转次数（次/年）	全员劳动生产率（元/人年）
总计	**20.2**	**11.0**	**56.0**	**97.1**	**107.1**	**14.3**	**19.3**	**24.6**	**2.4**	**134725**
一、总计中：（按轻重工分）										
轻工业	27.8	10.7	63.9	98.5	108.5	13.7	24.6	40.2	3.1	134261
以农产品为原料	40.4	12.9	50.1	98.5	109.2	16.0	39.5	59.0	4.9	166064
以非农产品为原料	12.9	5.9	78.2	98.5	107.0	8.3	9.1	16.5	1.7	94906
重工业	15.9	11.4	51.1	95.7	106.5	15.0	15.9	17.9	1.9	135282
采掘工业	-3.4	-13.0	59.2	87.8	95.3	-10.9	-4.4	-6.5	0.8	75229
原料工业	12.9	6.3	38.1	98.3	108.4	11.5	12.4	6.1	4.0	247009
加工工业	21.8	15.2	55.0	95.3	107.7	17.9	21.1	47.4	1.7	119554
二、总计中：（按规模分组）										
大型企业	4.0	4.2	29.0	81.8	102.9	5.2	3.6	4.9	1.2	76396
中型企业	20.3	15.1	63.1	98.9	104.8	17.9	19.3	24.8	1.9	166865
小型企业	30.9	5.8	42.9	97.4	118.6	9.8	30.6	36.7	6.2	115237
三、按国民经济行业分										
有色金属矿采选业	4.8	9.8	90.2	100.0	79.5	9.4	5.7	9.2	1.0	95990
农副食品加工业	42.4	4.7	34.2	98.7	135.4	8.0	35.7	64.8	5.9	98388
食品制造业	53.6	20.3	55.3	98.8	91.2	22.7	55.5	72.7	5.7	346360
饮料制造业	5.4	0.2	65.9	99.3	101.6	1.4	3.9	5.7	5.3	87009
纺织业	6.6	4.9	50.4	96.4	107.3	7.2	6.2	12.0	1.4	126852
纺织服装、鞋、帽制造业	33.0	9.4	40.4	99.7	124.2	9.8	28.7	53.8	5.6	13993
木材加工及木、竹、藤、棕、草制品业	121.1	8.3	20.3	96.9	187.2	10.9	129.0	22.1	22.3	279505
家具制造业	39.7	9.1	54.7	99.1	58.1	13.3	38.9	38.3	14.5	47269
医药制造业	4.0	1.2	80.9	97.0	111.0	2.4	1.4	2.8	0.9	100577
塑料制品业	34.0	14.1	62.6	99.7	104.4	15.7	34.0	48.5	5.6	70991
非金属矿物制品业	23.0	14.1	71.9	97.3	182.2	17.6	21.9	27.7	2.9	124610
有色金属冶炼及压延加工业	-13.1	-68.2	25.7	49.3	98.1	-157.4	-18.5	-24.7	0.4	42452
交通运输设备制造业	35.8	23.9	76.6	98.7	99.4	27.0	35.5	109.6	1.7	148349
通信设备、计算机及其他电子设备制造业	13.1	11.5	50.0	98.5	156.9	12.9	10.5	31.1	1.2	98047
仪器仪表及文化、办公用机械制造业	7.5	4.7	33.5	89.8	107.5	6.1	6.6	9.8	1.8	91439
工艺品及其他制造业	86.6	10.1	56.2	99.0	88.5	13.0	98.8	136.6	15.0	160567
电力、热力的生产和供应业	5.7		27.8	100.0	100.2	6.9	4.5	2.0	3.1	408459

11-33 各县(市、区)限额以上外商及港澳台投资企业主要经济效益指标

(2010年)

	总资产贡献率(%)	成本费用利润率(%)	资产负债率(%)	产品销售率(%)	资本保值增值率(%)	销售收入利税率(%)	资金利税率(%)	固定资产原价利税率(%)	流动资产周转次数(次/年)	全员劳动生产率(元/人年)
总计	**20.2**	**11.0**	**56.0**	**97.1**	**107.1**	**14.3**	**19.3**	**24.6**	**2.4**	**134725**
宛城区	44.2	26.1	50.1	99.4	101.0	25.8	46.6	61.6	4.3	370628
卧龙区	43.6	9.0	26.1	99.5	181.7	11.0	39.0	51.1	6.5	85296
南召县	3.3	0.4	38.5	98.0	96.5	0.5	3.4	9.0	9.9	174522
方城县	-10.4	-35.7	34.0	74.1	109.3	-47.0	-12.7	-17.4	0.8	32600
西峡县	66.4		81.2	95.0	91.0	10.4	58.2	223.5	6.9	424080
镇平县	133.8	15.7	63.1	98.9	71.5	19.3	164.6	242.1	14.5	172689
内乡县	20.1	1.3	94.4	101.4	119.3	1.4	14.8	15.4	20.6	136681
淅川县	46.2	36.0	73.6	99.7	116.1	36.7	44.3	157.3	1.5	213084
社旗县	18.3	6.0	44.9	99.9	207.9	8.6	12.3	28.1	2.4	77956
唐河县	36.4	10.9	56.3	99.3	78.8	13.7	35.4	43.5	8.0	47516
新野县										
桐柏县	4.9	5.4	84.7	99.5	90.7	6.0	5.1	8.1	1.5	88889
邓州市	129.0	9.0	18.5	96.5	138.8	13.7	126.7	37.8	21.0	259524
市直	5.3	3.4	63.4	90.5	104.8	5.0	3.5	5.7	1.1	91863
高新区	12.5	6.9	59.3	97.3	96.1	9.1	11.9	32.1	1.8	112798
两属	5.7		27.8	100.0	100.2	6.9	4.5	2.0	3.1	408459

11－34 限额以下工业企业主要经济指标

（2010年）　　单位:万元、人

	单位数	总产值	增加值	从业人员
总计	**11278**	**3369059**	**918072**	**322929**
在总计中:(按控股情况分组)				
国有控股	25	21009	5725	2014
集体控股	151	61728	16821	5917
非公有制控股经济	11102	3286322	895526	314999
在总计中:(按登记注册类型分组)				
国有企业	24	4553	1241	1401
集体企业	116	217820	59356	4980
股份合作企业	29	49910	13601	145
集体联营企业	6	5002	1363	366
其他联营企业	31	10271	2799	97
其他有限责任公司	405	156551	42660	53227
股份有限公司	9	2584	704	1193
私营独资企业	8943	2352518	641063	227700
私营合伙企业	1128	362739	98847	14691
私营有限责任公司	329	121410	33084	6179
私营股份有限公司	98	36042	9821	1383
其他企业	138	42039	11456	11110
港、澳、台与大陆合资经营企业	10	3303	900	132
港、澳、台商独资经营企业	4	1518	414	133
中外合资经营企业	6	2089	569	41
外资企业	3	713	194	153
在总计中:(按隶属关系分组)				
市(地区)属	38	9641	2627	1421
县(区)、县级市属	88	50565	13779	3900
街道属	60	2332	635	4765
镇属	250	47289	12886	14292
乡属	66	27516	7498	4692
居委会属	26	13226	3604	817
村属	411	230450	62798	28714
其他属	10340	2988040	814244	264329
在总计中:(按轻重工业分组)				
轻工业	4362	1318674	359340	127192
以农产品为原料	3486	1047615	285476	102255
以非农产品为原料	876	271059	73864	24937
重工业	6916	2050385	558732	195737
采掘工业	1161	368296	100361	35348
原料工业	1060	306465	83512	23929
加工工业	4695	1375624	374859	136459

11－34 续表　　(2010 年)　　单位:万元、人

	单位数	总产值	增加值	从业人员
在总计中:(按国民经济行业分组)				
黑色金属矿采选业	208	106272	28959	6086
有色金属矿采选业	95	60617	16518	3314
非金属矿采选业	719	198393	54062	18962
其他采矿业	7	2249	613	424
农副食品加工业	1512	404566	110245	35542
食品制造业	229	70003	19076	6280
饮料制造业	160	51803	14116	4225
纺织业	436	118411	32267	19836
纺织服装、鞋、帽制造业	92	20704	5642	3748
皮革、毛皮、羽毛(绒)及其制品业	47	16216	4419	1424
木材加工及木、竹、藤、棕、草制品业	734	195877	53377	18102
家具制造业	478	123228	33580	10433
造纸及纸制品业	66	22953	6255	1891
印刷业和记录媒介的复制	133	40159	10943	2992
文教体育用品制造业	16	2962	807	955
石油加工、炼焦及核燃料加工业	22	10590	2886	720
化学原料及化学制品制造业	243	68873	18768	7286
医药制造业	53	15663	4268	1785
化学纤维制造业	5	461	126	343
橡胶制品业	28	6311	1720	731
塑料制品业	270	74099	20192	6966
非金属矿物制品业	3785	1126823	307060	102278
黑色金属冶炼及压延加工业	38	14667	3997	1327
有色金属冶炼及压延加工业	33	7681	2093	1009
金属制品业	320	67788	18472	8171
通用设备制造业	170	48500	13216	5330
专用设备制造业	171	52476	14300	4798
交通运输设备制造业	180	54688	14902	5572
电气机械及器材制造业	87	19141	5216	2596
通信设备、计算机及其他电子设备制造业	18	4421	1205	862
仪器仪表及文化、办公用机械制造业	30	10068	2744	1006
工艺品及其他制造业	737	311716	84943	33729
废弃资源和废旧材料回收加工业	25	5039	1373	593
电力、热力的生产和供应业	51	16907	4607	1249
燃气生产和供应业	7	2710	738	214
水的生产和供应业	75	16025	4367	2149

11-35 各县(市、区)限额以下工业企业主要经济指标

(2010年) 单位:个、万元、人

	户数	总产值	增加值	从业人员
全市	**11278**	**3369059**	**918072**	**322929**
宛城区	960	231614	63115	16822
卧龙区	848	247416	67421	18351
南召县	299	72690	19808	5938
方城县	913	252425	68786	26123
西峡县	611	205419	55977	22029
镇平县	840	222080	60517	76068
内乡县	974	436086	118834	27515
淅川县	693	265349	72308	16722
社旗县	636	149295	40683	9615
唐河县	1254	282025	76852	29333
新野县	1253	457488	124666	36595
桐柏县	668	234773	63976	14372
邓州市	1329	312399	85129	23446

11-36 个体工业主要经济指标

(2010年)

单位:个、万元、人

	单位数	营业收入	增加值	从业人数
总计	**121179**	**6762647**	**1842828**	**571038**
在总计中:(按轻重工业分组)				
轻工业	98561	5041148	1373718	380821
以农产品为原料	66933	2961758	807082	249181
以非农产品为原料	31628	2079390	566636	131640
重工业	22618	1721499	469110	190217
采掘工业	2406	217849	59364	30730
原料工业	6375	417210	113690	33986
加工工业	13837	1086440	296056	125501
在总计中:(按国民经济行业分组)				
黑色金属矿采选业	162	40873	11138	2923
有色金属矿采选业	20	15303	4170	265
非金属矿采选业	1332	158242	43121	11900
其他采矿业	70	3439	937	596
农副食品加工业	46495	1825784	497528	206082
食品制造业	7055	286502	78072	28659
饮料制造业	918	46352	12631	5606
纺织业	2536	98847	26936	16370
纺织服装、鞋、帽制造业	3426	194287	52943	16363
皮革、毛皮、羽毛(绒)及其制品业	584	49835	13580	2598
木材加工及木、竹、藤、棕、草制品业	5890	325496	88698	34727
家具制造业	5411	370373	100927	25039
造纸及纸制品业	123	9908	2700	509
印刷业和记录媒介的复制	395	20950	5709	2005
文教体育用品制造业	48	837	228	182
化学原料及化学制品制造业	576	40488	11033	2567
医药制造业	66	2117	577	456
橡胶制品业	86	1090	297	509
塑料制品业	312	42649	11622	2123
非金属矿物制品业	5319	637737	173784	43247
黑色金属冶炼及压延加工业	40	5028	1370	216
有色金属冶炼及压延加工业	16	4048	1103	57
金属制品业	5698	219386	59783	26336
通用设备制造业	1886	113225	30854	7837
专用设备制造业	3067	72051	19634	12796
交通运输设备制造业	2321	124935	34045	10098
电气机械及器材制造业	37	6374	1737	355
通信设备、计算机及其他电子设备制造业	10	1978	539	40
仪器仪表及文化、办公用机械制造业	37	3160	861	122
工艺品及其他制造业	26651	2006653	546815	108096
废弃资源和废旧材料回收加工业	475	21541	5870	2017
燃气生产和供应业	22	3761	1025	85
水的生产和供应业	95	9398	2561	257

11-37 各县(市、区)个体工业主要经济指标

(2010年)　　单位:个、万元、人

	户　数	营业收入	增加值	从业人员
全　市	**121179**	**6762647**	**1842828**	**571038**
宛城区	6323	320535	87346	23158
卧龙区	4583	582728	158794	14612
南召县	6485	241148	65713	17005
方城县	9090	340872	92888	19750
西峡县	6610	352645	96096	37871
镇平县	33612	1171860	319333	217366
内乡县	4129	277052	75497	22093
淅川县	10922	618754	168611	56543
社旗县	4799	342098	93222	21608
唐河县	9853	781219	212883	41529
新野县	5056	423951	115527	24163
桐柏县	4414	333812	90964	25349
邓州市	15303	975974	265954	49992

11-38 部分重点工业企业主要指标

(2010年)　　单位:万元

	平均从业人员(人)	工业总产值(现价)	所有者权益	资产	固定资产净值	流动资产合计	主营业务收入	利税总额
1. 中国石化集团河南石油勘探局	20716	1513552	805231	1632592	435872	328239	1436705	388310
2. 河南龙成集团有限公司	8367	1304697	305165	675321	300831	374490	1266556	100740
3. 南阳天冠集团有限公司	4116	561276	81733	704048	187350	362073	503118	24262
4. 南阳市电业局	2039	540186	52126	417772	340989	27726	546826	3468
5. 河南省淅川铝业(集团)有限公司	1467	516137	38879	372381	98645	240787	486291	51587
6. 南阳鸭河口发电有限责任公司	567	439231	98148	630904	119681	188226	413218	39566
7. 河南新野纺织股份有限公司	7966	411604	166340	369584	218798	150786	407608	23877
8. 河南省西保冶材集团有限公司	4033	374116	132222	271146	55783	215363	319792	33961
9. 淅川县电业局	2021	260798	26120	182045	22662	155633	243603	17098
10. 河南省宛西制药股份有限公司	8040	226857	77608	273886	78933	161805	260746	33710
11. 南阳卷烟厂	1248	210232	82015	159289	31661	118149	210777	139350
12. 乐凯集团第二胶片厂	2667	197833	124350	174724	30277	113883	171884	13350
13. 南阳市防爆集团	3186	196123	90894	181031	34295	126097	180901	41591
14. 邓州市永泰棉纺有限公司	2950	193390	40345	73999	28446	42211	185655	16969
15. 南阳纺织集团有限公司	4800	178177	93147	178843	48849	108310	156251	10946
16. 河南通宇冶材集团	2800	174203	39996	107684	8775	87620	168977	15285
17. 南阳二机石油装备(集团)有限公司	2127	152203	51006	149075	12917	122321	114050	7469
18. 河南北方红阳工业集团有限公司	2822	149181	69887	142308	42718	63759	135725	3138
19. 河南中南工业有限责任公司	2430	136525	101553	138229	93206	34120	126215	37510
20. 邓州市雪阳棉纺集团有限公司	2778	134472	37760	79366	32363	47004	129093	11710
21. 南阳娃哈哈食品有限公司	576	123049	25329	50651	32728	17704	110165	31545
22. 桐柏县安棚碱矿有限责任公司	640	121246	136925	292745	53374	50369	127650	38352
23. 邓州市北园木业有限公司	920	120318	14676	19299	13488	5811	115505	11116
24. 河南福森药业有限公司	1862	120062	31904	112468	15624	96746	100522	14060
25. 桐柏县鑫泓银制品有限责任公司	126	119849	1428	7995	836	5724	131661	8064
26. 中国联合水泥有限公司南阳分公司	888	118948	83811	115958	90268	17288	77991	17756
27. 河南中光学集团有限公司	4546	117747	58462	119757	28384	72118	98391	3262
28. 南阳淅减汽车减振器有限公司淅川汽	1235	100125	19584	74085	15863	58222	89412	32833
29. 河南省淅川县玉典化冶有限责任公司	1650	97000	29131	85345	6508	58975	168315	18420
30. 河南省西峡汽车水泵股份有限公司	2036	93252	25774	61243	20280	32281	87271	9619
31. 邓州市老廷实业有限总公司	1210	82062	10017	11308	10092	1216	78780	6265
32. 南阳市鼎鑫钢铁有限公司	510	79778	9447	18809	10017	4751	80323	6313
33. 河南北方星光机电有限责任公司	2165	69488	29530	63324	22467	37889	64935	4398
34. 新野县华星棉纺织有限公司	2150	65760	5821	37022	15120	21902	63949	2625
35. 南阳热电有限责任公司	420	63275	37977	173760	154894	15617	62499	-3152
36. 利达光电股份有限公司	2106	60922	48503	68311	25899	39027	45011	2346
37. 南阳科生生物化工有限公司	350	60216	4627	6078	3580	837	66448	7327
38. 内乡县仙鹤纸业集团内乡县有限公司	1550	55227	6270	66039	42550	20246	54836	-3
39. 河南赊店老酒股份有限公司	1448	54031	6351	9869	5210	2022	50988	8066
40. 南阳市普康药业有限公司	1632	53724	12380	92355	24442	64888	51828	-729
41. 河南省淅川县水泥有限公司	560	51515	27851	60197	34254	15833	51889	7797

11－38 续表 1　　(2010 年)　　单位:万元

	平均从业人员(人)	工业总产值(现价)	所有者权益	资产	固定资产净值	流动资产合计	主营业务收入	利税总额
42. 邓州花洲建材有限公司	523	51483	26423	57779	31940	12096	49423	9238
43. 新野嘉元脱水食品公司	480	51393	4834	6776	4430	2346	54797	7368
44. 西峡县内燃机排气管有限责任公司	1350	50806	15464	27230	10665	13979	56800	9446
45. 新野县电业局	683	50200	18711	30797	7703	11150	48836	6959
46. 南阳中联卧龙水泥有限公司	461	49513	47337	57095	30242	10462	48860	8487
47. 南阳市神威民爆有限公司	1120	47389	7457	20101	10147	8388	43297	3777
48. 西峡县电业局	473	46791	23145	34424	9013	19332	50426	11930
49. 南阳普光电力有限公司	375	45772	52787	73121	56184	14950	46208	3181
50. 金星集团南阳啤酒有限公司	590	45381	3566	8758	2360	5050	43566	9008
51. 镇平县电业局	619	44923	19519	23699	10240	6526	40994	6621
52. 南阳飞龙汽车零部件有限公司	1322	43397	4894	35947	15173	13570	41307	1282
53. 邓州市华纺企业有限公司	428	42450	10225	14068	7259	5052	40752	5434
54. 内乡县全宇制药有限公司	750	41871	306	1596	1033	547	33152	318
55. 河南陆德筑机股份有限公司	550	40316	8570	33960	3607	30353	36284	4490
56. 南阳市正大有限公司	1450	39944	3784	6512	1326	5090	36799	3196
57. 南阳中光学机电装备有限公司	1243	39922	4930	23182	5296	17849	36060	1130
58. 淅川县九信电化有限公司	475	39917	7529	23536	13251	5534	47800	10803
59. 南阳嘉和矿业有限公司	1445	39917	2296	4589	3185	1404	37453	2280
60. 南阳市明东化工总厂	880	39233	15269	21301	11882	9419	35309	4199
61. 邓州玉华针织服饰有限公司	525	38303	3880	4207	1443	764	40329	6238
62. 邓州市电业局	907	37980	11189	20942	8520	7149	37377	4455
63. 南阳裕祥纺织有限公司	520	36956	3566	10288	7455	2800	35478	2851
64. 天瑞集团南召水泥有限公司	745	36914	18823	121460	59261	51084	28530	1212
65. 中原豪雨太阳能有限公司	1280	36753	4013	13891	9004	4850	31659	1080
66. 内乡县电业局	1052	36171	3507	11614	7415	3336	33171	1503
67. 南阳光源电器有限责任公司	98	36001	203	1671	1068	359	30113	37
68. 唐河县皓月棉业有限公司	1099	35312	4638	9326	8206	793	33367	3306
69. 淅川县玉典钒业有限责任公司	520	35126	5198	6142	1465	3677	38191	6976
70. 西峡县鑫龙保温材料有限公司	517	33764	9556	33095	6093	26228	28858	2306
71. 南阳金冠电气有限公司	500	32241	22139	44045	8061	30344	33767	5065
72. 河南南阳市油田机械制造有限公司	755	31421	13821	53742	11130	31903	36704	963
73. 河南龙大牧原肉食品有限公司	682	31272	8114	13639	8440	3671	25094	1350
74. 宛城区高庙乡黄池陂清真冷库	220	31267	1468	5253	3359	1201	31677	4715
75. 邓州市裴营乡天河有限公司	309	31197	2732	3031	1111	720	29949	4413
76. 桐柏县明星化工有限公司	642	31000	5743	21980	12780	6815	24312	249
77. 河南英威东风机械制造有限公司	1135	30856	2951	21961	6085	15877	29820	802
78. 邓州市万旺食品厂	459	30608	1117	1967	1163	804	29384	3380
79. 南阳森霸光电有限公司	1075	30342	9070	17269	5884	11385	30342	2765
80. 西峡县西泵特种铸造有限公司	674	29648	5124	21395	8411	12095	26996	2110
81. 南阳天一密封制品有限公司	680	29478	5612	7750	1631	6116	24277	1533
82. 南阳防爆集团重型电机有限公司	420	29173	3333	15203	8155	6006	29173	833

11－38 续表 2　　(2010 年)　　单位:万元

	平均从业人员(人)	工业总产值(现价)	所有者权益	资产	固定资产净值	流动资产合计	主营业务收入	利税总额
83. 邓州市赛博板业有限公司	491	29169	4183	8334	4297	3338	28002	3107
84. 北京天衡药物研究院南阳天衡制药厂	101	29038	1127	3157	1822	1307	32196	3281
85. 南阳金牛彩印集团有限公司	725	28392	3937	11418	9238	2180	27176	3012
86. 桐柏县海晶碱业有限责任公司	1240	27988	25425	48585	30114	12967	23722	-328
87. 方城县广阳花生加工公司	1156	27935	720	3800	1577	2223	25421	2708
88. 南阳市东佳机械厂	1237	27560	3279	24401	6761	17641	33133	891
89. 新野县城郊鹏升纺织有限公司	568	27221	3187	18509	7617	10892	23201	1742
90. 南阳天羽有色金属压延有限公司	320	27182	4809	31597	25120	6278	26708	5594
91. 河南牧原公司饲料厂	396	27114	5297	10839	5914	4427	25724	2089
92. 邓州市金万利食品厂	660	26958	469	1235	731	504	25880	2458
93. 内乡县大地生化有限公司		26599						
94. 河南六和饲料有限公司邓州分公司	154	26575	1848	3757	2813	945	25512	1329
95. 新野县华祥光学有限责任公司	285	26346	3107	7746	4964	2782	22610	3638
96. 张楼乡正点食品厂	50	26323	735	1198	794	404	25270	1741
97. 新野县鼎盛电子科技有限公司	472	24452	5260	11385	8233	3152	26235	3962
98. 邓州市丹枫面粉厂	154	23744	2570	2784	1483	301	22795	3094
99. 邓州市孟楼孟源木业有限公司	330	23533	2817	2958	1630	328	22592	3441
100. 唐河县电业局	873	23456	4567	10541	8162	1815	23456	1105
101. 高集乡锦桥纸制品有限公司		23454						
102. 南召县电业局	600	23171	3891	12150	4148	6576	23200	1522
103. 南阳市南方木业有限责任公司	785	23140	3340	4300	800	1300	22637	2422
104. 南阳裕泉工艺时装有限公司	738	22938	251	1987	897	1050	22497	1636
105. 淅川中联水泥有限公司	302	22938	18933	32201	25339	4701	27352	9969
106. 南阳光辉机械厂	1200	22480	5384	18678	9844	8034	18209	729
107. 南召县银河制衣有限公司	780	22367	640	785	560	225	20796	738
108. 南阳市卧龙区王村多普新型材有限公	350	22280	3500	5100	3113	1800	22000	5340
109. 南阳露丝地毯有限公司穰东分公司	380	22117	2693	3263	1685	1578	21232	2152
110. 邓州市恒业针织有限公司	638	21639	1393	2267	1046	1221	20774	3835
111. 邓州市九龙乡斓宝庆食品厂	220	21602	749	947	469	178	20737	892
112. 新野县海润棉纺厂	280	21494	4784	5169	4350	820	20294	3711
113. 方城县独树镇金宇滑石粉有限公司	600	21473	1462	6323	1186	970	20399	2612
114. 河南省西峡县冶金辅料有限公司	421	21438	11212	12794	1730	10908	20795	3568
115. 南阳市天泰水泥有限公司	616	21410	6371	22654	10764	8073	23325	4116
116. 南阳金戈利镁业有限公司	312	20919	6239	16050	7200	8726	19041	1075
117. 邓州市恒利毛纺厂	380	20764	1216	1413	900	513	19934	2445
118. 桐柏县电业局	319	20715	6021	11728	8776	2676	21339	1270
119. 新野县康园纺织有限公司	260	20579	4072	4410	3418	992	19619	3119
120. 桐柏博源新型化工有限公司	151	20557	17165	27762	18738	5278	19209	9681
121. 南阳市杰达土工材料有限责任公司云	698	20457	340	1200	700	500	19979	1296
122. 内乡县泰隆建材有限公司	856	20389	4337	11909	7674	2165	18001	1870
123. 南阳金洋珠宝首饰有限公司	665	20198	118	2985	1004	972	18158	321

11-39 利税总额超5000万元的工业企业情况

（2010年） 单位:万元

	利税总额	资产总计	产品销售收入
1.中国石化集团河南石油勘探局	388310	1632592	1436705
2.南阳卷烟厂	139350	159289	210777
3.河南龙成集团有限公司	100740	675321	1266556
4.河南省淅川铝业(集团)有限公司	51587	372381	486291
5.南阳市防爆集团	41591	181031	180901
6.南阳鸭河口发电有限责任公司	39566	630904	413218
7.桐柏县安棚碱矿有限责任公司	38352	292745	127650
8.河南中南工业有限责任公司	37510	138229	126215
9.河南省西保冶材集团有限公司	33961	271146	319792
10.河南省宛西制药股份有限公司	33710	273886	260746
11.南阳淅减汽车减振器有限公司淅川汽车	32833	74085	89412
12.南阳娃哈哈食品有限公司	31545	50651	110165
13.南阳天冠集团有限公司	24262	704048	503118
14.河南新野纺织股份有限公司	23877	369584	407608
15.河南省淅川县玉典化冶有限责任公司	18420	85345	168315
16.中国联合水泥有限公司南阳分公司	17756	115958	77991
17.淅川县电业局	17098	182045	243603
18.邓州市永泰棉纺有限公司	16969	73999	185655
19.河南通宇冶材集团	15285	107684	168977
20.河南福森药业有限公司	14060	112468	100522
21.乐凯集团第二胶片厂	13350	174724	171884
22.西峡县电业局	11930	34424	50426
23.邓州市雪阳棉纺集团有限公司	11710	79366	129093
24.邓州市北园木业有限公司	11116	19299	115505
25.南阳纺织集团有限公司	10946	178843	156251
26.淅川县九信电化有限公司	10803	23536	47800
27.淅川中联水泥有限公司	9969	32201	27352
28.桐柏博源新型化工有限公司	9681	27762	19209
29.河南省西峡汽车水泵股份有限公司	9619	61243	87271
30.西峡县内燃机排气管有限责任公司	9446	27230	56800
31.邓州花洲建材有限公司	9238	57779	49423
32.金星集团南阳啤酒有限公司	9008	8758	43566
33.南阳中联卧龙水泥有限公司	8487	57095	48860
34.河南赊店老酒股份有限公司	8066	9869	50988
35.桐柏县鑫泓银制品有限责任公司	8064	7995	131661
36.河南省淅川县水泥有限公司	7797	60197	51889
37.南阳二机石油装备(集团)有限公司	7469	149075	114050
38.新野嘉元脱水食品公司	7368	6776	54797
39.南阳科生生物化工有限公司	7327	6078	66448
40.淅川县玉典钒业有限责任公司	6976	6142	38191
41.新野县电业局	6959	30797	48836
42.镇平县电业局	6621	23699	40994
43.南阳市鼎鑫钢铁有限公司	6313	18809	80323
44.邓州市老廷实业有限总公司	6265	11308	78780
45.邓州玉华针织服饰有限公司	6238	4207	40329
46.南阳天羽有色金属压延有限公司	5594	31597	26708
47.邓州市华纺企业有限公司	5434	14068	40752
48.南阳市卧龙区王村多普新型材有限公	5340	5100	22000
49.桐柏县淮源镇兴源矿业有限公司	5120	12042	13937
50.南阳金冠电气有限公司	5065	44045	33767

11-40 利润总额超5000万元的工业企业情况

(2010年)

单位:万元

	利润总额	资产总计	产品销售收入
1. 中国石化集团河南石油勘探局	88702	1632592	1436705
2. 河南龙成集团有限公司	65792	675321	1266556
3. 南阳市防爆集团	33671	181031	180901
4. 河南省淅川铝业(集团)有限公司	30413	372381	486291
5. 桐柏县安棚碱矿有限责任公司	27176	292745	127650
6. 河南中南工业有限责任公司	26683	138229	126215
7. 南阳娃哈哈食品有限公司	26413	50651	110165
8. 南阳淅减汽车减振器有限公司淅川汽车减	25012	74085	89412
9. 河南省宛西制药股份有限公司	20737	273886	260746
10. 南阳卷烟厂	20398	159289	210777
11. 河南新野纺织股份有限公司	19253	369584	407608
12. 河南省西保冶材集团有限公司	17235	271146	319792
13. 南阳鸭河口发电有限责任公司	16552	630904	413218
14. 中国联合水泥有限公司南阳分公司	12329	115958	77991
15. 南阳天冠集团有限公司	10988	704048	503118
16. 乐凯集团第二胶片厂	10736	174724	171884
17. 邓州市永泰棉纺有限公司	9644	73999	185655
18. 河南福森药业有限公司	9062	112468	100522
19. 西峡县电业局	8713	34424	50426
20. 淅川县电业局	8672	182045	243603
21. 河南省淅川县玉典化冶有限责任公司	8535	85345	168315
22. 河南省西峡汽车水泵股份有限公司	8076	61243	87271
23. 桐柏博源新型化工有限公司	7518	27762	19209
24. 淅川县九信电化有限公司	6591	23536	47800
25. 南阳纺织集团有限公司	6526	178843	156251
26. 西峡县内燃机排气管有限责任公司	6379	27230	56800
27. 邓州花洲建材有限公司	5651	57779	49423
28. 南阳天羽有色金属压延有限公司	5594	31597	26708
29. 南阳二机石油装备(集团)有限公司	5566	149075	114050
30. 河南通宇冶材集团	5513	107684	168977
31. 金星集团南阳啤酒有限公司	5428	8758	43566
32. 南阳中联卧龙水泥有限公司	5317	57095	48860
33. 淅川县玉典钒业有限责任公司	5226	6142	38191
34. 邓州市北园木业有限公司	5140	19299	115505
35. 新野嘉元脱水食品公司	5120	6776	54797
36. 桐柏县淮源镇兴源矿业有限公司	5119	12042	13937
37. 邓州市雪阳棉纺集团有限公司	5093	79366	129093
38. 淅川中联水泥有限公司	5033	32201	27352

主要统计指标解释

工业 指从事自然资源的开采，对采掘品和农产品进行加工和再加工的物质生产部门。具体包括：(1)对自然资源的开采，如采矿、晒盐、森林采伐等(但不包括禽兽捕猎和水产捕捞)；(2)对农副产品的加工、再加工，如粮油加工、食品加工、轧花、缫丝、纺织、制革等；(3)对采掘品的加工、再加工，如炼铁、炼钢、化工生产、石油加工、机器制造、木材加工等，以及电力、自来水、煤气的生产和供应等；(4)对工业品的修理、翻新，如机器设备的修理、交通运输工具(包括小卧车)的修理等。

工业统计调查单位 工业统计调查单位分为两类：独立核算法人工业企业和工业活动单位。

(1)**独立核算法人工业企业** 是指从事工业生产经营活动的单位。独立核算法人工业企业应同时具备以下条件：①依法成立，有自己的名称、组织机构和场所，能够承担民事责任；②独立拥有和使用资产，承担负债，有权与其他单位签订合同；③独立核算盈亏，并能够编制资产负债表。

(2)**工业活动单位** 是指在一个场所从事一种或主要从事一种工业生产活动的经济单位。它包括独立核算工业企业按主营业务活动(即工业生产活动)划分的主营业务活动单位和非工业企业所属的工业生产活动单位(即原非独立核算工业生产单位)。工业活动单位，一般应同时具备以下三个条件：①具有一个场所，从事一种或主要从事一种工业活动；②单独组织工业生产、经营或业务活动；③单独核算收入和支出。

企业登记注册类型 本年鉴中涉及的企业登记注册类型：

(1)**国有及国有控股企业** 指国有企业加上国有控股企业。国有企业(即过去的全民所有制工业或国营工业)是指企业全部资产归国家所有，并按《中华人民共和国企业法人登记管理条例》规定登记注册的非公司制的经济组织。包括国有企业、国有独资公司和国有联营企业。1957年以前的公私合营和私营工业，后均改造为国营工业，1992年改为国有工业，这部分工业的资料不单独分列时，均包括在国有企业内。国有控股企业是对混合所有制经济的企业进行的"国有控股"分类。它是指这些企业的全部资产中国有资产(股份)相对其他所有者中的任何一个所有者占资(股)最多的企业。该分组反映了国有经济控股情况。

(2)**集体企业** 指企业资产归集体所有，并按《中华人民共和国企业法人登记管理条例》规定登记注册的经济组织。是社会主义公有制经济的组成部分。包括城乡所有使用集体投资举办的企业，以及部分个人通过集资自愿放弃所有权并依法经工商行政管理机关认定为集体所有制的企业。

(3)**股份合作企业** 指以合作制为基础，由企业职工共同出资入股，吸收一定比例的社会资产投资组建，实行自主经营，自负盈亏，共同劳动，民主管理，按劳分配与按股分红相结合的一种集体经济组织。

(4)**联营企业** 指两个及两个以上相同或不同所有制性质的企业法人或事业单位法人，按自愿、平等、互利的原则，共同投资组成的经济组织。联营企业包括：

国有联营企业指国有企业与国有企业间的联营；

集体联营企业指集体企业与集体企业间的联营；

国有与集体联营企业指国有企业与集体企业间的联营。

(5)**有限责任公司** 指根据《中华人民共和国公司登记管理条例》规定登记注册，由两个以上，五十个以下的股东共同出资，每个股东以其所认缴的出资额对公司承担有限责任，公司以其全部资产对其债务承担责任的经济组织。

有限责任公司包括国有独资公司以及其他有限责任公司。

(6)**股份有限公司** 指根据《中华人民共和国企业法人登记管理条例》规定登记注册，其全部注册资本由等额股份构成并通过发行股票筹集资本，股东以其认购的股份对公司承担有限责任，公司以其全部资产对其债务承担责任的经济组织。

(7)**私营企业** 指由自然人投资设立或由自然人控股，以雇佣劳动为基础的营利性经济组织。包括按照《公司法》、《合伙企业法》、《私营企业暂行条例》规定登记注册的私营有限责任公司、私营股份有限公司、私营合伙企业和私营独资企业。

(8)**港、澳、台商投资企业** 指企业注册登记类型中的港、澳、台资合资、合作、独资经营企业和股份有限公司之和。

(9)**外商投资企业** 指企业注册登记类型中的中外合资、合作经营企业、外资企业和外商投资股份有限公司之和。

"三资"企业系指港、澳、台商投资企业和外资企业的简称。

轻工业 指主要提供生活消费品和制作手工工具的工业。按其所使用的原料不同，可分为两大类：(1)以农产品为原料的轻工业，是指直接或间接以农产品为基本原料的轻工业。主要包括食品制造、饮料制造、烟草加工、纺织、缝纫、皮革和毛皮制作、造纸以及印刷等工业；(2)以非农产品为原料的轻工业，是指以工业品为原料的轻工业。主要包括文教体育用品、化学药品制造、合成纤维制造、日用化学制品、日用玻璃制品、日用金属制品、手工工具制造、医疗器械制造、文化和办公用机械制造等工业。

重工业 是指为国民经济各部门提供物质技术基础的

主要生产资料的工业。按其生产性质和产品用途，可以分为下列三类：(1)采掘(伐)工业，是指对自然资源的开采，包括石油开采、煤炭开采、金属矿开采、非金属矿开采和木材采伐等工业；(2)原材料工业，指向国民经济各部门提供基本材料、动力和燃料的工业。包括金属冶炼及加工、炼焦及焦炭、化学、化工原料、水泥、人造板以及电力、石油和煤炭加工等工业；(3)加工工业，是指对工业原材料进行再加工制造的工业。包括装备国民经济各部门的机械设备制造工业、金属结构、水泥制品等工业，以及为农业提供的生产资料如化肥、农药等工业。

根据上述划分原则，修理业中以重工业产品为修理作业对象的划为重工业，反之划为轻工业。

工业增加值 是指工业行业在报告期内以货币表现的工业生产活动的最终成果。

实收资本 指企业实际收到的投资人投入的资本。按投资主体可分为国家资本、集体资本、法人资本、个人资本、港澳台资本和外商资本等。

资产合计 指企业拥有或控制的能以货币计量的经济资源。包括各种财产、债权和其他权利。资产按其流动性划分为流动资产、长期投资、固定资产、无形及递延资产和其他资产。

(1)流动资产 指企业可以在一年内或者超过一年的一个生产周期内变现或耗用的资产合计。包括现金及各种存款、短期投资、应收及预付款项、存货等。

(2)固定资产 指企业固定资产净值、固定资产清理、在建工程、待处理固定资产损失所占用的资金合计。

(3)无形资产 指企业长期使用而没有实物形态的资产。包括专利权、非专利技术、商标权、著作权、土地使用权、商誉等。

负债合计 指企业承担的能以货币计量，将以资产或劳务偿付的债务。负债一般按偿还期长短分为流动负债和长期负债、递延税项等。

(1)流动负债 指企业在一年内或者超过一年的一个营业周期内需要偿还的债务合计，其中包括短期借款、应付及预收款项、应付工资、应交税金和应交利润等。

(2)长期负债 指企业在一年以上或者超过一年的一个营业周期以上需要偿还的债务合计，其中包括长期借款、应付债务、长期应付款项等。

所有者权益 指企业投资人对企业净资产的所有权。企业净资产等于企业全部资产减去全部负债后的余额，其中包括投资者对企业的最初投入，以及资本公积金、盈余公积金和未分配利润，对股份制企业即为股东权益。

固定资产原价 指企业在建造、购置、安装、改建、扩建、技术改造某项固定资产时所支出的全部货币总额。它一般包括买价、包装费、运杂费和安装费等。

固定资产净值 是指固定资产原价减去历年已提折旧额后的净额。

流动资产 是指可以在一年或者超过一年的一个营业周期内变现或者耗用的资产，包括现金及各种存款、短期投资、应收及预付货款、存货等。

主营业务收入 指企业销售产品和提供劳务等主要经营业务取得的收入总额。

主营业务成本 指企业销售产品和提供劳务等主要经营业务的实际成本。

主营业务税金及附加 指企业销售产品和提供工业性劳务等主要经营业务应负担的城市维护建设税、消费税、资源税和教育费附加等。

主营业务利润 指企业销售产品和提供工业性劳务等主要经营业务收入扣除其成本、费用、税金后的利润。

利润总额 指企业实现的利润。

应交增值税 指企业在报告期内应交纳的增值税额。

总资产贡献率 反映企业全部资产的获利能力，是企业经营业绩和管理水平的集中体现，是评价和考核企业盈利能力的核心指标。计算公式为：

总资产贡献率 =（利润总额 + 税金总额 + 利息支出）/平均资产总额 ×100%

资产负债率 该指标既反映企业经营风险的大小，也反映企业利用债权人提供的资金从事经营活动的能力。计算公式为：

资产负债率 = 负债总额/资产总额 ×100%

工业成本费用利润率 指在一定时期内实现的利润与成本费用之比，是反映工业生产成本及费用投入的经济效益指标，同时也是反映降低成本的经济效益的指标。计算公式为：

工业成本费用利润率(%) = 利润总额/成本及费用总额 ×100%

工业增加值率 指在一定时期内工业增加值占同期工业总产值的比重，反映降低中间消耗的经济效益。计算公式为：

工业增加值率(%) = 工业增加值(现价)/工业总产值 ×100%

流动资产周转次数 指在一定时期内流动资产完成的周转次数，反映流动资产的周转速度。计算公式为：

流动资产周转次数 = 产品销售收入/全部流动资产平均余额

产品销售率 指报告期工业销售产值与同期全部工业总产值之比，是反映工业产品已实现销售的程度，分析工业产销衔接情况，研究工业产品满足社会需求程度的指标。计算公式为：

产品销售率(%) = 工业销售产值/工业总产值(现价) ×100%

全员劳动生产率 指根据产品的价值量指标计算的平均每一个就业人员在单位时间内的产品生产量。是考核企业经济活动的重要指标，是企业生产技术水平、经营管理水平、职工技术熟练程度和劳动积极性的综合表现。目前我国的全员劳动生产率是将工业企业的工业增加值除以同一时期全部从业人员的平均人数来计算的。计算公式为：

全员劳动生产率(%) = 工业增加值/全部从业人员年平均人数 ×100%

12

建　筑　业

资料整理:李秀云

12-1 建筑企业基本情况

	企业单位数（个）	国有	集体	建筑业总产值（万元）	国有	集体	房屋建筑面积（万平方米） 施工面积	竣工面积	年末从业人员（人）
1985	26	12	14	5059	3109	1950	49.62	26.49	10758
1986	24	13	11	6898	4702	2196	54.08	28.93	11621
1987	25	12	13	9415	5624	3791	66.13	38.51	14051
1988	31	12	13	21378	6988	4483	123.27	52.64	20309
1989	27	12	9	22466	7027	3151	90.41	40.44	18568
1990	26	17	9	22186	18500	3686	89.65	40.82	17584
1991	45	20	25	31189	21749	9440	130.43	61.57	25800
1992	47	20	27	45940	32753	13187	181.70	201.00	30100
1993	64	32	32	57439	44139	13300	86.50	96.00	21488
1994	126	53	70	111086	79102	28314	339.00	135.00	39221
1995	124	52	69	123229	88713	31964	362.00	210.00	49397
1996	263	68	180	200726	110300	84479	475.80	231.90	49495
1997	195	61	122	199347	97105	86892	468.40	227.00	46930
1998	210	62	124	192013	92390	79013	504.70	218.30	75506
1999	204	61	121	192878	91807	78895	444.70	197.50	69502
2000	198	61	115	212922	106437	76768	448.50	192.40	70884
2001	215	57	125	229032	119494	93975	471.96	119.35	64284
2002	136	46	32	361483	183756	46001	598.86	240.74	76972
2003	145	47	32	414397	192415	35474	626.49	289.33	77191
2004	212	30	31	529537	200237	63963	734.29	363.98	91170
2005	214	25	28	757030	144240	80197	874.82	409.99	102647
2006	256	20	33	982220	187858	98872	1063.95	490.46	116694
2007	255	19	31	1393454	300652	145561	1234.48	587.73	131743
2008	285	24	21	1454636	226588	152003	1141.36	530.97	143301
2009	314	21	13	1654008	206836	63041	1176.09	702.19	150814
2010	328	23	12	1977923	236757	114352	1201.68	704.26	151944
年平均增长(%)									
"七五"时期	1.6	5.5	-3.9	34.4	42.9	13.6	12.6	9.0	10.3
"八五"时期	36.7	25.1	50.3	40.9	36.8	50.0	32.2	38.8	23.0
"九五"时期	9.8	3.2	10.8	11.6	3.7	19.2	4.4	-1.7	7.5
"十五"时期	1.6	-16.3	-24.6	28.9	6.3	0.9	14.3	16.3	7.7
"十一五"时期	8.9	-1.7	-15.6	21.2	10.4	7.4	6.6	11.4	8.2

12－2 按登记注册类型分的建筑业生产情况

（2010 年）

	合 计	内资企业		
			国 有	集 体
企业个数（个）	328	328	23	12
建筑业合同情况				
签订的合同额（万元）	2339749	2339749	287852	146708
1. 上年结转合同额	502351	502351	87216	20106
2. 本年新签合同额	1837399	1837399	200636	126602
承包工程完成情况				
直接从建设单位承揽工程完成的产值（万元）	1988429	1988429	236757	114352
1. 自行完成的产值	1968653	1968653	236727	114352
2. 分包出去的产值	19776	19776	30	
从建设单位以外承揽工程完成的产值（万元）	9270	9270	30	
建筑业总产值（万元）	1977923	1977923	236757	114352
其中：装饰装修产值	116416	116416	1868	1789
其中：在外省完成的产值	78449	78449	15879	
1. 建筑工程产值	1725321	1725321	226283	110815
2. 安装工程产值	104622	104622	10245	3536
3. 其他产值	147980	147980	230	
竣工产值（万元）	1402274	1402274	97126	47504
房屋建筑施工面积（万平方米）	1201.68	1201.68	15.59	84.02
#本年新开工面积	766.53	766.53	15.29	64.59
#实行投标承包面积	1100.69	1100.69	15.59	81.18
#本年新开工面积	704.26	704.26	15.29	62.69
年末自有施工机械设备				
年末自有机械设备净值（万元）	93658	93658	9296	2327
年末自有机械设备总台数（台）	39496	39496	2753	2355
年末自有机械设备总功率（千瓦）	517791	517791	46422	20467
从业人员情况				
计算建筑业劳动生产率的平均人数（人）	147149	147149	18286	9090
期末从业人数（人）	151944	151944	18530	9872
其中：管理人员	11505	11505	1046	646
其中：工程技术人员	16802	16802	1964	1107
其中：一级建造师	629	629	49	19
其中：现场施工工人	107375	107375	14060	7837
其中：持证上岗人员	78522	78522	12199	5193
主要建筑消耗材料消耗量				
1. 钢材（吨）	777364	777364	13363	43016
2. 木材（立方米）	228507	228507	4460	12597
3. 水泥（吨）	2567159	2567159	65333	124291
4. 平板玻璃：重量箱	208365	208365	4053	10212
平方米	1575903	1575903	28667	122922
5. 铝材（吨）	14730	14730	310	3279
补充资料				
企业总产值（万元）	1991959	1991959	237511	114806
在境外完成的营业额	6037	6037		
主要能源消费量				
1. 煤炭（吨）	19	19	2	
2. 汽油（吨）	4843	4843	300	51
3. 柴油（吨）	9659	9659	1552	40
4. 电力（千瓦时）	4460.96	4460.96	324.05	155.94
房屋建筑竣工面积（万平方米）	704.26	704.26	12.55	42.73
建筑业增加值（万元）	550095	550095	73190	33337
全员劳动生产率				
按总产值计算（元/人）	134416	134416	129475	125799
按增加值计算（元/人）	37384	37384	40025	36674
技术装备率（元/人）	6365	6365	5084	2560
动力装备率（千瓦/人）	3.41	3.41	2.54	2.25

注：本表统计范围为具有资质等级及以上的独立核算建筑业企业（下同）。

12-3 按国民经济行业分的建筑业生产情况

（2010年）

	合计	房屋和土木工程建筑业	房屋工程建筑	土木工程建筑业	建筑安装业	装修装饰业	其他建筑业
企业个数(个)	328	155	79	76	29	131	13
建筑业合同情况							
签订的合同额(万元)	2339749	1986778	1143172	843606	210908	101167	40896
1.上年结转合同额	502351	459442	325495	133947	28547	6510	7852
2.本年新签合同额	1837399	1527336	817677	709659	182361	94657	33044
承包工程完成情况							
直接从建设单位承揽工程完成的产值(万元)	1988429	1674245	946405	727840	188762	94237	31185
1.自行完成的产值	1968653	1655859	945391	710468	188427	94116	30251
2.分包出去的产值	19776	18386	1014	17372	335	121	934
从建设单位以外承揽工程完成的产值(万元)	9270	7074	154	6920	120	630	1447
建筑业总产值(万元)	1977923	1662933	945545	717388	188546	94745	31698
其中:装饰装修产值	116416	37957	37678	279	28929	49531	
其中:在外省完成的产值	78449	78117		78117	150	183	
1.建筑工程产值	1725321	1548644	914737	633908	103956	48406	24314
2.安装工程产值	104622	44442	13984	30458	30270	24469	5441
3.其他产值	147980	69847	16824	53023	54320	21870	1943
竣工产值(万元)	1402274	1185769	686275	499494	151551	48481	16474
房屋建筑施工面积(万平方米)	1201.68	1125.62	1099.45	26.17	63.98		12.07
#本年新开工面积	766.53	716.32	692.28	24.04	43.78		6.43
#实行投标承包面积	1100.69	1027.67	1002.38	25.29	61.52		11.50
#本年新开工面积	704.26	659.13	635.09	24.04	38.70		6.43
年末自有施工机械设备							
年末自有机械设备净值(万元)	93658	88082	38175	49907	2301	1341	1934
年末自有机械设备总台数(台)	39496	35433	26635	8798	1209	1662	1192
年末自有机械设备总功率(千瓦)	517791	467157	244185	222972	27246	9726	13662
从业人员情况							
计算建筑业劳动生产率的平均人数(人)	147149	122636	80371	42265	14863	7454	2196
期末从业人数(人)	151944	127110	83952	43158	15084	7408	2342
其中:管理人员	11505	9645	6755	2890	1023	671	166
其中:工程技术人员	16802	13750	8178	5572	1520	1186	346
其中:一级建造师	629	451	237	214	59	112	7
其中:现场施工工人	107375	90495	60508	29987	10514	4950	1416
其中:持证上岗人员	78522	67508	44418	23090	5569	4267	1178
主要建筑消耗材料消耗量							
1.钢材(吨)	777364	744036	531141	212895	18746	1946	12636
2.木材(立方米)	228507	200440	185308	15132	4862	10085	13120
3.水泥(吨)	2567159	2089192	1529446	559746	172833	118703	186431
4.平板玻璃:重量箱	208365	200667	196318	4349	958	4940	1800
平方米	1575903	1416556	1381973	34583	27454	119905	11988
5.铝材(吨)	14730	13198	12922	276	710	643	179
补充资料							
企业总产值(万元)	1991959	1669908	950146	719762	193787	95842	32422
在境外完成的营业额	6037	6037		6037			
主要能源消费量							
1.煤炭(吨)	18	18	3	15			
2.汽油(吨)	4843	3485	1525	1960	1068	204	64
3.柴油(吨)	9659	9488	1611	7877	89	36	14
4.电力(万千瓦时)	4460.96	3725.54	2416.40	1309.14	448.22	205.19	28.62
房屋建筑竣工面积(万平方米)	704.26	661.06	639.31	21.76	38.80		4.40
建筑业增加值(万元)	550095	452970	259616	193355	55455	35474	6196
全员劳动生产率							
按总产值计算(元/人)	134416	135599	117648	169736	126856	127107	144344
按增加值计算(元/人)	37384	36936	32302	45748	37311	47590	28214
技术装备率(元/人)	6365	7182	4750	11808	1548	1799	8807
动力装备率(千瓦/人)	3.4	3.8	3.0	5.3	1.8	1.3	6.2

12-4 按登记注册类型分的建筑业主要经济指标

（2010 年）　　单位:万元

	合　计	内资企业	国　有	集　体
一、年初存货	112170	112170	18554	3469
二、年末资产负债				
资产合计	1169048	1169048	206201	53913
流动资产合计	785185	785185	157524	30603
#存货	149420	149420	42954	5340
长期投资	21818	21818	3144	2986
固定资产合计	282533	282533	37023	10931
固定资产原价	345774	345774	59643	13484
#生产经营用	268153	268153	44097	10422
累计折旧	112235	112235	28603	4930
#本年折旧	37922	37922	7472	3295
在建工程	24327	24327	3011	2235
无形及递延资产合计	69653	69653	8198	5843
#无形资产	66143	66143	8151	4886
其他资产	9859	9859	313	3550
负债合计	654638	654638	131588	36273
流动负债合计	584957	584957	111419	13154
长期负债合计	69681	69681	20168	23120
所有者权益合计	514411	514411	74613	17639
#实收资本	378706	378706	62442	16062
#国家资本	81999	81999	47015	
集体资本	63945	63945		14330
法人资本	66695	66695	15428	1732
个人资本	166067	166067		
港澳台资本				
外商资本				
三、损益及分配				
工程结算收入	1909332	1909332	231166	104309
工程结算成本	1597798	1597798	191904	88668
工程结算税金及附加	112260	112260	13107	8204
工程结算利润	170905	170905	22183	4993
其他业务收入	16633	16633	4060	169
其他业务利润	7477	7477	879	137
经营费用	29344	29344	3971	2444
管理费用	66715	66715	11673	1998
#税金	8806	8806	1694	156
财产保险费	1153	1153	218	101
差旅费	6186	6186	1174	184
工会经费	3536	3536	793	126
财务费用	7255	7255	1306	351
#利息支出	3944	3944	971	209
营业利润	104188	104188	10084	2780
营业外收入	732	732	41	6
营业外支出	6428	6428	1230	1404
利润总额	95397	95397	11361	2000
#应交所得税	15339	15339	2184	358
应付利润	24347	24347	4622	957
劳动、失业保险费	7535	7535	1797	289
住房公积金及住房补贴	6034	6034	1233	237
四、工资、福利费				
本年应付工资总额	252363	252363	33543	16467
其中:主营业务应付工资总额	243170	243170	33543	16364
本年应付福利费总额	30593	30593	4261	2025
其中:主营业务应付工资总额	30234	30234	4261	2011
五、补充资料				
应收工程款	59069	59069	5656	9314
#竣工工程	45126	45126	3291	5051
六、全部从业人员年平均人数(人)	15362	15362	1835	917

12-5 按国民经济行业分的建筑业主要经济指标

（2010年） 单位:万元

	合计	房屋和土木工程建筑业	房屋工程建筑	土木工程建筑业	建筑安装业	装修装饰业	其他建筑业
一、年初存货	112170	87667	53000	34667	13044	10434	1025
二、年末资产负债							
资产合计	1169048	849839	394213	455626	219400	80111	19697
流动资产合计	785185	584347	271009	313338	130161	54868	15809
#存货	149420	116483	53811	62672	17327	14292	1318
长期投资	21818	14397	9377	5020	3868	3453	100
固定资产合计	282533	198502	82797	115706	64878	15614	3539
固定资产原价	345774	252005	93706	158300	69831	19149	4789
#生产经营用	268153	188510	67373	121137	61958	13629	4057
累计折旧	112235	80978	25152	55826	23915	5704	1638
#本年折旧	37922	27394	6458	20936	6900	3325	304
在建工程	24327	8835	6629	2206	14245	1248	
无形及递延资产合计	69653	48001	29469	18532	18925	2477	249
#无形资产	66143	46028	28106	17922	17518	2375	221
其他资产	9859	4592	1560	3031	1569	3699	
负债合计	654638	457645	190497	267148	147337	38758	10898
流动负债合计	584957	444339	185938	258401	114567	15154	10898
长期负债合计	69681	13307	4559	8747	32770	23604	
所有者权益合计	514411	392194	203716	188478	72063	41354	8800
#实收资本	378706	282696	146698	135998	55412	33052	7545
#国家资本	81999	74437	1359	73078	5422	113	2027
集体资本	63945	28024	16294	11730	31062	3060	1800
法人资本	66695	53212	23675	29537	2842	10074	567
个人资本	166067	127024	105371	21653	16086	19806	3151
港澳台资本							
外商资本							
三、损益及分配							
工程结算收入	1909332	1608131	935461	672670	187183	90567	23450
工程结算成本	1597798	1360084	800505	559579	149727	67869	20118
工程结算税金及附加	112260	92462	57389	35073	9166	9092	1540
工程结算利润	170905	137164	72080	65083	21415	10775	1551
其他业务收入	16633	12557	5625	6932	3303	749	24
其他业务利润	7477	4399	3031	1368	2719	345	14
经营费用	29344	18428	5493	12935	6876	3799	242
管理费用	66715	44677	22141	22536	15959	5101	980
#税金	8806	7030	2601	4428	1125	597	53
财产保险费	1153	790	308	482	222	138	3
差旅费	6186	4394	1834	2561	1120	560	111
工会经费	3536	2986	1499	1487	221	295	34
财务费用	7255	5568	3413	2155	1124	513	50
#利息支出	3944	2835	1523	1312	798	275	35
营业利润	104188	91133	49557	41576	7013	5507	536
营业外收入	732	176	52	123	490	46	20
营业外支出	6428	5079	3365	1714	197	1144	7
利润总额	95397	83151	43453	39698	6921	4771	554
#应交所得税	15339	13181	5477	7704	1689	354	115
应付利润	24347	19117	10223	8894	3317	1595	318
劳动、失业保险费	7535	6403	3040	3363	487	556	89
住房公积金及住房补贴	6034	5049	1941	3107	388	414	183
四、工资、福利费							
本年应付工资总额	252363	208225	132345	75880	26870	14225	3044
其中:主营业务应付工资总额	243170	199341	123853	75488	26706	14084	3040
本年应付福利费总额	30593	24961	15520	9441	3474	1742	417
其中:主营业务应付工资总额	30234	24642	15259	9383	3451	1724	416
五、补充资料							
应收工程款	59069	44492	29774	14718	9363	4722	492
#竣工工程	45126	32720	21316	11404	8265	3869	272
六、全部从业人员年平均人数(人)	15362	12850	8386	4464	1511	781	220

12-6 主要年份建筑业企业房屋建筑竣工面积

单位:万平方米

	1985	1995	2000	2005	2009	2010
竣工房屋建筑面积	**10.50**	**209.64**	**192.38**	**409.99**	**702.19**	**704.26**
厂房	6.18	26.93	16.63	22.22	66.18	84.92
住宅	1.87	62.02	103.87	246.37	435.69	412.35
办公用房	0.15	80.96	30.18	37.52	62.01	60.02
商业、居民服务业用房	0.24	12.94	11.51	13.33	37.04	33.09
文化教育用房	0.15	6.31	16.54	66.63	48.80	64.81
医疗用房	0.35	0.70	3.62	10.55	19.27	22.06
科研用房	0.16	2.03	0.24	4.13		
其他	1.40	17.75	9.79	9.25	33.20	27.01

12-7 各县(市、区)建筑业企业个数、从业人员

(2010年)

单位:个、人

	企业个数	国有单位	集体单位	期末从业人员	国有单位	集体单位	计算建筑业劳动生产率的平均人数	国有单位	集体单位
全　市	**328**	**23**	**12**	**151944**	**18530**	**9872**	**147149**	**18286**	**9090**
宛城区	53	1	1	28323	3968	1982	27210	3965	1262
卧龙区	104	2	2	15062	98	557	14719	86	653
南召县	10	1	1	4394	146	337	4639	146	329
方城县	5			4008			4168		
西峡县	11			7284			7113		
镇平县	8	2		2641	329		2729	276	
内乡县	10	1		4838	368		4859	367	
淅川县	10	3		6846	1564		5100	1560	
社旗县	11		2	5096		1412	4972		1398
唐河县	10		1	11499		420	10572		420
新野县	11	3	1	6979	1750	1321	6721	1747	1160
桐柏县	9			4938			4899		
邓州市	17	2	1	9674	1398	608	9547	1388	630
市　直	59	8	3	40362	8909	3235	39901	8751	3238

12-8 各县(市、区)建筑业企业房屋建筑竣工面积

(2010年)　　单位:万平方米

	房屋建筑竣工面积	厂房、仓库	住宅	办公用房	批发和零售用房	住宿和餐饮用房
全市	**704.26**	**84.92**	**412.35**	**60.02**	**7.02**	**16.32**
宛城区	127.85	1.74	122.79			
卧龙区	54.10	2.00	41.53	2.75		
南召县	35.11	5.04	17.16	4.27		1.30
方城县	21.87	0.27	14.62	0.54		
西峡县	37.15	15.75	12.90	4.33	1.02	
镇平县	17.03	1.64	5.04	2.18		0.45
内乡县	8.86	0.20	6.36			
淅川县	24.10	14.79	5.04	2.01	1.00	
社旗县	40.71	3.40	18.68	7.04		
唐河县	101.71	10.60	38.18	19.03	3.23	8.00
新野县	42.92	2.44	21.64	0.79		
桐柏县	19.87	2.06	11.93	2.19		
邓州市	55.01	6.28	26.70	8.84	1.53	3.10
市直	117.97	18.71	69.78	6.05	0.25	3.48

12-8续表　　(2010年)　　单位:万平方米

	居民服务业用房	教育用房	文化、体育和娱乐用房	卫生医疗用房	科研用房	其他用房
全市	**9.74**	**60.57**	**4.24**	**22.06**		**27.01**
宛城区		2.86	0.18			0.28
卧龙区		0.91		0.21		6.70
南召县	0.88	5.14		1.32		
方城县		4.01		2.03		0.38
西峡县	0.49	1.44		1.23		
镇平县	0.88	1.24	1.79	1.72		2.09
内乡县	0.87	0.34		0.25		0.85
淅川县	0.80	0.46				
社旗县	1.20	2.57	0.62	0.48		6.73
唐河县		14.90		3.31		4.47
新野县	3.36	11.25		1.34		2.10
桐柏县	1.14	2.51		0.04		
邓州市		4.75	1.50	0.50		1.81
市直	0.13	8.18	0.16	9.64		1.61

12-9 各县(市、区)建筑业企业签订合同及产值完成情况

(2010年)　　单位:万元

	签订的合同额	上年结转合同额	本年新签合同额	直接从建设单位承揽工程完成的产值	自行完成施工产值	分包出去工程的产值	从建设单位以外承揽工程完成的产值
全　　市	**2339749**	**502351**	**1837399**	**1988429**	**1968653**	**19776**	**9270**
宛城区	289398	58214	231184	241466	241464	2	1389
卧龙区	166518	62263	104255	152212	152212		514
南召县	51481	10340	41141	42878	42878		
方城县	68812	13186	55626	56926	56806	120	120
西峡县	130023	14223	115800	114615	114615		4381
镇平县	28134	6928	21207	27072	27072		
内乡县	89402	13889	75513	81644	81644		
淅川县	115321	7924	107398	112358	112358		
社旗县	58285	4145	54140	53184	53184		
唐河县	177813	5076	172738	176247	176247		
新野县	73712	13439	60273	63468	63468		
桐柏县	76503	26784	49719	67461	67324	137	251
邓州市	197670	16455	181215	186914	186899	15	15
市　　直	816678	249487	567191	611983	592481	19502	2600

12-10 各县(市、区)建筑业总产值

(2010年)　　单位:万元

	建筑业总产值	国有	集体	建筑工程产值	国有	集体
全　　市	**1977923**	**236757**	**114352**	**1725321**	**226283**	**110815**
宛城区	242853	29021	15013	232090	29021	15013
卧龙区	152726	368	14183	127905	89	14183
南召县	42878	1868	3165	39712	1000	3165
方城县	56926			53470		
西峡县	118996			117046		
镇平县	27072	5821		16221	5821	
内乡县	81644	951		78239		
淅川县	112358	35541		93466	35541	
社旗县	53184		12770	46828		12770
唐河县	176247		3280	125292		
新野县	63468	23502	4608	62975	23124	4608
桐柏县	67575			59798		
邓州市	186914	32946	13546	176641	32946	13546
市　　直	595081	106738	47786	495638	98741	47530

12-11 各县(市、区)建筑业增加值、竣工产值

(2010年)　　单位:万元

	建筑业增加值	国有	集体	建筑业竣工产值	国有	集体
全市	**550095**	**73190**	**33337**	**1402274**	**97126**	**47504**
宛城区	80435	10201	3549	155808		2688
卧龙区	44257	180	2206	85886	368	4397
南召县	11443	333	776	38170	1868	3007
方城县	18601			50288		
西峡县	41319			82990		
镇平县	8278	767		27463	5764	
内乡县	23083	1749		50568	951	
淅川县	30791	9015		104491	33169	
社旗县	12467		3419	43254		13330
唐河县	47691		1109	168052		3280
新野县	17421	6026	1361	52322	19225	4278
桐柏县	19689			21000		
邓州市	61359	11131	4120	116784	15732	6853
市直	133261	33788	16797	405200	20049	9671

12-12 各县(市、区)建筑业企业房屋建筑施工、竣工面积

(2010年)　　单位:万平方米

	房屋施工面积	国有	集体	房屋竣工面积	国有	集体
全市	**1201.68**	**15.59**	**84.02**	**704.26**	**12.55**	**42.73**
宛城区	238.86		20.53	127.85		2.53
卧龙区	143.31		12.91	54.10		6.08
南召县	48.81		5.48	35.11		3.75
方城县	30.74			21.87		
西峡县	57.13			37.15		
镇平县	21.04			17.03		
内乡县	22.76			8.86		
淅川县	34.55	3.29		24.10	3.29	
社旗县	45.26		14.83	40.71		14.83
唐河县	104.79			101.71		
新野县	57.52	8.43	15.82	42.92	5.39	8.47
桐柏县	60.48			19.87		
邓州市	81.72	3.87	3.82	55.01	3.87	3.19
市直	254.69		10.63	117.97		3.88

12-13 各县(市、区)建筑业年末自有机械总功率、净值

(2010 年)

	自有机械设备年末总功率(千瓦)	国有	集体	自有机械设备年末净值(万元)	国有	集体
全市	**517791**	**46422**	**20467**	**93658**	**9296**	**2327**
宛城区	75615		3984	14373		389
卧龙区	49337	190	4493	6584	35	608
南召县	24902		4390	4980		390
方城县	3800			555		
西峡县	33744			6889		
镇平县	11412	4802		2466	1522	
内乡县	46771			4563		
淅川县	16383	453		2405	421	
社旗县	22384		2016	5218		395
唐河县	15085		1005	6084		143
新野县	39777	6334	3641	6465	645	260
桐柏县	22249			5430		
邓州市	18151	1580	170	1150	195	35
市直	138181	33063	768	26497	6478	107

12-14 各县(市、区)建筑业企业技术装备情况

(2010 年)

	自有机械设备年末总台数(台)	自有机械设备年末总功率(千瓦)	自有机械设备年末净值(万元)	技术装备率(元/人)	动力装备率(千瓦/人)
全市	**39496**	**517791**	**93658**	**6365**	**3.41**
宛城区	4060	75615	14373	5282	2.67
卧龙区	8508	49337	6584	4473	3.28
南召县	1810	24902	4980	10734	5.67
方城县	640	3800	555	1332	0.95
西峡县	1495	33744	6889	9686	4.63
镇平县	864	11412	2466	9035	4.32
内乡县	1649	46771	4563	9391	9.67
淅川县	982	16383	2405	4716	2.39
社旗县	1416	22384	5218	10494	4.39
唐河县	2952	15085	6084	5755	1.31
新野县	3237	39777	6465	9620	5.70
桐柏县	878	22249	5430	11083	4.51
邓州市	4355	18151	1150	1204	1.88
市直	6650	138181	26497	6641	4.60

12-15 各县(市、区)国有建筑业企业技术装备情况

(2010年)

	自有机械设备年末总台数(台)	自有机械设备年末总功率(万千瓦)	自有机械设备年末净值(万元)	技术装备率(元/人)	动力装备率(千瓦/人)
南阳市	**2753**	**46422**	**9296**	**5084**	**2.54**
宛城区					
卧龙区	6	190	35	4093	2.21
南召县					
方城县					
西峡县					
镇平县	81	4802	1522	55130	17.40
内乡县					
淅川县	80	453	421	2700	0.29
社旗县					
唐河县					
新野县	311	6334	645	3693	3.63
桐柏县					
邓州市	531	1580	195	1405	1.14
市直	1744	33063	6478	7402	3.78

12-16 各县(市、区)建筑业企业实收资本、资产合计

(2010年) 单位:万元

	实收资本	国有	集体	资产合计	国有	集体
全市	**378706**	**62442**	**16062**	**1169048**	**206201**	**53913**
宛城区	50251	3068	3000	135235	7133	4532
卧龙区	61440	319.1	2514	107410	3158	3849
南召县	6375	1010	800	19456	2455	1317
方城县	2440			6650		
西峡县	13251			80581		
镇平县	4385	1320		21191	6756	
内乡县	13139	1157		26801	1516	
淅川县	13442	2892		38138	14052	
社旗县	11047		2413	31214		5911
唐河县	8707		1000	30495		2927
新野县	12765	2356	730	22190	5363	1511
桐柏县	5519			21925		
邓州市	43937	22024	1774	82791	24975	2286
市直	132008	28296	3831	544972	140794	31581

12－17 各县(市、区)建筑业企业流动资产、固定资产

(2010 年)　　单位:万元

	流动资产小计	国有	集体	固定资产小计	国有	集体
全　市	**641664**	**93388**	**18930**	**233621**	**32445**	**7065**
宛城区	108244	4285	2418	25624	2759	898
卧龙区	46731	1860	2489	22515	694	998
南召县	7653		389	8644		723
方城县	4075			2733		
西峡县	32672			15981		
镇平县	10090	1215		5009	1663	
内乡县	11174	2043		7450	205	
淅川县	18172	9203		14916	3415	
社旗县	14563		3308	7418		1063
唐河县	19491		2424	9061		793
新野县	8564	3222	799	13886	2168	712
桐柏县	12076			9479		
邓州市	61690	23001	1745	16048	1930	520
市　直	286469	48560	5359	74859	19610	1359

12－18 各县(市、区)建筑业全员劳动生产率

(2010 年)　　单位:元/人

	全员劳动生产率		国有		集体	
	按总产值计算	按增加值计算	按总产值计算	按增加值计算	按总产值计算	按增加值计算
全　市	**134416**	**37384**	**129475**	**40025**	**125799**	**36674**
宛城区	89252	29561	73193	25729	118964	28124
卧龙区	103761	30068	42791	20942	217201	33784
南召县	92430	24667	127959	22829	96204	23584
方城县	136579	44628				
西峡县	167293	58089				
镇平县	99201	30334	210891	27775		
内乡县	168026	47505	25918	47643		
淅川县	220309	60375	227829	57791		
社旗县	106967	25075			91345	24456
唐河县	166711	45111			78095	26407
新野县	94433	25921	134530	34494	39724	11734
桐柏县	137937	40190				
邓州市	195783	64270	237365	80195	215016	65395
市　直	149139	33398	121973	38610	147579	51874

12-19 各县(市、区)建筑业工程结算收入、负债合计

(2010年)

单位:万元

	工程结算收入	国有	集体	负债合计	国有	集体
全市	**1909332**	**231166**	**104309**	**654638**	**131588**	**36273**
宛城区	241953	29021	15013	55143	3650	1300
卧龙区	149073	358	7644	29358	2745	1295
南召县	42016	1868	2717	11832	1445	497
方城县	51496			2647		
西峡县	117064			50556		
镇平县	24129	5359		14843	4895	
内乡县	76767	1821		10710	107	
淅川县	96312	32701		15408	8843	
社旗县	51241		12770	18016		2821
唐河县	176297		3280	18495		1367
新野县	63468	23502	4608	8710	2561	781
桐柏县	62218			10123		
邓州市	183873	30946	13546	34459	2951	513
市直	573424	105589	44730	374338	104391	27701

12-20 各县(市、区)建筑业利润总额、工程结算利润

(2010年)

单位:万元

	利润总额	国有	集体	工程结算利润	国有	集体
全市	**95397**	**11361**	**2000**	**170905**	**22183**	**4993**
宛城区	13685	117	176	22585	1817	230
卧龙区	7899	17	36	17439	101	559
南召县	2787	19	87	5688	1201	136
方城县	8112			11596		
西峡县	2691			4196		
镇平县	550	48		1531	130	
内乡县	4431	108		6885	509	
淅川县	3618	742		8864	2617	
社旗县	1281		129	3357		832
唐河县	19301		410	20187		504
新野县	2182	1384	217	4672	1959	421
桐柏县	1256			5037		
邓州市	13386	3656	410	22314	5610	988
市直	14220	5271	535	36554	8240	1324

12-21 全年建筑业总产值5000万元及以上建筑施工企业主要指标

（2010年）

	建筑业总产值（万元）	房屋建筑施工面积（万平方米）	期末从业人数（人）	资产合计（万元）	利润总额（万元）	应付工资（万元）
河南油田油建工程建设有限责任公司	96259	1.46	1531	99899	923	4116
河南天工建设集团有限公司	93967	152.37	5362	41487	1262	9652
南阳飞龙电力集团有限公司	69358	0.14	4103	119183	1387	7380
南阳市宛城区黄河建筑工程有限公司	59025	33.95	4726	48965	5095	8507
唐河县宛东建筑安装工程有限公司	55200	46.83	2950	6488	8135	5121
唐河路达公路工程有限公司	44500		2116	13985	6687	3219
河南省中原路桥建设(集团)有限公司	40762		3201	48758	3861	5582
唐河县天昱建筑工程有限公司	39500	49.50	2900	1027	2051	5550
南阳铁路建筑工程公司	35309		2015	26104	364	3627
南阳市地方铁路局工程处	35000		2020	36136	364	3636
南阳市恒康建筑有限责任公司	29865	39.44	2915	15128	480	5247
南阳市路通公路工程有限公司	29021		3968	7133	117	7738
邓州市公路工程有限责任公司	27300		1150	12959	2341	2530
南阳市建发工程有限公司	26521	20.00	2420	14480	565	4805
南阳建工集团	26180	16.93	1846	17691	293	2997
桐柏县鸿运路桥建设有限公司	23359		1210	9696	300	254
南阳市宛城建筑有限责任公司	23242	28.40	2736	6415	185	4925
邓州市市政工程公司	22690	3.87	958	20974	3469	3100
河南省中州公路工程有限公司	21727		1090	34156	728	1702
南阳市三亚建筑有限公司	21587	32.48	2984	7867	613	3986
邓州市粮食建筑有限责任公司	21560	26.41	1350	22857	1958	2250
南阳引丹建筑工程有限责任公司	21477	5.88	1100	2211	524	3259
南阳市淯鑫建筑工程有限公司	21244	48.57	2946	7978	5973	5344
南阳市卧龙建筑工程有限责任公司	20940	15.81	2623	6700	1401	3431
河南豪瑞建设工程有限公司	20869	26.09	1520	7877	264	3630
南阳市天润水业有限公司	20821		1856	4897	105	3341
唐河县汇禹水利建筑工程有限公司	20110		1440	2559	843	2876
南阳市卓城建设工程有限公司	18889	13.56	2700	3693	211	5016
河南省南阳市桐柏县淮安建筑有限公司	18626	43.42	1780	1344	708	3559
方城县第一建筑有限公司	18500	13.07	1708	1811	462	1550
西峡县鸿兴建设工程有限责任公司	18217	10.63	1560	10785	124	782
内乡县第二建筑安装有限公司	17585	9.31	750	1691	406	346
西峡县市政有限公司	17460		1500	809	1321	720
河南新恒通公路工程有限责任公司	17224		1277	6613	313	2528
南阳市盛华建筑有限公司	17140	38.26	650	8106	519	1214
内乡县环城安装有限公司	16421		751	7464	850	723
内乡县菊龙市政工程有限公司	16411	1.54	700	2380	1187	478
方城县第二建筑有限责任公司	15976	12.07	650	1870	73	624
邓州市正阳建筑工程有限责任公司	15964	7.83	700	600	2535	1540
内乡县宛西公路工程有限公司	15795		751	8192	706	1267
南阳市市政工程总公司	15596		1096	15973	157	1953
南阳建设集团总公司	15013	20.53	1982	4532	176	2385
河南淅川县鼎力建设集团有限公司	14972	18.55	2500	9434	93	1449
邓州市水利工程建设有限责任公司	14363		623	3570	820	2858
西峡县刘巷建筑公司	14158	10.87	550	5024	26	872
邓州市西城建筑安装公司	13546	3.82	608	2286	410	2800
南阳市建筑公司	13307	12.91	471	3254	3	908
淅川县路桥工程有限公司	12623		542	10387	622	1074
淅川县恒信建筑工程有限公司	12405	5.33	522	3683	849	936
河南省宛南建筑有限公司	12391	22.35	1590	4547	253	2076

12－21 续表　　（2010 年）

	建筑业总产值（万元）	房屋建筑施工面积（万平方米）	期末从业人数（人）	资产合计（万元）	利润总额（万元）	应付工资（万元）
淅川县丹东建筑安装工程有限公司	12355	4.47	502	2321	1412	867
南阳市豫阳建筑有限公司	11998	15.73	1750	4547	138	2540
淅川县新泰建设工程有限公司	11832	2.91	560	1822	356	1048
淅川县渠首电力建设公司	11823		530	3788	23	1050
南阳市住宅建筑工程有限公司	11694	10.63	1100	4336	16	1980
淅川县水利水电建筑工程公司	11558	0.10	492	1328	60	964
西峡县第三建筑工程有限公司	11480	4.47	460	1451	158	467
淅川县长健市政工程有限公司	11361	3.19	530	2337	60	967
南阳市宛通公路工程技术有限公司	11230		985	686	1119	1688
南阳市绿城建筑安装有限公司	10688	14.64	1358	4265	68	2483
邓州市公路工程公司	10256		440	4000	187	924
南阳御龙建筑水利水电工程有限公司	10204		800	3410	548	1440
河南宏奇建筑工程有限公司	10160	6.92	490	2034	68	1470
南召县威凯建设工程有限公司	10110	18.01	1070	814	957	578
淅川县宏塬装饰工程有限公司	10078		422	2532	92	774
南阳市远大道路桥梁工程有限公司	9850		775	7620	493	1328
方城县宏兴建筑安装有限公司	9650	5.60	800	1782	1799	1480
社旗县新兴建筑工程有限公司	9604	16.53	863	9943	82	1510
西峡县兴禹水利水电建筑工程有限公司	9425		460	5838	4	740
西峡县市政工程机械化有限公司	9149		280	688	23	474
南阳市广顺建筑工程有限公司	8917	15.79	670	2659	357	1268
南阳市凌云建筑工程有限公司	8901	28.94	1700	3607	21	3204
新野县市政工程有限责任公司	8863		442	1706	212	587
南召县永胜建筑有限公司	8726	15.78	964	1472	403	1996
南召县通达公路工程有限公司	8365		393	6784	882	424
南阳市油田天鹏建筑工程有限公司	8246	1.70	430	4720	114	619.2
南阳市豫南建设有限公司	8200	5.11	2000	4389	152	2880
南阳市沃德城乡建设有限公司	8137		652	2320	129	911
南阳市源正水利水电建筑工程公司	7828		358	2966	80	606.8
新野纺织集团建筑安装有限公司	7328	8.43	867	708	359	1697
南阳市高信建筑工程有限公司	7324	5.14	231	2605	45	527
新野县电业局电力工程安装有限公司	7311		441	2949	813	858.7
社旗县鸿运建筑有限公司	7240	8.52	580	2842	531	482
社旗县第四建筑公司	7220	8.13	660	2648	116	1231
西峡县第二建筑集团有限责任公司	6663	16.88	810	14719	110	979
南阳市安泰建设工程有限公司	6500	5.50	368	2552	816	653
方城县裕鑫市政工程有限责任公司	6400		425	594	5778	826
方城县市政建设工程处	6400		425	594	1	875
桐柏县水利井灌工程有限公司	6353		482	3535	1	963
镇平县宏业装饰装潢工程有限公司	6234		65	186	32	2563
南阳市中原建设有限公司	6150	4.00	845	2616	60	1539
南阳市新宏大建筑工程有限公司	6100	5.26	289	2562	32	513
内乡县南阳泓宇路桥有限公司	6095	1.50	240	1529	151	288
河南省宛北公路工程有限公司	5985		367	3224	130	814
南阳市教育建筑工程有限公司	5830	18.77	1899	4614	263	3418
社旗县赊店镇建筑工程公司	5550	6.70	752	3263	13	1350
镇平县鹏程公路工程有限公司	5544		296	6511	26	359
南召县新世纪建设工程有限公司	5534	4.90	650	1015	347	1294
南阳市豫通公路物资储运有限公司	5200		313	2644	870	80

主要统计指标解释

建筑业统计单位 指从事房屋、构筑物建造和设备安装活动的法人企业。建筑业法人企业应同时具备的条件是:①依法成立,有自己的名称、组织机构和场所,能够承担民事责任;②独立拥有和使用资产,承担负债,有权与其他单位签订合同;③独立核算盈亏,能够编制资产负债表。

建筑业总产值(即自行完成施工产值) 是以货币表现的建筑安装企业在一定时期内生产的建筑业产品的总和。建筑业总产值包括:

(1)建筑工程产值:指列入建筑工程预算内的各种工程价值。

(2)设备安装工程产值:指设备安装工程价值,不包括被安装设备本身价值。

(3)房屋、构筑物修理产值:指房屋、构筑物修理所完成的价值,但不包括被修理房屋、构筑物本身的价值和生产设备的修理价值。

(4)非标准设备制造产值:指加工制造没有定型的、非标准的生产设备的加工费和原材料价值,以及附属加工厂为本企业承建工程制作的非标准设备的价值。

建筑业增加值 指建筑业企业在报告期内以货币表现的建筑业生产经营活动的最终成果。目前建筑业增加值采用分配法(收入法)计算,即从收入的角度出发,根据生产要素在生产过程中应得的收入份额计算。具体计算公式为:

建筑业增加值=本年提取的固定资产折旧+应付工资+应付福利费+管理费用中的劳动待业保险金、税金+工程结算税金及附加+工程结算利润

房屋建筑施工面积 指在报告期内施工的全部房屋建筑面积,包括本期新开工的房屋面积、上期施工跨入本期继续施工的房屋面积、上期停缓建在本期恢复施工的房屋面积、本期竣工的房屋面积及本期施工后又停缓建的房屋面积。

房屋建筑竣工面积 指在报告期内房屋建筑按照设计要求全部完工,达到了住人和使用条件,经验收鉴定合格,正式移交使用单位的房屋建筑面积。

自有机械设备年末总台数 指归本企业所有,属于本企业固定资产的生产性机械设备年末总台数。包括施工机械、生产设备、运输设备以及其他设备。

自有机械设备年末总功率 指本企业自有施工机械、生产设备、运输设备以及其他设备等列为在册固定资产的生产性机械设备年末总功率,按设定能力或查定能力计算。包括机械本身的动力和为该机械服务的单独动力设备,如电动机等。计算单位用千瓦,动力换算可按1马力=0.735千瓦折合成千瓦数。电焊机、变压器、锅炉不计算动力。

工程结算收入 指企业承包工程实现的工程价款结算收入,以及向发包单位收取的除工程价款以外的按规定列作营业收入的各种款项,如临时设施费、劳动保险费、施工机械调迁费等以及向发包单位收取的各种索赔款。

工程结算利润 指已结算工程实现的利润,如亏损以“-”号表示。计算公式为:

工程结算利润=工程结算收入-工程结算成本-工程结算税金及附加

企业总收入 指与企业生产经营直接有关的各项收入,包括工程结算收入和其他业务收入。计算公式为:

企业总收入=工程结算收入+其他业务收入

13

交通运输和邮电

资料整理：张　铭

13-1 历年旅客、货物周转量

	旅客周转量（万人公里）	公路	水运	货物周转量（万吨公里）	公路	水运
1952				3016	1039	1977
1957	2801	2801		9148	3245	5903
1962	10630	10627	3	12612	7322	5290
1965	11554	11544	10	19094	13332	5762
1970	23804	21800	962	24283	15629	4143
1975	32324	29571	1222	24183	18695	4277
1978	39114	37744	949	25567	21093	3912
1980	51558	49125	1772	19288	15936	3010
1981	61561	58788	1973	25550	21614	3518
1982	71027	68529	1707	32968	27832	4825
1983	80106	77377	2060	37325	32259	4829
1984	93005	89969	2383	41413	36081	5033
1985	105194	101506	2877	53618	48902	4289
1986	121488	117846	2526	70930	64663	5930
1987	134026	130508	2283	65786	58687	6719
1988	175346	171163	2858	68982	61659	6950
1989	201836	197042	3465	67056	58688	8059
1990	183800	178641	3793	61110	52818	7998
1991	222163	217475	3195	78400	69708	8413
1992	257400	252519	3694	81001	71472	9202
1993	251935	247487	3313	142515	130739	11466
1994	231795	229217	1521	181815	173852	7688
1995	267795	265300	2114	287689	280192	7268
1996	279695	276709	2775	278698	264396	14150
1997	301632	298509	3077	260431	247506	12860
1998	318928	317346	1453	264518	253290	11162
1999	316307	313718	2547	275270	262304	12950
2000	353735	351185	2550	338270	325270	13000
2001	357434	354857	2577	315008	302902	12106
2002	362713	361288	1425	351697	339274	12423
2003	319600	318600	1000	345570	329500	16070
2004	372183	370849	1334	371360	350134	21226
2005	431307	429600	1707	416927	390000	26927
2006	500387	498803	1584	483506	456800	26706
2007	574681	573124	1557	589481	560837	28644
2008	1032973	1031052	1921	2218295	2160734	57561
2009	1210951	1209277	1674	2958840	2789507	169333
2010	1268504	1266745	1759	3878685	3550667	328018

注:1. 客、货周转量指标不含铁路运量。

2. 2008 年核算周转量时的道路里程标准有变动,与以往年度不可比。

13-2 历年旅客、货物运输量

	客运量（万人）	公路	水运	货运量（万吨）	公路	水运
1952				12	7	5
1957	43	43		65	46	19
1962	150	150		126	111	15
1965	232	232		214	188	25
1970	451	400	20	323	254	31
1975	680	595	34	694	627	50
1978	763	716	27	857	801	46
1980	1060	979	51	638	584	47
1981	1370	1277	57	665	615	41
1982	1619	1533	49	740	675	58
1983	1750	1661	59	795	722	69
1984	2106	2009	68	811	740	65
1985	2340	2221	85	991	915	68
1986	2847	2726	72	853	790	57
1987	2865	2744	65	854	790	56
1988	3922	3776	84	875	823	45
1989	4203	4037	99	765	707	52
1990	3953	3778	108	698	640	53
1991	4740	4574	91	1174	1110	60
1992	4934	4769	91	1219	1146	68
1993	5025	4886	82	2220	2138	77
1994	4407	4298	56	2384	2190	190
1995	4682	4606	56	3446	3380	63
1996	5377	5293	70	3608	3516	90
1997	5651	5562	87	3576	3471	104
1998	5892	5864	22	3569	3487	81
1999	6886	6833	51	4144	4063	81
2000	6113	6058	55	4381	4301	80
2001	6013	5959	54	4835	4747	88
2002	6793	6749	44	4894	4802	92
2003	6233	6200	33	4739	4650	89
2004	7025	6991	34	5125	4997	128
2005	8347	8300	47	6770	6600	170
2006	9224	9176	48	7437	7269	168
2007	10044	10005	39	8835	8672	163
2008	11285	11231	54	9974	9739	235
2009	12657	12601	56	12779	12520	259
2010	16633	16581	52	15223	14732	491

注：货运量指标不含铁路运量。

13-3 各县(市、区)公路线路里程

(2010年底) 单位:公里

	等级公路	高速	一级	二级	三级	四级
全市	**27499.79**	**553.00**		**2485.18**	**2769.29**	**21692.19**
宛城区	2060.72	71.60		111.15	86.97	1791.00
卧龙区	1449.46	73.40		110.32	208.80	1056.94
南召县	2187.44	42.00		208.33	162.90	1774.21
方城县	2546.82	55.13		215.61	230.07	2046.01
西峡县	2091.52	82.00		194.03	254.96	1560.53
镇平县	1834.85	46.00		201.82	216.38	1370.65
内乡县	1721.44	24.00		261.20	136.67	1299.57
淅川县	3584.83			165.61	429.09	2990.13
社旗县	1478.96			126.83	243.43	1108.70
唐河县	2163.25	60.00		250.42	311.09	1541.75
新野县	1087.54	18.00		163.49	171.42	734.63
桐柏县	2383.50	53.00		197.70	158.58	1974.22
邓州市	2909.48	28.00		278.67	158.96	2443.85

13-3 续表 (2010年底) 单位:公里

	等外公路	有铺装路面里程			简易铺装路面里程	未铺装路面里程
		合计	沥青混装土	水泥混装土		
全市	**9637.22**	**18380.17**	**2726.79**	**15653.38**	**4367.37**	**13836.38**
宛城区	5.94	854.45	101.41	753.04	490.71	649.90
卧龙区	484.75	1198.63	99.10	1099.53	170.36	491.82
南召县	934.78	1408.54	215.45	1193.09	69.96	1601.72
方城县	611.98	979.02	247.04	731.98	1438.96	685.68
西峡县	396.81	1493.71	312.45	1181.26	150.84	761.78
镇平县	1076.90	1565.10	159.85	1405.25	202.67	1097.97
内乡县	1168.89	1605.10	197.95	1407.15	18.51	1242.73
淅川县	272.20	2466.36	241.97	2224.39	94.61	1296.05
社旗县	741.11	1110.20	156.29	953.91	239.77	870.10
唐河县	1353.85	1624.70	242.77	1381.93	444.86	1387.55
新野县	454.71	748.61	119.23	629.38	305.97	469.71
桐柏县	997.56	1376.15	272.25	1103.90	74.11	1877.79
邓州市	1137.73	1949.60	361.05	1588.55	666.05	1403.56

说明:公路线路里程包括村道。

13-4 公路、内河通车通航里程

单位:公里

	公路		内河	
	合计	晴雨通车	合计	通机动船
1952	609		464	
1957	1543	508	523	
1962	3107	977	261	
1965	2777	733		
1970	3243	1243	401	
1975	3606	1880	259	120
1978	4256	2620	257	
1980	4936	2457	267	83
1981	4907	2531	267	83
1982	4920	2544	259	198
1983	4919	2543	287	161
1984	4919	2542	287	226
1985	4922	2547	287	226
1986	5296	2792	260	134
1987	5297	2824	293	167
1988	5291	3091	230	169
1989	5292	3081	125	125
1990	5559	3390	230	169
1991	5566	3422	230	169
1992	5578	3458	230	169
1993	5578	3463	195	169
1994	5695	3590	195	169
1995	5768	3662	195	169
1996	5816	3765	198	169
1997	5987	3955	198	169
1998	6192	4524	198	169
1999	6286	4633	198	169
2000	6529	3059	198	169
2001	7314	6314	198	169
2002	7492	6573	198	169
2003	7592	6724	198	169
2004	7664	6817	241	194
2005	7829	6896	248	194
2006	36172	14617	194	194
2007	36504	19431	194	194
2008	36641	20691	194	194
2009	36912	26525	194	194
2010	36584		194	194

13-5 民用汽车拥有量

单位:辆

	总计	货车	#重型及中型	#轻型及微型	客车	#大型及中型	#小型及微型	特种车
1952	58	58						
1957								
1962	783	783						
1965	720	645	645		75	75		
1970	1783	1486	1470	16	218	130	88	79
1975	3124	2317	2295	22	472	173	299	335
1978	4629	4071	3693	378	302	297	5	256
1980	7117	5114	5071	43	1179	402	777	824
1981	8136	5768	5709	59	1539	462	1077	829
1982	8726	6097	5921	176	1682	537	1145	947
1983	10016	7161	6921	240	1908	622	1286	947
1984	12145	8953	8554	399	2164	659	1505	1028
1985	14160	10197	9565	632	2959	847	2112	1004
1986	13854	9970	9027	943	3711	963	2748	173
1987	12835	9368	8492	876	3197	819	2378	270
1988	17475	12535	10451	2084	4758	1201	3557	182
1989	20688	14529	12030	2499	5296	1278	4018	863
1990	20078	13105	10342	2763	5468	1115	4353	931
1991	22516	14046	10960	3086	6636	1297	5339	343
1992	22163	12834	9435	3399	7371	1545	5826	746
1993	23283	12609	8878	3731	8505	1622	6883	856
1994	25895	13901	10231	3670	10033	1898	8135	1029
1995	27024	13625	9865	3760	11689	1975	9714	547
1996	25793	11313	8078	3235	12814	2015	10799	500
1997	34028	16819	11116	5703	15538	2411	13127	541
1998	40795	19710	12087	7623	19547	2592	16955	1538
1999	44683	21105	13122	7983	21854	2757	19097	1724
2000	43721	20937	10699	10238	21606	2391	19215	1178
2001	49643	19994	10699	9295	26818	5415	21403	2831
2002	52643	16152	8201	7951	32663	2633	30030	3828
2003	64725	22173	8710	13463	40181	3018	37163	2371
2004	73824	24563	9884	14679	45697	3225	42472	3564
2005	81108	27897			53211			
2006	98161	31995			66166			
2007	119203	36679			82524			
2008	208952	41996	16122	25874	99456	8510	90946	
2009	250200	54506	21414	33092	132595	9063	123532	
2010	302779	68512	26844	41668	175210	9708	165502	

注:2004年前货车分组为大货车、小货车,客车分组为大客车、小客车。2009年汽车分组为载客汽车、载货汽车、其他汽车,载客汽车分为大型、中型、小型、微型,载货汽车分组为重型、中型、轻型、微型。

13-6 邮电业务基本情况

（年底数）

	2000	2005	2006	2007	2008	2009	2010
局所及通信网络							
邮政(电信)局所(处)	1156	1397	665	1052	848	840	833
邮路总长度(公里)	4818	5263	5535	5515	5519	5519	5222
#汽车邮路总长度	4312	5263	5535	5515	5519	5519	5222
农村投递线路总长度(公里)	28103	27936	28041	27964	27512	27512	27538
邮电业务总量(万元)	130463	418756	265859	377816	382980	426234	491884
邮政业务总量(万元)	11776	25636	30380	37316	39074	45573	51071
电信业务总量(万元)	118687	393120	235479	340500	343906	380661	440813
函件(万件)	1842	1557	1471	1629	1235	854	1101
快递(万件)	72	156	146	127	111	118	126
报刊份数(万份)	110	73	71	72	84	91	104
集邮业务(万枚)	1267	663	513	557	397	377	560
移动电话年末用户(万户)	21	127	223.70	224.66	251.66	310	359
本地电话年末用户(万户)	80	132	200.87	181.81	136.42	128	104
城市电话用户(万户)	35	78	85.39	61.51	49.89	40	47
#住宅电话用户(万户)	28.00	62.40	68.31	49.21	39.91	32.18	32.05
农村电话用户(万户)	45	54	115	120	87	51	55
#住宅电话用户(万户)	45	54	115	120	87	51	46
固定电话年末用户(万户)	78	97	155	149	114	105	83
公用电话用户(万户)	2.00	8.36	14.94	15.27	8.13	14.64	15.43
无线市话用户(万户)		26.40	31.00	18.00	14.00	9.00	6.99
互联网年末用户(万户)		10.20	13.60	14.50	22.90	33.25	47.63
本年新增互联网用户(万户)		2.50	3.40	0.90	8.40	10.10	14.50
电信主要通信能力							
长途电话交换机容量(2M)	10000	800	800	800	917	838	1716
局用交换机容量(万门)	107	186	181	181	173	184	135
移动电话交换机容量(万户)	57	170	321	311	656	634	869

说明：1. 国际互联网、分组交换、数字数据用户全改为 ADSL 用户。

2. 长途业务电路、长途电话业务电路 2004 年由路改为条，长途电话交换机容量由路端改为个，与以前年份不可比。

13-7 邮电通信网及通信能力

（年底数）

	邮政局（电信）所（处）	#邮政局所（处）	#电信网点（个）	邮路及农村投递线路总长度（公里）	长途电话电路（条）	局用交换机容量（万门）	移动电话交换机容量（万户）
1978	276			27233	105		
1980	274			27183	122		
1985	276			29112	165		
1990	289			29884	383		
1991	292			30069	609		
1992	300			30073	689		
1993	315			29804	984		
1994	361			29975	1252		
1995	367			30130	1406		
1996	370			30468	3515		
1997	708			31803	5042		
1998	1430	691	739	32093	5859		
1999	2208	625	1583	33516	5800		
2000	1156	387	769	32921	15398	107	57
2001	616	332	284	32896	73476	116	165
2002	618	321	297	32987	74344	129	195
2003	649	307	342	32662	76740	156	89
2004	808	307	501	33104	6851	165	129
2005	1397	309	1088	33199	3314	186	170
2006	665	292	373	33576	6389	181	321
2007	1038	276	762	33479	8600	181	310
2008	848	271	577	33031	8600	173	656
2009	840	271	569	33031	8600	184	634
2010	833	270	563	32760	8600	135	869

13－8 邮电业务量

	邮电业务总量（万元）	邮政业务总量	电信业务总量	函件（万件）	包裹（万件）	快递（万件）	报刊累计份数（万份）	汇票（万笔）	集邮业务（万枚）	移动电话年末用户（万户）
1978	545			1106	21		8426	31		
1980	595			1216	16		9344	35		
1985	1031			1395	21		13130	53		
1990	3132	1640	1492	1324	22		8399	52	205	
1991	4305	1870	2435	1200	17		9317	51	424	
1992	5830	2175	3655	1161	18	1	10501	55	548	
1993	8685	2770	5915	1496	31	7	10972	57	861	
1994	12588	3546	9042	1801	48	15	10133	58	868	
1995	18832	4043	14789	1679	47	16	9859	61	698	
1996	29175	4630	24545	1684	53	17	10686	67	751	
1997	42267	4810	37457	1370	40	14	10766	63	1073	
1998	71477	5473	66004	1071	31	15	11593	53	1565	
1999	83396	8341	75055	1490	36	28	12082	47	1153	
2000	130463	11776	118687	1842	43	72	10912	43	1267	21
2001	156175	18940	137235	2964	59	75	10412	40	1270	37
2002	162251	19697	142554	1689	40	88	10397	35	1024	53
2003	221395	22372	199023	1854	31	128	9700	35	984	81
2004	324955	23252	301703	1496	32	154	8065	24	872	113
2005	418756	25636	393120	1557	29	156	7601	21	663	127
2006	265859	30380	235479	1471	28	146	7442	47	513	224
2007	377816	37316	340500	1629	24	127	6850	74	557	225
2008	382980	39074	343906	1235	21	111	7670	105	397	252
2009	424299	45573	378726	854	19	118	8054	126	377	310
2010	491884	51071	440813	1101	17	126	8734	99	560	359

13-9 邮电通信水平

	2005	2006	2007	2008	2009	2010
邮政通信水平						
平均每一邮电局所服务面积(平方公里)	18.98	39.86	25.54	31.26	31.56	
平均每一邮电局所服务人口(万人)	0.77	1.62	1.05	1.29	1.31	
平均每人发函件数(件)	1.45	1.36	1.50	1.13	0.78	
平均每百人订有报刊数(份)	707.35	689.06	631.06	702.83	734.71	
电信通信水平						
固定电话普及率(部/百人)	9.05	14.35	13.68	10.47	9.56	
移动电话普及率(部/百人)	11.82	20.71	20.70	23.06	28.31	
每千人拥有公用电话数(部)	7.78	13.83	14.07	7.45	13.35	
已通固定电话的乡(镇)比重(%)	100	100	100	100	100	100
移动电话(GSM)网络覆盖县(市)	13	13	13	13	13	13
移动电话(CDMA)网络覆盖县(市)	13	13	13	13	13	13
移动电话漫游国家和地区(个)					237	237
数据通信网覆盖县(市)	13	13	13	13	13	13

13-10 各县(市、区)邮电通信网及通信能力

(2010年底)

	邮政局(电信)所(处)	邮政所(处)	电信所	邮路及农村投递线路总长度(公里)	局用交换机容量(万门)	移动电话交换机容量(万户)
合计	**833**	**270**	**563**	**32760**	**134.58**	**869**
南阳城区	93	25	68	2001	8.19	254
南阳郊区	48	23	25	2391		100
南召	65	26	39	2476	6.36	45
方城	60	21	39	4259	11.20	60
西峡	62	20	42	2027	9.67	45
镇平	71	22	49	2261	15.04	50
内乡	53	17	36	2324	10.95	50
淅川	53	15	38	3044	10.77	50
社旗	59	17	42	1479	8.19	35
唐河	76	22	54	3771	18.90	60
新野	49	16	33	1642	12.50	40
桐柏	51	17	34	1589	7.01	35
邓州	93	29	64	3496	15.79	45

13-11 各县(市、区)邮电业务量

(2010年)

	邮电业务总量(万元)	邮政业务总量	电信业务总量
合计	**491884**	**51071**	**440813**
南阳城区	156313	7846	148467
南阳郊区	20919	3769	17150
南召	27687	3273	24414
方城	33979	3648	30331
西峡	21668	2512	19156
镇平	32867	3589	29278
内乡	22801	2782	20019
淅川	24616	3068	21548
社旗	21456	3018	18438
唐河	37696	4545	33151
新野	24945	4025	20920
桐柏	18134	2677	15457
邓州	48805	6319	42486

13-11 续表

(2010年)

	函件(万件)	包裹(万件)	快递(万件)	报刊累计份数(万份)	汇票(万笔)	集邮业务(万枚)
合计	**1101.00**	**17.00**	**126.00**	**8734.00**	**99.00**	**560.00**
南阳城区	220.24	5.00	42.81	1941.00	19.40	100.50
南阳郊区	27.10	1.30	5.96	421.30	8.50	19.40
南召	59.01	0.80	3.53	540.10	5.70	32.50
方城	21.45	1.00	5.71	588.50	7.70	75.20
西峡	16.66	0.80	6.80	597.60	4.10	17.20
镇平	93.97	1.60	10.62	588.90	6.60	19.40
内乡	164.69	0.60	4.92	553.60	5.30	6.20
淅川	6.53	0.60	4.81	469.20	6.10	74.00
社旗	182.23	0.80	7.95	456.50	5.40	44.70
唐河	114.45	1.60	8.87	786.70	10.40	60.20
新野	166.77	0.80	6.86	475.70	5.80	53.80
桐柏	5.15	0.80	4.51	433.90	4.60	23.60
邓州	22.75	1.30	12.65	881.00	9.40	33.30

主要统计指标解释

铁路营业里程　又称营业长度(包括正式营业和临时营业里程),指办理客货运输业务的铁路正线总长度。凡是全线或部分建成双线及以上的线路,以第一线的实际长度计算;复线、站线、段管线、岔线和特殊用途线以及不计算运费的联络线都不计算营业里程。铁路营业里程是反映铁路运输业基础设施发展水平的重要指标,也是计算客货周转量、运输密度和机车车辆运用效率等指标的基础资料。

公路里程　指在一定时期内实际达到《公路工程[BZ]标准 JTJ01－88》规定的等级公路,并经公路主管部门正式验收交付使用的公路里程数。包括大中城市的郊区公路以及通过小城镇街道部分的公路里程和桥梁、渡口的长度,不包括大中城市的街道、厂矿、林区生产用道和农业生产用道的里程。两条或多条公路共同经由同一路段,只计算一次,不得重复计算里程长度。它是反映公路建设发展规模的重要指标,也是计算运输网密度等指标的基础资料。

内河航道里程　也称内河通航里程,指在一定时期内,能通航运输船舶及排筏的天然河流、湖泊水库、运河及通航渠道的长度。包括全年季节性通航累计三个月以上的航道,不包括仅供零散流放竹、木排的河道。它是反映内河水运网规模、水平和发展情况的主要指标。

货(客)运量　指在一定时期内,各种运输工具实际运送的货物(旅客)数量。它是反映运输业为国民经济和人民生活服务的数量指标,也是制定和检查运输生产计划、研究运输发展规模和速度的重要指标。货运按吨计算,客运按人计算。货物不论运输距离长短、货物类别,均按实际重量统计。旅客不论行程远近或票价多少,均按一人一次客运量统计;半价票、小孩票也按一人统计。

货物(旅客)周转量　指在一定时期内,由各种运输工具运送的货物(旅客)数量与其相应运输距离的乘积之总和。它是反映运输业生产总成果的重要指标,也是编制和检查运输生产计划,计算运输效率、劳动生产率以及核算运输单位成本的主要基础资料。计算货物周转量通常按发出站与到达站之间的最短距离,也就是计费距离计算。计算公式为:

货物(旅客)周转量 = ∑货物(旅客)运输量 × 运输距离

民用汽车拥有量　指报告期末,在公安交通管理部门按照《机动车注册登记工作规范》,已注册登记领有民用车辆牌照的全部汽车数量。汽车拥有量统计的主要分类:根据汽车结构分为载客汽车、载货汽车以及其他汽车;根据汽车所有者的不同分为个人(私人)汽车、单位汽车;根据汽车的使用性质分为营运汽车、非营运汽车和特种汽车;根据汽车大小规格不同载客汽车分为大型、中型、小型和微型,载客汽车分为重型、中型、轻型和微型。

邮电业务总量　指以价值量形式表现的邮电通信企业为社会提供各类邮电通信服务的总数量。邮电业务量按专业分类包括函件、包件、汇票、报刊发行、邮政快件、特快专递、邮政储蓄、集邮、公众电报、用户电报、传真、长途电话、出租电路、无线寻呼、移动电话、分组交换数据通信、出租代维等。计算方法为各类产品乘以相应的平均单价(不变价)之和,再加上出租电路和设备、代用户维护电话交换机和线路等的服务收入。它综合反映了一定时期邮电业务发展的总成果,是研究邮电业务量构成和发展趋势的重要指标。计算公式为:

邮电业务总量 = ∑(各类邮电业务量 × 不变单价) + 出租代维及其他业务收入

移动电话用户　是指通过移动电话交换机进入移动电话网、占用移动电话号码的电话用户。用户数量以报告期末在移动电话营业部门实际办理登记手续进入移动电话网的户数进行计算,一部移动电话统计为一户。

互联网上网人数　指平均每周使用互联网至少 1 小时的 6 周岁以上中国公民人数。

固定电话用户　指在电信运营企业营业网点办理开户登记手续并已接入固定电话网上的全部电话用户。包括普通电话用户、公用电话用户、窄带综合业务数字网(N—ISDN)用户、智能网专用接入终端用户等。按行政区划分为城市电话用户和农村电话用户。

城市电话用户　指直辖市、省辖市、地级市、县级市的市区、市郊区及县城范围内接入局用交换机的电话用户。包括分布在农村地区县团级以上建制的独立工矿区、林区、驻军等电话用户。

农村电话用户　指县城关区以下的集镇和农村接入局用交换机的电话用户。

住宅电话用户　指安装在居民住宅或农民家里并按照住宅电话用户登记注册和收费的各类电话用户。包括私人付费、单位付费和按规定免费安装的住宅电话用户。

长途电话交换机容量　指用于接入长途电话网的电话交换机的设备额定容量,包括国际电话交换机容量。

局用交换机容量　指安装在电信运营企业内用于接续本地固定电话的电话交换机容量,有倍增设备按倍增后的数量计数。包括现用和备用的人工或自动交换机的全部容量。不包括用户交换机容量。

移动电话交换机容量　指移动电话交换机根据一定话务模型和交换机处理能力计算出来的最大同时服务用户的数量。

14

国内贸易

资料整理:周明宏　华放　张群　郭玉玺　薛寒

14-1 国内贸易基本情况

	1985	1990	1995	2000	2005	2009	2010
法人机构(个)			1596	1987	2984	4581	5068
批发零售贸易业			1478	1650	2406	3377	3882
住宿餐饮业			118	337	578	1204	1186
产业活动单位(个)			183	131	2608	3843	4161
批发零售贸易业			183	52	2397	3448	3679
住宿餐饮业				79	211	395	482
从业人员(人)			191826	76463	158101	105187	121179
批发零售贸易业			172113	73585	130154	76951	89834
住宿餐饮业			19713	2878	27947	28236	31345
社会消费品零售总额(万元)	177544	318568	930487	1831085	3396538	6766579	8009730
按销售单位所在地分							
城镇(市)	31603	83042	334576	534304	1054144	2206113	5654664
(县)	50245	83818	239207	516170	972583	2235397	
乡村(县以下)	95696	151708	356704	780611	1369811	2325069	2355066
按行业分							
批发零售贸易业	127178	210171	547143	1037627	2870012	5588250	6720628
住宿餐饮业	7972	13496	57853	153041	459925	1060314	1171087
制造业	23552	52465	190701	370383			
农业生产者	12463	26249	76274	170390			
其他行业	6379	16187	58516	99644	66600	118015	118015

注:1.1998年及以后批发零售贸易业商品购进、库存总额为限额以上批发零售贸易业数据。
2.2003年及以后社会消费品零售总额不含制造业和农业生产者零售额。
3.2004年社会消费品零售总额及分项数是根据经济普查结果调整数。
4.2005年以前住宿餐饮业项只是“餐饮业”数据,不包括“住宿业”。
5.2010年以后,社会消费品零售额按地区重新划分为城镇和乡村。

14－2 社会消费品零售总额

（按销售单位所在地分）　　单位：万元

	社会消费品零售总额	城镇（市）	县	乡村（县以下）
1978	71182	10962	18650	41570
1980	94772	14974	21418	58380
1985	177544	31603	50245	95696
1990	318568	83042	83818	151708
1995	930487	334576	239207	356704
2000	1831085	534304	516170	780611
2001	2030632	588969	571754	869909
2002	2249942	653807	633924	962211
2003	2500852	730525	705947	1064380
2004	2968357	887491	830995	1249871
2005	3396538	1054144	972583	1369811
2006	3924733	1198212	1298427	1428094
2007	4621499	1432073	1541343	1648083
2008	5853909	1813962	1952371	2087575
2009	6766579	2206113	2235397	2325069
2010	8009730	6407784		1601946
宛城区	795391	636313		159078
卧龙区	981264	785011		196253
南召县	426667	341334		85333
方城县	540007	432006		108001
西峡县	375125	300100		75025
镇平县	725381	580305		145076
内乡县	428240	342592		85648
淅川县	472677	378142		94535
社旗县	316582	253266		63316
唐河县	697207	557766		139441
新野县	571158	456926		114232
桐柏县	399450	319560		79890
邓州市	713330	570664		142666
市直	686770	549416		137354

注：因为方法制度原因，总计数据不等于分县市数据之和（下同）。2010年以后，社会消费品零售额按地区重新划分为城镇和乡村。

14-3 社会消费品零售总额

（按行业分）　　单位:万元

	总　计	批发零售贸易业	住宿餐饮业	制造业	农业生产者	其他行业
1978	71182	62123	2400	4598	1354	707
1980	94772	76075	2943	10062	3822	1870
1985	177544	127178	7972	23552	12463	6379
1990	318568	210171	13496	52465	26249	16187
1995	930487	547143	57853	190701	76274	58516
2000	1831085	1037627	153041	370383	170390	99644
2001	2030632	1162291	169441	400651	189971	108278
2002	2249942	1304354	186438	433841	207478	117831
2003	2500852	2131735	242598			126519
2004	2968357	2510983	399170			58204
2005	3396538	2870013	459925			66600
2006	3924733	3330849	503892			89992
2007	4621499	3860467	676332			84700
2008	5853909	4867210	877755			108944
2009	6766579	5588250	1060314			118015
2010	8009730	6720628	1171087			118015
宛城区	795391	646731	143084			5576
卧龙区	981264	781562	188654			11048
南召县	426667	372639	50238			3790
方城县	540007	423765	108701			7541
西峡县	375125	292369	77056			5700
镇平县	725381	587539	126415			11427
内乡县	428240	359163	63172			5905
淅川县	472677	367273	101663			3741
社旗县	316582	268703	45249			2630
唐河县	697207	571336	117698			8173
新野县	571158	433873	127808			9477
桐柏县	399450	320303	73239			5908
邓州市	713330	557620	145974			9736
市　直	686770	645702	13705			27363

14-4 限额以上批发零售贸易、住宿餐饮业基本情况

(2010 年,按登记注册类型分)

	法人企业(个)	产业活动单位数(个)	从业人数(人)
批发零售贸易总计	**563**	**2749**	**47791**
(一)批发业	**140**	**661**	**22050**
其中:国有及国有控股	45	398	10574
(一)按登记注册类型分组			
#内资企业	140	660	21953
1.国有企业	30	196	7656
2.集体企业	18	70	6975
3.股份合作企业	1	74	148
4.有限责任公司	35	79	2375
5.股份有限公司	15	192	2810
6.私营企业	40	48	1983
7.其他企业	1	1	6
(二)零售业	**423**	**2088**	**25741**
其中:国有及国有控股	47	568	5698
(一)按登记注册类型分组			
#内资企业	421	2086	24607
1.国有企业	43	554	4646
2.集体企业	131	472	5679
3.股份合作企业	14	420	886
4.联营企业	3	3	77
5.有限责任公司	66	263	4813
6.股份有限公司	28	83	2108
6.私营企业	129	270	6189
7.其他企业	7	21	209
住宿餐饮业总计	**239**	**304**	**15772**
一、住宿业	**82**	**133**	**7999**
其中:国有及国有控股	19	26	2596
(一)按登记注册类型分组			
#内资企业	82	133	7638
1.国有企业	18	33	2696
2.集体企业	11	19	1246
3.股份合作企业	2	2	205
4.联营企业		1	34
5.有限责任公司	5	25	505
6.股份有限公司	2	3	91
7.私营企业	42	45	2714
8.其他企业	2	5	147
(二)按住宿行业中类分组	82	133	7682
旅游饭店	50	66	5218
一般旅馆	32	66	2464
其他住宿业		1	
二、餐饮业	**157**	**171**	**7773**
其中:国有及国有控股	6	8	252
(一)按登记注册类型分组			
#内资企业	157	171	5761
1.国有企业	6	9	256
2.集体企业	5	10	410
3.股份合作企业	2	4	87
4.有限责任公司	8	8	495
5.股份有限	1	1	50
6.私营企业	131	134	4366
7.其他企业	4	5	97
(二)按国民经济行业分组	157	171	7773
正餐服务业	140	148	7151
快餐服务业	14	16	472
饮料及冷饮服务	1	1	51
其他餐饮服务业	2	6	99

14-5 限额以上批发零售贸易业商品销售总额

（2010年） 单位：万元

	购进总额	销售总额			年末库存
		合计	批发	零售	
限额以上企业总计	**4251315**	**4474627**	**3070867**	**1403760**	**777935**
一、批发业	**3089229**	**3197228**	**3012111**	**185117**	**637071**
其中：国有及国有控股	2007456	2062623	1933444	129179	519115
按注册登记类型					
内资企业	3077709	3186580	3001463	185117	634823
国有企业	1374669	1416120	1407632	8488	512527
集体企业	106120	114858	103154	11704	11460
股份合作企业	3022	3436	2828	608	90
有限责任公司	544806	546142	513274	32869	70006
股份有限公司	709712	734264	608745	125519	12065
私营企业	337125	369009	363080	5929	28638
其他企业	2256	2750	2750		38
外商投资企业	3500	2500	2500		2100
按国民经济行业					
批发业	3089229	3197228	3012111	185117	637071
农畜产品批发	638749	494268	489378	4890	331959
食品、饮料及烟草制品批	1003068	1223468	1217303	6165	210968
纺织、服装及日用品批发	47271	51120	45709	5411	1435
文化、体育用品及器材批发	12879	11230	10029	1201	3390
医药及医疗器材批发	169992	183788	174475	9313	24875
矿产品、建材及化工产品批发	960334	982687	843408	139279	29536
机械设备、五金交电及电子产品批发	220577	213681	194823	18858	34642
其他批发	36360	36987	36987		266
二、零售	**1162086**	**1277399**	**58756**	**1218643**	**140865**
其中：国有及国有控股	106578	118153	3864	114289	13602
按登记注册类型分组					
内资企业	1112392	1222833	58756	1164077	136460
国有企业	89149	97318	3864	93455	12294
集体企业	272397	304065	40864	263201	24193
股份合作企业	16709	20389	3082	17307	1420
联营企业	2589	3045	565	2480	286
有限责任公司	273878	305368	3360	302008	38839
股份有限公司	106630	118855	2889	115966	4891
私营企业	340907	360188	2682	357506	53821
其他企业	10135	13604	1450	12154	717
港、澳、台商投资企业	4559	4459		4459	105
外商投资企业	950	820		820	130
按国民经济行业					
零售总计	1162086	1277399	58756	1218643	140865
综合零售	444053	491617	44116	447501	57676
食品、饮料及烟草制品专门零售	39797	44318	2606	41712	3543
纺织、服装及日用品专门零售	74790	75777	1596	74182	12773
文化、体育用品及器材专门零售	29265	30417	1581	28837	4759
医药及医疗器材专门零售	79627	87872	2820	85052	5040
汽车、摩托车、燃料及零配件专门零售	338384	368542	3623	364920	31834
家用电器及电子产品专门零售	114949	126672	1520	125151	20675
五金、家具及室内装修材料专门零售	25226	30885	895	29990	2980
无店铺及其他零售	15996	21299		21299	1584

14－6 各县(市、区)限额以上批发零售贸易业商品销售总额

(2010 年) 单位:万元

	法人企业单位数(个)	产业活动单位数(个)	从业人数(人)	商品购进总额	商品销售总额	批发	对居民和社会集团商品零售	期末库存
全　市	**563**	**2749**	**47791**	**4251315**	**4474627**	**3070867**	**1403760**	**777935**
宛城区	36	75	1911	120491	134633	38257	96376	12161
卧龙区	50	101	3244	180366	184280	101377	82903	10003
南召县	21	74	1021	66982	72244	45510	26735	4833
方城县	29	145	2050	461843	317343	273899	43444	207357
西峡县	30	167	1600	87762	107548	48610	58938	7255
镇平县	39	376	2858	200377	225817	84263	141555	5613
内乡县	32	108	2194	222502	241440	149200	92240	17844
淅川县	35	66	2240	111120	111844	64070	47774	7454
社旗县	22	80	1203	67311	90949	56563	34386	20906
唐河县	44	131	5429	124560	140040	71681	68359	15244
新野县	45	702	3768	116742	134509	85667	48842	11274
桐柏县	32	37	1358	97937	104611	86270	18341	16328
邓州市	52	363	7050	320336	340928	263375	77554	132359
市　直	96	324	11865	2072988	2268441	1702127	566314	309304

14－7 各县(市、区)限额以下批发零售贸易业基本情况及销售额

(2010 年) 单位:万元

	法人企业单位数(个)	产业活动单位数(个)	从业人数(人)	商品销售总额	批发	对居民和社会集团商品零售
全　市	**3319**	**930**	**42043**	**1668786**	**868830**	**799956**
宛城区	263	18	2106	121568	63215	58353
卧龙区	557	82	6897	516872	268773	248099
南召县	172	85	2145	22401	11649	10752
方城县	348	147	4916	140934	73286	67648
西峡县	180		1812	142547	74124	68423
镇平县	112	135	2063	76311	39682	36629
内乡县	154		1691	53486	27813	25673
淅川县	131		1068	22546	11724	10822
社旗县	222	23	2250	58945	30651	28294
唐河县	234		2668	45037	23419	21618
新野县	155	169	2471	70149	36477	33672
桐柏县	180	110	848	62456	32477	29979
邓州市	185	69	3399	76500	39780	36720
市　直	426	92	7709	259034	135759	123275

14－8 各县(市、区)限额以上批发零售贸易业批发总额

(2010 年)

单位:万元

	批发总额	#食品饮料烟草类	日用品类	纺织服装鞋帽类	文化体育用品类	家用电器类	医用类	书报杂志类
全市	**3070867**	**1219908**	**14973**	**32331**	**11609**	**141778**	**177295**	**8096**
宛城区	38257	6524	915	435	1895	10547	587	
卧龙区	101377	8113	1578			15784	34911	1234
南召县	44684	24286	5137	5323		3482	2110	
方城县	273899	88159				5789		985
西峡县	47513	36033	1450	3000	2212	1265		489
镇平县	72702	41812	1245	1458				
内乡县	63293	49461			313	2145	126	847
淅川县	64070	30024				8654	1730	689
社旗县	56563	45869	185					
唐河县	74206	58812				32475		
新野县	83193	28514	547	2240	1123			
桐柏县	63929	38984					442	
邓州市	263375	143612	220		841			
市直	1823807	619705	3696	19876	5225	61637	137389	3852

14－9 各县(市、区)限额以上批发零售贸易业零售总额

(2010 年)

单位:万元

	零售总额	食品饮料烟草类	日用品类	纺织服装鞋帽类	文化体育用品类	家用电器类	医用类	书报杂志类
全市	**1403760**	**47877**	**64912**	**46330**	**30038**	**113198**	**94365**	**22190**
宛城区	96376	1760	2564	3245	4054		13203	
卧龙区	81559	6887	3456	1126	2245	5789	14114	2349
南召县	21097	2115	6494	1478	1526	4719		
方城县	43444	5426	3654	1365	1433	4807	2372	2403
西峡县	60035	2589	4256	909	1028	5454	2478	1028
镇平县	144304	246	4753	3256	2114	6123	13547	1440
内乡县	91098	852	6322	2587	2338	9441	5489	2338
淅川县	47774	2145	3263	3458	192	6516	2478	2087
社旗县	34386				1877	707	1350	1877
唐河县	74252	3478	4456	2543	2456	10080		1245
新野县	51317	2530	4562	5360	1654	3632	7950	1687
桐柏县	97018	1135	1951	3254	13	2536	3361	4
邓州市	77554	4159	6245	9854	2456	6824	3451	3655
市直	483546	14555	12936	7895	6652	46570	24572	2077

14－10 限额以上批发零售贸易企业主要经济指标

（2010 年）

单位:万元

	总计	国有及国有控股	内资企业	国有企业	集体企业	股份合作
年末资产负债						
流动资产合计	1591739	956307	1591428	884259	99596	3329
#存货	670348	519354	670130	502298	17822	1483
固定资产原价	359525	184230	359100	109131	53960	2008
累计折旧	87647	58792	87622	42348	10791	509
#本年提取折旧	11572	7878	11562	5309	553	109
资产总计	2046603	1154727	2044026	1011938	163638	5053
负债总计	1451951	813028	1450831	693304	118411	2146
所有者权益合计	594652	341700	593196	318633	45227	2908
#实收资本	493627	159265	492597	128726	38438	2803
损益及分配						
营业收入合计	3945661	1940079	3940722	1339238	382987	20918
主营业务收入	3945661	1940079	3940722	1339238	382987	20918
主营业务成本	3542345	1679585	3537975	1116954	359028	17342
主营业务税金及附加	48294	39735	48285	39115	2610	368
主营业务利润	355022	220759	354462	183169	21349	3208
其他业务利润	7514	2493	7514	1157	872	
营业费用	125426	66070	125331	49294	3213	1601
管理费用	114035	81713	113924	73192	6971	543
#税金	5692	2188	5687	1872	679	43
差旅费	3034	1272	3028	958	126	52
财务费用	29947	20393	29941	19342	1339	45
#利息支出	17259	10587	17259	10246	271	17
营业利润	93129	55076	92781	42499	10698	1019
利润总额	107260	72457	106934	58890	9790	807
应缴所得税	24569	18559	24484	14482	1576	212
工资福利及增值税						
本年应付工资总额	83509	41238	83045	32786	13279	1407
本年应付福利费总额	5636	3966	5634	3647	613	33
本年应缴增值税	120353	98766	120293	30267	6694	190
全部从业人员年平均人数(人)	**47446**	**16254**	**47185**	**12284**	**12705**	**1020**

14-10 续表　　(2010年)　　单位:万元

	有限责任公司	股份有限公司	私营企业	批发业	国有及国有控股	零售业	国有及国有控股
年末资产负债							
流动资产合计	302372	82823	216878	1325204	914525	266535	41783
#存货	57405	23796	66911	590155	513929	80192	5425
固定资产原价	78366	71240	43898	256748	158986	102777	25245
累计折旧	13576	13306	7011	66242	50934	21406	7858
#本年提取折旧	2209	1957	1419	8506	6822	3066	1056
资产总计	404892	165283	288461	1640513	1082311	406090	72417
负债总计	326137	116902	191856	1160274	755478	291677	57550
所有者权益合计	78755	48381	96606	480240	326833	114413	14867
#实收资本	216907	17220	85722	349023	124892	144604	34373
损益及分配							
营业收入合计	754585	756583	668378	2845508	1833586	1100152	106494
主营业务收入	754585	756583	668378	2845508	1833586	1100152	106494
主营业务成本	710146	710620	609159	2537301	1587477	1005044	92108
主营业务税金及附加	1342	971	3640	41939	38681	6355	1054
主营业务利润	43096	44992	55579	266268	207427	88754	13332
其他业务利润	3233	672	1560	4278	1311	3237	1181
营业费用	29198	16567	25021	90820	61082	34605	4988
管理费用	11716	10815	10139	88747	75627	25288	6086
#税金	736	858	1471	3055	1868	2637	319
差旅费	875	448	569	1939	986	1095	286
财务费用	4105	1717	3345	27023	20006	2924	387
#利息支出	3487	786	2439	15959	10266	1300	321
营业利润	1311	16565	18634	63955	52024	29174	3052
利润总额	4761	16284	14345	81302	69787	25958	2670
应缴所得税	824	4536	2599	20502	18286	4067	273
工资福利及增值税							
本年应付工资总额	11802	9403	13996	49708	34245	33801	6994
本年应付福利费总额	447	314	576	4669	3691	967	275
本年应缴增值税	7476	68961	6163	104867	94932	15485	3834
全部从业人员年平均人数(人)	**7585**	**4988**	**8305**	**22084**	**10711**	**25362**	**5543**

14－11 各县(市、区)限额以上批发零售贸易企业主要经济指标

(2010年) 单位:万元

	流动资产合计	存货	固定资产原价	累计折旧	本年	资产总计	负债总计
全市	**1591739**	**670348**	**359525**	**87647**	**11572**	**2046603**	**1451951**
宛城区	98754	64054	7526	5723	2145	132356	98547
卧龙区	156847	109269	23391	6578	1024	181542	85467
南召县	14946	422	4865	1087	160	19119	4044
方城县	258608	205506	12897	4519	655	272871	232858
西峡县	18147	4567	7990	1979	202	25768	10018
镇平县	14106	3652	16775	2205	287	44113	19387
内乡县	31564	11349	14651	2707	433	43630	12795
淅川县	14661	3997	8146	1040	57	26624	13598
社旗县	15853	3335	3476	1538	25	47923	12782
唐河县	52073	14707	22327	6238	539	76075	28366
新野县	31657	10475	15769	2508	332	58357	23603
桐柏县	11132	7900	6467	704	177	29289	1547
邓州市	237297	119848	53258	10657	1212	288937	212502
市直	636095	111269	161986	40166	4324	799999	696437

14－11 续表1 (2010年) 单位:万元

	所有者权益合计	实收资本	国家资本	集体资本	法人资本	个人资本	主营业务收入
全市	**594652**	**493627**	**1588478**	**63507**	**167390**	**103882**	**3945661**
宛城区	33809	30214	7598	4007	5874	12735	726622
卧龙区	96075	45687	8564	4907	31378	838	333924
南召县	15075	3009	444	415	2060	90	59922
方城县	40013	36693	25615	101	6785	4192	276536
西峡县	15750	14836	12120	1065	427	1224	87758
镇平县	24726	18451	378	170	11265	6638	193521
内乡县	30835	28281	24401	2875	52	953	215220
淅川县	13026	12390	7763	3974	553	100	90382
社旗县	35142	34506	8958	3218		22329	78323
唐河县	47709	38193	2088	8589	8	27508	129086
新野县	34754	27845	6531	5545	5652	10117	116333
桐柏县	27742	26828	5632	5756	6865	8575	102734
邓州市	76435	56243	33821	14049	250	8123	314530
市直	103562	120452	14936	8836	96221	459	1220771

14－11 续表 2　　(2010 年)　　单位:万元

	主营业务成本	主营业务税金及附加	主营业务利润	其他业务利润	营业费用	管理费用	财务费用
全　市	**3542345**	**48294**	**355022**	**7514**	**125426**	**114035**	**29947**
宛城区	607042	6867	112713	956	32861	42617	1647
卧龙区	288804	309	44811	881	8952	21050	2001
南召县	52165	1354	6403		764	1803	220
方城县	249818	3025	23693	413	12275	6022	8733
西峡县	78690	1033	8036	37	2497	3295	126
镇平县	180033	2106	11382	349	2268	4705	242
内乡县	200288	1309	13623	142	3784	5239	369
淅川县	84077	146	6158	210	2262	1916	155
社旗县	64134	1257	12933	79	2786	2580	135
唐河县	109803	4013	15270	24	4102	5297	461
新野县	99659	2015	14660	226	5883	4419	761
桐柏县	87003	1025	14706		1235	1210	509
邓州市	285615	3401	25514	679	9949	11299	6584
市　直	1155215	20436	45120	3519	35809	2583	8006

14－11 续表 3　　(2010 年)　　单位:万元

	营业利润	利润总额	应缴所得税	本年应付工资总额	本年应付福利费总额	人员年平均人数(人)
全　市	**93129**	**107260**	**24569**	**83509**	**5636**	**47446**
宛城区	36544	43974	8062	9248	1342	6198
卧龙区	13689	14253	7425	10562	838	6025
南召县	3616	3647	802	2285	58	889
方城县	-2924	-2956	-650	4748	247	2045
西峡县	2154	2214	487	2701	94	1480
镇平县	4516	4621	1017	5057	152	2845
内乡县	4373	4380	964	3861	194	2194
淅川县	2034	2134	469	3224	91	2164
社旗县	7512	7611	1674	2502	44	1123
唐河县	5434	5463	1202	7862	616	5820
新野县	3823	3944	868	5140	152	3592
桐柏县	11752	11768	2589	2150	302	1323
邓州市	-1638	-2145	-2178	12498	522	6839
市　直	2243	8353	1838	11673	985	4909

14－12 限额以上住宿餐饮企业主要经济指标

（2010 年） 单位：万元

	总 计	#国有及国有控股	国有企业	集体企业	股份合作企业	有限责任公司	股份有限公司	私营企业	旅游饭店
一、住宿业									
年末资产负债									
流动资产合计	35054	17106	17028	9851	571	1606	56	4701	31775
#存货	2651	1032	1006	489	129	112	9	812	2020
固定资产原价	112617	34459	34197	23177	2754	11429	96	40713	97041
累计折旧	30936	17279	17275	8836	280	776	3	3641	29777
#本年提取折旧	3402	1275	1271	935	133	304	1	731	3091
资产总计	154645	34919	34583	35672	3308	13547	149	65995	114056
负债总计	115304	30557	30370	44845	493	6646	117	31335	89204
所有者权益合计	39341	4362	4213	-9173	2816	6901	32	34660	24852
#实收资本	40797	6619	6521	4282	2200	1623	53	25890	32220
损益及分配									
营业收入合计	79081	28223	27783	11665	1761	4166	505	32662	57515
主营业务收入	79081	28223	27783	11665	1761	4166	505	32662	57515
主营业务成本	50811	17596	17331	5512	665	1960	348	24629	34082
主营业务税金及附加	2586	1162	1154	474	100	172	15	640	2192
主营业务利润	25684	9466	9298	5678	995	2034	142	7393	21242
其他业务利润	205	71	71	41	27	67			167
营业费用	13518	6310	6231	2903	608	949	97	2549	11704
管理费用	9227	2792	2709	3727	363	534	15	1796	8189
#税金	923	233	230	158	21	59	2	451	835
差旅费	243	58	55	27	5	16	1	137	193
财务费用	1951	821	821	573	4	350	4	198	1610
#利息支出	1424	626	626	434		333	4	27	1199
营业利润	1194	-387	-391	-1484	46	268	26	2849	-95
利润总额	270	-769	-774	-1624	42	274	26	2447	-617
应缴所得税	565	49	48	37	1	64	4	411	460
工资福利及增值税									
本年应付工资总额	9632	3265	3181	1734	369	804	86	3331	7412
本年应付福利费总额	561	196	195	65	15	2	1	274	483
全部从业人员年平均人数(人)	7259	2620	2557	1154	196	503	52	2670	5456

14－12 续表　　　　(2010 年)　　　　单位:万元

	总计	#国有及国有控股	#国有企业	集体企业	股份合作企业	有限责任公司	股份有限公司	私营企业	正餐	快餐	其他餐饮服务业
二、餐饮业											
年末资产负债											
流动资产合计	12576	514	514	336	364	1427	100	9448	11819	682	61
#存货	1764	43	43	38	107	150	5	1394	1625	130	7
固定资产原价	27270	1787	1787	1606	809	1402	350	21083	25372	1724	104
累计折旧	3920	752	752	135	455	323	50	2190	3555	322	23
#本年提取折旧	836	31	31	21	58	100	10	615	776	54	4
资产总计	41165	1548	1548	3049	735	3884	525	30820	38250	2654	162
负债总计	17876	1282	1282	1253	653	1395	75	12925	16842	944	67
所有者权益合计	23289	266	266	1797	82	2489	450	17895	21408	1710	95
#实收资本	21721	526	526	320	326	2678	450	17097	20062	1505	80
损益及分配											
营业收入合计	82063	3019	3019	5864	1020	5401	794	64499	73388	7901	486
主营业务收入	82063	3019	3019	5864	1020	5401	794	64499	73388	7901	486
主营业务成本	58186	2720	2720	5051	868	3210	454	44941	52489	5211	328
主营业务税金及附加	2305	115	115	49	51	229	10	1788	2067	222	6
主营业务利润	21572	185	185	765	101	1963	330	17770	18832	2468	152
其他业务利润	196	36	36					160	160	36	
营业费用	9966	40	40	271	34	1630	5	7873	8510	1444	7
管理费用	3588	139	139	122	3	591	10	2633	3093	468	17
#税金	586	23	23	27	2	28	8	496	544	33	3
劳动、待业保险	191	29	29	1	4	5		149	180	10	2
财务费用	580	22	22	21	1	11	5	512	523	45	7
#利息支出	190			1			3	184	162	20	5
营业利润	7634	19	19	351	62	-268	310	6912	6866	547	121
利润总额	6467	-53	-53	62	62	-287	310	6125	5691	555	121
应缴所得税	874	6	6	7	4	18	90	703	683	128	31
工资福利及增值税											
本年应付工资总额	7277	386	386	505	66	728	60	5424	6525	571	142
本年应付福利费总额	165	3	3	5		9	5	143	143	10	10
全部从业人员年平均人数(人)	5728	252	252	401	84	499	50	4353	5279	380	39

14－13 限额以上住宿餐饮业基本情况及销售情况

（2010年）　　　　单位:万元

	法人企业（个）	产业活动单位（个）	年末从业人数（人）	营业额				
					客房收入	餐费收入	商品销售收入	其它收入
限额以上企业总计	**239**	**304**	**15772**	**220868**	**62344**	**148654**	**4846**	**5024**
一、住宿业	**82**	**133**	**7999**	**97449**	**50257**	**39653**	**2859**	**4681**
其中:国有及国有控股	19	26	2596	29171	11747	14052	1509	1863
内资	82	133	7638	86374	42249	36596	2859	4671
国有	18	33	2696	30375	13106	13951	1459	1859
集体	11	19	1246	12943	6995	5392	231	325
股份合作企业	2	2	205	1857	862	903	82	11
联营企业		1	34	387	300	87		
有限责任公司	5	25	505	4760	1964	2102	522	172
股份有限公司	2	3	91	930	115	631	184	
私营企业	42	45	2714	34536	18584	13307	341	2305
其他	2	5	147	587	324	223	40	
#旅游饭店	50	66	5603	63072	31455	25894	1866	3858
二、餐饮业	**157**	**171**	**7773**	**123418**	**12087**	**109001**	**1987**	**343**
其中:国有及国有控股	6	8	252	3133	664	2032	107	329
内资	157	171	5761	87311	9413	76252	1318	329
国有	6	9	256	3155	664	2054	107	329
集体	5	10	410	6385	2506	3880		
股份合作企业	2	4	87	1138	138	885	116	
有限责任公司	8	8	495	5638	631	4955	52	
股份有限公司	1	1	50	780		780		
私营企业	131	134	4366	67967	5308	61616	1043	
其他	4	5	97	2248	166	2082		
#正餐服务业	140	148	7151	110945	11855	96932	1880	279
快餐服务业	14	16	472	10105	92	9841	107	64
其他餐饮服务	2		99	1860	140	1720		

14－14 各县(市、区)限额以上住宿餐饮业基本情况及销售情况

（2010年） 单位:万元

	法人企业（个）	产业活动单位（个）	年末从业人数（人）	营业额	客房收入	餐费收入	商品销售收入	其他收入
全市	**239**	**304**	**15772**	**220868**	**62344**	**148654**	**4846**	**5024**
宛城区	39	41	2801	23318	3629	19413	182	95
卧龙区	24	62	1854	30273	2247	28544	456	
南召县	15	18	813	9035	2941	5315	40	739
方城县	29	32	708	14812	1364	12782	354	312
西峡县	23	27	1132	21418	6960	13882	402	175
镇平县	6	8	783	30390	17645	12222	519	4
内乡县	5	5	471	4602	1359	3096	35	111
淅川县	25	29	687	16591	3691	12798	70	33
社旗县	8	8	496	5530	490	3950	976	115
唐河县	7	9	579	7719	1425	5512		782
新野县	12	31	1244	8430	1641	5520	1042	227
桐柏县	15	16	681	11175	6018	4591	97	469
邓州市	8	18	534	9671	2236	7366	2	68
市直	23	29	2989	27903	10699	13663	672	2869

14－15 各县(市、区)限额以下住宿餐饮业基本情况及经营情况

（2010年） 单位:万元

	法人企业（个）	产业活动单位（个）	年末从业人数（人）	营业额	客房收入	餐费收入	商品销售收入	其他收入
全市	**947**	**178**	**15573**	**275675**	**104772**	**164721**	**2579**	**3603**
宛城区	53		1275	4111	3280	595	60	176
卧龙区	59	7	1135	35712	14978	20194		540
南召县	75	5	861	3822	756	3066		
方城县	58	5	653	16432	1853	13618	874	87
西峡县	75		1012	15513	8700	6662	151	
镇平县	74		2015	40432	29882	7857	336	2357
内乡县	34		614	8248	2910	4959	229	150
淅川县	111		1032	6429	5463	966		
社旗县	57	1	506	5600	371	4759	470	
唐河县	104	39	989	10628	617	9992	3	16
新野县	120	120	1162	16894	740	16121	31	2
桐柏县	80		3589	13383	491	12613	149	130
邓州市	40	1	625	7571	1814	5701	1	55
市直	7		105	90900	32917	57618	275	90

14－16 各县(市、区)星级住宿业和限额以上餐饮业企业主要经济指标

(2010年)　　　　单位:万元

	流动资产合计	存货	固定资产原价	累计折旧	本年	资产总计	负债总计
全　市	**47629**	**4415**	**139886**	**34856**	**4238**	**195810**	**133180**
宛城区	2235	313	10167	2240	412	11386	4210
卧龙区	3825	845	11521	4050	475	13212	6688
南召县	2671	166	4647	1586	97	14757	8297
方城县	3585	544	6283	1847	423	8403	3970
西峡县	1014	342	1844	423	90	2917	1150
镇平县	493	38	1636	113	13	25218	21705
内乡县	2586	132	2601	884	91	4304	2375
淅川县	1729	67	8940	1863	373	10394	7848
社旗县	410	57	5029	153	7	5306	254
唐河县	1039	202	2418	846	96	2988	1653
新野县	1442	197	5498	61	61	6878	4001
桐柏县	1651	375	17582	1402	246	19722	14959
邓州市	972	146	8287	258	161	9001	2806
市　直	23678	990	53434	19130	1693	61325	53263

14－16 续表1　　　　(2010年)　　　　单位:万元

	所有者权益合计	实收资本	国家资本	集体资本	法人资本	个人资本	主营业务收入
全　市	**62630**	**62518**	**6828**	**6977**	**11890**	**36824**	**161144**
宛城区	7176	8557	426	130	4585	3416	16895
卧龙区	6524	4562	658	534	124	3246	23587
南召县	6460	1046	338	5	130	573	6075
方城县	4432	4210	982	338	1460	1430	11932
西峡县	1767	1491		42		1449	15953
镇平县	3513	134	72	23	39		17403
内乡县	1929	2291	1181	1060		50	2273
淅川县	2546	2182	171	183	200	1628	12786
社旗县	5052	5017			1640	3377	2148
唐河县	1335	1182	114	227	530	310	3432
新野县	2877	1695	244	64		1388	4650
桐柏县	4763	18969				18969	10126
邓州市	6195	1615			1000	615	4007
市　直	8061	9568	2642	4371	2182	373	29878

14－16 续表 2 （2010 年） 单位：万元

	主营业务成本	主营业务税金及附加	主营业务利润	其他业务利润	营业费用	管理费用	财务费用
全市	**108997**	**4891**	**47257**	**400**	**23484**	**12814**	**2531**
宛城区	10523	884	5488	60	2534	562	135
卧龙区	12034	1025	10528	54	7254	1125	158
南召县	5021	116	938		541	151	49
方城县	7949	440	3543	36	899	550	163
西峡县	15020	49	884		74	102	65
镇平县	16311	27	1066		32	98	30
内乡县	1374	112	787	4	443	265	39
淅川县	11055	284	1447	39	434	327	210
社旗县	1546	63	540		104	118	14
唐河县	2070	89	1272		384	537	8
新野县	2948	93	1609		814	719	17
桐柏县	7389	134	2604		516	528	124
邓州市	2123	170	1714	38	716	315	238
市直	13636	1405	14837	170	8740	7418	1284

14－16 续表 3 （2010 年） 单位：万元

	营业利润	利润总额	应缴所得税	本年应付工资总额	本年应付福利费总额	人员年平均人数（人）
全市	**8828**	**6737**	**1439**	**16909**	**726**	**12987**
宛城区	2317	1654	339	3033	69	2346
卧龙区	2045	1287	258	2469	125	1856
南召县	198	198	23	1021	29	712
方城县	1968	1982	173	858		643
西峡县	644	644	34	777	16	887
镇平县	906	6	1	861	45	598
内乡县	44	52	53	268	4	355
淅川县	515	521	159	860	65	624
社旗县	304	304	31	291	6	278
唐河县	344	134	39	408	2	370
新野县	59	59	6	1149	33	826
桐柏县	1436	1425	271	805	111	637
邓州市	484	484	110	333	7	271
市直	-2435	-2013	-58	3776	216	2584

14-17 50家批发额最大贸易业企业

(2010年)　　　　单位:万元

位次	单位名称	法人代表	资产总计	销售总额	批发额
1	河南省烟草公司南阳市公司	赵明山	159865	534361	534361
2	中国石油化工股份有限公司河南南阳石油分公司	杜学政	49951	460328	341688
3	河南省奇春石油经销集团有限公司	耿奇	50392	92447	76527
4	中央储备粮邓州直属库	赵爱敏	120854	81484	79889
5	中国石油天然气股份有限公司河南南阳销售分公司	马阔鹖	5503	64859	42770
6	中央储备粮河南公司南阳直属库	闫玉合	137139	64725	64725
7	河南省烟草公司邓州市公司	马新武	41800	64006	64006
8	南阳美的空调销售有限公司	孙学勤	33731	58961	58961
9	南阳市盐业公司	方东丽	33731	58748	58748
10	南阳红棉棉业集团有限公司	黄丽	58220	54599	54599
11	河南南阳天元供销公司	张晓阳	129650	46925	46925
12	南阳市烟草公司方城县分公司	朱景明	22108	46690	46690
13	南阳市康正医药有限公司	邹灵芝	5031	46007	41018
14	南阳市烟草公司社旗县分公司	杨建	24033	45869	45869
15	南阳市烟草公司内乡县分公司	徐传快	23211	45656	45656
16	南阳市烟草公司唐河县分公司	文吉良	27055	43967	43967
17	河南省烟草公司镇平县公司	徐传快	4472	41812	41812
18	南阳市济康医药有限公司	李杰林	1116	40334	30017
19	新野县诚德贸发有限公司	黄荣显	21018	35243	35243
20	南阳市普强医药有限公司	黄文联	4183	35051	35051
21	南阳市明城物资有限责任公司分公司	季泽林	27981	34517	34517
22	南阳市惠农达农业生产资料集团有限公司	周继祖	33279	30654	30654
23	康佳集团股份有限公司南阳分公司	匡宇斌	2587	30491	30491
24	南阳市烟草公司新野县分公司	张敬榜	13852	26478	26478
25	河南省烟草公司淅川县支公司	赵明山	3639	24768	24768
26	南阳市永康医药有限公司	胡德军	13706	23015	23015
27	河南省烟草公司西峡县公司	别合欣	11494	22937	22937
28	镇平县华新地毯进出口公司	门照云	21366	22712	22712
29	河南省烟草公司南召公司	徐建华	11587	22332	22332
30	南阳市华丰钢贸有限公司	付金垒	1178	22253	22253
31	南阳市宛城区天骄棉业有限公司	蔡士闪	33290	21816	21816
32	桐柏县新潮大市场	郑文耕	2456	21022	19127
33	南阳市兴合棉花有限公司	杨占云	18052	15586	15586
34	南阳通益摩托车销售有限责任公司	徐惠	2307	14169	7902
35	邓州市农业生产资料公司	侯建雷	1570	13804	13804
36	方城县杨集乡西桥辣椒营销公司	王惠丽	5545	13520	10020
37	南阳市亚新物资有限责任公司	王传中	1187	12572	12572
38	南阳大地棉业有限公司	苗青秀	734	12385	11827
39	河南省烟草公司桐柏支公司	杨永贵	4654	12179	12179
40	南阳市行健医药有限公司	李明	523	10514	3307
41	南召县日杂废旧物资公司	鲁德栓	575	9916	5323
42	南阳市东森医药有限公司	杨栓成	11192	9781	9781
43	南阳市卧龙区农业生产资料公司	李选锦	443	8810	6589
44	南阳市冠宝药业有限公司	贺文桂	3539	8479	4894
45	河南新恒业商贸有限公司	孙学勤	14484	8327	7206
46	南阳市剑兴家用电器有限责任公司	杨玉建	1656	8189	4826
47	南阳市新亚石油有限公司	闫立珍	187	8177	8177
48	内乡县鑫隆农贸供应有限公司	陈晓	192	7749	7749
49	河南先天下种业有限公司	冯俊荣	2528	7740	7740
50	惠州TCL电器销售有限公司南阳经营部	梁文科	118	7509	3951

14－18 50家零售额最大贸易业企业

（2010年）　　单位：万元

位次	单位名称	法人代表	资产总计	销售总额	零售额
1	南阳威佳汽车服务有限公司	魏晓战	8805	33842	33842
2	南阳万通汽车销售服务有限公司	王付强	7230	31037	31037
3	南阳市万德隆商贸有限责任公司	王献忠	13415	28301	28301
4	南阳市恒康汽车销售有限公司	康献唐	2354	27247	27247
5	南阳市龙鹏汽车销售服务有限公司	李　林	1459	22378	22378
6	南阳市第一机电设备有限公司	牛明田	14894	21687	21234
7	南阳市华发汽车销售有限公司	任　玲	6129	20407	20407
8	南阳市金玛特商贸有限公司	郑荣华	15396	18880	18880
9	南阳市奥奔汽车销售有限责任公司	梁松明	12894	18699	17251
10	南阳市老黑贸易有限公司	李文辉	1798	13913	13913
11	顺风电器有限责任公司	王瑞丽	295	13623	13623
12	南阳市世丰冷车销售服务有限责任公司	肖随平	4163	13240	13240
13	南阳市亚飞汽车连锁有限公司	王若腾	3494	12046	12046
14	南阳启成汽车销售有限公司	陈　琪	1615	11824	11588
15	南阳市大众汽车销售有限公司	梁　平	668	10558	1935
17	西峡县食品有限责任公司	杨景堂	389	9862	9862
18	南阳市金悦汽车销售有限公司	沙喜安	1644	9610	9610
19	南阳新合作淅川县万客来商贸连锁有限责任公司	候顺利	1945	9472	9472
20	南阳市郑燃燃气有限公司液化气站	赵红健	28571	8792	8792
21	镇平县华联家用电器有限公司	张海东	230	8177	8177
22	南阳市万德隆副食品百货有限责任公司镇平分	王献忠	184	7573	7573
23	镇平县长安机车销售有限公司	毕长安	262	7571	7571
24	镇平县蓝天空调有限公司	陈　平	132	7563	7563
25	镇平县乐美佳商贸有限责任公司	李国能	256	7459	7459
26	南阳市时令电器有限公司生活广场	季士亮	1337	7315	7315
27	内乡县师岗供销社	周国生	190	7070	6920
28	中石化股份有限公司河南南阳内乡石油分公司	刘敬远	802	6932	4123
29	镇平县张林合作社	满洪林	89	6878	6818
30	淅川县厚坡中心供销社	乔丰收	806	6624	4336
31	内乡县新大新有限公司	李彦伟	366	6500	6500
32	唐河县新合作商贸有限责任公司	周　斌	1908	6145	6145
33	南阳德源汽车销售服务有限公司	徐兆朝	412	6114	6114
34	南阳市家具市场	申群豪	1565	5965	5965
35	南阳市世纪龙副食百货有限责任公司	马　涛	4113	5869	5869
36	南阳康大石油城	林国俊	684	5694	5646
37	淅川县农业生产资料公司	马静红	4893	5692	4335
38	南阳市惠宝商贸有限公司	于大磊	544	5645	5645
39	唐河县纺织品公司	郭华阳	301	5616	5616
40	方城县城关镇汇银百货公司	许　松	3501	5395	5395
41	内乡县赤眉供销社	杜红卫	190	5357	4907
42	内乡县湍东供销社	朱景群	30	5183	4977
43	镇平县贾宋供销社	余青山	1169	5162	5162
44	内乡县灌涨供销社	朱亚历	70	5060	4842
45	南阳市红都服装销售有限公司	王　东	210	5010	5010
46	镇平县医药公司	庞子立	2222	4989	2756
47	镇平县晁陂供销合作社	靳怀文	225	4955	4955
48	西峡县西坪供销合作社	工文明	128	4880	4625
49	南阳市卧龙区百货纺织品公司	贺淑霞	3018	4860	2955
50	内乡县赵店供销社	杨中原	63	4788	4340

主要统计指标解释

社会消费品零售总额 指国民经济各行业直接售给城乡居民和社会集团的消费品总额。它是反映各行业通过多种商品流通渠道向居民和社会集团供应的生活消费品总量,是研究国内零售市场变动情况、反映经济景气程度的重要指标。

社会消费品零售总额包括:(1)售给城乡居民作为生活用的商品和修建房屋用的建筑材料;(2)售给社会集团的各种办公用品和公用消费品;(3)售给机关、团体、学校、部队、企业、事业单位的职工食堂和旅店(招待所)附设专门供本店旅客食用,不对外营业的食堂的各种食品、燃料;企业、单位和国营农场直接售给本单位职工和职工食堂的自己生产的产品;(4)售给部队干部、战士生活用的粮食、副食品、衣着品、日用品、燃料;(5)售给来华的外国人、华侨、港澳台同胞的消费品;(6)居民自费购买的中、西药品、中药材及医疗用品;(7)报社、出版社直接售给居民和社会集团的报纸、图书、杂志,集邮公司出售的新、旧纪念邮票、特种邮票、首日封、集邮册、集邮工具等;(8)旧货寄售商店自购、自销部分的商品;(9)煤气公司、液化石油气站售给居民和社会集团的煤气灶具和罐装液化石油气;(10)农民售给非农业居民和社会集团的商品。不包括售给国民经济各部门企业、事业单位(包括国有经济的农场)生产经营用的各种原材料、燃料、设备、工具等和售给批发零售贸易业、餐饮业作为转卖用的商品,旧货寄售商店受托寄售卖出的商品,服务业的营业收入,邮局出售邮票的收入,自来水、电力、煤气生产(供应)单位的产品供应收入,也不包括农民之间的商品销售。

批发零售贸易业商品购、销、存总额 指各种登记注册类型的批发、零售贸易业(不包括个体)企业(单位)以本企业(单位)为总体的商品购进、销售、库存总额。

商品购进总额 指从本企业(单位)以外的单位和个人购进(包括从境外直接进口)作为转卖或加工后转卖的商品总额。它反映批发零售贸易业从国内、国外市场上购进商品的总量。商品购进总额包括:(1)从工农业生产者购进的商品;(2)从出版社、报社的出版发行部门购进的图书、杂志和报纸;(3)从各种登记注册类型的批发零售贸易企业(单位)购进的商品;(4)从其他单位购进的商品,如从机关、团体、企业等单位购进的剩余物资,从餐饮业、服务业购进的商品,从海关、市场管理部门购进的缉私和没收的商品,从居民手中收购的废旧商品等;(5)从国(境)外直接进口的商品。不包括企业(单位)为自身经营用和未通过买卖行为而收入的商品以及销售退回、商品升溢等。

商品销售总额 指对本企业(单位)以外的单位和个人出售(包括对境外直接出口)的商品总额。它反映批发零售贸易业在国内市场上销售商品以及出口商品的总量。商品销售总额包括:(1)售给城乡居民和社会集团消费用的商品;(2)售给工业、农业、建筑业、运输邮电业、批发零售贸易业、餐饮业、服务业等作为生产、经营使用的商品;(3)售给批发零售贸易业作为转卖或加工后转卖的商品;(4)对国(境)外直接出口的商品。不包括出售本企业(单位)自用的废旧包装用品;未通过买卖行为付出的商品;经本单位介绍,由买卖双方直接结算,本单位只收取手续费的业务;购货退出的商品以及商品损耗和损失等。

批发零售贸易业库存 指报告期末各种登记注册类型的批发零售贸易企业(单位)已取得所有权的商品。它反映批发零售贸易企业(单位)的商品库存情况和对市场商品供应的保证程度。期末库存包括:(1)存放在批发零售贸易业经营单位(如门市部、批发站、经营处)仓库、货场、货柜和货架中的商品;(2)挑选、整理、包装中的商品;(3)已记入购进而尚未运到本单位的商品,即发货单或银行承兑凭证已到而货未到的部分;(4)寄放他处的商品,如因购货方拒绝承付而暂时存放在购货方的商品和已办完加工成品收回手续而未提回的商品;(5)委托其他单位代销(未作销售或调出)尚未售出的商品;(6)代其他单位购进尚未交付的商品。不包括所有权不属于本单位的商品、拨付除批发零售贸易业以外的其他行业所属独立核算加工厂等加工生产尚未收回成品的商品、代国家物资储备部门保管的商品等。

库存总额采用的计算价格是:农副产品采购单位按购进价计算;批发单位按进货价计算;零售单位按核算价格计算,即按什么价格核算就按什么价格计算。

消费品市场成交额 指从事消费品交易的商品市场的全部商品成交金额。消费品市场包括农副产品市场和工业消费品市场。

15

对外贸易

资料整理：华放

15-1 进出口总额

单位:万美元

	进出口总额	进口总额	出口总额
1995	6467	545	5922
1996	8474	625	7849
1997	12106	2076	10030
1998	11200	2616	8584
1999	9632	3412	6220
2000	10462	3249	7213
2001	13032	4505	8527
2002	17134	5882	11252
2003	22204	7600	14604
2004	26776	10394	16382
2005	30336	6869	23467
2006	40365	6550	33815
2007	59409	9557	49852
2008	87640	18385	69255
2009	63709	20810	42899
2010	95324	30671	64653
宛城区	647	98	549
卧龙区	1994	27	1967
南召县	235	1	234
方城县	580	387	193
西峡县	41607	17091	24516
镇平县	1333	71	1262
内乡县	892	295	597
淅川县	876		876
社旗县	507	36	471
唐河县	1295	15	1280
新野县	7098	4105	2993
桐柏县	1257	16	1241
邓州市	85	76	9
高新区	292	17	275
其他企业	36626	8436	28190

15-2 分种类、分国别的进出口总额

单位:万美元

类别	进出口总值		出口总值		进口总值	
	2010	2009	2010	2009	2010	2009
合计	**95324**	**63709**	**64653**	**42899**	**30671**	**20810**
一、按商品类别分组						
(一)初级产品	42169	57831	16432	11829	25737	46002
食品及活动物	18525	3392	14218	1160	4307	2232
肉及肉制品	82	60	82	60		
(二)工业制成品	5315	58914	4822	31070	493	27844
化学成品及有关产品	6537	5392	5823	4665	714	727
有机化学品	150	225	136	207	14	18
医药品	1959	1796	1959	1796		
按原料分类的制成品	19266	8413	18117	7303	1149	1110
纺纱及有关产品	8669	4921	8297	4759	372	162
机械及运输设备	13707	15469	11115	13880	2592	1589
动力机械及设备	2352	1987	2348	1915	4	72
(三)其它产品	47840		43399		4441	
二、按国别分组						
亚洲	64514	35801	45424	26074	19090	9727
香港	3649	2659	3628	2572	21	87
日本	4302	2341	2926	1741	1376	600
马来西亚	3813	2839	2387	1428	1426	1411
韩国	9025	3075	8815	2819	210	257
泰国	7258	4011	2919	1725	4339	2286
非洲	2395	3451	2383	3441	12	9.9
欧洲	10341	9125	9211	7358	1130	1767
英国	607	543	586	447	21	95.9
德国	1943	1469	1235	647	708	822
法国	394	155	376	121	18	33.9
意大利	790	528	728	448	62	79.6
拉丁美洲	10081	8511	2775	1648	7306	6863
北美洲	6858	4841	4170	3421	2688	1420
加拿大	279	181	247	132	32	48.8
美国	6578	4660	3923	3289	2655	1371
大洋洲	1135	2030	690	1007	445	1023
澳大利亚		1913		890		1023
其它国家						
三、按出口企业类别分组						
国有企业	27797		18466		9331	
外商投资企业	20041		17108		2933	
其他企业	47486		29079		18407	

15-3 人民币汇率(年平均价)

单位:元

	100美元	100日元	100港元	100欧元
1985	293.66	1.2457	37.57	
1986	345.28	2.0694	44.22	
1987	372.21	2.5799	47.74	
1988	372.21	2.9082	47.70	
1989	376.51	2.7360	48.28	
1990	478.32	3.3233	61.39	
1991	532.33	3.9602	68.45	
1992	551.46	4.3608	71.24	
1993	576.20	5.2020	74.41	
1994	861.87	8.4370	111.53	
1995	835.10	8.9225	107.96	
1996	831.42	7.6352	107.51	
1997	828.98	6.8600	107.09	
1998	827.91	6.3488	106.88	
1999	827.83	7.2932	106.66	
2000	827.84	7.6864	106.18	
2001	827.70	6.8075	106.08	
2002	827.70	6.6237	106.07	800.58
2003	827.70	7.1466	106.24	936.13
2004	827.68	7.6552	106.23	1029.00
2005	819.17	7.4484	105.30	1019.53
2006	797.18	6.8570	102.62	1001.90
2007	760.40	6.4632	97.46	1041.75
2008	694.51	6.7427	89.19	1022.27
2009	683.10	7.2986	88.12	952.70
2010	676.95	7.7279	87.13	897.25

注:数据来源于国家外汇管理局。

15-4 利用外资情况

	总计		对外借款		外商和港澳台商直接投资	
	个数（个）	金额（万美元）	个数（个）	金额（万美元）	个数（个）	金额（万美元）
签订利用外资协议（合同）						
1985	1	30			1	30
1990	5	536	1	424	4	112
1995	50	8988	3	4406	47	4582
1996	48	6554	10	927	38	5627
1997	38	3449	9	1485	29	1964
1998	31	1383	7	641	24	742
1999	19	4913	2	566	17	4347
2000	13	1222	3	260	10	962
2001	32	2591	20	1251	12	1340
2002	39	8413	9	682	30	7731
2003	23	8920			23	8920
2004	35	7884			35	7884
2005	35	9428			35	9428
2006	37	14520			37	14520
2007	29	18117			29	18117
2008	27	23338			27	23338
2009	16	32642			16	32642
2010	26	24360			26	24360
实际利用外资额						
1985	1	30			1	30
1990	4	390	1	286	3	104
1995	65	13725	4	12154	61	1571
1996	72	22300	10	19771	62	2529
1997	53	14340	9	8569	44	5771
1998	42	7405	13	504	29	6901
1999	40	2757	12	1306	28	1451
2000	30	2805	17	1921	13	884
2001	50	2406	29	1543	21	863
2002	65	3887	18	538	47	3349
2003	42	3746	12	254	30	3492
2004	28	3812			28	3812
2005	37	4809			37	4809
2006	43	6704			43	6704
2007	32	8419			32	8419
2008	16	11635			16	11635
2009	16	13030			16	13030
2010	28	20111			28	20111

15-5 外商和港澳台商直接投资协议(合同)个数及金额

单位:个、万美元

	2005		2006		2007	
	个数	金额	个数	金额	个数	金额
签订协议(合同)	**35**	**9428**	**37**	**14520**	**29**	**18117**
独资经营	14	3929	15	5872	15	11329
合资经营	15	2437	19	6125	12	6240
合作经营	6	3062	3	2523	2	548
实际到位	**37**	**4809**	**43**	**6704**	**32**	**8419**
独资经营	9	1400	11	1850	17	3975
合资经营	18	1909	22	2874	14	3844
合作经营	10	1500	10	1980	1	600

15-5 续表

单位:个、万美元

	2008		2009		2010	
	个数	金额	个数	金额	个数	金额
签订协议(合同)	**27**	**23338**	**16**	**32642**	**26**	**24360**
独资经营	9	6188	5	9845	13	15260
合资经营	12	8048	5	11364	9	8914
合作经营	6	9102	6	11433	4	186
实际到位	**16**	**11635**	**31**	**13303**	**28**	**20111**
独资经营	9	4431	14	4483	14	8366
合资经营	6	6004	12	4934	10	5903
合作经营	1	1200	5	3886	4	5842

15-6 批建"三资"企业情况

单位:万美元

	单位	批建项目情况			
		止2010年底累计	2010	2009	比上年增减%
一、协议企业数	个	**685**	**26**	**16**	**62.5**
#工商企业注册数	个	197	5	21	-76.2
#投产开业	个	88	88	105	-16.2
在建	个	20	20	22	-9.1
二、总投资额	**万美元**	**376694**	**42955**	**53696**	**-20.0**
#外资合同额	万美元	184876	24360	32642	-25.4
外资到位额	万美元	100628	20111	13302	51.2
三、按企业投资方式					
#合资企业	个	482	9	5	80.0
合作企业	个	67	4	6	-33.3
独资企业	个	156	13	5	160.0

15-7 国外及港澳台地区在宛投资情况

单位:个、万美元

	合同投资协议数						
	2000	2005	2006	2007	2008	2009	2010
总计	**10**	**35**	**37**	**29**	**27**	**16**	**26**
一、按投资方式分组							
独资经营	4	14	15	15	9	5	13
合资经营	5	15	19	12	12	5	9
合作开发							
合作经营	1	6	3	2	6	6	4
二、按投资行业分组							
工业	7	29	30	27	19	13	20
其它	3	6	7	2	8	3	6
三、按投资国别地区分							
美国		4	3	2	3	1	2
香港	3	19	13	15	19	15	16
台湾		5	5	3	1		3
新加坡							1
日本	3	2	3		1		2
其它	4	5	13	9	3		2

15－7 续表 1

单位:万美元

	协议（合同）投资额						
	2000	2005	2006	2007	2008	2009	2010
总计	**962**	**9428**	**14520**	**18117**	**23338**	**27642**	**24360**
一、按投资方式分组							
独资经营	170	3929	5872	11329	6188	12845	15260
合资经营	739	2437	6125	6240	8048	14797	8914
合作开发							
合作经营	53	3062	2523	548	9102		186
二、按投资行业分组							
工业	428	7869	10839	16585	20856	24742	21390
其它	534	1559	3681	1532	2482	2900	2970
三、按投资国别地区分							
美国		1299	1181	165	667	3338	370
香港	598	5480	6901	10244	18097	20837	15639
台湾		842	1578	1650	800	4169	5100
新加坡						-408	52
日本	64	45	-377		30	28	2992
其它	300	1762	5237	6058	3744	-322	207

15－7 续表 2

单位:万美元

	实际投资额						
	2000	2005	2006	2007	2008	2009	2010
总计	**884**	**4809**	**6704**	**8419**	**11635**	**13302**	**20111**
一、按投资方式分组							
独资经营	13	1400	1850	3975	4431	4561	8366
合资经营	749	1909	2874	3844	6004	5919	5903
合作开发							
合作经营	122	1500	1980	600	1200	2822	5842
二、按投资行业分组							
工业	385	3887	5561	7113	11615	11015	16556
其它	499	922	1143	1306	20	2287	3555
三、按投资国别地区分							
美国		60	732	70	1347	129	1931
香港	411	2988	3210	5809	2651	10284	13360
台湾	125	361	420	390	820	2233	2470
新加坡				338	184		
日本	50	100	100	179		30	431
其它	298	1300	2242	1633	6633	626	1919

15-8 各县(市、区)新签协议(合同)金额

单位:万美元

	1995	2000	2005	2006	2007	2008	2009	2010
总计	**4582**	**962**	**9428**	**14520**	**18117**	**23338**	**32642**	**24360**
宛城区	129		404	1326	689	2181	3878	110
卧龙区	244		620	1460	341	1227	906	20
南召县	240	42	1650	1490	1535	1702	3338	3000
方城县	33		1135	180	50	470	1796	1300
西峡县	10		212	859	975	930	2017	2472
镇平县	88	10	370	1200	80	409		6669
内乡县	232		580	1061	1250	972	4975	-1536
淅川县	1493		500	373	35	55	6000	53
社旗县	48		584	2077	576	1200	1626	2200
唐河县	13		32	356	300		173	1274
新野县	182	25		60	1350	640		3060
桐柏县	11	269	681	576	1018	1748	1783	3569
邓州市	222		1000	1729	1500	6226	1820	137
高新区		144	155	1224	1375	1600	3949	1329
其它	1637	472	1505	549	7043	3978	381	703

15-9 各县(市、区)实际利用外资金额(直接投资)

单位:万美元

	1995	2000	2005	2006	2007	2008	2009	2010
总计	**1571**	**884**	**4809**	**6704**	**8419**	**11635**	**13302**	**20111**
宛城区	21		362	408	600	1684	1166	1317
卧龙区	167		508	545	640	168	1106	1322
南召县	23		530	658	656	860	1404	1900
方城县	60	135	540	180	20		110	1190
西峡县	1	125	181	60	765		1031	1620
镇平县	117		82	68	1006		1307	1317
内乡县	94	31	269	162	538		876	1171
淅川县	86		315	50		55		1400
社旗县	50		313	180	469	70	878	1100
唐河县	80	150	32	138	200	101	180	1128
新野县	21		15	428	674		154	1680
桐柏县	55	183	52	55	524	5567	1064	1710
邓州市	112	24	515	758	689	820	820	1500
高新区		176	45	8	635	61	1312	1346
其它	684	60	1050	3006	1003	2249	1894	410

主要统计指标解释

进出口总额 海关进出口总额指实际进出我国国境的货物总金额。包括对外贸易实际进出口货物,来料加工装配进出口货物,国家间、联合国及国际组织无偿援助物资和赠送品,华侨、港澳台同胞和外籍华人捐赠品,租赁期满归承租人所有的租赁货物,进料加工进出口货物,边境地方贸易及边境地区小额贸易进出口货物(边民互市贸易除外),中外合资企业、中外合作经营企业、外商独资经营企业进出口货物和公用物品,到、离岸价格在规定限额以上的进出口货样和广告品(无商业价值、无使用价值和免费提供出口的除外),从保税仓库提取在中国境内销售的进口货物,以及其他进出口货物。进出口总额用以观察一个国家在对外贸易方面的总规模。我国规定出口货物按离岸价格统计,进口货物按到岸价格统计。

利用外资 指我国各级政府、部门、企业和其他经济组织通过对外借款、吸收外商直接投资以及用其他方式筹措的境外现汇、设备、技术等。

对外借款 是我国利用外资的重要部分。指通过对外正式签订借款协议,从境外筹措的资金,包括外国政府贷款国际金融组织贷款、外国银行商业贷款、出口信贷以及对外发行债券等。1996 年及以前还包括对外发行股票。

外商直接投资 指外国企业和经济组织或个人(包括华侨、港澳台胞以及我国在境外注册的企业)按我国有关政策、法规,用现汇、实物、技术等在我国境内开办外商独资企业、与我国境内的企业或经济组织共同举办中外合资经营企业、合作经营企业或合作开发资源的投资(包括外商投资收益的再投资),以及经政府有关部门批准的项目投资总额内企业从境外借入的资金。

外商其他投资 指除对外借款和外商直接投资以外的各种利用外资的形式。包括企业在境内外股票市场公开发行的以外币计价的股票(目前主要是在香港证券市场发行的股和在境内证券市场发行的 B 股)发行价总额,国际租赁进口设备的应付款,补偿贸易中外商提供的进口设备、技术、物料的价款,加工装配贸易中外商提供的进口设备、物料的价款。

对外承包工程 指各对外承包公司以招标议标承包方式承揽的下列业务:(1)承包国外工程建设项目,(2)承包我国对外经援项目,(3)承包我国驻外机构的工程建设项目,(4)承包我国境内利用外资进行建设的工程项目,(5)与外国承包公司合营或联合承包工程项目时我国公司分包部分,(6)对外承包兼营的房屋开发业务。对外承包工程的营业额是以货币表现的本期内完成的对外承包工程的工作量,包括以前年度签订的合同和本年度新签订的合同在报告期内完成的工作量。

16

财 政 金 融

资料整理:王兰芝　鲁　璐

16-1 历年地方财政收支总额

单位:万元

	总收入	各项税收	总支出	公共服务	农林水事务费	文体、教育与传媒、科学技术	医疗卫生	社会保障与就业
1953	4223	4092	1748					
1957	5532	5118	2995					
1962	6167	5224	5020					
1965	5314	4676	5969					
1970	9622	9194	13796					
1975	11872	9663	12907					
1978	15163	12695	16419					
1979	14639	13206	21007					
1980	15710	13227	19601					
1981	21512	18716	20249					
1982	22058	18773	23505					
1983	20911	19039	24282					
1984	23175	20507	28331					
1985	27678	25253	39578					
1986	32414	29650	42104					
1987	39057	34364	49693					
1988	44625	40619	55355					
1989	50947	47336	64784					
1990	55309	49490	69212					
1991	62607	55295	73992					
1992	72319	64663	86864					
1993	96143	86115	112207					
1994	116244	94231	125598					
(1995)	139768	118256	151901					
1995	95835	63323	151901					
1996	133966	81448	195472					
1997	159036	93788	223897					
1998	164266	107863	224886					
1999	183006	61279	268471					
2000	195946	122137	299000					
2001	213273	117956	365847					
2002	189795	159899	444161					
2003	223632	167473	510376					
2004	273219	182663	606895					
2005	310041	190789	829125					
2006	411202	248877	1169025	154025	76273	206951	46603	156324
2007	521631	321458	1525075	221295	115132	318074	79064	260433
2008	594832	385043	1787229	256233	183595	389030	123452	217847
2009	726707	415747	2278750	316184	252726	441869	182686	278491
2010	1052019	465788	2913724	368562	325458		231224	344528

注:1.财政收入1994年以前为分税制前老口径,1995年以后为分税制后新口径,括号内为分税制前老口径;
2.2002年以后财政收入口径调整,与以前年份不可比。
3.从2006年起财政支出项按一般预算支出新分组填写。

16-2 地方财政收入分级

（2010年） 单位:万元

	合计	市级	县市级	乡镇级
一般预算收入合计	**690668**	**419150**	**346680**	**134413**
一、税收收入	**541465**	**346946**	**253452**	**114540**
增值税	90753	73898	35645	18159
营业税	156190	98476	63624	43328
企业所得税	36893	17966	24322	3588
个人所得税	19658	22496	4910	3500
资源税	9978	5286	4576	2759
固定资产投资方向调节税				
城市维护建设税	36240	40638	11452	4469
房产税	11746	10452	5119	1401
印花税	4942	4084	2270	630
城镇土地使用税	27133	25710	12059	2219
土地增值税	9989	5846	5789	1277
车船税	6594	6110	2395	1144
耕地占用税	81160	2960	66444	13236
契税	44298	33024	14796	12990
烟叶税	5891		51	5840
其他税收收入				
二、非税收入	**149203**	**72204**	**93228**	**19873**
专项收入	27642	28146	12484	1085
行政事业性收费收入	64131	17878	42558	12634
罚没收入	36831	11464	28400	2699
国有资本经营收入	3610		3145	465
国有资源(资产)有偿使用收入	11472	13796	3502	1072
其他收入	5517	920	3139	1918
基金收入	361351	165290	278601	105

16－3 地方财政支出分级

(2010 年)　　　　单位:万元

	合计	市级	县市级	乡镇级
一般预算支出合计	**2471103**	**1022732**	**1760643**	**199094**
一、一般公共服务	362944	98134	213752	100125
二、外交				
三、国防	56	92	10	
四、公共安全	133946	74642	96362	263
五、教育	451750	97132	389903	13281
六、科学技术	35255	15172	27317	352
七、文化体育与传媒	23754	9500	16802	2202
八、社会保障和就业	336022	106012	253615	29401
九、医疗卫生	228988	44278	206092	757
十、环境保护	157612	199176	55199	2825
十一、城乡社区事务	80707	41664	52378	7497
十二、农林水事务	320183	80742	244182	35630
十三、交通运输	114634	134624	47315	7
十四、资源勘探电力信息等事务	17586	8654	13106	153
十五、商业服务业等事务	62897	8438	55815	2863
十六、金融监管等事务支出	3711		3711	
十七、地震灾后恢复重建支出				
十八、国土资源气象等事务	21761	5744	18874	15
十九、住房保障支出	43882	18878	34306	137
二十、粮油物资储备管理事务	17669	944	17159	38
二十一、国债还本付息支出	172		172	
二十二、其他支出	57574	78906	14573	3548
基金支出	**442622**	**184348**	**346292**	**4156**

16-4 各县(市、区)财政一般预算收支总额

单位:万元

	一般预算收入			一般预算支出		
	2010	2009	增减%	2010	2009	增减%
合计	**690668**	**561666**	**23.0**	**2471103**	**2035311**	**21.4**
宛城区	30000	24569	22.1	125000	100369	24.5
卧龙区	32866	27729	18.5	126360	113506	11.3
南召县	24411	20948	16.5	120049	109209	9.9
方城县	31508	26315	19.7	158810	136150	16.6
西峡县	58606	53736	9.1	149356	122022	22.4
镇平县	34368	28518	20.5	136402	119357	14.3
内乡县	28180	24090	17.0	120778	107306	12.6
淅川县	73500	30157	143.7	220240	140357	56.9
社旗县	17740	14031	26.4	120862	101682	18.9
唐河县	42799	35456	20.7	200786	172123	16.7
新野县	28506	24569	16.0	124067	102336	21.2
桐柏县	28581	24511	16.6	106828	89768	19.0
邓州市	50028	41466	20.6	250199	202361	23.6
市本级	195066	173226	12.6	490306	404282	21.3
高新区	14509	12345	17.5	21060	14483	45.4

16-5 各县(市、区)税收收入和非税收入

单位:万元

	税收收入			非税收入		
	2010	2009	增减%	2010	2009	增减%
合计	**541465**	**415747**	**30.2**	**149203**	**145919**	**2.3**
市本级	160508	139156	15.3	34558	34070	1.4
宛城区	26224	21925	19.6	3776	2644	42.8
卧龙区	30348	22845	32.8	2518	4884	-48.4
南召县	17241	14245	21.0	7170	6703	7.0
方城县	21933	16743	31.0	9575	9572	0.0
西峡县	43877	39358	11.5	14729	14378	2.4
镇平县	26106	19720	32.4	8262	8798	-6.1
内乡县	18777	14960	25.5	9403	9130	3.0
淅川县	66895	20808	221.5	6605	9349	-29.4
社旗县	12582	8626	45.9	5158	5405	-4.6
唐河县	26966	22332	20.8	15833	13124	20.6
新野县	20667	17517	18.0	7839	7052	11.2
桐柏县	23351	20421	14.3	5230	4090	27.9
邓州市	33025	25982	27.1	17003	15484	9.8
高新区	12965	11109	16.7	1544	1236	24.9

16-6 各县(市、区)预算外资金收支总额

单位:万元

	收入总额				
	1995	2000	2005	2009	2010
总计	**77583**	**132900**	**129728**	**115579**	**129076**
宛城区	4119	5685	2944	3230	3693
卧龙区	4088	3907	7295	7300	8121
南召县	3245	3953	5698	3015	3106
方城县	5530	4742	5717	6870	7831
西峡县	3311	6038	3870	939	796
镇平县	2795	8308	7145	6469	6198
内乡县	3360	2639	4200	6231	5276
淅川县	3886	6862	6100	5200	5273
社旗县	3198	5596	9034	13234	14458
唐河县	6915	9774	10296	4021	4229
新野县	3998	6969	3938	3077	3731
桐柏县	4305	1451	5474	4051	5081
邓州市	5099	5300	4195	4520	4448
市直	23734	52386	52582	47216	55799
高新区			1240	206	1036

16-6 续表

单位:万元

	支出总额				
	1995	2000	2005	2009	2010
总计	**73048**	**123292**	**118241**	**118712**	**120561**
宛城区	3721	5926	2849	3230	3693
卧龙区	3581	3634	7100	6258	7383
南召县	3117	3955	5523	2899	3096
方城县	5516	4803	5015	6519	6967
西峡县	3101	6039	2095	939	796
镇平县	2778	8030	6568	6389	6340
内乡县	3625	2756	3506	6231	4557
淅川县	2297	6924	5800	4370	3228
社旗县	2966	5596	8418	13590	13181
唐河县	6407	9336	9440	4031	4130
新野县	3676	7126	2812	3077	3731
桐柏县	4158	1409	5122	3876	4559
邓州市	5093	5207	4111	4519	4448
市直	23012	51760	49599	52291	53299
高新区			283	493	1153

16－7 金融机构综合信贷资金来源及分配情况

单位:万元

	2000	2005	2009	2010
各项存款合计	**3131329**	**6259880**	**11459032**	**14712193**
1. 企业存款	651358	1059315	1582798	2125491
(1)活期存款		803478	1389851	1958141
(2)定期存款		255837	192946	167350
2. 财政存款	21691	83569	260186	370051
3. 机关团体存款	36202	125514	460957	967607
4. 储蓄存款	2295920	4684515	8038076	9558151
(1)活期存款	553160	1316999	2802801	3666047
(2)定期存款	1742760	3367516	5235276	5892104
5. 农业存款	56630	87908	425736	630454
7. 委托存款		1166	99	26552
8. 其它存款	69528	217894	691180	1033887
各项贷款合计	**3057801**	**4418420**	**6990756**	**8274988**
1. 短期贷款	2475893	3299143	4395157	5489894
工业贷款	376460	422994	483772	
商业贷款	966453	931269	950599	
建筑业贷款	24023	37977	7050	
农业贷款	654325	1489313	2079826	
乡镇企业贷款	227492	219329	260254	
三资企业贷款		2515	6000	
私营企业及个体贷款	13042	19885	88985	
其他短期贷款		175861	518671	
其中:个人短期消费贷款		5437	30575	
2. 中长期贷款	410248	398122	2154002	2404522
(1)基本建设贷款	92416	94658	793653	
(2)技术改造贷款	163563	505037	41160	
(3)其它中长期贷款	154269		1319189	
6. 票据融资		119840	441596	380572
其中:贴现		119840	441596	380572
7. 各项垫款		1619		

16－8 各县(市、区)金融机构存贷款余额

单位:万元

	金融机构存款余额			金融机构贷款余额		
	2010	比年初增加	比年初增减(%)	2010	比年初增加	比年初增减(%)
总计	**14712193**	**3253161**	**28.4**	**8274988**	**1284232**	**18.4**
南召县	532923	103067	24.0	194954	32106	19.7
方城县	751169	201914	36.8	343387	78406	29.6
西峡县	722627	160342	28.5	521142	148948	40.0
镇平县	942055	177259	23.2	438781	65404	17.5
内乡县	600097	99656	19.9	309321	66990	27.6
淅川县	936648	328221	53.9	406765	70375	20.9
社旗县	475525	108637	29.6	246981	59168	31.5
唐河县	1008874	179889	21.7	432167	60332	16.2
新野县	790383	131029	19.9	481022	45151	10.4
桐柏县	502112	94558	23.2	240563	50834	26.8
邓州市	1244342	325135	35.4	579810	70502	13.8
市区	6205437	1343455	27.6	4080095	536017	15.1

注:市区数据为卧龙区、宛城区、油田数据之和。

16－9 各县(市、区)城乡居民储蓄存款年末余额

单位:万元

	1990	1995	2000	2005	2006	2007	2008	2009	2010
总计	**264740**	**958489**	**2295920**	**4684515**	**5328693**	**5785015**	**6874419**	**8038076**	**9558151**
市区	87909	325491	867777	1872046	2045798	2118565	2516431	2970554	3496103
南召县	15579	42876	86480	189449	225367	247754	278110	325253	380338
方城县	15970	50919	118117	226153	260481	295602	354003	402045	486188
西峡县	12676	36478	112558	202648	249247	285263	335262	404657	479779
镇平县	16730	80066	215904	361902	414697	462729	542671	630673	771231
内乡县	13136	49826	117191	190112	227144	241281	298796	372746	445602
淅川县	13570	40017	127270	213827	253054	301993	383338	460659	570501
社旗县	10193	33781	82148	138835	153917	169303	201400	245229	313992
唐河县	25313	86245	185731	368025	434718	488591	576075	658718	775905
新野县	18510	79617	151381	311818	350200	368407	446545	509082	574412
桐柏县	9530	36639	68966	190469	226143	246438	279625	307539	368762
邓州市	25807	86534	162397	419234	487928	559089	662162	750921	895338

注:市区数据为卧龙区、宛城区、油田数据之和。

16-10 农村信用社存贷款余额

单位:万元

	1990	1995	2000	2005	2006	2007	2008	2009	2010
一、各项存款	**84236**	**263108**	**1014853**	**1923952**	**2182509**	**2503524**	**2880933**	**3558139**	**4361294**
1.企业存款		14404	14831	59624	47038	43903	45236	30030	33925
活期存款		13876							
定期存款		528	14831	59624	47038	43903	45236	30030	33925
2.机关团体存款				5228	6102	17167	13347	16431	21315
3.储蓄存款	80333	248704	938762	1772594	1950866	2113115	2459033	2836170	3369780
定期存款	63717	199230	727639	1470156	1530416	1631476	1942211	2153206	2443002
活期存款	16616	49474	211123	302438	420450	481639	516822	682964	926778
4.农业存款				84259	171848	281770	288244	422254	627589
5.其它存款	327		61260	2247	6655	47569	75073	253254	308685
二、各项贷款合计	**71622**	**231170**	**796524**	**1608508**	**1847094**	**1996389**	**2274061**	**2813657**	**3439376**
1.短期贷款				1558227	1754309	1836258	2029328	2430975	2862736
#乡镇企业贷款	10248	148292	165815	158660	168649	176626	206888	260254	
农业贷款	49413	61116	506252	1328001	1514094	1588294	1756425	2056228	
2.中长期贷款				50281	92006	160111	239782	368729	519566

主要统计指标解释

财政收入 是国家通过财政各个环节筹集的财政资金的总称,它是保证国家行使其职能不可缺少的财力。主要包括:各项税收、企业收入、专款收入、其他收入、国家能源交通重点基金收入及国家预算调节基金。

(1)各项税收 是国家按法律规定对经济单位和个人无偿征收的实物和货币,是财政收入的主要来源。我国现行的税收主要有工商税收类,包括增值税、营业税、消费税、所得税、城市维护建设税、房产税、车船税、资源税、印花税、投资方向调节税等;农牧业税和耕地占用税类;企业所得税类和个人所得税类等。

(2)企业收入 包括各部门所属国有企业及事业单位上交国家的利润和事业收入。

财政支出 是国家政权为行使其职能,对筹集的财政资金进行有计划的分配使用的名称。国家财政总支出,体现政府的活动范围和方向,反映财政资金的分配关系,财政总支出主要包括基本建设支出、企业挖潜改造资金、流动资金类、科技三项费用、工交商部门事业费、支援农村生产支出和各项农业事业费、文教科学卫生事业费、抚恤和社会救济费、国防费、行政管理费及其他支出等。

(3)基本建设支出 是指国家预算内的基本建设拨款,不包括国家预算外自筹的各种基本建设资金。基本建设基金分为经营性的和非经营性的两部分。各专业投资公司对经营性建设项目执行基本建设基金贷款,各主管部门对非经营性建设项目执行基本建设基金拨款。

(4)流动资金类 是指国家预算增拨各部门所属国有企业的流动资金和增拨银行的信贷资金。

(5)企业挖潜改造资金 是指国家预算安排用于企业挖潜、革新、改造方面的资金。企业用于挖潜、革新、改造方面的资金,主要来自企业的更新改造资金、大修理基金等自有资金及银行贷款,国家预算安排的挖潜、革新、改造资金主要用于支持重点行业的技术改造。

(6)文教、科学、卫生事业费 是指国家预算用于科学、文化、教育、卫生、公费医疗、体育、通讯和广播、地震、海洋、文物、计划生育等方面的事业费。

预算外资金 是指不纳入国家财政预算,由各地方、各事业行政单位,按国家规定范围自行筹集和使用的资金。它是国家财政预算内资金的补充财力。其收入来源,主要包括地方财政机关掌握使用的自筹资金,如工商税附加、农业税附加、城市公用事业附加等。事业行政单位自收自支和以收抵支未纳入预算管理的各项资金,如养路费、学杂费等。这些资金一般都有特定用途,主要是:基本建设或更新改造固定资产投资,支付养路费、城市维护费,职工福利和奖励支出,补充事业、行政经费,上交财政能源交通重点建设基金、预算调节基金和其他支出等。预算外资金的使用,也要纳入计划管理的轨道,不得擅自扩大使用范围。

财政用于农业的支出 指国家财政预算内资金安排用于农业的各项投资支出。包括:

(1)对农垦、农业、畜牧、林业、农机管理、水利、水产、气象等部门的各项事业经费和基本建设、流动资金、科技三项费用等专项拨款;(2)支援农村集体(户)的各项生产支出,如小型农田水利和水土保持补助费、扶持农村经济困难的乡镇企业、农业生产队(组、户)改善生产基本条件的资金和农村开荒补助费、农村草场和畜禽保护补助费、农村造林和林木保护补助费、农村水产补助费、农业发展和发展粮食生产专项资金支出等;(3)农村社会救济费。

存款 企业、机关、团体或居民根据可以收回的原则,把货币资金存入银行或其他信用机构保管并取得一定利息的一种信用活动形式。财政存款、机关团体部队存款、城乡居民储蓄存款、农村存款、信托存款和其他存款等科目。

贷款 银行或其他信用机构根据必须归还的原则,按一定利率,为企业、个人等提供资金的一种信用活动形式。我国金融机构贷款分短期贷款、农业贷款、中长期贷款、信托贷款和其他贷款等科目。

城乡居民储蓄年底余额 包括城镇居民储蓄和农户储蓄两部分的年底余额不包括工矿企业、部队、机关团体等集团存款。

城镇居民储蓄年底余额 是指各国家银行的城镇居民储蓄、城市信用社居民储蓄及邮政储蓄等。

农户储蓄 是指在农村信用社的农户储蓄。

17

其他服务业

资料整理:李广立

17-1 其他服务业分行业分类型单位数

单位:个

	合计			企业		
	2008	2009	2010	2008	2009	2010
合计	**17735**	**18016**	**18215**	**1983**	**2231**	**2408**
交通运输、仓储和邮政业	266	295	322	252	283	309
信息传输、计算机服务和软件业	297	310	321	281	294	305
租赁和商务服务业	489	609	697	328	444	532
科学研究、技术服务和地质勘查业	416	455	492	95	134	167
水利、环境和公共设施管理业	268	283	289	75	89	93
居民服务和其他服务业	318	345	362	288	312	326
教育	3132	3144	3159	251	257	258
卫生、社会保障和社会福利业	4045	4049	4035	357	353	349
文化、体育和娱乐业	375	385	390	56	64	68
公共管理和社会组织	8129	8141	8148		1	1

17-1 续表

单位:个

	行政事业			社会团体及其他		
	2008	2009	2010	2008	2009	2010
合计	**7877**	**7889**	**7881**	**7875**	**7896**	**7926**
交通运输、仓储和邮政业	13	11	12	1	1	1
信息传输、计算机服务和软件业	16	16	16			
租赁和商务服务业	135	135	135	26	30	30
科学研究、技术服务和地质勘查业	307	307	307	14	14	18
水利、环境和公共设施管理业	188	189	190	5	5	6
居民服务和其他服务业	22	23	24	8	10	12
教育	2611	2612	2615	270	275	286
卫生、社会保障和社会福利业	1576	1581	1564	2112	2115	2122
文化、体育和娱乐业	299	299	300	20	22	22
公共管理和社会组织	2710	2716	2718	5419	5424	5429

注:本部分资料统计口径为法人单位。

17-2 其他服务业分行业分类型从业人员数

单位:人

	合计			企业		
	2008	2009	2010	2008	2009	2010
合计	**392282**	**399302**	**417398**	**59407**	**63742**	**72497**
交通运输、仓储和邮政业	27083	26283	29974	26554	25713	29196
信息传输、计算机服务和软件业	7704	9245	10148	7009	8492	9248
租赁和商务服务业	9293	11428	12951	6133	7890	9432
科学研究、技术服务和地质勘查业	11844	12305	13897	2495	3308	4330
水利、环境和公共设施管理业	10783	11017	13925	3089	3632	3281
居民服务和其他服务业	5354	6011	6676	4399	4763	5502
教育	129808	130476	130948	3897	4493	4815
卫生、社会保障和社会福利业	48675	53106	53945	4642	4118	5022
文化、体育和娱乐业	6482	6379	6774	1189	1323	1661
公共管理和社会组织	135256	133052	138160		10	10

17-2 续表

单位:人

	行政事业			社会团体及其他		
	2008	2009	2010	2008	2009	2010
合计	**284671**	**287422**	**293455**	**48204**	**48138**	**51446**
交通运输、仓储和邮政业	501	542	753	28	28	25
信息传输、计算机服务和软件业	695	753	900			
租赁和商务服务业	2887	3236	3252	273	302	267
科学研究、技术服务和地质勘查业	8869	8582	8948	480	415	619
水利、环境和公共设施管理业	7550	7209	10487	144	176	157
居民服务和其他服务业	691	847	894	264	401	280
教育	120774	120794	120836	5137	5189	5297
卫生、社会保障和社会福利业	37285	40258	41677	6748	8730	7246
文化、体育和娱乐业	5105	4848	4960	188	208	153
公共管理和社会组织	100314	100353	100748	34942	32689	37402

17-3 其他服务业分行业单位财务指标

单位:万元

	固定资产原价			收入合计		
	2008	2009	2010	2008	2009	2010
合计	**4359231**	**4083343**	**4303767**	**2869694**	**3208578**	**3599646**
交通运输、仓储和邮政业	1087749	590818	628204	670392	610815	666833
信息传输、计算机服务和软件业	739038	768384	842766	267030	321849	356424
租赁和商务服务业	55693	74110	106599	51425	63623	85904
科学研究、技术服务和地质勘查业	60783	58949	61652	66623	74156	85602
水利、环境和公共设施管理业	255506	274905	308356	67865	71956	85177
居民服务和其他服务业	28220	32987	37872	38753	48388	61287
教育	862875	870927	881109	508384	557880	650736
卫生、社会保障和社会福利业	391618	486560	477738	429034	521514	501922
文化、体育和娱乐业	39612	48732	56937	22660	28838	33527
公共管理和社会组织	838138	876970	902534	747529	909560	1072235

17-3 续表1

单位:万元

	成本费用			工资和福利费		
	2008	2009	2010	2008	2009	2010
合计	**2233980**	**2666485**	**3061187**	**946127**	**931662**	**1019790**
交通运输、仓储和邮政业	397782	424696	469058	55097	49533	57356
信息传输、计算机服务和软件业	111646	157961	172284	19178	17434	19917
租赁和商务服务业	31168	37811	49945	15154	17981	23980
科学研究、技术服务和地质勘查业	49363	55598	64477	24116	25829	30533
水利、环境和公共设施管理业	49866	56039	72884	23068	23459	28510
居民服务和其他服务业	21463	27367	34705	10084	10848	13054
教育	487379	540991	635420	306502	294126	320982
卫生、社会保障和社会福利业	371681	438286	466328	179394	123476	125636
文化、体育和娱乐业	18607	24122	27242	10796	11243	12220
公共管理和社会组织	695024	903614	1068844	302740	357734	387602

17-3 续表2

单位:万元

	税费合计			营业利润		
	2008	2009	2010	2008	2009	2010
合计	**43942**	**39475**	**46645**	**348436**	**279637**	**329458**
交通运输、仓储和邮政业	23090	15811	17372	124797	80871	99893
信息传输、计算机服务和软件业	8950	9559	10835	88307	79630	93243
租赁和商务服务业	2193	3291	4633	11705	18046	28387
科学研究、技术服务和地质勘查业	2882	3379	4125	9907	11597	14086
水利、环境和公共设施管理业	847	894	1334	11115	11160	12146
居民服务和其他服务业	1774	2201	2749	12378	13828	17609
教育	774	970	1260	10263	10948	11795
卫生、社会保障和社会福利业	1067	1103	1274	62647	42015	41785
文化、体育和娱乐业	548	594	1169	3050	4110	5773
公共管理和社会组织	1818	1674	1894	14266	7434	4740

17-4 各县(市、区)交通运输邮电仓储业单位财务指标

	单 位 数(个)			从 业 人 数(人)		
	2008	2009	2010	2008	2009	2010
合　　计	**266**	**295**	**322**	**27083**	**26283**	**29974**
宛 城 区	25	38	45	6295	7690	11018
卧 龙 区	71	74	87	7177	7904	7875
南 召 县	12	14	17	788	921	1051
方 城 县	19	24	24	546	750	722
西 峡 县	7	7	7	669	547	545
镇 平 县	19	18	18	3151	1866	2078
内 乡 县	18	19	18	781	895	809
淅 川 县	7	7	8	649	517	526
社 旗 县	17	17	16	551	545	549
唐 河 县	21	22	23	1934	1653	1426
新 野 县	13	18	19	1636	1312	1539
桐 柏 县	24	26	28	864	748	866
邓 州 市	13	11	12	2042	935	970

17-4 续表1　　　　单位:万元

	固 定 资 产 原 价			收 入 合 计		
	2008	2009	2010	2008	2009	2010
合　　计	**1087749**	**590818**	**628204**	**670392**	**610815**	**666833**
宛 城 区	214001	246638	263311	86667	111347	103729
卧 龙 区	552243	51501	60067	144005	115876	134179
南 召 县	164318	164423	166613	71731	93670	106453
方 城 县	12775	15128	12910	6969	6271	5975
西 峡 县	1591	1905	2311	8083	6382	7544
镇 平 县	33798	22421	27719	92664	38827	44326
内 乡 县	12798	11644	12221	7442	6211	7789
淅 川 县	5035	4434	4601	14634	12132	12266
社 旗 县	5762	2903	2297	3271	3774	3401
唐 河 县	19726	14800	12673	27284	13780	10135
新 野 县	22771	23539	25465	90799	84260	89270
桐 柏 县	23548	15078	15160	15387	12168	16394
邓 州 市	19385	16403	22856	101456	106117	125374

17－4 续表 2

单位:万元

	成本费用			工资和福利费		
	2008	2009	2010	2008	2009	2010
合计	**397782**	**424696**	**469058**	**55097**	**49533**	**57356**
宛城区	51653	78282	65399	13647	14208	17017
卧龙区	65073	87365	106634	18249	18287	20014
南召县	50457	69779	78769	1353	1443	1823
方城县	2952	3276	3256	757	854	891
西峡县	4472	2307	3440	1783	939	1241
镇平县	54700	20830	23833	4507	2833	3485
内乡县	6191	4850	6246	2130	1652	1957
淅川县	7764	6480	6524	1256	909	951
社旗县	2199	2643	2541	716	903	826
唐河县	11969	6739	5405	2547	1718	1621
新野县	50562	47321	51642	3117	2547	3164
桐柏县	8105	6109	8303	1570	1422	1970
邓州市	81686	88717	107066	3467	1818	2396

17－4 续表 3

单位:万元

	税费合计			营业利润		
	2008	2009	2010	2008	2009	2010
合计	**23090**	**15811**	**17372**	**124797**	**80871**	**99893**
宛城区	3416	3796	4277	-5974	-11337	-6578
卧龙区	4031	2685	2953	18079	10951	21786
南召县	1634	1628	1658	11507	12187	13423
方城县	539	454	603	3468	2205	2541
西峡县	118	115	123	3390	3621	3704
镇平县	5211	1469	1914	35795	15809	17538
内乡县	432	492	561	608	225	199
淅川县	608	501	505	3241	2512	2757
社旗县	225	227	130	660	752	551
唐河县	2225	1026	623	10050	4957	3134
新野县	3048	2144	2313	33985	32054	32582
桐柏县	1137	1046	1398	2390	2723	2808
邓州市	466	230	315	7598	4210	5450

17-5 各县(市、区)信息传输计算机服务和软件业单位财务指标

	单位数(个)			从业人数(人)		
	2008	2009	2010	2008	2009	2010
合计	**297**	**310**	**321**	**7704**	**9245**	**10148**
宛城区	5	8	9	2783	3913	4294
卧龙区	32	42	51	2812	3124	3348
南召县	37	37	37	211	218	191
方城县	21	21	21	156	147	174
西峡县	34	34	34	345	396	405
镇平县	1	1	1	150	99	221
内乡县	39	39	39	297	403	401
淅川县	1	1	1	88	74	79
社旗县	44	44	44	284	272	390
唐河县	30	30	30	181	188	172
新野县	36	36	37	165	171	218
桐柏县	16	16	16	215	221	242
邓州市	1	1	1	17	19	13

17-5续表1

单位:万元

	固定资产原价			收入合计		
	2008	2009	2010	2008	2009	2010
合计	**739038**	**768384**	**842766**	**267030**	**321849**	**356424**
宛城区	461165	489627	532589	75557	61741	83384
卧龙区	264491	260278	289704	176430	244558	254653
南召县	1804	2406	2813	764	918	798
方城县	745	799	888	1000	1058	1436
西峡县	1664	2477	2567	1659	2678	2605
镇平县	50	2335	2874	2473	615	1184
内乡县	2964	3473	3370	3707	4158	3982
淅川县	225	185	204	189	188	207
社旗县	1562	1437	1614	1245	1264	2023
唐河县	1244	1550	1609	1844	2281	2319
新野县	2492	3172	3855	851	918	1506
桐柏县	600	602	619	1270	1426	2281
邓州市	31	46	58	43	45	47

17－5 续表 2

单位:万元

	成本费用			工资和福利费		
	2008	2009	2010	2008	2009	2010
合计	**111646**	**157961**	**172284**	**19178**	**17434**	**19917**
宛城区	52949	61327	66546	8172	8425	8877
卧龙区	51447	87080	95548	7985	5916	7172
南召县	475	701	604	225	239	229
方城县	450	504	640	221	209	293
西峡县	1126	1923	2351	538	711	785
镇平县	573	1067	394	363	116	316
内乡县	1739	2012	1883	556	684	701
淅川县	187	205	293	143	113	163
社旗县	784	847	1268	324	308	487
唐河县	795	976	896	209	225	213
新野县	555	667	941	235	244	359
桐柏县	542	612	884	189	224	303
邓州市	26	40	37	18	20	21

17－5 续表 3

单位:万元

	税费合计			营业利润		
	2008	2009	2010	2008	2009	2010
合计	**8950**	**9559**	**10835**	**88307**	**79630**	**93243**
宛城区	2675	2260	2793	4604	-26115	-10001
卧龙区	5707	6650	7264	79043	97938	94497
南召县	71	80	77	35	-349	-250
方城县	57	67	108	491	1469	1310
西峡县	83	106	124	396	940	912
镇平县		27	29		-316	394
内乡县	44	29	31	1839	2093	2227
淅川县						
社旗县	31	31	36	395	707	811
唐河县	198	226	256	780	1979	1894
新野县	29	26	38	205	417	452
桐柏县	55	57	77	506	733	898
邓州市	1	1	2	14	134	98

17-6 各县(市、区)租赁和商务服务业单位财务指标

	单位数(个)			从业人数(人)		
	2008	2009	2010	2008	2009	2010
合计	**489**	**609**	**697**	**9293**	**11428**	**12951**
宛城区	57	87	112	774	1792	2228
卧龙区	188	255	296	4546	5110	5691
南召县	12	16	18	168	233	264
方城县	15	22	29	490	561	662
西峡县	25	25	25	294	332	324
镇平县	15	15	15	199	199	192
内乡县	24	26	26	274	277	277
淅川县	18	18	20	452	473	539
社旗县	37	38	38	307	372	410
唐河县	24	26	26	624	723	757
新野县	21	27	32	402	484	506
桐柏县	27	28	34	220	277	528
邓州市	26	26	26	543	595	573

17-6 续表1

单位:万元

	固定资产原价			收入合计		
	2008	2009	2010	2008	2009	2010
合计	**55693**	**74110**	**106599**	**51425**	**63623**	**85904**
宛城区	3143	17879	19476	3284	10046	10902
卧龙区	39582	40725	67782	30423	32414	43950
南召县	707	795	1071	487	692	980
方城县	443	730	1144	1744	2109	2670
西峡县	954	1308	1371	1803	1989	2410
镇平县	931	901	826	951	1175	1463
内乡县	2035	2052	2043	2470	2336	2858
淅川县	1408	1464	2619	1093	1283	2233
社旗县	1065	1278	1370	1410	2110	2169
唐河县	2106	2659	3207	2685	3383	4187
新野县	1517	2051	2284	1558	1844	2526
桐柏县	893	1149	2270	1726	2169	7233
邓州市	910	1120	1136	1793	2073	2324

17－6 续表 2

单位:万元

	成本费用			工资和福利费		
	2008	2009	2010	2008	2009	2010
合计	**31168**	**37811**	**49945**	**15154**	**17981**	**23980**
宛城区	1671	5702	5924	1197	3495	4139
卧龙区	17446	16643	22352	7650	7718	10550
南召县	454	703	828	185	241	376
方城县	1120	1402	1861	768	957	1221
西峡县	978	1260	1338	389	478	539
镇平县	648	899	1107	369	373	431
内乡县	1809	1799	2174	992	532	633
淅川县	989	1213	1856	702	734	1082
社旗县	863	1382	1367	320	357	465
唐河县	1972	2655	3196	1018	1223	1575
新野县	1122	1431	1896	554	670	848
桐柏县	825	1135	4376	265	332	1163
邓州市	1272	1587	1671	748	871	959

17－6 续表 3

单位:万元

	税费合计			营业利润		
	2008	2009	2010	2008	2009	2010
合计	**2193**	**3291**	**4633**	**11705**	**18046**	**28387**
宛城区	235	886	1137	986	3212	4119
卧龙区	1158	1543	2177	6640	9675	17400
南召县	55	52	60	144	128	101
方城县	86	99	114	467	702	805
西峡县	57	54	72	676	949	1103
镇平县	16	18	18	133	169	143
内乡县	228	262	216	244	230	431
淅川县	3	3	4	25	38	46
社旗县	47	49	64	420	485	567
唐河县	119	122	128	716	1054	1157
新野县	77	77	114	146	162	263
桐柏县	58	67	470	720	822	1560
邓州市	54	59	60	389	419	693

17-7 各县(市、区)科学研究技术服务和地质勘查业单位财务指标

	单位数(个)			从业人数(人)		
	2008	2009	2010	2008	2009	2010
合计	**416**	**455**	**492**	**11844**	**12305**	**13897**
宛城区	44	52	54	2275	2450	2948
卧龙区	100	118	144	3511	3857	4358
南召县	17	22	24	386	443	503
方城县	21	24	27	382	413	523
西峡县	37	37	37	746	780	823
镇平县	16	16	16	432	413	453
内乡县	28	28	28	573	550	613
淅川县	15	15	15	356	366	374
社旗县	15	15	16	237	218	266
唐河县	41	42	42	906	851	893
新野县	25	27	27	499	446	467
桐柏县	32	34	35	766	734	810
邓州市	25	25	27	775	784	866

17-7 续表1

单位:万元

	固定资产原价			收入合计		
	2008	2009	2010	2008	2009	2010
合计	**60783**	**58949**	**61652**	**66623**	**74156**	**85602**
宛城区	9278	11602	13013	17776	20089	23718
卧龙区	18827	20240	24982	28364	32491	37746
南召县	1046	1256	1429	1298	1498	1809
方城县	903	977	1058	1058	1133	1474
西峡县	2815	2683	2830	1793	1885	2255
镇平县	4068	3859	3935	1753	1772	1691
内乡县	3347	3441	3502	3321	3474	3578
淅川县	762	797	943	1845	2107	2375
社旗县	405	381	478	370	386	505
唐河县	8554	3196	3495	3330	3323	3373
新野县	1126	999	1033	1352	1353	1414
桐柏县	2632	2275	2196	2170	2352	2842
邓州市	7022	7243	2759	2194	2294	2823

17－7 续表2

单位:万元

	成本费用			工资和福利费		
	2008	2009	2010	2008	2009	2010
合计	**49363**	**55598**	**64477**	**24116**	**25829**	**30533**
宛城区	11281	11599	14144	5169	4929	6523
卧龙区	20098	25975	30406	9263	11312	13470
南召县	942	1037	1358	447	575	690
方城县	923	1120	1396	619	709	782
西峡县	1802	1983	2486	1078	1331	1468
镇平县	1499	1494	1423	615	602	619
内乡县	2819	3002	2862	770	789	900
淅川县	1836	1116	1162	1439	731	793
社旗县	286	304	427	181	201	233
唐河县	2738	2640	2662	1514	1505	1716
新野县	1123	1093	1216	633	640	665
桐柏县	1721	1811	2145	843	840	978
邓州市	2296	2423	2792	1546	1666	1695

17－7 续表3

单位:万元

	税费合计			营业利润		
	2008	2009	2010	2008	2009	2010
合计	**2882**	**3379**	**4125**	**9907**	**11597**	**14086**
宛城区	1568	1755	1743	6830	7615	8673
卧龙区	994	1246	1863	1605	2134	3281
南召县	7	13	10	29	57	47
方城县	11	16	23	161	247	249
西峡县	1	1	1	9	6	3
镇平县	26	38	33	213	247	317
内乡县	115	119	146	315	300	335
淅川县						
社旗县	5	5	7	57	58	76
唐河县	92	97	117	89	219	190
新野县	21	18	18	125	239	174
桐柏县	42	72	133	468	470	578
邓州市			31	7	5	163

17-8 各县(市、区)水利环境和公共设施管理业单位财务指标

	单位数(个)			从业人数(人)		
	2008	2009	2010	2008	2009	2010
合计	**266**	**283**	**289**	**27083**	**11017**	**13925**
宛城区	25	25	25	6295	1366	1563
卧龙区	71	36	39	7177	2028	4109
南召县	12	36	36	788	1194	1247
方城县	19	14	14	546	382	431
西峡县	7	32	33	669	1568	1011
镇平县	19	7	7	3151	206	210
内乡县	18	25	25	781	905	1158
淅川县	7	22	23	649	533	691
社旗县	17	7	7	551	135	199
唐河县	21	17	17	1934	940	975
新野县	13	12	12	1636	190	330
桐柏县	24	21	22	864	546	663
邓州市	13	29	29	2042	1024	1338

17-8 续表1

单位:万元

	固定资产原价			收入合计		
	2008	2009	2010	2008	2009	2010
合计	**1087749**	**274905**	**308356**	**67865**	**71956**	**85177**
宛城区	214001	34910	35117	7170	13580	17466
卧龙区	552243	30425	44856	11108	11960	15292
南召县	164318	133949	135185	9553	12693	15370
方城县	12775	3216	3493	1787	1277	1709
西峡县	1591	14809	19311	17753	12396	8299
镇平县	33798	924	1111	1351	1340	1293
内乡县	12798	10934	16899	4576	4911	5662
淅川县	5035	9778	10615	2011	1981	3066
社旗县	5762	1063	1853	517	632	958
唐河县	19726	18324	18880	2526	2165	2803
新野县	22771	581	782	711	761	1316
桐柏县	23548	7651	9714	3738	3522	4878
邓州市	19385	8340	10540	5065	4739	7065

17－8 续表2

单位:万元

	成本费用			工资和福利费		
	2008	2009	2010	2008	2009	2010
合计	**49866**	**56039**	**72884**	**23068**	**23459**	**20254**
宛城区	4807	9882	11606	2206	4252	5176
卧龙区	10456	12307	16705	6470	7044	608
南召县	7412	11233	14282	1125	2591	2984
方城县	1308	1115	1469	678	529	715
西峡县	9643	4748	4799	5128	2201	1871
镇平县	1282	943	1219	303	278	315
内乡县	3894	3979	4264	1401	1396	1501
淅川县	1352	1425	2088	707	722	919
社旗县	534	726	1119	290	309	399
唐河县	1745	1404	1838	1222	1097	1527
新野县	532	684	1269	293	308	581
桐柏县	2721	3105	4777	867	909	1167
邓州市	4180	4488	7448	2378	1825	2493

17－8 续表3

单位:万元

	税费合计			营业利润		
	2008	2009	2010	2008	2009	2010
合计	**847**	**894**	**1333**	**11115**	**11160**	**11994**
宛城区	52	347	430	201	1631	2044
卧龙区	70	78	175	715	655	674
南召县	144	42	80	-1083	-493	502
方城县	20	6	10	415	235	459
西峡县	307	220	271	7755	5881	3400
镇平县	16	12	22	38	37	73
内乡县	107	78	146	660	719	1167
淅川县	80	60	117	499	471	959
社旗县		4	6	22	20	26
唐河县	1	1	2	415	394	865
新野县	14	10	19	128	110	216
桐柏县	26	20	29	755	736	938
邓州市	12	17	27	596	766	672

17－9 各县(市、区)居民服务和其他服务业单位财务指标

	单位数(个)			从业人数(人)		
	2008	2009	2010	2008	2009	2010
合计	**318**	**345**	**362**	**4428**	**6011**	**6676**
宛城区	48	56	60	566	1005	962
卧龙区	63	68	73	1372	1712	1694
南召县	6	16	18	52	213	924
方城县	15	16	19	88	198	163
西峡县			1			15
镇平县	11	11	11	137	225	270
内乡县	4	4	4	36	35	90
淅川县	7	7	7	164	231	231
社旗县	86	86	86	630	795	827
唐河县	39	39	39	949	1005	942
新野县	13	16	18	183	300	281
桐柏县	9	9	9	39	55	59
邓州市	17	17	17	212	237	218

17－9 续表1　　单位:万元

	固定资产原价			收入合计		
	2008	2009	2010	2008	2009	2010
合计	**28220**	**32987**	**37872**	**38753**	**48388**	**61287**
宛城区	8264	11139	12278	3995	5818	6629
卧龙区	3994	4547	5330	11300	12880	16204
南召县	254	801	1341	258	882	2885
方城县	762	886	1003	1826	2080	2289
西峡县			76			40
镇平县	1413	1403	1873	3440	4367	5351
内乡县	1831	863	1315	675	342	837
淅川县	1526	2656	3282	1024	1676	1992
社旗县	4080	4114	4717	6119	7748	9542
唐河县	3315	3747	4017	6382	7974	9412
新野县	923	934	885	1015	1405	2062
桐柏县	441	444	526	1348	1524	1745
邓州市	1418	1455	1229	1370	1694	2299

17-9 续表2

单位:万元

	成本费用			工资和福利费		
	2008	2009	2010	2008	2009	2010
合计	**21463**	**27367**	**34705**	**10084**	**10848**	**13054**
宛城区	2279	3717	4039	1305	1815	2128
卧龙区	6832	7742	10272	4069	4163	4633
南召县	83	269	635	90	246	1071
方城县	1035	1050	1271	705	505	346
西峡县			22			23
镇平县	1870	2533	3089	398	418	541
内乡县	655	297	734	231	67	219
淅川县	471	835	1111	186	292	359
社旗县	3249	4296	5296	965	1030	1138
唐河县	2878	3906	4693	1457	1568	1679
新野县	709	985	1337	329	387	481
桐柏县	533	639	747	66	66	72
邓州市	870	1098	1462	284	291	363

17-9 续表3

单位:万元

	税费合计			营业利润		
	2008	2009	2010	2008	2009	2010
合计	**1774**	**2201**	**2749**	**12378**	**13828**	**17609**
宛城区	151	272	299	1372	1671	2532
卧龙区	374	454	623	1932	1574	2188
南召县	19	26	121	101	86	
方城县	110	129	140	683	820	932
西峡县			1			18
镇平县	221	254	319	1357	1697	2062
内乡县	2	2	2	17	22	19
淅川县	40	80	100	506	708	865
社旗县	194	213	250	2196	2697	3552
唐河县	523	626	689	2779	3026	3782
新野县	75	72	107	225	274	536
桐柏县	53	56	77	710	686	995
邓州市	13	15	19	501	566	952

17-10 各县(市、区)教育单位财务指标

	单位数(个)			从业人数(人)		
	2008	2009	2010	2008	2009	2010
合计	**3132**	**3144**	**3159**	**129808**	**130476**	**130948**
宛城区	348	348	351	12205	12072	12115
卧龙区	306	307	308	18496	18810	18897
南召县	216	216	216	7799	7826	7840
方城县	449	450	460	10993	11010	11098
西峡县	63	63	63	5411	5420	5470
镇平县	199	199	199	18227	18300	18450
内乡县	101	101	101	5968	5969	5981
淅川县	64	64	64	7506	7506	7508
社旗县	97	97	97	5583	5583	5583
唐河县	513	514	514	11337	11451	11472
新野县	137	141	142	6793	6830	6835
桐柏县	70	75	75	5195	5400	5403
邓州市	569	569	569	14295	14299	14296

17-10 续表1

单位:万元

	固定资产原价			收入合计		
	2008	2009	2010	2008	2009	2010
合计	**862875**	**870927**	**881109**	**508384**	**557880**	**650736**
宛城区	249802	252740	255028	98760	105054	116061
卧龙区	163863	165868	169105	99233	107153	123607
南召县	25217	25577	26416	30471	33970	39578
方城县	52340	52428	52631	26793	30050	32903
西峡县	41979	42157	42823	22499	26354	31527
镇平县	31144	31845	32810	37158	37496	47886
内乡县	45339	45410	45347	18124	22201	30224
淅川县	36103	36106	36104	22221	25686	32615
社旗县	26822	26822	26822	14857	19298	24935
唐河县	47050	47829	48959	42221	47041	50787
新野县	41446	41507	41509	22634	24658	29589
桐柏县	32449	32979	33225	16641	18449	21748
邓州市	69322	69662	70330	56774	60469	69277

17－10 续表 2

单位：万元

	成本费用			工资和福利费		
	2008	2009	2010	2008	2009	2010
合计	**487379**	**540991**	**635420**	**306502**	**294126**	**320982**
宛城区	88241	100424	113042	55438	50130	48211
卧龙区	103594	105994	125957	61897	53336	58994
南召县	29503	33786	38942	17707	19679	22167
方城县	23918	30190	32749	14227	16369	17774
西峡县	21569	25164	30481	14189	15987	18604
镇平县	34822	36443	46543	25124	21705	23758
内乡县	18476	21820	28771	8515	10051	14197
淅川县	21883	25557	32614	14396	15117	18843
社旗县	14711	20117	25239	9979	12599	14661
唐河县	38160	43498	47564	26157	23012	22526
新野县	21903	20307	24058	12150	11846	14076
桐柏县	16387	18249	20887	8240	9013	11044
邓州市	54214	59443	68574	38485	35284	36128

17－10 续表 3

单位：万元

	税费合计			营业利润		
	2008	2009	2010	2008	2009	2010
合计	**774**	**970**	**1260**	**10263**	**10948**	**11795**
宛城区	45	157	188	772	848	838
卧龙区	159	168	213	2892	3194	3151
南召县	55	56	74	67	53	61
方城县	17	19	28	766	783	918
西峡县	41	44	66	850	1186	1265
镇平县	64	86	130	700	676	938
内乡县	11	8	15	244	292	366
淅川县	2	1	2	5	10	8
社旗县			2			
唐河县	330	348	455	2866	2750	2734
新野县	3	5	6	6	7	9
桐柏县	2	22	21	308	338	497
邓州市	46	56	59	794	821	1021

17－11 各县(市、区)卫生社会保障和社会福利业单位财务指标

	单位数(个)			从业人数(人)		
	2008	2009	2010	2008	2009	2010
合计	**4045**	**4049**	**4035**	**48675**	**53106**	**53945**
宛城区	278	281	282	7725	8050	9026
卧龙区	70	68	68	6549	7612	7986
南召县	306	306	306	2296	2554	2562
方城县	566	567	567	4140	4946	4656
西峡县	48	48	48	2180	2320	2461
镇平县	382	381	380	3708	3794	3531
内乡县	388	388	388	2427	2763	2691
淅川县	527	527	527	3417	2995	3170
社旗县	233	233	221	2749	3203	2942
唐河县	126	129	129	3452	3823	3982
新野县	296	296	296	2816	3183	3049
桐柏县	254	254	251	2197	2193	2226
邓州市	571	571	572	5019	5670	5663

17－11 续表 1

单位:万元

	固定资产原价			收入合计		
	2008	2009	2010	2008	2009	2010
合计	**391618**	**486560**	**477738**	**429034**	**521514**	**501922**
宛城区	117772	144297	129512	113786	124579	130408
卧龙区	68987	109730	87639	64853	123867	92527
南召县	18169	20112	15937	11126	13197	11483
方城县	22938	29109	32542	25037	34006	30271
西峡县	15744	22342	27264	20544	26080	32258
镇平县	25359	23961	27535	28628	28749	28384
内乡县	16729	19423	19954	17146	21533	17565
淅川县	17545	17526	19160	13567	16914	17300
社旗县	14560	14822	16087	13504	18096	19106
唐河县	14845	20173	21785	28142	36913	41757
新野县	18029	22063	21954	17435	19741	22851
桐柏县	11296	11700	14122	11708	13467	14096
邓州市	29643	31302	44249	63559	44374	43918

17－11 续表 2

单位:万元

	成本费用			工资和福利费		
	2008	2009	2010	2008	2009	2010
合　计	**371681**	**438286**	**466328**	**179394**	**123476**	**125636**
宛城区	95030	113000	118159	58807	23510	27913
卧龙区	58570	71582	87643	30919	24357	24816
南召县	9851	11956	10304	5415	4656	3284
方城县	17218	28303	24378	5987	8295	7550
西峡县	13403	25209	32739	4676	5485	5748
镇平县	23800	24500	28255	8357	8269	7973
内乡县	15000	19247	15212	4917	6337	5922
淅川县	12937	17420	17269	7784	5631	5748
社旗县	11773	16180	16843	4377	5223	4866
唐河县	26011	33517	38387	6521	8526	8485
新野县	15231	20312	21562	4839	6072	5977
桐柏县	10939	13725	13566	3032	3760	3922
邓州市	61920	43337	42010	33764	13355	13433

17－11 续表 3

单位:万元

	税费合计			营业利润		
	2008	2009	2010	2008	2009	2010
合　计	**1067**	**1103**	**1274**	**62647**	**42015**	**41785**
宛城区	437	307	232	8192	1800	4867
卧龙区	61	72	101	19495	7864	7452
南召县	42	71	71	611	639	1858
方城县	85	146	287	1589	2507	3416
西峡县	14			1491	5001	196
镇平县	23	30	36	734	770	2777
内乡县	83	47	36	2311	10472	6670
淅川县	42	65	114		-277	-559
社旗县	51	36	30	1241	4430	5518
唐河县	182	278	283	9194	3858	4251
新野县				126	114	160
桐柏县				1580	3063	3764
邓州市	47	52	81	16085	1775	1416

17-12 各县(市、区)文化体育和娱乐业单位财务指标

	单位数(个)			从业人数(人)		
	2008	2009	2010	2008	2009	2010
合计	**375**	**385**	**390**	**6482**	**6379**	**6774**
宛城区	29	31	31	706	740	732
卧龙区	37	37	38	2269	1719	2107
南召县	19	22	24	245	309	529
方城县	28	33	34	408	450	436
西峡县	30	30	30	208	211	193
镇平县	5	5	5	38	40	36
内乡县	17	17	17	334	342	241
淅川县	26	26	26	270	266	263
社旗县	36	36	36	289	284	254
唐河县	37	37	38	408	399	418
新野县	24	24	24	212	205	197
桐柏县	36	36	36	405	387	388
邓州市	51	51	51	690	1027	980

17-12续表1

单位:万元

	固定资产原价			收入合计		
	2008	2009	2010	2008	2009	2010
合计	**39612**	**48732**	**56937**	**22660**	**28838**	**33527**
宛城区	10219	11860	14292	2597	3364	3528
卧龙区	7499	9151	12260	7055	9421	12832
南召县	1235	1637	1971	943	1271	1774
方城县	947	1628	1821	876	1399	1346
西峡县	1224	1183	1711	499	690	571
镇平县	558	504	571	179	194	255
内乡县	2284	2549	2510	1304	1487	1043
淅川县	1959	2325	3239	731	952	965
社旗县	1696	2221	2120	881	1138	916
唐河县	2170	2747	3281	1508	1938	2463
新野县	1319	1731	1764	419	619	493
桐柏县	4461	4304	4952	2442	2903	3390
邓州市	4041	6893	6447	3226	3463	3952

17－12 续表 2

单位:万元

	成本费用			工资和福利费		
	2008	2009	2010	2008	2009	2010
合计	**18607**	**24122**	**27242**	**10796**	**11243**	**12220**
宛城区	1307	1773	1656	1060	1289	1477
卧龙区	6558	9093	11939	4162	4106	4541
南召县	534	760	1183	326	519	964
方城县	807	1159	1054	464	528	494
西峡县	441	648	534	323	372	351
镇平县	141	177	250	57	63	85
内乡县	1113	1347	1065	540	574	489
淅川县	621	896	847	390	420	402
社旗县	667	829	640	341	339	309
唐河县	1034	1485	1738	642	679	737
新野县	405	584	454	254	255	213
桐柏县	1882	2444	2737	504	510	463
邓州市	3099	2928	3146	1734	1589	1694

17－12 续表 3

单位:万元

	税费合计			营业利润		
	2008	2009	2010	2008	2009	2010
合计	**548**	**594**	**1169**	**3050**	**4110**	**5773**
宛城区	30	51	51	1055	1254	1675
卧龙区	131	101	612	332	402	662
南召县	142	50	51	115	128	136
方城县	32	69	68	49	198	260
西峡县	2	2	3	26	22	37
镇平县	1	1	2	24	20	42
内乡县	3	2	2			
淅川县	4	6	6	80	71	113
社旗县	22	22	18	101	147	138
唐河县	103	145	185	349	366	733
新野县	2	1	2	12	10	12
桐柏县	72	92	91	450	373	646
邓州市	6	52	81	458	1119	1320

17－13 各县(市、区)公共管理和社会组织单位财务指标

	单位数(个)			从业人数(人)		
	2008	2009	2010	2008	2009	2010
合计	**8129**	**8141**	**8148**	**135256**	**133052**	**138160**
宛城区	543	558	561	12360	13342	13967
卧龙区	646	636	636	18893	17575	17850
南召县	533	534	533	7496	7134	7161
方城县	804	804	806	11328	10956	11297
西峡县	631	631	630	7877	8014	8528
镇平县	638	640	639	15003	14351	14354
内乡县	483	483	483	6208	5973	6011
淅川县	717	716	716	7588	7564	7509
社旗县	487	488	488	7553	7583	7715
唐河县	774	774	773	11105	11137	11248
新野县	466	470	472	5910	6120	6296
桐柏县	516	516	520	7538	7090	7624
邓州市	891	891	891	16397	16213	18600

17－13续表1

单位:万元

	固定资产原价			收入合计		
	2008	2009	2010	2008	2009	2010
合计	**838138**	**876970**	**902534**	**747529**	**909560**	**1072235**
宛城区	105628	114109	113536	63235	85992	91783
卧龙区	96499	96303	100644	147645	173130	185645
南召县	29877	30355	29582	29120	37359	46195
方城县	48461	53823	55809	50881	61624	77784
西峡县	43075	44361	44074	94578	114807	138897
镇平县	82817	88331	90476	78020	86073	106579
内乡县	81389	83596	84606	40205	46461	55476
淅川县	62312	78277	66068	21920	26476	37053
社旗县	35692	36647	42466	26986	35026	47531
唐河县	50641	53409	58047	45279	59815	73767
新野县	39068	40427	39625	34663	40869	51859
桐柏县	39061	40042	41076	32106	41457	52203
邓州市	123618	117290	136526	82889	100471	107464

17－13 续表 2

单位:万元

	成本费用			工资和福利费		
	2008	2009	2010	2008	2009	2010
合计	**695024**	**903614**	**1068844**	**302740**	**357734**	**387602**
宛城区	67066	84603	91731	30423	35104	35473
卧龙区	125586	171862	188153	57537	72668	77021
南召县	25483	37375	46298	11501	13591	13733
方城县	40196	61242	77446	17759	24660	29506
西峡县	88969	115082	139740	42473	45447	51385
镇平县	74664	83032	103340	26655	32624	38723
内乡县	39514	46822	55193	16426	17915	18651
淅川县	20886	26486	36710	13478	13389	14311
社旗县	26379	34726	47213	9685	13032	16429
唐河县	42212	59097	73032	18275	22191	24269
新野县	33633	40847	51587	10008	13484	14655
桐柏县	32216	41422	52052	10856	13632	16281
邓州市	78220	101018	106349	37663	39998	37168

17－13 续表 3

单位:万元

	税费合计			营业利润		
	2008	2009	2010	2008	2009	2010
合计	**1818**	**1674**	**1894**	**14266**	**7434**	**4740**
宛城区	20	41	53	1547	26	26
卧龙区	165	210	225	1135	773	457
南召县	17	9	6	160	320	304
方城县	45	54	69	584	312	199
西峡县	23	26	25	33	16	10
镇平县	702	671	764	10331	5705	3586
内乡县	37	32	34	18	9	6
淅川县	21	23	37	4		
社旗县	1	1	1	52	33	23
唐河县	36	43	53	377	236	128
新野县						
桐柏县	6	3	2	8	5	3
邓州市	745	561	626	18	7	5

18

房 地 产

资料整理:张书范

18-1 历年房地产开发企业主要指标

	企业个数（个）	本年完成投资额（万元）	#住宅	房屋建筑面积竣工率（%）	#住宅	商品房销售面积（平方米）	#住宅	商品房销售额（万元）
1990		1293		40.8				
1991		1826	1647	42.0				
1992		2771	2578	30.8	29745		938	
1993		8143	3601	35.8	38488		1126	
1994		7635	5511	35.9	101372		4105	
1995		7610	5779	69.5	54671	41744	3167	2054
1996		11631	5947	38.4	125244	102452	6127	4974
1997		18865	10520	40.2	174882	152557	7413	6422
1998	37	29460	22583	40.2	179379	172279	12955	10949
1999	62	48613	29891	33.9	280007	227456	22384	17896
2000	75	50421	37315	44.4	289200	266500	26257	19207
2001		38922	30432	42.8	281089	264316	23414	19306
2002	78	73562	46290	44.3	397948	378315	38263	34254
2003	120	110760	63046	31.9	525276	470679	60924	43422
2004		129712	77318	40.1	630913	576247	77203	66502
2005	191	165361	125005	39.3	828974	778289	112404	97302
2006	226	224548	165968	32.2	1184962	1083953	168795	143120
2007	303	323646	247963	28.1	2151713	1870209	332789	266356
2008	325	425226	327831	27.0	2037195	1876714	415200	325941
2009	331	561243	437673	15.9	2185211	2018351	424520	351722
2010	348	703209	600228	19.0	2729009	2586621	568028	516271

18-2 房地产开发企业（单位）个数和从业人员数

	2008	2009	2010
企业个数（个）	325	331	348
#国有控股	18	18	17
集体控股	4	4	3
私人控股	81	115	116
港澳台控股	5	5	4
外资控股	3	2	1
从业人数（人）	6410	6591	7634
#国有控股	824	799	749
集体控股	107	113	86
私人控股	1303	2279	2224
港澳台控股	174	75	62
外资控股	145	233	193

18－3 各县(市、区)房地产开发企业(单位)个数

(2010 年) 单位:个

	合计	一级	二级	三级	四级	暂定	其他	内资	国有	集体	澳台	外资
全　市	**348**	**2**	**24**	**42**	**72**	**207**	**1**	**343**	**17**	**3**	**4**	**1**
市　直	113	2	18	20	34	39		108	7	2	4	1
宛城区	72		1	5	10	56		72				
卧龙区	84		2	2	4	75	1	84				
南召县	7				3	4		7				
方城县	7		1	5	1			7	1			
西峡县	12		2		7	3		12				
镇平县	4			2	1	1		4	3			
内乡县	5			1		4		5		1		
淅川县	3			1	1	1		3	1			
社旗县	7			1	4	2		7				
唐河县	7			3		4		7	1			
新野县	6			1	2	3		6	1			
桐柏县	6			1	2	3		6	1			
邓州市	15				3	12		15	2			

18－4 各县(市、区)房地产开发企业从业人员

(2010 年) 单位:人

市	从业人员	一级	二级	三级	四级	暂定	其他
全　市	**7634**	**253**	**1236**	**1273**	**1126**	**3715**	**31**
市　直	2943	253	893	536	543	718	
宛　城	1106		89	154	122	741	
卧　龙	1107		84	21	34	937	31
南　召	85				26	59	
方　城	293		92	181	20		
西　峡	287		78		165	44	
镇　平	226			87	15	124	
内　乡	141			68		73	
淅　川	122			80	26	16	
社　旗	112			13	30	69	
唐　河	204			111		93	
新　野	122			10	31	81	
桐　柏	98			12	17	69	
邓　州	788				97	691	

18-5 房地产开发投资额

单位:万元

	2000	2005	2006	2007	2008	2009	2010
投资总额	**50421**	**165361**	**224548**	**323646**	**425226**	**561243**	**703209**
国有控股		9976	31872	58228	57534	30656	39498
集体控股		1280	1350	1920	2396	8461	2635
私人控股		30097	48511	75010	76713	172601	189926
港澳台控股		11957	12180	15000	16000	6530	5900
外资控股		23543	27883	13900	8800	35330	34820
#土地开发投资额	10610	25277	377	331	5577	888	1277
按构成分							
建筑、安装工程	38148	104123	174263	287862	377860	482995	599596
设备、工器具购置	27	991	679	3412	3002	15036	15451
其他费用	12246	60247	49606	33372	44364	63212	88162
#土地购置费	10389	34962	19239	15720	21755	25988	56991
按工程用途分							
住宅	37315	125005	165968	247963	327831	437673	600228
#90平方米以下			27901	63947	79685	12466	109684
140平方米以上					49145	75903	100189
#经济适用房	9858	16697	12427	11779	29057	31084	27444
办公楼	2953	2958	990	3363	3108	3301	610
商业营业用房	2831	10018	46959	50595	76718	84520	63764
其他	7322	27380	10631	21725	17569	35749	38607
按资金来源分							
国家预算内资金							
国内贷款	19229	38324	38988	36053	22484	57507	113028
利用外资			2953	2860			
#外商直接投资			2953	1860			
自筹资金	15088	73725	106116	137512	242865	232832	341646
其他资金	19001	70743	118951	177972	223479	278843	355159
新增固定资产	**30753**	**79983**	**97483**	**160570**	**162503**	**206515**	**235432**

18－6 按登记注册类型分的房地产开发投资

（2010 年） 单位:万元

	总计	内资	国有	集体	其他有限责任公司	股份有限公司
本年完成投资	**703209**	**662489**	**39498**	**2635**	**356034**	**33796**
按资金来源分						
本年资金来源合计	915739	847598	44513	2635	442261	44087
上年末结余资金	105906	69930	3830		36835	6057
本年资金来源小计	809833	777668	40683	2635	405426	38030
国内贷款	113028	103398	8700	200	46903	432
自筹资金	341646	341646	23680		144871	16578
其他资金来源	355159	332624	8303	2435	213652	21020
按构成分						
建筑工程	597786	557966	35227	2635	301721	25176
安装工程	1810	1710	6		771	330
设备工器具购置	15451	14651	65		5649	1311
其他费用	88162	88162	4200		47893	6979

18－6 续表 （2010 年） 单位:万元

	私营独资	私营合伙	私营有限责任公司	其他内资	港澳台投资	外商投资	外商合资经营
本年完成投资	**14508**	**6175**	**162398**	**40600**	**5900**	**34820**	**34820**
按资金来源分							
本年资金来源合计	28222	6740	217480	51400	11301	56840	56840
上年末结余资金	3496		16894	2600	1000	34976	34976
本年资金来源小计	24726	6740	200586	48800	10301	21864	21864
国内贷款	10900	800	33463			9630	9630
自筹资金	8927	5900	95108	42800			
其他资金来源	4899	40	72015	6000	10301	12234	12234
按构成分							
建筑工程	12844	4240	136724	33280	5000	34820	34820
安装工程	28		427	50	100		
设备工器具购置	277		3761	3160	800		
其他费用	1359	1935	21486	4110			

18-7 各县(市、区)房地产开发投资情况

(2010 年)　　单位:万元

	投资总额(万元)	住宅	90 平方米以下	140 平方米以上	经济适用房	办公楼
全　市	**703209**	**600228**	**109684**	**100189**	**27444**	**610**
市　直	235369	207224	25878	28608	11279	505
宛　城	132183	118047	9970	6650	7990	100
卧　龙	94808	67025	10697	29086		
南　召	4220	2970	1000	1750		
方　城	59945	52860	8847	581		
西　峡	13092	11380	424	10426		
镇　平	4301	4281	994	1048		
内　乡	3000	2970	1553	127		5
淅　川	53050	52950	19325	3500	8125	
社　旗	5580	4923				
唐　河	29657	27369	14021	4988	50	
新　野	22694	13594	4953	1769		
桐　柏	5250	3250	1340	120		
邓　州	40060	31385	10682	11536		

18-7 续表　　(2010 年)　　单位:万元

	商业营业用房	其他	建筑工程	安装工程	土地开发面积(平方米)	土地开发投资额(万元)	新增固定资产
全　市	**63764**	**38607**	**597786**	**1810**	**513934**	**1277**	**235432**
市　直	21476	6164	212330	435	128319	293	53026
宛　城	13716	320	122648	80			43583
卧　龙	4562	23221	66600	216	178475	327	100
南　召	1250		3910				6000
方　城	5080	2005	46769	196	105902	295	22681
西　峡	290	1422	11986	174		70	9074
镇　平	20		4301				1496
内　乡	25		2855		2666	60	3360
淅　川	100		51250		56886	115	2211
社　旗	397	260	5320				6191
唐　河	1347	941	18783	90	41686	117	24265
新　野	4826	4274	19049	210			17095
桐　柏	2000		4550				5550
邓　州	8675		27435	409			40800

18-8 房地产开发企业(单位)建设房屋建筑面积和造价

	施工房屋面积（平方米）	竣工房屋面积（平方米）	房屋建筑面积竣工率（%）	竣工房屋价值（万元）	竣工房屋造价（元/平方米）
1997	419939	168673	40.17	9293	551
1998	730288	247754	40.17	14423	582
1999	934124	414951	33.93	21265	512
2000	993000	425000	44.42	29276	689
2001	854463	378251	42.80	23878	631
2002	1234680	394429	44.27	28796	730
2003	1514606	607962	31.95	47944	789
2004	1584658	622583	40.14	45905	737
2005	2594110	836175	39.29	69527	831
2006	3707399	1040478	32.23	83856	806
2007	5029977	1357427	28.06	116169	856
2008	6132874	972179	26.99	107395	1105
2009	8361815	1590905	15.85	148344	932
2010	9673461	1709492	19.03	187667	1098
市直	3666691	415294	17.67	52187	1257
宛城	1398649	313422	11.33	38505	1229
卧龙	1253852		22.41		
南召	51000	35000		3325	950
方城	755418	234145	68.63	22681	969
西峡	298088	43266	31.00	4410	1019
镇平	453786	6196	14.51	711	1148
内乡	155090	21000	1.37	1995	950
淅川	206809	32896	13.54	2211	672
社旗	122106	39190	15.91	3412	871
唐河	613267	189862	32.10	21697	1143
新野	330165	208121	30.96	17095	821
桐柏	38840	25400	63.04	4486	1766
邓州	329700	145700	65.40	14952	1026

18-9 房地产开发企业开发情况

	2000	2005	2006	2007	2008	2009	2010
本年购置土地面积(平方米)	360800	748100	511718	305168	293616	431679	866664
本年完成开发土地面积(平方米)	221000	646500	525425	374976	292772	271305	513934
本年待开发的土地面积(平方米)	243200	209100	662279	877200	261812	432439	164211
房屋建筑面积(平方米)							
施工面积(平方米)	993000	2594100	3707399	5029977	6132874	8361815	9673461
#住宅(平方米)	897200	2107500	3013308	4102739	5059228	6996156	8314011
竣工面积(平方米)	425000	836200	1040478	1357427	972179	1590905	1709492
#住宅(平方米)	396900	732700	891568	1031205	784093	1339615	1500455
商品房屋竣工价值(万元)	29276	69527	83856	116169	107395	148344	187667
商品房屋竣工造价(元/平方米)	689	831	806	856	1105	932	1098
商品房屋销售建筑面积(平方米)	289300	828974	1184962	2151713	2037195	2185211	2729009
#现房销售面积(平方米)		591058	720504	924171	550170	849454	659803
期房销售面积(平方米)		237916	464458	1227542	1487025	1335757	2069206
商品房屋销售额(万元)	26257	112404	168795	332789	415200	424520	568028
#现房销售额		82844	92851	114608	90748	131043	128798
期房销售额		29560	75944	218181	324452	293477	439230
商品住宅销售套数(套)		6146	9239	15975	16131	17371	23042
#现房销售套数		4061	5789.00	7381	4373	6977	5788
期房销售套数		2085	3450.00	8594	11758	10394	17254
房屋待售面积(平方米)		78807	70703	64492	78214	151841	388756

18－10 房地产开发企业(单位)经营状况

单位:万元

	主营业务总收入	土地转让收入	商品房屋销售收入	房屋出租收入	其他收入	主营业务税金及附加	利润总额
1995	5159	863	3539	11	746	524	139
1996	8892	594	6417	13	1868	215	-77
1997	10871	794	7072	22	2983	402	-503
1998	19446	653	12878	162	5753	812	609
1999	25794	1229	22255	115	2195	1120	366
2000	28340	1137	26269	52	882	1325	152
2001	58346	3015	46337	12	8982	2517	2329
2002	43130	962	37932	80	4156	2022	104
2003	63906	13317	45974	2	4613	3464	3163
2004	77412	869	70834	2094	3615	1499	105
2005	72506	96	40174	420	1313	2228	2390
2006	193219	965	189956	553	1745	11785	11311
2007	304398	1317	291018	293	11770	20595	16700
2008	286571	232	276708	409	9222	15462	16193
2009	370903	586	360717	507	9093	22784	29947
2010	430178	801	413458	10	15910	27371	40848
市直	175528		174559	10	959	12072	23812
宛城	38068		37908		161	2920	1418
卧龙	25438		17754		7684	2245	2488
南召	3359		3359			237	112
方城	54968	65	54903			589	5926
西峡	10393	536	9857			563	410
镇平	3163	200	2898		65	95	43
内乡	3176		3176			227	77
淅川	7553		4502		3051	1055	522
社旗	5054		5053		1	359	41
唐河	29713		27943		1770	1962	1343
新野	6607		4387		2219	653	-16
桐柏	5486		5486			196	943
邓州	61675		61675			4198	3729

18－11 房地产开发企业(单位)财务状况

单位:万元

	实收资本合计	#国家资本金	资产总计	累计折旧	#本年折旧	负债总计	所有者权益	资产负债率(%)
1995	6466		19525	245	94	15856	3669	81.21
1996	12217		29497	790	237	23297	6200	78.98
1997	11572	630	36396	838	253	27808	8588	76.40
1998	13964	460	50209	1458	552	37641	12568	74.97
1999	19786	633	77740	1190	340	63099	14641	81.17
2000	32320	1432	95983	1213	366	70554	25365	73.51
2001	61703		184096	4728	2853	130790	53306	71.04
2002	57867	567	160375	2824	694	105247	55128	65.63
2003	78648	1060	286048	3077	980	140746	145302	49.20
2004	11396	14203	340361	4808	1174	224156	116205	65.86
2005	58469	7088	415598	2749	490	122098	79746	29.38
2006	178320	10384	540554	7215	1856	306071	234483	56.62
2007	280318	16116	857640	9138	1919	522861	334779	60.97
2008	325124	21346	1085412	13211	2338	654529	430882	60.30
2009	362558	14824	1368135	16735	2996	829275	538860	60.61
2010	388353	15988	1689259	15128	3300	1034664	654595	61.25
市直	181314	12214	1021194	8905	1477	645533	375661	63.21
宛城	74092		215881	2060	595	116337	99545	53.89
卧龙	70054	130	231830	1970	625	127187	104643	54.86
南召	5040		9937	215	39	4380	5557	44.08
方城	10719	1000	44241	208	80	31160	13081	70.43
西峡	7644		33757	265	123	25371	8385	75.16
镇平	2603	1517	4130	207	18	1512	2619	36.60
内乡	3697		16628	196	69	12927	3700	77.75
淅川	1208	327	9292	95	36	7598	1694	81.77
社旗	2878		18570	62	18	15693	2878	84.50
唐河	14961	800	37602	240	33	19903	17699	52.93
新野	2580		27597	157	51	23141	4456	83.85
桐柏	1728		6550	201	46	1709	4840	26.10
邓州	9837		12051	346	91	2213	9838	18.37

18－12 房地产开发企业施工、销售和待售情况

（2010 年）

	合 计	商品住宅	90平方米以下	140平方米以上	经济适用房	别墅、高档公寓	办公楼	商业营用房	其 他
商品房屋施工面积（平方米）	9673461	8314011	2166430	1942990	446969	11138	37825	994766	326859
#新开工	3687232	3200104	579894	677165	260367	5618	3300	380834	102994
商品房屋竣工面积（平方米）	1709492	1500455	375798	338991	95229	10650	7690	169230	32117
#不可销售面积	2352								2352
商品住宅竣工套数（套）		13339	5353	2117	990	33			
竣工房屋价值（万元）	187667	159159	37705	41940	13890	915	916	23637	3955
出租房屋面积（平方米）	11760						3500	8260	
商品房销售面积（平方米）	2729009	2586621	592975	456751	143349	6364		108920	33468
#现房销售	659803	617806	193544	123770	79336	4900		33807	8190
期房销售	2069206	1968815	399431	332981	64013	1464		75113	25278
商品房销售额（万元）	568028	516271	114445	99726	23911	1172		36871	14886
#现房销售	128798	114773	32991	25162	15060	835		11455	2570
期房销售	439230	401498	81454	74564	8851	337		25416	12316
商品住宅销售套数（套）		23042	7225	3002	1406	16			
#现房销售		5788	2392	774	822	10			
期房销售		17254	4833	2228	584	6			
现房平均销售价格（元/平方米）	1952	1858	1705	2033	1898	1704		3388	3138
期房平均销售价格（元/平方米）	2123	2039	2039	2239	1383	2302		3384	4872
待售面积（平方米）	388756	240094	58482	3205	14772		4190	123904	20568

18－13 各县（市、区）房地产开发企业（单位）经营状况

（2010 年） 单位：万元

	主营业务收入	土地转让收入	商品房屋销售收入	房屋出租收入	其他收入	其他业务收入
全 市	**430178**	**801**	**413458**	**10**	**15910**	**268**
市 直	175528		174559	10	959	268
宛 城 区	38068		37908		161	
卧 龙 区	25438		17754		7684	
南 召 县	3359		3359			
方 城 县	54968	65	54903			
西 峡 县	10393	536	9857			
镇 平 县	3163	200	2898		65	
内 乡 县	3176		3176			
淅 川 县	7553		4502		3051	
社 旗 县	5054		5053		1	
唐 河 县	29713		27943		1770	
新 野 县	6607		4387		2219	
桐 柏 县	5486		5486			
邓 州 市	61675		61675			

18－14 各县(市、区)按构成分商品房施工面积

(2010 年)

单位:平方米

	商品房施工面积	住宅	经济适用房	办公楼	商业营业用房	其他用房
全　　市	**9673461**	**8314011**	**446969**	**37825**	**994766**	**326859**
市　　直	3666691	3042032	179602	24825	472882	126952
宛 城 区	1398649	1217908	218218	10000	134165	36576
卧 龙 区	1253852	1038256			153578	62018
南 召 县	51000	49000			2000	
方 城 县	755418	618248			65784	71386
西 峡 县	298088	291340			2850	3898
镇 平 县	453786	449286			4500	
内 乡 县	155090	143490		3000	8600	
淅 川 县	206809	205649	44649		1160	
社 旗 县	122106	114472			7634	
唐 河 县	613267	541875	4500		59142	12250
新 野 县	330165	265515			50871	13779
桐 柏 县	38840	32840			6000	
邓 州 市	329700	304100			25600	

18－15 各县(市、区)按构成分商品房竣工面积

(2010 年)

单位:平方米

	商品房竣工面积	住宅	经济适用房	办公楼	商业营业用房	其他用房
全　　市	**1709492**	**1500455**	**95229**	**7690**	**169230**	**32117**
市　　直	415294	313381	79970	7690	76621	17602
宛 城 区	313422	293964			16706	2752
卧 龙 区						
南 召 县	35000	33000			2000	
方 城 县	234145	223275			3665	7205
西 峡 县	43266	42458			250	558
镇 平 县	6196	6196				
内 乡 县	21000	21000				
淅 川 县	32896	32896	15259			
社 旗 县	39190	34490			4700	
唐 河 县	189862	147174			42688	
新 野 县	208121	199121			5000	4000
桐 柏 县	25400	19400			6000	
邓 州 市	145700	134100			11600	

18-16 各县(市、区)按构成分商品房竣工价值

(2010年)　　　　单位:万元

	商品房竣工价值	住宅	经济适用房	办公楼	商业营业用房	其他用房
全市	**187667**	**159159**	**13890**	**916**	**23637**	**3955**
市直	52187	39488	12862	916	10103	1680
宛城区	38505	36009			2151	345
卧龙区						
南召县	3325	3135			190	
方城县	22681	19420			1711	1550
西峡县	4410	4210			120	80
镇平县	711	711				
内乡县	1995	1995				
淅川县	2211	2211	1028			
社旗县	3412	3036			376	
唐河县	21697	16221			5476	
新野县	17095	16420			375	300
桐柏县	4486	2486			2000	
邓州市	14952	13817			1135	

18-17 各县(市、区)按构成分商品房销售面积

(2010年)　　　　单位:平方米

	商品房销售面积	现房	期房	住宅	90平米以下住房	经济适用房	商业营业用房	其他用房
全市	**2729009**	**659803**	**2069206**	**2586621**	**592975**	**143349**	**108920**	**33468**
市直	833701	236056	597645	789792	161213	109475	33803	10106
宛城区	318650	40229	278421	300681	68252	15975	17719	250
卧龙区	298499		298499	287478	36665		2270	8751
南召县	36200	35000	1200	34200	13000		2000	
方城县	397535	90296	307239	378112	111698		6960	12463
西峡县	132885	18964	113921	130737	4060		250	1898
镇平县	11383	1583	9800	11383	3361			
内乡县	28555		28555	28555	24724			
淅川县	79056	26520	52536	79056	12314	17899		
社旗县	18964	6630	12334	18592			372	
唐河县	262933	118188	144745	247098	77881		15835	
新野县	41758	31932	9826	41758	16457			
桐柏县	31390	21595	9795	25939	10860		5451	
邓州市	237500	32810	204690	213240	52490		24260	

18－18 各县(市、区)按构成分商品房销售额

(2010 年)　　　　单位:万元

	商品房屋销售额	现房	期房	住宅	90平米以下住房	经济适用房	商业营业用房	其他用房
全市	**568028**	**128798**	**439230**	**516271**	**114445**	**23911**	**36871**	**14886**
市直	196659	54858	141801	179563	38682	19280	14617	2479
宛城区	70547	10228	60319	66223	17304	2665	4261	63
卧龙区	80342		80342	67308	9025		4037	8997
南召县	4632	4500	132	3782	1430		850	
方城县	69659	15376	54283	65136	14554		1599	2924
西峡县	22092	2860	19232	21539	525		130	423
镇平县	1888	288	1600	1888	591			
内乡县	4660		4660	4660	4047			
淅川县	10588	3559	7029	10588	1974	1966		
社旗县	3239	1193	2046	3099			140	
唐河县	37883	16525	21358	35448	11076		2435	
新野县	9028	6789	2239	9028	3930			
桐柏县	8184	6529	1655	5379	1439		2805	
邓州市	48627	6093	42534	42630	9868		5997	

18－19 各县(市、区)商品房待售面积

(2010 年)　　　　单位:平方米

	待售面积	住宅	办公楼	商业营业用房	其他用房
全市	**388756**	**240094**	**4190**	**123904**	**20568**
市直	244690	131630	4190	92302	16568
宛城区	10980	10980			
卧龙区					
南召县					
方城县					
西峡县	3300	3300			
镇平县	4613	4613			
内乡县	17739	17739			
淅川县					
社旗县					
唐河县	59124	28071		31053	
新野县	44506	40506			4000
桐柏县	3804	3255		549	
邓州市					

18-20 房地产开发企业投资完成及经营情况

单位:万元

	2007	2008	2009	2010
计 划 总 投 资	**1131580**	**1476448**	**2259492**	**2965172**
自开始建设累计完成投资	611129	882380	1206308	1664632
本年完成投资	323646	425226	561243	703209
其中:土地开发投资额	331	5577	888	1277
其中:配套工程投资	3103	677	4517	4599
建筑工程	261502	363095	481968	597786
安装工程	26360	14765	1027	1810
设备工器具购置	3412	3002	15036	15451
其他费用	33372	44364	63212	88162
其中:旧建筑物购置费	2240	2455	2012	129
其中:土地购置费	15720	21755	25988	56991
其中:住宅投资	247963	327831	437673	600228
其中:90 平米住房	63947	79685	124666	109684
其中:经济适用房	11779	29057	31084	27444
其中:别墅、高档公寓	7710	221	800	418
办公楼	3363	3108	3301	610
商业营业用房	50595	76718	84520	63764
其他	21725	17569	35749	38607
本年新增固定资产	160570	162503	206515	235432
本年资金来源合计	421583	538257	655225	915739
上年末结余资金	67186	49429	86043	105906
本年资金来源小计	354397	488828	569182	809833
国内贷款	36053	22484	57507	113028
其中:银行贷款		16820	50700	100594
非银行金融机构贷款		5664	6807	12434
利用外资	2860			
其中:外商直接投资	1860			
自筹资金	137512	242865	232832	341646
企事业单位自有资金	67288	84614	85480	116049
其他资金来源	177972	223479	278843	355159
其中:定金及预付款	94261	147270	152805	144770
个人按揭贷款	23204	14851	44030	57380
本年各项应付款合计	17772	43009	108904	173787
其中:工程款	3118	36352	15852	50041
本年完成开发土地面积	374976	292772	271305	513934
待开发土地面积	877200	261812	432439	164211
本年购置土地面积	305168	293616	431679	866664
本年土地成交价款	15793	19154	41976	63594
流动资产合计	714158	945109	1064357	1350886
其中:存货	248829	382369	424457	506537

18－20 续表

单位:万元

	2007	2008	2009	2010
固定资产原价	54859	68944	72999	84870
固定资产累计折旧	9138	13211	16735	15128
本年折旧	1919	2338	2996	3300
资产总计	857640	1085412	1368135	1689259
负债总计	522861	654529	829275	1034664
所有者权益合计	334779	430882	538860	654595
其中:实收资本	280318	325124	362558	388353
国家资本	16116	21346	14824	15988
集体资本	11134	3935	7255	5951
法人资本	37350	82380	51312	54095
个人资本	206994	206812	280394	303504
港澳台资本	5834	3220	4852	5409
外商资本	2890	7430	3920	3406
主营业务收入	304398	286571	370903	430178
土地转让收入	1317	232	586	801
商品房屋销售收入	291018	276708	360717	413458
房屋出租收入	293	409	507	10
其他收入	11770	9222	9093	15910
主营业务成本	240771	221017	279209	318445
主营业务税金及附加	20595	15462	22784	27371
主营业务利润	37023	43447	63078	80626
其他业务收入	764	38	442	268
其他业务利润	738	711	429	261
销售费用	6009	6673	8049	8115
管理费用	14850	19467	21213	22496
其中:税金	886	1495	2446	3031
差旅费	1171	1583	1519	1740
工会经费	114	123	168	120
财务费用	6260	8346	7761	9669
利息支出	4597	5640	6373	7769
营业利润	16651	16345	32316	44529
营业外收入	1245	249	382	730
营业外支出	1355	372	718	614
利润总额	16700	16193	29947	40848
应缴所得税	4650	3842	5586	6144
劳动失业、保险费	169	329	389	402
住房公积金及住房补贴	60	81	27	33
本年应付工资总额	7111	8324	10588	13676
本年应付福利费总额	905	1048	1333	1612
全部从业人员年平均人数	5330	6182	6377	6627

18－21 全年累计完成投资1000万元及以上房地产开发企业生产经营情况

（2010年） 单位：万元

	资质等级	全年累计完成投资（万元）	资产总计（万元）	期末从业人员（人）	施工面积（平方米）	实际销售面积（平方米）
河南省万正房地产开发有限公司	1	34820	49719	193	188200	68778
河南省宇信房地产开发有限公司	2	30599	12446	92	360262	171000
淅川县永丰房地产开发有限责任公司	4	25000	1468	26	135320	27690
南阳市碧桂圆房地产开发有限公司	5	24800	15790	10	122800	4900
南阳市鸭电置业发展有限公司	4	24041	16509	16	43754	69000
南阳市淯阳房地产开发公司	5	22600	4438	26	245638	4500
南阳市中泰房地产开发有限公司	5	22328	19296	65	130024	35619
南阳市长安房地产开发有限公司	3	20036	21373	51	319251	45800
南阳市众龙房地产开发有限公司	3	19800	8035	10	146417	67052
建业住宅集团南阳置业有限公司	5	18000	78460	20	14000	
淅川县房地产开发有限公司	3	15050	3560	80	55809	33243
南阳市宏悦房地产开发有限公司	5	14370	27220	52	95060	64821
南阳市裕邦佳合房地产开发有限公司	3	13680	1579	53	89160	41245
淅川县大民房地产开发有限公司	5	13000	4263	16	15680	18123
南阳市明伦房地产开发有限公司	2	12800	14627	89	98076	28000
唐河县中信置业有限公司	5	12286	10870	20	190384	123570
邓州市金川城乡建设有限公司	5	12000	850	12	98000	70800
邓州市同华房地产开发有限公司	5	12000	632	9	86000	65150
南阳绿都置业有限公司	9	11994	8534	31	78941	54000
河南万家园房地产开发集团有限公司	1	10200	68122	60	242254	20580
南阳市鑫邦房地产开发有限公司	4	8800	800	14	50000	9799
南阳市华淯房地产开发有限公司	4	8613	987	4	60000	45000
南阳港岛房地产开发有限公司	2	8040	23076	40	103881	31239
邓州市房地产开发公司	4	7800	660	63	60000	33790
邓州市三贤置业有限公司	5	7110	2715	560	58000	47860
南阳市向阳房地产开发有限责任公司	2	7066	15682	45	108040	22334
南阳市乾元房地产开发有限责任公司	3	6920	6831	36	70000	7417
南阳市盛世铭建房地产开发有限责任公司	5	6700	280	6	86949	5700
南阳中海房地产开发有限公司	5	6500	7519	20	35370	
南阳市德源房地产开发有限公司	5	6500	3632	5	18000	16000
南阳市三杰房地产开发有限公司	2	5900	35936	35	105467	25530
南阳市鸿德房地产开发公司	2	5837	45635	43	10366	
南阳市鑫安房地产开发有限责任公司	2	5800	22776	26	102588	5788
方城县恒基房地产开发有限责任公司	3	5800	7000	60	127300	44659
南阳市鸿达房地产开发有限公司	4	5748	6588	34	15200	3412
南阳市中实骏景房地产开发有限公司	2	5620	44594	30	127430	65924

18－21 续表1　　　　(2010年)　　　　单位:万元

	资质等级	全年累计完成投资（万元）	资产总计（万元）	期末从业人员（人）	施工面积（平方米）	实际销售面积（平方米）
南阳市星旺房地产开发有限责任公司	4	5232	4729	17	92712	28517
南阳市名门房地产开发有限公司	5	5227	18127	14	76000	63072
南阳市三豪房地产开发有限责任公司	4	5163	394	15	103000	24000
南阳东方房地产开发股份有限公司	3	5156	2256	60	86014	10900
南阳市坤奥置业有限责任公司	3	5126	15311	67	35000	
南阳市澳宛房地产开发有限公司	5	5100	8820	10	86897	4900
南阳市三川房地产开发有限公司	2	5062	44453	126	182515	27553
南阳长天置业有限责任公司	5	5032	10728	21	68368	4983
南阳梅溪宾馆有限责任公司	5	5000	1260	10	2000	
唐河县恒基房地产开发公司	3	4980	2254	42	83969	43935
社旗华府房地产开发有限公司	5	4930	11579	58	107010	10034
南阳市黄河房地产开发有限责任公司	2	4810	20856	50	216400	76000
南阳市广厦实业开发有限公司	2	4615	22604	78	106918	33358
唐河县海岸房地产开发公司	5	4362	5455	30	106948	24977
南阳中达置业集团有限公司	2	4310	19749	136	470000	24650
南阳市天合伟业房地产开发有限公司	5	4140	15479	18	143782	21600
南阳市佳泰房地产开发有限公司	3	4094	17574	27	90578	48591
新野县瑞祥房地产开发有限责任公司	4	4068	261	20	72923	15338
南召县新世纪置业有限公司	5	4000	2517	9	35000	35000
桐柏县瑞达房地产开发有限公司	3	4000	2815	12	20000	20995
方城县方圆房地产开发有限公司	3	3551	8365	31	64000	50009
南阳市中恒房地产开发有限责任公司	3	3470	11877	21	114355	
方城县兴达房地产开发有限公司	3	3445	2861	23	41996	40832
南阳市华安房地产开发有限公司	2	3400	6277	30	26434	
南阳市东锋房地产开发有限公司	3	3354	10814	16	110866	25651
河南天工建设集团房地产开发有限责任公司	2	3300	4486	20	63200	
南阳市天晟房地产开发有限公司	4	3290	8242	20	127743	9700
南阳市兴立房地产开发有限责任公司	4	3192	3614	26	34567	
南阳市宝城房地产开发有限公司	4	3080	13336	6	203530	25880
南阳市天达置业房地产开发有限公司	3	3011	12823	21	64519	20156
河南省惠众置业有限公司	5	3000	13787	14	72906	11499
河南聚丰房地产开发公司	5	2950	36678	200	95557	
南阳鑫泰房地产开发有限公司	5	2888	2787	24	17216	14819
南阳市隆基房地产开发有限公司	5	2763	800	14	30935	26326
内乡县宏达房地产开发有限公司	3	2635	5719	68	50700	26061
南阳市拆迁安置建设开发公司	3	2614	20781	92	4000	
南阳市昊鼎房地产开发有限公司	5	2600	934	9	44542	4800

18－21 续表2　　(2010年)　　单位:万元

	资质等级	全年累计完成投资（万元）	资产总计（万元）	期末从业人员（人）	施工面积（平方米）	实际销售面积（平方米）
新野县长安房地产开发公司	3	2561	1542	10	120904	12617
南阳弘泰房地产开发有限公司	4	2533	4941	11	23000	8820
方城县顺达房地产开发有限责任公司	4	2503	590	20	54000	37898
南阳市金盟房地产开发有限责任公司	5	2490	1987	26	125320	4840
南阳市新境界置业有限公司	5	2432	3047	13	56914	4500
南阳市房地产开发公司	2	2400	12534	54	90000	4990
南阳市乐乐牛房地产开发有限公司	5	2320	12035	30	46034	4205
南阳市丹霞房地产开发有限公司	5	2300	280	7	18000	
唐河县房地产开发公司	3	2275	3700	53	52750	7500
南阳市世纪龙房地产开发有限责任公司	5	2240	2840	6	30923	
南阳市卓越房地产开发有限公司	4	2210	974	22	32300	4800
南阳市四方置业有限公司	5	2147	7250	12	59538	14801
南阳市光达置业股份有限公司	5	2000	2607	40	9600	
南阳市鼎鑫置业有限公司	5	2000	1102	38	22000	
南阳市金天洋房地产开发有限公司	5	1900	2000	13	17569	17569
南阳市英昌房地产开发有限公司	3	1834	2074	15	47604	18969
南阳市乘意房地产开发有限公司	3	1700	4260	20	10286	
南阳市恒佳房地产开发有限公司	4	1700	800	17	37020	10502
南阳市嘉合房地产开发有限公司	4	1675	2030	5	6212	
南阳德美奥翔置业有限公司	4	1619	800	53	44240	4107
西峡县鸿运房地产开发公司	2	1600	4072	30	11600	11504
南阳市鑫磊房地产开发有限公司	5	1476	4215	6	31170	17569
镇平县万盛置业有限责任公司	5	1456	1150	124	380000	9800
南阳中石房地产开发公司	4	1411	215	56	26000	11910
西峡县华府置业有限公司	4	1332	11771	30	16082	9782
南阳海昌房地产开发有限责任公司	2	1290	33839	45	56630	22084
西峡县房地产开发有限责任公司	2	1289	8675	48	37197	15540
桐柏县房地产开发公司	4	1250	1381	11	18840	10395
南阳市福源居房地产开发有限责任公司	5	1182	452	16	23165	13228
镇平县和平房地产开发公司	3	1165	631	56	30000	
南阳市住宅统建综合开发有限公司	3	1120	11460	36	34179	31379
南阳市新经纬房地产开发有限公司	4	1100	5775	15	16900	12144
南阳市国泰房地产开发有限公司	4	1100	1127	11	13000	
南阳峰基伟业房地产开发有限公司	5	1100	600	20	10000	4990
南阳市明升置业有限公司	5	1075	3000	28	13000	9000
河南省南阳市英泰房地产开发有限责任公司	3	1050	3523	18	12166	6193
南阳市万裕房地产开发有限公司	4	1020	4060	25	18535	4999

主要统计指标解释

房地产开发投资 指房地产开发公司、商品房建设公司及其他房地产开发法人单位和附属于其他法人单位实际从事房地产开发或经营的活动单位统一开发的包括统代建、拆迁还建的住宅、厂房、仓库、饭店、宾馆、度假村、写字楼、办公楼等房屋建筑物和配套的服务设施，土地开发工程（如道路、给水、排水、供电、供热、通讯、平整场地等基础设施工程）的投资；不包括单纯的土地交易活动。

房屋建筑面积 指从房屋外墙线算起的各层平面面积的总和，包括可供使用的有效面积和房屋结构（如柱、墙）占用的面积。多层建筑按各层（包括地下室）面积总和计算。

住宅建筑面积 指施工和竣工房屋建筑面积中供居住用的施工和竣工房屋建筑面积。

施工面积 指报告期内施工的全部房屋建筑面积。包括本期新开工的面积、上期跨入本期继续施工的房屋面积、上期停缓建在本期恢复施工的房屋面积、本期竣工的房屋面积及本期施工后又停缓建的房屋面积。

竣工面积 指在报告期内房屋建筑按照设计要求已全部完工，达到住人和使用条件，经验收鉴定合格，正式移交使用单位的建筑面积。

新增固定资产 指报告期内已经完成建造和购置过程，并已交付生产或使用单位的固定资产价值。该指标是表示固定资产投资成果的价值指标，也是反映建设进度，计算固定资产投资效果的重要指标。

别墅、高档公寓 指建筑造价和销售价格明显高于一般商品住宅的商品住宅。别墅一般指地处郊区，独立成栋的商品住宅；高档公寓一般指地处市内高尚社区，高层或多层的商品住宅。别墅、高档公寓的确定标准：一是经有房地产投资计划审批权的主管部门审批建设的别墅、高档公寓开发项目；二是销售价格高于当地同等地段商品住宅平均销售价格一倍以上的别墅、公寓开发项目。该指标可以分析房地产投资结构，反映高收入家庭商品住宅的供求平衡情况。

经济适用房 指根据国家经济适用房计划安排建设的政策性住宅。经济是指房屋建筑造价和销售价格低于一般商品住宅；适用是指适合中低收入家庭购买使用。经济适用房主要是由国家统一下达投资计划，房地产公司开发，对外销售；用地一般采用行政划拨或招标投标方式，免收土地出让金；对各种经批准的收费减半征收，开发利润不超过3%；销售价格实行政府指导价。该指标可以分析房地产投资结构，反映中低收入家庭商品住宅的供求平衡情况。

房屋建筑面积竣工率 指一定时期内房屋竣工面积占同期房屋施工面积的比率。它是从房屋建筑施工速度的角度反映投资效果和建筑业经济效益的指标。

商品房销售面积 指报告期内出售商品房屋的合同总面积（即双方签署的正式买卖合同中所确定的建筑面积）。由现房销售建筑面积和期房销售建筑面积两部分组成。

商品房销售额 指报告期内出售商品房屋的合同总价款（即双方签署的正式买卖合同中所确定的合同总价）。该指标与商品房销售面积同口径，由现房销售额和期房销售额两部分组成。

商品房建设投资额 是指房地产开发企业（单位）开发建设的供出售、出租用的住宅、厂房、仓库、饭店、度假村、写字楼、办公楼等房屋工程及其配套的服务设施所完成的投资额。

完成开发土地面积 指报告期内对土地进行开发并已完成七通一平等前期开发工程，具备进行房屋建筑物施工或达到出让条件的土地面积。

本年购置土地面积 指在本年内通过各种方式获得土地使用权的土地面积。

19

教育、科技和专利

资料整理:李　丹　陈智力

19-1 全市学校教育基本情况

	1980	1985	1990	1995	2000	2005	2009	2010
平均每万人口在校学生数(人)								
大学生(含研究生)	2	2	2	4	10	36		
普通中专生(含中等职业学生)	7	18	31	68	81	97		
普通高中生	85	54	50	45	71	155		
普通初中生	488	333	338	463	586	480		
小学生	1424	1417	1256	1110	961	798		
平均每个教师负担学生数(人)								
高等教育(含研究生)	9	9	6	8	14	25.8	22.1	18.3
中等职业教育	12	9	11	15	20	20.8	27.7	28.5
普通高中	17	16	15	18	19	22.6	17.6	17.0
普通初中						17.4	15.1	15.6
小学	23	25	23	28	20	17.5	21.3	22.7
入学率、巩固率、升学率								
初中适龄人口入学率(%)				89.5	99.4	95.10	98.45	98.88
初中在校生三年巩固率(%)		97.3	98.0	96.1	98.3	99.39	99.35	98.48
初中毕业生升学率(%)		39.7	31.1	48.8	35.3	50.53	65.15	68.76
小学适龄人口入学率(%)		97.7	98.9	99.6	100.0	99.34	99.75	99.69
小学在校生五年巩固率(%)		97.6	98.8	98.9	99.8	99.98	98.91	98.00
小学毕业生升学率(%)		51.2	60.7	90.4	96.2	97.40	98.20	99.44
教育经费总支出(预算内、外)(万元)				85746	146326	275878	526337	
国家财政性教育经费				62235	106635	189365	454804	
#预算内教育经费				40940	71902	174056	439789	
社会团体和公民个人办学经费				48	241	6025	2306	
社会捐资和集资办学经费				13179		1259	533	
学费和杂费				8068	24449	39551	44308	
其他教育经费				2216	9304	23893	5721	
中小学学校校舍危房率(%)				0.7	0.4	4.0	11.5	12.5
小学生辍学人数(人)		2560	16875	13377	2233	2144	4334	6059
初中学生辍学人数(人)		3916	15420	17809	9844	4612	3184	5416
小学教师学历合格率(%)		56.7	69.7	88.7	98.2	99.1	99.6	99.8

注:1. 教育经费1990年以前与1990年以后计算口径不一致。

2. 教师负担学生数中,中等职业教育2003年以前的数据不包括职业教育。

3. 中等职业教育相关数据均不含技工学校数据。

19-2 学校教育学校数和教职工数

	1985	1990	1995	2000	2005	2009	2010
学 校 数(所)							
普通高等教育	1	2	2	2	4	4	4
中等职业教育	68	69	128	94	82	94	92
#职业高中	25	56	114	79	52	66	64
基础教育	8835	6885	9550	5698	4865	4681	4775
1. 普通中学	1159	895	709	637	601	523	513
普通高中	111	95	71	82	91	82	72
普通初中	1048	800	638	555	510	441	441
2. 职业初中	29	12	23	2	1		
3. 小学	5874	4542	4289	4546	4008	3754	3763
4. 幼儿园	1772	1433	4520	502	244	394	489
5. 特殊教育学校	1	3	9	11	11	10	10
技工学校		15	20	26	18		
教 职 工 数(人)							
普通高等教育	480	828	1269	1448	3671	4586	5326
中等职业教育	2899	4433	6368	7243	6641	6934	6873
#职业高中	594	1622	3264	3669	3516	4023	3982
基础教育	89069	96986	80004	96205	95384	95601	96985
1. 普通中学	27588	31640	33102	40349	41152	39559	39201
2. 职业初中	255	233	141	107	68		
3. 小学	56936	59300	44518	52926	51333	51637	51688
4. 幼儿园	4288	5794	2126	2616	2604	4180	5841
5. 特殊教育学校	2	19	117	207	227	225	255
技工学校		1520	1430	1877	1040		

19-3 学校教育专任教师数和在校学生数

单位:人

	1985	1990	1995	2000	2005	2009	2010
专任教师数							
普通高等教育	241	363	523	783	2094	3543	3645
中等职业教育	1456	2408	3759	4369	4457	4737	4734
#职业高中	402	1098	2369	2763	2652	2900	2889
基础教育	78976	85546	70778	86926	87919	88714	89674
1.普通中学	22473	26155	28437	35386	36815	35830	35550
普通高中	3582	4165	4099	5321	7342	8971	8899
普通初中	18941	21990	24338	30065	29473	26859	26651
2.职业初中	225	207	128	79	63		
3.小学	52441	54191	40795	49398	48977	49527	49478
4.幼儿园	3836	4980	1340	1902	1881	3161	4424
5.特殊教育学校	1	13	78	161	183	196	222
技工学校		709	1430	1566	792		
在校学生数							
普通高等教育	2130	2297	4039	10599	38767	78201	66735
中等职业教育	16346	30351	70089	85336	103749	131098	135025
#职业高中	6036	14884	48329	53459	53936	51540	47774
基础教育	1778169	1783867	1922013	1817630	1679412	1801743	1907114
1.普通中学	353768	381736	521608	688572	679828	562568	566177
普通高中	49087	48848	46451	74281	165772	158098	151495
普通初中	304681	332888	475157	614291	514056	404470	414682
2.职业初中	2926	3428	3261	1234	906		
3.小学	1296208	1236865	1138811	1008295	855623	1053614	1122119
4.幼儿园	125261	161733	257538	118913	141657	184702	217883
5.特殊教育学校	6	105	795	616	1398	859	935
技工学校		5361	12300	15400	5518		

19-4 学校教育招生数和毕业生数

单位:人

	1985	1990	1995	2000	2005	2009	2010
招生数							
普通高等教育	972	1055	1919	5716	16036	32955	22942
中等职业教育	7333	12225	33858	28015	37952	51852	50771
#职业高中	2796	6264	25551	17714	18398	17085	16446
基础教育	358641	356576	445000	387424	494460	548993	
1. 普通中学	114268	135256	208399	258917	222945	188290	192805
普通高中	15896	16334	15524	32873	58593	49573	51199
普通初中	98372	118922	192875	226044	164352	138717	141606
2. 职业初中	1397	1436	994	534	290		
3. 小学	242970	219869	235417	127883	151662	208723	216884
4. 幼儿园					119348	151857	147818
5. 特殊教育	6	15	190	90	215	123	192
技工学校		1890	4551	3900	2322		
毕业生数							
普通高等教育	199	1070	1632	1569	15506	21155	19046
中等职业教育	3680	7641	12828	31706	33526	37912	41454
#职业高中	1316	3267	6981	21837	19538	18705	18239
基础教育	272796	300172	337488	435230	412336	434808	
1. 普通中学	80224	101252	121590	199143	242657	195096	183463
普通高中	16315	17653	13329	16973	53447	61319	57522
普通初中	63909	83599	108261	182170	189210	133777	125941
2. 职业初中	462	673	1307	459	550		
3. 小学	192110	198247	214569	235562	169038	141262	142398
4. 幼儿园						98392	93698
5. 特殊教育			22	66	91	58	53
技工学校		1866	3300	15000	1441		

19-5 普通高等学校专任教师分年龄的人数

(2010年)　　单位:人

	合　计	其中:女	正高级	副高级	中　级	初　级	无职称
总　　计	**3675**	**1764**	**181**	**1027**	**1414**	**829**	**224**
30岁及以下	945	482			200	600	145
31-35岁	719	369		28	499	145	47
36-40岁	625	291	2	222	319	60	22
41-45岁	606	285	21	330	231	17	7
46-50岁	450	198	75	266	101	6	2
51-55岁	193	86	54	98	39	1	1
56-60岁	122	47	28	69	25		
61-65岁	15	6	1	14			
66岁及以上							

19-6 各县(市、区)普通中学分城乡情况

(2010年)

	学　校　数(所)			在校学生数(人)			招　生　数(人)		
	合　计	城　镇	农　村	合　计	城　镇	农　村	合　计	城　镇	农　村
南　阳　市	**513**	**326**	**187**	**566177**	**436221**	**129956**	**192805**	**150861**	**41944**
宛　城　区	47	27	20	51675	37891	13784	17845	13136	4709
卧　龙　区	44	27	17	47811	39123	8688	16700	13999	2701
南　召　县	49	19	30	30293	18352	11941	10613	6358	4255
方　城　县	46	21	25	46609	28268	18341	15459	9477	5982
西　峡　县	30	18	12	24712	20875	3837	9035	7528	1507
镇　平　县	39	26	13	38156	30013	8143	13379	10949	2430
内　乡　县	26	19	7	30955	25373	5582	11104	9138	1966
淅　川　县	27	23	4	44255	40223	4032	15431	14290	1141
社　旗　县	31	24	7	33409	28176	5233	10422	8799	1623
唐　河　县	50	36	14	57922	44017	13905	18873	14627	4246
新　野　县	26	22	4	42417	35461	6956	13712	11429	2283
桐　柏　县	26	20	6	25182	21627	3555	9795	8478	1317
邓　州　市	72	44	28	92781	66822	25959	30437	22653	7784

19－6 续表

(2010 年)

	毕业生数(人)			教职工人数(人)					#专任教师		
	合计	城镇	农村	合计	城镇	农村	教育部门办和集体办	民办	合计	城镇	农村
南阳市	**183463**	**141343**	**42120**	**39201**	**29972**	**9229**	**37093**	**2108**	**35550**	**26964**	**8586**
宛城区	16734	12386	4348	4168	2997	1171	3652	516	3602	2526	1076
卧龙区	17322	13616	3706	3597	2819	778	3314	283	3316	2565	751
南召县	10694	6477	4217	2538	1482	1056	2415	123	2236	1274	962
方城县	14479	8836	5643	3355	1995	1360	3133	222	2953	1737	1216
西峡县	6815	6098	717	1977	1604	373	1977		1756	1399	357
镇平县	12184	9217	2967	2748	2243	505	2748		2665	2173	492
内乡县	9921	8223	1698	2177	1769	408	2148	29	1977	1593	384
淅川县	13914	12653	1261	3033	2728	305	2917	116	2700	2439	261
社旗县	10254	8373	1881	2162	1759	403	2040	122	1980	1609	371
唐河县	19368	14884	4484	4087	3214	873	3913	174	3663	2863	800
新野县	13021	11135	1886	2349	2039	310	2152	197	2146	1846	300
桐柏县	9278	8213	1065	1993	1655	338	1902	91	1884	1553	331
邓州市	29479	21232	8247	5017	3668	1349	4782	235	4672	3387	1285

19－7 各县(市、区)普通高中基本情况

(2010 年)

单位:人

	学校数(所)	毕业生数	招生数	在校学生数	专任教师
南阳市	**72**	**57522**	**51199**	**151495**	**8899**
宛城区	11	6203	5825	16884	1242
卧龙区	8	6231	4745	13368	842
南召县	7	3114	2456	7783	571
方城县	7	3862	3352	9620	574
西峡县	3	3255	2505	8211	492
镇平县	4	2637	2976	8200	694
内乡县	4	2963	3381	8842	572
淅川县	5	4374	5540	14924	777
社旗县	4	3248	3113	11014	463
唐河县	5	5737	4922	14895	711
新野县	4	4077	2545	9807	433
桐柏县	2	4279	3683	8063	432
邓州市	8	7542	6156	19884	1096

19-8 各县(市、区)普通初中基本情况

(2010年)

单位:人

市	学校数(所)	毕业生数(人)	招生数(人)	在校学生数(人)	专任教师(人)	初中适龄人口入学率(%)	初中在校生三年巩固率(%)
南阳市	**441**	**125941**	**141606**	**414682**	**26651**	**98.88**	**98.48**
宛城区	36	10531	12020	34791	2360	99.20	101.51
卧龙区	36	11091	11955	34443	2474	98.59	105.59
南召县	42	7580	8157	22510	1665	95.53	95.09
方城县	39	10617	12107	36989	2379	99.48	99.12
西峡县	27	3560	6530	16501	1264	97.98	92.64
镇平县	35	9547	10403	29956	1971	99.86	93.70
内乡县	22	6958	7723	22113	1405	97.14	94.03
淅川县	22	9540	9891	29331	1923	99.40	97.54
社旗县	27	7006	7309	22395	1517	97.60	92.82
唐河县	45	13631	13951	43027	2952	98.80	96.71
新野县	22	8944	11167	32610	1713	99.99	103.53
桐柏县	24	4999	6112	17119	1452	97.38	90.53
邓州市	64	21937	24281	72897	3576	100.00	102.66

19-9 中等职业教育基本情况

(2010年)

单位:所、人

	学校数	在校学生数	招生数	毕业生数	教职工数	专任教师数
南阳市	**92**	**135025**	**50771**	**41454**	**6873**	**6652**
宛城区	17	18314	6340	6531	1154	1154
卧龙区	21	55162	18068	17220	1511	1437
南召县	6	2593	766	932	374	329
方城县	6	6969	4330	2148	405	393
西峡县	5	5152	1692	1334	282	280
镇平县	2	3622	997	1173	255	255
内乡县	5	8254	6147	1313	375	347
淅川县	4	6660	4139	806	276	276
社旗县	4	3719	1332	1257	329	269
唐河县	6	7713	1588	2574	568	568
新野县	5	3110	871	827	463	463
桐柏县	5	2451	662	736	218	218
邓州市	6	11306	3839	4603	663	663

19－10 各县(市、区)小学基本情况

(2010年)

	学校数(所)	城镇	农村	毕业生数(人)	城镇	农村	招生数(人)	城镇	农村	在校学生数(人)	城镇	农村
南阳市	**3763**	**331**	**3432**	**142398**	**61144**	**81254**	**216884**	**66388**	**150496**	**1122119**	**391009**	**731110**
宛城区	161	24	137	12519	5904	6615	17503	7192	10311	91327	40737	50590
卧龙区	210	27	183	11671	6651	5020	18266	7882	10384	93562	45265	48297
南召县	332	15	317	8673	2521	6152	12395	3396	8999	67753	19144	48609
方城县	430	17	413	12189	3087	9102	22195	4629	17566	102131	23522	78609
西峡县	268	16	252	5831	3591	2240	9374	3239	6135	50418	21459	28959
镇平县	100	34	66	11301	6368	4933	17357	5626	11731	88781	33958	54823
内乡县	265	15	250	7711	3061	4650	10911	2569	8342	59800	16907	42893
淅川县	338	20	318	11241	6156	5085	17713	5972	11741	82694	36489	46205
社旗县	222	18	204	9170	2213	6957	12917	2894	10023	70281	16195	54086
唐河县	376	41	335	13926	6780	7146	18682	4970	13712	103214	36966	66248
新野县	270	33	237	11138	5109	6029	14204	4702	9502	73077	27978	45099
桐柏县	214	17	197	5892	3783	2109	10334	3719	6615	47604	22608	24996
邓州市	577	54	523	21136	5920	15216	35033	9598	25435	191477	49781	141696

19－10 续表

(2010年)

	教职工数(人)	#城镇	农村	教育部门办和集体办	民办	#专任教师	城镇	农村	小学适龄人口入学率(%)	小学在校生五年巩固率(%)	小学毕业生升学率(%)
南阳市	**51688**	**15562**	**36126**	**48682**	**3006**	**49478**	**14419**	**35059**	**99.69**	**98.00**	**99.44**
宛城区	4125	1768	2357	3625	500	3807	1529	2278	99.26	105.19	96.01
卧龙区	4045	1744	2301	3751	294	3886	1703	2183	99.32	101.33	102.43
南召县	3609	765	2844	3471	138	3472	702	2770	99.05	94.32	94.05
方城县	4891	999	3892	4252	639	4490	883	3607	99.95	101.62	99.33
西峡县	2475	686	1789	2457	18	2433	660	1773	100.00	103.81	111.99
镇平县	3922	1125	2797	3922		3903	1120	2783	99.86	97.16	92.05
内乡县	3068	690	2378	3044	24	3055	685	2370	99.41	95.12	100.16
淅川县	4142	1557	2585	4114	28	3939	1397	2542	100.00	76.67	87.99
社旗县	2985	806	2179	2648	337	2849	721	2128	99.80	92.50	79.71
唐河县	5364	1752	3612	5009	355	5202	1631	3571	100.00	103.68	100.18
新野县	3297	1054	2243	3066	231	3141	974	2167	100.00	108.17	100.26
桐柏县	2439	788	1651	2372	67	2386	742	1644	98.36	91.01	103.73
邓州市	7326	1828	5498	6951	375	6915	1672	5243	100.00	101.04	114.88

19-11 各县(市、区)幼儿教育基本情况

(2010年)

	园数(所)	班数(个)	入园幼儿人数(人)	在园幼儿人数(人)	离园幼儿人数(人)	教职工数				代科教师	兼任教师
						合计	专任教师	保健员	其他		
南阳市	**489**	**6362**	**147818**	**217883**	**93698**	**5841**	**4424**	**446**	**457**	**957**	**60**
宛城区	18	314	7923	10846	4690	427	314	22	58	30	
卧龙区	58	515	7856	16829	3525	1068	704	148	138	21	7
南召县	26	290	6697	8869	4168	232	190	10	9	28	5
方城县	26	583	14103	17626	10465	331	271	18	10	45	
西峡县	18	541	10428	13752	7532	190	139	11	15	21	
镇平县	39	390	7561	12966	3845	99	76	1	9	278	14
内乡县	30	517	10221	15337	4385	323	272	8	14	6	
淅川县	41	504	12060	17765	6338	411	311	38	13	180	4
社旗县	20	227	7369	8546	6982	131	106	3	8	27	
唐河县	46	486	8714	20691	2051	773	632	50	47	50	7
新野县	51	533	14342	18587	8605	548	387	55	51	121	7
桐柏县	15	208	3771	7375	3060	196	172	3	3	52	
邓州市	101	1254	36773	48694	28052	1112	850	79	82	98	16

19-12 各县(市、区)普通中等专业学校基本情况

(2010年)

单位:人

	学校数(所)	毕业生数	招生数	在校学生数	教职工数	#专任教师
南阳市	**13**	**22454**	**30615**	**82629**	**2089**	**1319**
宛城区	4	4786	4288	13413	467	303
卧龙区	4	12380	14999	45857	909	516
方城县	1	1094	2648	3474	94	79
内乡县	1	897	5442	6697	131	72
淅川县		354	111	1002		
社旗县			320	1139		
唐河县	1	974	518	4191	171	135
邓州市	2	1969	2289	6856	317	214

19-13 各县(市、区)技工学校基本情况

(2010年)

单位:人

	学校数(所)	在职教职工数	#专任教师	在校学生数	招生数	毕业生数
全市	**13**	**674**	**444**	**8655**	**3703**	**2780**
市直	9	531	335	7321	3172	2275
卧龙	2	79	66	889	238	350
唐河	1	41	35	31		
邓州	1	23	8	414	293	155

19－14 职业技术培训机构基本情况

(2010 年)　　单位:人

	学校数	教学班	结业生数		注册学生数		教职工数		聘请校
	(所)	(点)(个)	合　计	其中:女	合　计	其中:女	合　计	其中:专任教师	外教师
总　　计	**2904**	**6915**	**615602**	**276869**	**626649**	**286566**	**4248**	**3400**	**2657**
职工技术培训学校(机构)	102	538	23271	13432	24384	15459	803	708	207
教育部门和集体办	22	72	7862	5922	8978	6896	365	314	53
其他部门办	66	428	14557	6907	14257	7815	312	283	108
民办	14	38	852	603	1149	748	126	111	46
农村成人文化技术培训学校(机构)	2749	6271	550691	242922	559753	250726	2966	2532	2125
教育部门和集体办	2731	6231	548691	241922	552753	249776	2743	2367	2125
其中:县办	11	43	12319	5591	19755	7803	152	121	121
乡办	465	2944	328364	140305	327025	143488	1378	1069	1265
村办	2255	3244	208008	96026	205973	98485	1213	1177	739
其他部门办	15	25	1000	800	5000	800	183	125	
民办	3	15	1000	200	2000	150	40	40	
其他培训机构(含社会培训机构)	53	106	41640	20515	42512	20381	479	160	325
教育部门和集体办	19	44	450	320	340	200	30	30	200
其他部门办	10	20	32300	15280	32400	15280	60	60	65
民办	24	42	8890	4915	9772	4901	389	70	60
总计中:少数民族			4384	1319	4993	1477	60	30	5
培训时间:一周至一个月以下			527705	239971	538646	249199			
一个月至半年以下			77041	32385	77223	32428			
半年以上			10856	4513	10780	4939			
培训形式:资格证书培训			21490	13073	23273	14383			
岗位证书培训			120689	53448	118978	53798			
培训科目:外语			503	192	320	209			
会计			4491	3128	4906	3443			
计算机			8460	6694	9937	7148			
农业技术			368214	159580	366042	162090			

19-15 国有单位专业技术人员数

单位:人

	1985	1990	2000	2005	2009	2010
总计	**44430**	**66670**	**116488**	**112766**	**118866**	**130030**
工程技术人员	4071	5899	7764	6533	4715	5474
农业技术人员	2152	2781	3011	4006	2823	2972
卫生技术人员	8110	9817	12548	13271	18406	25092
科学研究技术人员	97	219	86	244	179	180
教学人员	26059	37164	82591	79685	88314	92341
会计人员	2390	3896	3406	1953	1219	1242
统计人员	669	923	535	324	143	145
经济人员	86	4238	3251	3863	1292	1304
编辑、记者、播音人员	65	262	436	64	76	77
翻译人员	7	24	23	7	6	
图书档案资料人员	40	637	675	658	671	712
工艺美术人员	2	32	53	212	26	
文艺人员	654	469	322	310	300	310
体育教练人员	28	68	125	156	101	104
律师、公证人员		241	214	64	72	77
政工人员			1448	719	523	

19-16 按职称(务)分的地方国有企业各类专业技术人员数

单位:人

	合计	高级	中级	初级
总计	**11793**	**1281**	**4083**	**6429**
工程技术人员	759	70	266	423
农业技术人员	149	37	77	35
科学研究人员	1	1		
卫生技术人员	6686	256	750	5680
教学人员	4027	857	2944	226
经济人员	12	10	2	
会计人员	23	22		1
统计人员	2	2		
图书档案、文博人员	41	7	13	21
新闻、出版人员	74	13	22	39
律师、公证人员	5	2		3
播音人员	1	1		
体育人员	3	1	2	
艺术人员	10	2	7	1

19－17 全市科技成果分类情况

(2010年)

单位:项

	总计	省科技进步奖	市科技成果奖
合计	**195**	**21**	**174**
1. 软科学	11	2	9
2. 工业	55	9	46
#机械电子	30	6	24
轻化纺	6	2	4
冶金建	13	1	12
其他	6		6
3. 农林牧水	42	5	37
#农业	19	2	17
林业	14	2	12
水产养植	1	1	
其他	8		8
4. 医药卫生	76	5	71
5. 其他	11		11

19－18 各县(市、区)国家级、省级、市级科技成果获奖情况

单位:项

	2000		2005		2009		2010	
	省级	市级	省级	市级	省级	市级	省级	市级
南阳市	**14**	**375**	**9**	**297**	**16**	**259**	**21**	**174**
宛城区	1	5		8	1	14	2	14
卧龙区		7	2	19		15		10
南召县		7		1		4	1	3
方城县		15				4		4
西峡县	1	12		4	1	13	4	3
镇平县	1	5				2		4
内乡县	1	9		2			2	6
淅川县		5		4				
社旗县		3		1		2		1
唐河县	3	9		2		2		1
新野县		8		1		1		3
桐柏县		4				3		3
邓州市	1	7		2	2	4		2
市直	6	279	7	253	12	195	13	120

19－19 全市专利申请及获权量

单位:项

	1985	1990	2000	2005	2009	2010
一、总申请量	**6**	**55**	**110**	**581**	**1114**	**1345**
(一)按申请对象分						
1. 职务	2	21	11	160	525	768
企业	2	21	11	149	516	738
事业				11	9	30
2. 非职务	4	34	99	421	589	577
(二)按种类分						
1. 发明	1	9	12	119	286	387
2. 实用新型	5	42	82	252	591	754
3. 外观设计		4	16	210	237	204
二、总获权量		**32**	**94**	**276**	**638**	**926**
(一)按专利权对象分						
1. 职务		16	5	61	317	470
企业		16	5	57	303	446
事业				4	14	24
2. 非职务		16	89	215	321	456
(二)按种类分						
1. 发明		1		26	95	90
2. 实用新型		31	28	191	378	593
3. 外观设计			16	59	165	243

19－20 规模以上工业企业R&D情况

（2010年）　　　　单位：个、人、人年

	企业数	有R&D活动单位	有研究开发机构	研究与试验发展(R&D)人员	#项目人员	全时人员	R&D人员折合全时当量
全　市	**1467**	**37**	**53**	**8462**	**7817**	**6333**	**7466**
按规模分							
大型企业	20	15	17	7285	6709	5427	6599
中型企业	141	18	26	1134	1067	879	839
小型企业	1306	4	10	43	41	27	28
按注册类型分							
内资企业	1422	31	47	7661	7041	5752	6729
国有企业	39	3	3	2226	2005	1357	2112
集体企业	28		1				
股份合作企业	30	2	2	220	200	194	186
联营企业	4						
有限责任公司	361	19	27	3961	3640	3067	3281
国有独资公司	5	4	4	1645	1515	1388	1514
其他有限责任公司	356	15	23	2316	2125	1679	1766
股份有限公司	39	3	6	975	957	890	891
私营企业	897	4	8	279	239	244	260
其他企业	24						
港、澳、台商投资企业	24	4	4	384	376	325	320
外商投资企业	21	2	2	417	400	256	417
按行业分							
采矿业	107	2	1	1647	1462	949	1545
石油和天然气开采业	4	2	1	1647	1462	949	1545
制造业	1334	35	52	6815	6355	5384	5921
饮料制造业	32	1	2	530	512	504	530
纺织业	213	1	2	177	146	163	177
化学原料及化学制品制造业	81	4	3	669	628	460	594
医药制造业	49	3	7	494	474	416	415
橡胶制品业	5	1	1	62	55	56	56
非金属矿物制品业	242	4	6	1191	1027	1047	729
黑色金属冶炼及压延加工业	17	2	2	876	851	558	863
有色金属冶炼及压延加工业	12	2	1	98	96	24	12
金属制品业	29		1				
通用设备制造业	36	3	5	429	381	284	397
专用设备制造业	40	5	7	484	447	440	432
交通运输设备制造业	39	3	6	122	110	106	103
电气机械及器材制造业	30	2	3	777	772	715	777
通信设备、计算机及其他电子设备制造业	21	2	3	173	170	127	117
仪器仪表及文化、办公用机械制造业	46	2	3	733	686	484	720
电力、燃气及水的生产和供应业	26						
按县市区分							
市辖区	131	19	23	5885	5472	4440	5547
宛城区	83						
卧龙区	76	1	4	43	38	25	43
南召县	77		1				
方城县	104	1		15	15	6	10
西峡县	100	6	11	1929	1760	1418	1488
镇平县	102		1				
内乡县	65	1	2	62	55	56	56
淅川县	47	4	4	211	196	106	100
社旗县	93		2				
唐河县	151	2		10	8	3	2
新野县	179	1	2	55	52	55	39
桐柏县	77	1	1	75	75	61	5
邓州市	182	1	2	177	146	163	177

19－20 续表 1 （2010 年） 单位:万元

	R&D经费内部支出合计	#经常费支出	劳务费	#资产性支出	土建工程支出	仪器设备
全　　市	**124613**	**107479**	**24228**	**17134**	**552**	**16583**
按规模分						
大型企业	108561	93952	20599	14609	426	14183
中型企业	15729	13257	3596	2473	126	2347
小型企业	323	270	33	53		53
按注册类型分						
内资企业	116921	101094	22304	15828	493	15335
国有企业	22003	20988	6621	1016	7	1008
股份合作企业	4055	3732	329	324	4	319
有限责任公司	79164	66508	11476	12657	305	12351
国有独资公司	37433	25936	5895	11497	147	11350
其他有限责任公司	41731	40572	5581	1160	158	1002
股份有限公司	9526	8009	3587	1518	162	1356
私营企业	2172	1858	291	314	14	301
港、澳、台商投资企业	4429	3435	1101	994	7	986
外商投资企业	3263	2950	822	313	52	261
按行业分						
采矿业	11052	10477	4887	576		576
石油和天然气开采业	11052	10477	4887	576		576
制造业	113561	97003	19340	16559	552	16007
饮料制造业	24280	14829	2796	9452	120	9332
纺织业	374	338	210	36		36
化学原料及化学制品制造业	13562	12975	2203	587	88	499
医药制造业	6424	5340	1346	1084	103	981
橡胶制品业	254	108	87	146		146
非金属矿物制品业	13920	13723	3478	198	55	143
黑色金属冶炼及压延加工业	22316	22316	797			
有色金属冶炼及压延加工业	348	301	50	47	12	35
金属制品业						
通用设备制造业	6783	5879	1591	904	2	902
专用设备制造业	6439	6092	1067	348	4	344
交通运输设备制造业	2002	1667	516	335	5	330
电气机械及器材制造业	6032	4954	2717	1078	68	1010
通信设备、计算机及其他电子设备制造业	2928	2455	567	473	16	457
仪器仪表及文化、办公用机械制造业	7899	6027	1917	1872	79	1793
按县市区分						
市辖区	78862	63772	18052	15090	281	14809
卧龙区	402	321	46	81		81
方城县	176	176	12			
西峡县	38365	37191	4723	1174	149	1025
内乡县	254	108	87	146		146
淅川县	2372	2065	618	308	26	281
唐河县	16	14	8	2		2
新野县	1393	1195	32	197	13	184
桐柏县	2400	2300	439	101	82	19
邓州市	374	338	210	36		36

19－20 续表 2　　(2010 年)　　单位:万元

	R&D 经费内部支出合　计	政府资金	企业资金	国外资金	其他资金	R&D 经费外部支出合　计
全　市	**124613**	**9714**	**114653**	**32**	**214**	**4701**
按规模分						
大型企业	108561	8670	99677		214	3672
中型企业	15729	983	14715	32		1024
小型企业	323	61	262			6
按注册类型分						
内资企业	116921	9204	107503		214	4187
国有企业	22003	5557	16446			2043
股份合作企业	4055	167	3888			146
有限责任公司	79164	1792	77158		214	787
国有独资公司	37433	1782	35437		214	318
其他有限责任公司	41731	10	41721			469
股份有限公司	9526	715	8811			1083
私营企业	2172	973	1199			129
港、澳、台商投资企业	4429	10	4387	32		429
外商投资企业	3263	500	2763			85
按行业分						
采矿业	11052		11052			1649
石油和天然气开采业	11052		11052			1649
制造业	113561	9714	103601	32	214	3052
饮料制造业	24280	817	23463			308
纺织业	374	10	364			
化学原料及化学制品制造业	13562	5569	7993			766
医药制造业	6424	269	6124	32		932
橡胶制品业	254	10	244			
非金属矿物制品业	13920		13765		156	
黑色金属冶炼及压延加工业	22316		22316			
有色金属冶炼及压延加工业	348		348			15
金属制品业						
通用设备制造业	6783	521	6262			
专用设备制造业	6439	167	6272			173
交通运输设备制造业	2002		2002			
电气机械及器材制造业	6032	446	5586			324
通信设备、计算机及其他电子设备制造业	2928	961	1967			440
仪器仪表及文化、办公用机械制造业	7899	944	6897		59	95
按县市区分						
市辖区	78862	8462	70154	32	214	3366
卧龙区	402	12	390			
方城县	176		176			6
西峡县	38365	269	38096			744
内乡县	254	10	244			
淅川县	2372		2372			85
唐河县	16		16			
新野县	1393	951	442			129
桐柏县	2400		2400			372
邓州市	374	10	364			

19－20续表3　　（2010年）　　单位：项、人、人年、个

	R&D项目数	参加R&D项目人员	参加项目人员折合全时当量	项目经费内部支出	企业建研发机构数	机构R&D活动人员
全　　市	**366**	**7817**	**6921**	**109392**	**69**	**7326**
按规模分						
大型企业	315	6709	6110	95305	31	5813
中型企业	44	1067	784	13799	27	1394
小型企业	7	41	27	288	11	119
按注册类型分						
内资企业	346	7041	6207	102673	62	6576
国有企业	126	2005	1903	16315	6	1566
集体企业					1	41
股份合作企业	7	200	169	2417	2	202
有限责任公司	172	3640	3036	73539	38	2767
国有独资公司	101	1515	1397	34428	11	763
其他有限责任公司	71	2125	1640	39111	27	2004
股份有限公司	36	957	877	8774	6	1925
私营企业	5	239	222	1629	9	75
港、澳、台商投资企业	15	376	314	4187	4	345
外商投资企业	5	400	400	2531	3	405
按行业分						
采矿业	115	1462	1372	11052	4	1203
石油和天然气开采业	115	1462	1372	11052	4	1203
制造业	251	6355	5550	98339	65	6123
饮料制造业	19	512	512	23609	6	265
纺织业	1	146	146	300	2	497
化学原料及化学制品制造业	16	628	554	7460	4	403
医药制造业	29	474	399	5627	8	551
橡胶制品业	1	55	50	83	1	48
非金属矿物制品业	13	1027	633	12260	6	945
黑色金属冶炼及压延加工业	26	851	838	22316	4	180
有色金属冶炼及压延加工业	3	96	12	336	1	18
金属制品业					1	8
通用设备制造业	21	381	352	6127	5	365
专用设备制造业	29	447	400	4763	8	629
交通运输设备制造业	5	110	93	1627	6	810
电气机械及器材制造业	18	772	772	5964	3	592
通信设备、计算机及其他电子设备制造业	7	170	115	2489	3	157
仪器仪表及文化、办公用机械制造业	63	686	674	5380	7	655
按县市区分						
市辖区	291	5472	5163	67587	35	4094
卧龙区	1	38	38	369	4	71
南召县					1	23
方城县	2	15	10	176		
西峡县	53	1760	1382	35691	13	2207
镇平县					1	55
内乡县	1	55	50	83	3	57
淅川县	9	196	90	2216	4	138
社旗县					2	67
唐河县	2	8	2	15		
新野县	2	52	37	956	2	497
桐柏县	4	75	5	2000	2	85
邓州市	1	146	146	300	2	32

19－20 续表4　　（2010 年）　　单位：项、篇、个

	专利申请数	# 发明专利申请数	拥有发明专利数	发表科技论文	拥有注册商标数	形成国家或行业标准数
全　市	**445**	**176**	**196**	**212**	**289**	**28**
按规模分						
大型企业	309	136	138	156	225	17
中型企业	85	25	43	51	54	10
小型企业	51	15	15	5	10	1
按注册类型分						
内资企业	423	165	169	197	271	21
国有企业	85	47	28	78	2	1
股份合作企业	16	3	16	9	4	1
有限责任公司	230	87	103	56	159	8
国有独资公司	77	24	57	26	96	3
其他有限责任公司	153	63	46	30	63	5
股份有限公司	64	17	16	38	38	9
私营企业	28	11	6	16	68	2
港、澳、台商投资企业	11	6	19	15	3	3
外商投资企业	11	5	8		15	4
按行业分						
采矿业	22	2		71		
石油和天然气开采业	22	2		71		
制造业	423	174	196	141	289	28
饮料制造业	13	6	16	9	62	
纺织业	16	3	1	9	64	
化学原料及化学制品制造业	66	46	36	12	2	1
医药制造业	14	13	24	8	57	5
橡胶制品业	7	1			1	
非金属矿物制品业	46	9	11		4	
黑色金属冶炼及压延加工业	46	33	10	8	3	
有色金属冶炼及压延加工业	14	7	3	3	4	2
金属制品业	1	1		5	4	
通用设备制造业	11	4	16	7	5	2
专用设备制造业	39	11	22	21	14	2
交通运输设备制造业	11	8	3	5	11	
电气机械及器材制造业	75	14	11	24	4	7
通信设备、计算机及其他电子设备制造业	9	2	2	18	5	2
仪器仪表及文化、办公用机械制造业	55	16	41	12	49	7
按县市区分						
市辖区	298	103	154	169	142	21
卧龙区	8	4		2	2	
南召县	2	1	2			
方城县	3	3	3			
西峡县	80	52	25	16	42	3
内乡县	9	3	2		1	
淅川县	11	4		5	36	2
社旗县	10				1	
新野县	16	2	1	15	4	2
桐柏县	4	1	8	5	1	
邓州市	4	3	1		60	

19－20 续表 5　　(2010 年)　　单位:万元

	新产品开发项目数	新产品开发经费支出	新产品产值	新产品销售收入	#出口
全市	**210**	**99483**	**1784577**	**2104934**	**103249**
按规模分					
大型企业	180	90002	1138187	1490854	88087
中型企业	27	9293	621085	594127	15159
小型企业	3	188	25156	19805	3
按注册类型分					
内资企业	193	92828	1674617	2005821	79394
国有企业	31	11087	119112	111039	7773
集体企业			5169	5065	4064
股份合作企业	4	3925	49033	42916	4315
有限责任公司	119	66805	887321	1239665	55769
国有独资公司	62	30737	537254	518214	42313
其他有限责任公司	57	36068	350067	721451	13457
股份有限公司	36	9526	208471	209158	7473
私营企业	3	1486	405512	397977	
港、澳、台商投资企业	13	4339	79588	70448	3379
外商投资企业	4	2316	30371	28665	20477
按行业分					
采矿业	22	2844			
石油和天然气开采业	22	2844			
制造业	188	96639	1784577	2104934	103249
饮料制造业	13	21726	478432	461421	17303
纺织业	1	374	55103	54702	900
化学原料及化学制品制造业	10	8454	169145	150150	7773
医药制造业	27	6334	92538	83786	6308
橡胶制品业	1	254	360	320	
非金属矿物制品业	7	10816	135511	128937	6875
黑色金属冶炼及压延加工业	25	22044	46700	445790	
有色金属冶炼及压延加工业	2	176	360877	350714	
金属制品业			437	313	
通用设备制造业	17	4283	52716	51921	4466
专用设备制造业	21	5661	98635	86633	5417
交通运输设备制造业	5	2002	49020	47562	5506
电气机械及器材制造业	18	6032	129530	128251	
通信设备、计算机及其他电子设备制造业	6	2246	28216	27505	1353
仪器仪表及文化、办公用机械制造业	35	6239	87358	86930	47349
按县市区分					
市辖区	146	59434	1024732	978523	81256
宛城区			420	357	
卧龙区	1	402	10362	9131	4067
南召县					
方城县	2	176	5380	1600	
西峡县	50	36194	260192	649561	12747
内乡县	1	254	5265	4884	
淅川县	7	1928	375112	366971	4279
社旗县			28232	31250	
唐河县	1	12	3		
新野县	1	710	22880	22169	900
桐柏县			52000	40490	
邓州市	1	374			

19－20 续表6　　(2010年)　　单位:万元

	政府资金	研究开发费用加计扣除减免税	高新技术企业减免税	引进国外技术经费支出	引进技术的消化吸收经费支出	购买国内技术经费支出	技术改造经费支出
全　　市	**11296**	**10805**	**6897**	**3170**	**1045**	**1071**	**55062**
按规模分							
大型企业	9085	9787	6230	3170	987	523	34705
中型企业	2098	1018	664		44	104	12649
小型企业	112		3		14	445	7708
按注册类型分							
内资企业	10786	9717	6154	3170	1021	1071	53206
国有企业	5557	1421	744	2400	300	25	1902
集体企业							14
股份合作企业	218						9442
有限责任公司	2236	4527	1134		14	523	29350
国有独资公司	2009	2404					10045
其他有限责任公司	227	2123	1134		14	523	19304
股份有限公司	852	3769	4276	770	687	523	6112
私营企业	1922				20		6387
港、澳、台商投资企业	10	931	531		24		56
外商投资企业	500	158	212				1800
按行业分							
采矿业							1
石油和天然气开采业							1
制造业	11296	10805	6897	3170	1045	1071	55061
农副食品加工业						433	311
饮料制造业	817						5808
纺织业	10	2297		770	450	400	600
造纸及纸制品业							165
化学原料及化学制品制造业	5569	1421	744	2400	300		3418
医药制造业	352	1722	979		265	202	421
橡胶制品业	10						15
非金属矿物制品业		1898	988				11068
有色金属冶炼及压延加工业					20		6143
金属制品业							182
通用设备制造业	743	972				36	5862
专用设备制造业	384	137	21				4505
交通运输设备制造业		457	709		10		343
电气机械及器材制造业	500	312	3244				5634
通信设备、计算机及其他电子设备制造业	1860						6142
仪器仪表及文化、办公用机械制造业	1050	1590	212				4446
按县市区分							
市辖区	8794	5274	4755	2400	328	25	29876
卧龙区	228						
南召县	51					11	19
西峡县	352	3234	2141		247	123	15492
内乡县	10						53
淅川县					20	79	6448
社旗县							645
新野县	1850	2297		770	450	400	600
桐柏县							1700
邓州市	10					433	229

19－21 第二次 R&D 资源清查—全社会 R&D 情况

（2009 年）　　单位:人、人年

	研究与试验发展(R&D)人员	#研究人员	全时人员	非全时人员	博士学历人员	硕士学历人员	本科学历人员	R&D人员折合全时当量
全　市	**9245**	**4856**	**5701**	**3544**	**76**	**601**	**2555**	**7010**
#高等学校	533	371	106	427	38	280	166	173
工业企业	7564	3575	5422	2142	35	259	2357	6500
非工业企业	42	35	33	9		6	13	42
事业单位	1106	875	140	966	3	56	19	295
按行业分								
#农、林、牧、渔业	42	35	33	9		6	13	42
采矿业	1441	1150	807	634	5	43	774	1385
制造业	6123	2425	4615	1508	30	216	1583	5115
饮料制造业	530	176	504	26	5	37	142	530
纺织业	89	7	81	8	1	6	50	85
化学原料及化学制品制造业	555	207	376	179	1	39	128	555
医药制造业	397	113	292	105	7	20	155	367
橡胶制品业	61	6	55	6			15	45
非金属矿物制品业	1154	288	1001	153	4	14	205	700
黑色金属冶炼及压延加工业	446	213	39	407		9	47	316
有色金属冶炼及压延加工业	73	12	12	61				73
通用设备制造业	340	296	295	45	1	6	139	321
专用设备制造业	722	348	442	280	4	27	223	479
交通运输设备制造业	155	75	99	56	1	5	41	155
电气机械及器材制造业	838	324	790	48	2	10	119	749
通信设备、计算机及其他电子设备制造业	135	22	106	29	2	5	32	114
仪器仪表及文化、办公用机械制造业	628	338	523	105	2	38	287	626
教育	533	371	106	427	38	280	166	173
卫生、社会保障和社会福利业	1106	875	140	966	3	56	19	295
按县市区分								
市辖区	6745	3780	4414	2331	29	273	1999	5406
宛城区	11	9	9	2	1	2	8	7.1
卧龙区	684	392	242	442	37	280	170	321.9
南召县	47	11	34	13		2	13	44
方城县	73	12	12	61				73
西峡县	1378	563	759	619	6	24	219	871
内乡县	103	41	88	15		6	28	87
淅川县	115	41	62	53	2	8	68	115
邓州市	89	7	81	8	1	6	50	85

19－21 续表1　　（2009年）　　单位:万元

	R&D经费内部支出合计	#基础研究支出	应用研究支出	试验发展支出	#经常性支出	劳务费（含工资）
全　市	**97334**	**200**	**236**	**96897**	**77374**	**22284**
#高等学校	514	200	236	77	479	254
工业企业	92446			92446	72943	19360
非工业企业	957			957	853	136
事业单位	3417			3417	3099	2533
按行业分						
#农、林、牧、渔业	957			957	853	136
采矿业	9197			9197	8714	4011
制造业	83249			83249	64229	15350
饮料制造业	17508			17508	9543	2447
纺织业	292			292	278	173
化学原料及化学制品制造业	5040			5040	4809	1713
医药制造业	6953			6953	5761	727
橡胶制品业	242			242	201	75
非金属矿物制品业	8998			8998	8616	1406
黑色金属冶炼及压延加工业	14324			14324	8831	440
有色金属冶炼及压延加工业	532			532	532	117
通用设备制造业	7308			7308	5632	1271
专用设备制造业	8043			8043	7768	1601
交通运输设备制造业	1279			1279	1075	290
电气机械及器材制造业	5987			5987	4967	2750
通信设备、计算机及其他电子设备制造业	512			512	325	95
仪器仪表及文化、办公用机械制造业	6232			6232	5891	2246
教育	514	200	236	77	479	254
卫生、社会保障和社会福利业	3417			3417	3099	2533
按县市区分						
市辖区	65399			65399	53908	18589
宛城区	13	2	3	9	12	4
卧龙区	1509	199	233	1077	1268	445
南召县	495			495	293	89
方城县	532			532	532	117
西峡县	26150			26150	18418	2396
镇平县						
内乡县	1198			1198	1054	211
淅川县	1746			1746	1611	261
社旗县						
唐河县						
新野县						
桐柏县						
邓州市	292			292	278	173

19－21 续表 2　　(2009 年)　　单位:万元

	R&D经费内部支出合计	基本建设费支出		#政府资金	企业资金	国外资金	其他资金
			仪器设备支出				
全　　市	**97334**	**19960**	**19556**	**3259**	**93675**	**208**	**191**
#高等学校	514	35	35	453			61
工业企业	92446	19504	19103	2806	89301	208	131
非工业企业	957	103	101		957		
事业单位	3417	319	318		3417		
按行业分					**957**		
#农、林、牧、渔业	957	103	101		9197		
采矿业	9197	483	483	2806	80104	208	131
制造业	83249	19020	18619	281	17227		
饮料制造业	17508	7965	7912		292		
纺织业	292	14	14		4833	208	
化学原料及化学制品制造业	5040	232	206	886	6067		
医药制造业	6953	1192	1109				
橡胶制品业	242	41	32		242		
非金属矿物制品业	8998	382	315	35	8963		
黑色金属冶炼及压延加工业	14324	5493	5447	962	13362		
有色金属冶炼及压延加工业	532				532		
通用设备制造业	7308	1676	1595	175	7002		131
专用设备制造业	8043	275	273	18	8025		
交通运输设备制造业	1279	204	203		1279		
电气机械及器材制造业	5987	1020	1003	63	5924		
通信设备、计算机及其他电子设备制造业	512	187	183	87	425		
仪器仪表及文化、办公用机械制造业	6232	341	328	300	5932		
教育	514	35	35	453			61
卫生、社会保障和社会福利业	3417	319	318		3417		
按县市区分							
市辖区	65399	11492	11338	1460	63809		131
宛城区	13	1	1	9			4
卧龙区	1509	240	230	531	714	208	56
南召县	495	202	193	117	378		
方城县	532				532		
西峡县	26150	7732	7512	1129	25021		
镇平县							
内乡县	1198	144	133		1198		
淅川县	1746	135	135	14	1732		
社旗县							
唐河县							
新野县							
桐柏县							
邓州市	292	14	14		292		

19－21 续表 3　　　　(2009 年)　　　　单位:件、万元、篇

	专利申请数	#发明专利数	专利授权数	#发明专利授权数	拥有发明专利数	专利所有权转让与许可收入	形成国家或行业标准数	发表科技论文	出版科技著作
全　　市	**326**	**110**	**15**	**2**	**181**	**769**	**99**	**2430**	**203**
#高等学校	22	11	5	2	54			2074	191
工业企业	289	98			125	769	69	245	
非工业企业	15	1	10		2		29	22	
事业单位								41	10
按行业分									
#农、林、牧、渔业	10				2			33	2
采矿业	20	2						63	
制造业	269	96			125	769	69	180	
饮料制造业					11		4	37	
纺织业	5	2						7	
化学原料及化学制品制造业	14	8			26	769			
医药制造业	22	11			10			12	
橡胶制品业	1	1						1	
非金属矿物制品业	24	14			12				
黑色金属冶炼及压延加工业	9	3			3		1		
有色金属冶炼及压延加工业	6	6			4				
金属制品业	1	1						6	
通用设备制造业	15	9			11			30	
专用设备制造业	35	8			3		50	28	
交通运输设备制造业	14	2			2			6	
电气机械及器材制造业	35	9			9		9	25	
通信设备、计算机及其他电子设备制造业	3							21	
仪器仪表及文化、办公用机械制造业	85	22			34		5	7	
科学研究、技术服务和地质勘查业	5	1	10				30	66	
教育	22	11	5	2	54			2074	
按县市区分									
市辖区	201	57	10		94		98	259	
宛城区	17	1	3		38			260	8
卧龙区	24	13	2	2	19			1839	34
南召县	3	2			4			19	159
方城县	6	6			4				
西峡县	46	20			10		1	28	
镇平县								12	1
内乡县	13	3			4			1	
淅川县	8	3			5			2	
社旗县									
唐河县						769			
新野县	5	2						6	
桐柏县	3	3			3			4	
邓州市									1

19－21 续表 4　　(2009 年)　　单位:项、人年、万元

	科技项目数	R&D 项目	项目人员折合全时当量	R&D 项目人员折合全时当量	科技项目经费内部支出合计	R&D 项目经费内部支出合计
全　　市	**1269**	**929**	**7273**	**4383**	**123333**	**80850**
按项目属性分组						
#国家科技项目	127	97	677	590	17429	17056
地方科技项目	362	343	593	473	7791	7059
企业委托科技项目	24	8	214	56	2756	1722
自选科技项目	698	433	5722	3227	94323	54523
来自国外的科技项目	1	1	10	10	297	297
其它科技项	57	47	57	26	738	194
按项目合作型式分组						
#与境外机构合作	1	1	1	1	2	2
与国内高校合作	99	84	788	709	8014	6522
与国内独立研究机构合作	46	31	569	359	15460	14260
与境内注册外商独资企业合作	1		2		92	
与境内注册其他企业合作	64	46	324	242	7096	4857
独立完成	967	715	5231	2921	86889	52364
其他	91	52	359	150	5781	2845
按项目研究类型分组						
#基础研究	284	284	66	66	63	63
应用研究	192	192	82	82	111	111
试验发展	453	453	4235	4235	80676	80676
R&D 成果应用	333		2833		42414	
科技服务	7		57		70	
按项目经济目标分组						
#促进能源的生产、分配和合理利用	51	26	305	149	8799	2277
促进卫生事业的发展	124	105	238	207	1826	1734
促进教育事业的发展	103	103	38	38	35	35
基础设施以及城市和农村规划	38	34	16	14	28	7
社会发展和社会服务	86	86	25	25	13	13
促进农林牧渔业发展	73	17	291	21	802	396
促进工商业发展	584	358	6239	3852	108763	74266
非定向研究	178	177	33	29	95	45
其他民用目标	2	2	1	1	1	1
按县市区分						
市辖区	499	332	4437	3341	66325	52789
宛城区	24	13	40	7	810	5
卧龙区	540	518	502	294	3666	1209
南召县	13	2	143	44	784	485
方城县	15	10	35	24	706	532
西峡县	67	35	638	429	33382	22673
镇平县	4		25		260	
内乡县	20	4	138	65	3285	1136
淅川县	26	14	156	94	7977	1730
社旗县	12		5		475	
唐河县	17		54		1222	
新野县	11		814		2921	
桐柏县	7		55		362	
邓州市	14	1	231	85	1158	292

19-22 第二次 R&D 资源清查—规模以上工业企业 R&D 情况

（2009 年）　　　　单位：个、人、人年

	企业数	有 R&D 活动单位	有研究开发机构	研究与试验发展(R&D)人员	# 项目人员	全时人员	R&D 人员折合全时当量
全　市	**1353**	**40**	**65**	**7564**	**6465**	**5422**	**6499**
按规模分							
大型企业	17	14	15	6396	5441	4545	5428
中型企业	114	11	27	753	626	614	713
小型企业	1222	15	23	415	398	263	358
按注册类型分							
内资企业	1309	34	58	6800	5805	4787	5737
国有企业	41	4	5	2052	1671	1243	1996
集体企业	26						
股份合作企业	21	2	2	493	417	207	236
联营企业	3						
有限责任公司	307	19	32	3015	2512	2224	2390
国有独资公司	5	4	4	1346	1216	1204	1235
其他有限责任公司	302	15	28	1669	1296	1020	1155
股份有限公司	41	4	6	982	947	879	867
私营企业	846	4	12	162	162	138	152
其它企业	24	1	1	96	96	96	96
港、澳、台商投资企业	24	4	4	319	311	231	319
外商投资企业	20	2	3	445	349	404	443
按行业分							
采矿业	93	1	3	1441	1139	807	1385
石油和天然气开采业	4	1	1	1441	1139	807	1385
制造业	1233	39	61	6123	5326	4615	5114
饮料制造业	28	1	4	530	493	504	530
纺织业	216	1	5	89	89	81	85
化学原料及化学制品制造业	77	2	4	555	476	376	555
医药制造业	47	6	6	397	345	292	367
橡胶制品业	5	1	1	61	48	55	45
非金属矿物制品业	203	6	7	1154	922	1001	700
黑色金属冶炼及压延加工业	16	1	2	446	396	39	316
有色金属冶炼及压延加工业	12	1	1	73	73	12	73
通用设备制造业	32	5	6	340	254	295	320
专用设备制造业	34	6	6	722	635	442	479
交通运输设备制造业	32	3	3	155	124	99	155
电气机械及器材制造业	28	2	4	838	838	790	749
通信设备、计算机及其他电子设备制造业	16	2	3	135	124	106	114
仪器仪表及文化、办公用机械制造业	44	2	5	628	509	523	626
按县市区分							
市辖区	128	21	25	5639	4929	4274	5111
宛城区	75		4				
卧龙区	75	4	4	162	159	145	156
南召县	68	2	1	47	47	34	44
方城县	97	1	1	73	73	12	73
西峡县	85	8	12	1378	1014	759	870
镇平县	93		1				
内乡县	62	1	5	61	48	55	45
淅川县	46	2	4	115	106	62	115
社旗县	85		1				
唐河县	146						
新野县	167		3				
桐柏县	60		2				
邓州市	166	1	2	89	89	81	85

19－22 续表 1　　(2009 年)　　单位:万元

	R&D 经费内部支出合计	# 经常费支出	劳务费	# 资产性支出	土建工程支出	仪器设备
全　市	**92446**	**72943**	**19360**	**19504**	**401**	**19103**
按规模分						
大型企业	78898	62513	16572	16386	256	16130
中型企业	10552	8013	2205	2539	92	2447
小型企业	2996	2417	583	579	53	526
按注册类型分						
内资企业	85956	67321	17836	18635	369	18266
国有企业	14617	13741	5844	876	27	849
股份合作企业	5479	5296	918	183		183
有限责任公司	55307	39520	7601	15787	261	15525
国有独资公司	27782	19639	4521	8143	75	8068
其他有限责任公司	27525	19881	3081	7644	186	7458
股份有限公司	9242	7655	3122	1587	71	1516
私营企业	857	838	279	19	5	14
其它企业	455	271	72	184	4	180
港、澳、台商投资企业	3904	3388	560	516	24	492
外商投资企业	2587	2234	964	352	8	344
按行业分						
采矿业	9197	8714	4011	483		483
石油和天然气开采业	9197	8714	4011	483		483
制造业	83249	64229	15350	19020	401	18619
饮料制造业	17508	9543	2447	7965	53	7912
纺织业	292	278	173	14		14
化学原料及化学制品制造业	5040	4809	1713	232	26	206
医药制造业	6953	5761	727	1192	83	1109
橡胶制品业	242	201	75	41	9	32
非金属矿物制品业	8998	8616	1406	382	67	315
黑色金属冶炼及压延加工业	14324	8831	440	5493	47	5447
有色金属冶炼及压延加工业	532	532	117			
通用设备制造业	7308	5632	1271	1676	81	1595
专用设备制造业	8043	7768	1601	275	2	273
交通运输设备制造业	1279	1075	290	204	1	203
电气机械及器材制造业	5987	4967	2750	1020	17	1003
通信设备、计算机及其他电子设备制造业	512	325	95	187	4	183
仪器仪表及文化、办公用机械制造业	6232	5891	2246	341	13	328
按县市区分						
市辖区	61982	50809	16055	11173	153	11020
宛城区						
卧龙区	1008	802	194	207	10	197
南召县	495	293	89	202	9	193
方城县	532	532	117			
西峡县	26150	18418	2396	7732	220	7512
内乡县	242	201	75	41	9	32
淅川县	1746	1611	261	135		135
新野县						
桐柏县						
邓州市	292	278	173	14		14

19－22 续表 2 （2009 年） 单位:万元

	R&D 经费内部支出合计	政府资金	企业资金	国外资金	其他资金	R&D 经费外部支出合计
全　市	**92446**	**2806**	**89301**	**208**	**131**	**3241**
按规模分						
大型企业	78898	1914	76854		131	2835
中型企业	10552	654	9898			332
小型企业	2996	239	2549	208		74
按注册类型分						
内资企业	85956	1866	83751	208	131	2876
国有企业	14617		14617			1930
股份合作企业	5479	18	5461			178
有限责任公司	55307	1467	53709		131	410
国有独资公司	27782	439	27213		131	288
其他有限责任公司	27525	1028	26497			122
股份有限公司	9242	295	8947			358
私营企业	857		649	208		
其它企业	455	87	368			
港、澳、台商投资企业	3904	640	3264			265
外商投资企业	2587	300	2287			100
按行业分						
采矿业	9197		9197			1930
石油和天然气开采业	9197		9197			1930
制造业	83249	2806	80104	208	131	1312
饮料制造业	17508	281	17227			279
纺织业	292		292			
化学原料及化学制品制造业	5040		4833	208		
医药制造业	6953	886	6067			412
橡胶制品业	242		242			
非金属矿物制品业	8998	35	8963			6
黑色金属冶炼及压延加工业	14324	962	13362			
有色金属冶炼及压延加工业	532		532			
通用设备制造业	7308	175	7002		131	13
专用设备制造业	8043	18	8025			213
交通运输设备制造业	1279		1279			
电气机械及器材制造业	5987	63	5924			280
通信设备、计算机及其他电子设备制造业	512	87	425			
仪器仪表及文化、办公用机械制造业	6232	300	5932			110
按县市区分						
市辖区	61982	1460	60392		131	3071
宛城区						
卧龙区	1008	87	714	208		5
南召县	495	117	378			63
方城县	532		532			
西峡县	26150	1129	25021			34
内乡县	242		242			
淅川县	1746	14	1732			68
邓州市	292		292			

19－22 续表3　　（2009年）　　单位:项、个

	专利申请数	# 发明专利申请数	拥有发明专利数	发表科技论文	拥有注册商标数	形成国家或行业标准数
全　　市	**289**	**98**	**125**	**769**	**236**	**69**
按规模分						
大型企业	166	45	86		110	67
中型企业	71	31	16		81	2
小型企业	52	22	23	769	45	
按注册类型分						
内资企业	258	83	110	769	230	67
国有企业	30	7	23			
股份合作企业	24	3			3	48
有限责任公司	128	56	77		141	9
国有独资公司	46	15	45		81	7
其他有限责任公司	82	41	32		60	2
股份有限公司	57	11	6		29	10
私营企业	19	6	4	769	55	
其它企业					2	
港、澳、台商投资企业	13	12	6		4	
外商投资企业	18	3	9		2	2
按行业分						
采矿业	20	2				
石油和天然气开采业	20	2				
制造业	269	96	125	769	236	69
农副食品加工业					7	
食品制造业					1	
饮料制造业			11		72	4
纺织业	5	2			4	
化学原料及化学制品制造业	14	8	26	769	2	
医药制造业	22	11	10		87	
橡胶制品业	1	1			1	
非金属矿物制品业	24	14	12		2	
黑色金属冶炼及压延加工业	9	3	3		2	1
有色金属冶炼及压延加工业	6	6	4		4	
金属制品业	1	1			1	
通用设备制造业	15	9	11		7	
专用设备制造业	35	8	3		13	50
交通运输设备制造业	14	2	2		1	
电气机械及器材制造业	35	9	9		3	9
通信设备、计算机及其他电子设备制造业	3				5	
仪器仪表及文化、办公用机械制造业	85	22	34		21	5
按县市区分						
市辖区	196	56	94		107	68
宛城区	6	1	3		2	
卧龙区	13	2			4	
南召县	3	2	4		7	
方城县	6	6	4			
西峡县	46	20	10		30	1
内乡县	3	3	2		2	
淅川县	8	3	5		37	
社旗县					22	
唐河县				769	17	
新野县	5	2			8	
桐柏县	3	3	3			

19－22 续表 4　　(2009 年)　　单位:万元

	新产品开发项目数	新产品开发经费支出	新产品产值	新产品销售收入	#出口
全　市	**376**	**107593**	**1354318**	**1394012**	**161373**
按规模分					
大型企业	196	77661	859355	900432	127271
中型企业	99	21946	416327	423727	23360
小型企业	81	7986	78636	69853	10743
按注册类型分					
内资企业	338	99401	1279626	1299803	144084
国有企业	34	7009	123112	119296	49683
股份合作企业	24	6102	43685	42235	26411
有限责任公司	174	63214	651858	685287	39446
国有独资公司	70	25503	396963	397209	24679
其他有限责任公司	104	37712	254895	288078	14767
股份有限公司	60	16667	169088	166729	16106
私营企业	45	5954	289126	283806	12438
其它企业	1	455	2756	2450	
港、澳、台商投资企业	26	4733	52402	73553	15353
外商投资企业	12	3459	22290	20656	1936
按行业分					
采矿业	8	1537	5913	5913	
石油和天然气开采业	7	1457	5913	5913	
制造业	360	105302	1348405	1388099	161373
农副食品加工业	3	215	19075	10265	
食品制造业	3	110	569	61	
饮料制造业	26	12503	355463	353972	12163
纺织业	22	4079	63698	63451	8873
化学原料及化学制品制造业	23	5819	106094	105117	52012
医药制造业	33	6884	75823	72644	14858
橡胶制品业	2	242	370	350	
非金属矿物制品业	20	13068	17622	65744	2961
黑色金属冶炼及压延加工业	14	18142	136075	131560	9674
有色金属冶炼及压延加工业	9	537	198119	195682	25
金属制品业	2	58	3584	3389	
通用设备制造业	42	10553	53707	52027	1799
专用设备制造业	51	10616	73943	69806	28633
交通运输设备制造业	31	6003	46737	45712	2719
电气机械及器材制造业	26	6289	120954	121391	11457
通信设备、计算机及其他电子设备制造业	7	2339	7838	30688	470
仪器仪表及文化、办公用机械制造业	45	7734	68027	65546	15714
按县市区分					
市辖区	216	58483	802056	817334	133008
宛城区	9	505	3091	1509	
卧龙区	18	3100	13236	11045	1720
南召县	3	519	685	732	
方城县	10	458	3393	1271	25
西峡县	60	35391	215284	261537	15403
内乡县	3	682	9310	1406	
淅川县	21	3274	229649	225517	
社旗县	12	475	22426	20502	
唐河县	9	730	37891	36566	10718
新野县	8	2716	8780	8760	500
桐柏县	2	106			
邓州市	5	1155	8515	7833	

19－22 续表 5　　　　(2009 年)　　　　单位:万元

	政府资金	研究开发费用加计扣除减免税	高新技术企业减免税	引进国外技术经费支出	引进技术的消化吸收经费支出	购买国内技术经费支出	技术改造经费支出
全　　市	**3282**	**7051**	**8476**	**1357**	**3354**	**2499**	**66233**
按规模分							
大型企业	2273	4732	7054	1356	2752	1957	27794
中型企业	705	2218	1221		130	270	27510
小型企业	304	101	202	1	472	272	10929
按注册类型分							
内资企业	2342	4997	7948	1357	3274	2319	59958
国有企业		271	626	606	497	15	6707
股份合作企业	20						1048
有限责任公司	1890	4320	2866	1	1874	1224	18348
国有独资公司	500	1123	364			49	4837
其他有限责任公司	1390	3197	2502	1	1874	1176	13511
股份有限公司	313	306	4257	750	470	830	15504
私营企业	32	100	200		434	250	18294
其它企业	87						31
港、澳、台商投资企业	640	2042	495		80	180	5295
外商投资企业	300	11	33				980
按行业分							
采矿业		84					124
石油和天然气开采业		84					
制造业	3282	6967	8476	1357	3354	2499	60568
农副食品加工业	40				6	5	2161
食品制造业							90
饮料制造业	281				2	6	70
纺织业	10			750	420	330	4346
化学原料及化学制品制造业	12	187	626	606	845		6968
医药制造业	894	237	791		130	755	10979
橡胶制品业							98
非金属矿物制品业	35	668	822		15	238	4257
黑色金属冶炼及压延加工业	1250	2181	1585		1835	1078	3296
有色金属冶炼及压延加工业					50		5626
金属制品业							26
通用设备制造业	259	313	192		46	36	5708
专用设备制造业	20	361	101				1469
交通运输设备制造业		1265	433				1996
电气机械及器材制造业	84	306	3529	1	3	2	8204
通信设备、计算机及其他电子设备制造业	87	627					752
仪器仪表及文化、办公用机械制造业	310	821	397			49	2195
工艺品及其他制造业							1551
电力、热力的生产和供应业							5540
按县市区分							
市辖区	1544	2763	5150	607	579	246	23841
宛城区	20						88
卧龙区	109				341	140	2282
南召县	140				86		221
方城县							42
西峡县	1425	2922	3127		1835	1598	14343
内乡县	20	100	200				2834
淅川县	14	1265			60	96	6189
社旗县						84	6858
唐河县					33	5	934
新野县				750	420	330	3448
桐柏县							4805
邓州市							346

19－22 续表 6　　　　(2009 年)　　　　单位:项、人、人年、个

	R&D 项目数	参加 R&D 项目人员	参加项目人员折合全时当量	项目经费内部支出	企业建研发机构数	机构 R&D 活动人员
全　市	**327**	**6465**	**5844**	**82092**	**84**	**6508**
按规模分						
大型企业	264	5441	4781	71010	28	4409
中型企业	37	626	666	8181	33	1771
小型企业	26	398	397	2900	23	328
按注册类型分						
内资企业	297	5805	5122	77387	76	5812
国有企业	130	1671	1727	9957	8	1572
股份合作企业	21	417	199	5318	2	224
有限责任公司	105	2512	2081	51794	42	2534
国有独资公司	62	1216	1145	27064	11	775
其他有限责任公司	43	1296	936	24730	31	1759
股份有限公司	35	947	839	9016	11	1139
私营企业	5	162	161	852	12	339
其它企业	1	96	115	451	1	4
港、澳、台商投资企业	25	311	368	2886	4	348
外商投资企业	5	349	355	1819	4	348
按行业分						
采矿业	114	1139	1095	5123	5	1133
石油和天然气开采业	114	1139	1095	5123	3	1112
制造业	213	5326	4749	76968	78	5312
农副食品加工业					2	17
食品制造业					1	20
饮料制造业	21	493	518	17110	8	295
纺织业	1	89	85	292	5	703
造纸及纸制品业					1	30
化学原料及化学制品制造业	13	476	571	4463	5	331
医药制造业	26	345	363	5705	6	290
橡胶制品业	2	48	36	204	1	25
非金属矿物制品业	14	922	571	8530	7	758
黑色金属冶炼及压延加工业	8	396	281	13316	4	98
有色金属冶炼及压延加工业	10	73	86	532	1	15
通用设备制造业	30	254	261	5910	7	453
专用设备制造业	34	635	443	7804	6	591
交通运输设备制造业	11	124	145	1239	8	331
电气机械及器材制造业	20	838	749	5970	4	587
通信设备、计算机及其他电子设备制造业	2	124	128	494	3	170
仪器仪表及文化、办公用机械制造业	21	509	512	5401	9	598
电力、燃气及水的生产和供应业					1	63
按县市区分						
市辖区	258	4929	4652	54557	37	4027
宛城区					4	89
卧龙区	5	159	181	990	4	81
南召县	2	47	48	485	1	28
方城县	10	73	86	532	1	4
西峡县	35	1014	639	23302	19	1239
镇平县					1	4
内乡县	2	48	36	204	5	87
淅川县	14	106	116	1730	4	170
新野县					3	491
桐柏县					2	29
邓州市	1	89	85	292	2	199

主要统计指标解释

普通高等学校 指按国家规定的设置标准和审批程序批准举办的，通过全国普通高等学校统一招生考试，招收高中毕业生为主要培养对象，实施高等学历教育的全日制大学、独立设置的学院和高等专科学校、高等职业学校及其他机构（独立学院和分校、大专班）。

成人高等学校 指按照国家规定的设置标准和审批程序批准举办的，通过全国成人高等教育统一招生考试，招收具有高中毕业或同等学历的人员为主要培养对象，利用函授、业余、脱产等多种形式对其实施高等学历教育的学校。包括职工高等学校、农民高等学校、管理干部学院、教育学院、独立函授学院、广播电视大学、其他机构等。其他机构是承担国家成人招生计划任务不计校数的机构。

小学学龄儿童净入学率 指调查范围内已入小学学习的学龄儿童占校内外学龄儿童总数（包括弱智儿童，不包括盲聋哑儿童）的比重。计算公式为：

研究与试验发展（R&D） 指在科学技术领域，为增加知识总量，以及运用这些知识去创造新的应用进行的系统的创造性的活动，包括基础研究、应用研究、试验发展三类活动。国际上通常采用 R&D 活动的规模和强度指标反映一国的科技实力和核心竞争力。

基础研究 指为了获得关于现象和可观察事实的基本原理的新知识（揭示客观事物的本质、运动规律，获得新发现、新学说）而进行的实验性或理论性研究，它不以任何专门或特定的应用或使用为目的。其成果以科学论文和科学著作为主要形式。用来反映知识的原始创新能力。

应用研究 指为获得新知识而进行的创造性研究，主要针对某一特定的目的或目标。应用研究是为了确定基础研究成果可能的用途，或是为达到预定的目标探索应采取的新方法（原理性）或新途径。其成果形式以科学论文、专著、原理性模型或发明专利为主。用来反映对基础研究成果应用途径的探索。

试验发展 指利用从基础研究、应用研究和实际经验所获得的现有知识，为产生新的产品、材料和装置，建立新的工艺、系统和服务，以及对已产生和建立的上述各项作实质性的改进而进行的系统性工作。其成果形式主要是专利、专有技术、具有新产品基本特征的产品原型或具有新装置基本特征的原始样机等。在社会科学领域，试验发展是指把通过基础研究、应用研究获得的知识转变成可以实施的计划（包括为进行检验和评估实施示范项目）的过程。人文科学领域没有对应的试验发展活动。主要反映将科研成果转化为技术和产品的能力，是科技推动经济社会发展的物化成果。

R&D 人员 指参与研究与试验发展项目研究、管理和辅助工作的人员，包括项目（课题）组人员，企业科技行政管理人员和直接为项目（课题）活动提供服务的辅助人员。反映投入从事拥有自主知识产权的研究开发活动的人力规模。

R&D 人员全时当量 指全时人员数加非全时人员按工作量折算为全时人员数的总和。例如：有两个全时人员和三个非全时人员（工作时间分别为 20%、30% 和 70%），则全时当量为 2 + 0.2 + 0.3 + 0.7 = 3.2 人年。为国际上比较科技人力投入而制定的可比指标。

R&D 经费内部支出合计 指调查单位用于内部开展 R&D 活动（基础研究、应用研究和试验发展）的实际支出。包括用于 R&D 项目（课题）活动的直接支出，以及间接用于 R&D 活动的管理费、服务费、与 R&D 有关的基本建设支出以及外协加工费等。不包括生产性活动支出、归还贷款支出以及与外单位合作或委托外单位进行 R&D 活动而转拨给对方的经费支出。

R&D 经费内部支出中政府资金 指 R&D 经费内部支出中来自各级政府部门的各类资金，包括财政科学技术拨款、科学基金、教育等部门事业费以及政府部门预算外资金的实际支出。

R&D 经费内部支出中企业资金 指 R&D 经费内部支出中来自本企业的自有资金和接受其他企业委托而获得的经费，以及科研院所、高校等事业单位从企业获得的资金的实际支出。

R&D 项目（课题）数 指在当年立项并开展研究工作、以前年份立项仍继续进行研究的研发项目（课题）数，包括当年完成和年内研究工作已告失败的研发项目（课题），但不包括委托外单位进行的研发项目（课题）数。

R&D 项目（课题）人员全时当量 指实际参加研发项目（课题）活动人员折合的全时当量。

R&D 项目（课题）经费内部支出 指调查单位内部在报告年度进行研发项目（课题）研究和试制等的实际支出。包括劳务费、其他日常支出、固定资产购建费、外协加工费等，不包括委托或与外单位合作进行项目（课题）研究而拨付给对方使用的经费。

新产品产值 指报告期企业生产的新产品的产值。新产品是指采用新技术原理、新设计构思研制、生产的全新产品，或在结构、材质、工艺等某一方面比原有产品有明显改进，从而显著提高了产品性能或扩大了使用功能的产品。新产品产值、新产品销售收入既包括经政府有关部门认定并在有效期内的新产品，也包括企业自行研制开发，未经政府有关部门认定，从投产之日起一年之内的新产品。

新产品销售收入 指报告期企业销售新产品实现的销售收入。

专利 是专利权的简称，是对发明人的发明创造经审查合格后，由专利局依据专利法授予发明人和设计人对该项发明创造享有的专有权。包括发明、实用新型和外观设计。反映拥有自主知识产权的科技和设计成果情况。

发明(专利) 指对产品、方法或者其改进所提出的新的技术方案。是国际通行的反映拥有自主知识产权技术的核心指标。

实用新型(专利) 指对产品的形状、构造或者其结合所提出的适于实用的新的技术方案。反映具有一定技术含量的技术成果情况。

外观设计(专利) 指对产品的形状、图案、色彩或者其结合所作出的富有美感并适于工业上应用的新设计。反映拥有自主知识产权的外观设计成果情况。

工业企业 R&D 投入强度 指研究与试验发展经费内部支出与主营业务收入的比值。

20

文化、卫生、体育

资料整理：陈智力

20－1 文化艺术、文物事业单位数

单位:个

	艺术表演团体	群众艺术馆	文化馆	文化站	公共图书馆	公共图书量（万册）	博物馆
1949	8		7				
1952	17		12				
1957	30		12		1		
1962	29	1	12		1		1
1965	34	1	12		1		1
1970	17		12		1		1
1975	23		13	24	1		1
1978	24	1	13	182	2		2
1980	31	1	19	226	6		2
1981	31	1	19	226	7		2
1982	31	1	19	226	7		2
1983	30	1	19	226	7		2
1984	29	1	19	226	13		5
1985	28	1	19	227	13		8
1986	27	1	19	227	13		8
1987	24	1	19	227	13		8
1988	23	1	19	228	13	79	9
1989	23	1	19	228	13	82	11
1990	23	1	20	227	13	71	11
1991	23	1	19	227	13	72	11
1992	23	1	19	227	13	74	11
1993	22	1	19	231	13	74	11
1994	19	1	19	231	13	75	11
1995	19	1	19	231	13	79	11
1996	18	1	19	229	13	82	12
1997	17	1	19	229	13	85	12
1998	17	1	19	231	13	89	12
1999	17	1	19	231	13	84	12
2000	17	1	19	231	13	112	12
2001	17	1	16	231	13	114	12
2002	17	1	16	231	13	119	12
2003	17	1	16	231	13	122	12
2004	17	1	16	231	13	125	13
2005	17	1	16	231	13	128	13
2006	17	1	15	231	13	128	13
2007	17	1	15	233	13	110	14
2008	17	1	15	222	13	111	14
2009	17	1	15	222	13	139	16
2010	17	1	15	222	13	140	16

20-2 体育事业基本情况

	单 位	1985	1990	2000	2005	2009	2010
一、举办运动会次数	次	**106**	**458**	**116**	**137**	**147**	**34**
二、参加运动会员人数	人	**29340**	**101811**	**36837**	**3400**	**249657**	**16760**
三、等级裁判人数	人	**134**	**108**	**351**	**14**	**140**	**117**
其中:一级	人			2		14	15
二级	人		11	11	14	126	102
四、等级运动员人数	人	**164**	**415**	**946**	**33**	**84**	**152**
其中:一级	人			3			2
二级	人	30	9	34	33	84	150
五、举办全民健身活动情况							
1.举办全民健身活动次数	次				166		
2.参加活动人数	人				301320		
六、社会体育指导员达到数	人				**2630**	**2732**	**2822**
其中:职业	人						
业余	人				2630	2732	2822
七、全民健身工程累计数	个				**44**	**54**	**97**

20-3 全市运动员在国内、国际比赛成绩和运动场个数

	单 位	1985	1990	2000	2005	2009	2010
一、运动员获奖情况							
荣获金牌数	枚		42	47	20	34	20
荣获银牌数	枚		32	38	18	15	24
荣获铜牌数	枚		35	60	25	18	27
获团体和个人全国前六名	人次		16	7		9	
二、体育运动场地个数	个	**2377**	**3299**	**3324**	**3065**	**3095**	**3095**
1.篮球场合计	个	2354	2649	2657	1021	1038	1038
#带固定看台灯光球场	个	14	15	15	11	11	11
2.游泳池合计	个	9	11	11	12	12	12
3.运动场	个	14	26	27	66	67	67
4.体育场	个				6	7	7
5.体育馆	个		1	1	3	4	4

20-4 卫生事业发展情况

	单位	1985	1990	1995	2000	2005	2009	2010
一、卫生机构数	个	**969**	**933**	**694**	**364**	**359**	**374**	**591**
市	个			299	112	110		215
县	个			395	252	249		376
#医院、卫生院	个	269	281	289	296	305	302	302
#县及县以上医院	个	50	66	74	82	84		80
疗养院、所	个							
门诊部、所	个	636	588	343	13		1	1
专科防治所、站	个	2	3	3	3	3	2	1
卫生防疫站	个	15	15	16	14	14	14	14
妇幼保健所、站	个	11	11	11	10	13	13	13
二、卫生机构床位数	张	**12298**	**14870**	**15195**	**14870**	**18114**	**24756**	**27708**
市	张			6815	7645	8734		12426
县	张			8300	2433	9380		15282
#医院、卫生院	张	11353	13397	13721	14430	17027	22844	25942
#县及县以上医院	张	6455	8570	9011	9725	11727		18674
疗养院、所	张							
门诊部、所	张			596	451		50	50
平均每千人口卫生机构床位数	张	1.34	1.5	1.48	1.53	1.69	2.5	2.53
#医院、卫生院床位数	张	1.24	1.36	1.34	1.38	1.59	2.08	2.37
三、卫生机构人员数	人	**20925**	**23971**	**27235**	**29203**	**31630**	**38051**	**39741**
#卫生技术人员	人	17617	19889	22295	23641	24983	30044	31625
执业医师	人					6482	8048	8352
职业助理医师	人					2143	3119	3238
注册护士	人					6103	9296	10339
药剂人员	人					2405	2261	2296
检验人员	人					1494	1201	1240
其他人员	人					6356	5942	5284
平均每千人口医生数	人	0.83	0.82	0.76	0.77	0.8	1.02	1.05
四、卫生经费	**万元**			**1310**	**1787**	**14215**	**25584**	**28200**

注:从2000年以后卫生机构数不包括个体诊所。卫生经费2001年以前与以后口径不同。

20－5 卫生机构、床位、人员数

(2010年)

	机构数（个）	床位数（张）	人员合计（人）				
				卫生技术人员	其他技术人员	管理人员	工勤人员
总计	**591**	**27708**	**39741**	**31625**	**2488**	**2058**	**3570**
一、医院合计	**80**	**18674**	**23370**	**19017**	**1112**	**1073**	**2168**
综合医院	55	14964	18760	15278	863	820	1799
中医医院	15	2507	3247	2642	181	161	263
专科医院	10	1203	1363	1097	68	92	106
传染病院	1	90	63	43	4	6	10
精神病院	1	275	283	218	10	25	30
肿瘤医院	1	190	143	121	6	4	12
康复医院							
口腔医院	1	50	195	156	8	16	15
眼科医院	1	150	200	160	12	18	10
骨科医院	3	310	322	287	8	19	8
其他专科医院	1	30	54	30	12	2	10
二、社区卫生服务中心	**12**	**397**	**805**	**551**	**121**	**83**	**50**
三、卫生院	**222**	**7268**	**10065**	**8032**	**838**	**527**	**668**
街道卫生院	2	70	87	75	2	8	2
乡镇卫生院	220	7198	9978	7957	836	519	666
中心卫生院	57	2640	3465	2891	224	154	196
乡卫生院	163	4558	6513	5066	612	365	470
四、门诊部	**1**	**50**	**27**	**15**		**2**	**10**
五、采供血机构	**1**		**119**	**70**	**19**	**5**	**25**
六、妇幼保健院、所、站	**13**	**1234**	**1630**	**1255**	**100**	**106**	**169**
七、专科疾病防治站	**1**	**70**	**160**	**139**	**10**	**5**	**6**
#结核病防治所、站	1	70	160	139	10	5	6
八、卫生防疫站	**14**		**1677**	**1083**	**182**	**147**	**265**
九、卫生监督所	**10**		**394**	**296**	**24**	**47**	**27**
十、卫生监督检验所	**1**		**35**	**30**	**1**	**2**	**2**
十一、医学科学研究机构	**1**		**14**	**8**	**2**	**2**	**2**
十二、医学在职培训机构	**11**		**861**	**583**	**75**	**54**	**149**
十三、其他卫生机构	**3**		**78**	**57**	**1**	**5**	**15**

20-6 卫生机构各类人员

单位:人

	1990	1995	2000	2005	2009	2010
一、各类人员总计	**23971**	**27235**	**29203**	**31630**	**38051**	**39741**
卫生技术人员	19889	22295	23641	24983	30044	31625
其他技术人员		647	597	2947	2395	2488
管理人员		1673	1852	1721	2086	2058
工勤人员		2620	3113	1979	3526	3570
二、卫生技术人员	**19889**	**22295**	**23641**	**24983**	**30044**	**31625**
执业医师				6482	8048	8352
执业助理医师				2143	3119	3238
注册护士				6103	9296	10339
药剂人员				2405	2261	2296
检验人员				1949	1201	1240
其他人员				6356	5302	5284
三、平均每千人口卫生技术人员	**2.02**	**2.17**	**2.25**	**2.33**	**2.7**	**2.88**
#医生	0.82	0.76	0.77	0.8	1.02	1.05

注:因卫生技术人员分类改变,故2002年以前年份数字空缺。

20－7 广播、电视事业情况

	1990	1995	2000	2005	2009	2010
全部职工人数(人)	1027	1431	2009	2986	3572	3454
广播电台(座)	13	1	1	1	14	14
中、短波广播发射台(座)	1	1	1	1	3	3
广播节目套数(套)	13	10	10	10	13	13
平均每日广播节目播出时间(小时: 分)	94: 35	111: 45	89: 55	107: 00	130: 00	130: 00
平均每日自办广播节目时间(小时: 分)	48: 50	73: 00	60: 40	59: 00	57: 00	58: 00
#新闻节目	5: 10	7: 35	7: 45	8: 00		
教育节目			5: 30	14: 00		
文艺节目			23: 70	17: 00		
广播人口覆盖率(%)			96.3	95.11	97	95.71
有线广播喇叭数(万只)	100.25	163.12	111.56	68.9		
电视台(座)		1	1	1	14	14
电视发射台及转播台		6	6	9	12	12
(千瓦以上)(座)						
电视节目套数(套)		8	6	13	14	14
平均每周电视节目播出时间(小时: 分)		500: 50	531: 55	1293: 00	1100: 00	1102: 00
平均每周自办电视节目时间(小时: 分)		238: 18	401: 10	86: 00	207: 00	207: 00
#新闻节目		13: 48	23: 10	28: 00		
教育节目		3: 00	5: 10	21: 00		
文艺节目		172: 45	322: 00	19: 00		
电视人口覆盖率(%)		81.1	86.2	95.07	98	95.67

注:从1998年起,县级改为广播电视台,不单称电台、电视台。

主要统计指标解释

文化事业机构　指从事专业文化工作和为专业文化工作服务的独立建制的单位。不包括这些单位另外举办独立核算的其他机构和各部门的业余文化组织。

艺术表演团体　指从事戏曲、音乐、舞蹈、杂技等专业艺术表演,有独立帐户的单位,不包括半工半艺、半农半艺和民间职业剧团。

电影放映单位　指具有放映机器设备、固定或不固定的放映场所与专职或兼职的放映技术人员,经有关部门登记批准,经常为一定的观众对象放映电影的机构。包括经批准对外开放进行营业,并与电影发行放映管理机构分帐的专用放映单位和军委系统租片单位。

艺术表演观众人数(人次)　指售票、包场演出或民族地区免费演出的艺术表演观众人次数,不包括彩排审查和内部观摩演出的观看人次数。

医院　指设有固定床位,能收容病人住院并能为病人提供医疗、护理服务的医疗机构,包括县及县以上医院、农村乡卫生院和其他医院三部分。医院按所属性质不同分为卫生部门、工业及其他部门和集体经济单位三类。县及县以上医院按业务性质不同分为综合医院和专科医院。

卫生技术人员　指卫生事业机构支付工资的全部职工中现任职务为卫生技术工作的专业人员,包括中医师、西医师、中西医结合高级医师、护师、中药师、西药师、检验师、其他技师、中医士、西医士、护士、助产士、中药剂士、西药剂士、检验士、其他技士、其他中医、护理员、中药剂员、西药剂员、检验员和其他初级卫生技术人员。

医生、护士　指执业医师、执业助理医师与注册护士。

等级运动员人数　指经考核正式批准授予等级运动员称号的人数。运动员等级分为国际级运动健将、运动健将、一级运动员、二级运动员、三级运动员、少年级运动员。

等级裁判员人数　指经考核正式批准授予等级裁判员称号的人数。裁判员等级分为国际裁判、国家级裁判、一级裁判、二级裁判、三级裁判。

体育场　指有400米跑道(中心含足球场),有固定道牙,跑道6条以上,并有固定看台的室外田径场地。体育场按看台容纳观众人数分为:甲级25000人以上,乙级15000－25000人,丙级5000－15000人,丁级5000人以下。

体育馆　指有固定看台,可供篮球、排球、羽毛球、乒乓球、体操等项目训练比赛活动用的室内运动场地。体育馆按看台容纳观众人数分为:甲级6000人以上,乙级4000－6000人,丙级2000－4000人,丁级2000人以下。

21

社会保障

资料整理:陈智力

21－1 社会福利事业单位基本情况

(2010 年)

	院数（个）	工作人员（人）	床位（张）	年底收养人数（人）
总计	**475**	**1919**	**37823**	**35696**
优抚收养性单位	9	54	414	363
优抚休、休养院				
光荣院	9	54	414	363
福利类收养性单位	466	1865	37409	35333
社会福利院	5	73	570	520
儿童福利院				
精神病福利院				
城镇收养性老年福利院	8	66	571	482
农村收养性老年福利院	452	1648	36233	34296
其他收养性福利机构	1	78	35	35

21－2 由国家支出的社会福利救济主要费用情况

单位:万元

	2000	2005	2006	2007	2008	2009	2010
总计	**4176**	**31727**	**32536**	**45757**	**75725**	**85098**	**121013**
抚恤事业费	3508	8112	10306	12708	16610	18750	24339
社会救济福利事业费	1224	15662	20085	27785	57071	63380	70416
#农村社会救济费	223	7852	10478	15620	29093	39924	45791
城镇社会救济费	506	7472	9019	11947	18438	23456	24625
自然灾害救济费	2952	3590	2145	5264	2044	2968	26258

21-3 享受补助、救济人员情况

	2005	2006	2007	2008	2009	2010
农村贫困户得到救济人次数(万人次)	11.0		28.5	37.8	43.8	43.9
农村散居五保户人数(万人)	6.2	8.1	6.8	4.8	4.8	4.7
#得到国家定期定量救济人数	6.2	8.1	6.8	4.8	4.8	4.7
得到集体给予补助人数						
城镇困难户得到救济人次数(万人次)	11.3	11.7	12.1	13.2	13.4	13.7
#得到国家定期定量救济人次数	11.3	11.7	12.1	13.2	13.4	13.7
社会救济总人数(万人)	36.4	44.3	48.6	51.0	57.2	57.6
#城镇	11.3	11.7	12.1	13.2	13.4	13.7
农村	25.1	32.6	36.5	37.8	43.8	43.9

21-4 社会保障基本情况

	参加保险人数(万人)					社会保险基金(万元)		
	养老保险	失业保险	医疗保险	工伤保险	生育保险	基金收入	基金支出	累计结余
2000	35.7	60.6				31765	35796	21538
2001	29.7	60.7				37804	43107	29305
2002	29.3	60.7	43.4			53363	61738	34669
2003	28.9	62.3	47.7	16.8	15.9	58254	65570	41725
2004	29.3	62.1	54.0	20.7	19.0	66661	72103	54092
2005	29.7	62.9	58.4	24.0	19.0	85839	93966	62737
2006	31.2	61.7	60.3	27.5	20.5	98458	112816	70745
2007	32.5	61.5	63.0	29.8	21.5	122333	132673	154659
2008	33.8	61.2	66.7	34.2	23.0	142667	169396	125764
2009	35.4	61.6	69.7	34.5	22.6	164292	213215	105001
2010	36.7	62.8	75.0	36.3	28.0	418355	370577	246340

21-5 各县(市、区)参加基本养老保险人数

单位:万人

	2005	2006	2007	2008	2009	2010
全　　市	**29.66**	**31.16**	**32.53**	**33.77**	**35.37**	**36.70**
宛城区	1.31	1.43	1.51	1.57	1.64	1.73
卧龙区	1.81	2.01	1.99	2.06	2.17	2.33
南召县	0.86	0.94	1.01	1.04	1.10	1.12
方城县	1.24	1.34	1.46	1.52	1.60	1.69
西峡县	1.35	1.42	1.51	1.67	1.85	2.29
镇平县	0.80	0.85	0.99	1.11	1.21	1.23
内乡县	1.29	1.33	1.32	1.35	1.38	1.45
淅川县	1.66	1.70	1.70	1.70	1.79	1.83
社旗县	0.92	0.93	1.02	1.08	1.15	1.20
唐河县	1.81	1.83	1.94	2.09	2.19	2.15
新野县	2.16	2.19	2.29	2.37	2.47	2.55
桐柏县	1.17	1.22	1.22	1.22	1.30	1.35
邓州市	2.38	2.42	2.57	2.58	2.71	2.74
市　　直	10.90	11.56	12.01	12.42	12.80	13.06

21-6 各县(市、区)参加基本医疗保险人数

单位:万人

	2005	2006	2007	2008	2009	2010
全　　市	**58.43**	**60.33**	**63.01**	**66.67**	**69.68**	**75.00**
宛城区	2.71	2.87	3.03	3.16	3.28	3.64
卧龙区	3.61	3.60	3.84	4.17	4.16	4.56
南召县	2.27	2.45	2.59	2.69	2.88	3.06
方城县	3.17	3.41	3.52	3.76	3.91	4.39
西峡县	2.50	2.69	3.08	3.08	3.16	3.60
镇平县	3.29	3.60	3.66	3.86	4.00	4.41
内乡县	2.71	2.81	2.81	3.00	3.13	3.57
淅川县	3.51	3.51	3.81	3.76	3.91	4.19
社旗县	2.07	2.19	2.31	2.41	2.52	2.77
唐河县	3.31	3.85	3.91	4.11	4.35	4.79
新野县	3.70	3.70	3.91	4.19	4.42	4.86
桐柏县	2.25	2.25	2.53	2.53	2.58	2.58
邓州市	5.49	5.40	5.68	5.96	6.37	6.86
市　　直	17.84	18.01	18.66	19.99	21.02	21.71

21-7 各县(市、区)参加失业保险人数

单位:万人

	2005	2006	2007	2008	2009	2010
全　　市	**62.91**	**61.71**	**61.49**	**61.22**	**61.57**	**62.75**
宛 城 区	2.93	2.83	2.89	2.89	2.89	2.89
卧 龙 区	2.86	2.82	2.87	2.87	2.90	3.02
南 召 县	2.34	2.26	2.30	2.30	2.30	2.33
方 城 县	2.83	2.62	2.66	2.66	2.61	2.70
西 峡 县	2.21	2.26	2.26	2.26	2.28	2.42
镇 平 县	4.16	3.98	4.14	4.12	4.08	4.10
内 乡 县	3.05	2.84	2.89	2.89	2.89	2.93
淅 川 县	3.89	3.58	3.64	3.77	3.79	3.79
社 旗 县	2.24	2.06	2.08	2.08	2.03	2.05
唐 河 县	4.16	3.89	3.96	3.96	3.96	4.00
新 野 县	4.16	4.16	4.16	4.03	3.93	3.96
桐 柏 县	2.22	2.23	2.22	2.22	2.22	2.22
邓 州 市	5.65	5.42	5.52	5.52	5.56	5.60
市　　直	20.21	20.76	19.90	19.91	20.14	20.75

21-8 各县(市、区)参加工伤保险人数

单位:万人

	2005	2006	2007	2008	2009	2010
全　　市	**24.4**	**27.5**	**29.8**	**34.20**	**34.53**	**36.27**
宛 城 区	0.9	0.5	0.4	1.99	2.26	2.42
卧 龙 区	0.8	1.3	1.3	1.27	1.30	1.35
南 召 县	0.7	1.0	0.8	1.06	1.07	1.13
方 城 县	1.2	1.2	1.4	1.41	1.43	1.54
西 峡 县	0.8	0.9	1.0	1.25	1.27	1.43
镇 平 县	1.0	1.0	1.1	1.35	1.37	1.42
内 乡 县	0.9	0.9	1.0	1.25	1.26	1.31
淅 川 县	1.0	1.0	1.0	1.35	1.36	1.49
社 旗 县	0.6	0.6	0.7	0.95	0.99	1.04
唐 河 县	1.0	1.3	1.5	1.65	1.75	1.95
新 野 县	1.3	1.5	2.1	2.39	2.40	2.47
桐 柏 县	0.7	0.8	1.9	1.15	1.16	1.16
邓 州 市	2.5	2.4	2.6	2.75	2.86	3.00
市　　直	11.0	13.0	14.0	14.37	14.04	14.56

主要统计指标解释

社会福利事业单位 指集中收养社会孤老、残、幼的机构,包括由民政部门管理的社会福利院、儿童福利院、精神病人福利院和城镇集体举办的福利院及农村集体举办的敬老院。

社会福利事业单位收养人数 包括民政部门管理和城镇、农村集体举办的社会福利事业单位中收养的老人、少年儿童、缺乏生活自理能力的残疾人员和精神病人。

社会福利企业单位 指以安置城镇有一定劳动能力的盲、聋、哑和肢体残疾人员就业为目的,享受国家减免税待遇的国有或集体企业。包括福利工厂、福利商业和服务业、假肢厂和安置农场等单位。

基本养老保险

1.(参保)职工人数:指报告期末按照国家法律、法规和有关政策规定参加基本养老保险并在社保经办机构已建立缴费记录档案的职工人数,包括中断缴费但未终止养老保险关系的职工人数,不包括只登记未建立缴费记录档案的人数。

2.基本养老保险基金收入:指根据国家有关规定,由纳入基本养老保险范围的缴费单位和个人按国家规定的缴费基数和缴费比例缴纳的养老保险基金,以及通过其他方式取得的形成基金来源的收入。包括单位和职工个人缴纳的基本养老保险费、基本养老保险基金利息收入、上级补助收入、下级上解收入、转移收入、财政补贴和其他收入。

3.基本养老保险基金支出:指按照国家政策规定的开支范围和开支标准从养老保险基金中支付给参加基本养老保险的离休、通休、退职人员个人的养老金、丧葬抚恤补助,以及由于保险关系转移、上下级之间调剂资金等原因而发生的支出。包括离休金、退休金、退职金、种补贴、医疗费、死亡丧葬补助费、抚恤救济费、社会保险经办机构管理费、补助下级支出、上解上级支出、转移支出、其他支出等。

4.基本养老保险基金累计结余:指截止报告期末基本养老保险基金收支相抵后的累计余额。

基本医疗保险

1.参保人数:指报告期末按国家有关规定参加基本医疗保险的人数。包括参加保险的职工人数和退休人员人数。

2.基金收入:指根据国家有关规定,由纳入基本医疗保险范围的缴费单位和个人,按国家规定的缴费基数和缴费比例缴纳的基金,以及通过其他方式取得的形成基金来源的款项,包括:单位缴纳的社会统筹基金收入、个人缴纳的个人账户基金收入、财政补贴收入、利息收入、其他收入。

3.基金支出:指按照国家政策规定的开支范围和开支标准从社会统筹基金中支付给参加基本医疗保险的职工和退休人员的医疗保险待遇支出,和从个人帐户基金中支付给参加基本医疗保险的职工和退休人员的医疗费用支出,以及其他支出。包括:住院医疗费用支出、门急诊医疗费用支出、个人账户基金支出、其他支出。

4.基金累计结余:指截止报告期末基本医疗保险的社会统筹和个人帐户基金累计结余金额。包括银行存款、财政专户、债券投资和其他。

失业保险

1.参保人数:指报告期末按照国家法律、法规和有关政策规定参加了失业保险的城镇企业事业单位的职工及地方政府规定参加失业保险的其他人员的人数。

2.失业保险基金收入:指按照规定从企业、事业及其他单位筹集的失业保险费及其他并入失业保险基金收入的总额。包括单位和个人缴纳的失业保险费、失业保险基金利息收入、上级补助收入、下级上解收入、转移收入、财政补贴和其他收入。

3.失业保险基金支出:指报告期内为保障失业人员和下岗职工基本生活、促进其再就业等支出的基金总额。包括失业救济金、医疗费、死亡丧葬补助费、抚恤救济费、转业训练费支出、失业保险经办机构管理费、补助下级支出、上解上级支出、转移支出和其他支出。

4.基金累计结余:指截止报告期末失业保险基金收支相抵后的累计余额。

参加工伤保险人数 指报告期末依据国家有关规定参加工伤保险的职工人数。

参加生育保险人数 指报告期末依据有关规定参加生育保险的职工人数。

居民最低生活保障人数 指报告期末在建立居民最低生活保障制度的地区,得到当地政府给予最低生活保障的人口数。

22

资源与环境保护

资料整理:王秀英　王兰芝

22-1 人口、自然资源

	单位	2010
一、人口		
年底人数	万人	
人口密度	人/平方公里	
二、地理位置		
东经		110°58′~113°49′
北纬		32°17′~33°48′
三、土地		
土地面积	平方公里	26509
山区	平方公里	9709
丘陵	平方公里	7980
平原	平方公里	8911
四、气候		
日照时数	小时	1733.7
年降水总量	毫米	1116.6
无霜期	天	235
平均气温	摄氏度	15.6
五、森林		
林业用地面积	万亩	1670.7
#有林地面积	万亩	1443.3
活林木蓄积量	万立方米	2525.25
森林覆盖率	%	37.0
六、矿产资源(保有可采金属量)		
石油(年开采量)	万吨	1327.46
天然碱	万吨	8830.11
蓝晶石	万吨	355.26
岩金	千克	73415
沙金	千克	3389
伴生金	千克	5155
银	吨	1640.72
红柱石	万吨	995.38
金红石	万吨	291.35
石墨	万吨	882.76

22－2 工业污染排放及处理利用情况

	单　位	2005	2006	2007	2008	2009	2010
一、企业基本情况							
1. 汇总工业企业个数	个	204	214	228	185	186	187
2. 汇总工业企业总产值(现价)	万元	2887739	4138501	4446768	5093217	4937808	6226151
3. 企业专职环保人员数	人	556	599	638	696	730	837
4."三废"综合利用产品产值	万元	65732	40546	41812	52857	51127	54972
5. 工业锅炉数	台/蒸吨	266/5662	200/5827	248/6265	243/7864	237/6797	237/10904
其中:烟尘排放达标的	台/蒸吨	259/5596	200/5827	238/6243	226/7783	225/6741	230/10844
二氧化碳排放达标的	台/蒸吨	5/52	113/4661	146/5528	153/7042	237/6797	228/10835
6. 工业炉窑数	座	138	183	117	88	105	137
其中:烟尘排放达标的	座	84	87	90	82	96	134
二氧化碳排放达标的	座	4	35	83	78	105	99
二、工业废水							
1. 工业用水总量	万吨	126396	106130	116065	130127	140041	117391
其中:新鲜水量	万吨	19966	17605	17361	13347	13962	15042
重复用水量	万吨	106430	88525	98704	116780	126079	102349
2. 工业用水重复利用率	%	84.2	84.0	85.0	89.7	90.03	87.19
3. 废水治理设施数	套	310	2008	297	248	231	215
4. 废水治理设施处理能力	万吨/日	64.8	57.8	58.09	69.19	44.48	52.25
5. 废水治理设施运行经费	万元	18801	11695	12544	11756	10116	12612.8
6. 工业废水排放量	万吨	14875	12665	12590	9851	9742	10670
其中:排入污水处理厂的	万吨	709	1194	114	349	81	
7. 工业废水排放达标量	万吨	11891	11854	12091	9478	9577	10489
8. 工业废水排放达标率	%	79.9	93.6	96.0	96.2	98.3	98.3
9. 工业废水中污染物去除量							
(1)挥发酚	吨	21.5	17.9	48.0	0.6	0.01	7.27
(2)氰化物	吨	124.3	62.6	51.6	7.3	7.28	0.23
(3)化学需氧量	吨	169123	168704	263289	273184	269608.46	268456.3
(4)石油类	吨	5007	3828	3980	134	106.85	87.55
(5)氨氮	吨	667	6466	5226	4750	3593.12	4139.96
10. 工业废水中污染物排放量							
(1)挥发酚	吨	1.4	1.7	3.6	1.0	0.61	0.36
(2)氰化物	吨	11.2	8.4	6.3	2.8	1.19	0.51
(3)化学需氧量	吨	59366	42831	42911	36036	32518.32	27257.67
(4)石油类	吨	94	91	42	37	27.17	31.61
(5)氨氮	吨	9118	8173	5095	3885	3202.24	2532.65

22－2 续表

	单位	2005	2006	2007	2008	·2009	2010
三、工业废气							
1. 煤炭消费总量	万吨	702.1	664.0	700.9	980.3	1062.98	1130.38
其中:燃料煤消费量	万吨	582.2	560.0	626.2	867.4	915.62	954.76
原料煤消费量	万吨	119.9	104.0	74.2	112.9	147.36	175.62
2. 燃料油消费量	万吨	11.9	12.2	10.8	10.8	8.95	7.56
其中:重油	万吨	11.5	11.8	10.1	9.8	8.28	6.87
柴油	万吨	0.4	0.4	0.8	1.0	0.67	0.69
3. 天然气消费量	万立方米	2044	3288	4749	6658	5613	5045
4. 工业废气排放量	万标立方米	9013746	7964923	8090279	10871358	14152888	14818979
其中:燃料燃烧废气排放量	万标立方米	4839422	4813309	5222250	7429463	8472685	9046199
生产工艺废气排放量	万标立方米	4174324	3151614	2868029	3441895	5680203	5772780
5. 废气治理设施数	套	653	567	479	455	604	702
6. 废气治理设施处理能力	万标立方米/时	1123	1425	1301	2784	3316.95	3277.92
7. 废气治理设施运行费用	万元	4843	9971	10523	23778	27613.1	33479.9
8. 二氧化硫去除量	吨	3866	2366	2449	27051	42088.06	73000.09
其中:燃料燃烧废气排放量	吨	794	542	1949	26254	41224.38	72684.03
生产工艺废气排放量	吨	3072	1824	500	796	863.68	316.06
9. 二氧化硫排放量	吨	68007	64181	64488	63001	56055.95	51761.54
其中:燃料燃烧废气排放量	吨	55628	54769	59508	58061	49277.57	44201.1
生产工艺废气排放量	吨	12379	9333	4974	4910	6713.55	7560.44
10. 烟尘去除量	吨	964249	1192102	1028195	1857912	1998270.2	2544585.27
11. 烟尘排放量	吨	39101	37586	34376	30752	18581.79	12913.9
其中:排放达标量	吨	23967	34318	32985	29317	17853.36	12503.24
12. 工业粉尘去除量	吨	397030	633030	257709	160192	105115.83	82025.08
13. 工业粉尘排放量	吨	99250	52711	31582	8451	8708.18	8548.21
其中:排放达标量	吨	1703	38590	29687	7898	8271.41	8368.44
四、工业固体废物							
1. 工业固体废物产生量	万吨	317.20	325.30	340.58	425.18	448.82	526.98
2. 工业固体废物综合利用量	万吨	225.10	265.60	313.31	368.70	381.1	444.07
3. 工业固体废物综合利用率	%	71.00	80.95	91.99	86.72	84.91	84.27
4. 工业固体废物贮存量	万吨	70.50	47.98	26.10	42.48	40.7	46.05
5. 工业固体废物处理量	万吨	21.70	15.51	1.17	14.00	27.02	37.09
6. 工业固体废物排放量	万吨						

22-3 污染治理资金来源及使用情况

（2010年）

	单 位	2010		单 位	2010
1.汇总工业企业数	个	16	环保保护专项资金	万元	
2.本年施工项目总数	个	18	环保贷款	万元	
其中:废水治理项目	个	5	其他资金	万元	7338.0
废气治理项目	个	6	其中:国内贷款	万元	
固体废物治理项目	个		利用外资	万元	
噪声治理项目	个	1	企业自筹	万元	7258.0
电磁辐射治理项目	个		4.本年竣工项目数	个	17
放射性治理项目	个		其中:废水治理项目	个	4
其他治理项目	个	6	废气治理项目	个	6
其中:污染搬迁治理项目	个		固体废物治理项目	个	
3.施工项目本年完成投资额	万元	7338.0	噪声治理项目	个	1
其中:废水治理项目	万元	4058.0	电磁辐射治理项目	个	
废气治理项目	万元	2170	放射性治理项目	个	
固体废物治理项目	万元		其他治理项目	个	6
噪声治理项目	万元	300.0	其中:污染搬迁治理项目	个	
电磁辐射治理项目	万元		5.本年竣工项目新增设计处理能力		
放射性治理项目	万元		其中:治理废水	吨/日	1075
其他治理项目	万元	810	治理废气	万标立方米/时	13.54
其中:国家预算内资金	万元		治理固体废物	吨/日	

22-4 工业重点调查单位分行业废水排放及处理情况

（2010年） 单位:万吨

	工业企业数（个）	工业废水排放总量	工业废水排放达标量	废水治理设施数（套）
总　计	**187**	**9819.91**	**9727.61**	**215**
采掘业	14	548.48	548.48	22
食品、饮料和烟草制造业	20	2532.12	2531.12	29
纺织业	7	778.18	777.18	5
皮革毛皮羽绒及其制品业	1	18	18	1
造纸及纸制品业	10	2091.0	2018.2	14
化学原料及化学制品制造业	30	1375.75	1373.36	46
医药制造业	9	1622.98	1622.98	7
化学纤维制造业	2	322.00	319.00	1
非金属矿物制品业	36	56.06	55.77	12
黑色金属冶炼及压延加工业	13	40.42	40.42	7
有色金属冶炼及压延加工业	1			1
金属制品业	4	9.41	9.41	2
机械、电气、电子设备制造业	14	158.12	158.12	22
电力煤气及水生产供应业	4	51.2	51.2	14
其他	22	216.12	204.32	32

主要统计指标解释

森林覆盖率 通常是指森林面积占土地面积之比，一般用百分数表示。但国家规定在计算森林覆盖率时，森林面积还包括灌木林面积、农田林网树占地面积以及四旁树木的覆盖面积。森林覆盖率，是反映一个国家或地区森林资源和绿化水平的重要指标。计算公式为：

森林覆盖率(%)＝(森林面积/土地面积)×100%

活立木蓄积量 指全部土地上树木蓄积的总量。包括森林蓄积，疏林蓄积，散生木蓄积和四旁树蓄积。

矿产保有储量 指探明的矿产储量(包括工业储量和远景储量)扣除已开采部分和地下损失量后的年底实有储量。它反映一个国家或地区矿产资源的现状。

工业废水排放量 指经过企业厂区所有排放口排到企业外部的工业废水量。包括生产废水、外排的直接冷却水、超标排放的矿井地下水和与工业废水混排的厂区生活污水，不包括外排的间接冷却水(清污不分流的间接冷却水应计算在内)。

工业废水排放达标量 指各项指标都达到国家或地方排放标准的外排工业废水量，包括未经处理外排达标和经过处理后外排达标两部分。

工业废水处理量 指报告期内各种水治理设施实际处理的工业废水量，包括处理后外排和处理后回用的工业废水量和虽经处理但未达到国家或地方排放标准的废水量。如车间和厂排放口均有治理设施，并对同一废水分级处理时，不应重复计算工业废水处理量。

工业废气排放量 指企业厂区内燃料燃烧和生产工艺过程中产生的各种排入空气的含有污染物的气体总量，按标准状态〔273K，101325Pa〕计算。

工业二氧化硫排放量 指企业在燃料燃烧和生产工艺过程中排入大气的二氧化硫数量。

烟尘排放量 指企业厂区内燃料燃烧产生的烟气中夹带的颗粒物数量。

工业粉尘排放量 指企业在生产工艺过程中排放的颗粒物重量，如钢铁企业的耐火材料粉尘、焦化企业的筛焦系统粉尘、烧结机的粉尘、石灰窑的粉尘、建材企业的水泥粉尘等。不包括电厂排入大气的烟尘。

工业固体废物产生量 指企业在生产过程中产生的固体状、半固体状和高浓度废液体状废弃物的总量，包括危险废物、冶炼废渣、粉煤灰、炉渣、煤矸石、尾矿、放射性废物和其他废物等；不包括矿山开采的剥离废石和掘进废石(煤矸石和呈酸性或碱性的废石除外)。酸性或碱性废石指采掘的废石其流经水、雨淋水的pH值小于4或pH值大于10.5者。

工业固体废物综合利用量 指通过回收、加工、循环、交换等方式，从固体废物中提取或者使其转化为可以利用的资源、能源和其他原材料的固体废物量(包括当年利用往年的工业固体废物累计贮存量)，如用作农业肥料、生产建筑材料、筑路等。综合利用量由原产生固体废物的单位统计。

工业固体废物贮存量 指以综合利用或处置为目的，将固体废物暂时贮存或堆存在专设的贮存设施或专设的集中堆存场所内的数量。专设的固体废物贮存场所或贮存设施必须有防扩散、防流失、防渗漏、防止污染大气、水体的措施。

工业固体废物处置量 指将固体废物焚烧或者最终置于符合环境保护规定要求的场所，并不再回取的工业固体废物量(包括当年处置往年的工业固体废物累计贮存量)。处置方法有填埋(其中危险废物应安全填埋)、焚烧、专业贮存场(库)封场处理、深层灌注、回填矿井等。

工业固体废物排放量 指将所产生的固体废物排到固体废物污染防治设施、场所以外的数量，不包括矿山开采的剥离废石和掘进废石(煤矸石和呈酸性或碱性的废石除外)。

“三废”综合利用产品产值 指利用“三废”(废液、废气、废渣)作为主要原料生产的产品价值(现行价)；已经销售或准备销售的应计算产品价值，留作生产自用的不应计算产品价值。

“三废”综合利用产品利润 指利用“三废”(废液、废气、废渣)生产的产品，销售后所得到的利润。

环境污染治理投资 指在工业污染源治理和城市环境基础设施建设的资金投入中，用于形成固定资产的资金。包括工业新老污染源治理工程投资、建设项目“三同时”环保投资，以及城市环境基础设施建设所投入的资金。

23

全省各省辖市主要经济指标

资料整理:鲁　璐

23－1 人口和劳动工资

（2010年）

	常住人口（万人）	城镇化率（%）	从业人员（万人）	#在岗职工	平均工资（元）	#在岗职工
全　　省	**9405.47**	**38.8**	**6041.56**	**723.29**	**29819**	**30303**
郑 州 市	866.08	63.6	469.30	105.33	32455	32779
开 封 市	467.69	36.0	303.66	32.43	23948	24123
洛 阳 市	655.39	44.3	408.01	51.02	29059	29917
平顶山市	490.52	41.4	309.15	47.23	31506	31936
安 阳 市	517.15	38.6	346.52	39.42	26211	26772
鹤 壁 市	157.15	48.0	86.39	17.32	25542	25861
新 乡 市	571.10	41.1	318.65	44.54	22616	22578
焦 作 市	354.30	47.1	210.14	30.51	25760	26330
濮 阳 市	359.99	31.5	232.63	28.48	26092	27148
许 昌 市	430.96	39.1	261.69	28.11	26452	26646
漯 河 市	254.85	39.2	161.90	22.70	20990	21108
三门峡市	223.44	44.3	129.56	23.38	29999	30446
南 阳 市	**1027.22**	**33.0**	**675.57**	**68.60**	**23127**	**23309**
商 丘 市	735.43	29.8	505.64	38.46	24075	24256
信 阳 市	610.09	34.4	459.12	42.39	24526	24708
周 口 市	893.89	29.7	680.23	44.10	23784	23989
驻马店市	722.58	29.8	560.75	39.64	21220	21492
济 源 市	67.64	49.4	41.40	6.98	24290	24942

23-2 生 产 总 值

(2010 年) 单位:亿元

	生产总值	第一产业	第二产业	工业	第三产业	人均生产总值(元)
全省	**23092.36**	**3258.09**	**13226.38**	**11950.88**	**6607.89**	**24446**
郑州市	4040.89	124.56	2269.91	1996.37	1646.43	47608
开封市	927.16	219.31	400.65	368.34	307.20	19750
洛阳市	2320.25	187.62	1396.21	1243.78	736.42	35762
平顶山市	1310.84	114.72	869.43	821.08	326.68	26730
安阳市	1315.59	159.07	809.29	731.77	347.22	25330
鹤壁市	429.12	48.83	301.95	283.38	78.34	28531
新乡市	1189.94	157.15	686.48	602.34	346.31	21196
焦作市	1245.93	101.30	855.31	804.18	289.32	35767
濮阳市	775.40	107.62	515.33	476.42	152.45	21787
许昌市	1316.49	149.96	901.98	847.53	264.55	30536
漯河市	680.49	86.66	474.58	452.72	119.26	26974
三门峡市	874.42	70.00	599.18	562.42	205.23	39176
南阳市	**1953.36**	**401.18**	**1017.07**	**910.56**	**535.11**	**19145**
商丘市	1143.79	299.51	532.13	464.48	312.16	15085
信阳市	1091.83	288.04	460.87	376.95	342.93	16936
周口市	1228.30	365.64	557.90	492.45	304.77	12944
驻马店市	1053.71	290.67	441.28	393.04	321.77	14117
济源市	343.38	15.98	259.85	246.08	67.54	50491

23-3 生 产 总 值 指 数

(2010 年,上年=100) 单位:%

	生产总值指数	第一产业	第二产业	工业	第三产业	人均生产总值指数
全省	**112.5**	**104.5**	**114.8**	**115.4**	**111.4**	**112.7**
郑州市	113.0	103.0	115.1	115.6	110.8	108.5
开封市	112.2	104.6	114.9	115.9	113.5	112.4
洛阳市	113.3	104.6	116.1	117.1	109.2	112.1
平顶山市	111.2	104.2	112.0	112.2	111.5	110.8
安阳市	113.5	104.4	116.3	117.3	110.5	113.9
鹤壁市	113.4	104.6	116.0	115.9	108.9	108.1
新乡市	114.6	104.5	118.5	119.7	110.6	112.6
焦作市	111.9	104.3	114.7	115.0	106.3	109.8
濮阳市	111.4	104.7	112.9	113.6	110.1	109.9
许昌市	113.6	104.1	116.1	116.5	110.3	113.6
漯河市	114.7	104.3	117.3	117.5	110.5	113.1
三门峡市	115.2	104.7	117.9	118.5	111.2	114.8
南阳市	**111.6**	**104.5**	**114.4**	**115.1**	**111.2**	**110.3**
商丘市	111.1	104.5	113.5	114.3	113.2	114.1
信阳市	111.6	105.0	114.8	115.6	112.2	116.7
周口市	111.1	104.9	115.6	115.8	109.5	117.1
驻马店市	111.6	104.7	114.8	115.2	112.6	115.0
济源市	112.2	105.5	113.2	113.2	110.2	112.5

23-4 产业结构及单位GDP能耗

(2010年)

	产业结构(%)				单位GDP能耗	
	第一产业	第二产业	#工业	第三产业	绝对值（吨标准煤/万元）	比2005年降低（%）
全省	**14.1**	**57.3**	**51.8**	**28.6**	**1.115**	**-20.1**
郑州市	3.1	56.2	49.4	40.7	1.079	-20.1
开封市	23.7	43.2	39.7	33.1	1.016	-18.0
洛阳市	8.1	60.2	53.6	31.7	1.240	-20.0
平顶山市	8.8	66.3	62.6	24.9	1.824	-21.4
安阳市	12.1	61.5	55.6	26.4	2.148	-23.0
鹤壁市	11.4	70.4	66.0	18.3	1.395	-22.1
新乡市	13.2	57.7	50.6	29.1	1.377	-21.3
焦作市	8.1	68.6	64.5	23.2	1.799	-21.4
濮阳市	13.9	66.5	61.4	19.7	1.558	-20.1
许昌市	11.4	68.5	64.4	20.1	1.122	-18.1
漯河市	12.7	69.7	66.5	17.5	1.008	-18.1
三门峡市	8.0	68.5	64.3	23.5	1.492	-21.1
南阳市	**20.5**	**52.1**	**46.6**	**27.4**	**1.088**	**-20.0**
商丘市	26.2	46.5	40.6	27.3	1.157	-19.1
信阳市	26.4	42.2	34.5	31.4	1.095	-20.1
周口市	29.8	45.4	40.1	24.8	1.016	-18.1
驻马店市	27.6	41.9	37.3	30.5	1.025	-18.0
济源市	4.7	75.7	71.7	19.7	2.032	-23.0

23-5 主要农产品产量

(2010年)

单位:万吨

	粮食总产量	#夏粮产量	油料产量	棉花产量	肉类产量
全省	**5437.10**	**3090.70**	**540.72**	**44.72**	**638.40**
郑州市	166.69	79.93	19.02	0.41	23.78
开封市	255.56	172.11	43.39	5.71	36.26
洛阳市	235.92	110.85	13.25	0.33	24.32
平顶山市	197.24	100.15	14.70	0.26	36.18
安阳市	334.24	186.39	26.04	1.76	20.78
鹤壁市	111.63	59.67	5.78	0.06	22.90
新乡市	381.15	223.79	32.74	1.81	34.40
焦作市	199.41	106.35	9.02	0.40	19.09
濮阳市	251.03	147.79	15.88	0.87	20.19
许昌市	274.99	150.96	8.09	0.84	36.60
漯河市	167.99	96.98	3.66	1.40	27.48
三门峡市	63.25	31.56	3.18	0.20	7.88
南阳市	**584.02**	**359.08**	**115.08**	**7.68**	**68.44**
商丘市	598.68	388.23	37.07	8.71	51.00
信阳市	575.22	141.88	63.59	0.61	57.76
周口市	723.71	476.54	36.06	12.48	66.30
驻马店市	670.36	423.85	93.51	1.84	78.50
济源市	21.64	10.77	0.29	0.03	4.64

23-6 规 模 以 上 工 业

(2010 年)

	规模以上工业增加值(亿元)	比上年增长(%)	主营业务收入(亿元)	利润总额(亿元)	利税总额(亿元)
全　　省	**9901.52**	**19.0**	**36163.12**	**3302.22**	**4928.53**
郑　州　市	1599.90	18.0	5942.31	715.48	1058.08
开　封　市	276.26	21.6	1003.05	124.23	167.27
洛　阳　市	1013.98	21.8	3917.63	212.08	386.95
平顶山市	669.56	15.0	2011.01	145.33	236.64
安　阳　市	648.19	19.7	2430.90	188.24	294.11
鹤　壁　市	260.46	17.4	919.10	57.51	87.22
新　乡　市	533.22	22.7	2165.17	169.87	224.06
焦　作　市	706.51	17.3	2622.42	234.66	358.88
濮　阳　市	426.02	15.2	1550.33	118.28	190.59
许　昌　市	696.88	20.7	2316.79	276.96	441.61
漯　河　市	394.98	20.3	1620.61	213.03	260.65
三门峡市	506.96	21.1	2103.44	202.30	255.47
南　阳　市	**634.47**	**22.4**	**2009.77**	**141.78**	**256.58**
商　丘　市	369.60	17.9	1405.51	107.35	154.22
信　阳　市	278.66	21.0	995.25	64.37	100.91
周　口　市	363.90	21.7	1281.91	194.29	249.78
驻马店市	279.84	21.5	1023.29	80.90	122.25
济　源　市	219.03	15.1	844.64	55.54	83.26

23-7 固定资产投资及社会消费品零售总额

(2010 年)

单位:亿元

	全社会固定资产投资	城镇固定资产投资	房地产开发企业投资	社会消费品零售总额
全　　省	**16585.85**	**13934.82**	**2114.08**	**8004.22**
郑　州　市	2745.76	2421.31	775.16	1702.10
开　封　市	506.58	394.72	57.69	369.56
洛　阳　市	1768.80	1548.81	179.9	816.18
平顶山市	712.93	580.34	54.28	352.78
安　阳　市	894.69	760.06	98.72	347.51
鹤　壁　市	356.27	305.30	24.47	93.45
新　乡　市	1211.16	1085.44	117.64	393.69
焦　作　市	970.82	841.03	72.29	323.46
濮　阳　市	532.22	432.43	41.6	232.73
许　昌　市	829.37	685.59	71.06	354.01
漯　河　市	403.95	351.57	28.93	219.80
三门峡市	677.49	570.83	46.6	202.62
南　阳　市	**1389.43**	**1129.95**	**70.32**	**800.97**
商　丘　市	845.66	690.39	89.98	406.24
信　阳　市	1031.46	855.05	136.08	442.60
周　口　市	813.70	592.84	125.09	490.32
驻马店市	668.38	496.74	107.05	379.52
济　源　市	216.91	181.19	17.22	70.54

23-8 城乡居民收入和居民消费价格指数

(2010年) 单位:元

	城镇居民人均可支配收入	城镇居民人均消费性支出	农民人均纯收入	农民人均消费支出	居民消费价格指数(%)
全省	**15930**	**10838**	**5524**	**3682**	**103.5**
郑州市	18897	12790	9225	6254	103.0
开封市	13695	11378	5390	3352	103.9
洛阳市	17639	12069	5680	4635	103.5
平顶山市	16208	11502	5504	3168	103.3
安阳市	16394	10559	6359	3726	103.8
鹤壁市	15059	9931	6813	3938	103.8
新乡市	15752	11257	6241	4593	103.0
焦作市	15781	11228	7512	4845	103.2
濮阳市	15138	10108	5077	2911	103.0
许昌市	15171	10743	7197	4222	103.2
漯河市	14769	10913	6460	3492	103.9
三门峡市	15032	11193	5787	4126	104.2
南阳市	**15077**	**11087**	**5666**	**4012**	**104.1**
商丘市	14178	8734	4674	2890	103.4
信阳市	13348	9307	5311	3604	103.4
周口市	12678	9980	4510	3344	103.3
驻马店市	13702	10183	4861	3670	103.6
济源市	16481	10147	7784	4252	103.9

23-9 财政与金融

(2010年) 单位:亿元

	地方财政一般预算收入	地方财政一般预算支出	金融机构人民币各项存款余额	城乡居民储蓄存款余额	金融机构人民币各项贷款余额
全省	**1381.32**	**3416.14**	**23148.83**	**12883.70**	**15871.32**
郑州市	386.80	426.80	7990.85	2911.00	5717.55
开封市	37.03	116.44	681.89	472.54	402.49
洛阳市	142.02	230.80	2096.09	1111.68	1113.88
平顶山市	80.58	148.59	1137.85	730.13	694.39
安阳市	65.05	140.65	991.08	638.60	597.39
鹤壁市	22.15	59.13	285.40	177.94	268.43
新乡市	70.46	159.53	1144.16	718.61	712.34
焦作市	63.34	121.55	748.57	503.76	470.98
濮阳市	30.17	90.10	588.92	435.58	231.60
许昌市	57.45	117.23	830.38	543.51	562.35
漯河市	26.13	69.97	421.85	260.29	301.20
三门峡市	49.74	95.26	625.52	392.82	340.20
南阳市	**69.07**	**247.11**	**1471.22**	**955.82**	**827.50**
商丘市	43.00	179.98	901.16	667.28	607.67
信阳市	34.10	173.76	1054.76	784.10	570.09
周口市	38.31	193.70	930.79	760.28	563.18
驻马店市	36.44	172.30	969.32	713.63	499.44
济源市	22.22	33.70	168.49	104.22	143.74

23-10 对外贸易及旅游

(2010年)

	进出口总额（万美元）	出口额	实际利用外商直接投资（万美元）	入境旅游人数（人次）	国际旅游收入（万美元）
全省	**1779157**	**1053447**	**624669**	**1468355**	**49877**
郑州市	517432	347327	190015	349061	14789
开封市	23937	18801	12882	200230	4597
洛阳市	154428	105188	120475	457908	15100
平顶山市	42530	28565	16390	15310	475
安阳市	157248	44299	14887	55002	1291
鹤壁市	14454	12391	22481	6300	186
新乡市	113427	69489	32902	29700	678
焦作市	174096	105536	28832	217331	8071
濮阳市	48766	41471	9001	16146	635
许昌市	128599	108392	21277	8985	326
漯河市	39188	15397	32315	6357	280
三门峡市	16332	10355	39849	39678	822
南阳市	**95324**	**64653**	**20111**	**12645**	**630**
商丘市	13274	10037	10385	10067	250
信阳市	35444	10497	16694	7200	318
周口市	38351	17573	15763	16510	673
驻马店市	23199	17822	12550	11010	546
济源市	143128	25655	7860	8915	212

23-11 邮电业务总量和公路交通运输

(2010年)

	邮电业务总量（亿元）	邮政	电信	客运量（万人）	旅客周转量（亿人公里）	货运量（万吨）	货物周转量（亿吨公里）
全省	**1506.86**	**69.50**	**1437.36**	**158630**	**1031.18**	**183291**	**4860.63**
郑州市	296.32	8.98	287.34	26763	137.68	17487	279.83
开封市	63.49	3.08	60.41	6299	54.03	6267	119.50
洛阳市	119.85	5.03	114.82	13349	103.37	13384	291.69
平顶山市	79.04	3.53	75.51	8227	37.79	12325	164.22
安阳市	83.89	4.28	79.61	7064	40.35	16911	639.01
鹤壁市	23.08	0.79	22.29	6337	14.68	5024	121.10
新乡市	100.10	5.01	95.09	5483	24.67	8123	185.79
焦作市	64.65	2.65	62.00	4104	22.77	13048	656.38
濮阳市	54.59	2.38	52.21	4242	30.12	3237	91.44
许昌市	65.66	1.90	63.76	5506	35.60	15465	332.57
漯河市	37.70	2.85	34.85	3538	32.87	3596	51.94
三门峡市	42.38	1.93	40.45	3791	18.30	3225	63.89
南阳市	**113.10**	**6.02**	**107.08**	**16581**	**126.67**	**14732**	**355.07**
商丘市	98.74	5.73	93.01	12065	78.01	17432	604.94
信阳市	77.12	5.36	71.76	9906	62.37	5762	117.34
周口市	94.27	5.11	89.16	9379	119.17	9096	402.45
驻马店市	79.05	3.98	75.07	13555	86.26	15107	351.27
济源市	13.67	0.77	12.90	2442	6.49	3070	32.20

24

鄂豫川陕四省八市主要经济指标

资料整理：王兰芝

鄂豫川陕四省八市主要经济指标

	年末总人口(万人)							
	2000年	增长%	2005年	增长%	2009年	增长%	2010年	增长%
襄阳	572.55		577.22		588.88		591.07	0.40
荆门	298.75	-0.43	291.07	-2.45	301.05	0.31	299.85	-0.40
十堰	340.82		343.68		353.22	0.60		
南阳	**1049.00**	**0.40**	**1074.58**	**0.50**	**1096.22**	**0.40**	**1027.22**	**-6.30**
信阳	766.00		787.55	2.80	806.82		610.09	-24.40
安康	292.43		294.94		303.57		262.99	-1.20
渭南	529.02		547.11	3.40	543.18		552.08	-0.02
达州	629.80		642.90	2.10	657.56		682.72	0.30

	地区生产总值(当年价)(亿元)							
	2000年	增长%	2005年	增长%	2009年	增长%	2010年	增长%
襄阳	368.42	7.6	592.33	12.8	1201.01	15.0	1538.27	16.2
荆门	205.53	7.3	309.00	10.7	600.10	14.8	730.07	15.6
十堰	180.12	5.8	312.96	4.8	550.96	14.1	736.80	19.5
南阳	**519.66**	**7.0**	**1053.43**	**13.1**	**1714.49**	**11.0**	**1953.36**	**11.6**
信阳	260.40	9.4	508.60	13.0	975.00	12.8	1091.83	11.6
安康	74.80	5.8	143.76	9.8	274.95	15.0	327.06	15.0
渭南	165.47	8.2	330.17	12.2	655.50	14.3	801.42	7.3
达州	174.30	7.8	342.56	12.8	682.73	14.2	819.20	15.1

	第一产业(亿元)							
	2000年	增长%	2005年	增长%	2009年	增长%	2010年	增长%
襄阳	97.19	1.3	121.90	1.7	200.21	3.0	234.70	5.3
荆门	58.80	2.5	80.25	2.3	134.54	4.4	145.10	5.0
十堰	25.66	11.0	35.78	2.9	66.51	5.7	77.80	5.1
南阳	**153.70**	**4.7**	**275.76**	**7.0**	**366.91**	**4.2**	**401.18**	**4.5**
信阳	92.10	8.4	150.40	10.8	237.14	4.4	288.04	5.0
安康	22.76	6.0	36.71	10.4	65.59	6.2	67.07	6.4
渭南	37.43	4.3	58.66	5.5	100.55	6.5	128.94	7.3
达州	74.50	2.9	116.70	4.9	178.14	3.3	194.99	4.4

	第二产业(亿元)							
	2000年	增长%	2005年	增长%	2009年	增长%	2010年	增长%
襄阳	138.08	9.1	247.35	21.6	575.32	19.9	798.20	20.9
荆门	73.90	9.6	112.47	16.1	265.24	20.9	353.13	22.1
十堰	86.91	3.4	151.04	-1.3	254.76	17.4	402.10	30.8
南阳	**237.66**	**8.3**	**527.99**	**16.8**	**875.49**	**11.2**	**1017.07**	**14.4**
信阳	83.40	11.3	193.50	16.0	407.33	15.8	460.87	14.8
安康	20.29	2.8	42.83	9.1	95.16	17.8	129.51	21.5
渭南	60.42	7.5	148.71	17.6	312.98	16.3	394.55	20.7
达州	41.70	10.2	115.68	24.6	309.03	21.6	409.59	24.8

鄂豫川陕四省八市主要经济指标

	其中：工业增加值(亿元)							
	2000年	增长%	2005年	增长%	2009年	增长%	2010年	增长%
襄阳	121.22	10.1	221.39	23.6	530.10	20.0	733.20	21.1
荆门	65.92	10.0	99.56	16.2	246.17	20.1	330.54	22.9
十堰								
南阳	**214.23**	**7.3**	**468.18**	**17.2**	**781.28**	**10.4**	**910.56**	**15.1**
信阳	63.30	9.2	153.20	18.8	332.88	14.1	376.95	15.6
安康	12.41	1.4	28.23	8.0	58.69	12.7	84.71	23.3
渭南	51.82	7.6	131.28	19.1	267.32	13.7	339.71	21.8
达州	35.20	10.2	88.72	25.3	270.20	23.4	366.26	27.4

	第三产业(亿元)							
	2000年	增长%	2005年	增长%	2009年	增长%	2010年	增长%
襄阳	133.15	10.6	233.05	10.3	425.48	14.4	505.40	14.6
荆门	72.85	8.8	116.28	10.1	200.32	13.8	231.84	13.3
十堰	67.55	8.5	126.14	13.8	229.69	12.7	256.90	10.6
南阳	**128.30**	**6.9**	**249.68**	**12.0**	**472.09**	**12.1**	**535.11**	**11.2**
信阳	84.90	8.3	164.70	11.9	330.54	15.2	342.93	12.2
安康	31.75	8.9	64.22	9.9	114.20	17.2	130.48	13.9
渭南	67.62	12.0	122.80	9.6	241.97	14.7	277.93	10.6
达州	58.10	12.3	110.18	9.6	195.56	11.6	214.62	7.0

	人均生产总值(元)							
	2000年	增长%	2005年	增长%	2009年	增长%	2010年	增长%
襄阳	6881	7.5	10863	12.4	22071	19.3	27969	16.2
荆门	6865	6.8	10831	10.4	21073	14.6	25614	21.5
十堰					17015	15.9	21267	25.0
南阳	**4963**	**6.6**	**9662**	**12.6**	**16996**	**9.0**	**19145**	**10.3**
信阳	3383	0.7	6473	12.5	14467	11.5	15085	16.7
安康	2561	5.6	5413	9.6	10341	14.8	12364	15.6
渭南	3149	7.2	6052	11.7	12069	14.2	14738	14.9
达州	3008	3.1	6068	15.4	11915	12.6	13000	14.6

	农作物播种面积(万公顷)							
	2000年	增长%	2005年	增长%	2009年	增长%	2010年	增长%
襄阳	81.13	0.8	81.83	3.7	88.59	2.2	89.46	1.0
荆门	55.96	-1.9	54.82	1.5	57.58	1.9	57.88	0.1
十堰	44.77		36.56					
南阳	**169.29**	**4.3**	**189.79**	**4.2**	**185.70**	**1.10**	**185.56**	**-0.1**
信阳	103.39	0.8	119.09	7.6	122.53	1.8		
安康	49.21	-3.6	48.02	5.9	27.80	1.9	45.40	3.4
渭南	70.14		69.60	3.6	113.27	7.4	116.08	2.5
达州	74.26	-0.6	80.01	2.4			57.34	0.9

鄂豫川陕四省八市主要经济指标

	粮食总产量(万吨)							
	2000年	增长%	2005年	增长%	2009年	增长%	2010年	增长%
襄阳	307.05	-17.8	329.51	5.9	433.25	4.9	459.43	6.0
荆门	203.78	-15.4	210.76	4.9	251.40	4.5	259.02	0.3
十堰	93.11	13.0	79.05	7.2	115.21	6.7	118.86	3.2
南阳	**378.05**		**465.88**	**2.8**	**579.37**	**1.7**	**584.02**	**0.8**
信阳	365.80	6.4	424.40	6.9	573.02	2.1	575.22	0.4
安康	98.24	26.0	99.88	10.5	88.46	7.7	93.09	5.2
渭南	183.67	-3.8	190.28	-0.6	245.12	7.2	264.19	7.8
达州	288.54	0.2	290.26	3.0	296.10	2.3	299.36	1.1

	夏粮总产量(万吨)							
	2000年	增长%	2005年	增长%	2009年	增长%	2010年	增长%
襄阳	97.80	-15.8	118.09	21.9	185.10	6.7	194.68	5.2
荆门	24.86	-17.5	26.72	35.8	44.83	0.8	46.50	0.4
十堰	23.17	13.3	22.41	32.3	32.85	3.6	33.34	1.5
南阳	**202.33**	**4.7**	**285.50**	**4.5**	**356.23**	**1.8**	**359.08**	**0.8**
信阳	89.80	-8.6	96.20	5.6	140.80	1.9	141.88	0.8
安康	27.70	1.9	29.15	15.2	29.70	4.5	32.37	9.0
渭南	35.82		108.07	0.6	116.87	-3.4	126.27	8.0
达州	55.60	-4.4	54.40	9.3	59.60	1.7	60.19	1.1

	秋粮总产量(万吨)							
	2000年	增长%	2005年	增长%	2009年	增长%	2010年	增长%
襄阳	209.25	-18.6	211.42	11.4	248.15	3.5	264.75	6.7
荆门	178.92	-17.2	184.04	1.5	206.57	5.4	212.50	0.3
十堰	69.94	12.9	56.64	-0.4	82.36	8.0	85.52	3.8
南阳	**175.72**	**-5.4**	**180.38**	**0.2**	**223.14**	**1.60**	**224.94**	**0.8**
信阳	276.00	12.3	328.30	7.3	432.20	2.2		
安康	70.54	39.0	70.73	8.7	58.76	9.4	60.71	3.3
渭南	22.60		82.21	-2.1	128.25	19.2	137.92	7.5
达州	232.90	1.3	235.82	1.7	236.50	2.4	239.17	1.1

	棉花(万吨)							
	2000年	增长%	2005年	增长%	2009年	增长%	2010年	增长%
襄阳	4.12	14.4	3.01	-28.7	4.54	6.6	4.34	-4.5
荆门	3.08	3.0	4.34	1.6	4.05	-5.4	4.30	0.7
十堰	0.01		0.01				91.00	12.3
南阳	**11.85**	**-25.0**	**11.85**	**-28.7**	**9.00**	**-17.6**	**7.68**	**-14.7**
信阳	1.90	-6.9	1.25	-29.3	0.73	-35.8	0.61	-16.4
安康								
渭南	2.35	51.0	6.79	-7.8	7.59	-17.2	6.15	-19.0
达州								

鄂豫川陕四省八市主要经济指标

	油料(万吨)							
	2000年	增长%	2005年	增长%	2009年	增长%	2010年	增长%
襄　阳	39.93	24.7	37.48	-22.3	32.69	5.1	32.13	-1.7
荆　门	35.87	41.2	36.66	-6.3	36.25	4.3	37.12	0.2
十　堰	5.91	23.9	6.97	6.6	10.00	18.6	11.27	13.2
南　阳	**53.34**	**16.2**	**90.46**	**11.7**	**111.40**	**9.2**	**115.08**	**3.3**
信　阳	22.50	39.3	52.84	13.4	64.22	-1.4	63.59	-1.0
安　康	4.02	53.6	7.31	18.5	10.86	14.5	11.85	9.1
渭　南	8.89	9.9	6.84	-2.7	6.56	-2.3	6.61	0.8
达　州	15.15	37.7	21.71	2.4	28.80	1.1	29.27	1.7

	蔬菜(万吨)							
	2000年	增长%	2005年	增长%	2009年	增长%	2010年	增长%
襄　阳	504.97	3.9	336.04	-10.5	285.56	-7.9	278.47	-2.5
荆　门	203.45	1.9	165.21	-4.2	152.63	-3.5	164.51	0.8
十　堰	92.69	11.4	107.67	-3.1	122.84	9.5	128.44	4.6
南　阳	**678.47**	**13.9**	**1000.00**	**7.5**	**900.91**	**2.6**	**946.91**	**5.1**
信　阳	168.30	13.5	275.40	54.3	299.18	4.8	311.03	4.0
安　康	25.59	8.0	63.02	14.3	97.73	15.3	108.31	10.8
渭　南	56.30		63.33	2.5	172.63	79.8	191.82	11.1
达　州	149.10	4.7	221.31	4.4	263.80	5.3	273.95	3.8

	水果(万吨)							
	2000年	增长%	2005年	增长%	2009年	增长%	2010年	增长%
襄　阳	37.36	-0.8	45.82	4.1	51.34	8.0	51.48	0.3
荆　门	31.62	7.3	27.68	-3.1	35.54	3.6	38.33	1.0
十　堰	8.01	30.6	11.58	1.8				
南　阳	**20.71**	**13.4**	**38.00**	**14.2**	**61.75**	**9.0**	**70.73**	**14.5**
信　阳	3.60	12.5	7.35	25.9	10.90	9.1	11.36	4.2
安　康	3.45	34.4	8.30	20.2	15.55	12.2	16.76	7.8
渭　南	131.95	-11.0	128.36	-7.4	237.67	32.1	254.25	7.0
达　州	15.29	5.7	33.55	4.2	25.20	3.3	26.50	53.0

	肉类总产量(万吨)							
	2000年	增长%	2005年	增长%	2009年	增长%	2010年	增长%
襄　阳	30.94	17.2	38.30	0.9	50.01	19.3	69.92	6.7
荆　门	17.81	3.5	25.97	10.2	34.30	5.7	35.85	0.5
十　堰	11.83	1.8	13.32	7.3	15.60	4.6	16.91	8.5
南　阳	**49.68**		**61.07**		**67.57**	**5.7**	**68.44**	**1.3**
信　阳	42.60	9.0	57.60	7.2	54.57	5.4	57.76	5.8
安　康	8.79	10.0	14.42	16.6	19.22	16.0	23.64	23.0
渭　南	8.67		12.25	10.9	15.80	50.1	17.83	12.8
达　州	56.29	5.8	76.01	5.6	69.10	3.2	71.80	3.9

鄂豫川陕四省八市主要经济指标

	水产品(万吨)							
	2000年	增长%	2005年	增长%	2009年	增长%	2010年	增长%
襄阳	13.93	4.3	15.94	4.7	16.21	10.4	17.37	7.1
荆门	21.00	9.3	24.02	3.3	34.92	8.9	38.23	0.9
十堰	2.09	10.2	2.67	3.9	5.30	5.9	5.57	5.0
南阳	**4.71**	**22.3**	**7.35**	**14.0**	**9.50**	**4.5**	**10.86**	**14.3**
信阳	9.20	1.1	12.80	14.8	23.84	14.8	26.10	9.5
安康	0.19	-37.7	0.50	17.2	0.30	52.3	1.53	4倍
渭南	1.25							
达州	4.05	10.1	6.98	12.4	9.70	6.1	10.34	6.6

	规模以上工业增加值(亿元)							
	2000年	增长%	2005年	增长%	2009年	增长%	2010年	增长%
襄阳	105.78	-4.0	189.28	29.1	461.49	27.6	681.37	26.3
荆门	41.94	16.3	80.16	21.1	259.29	27.5	330.41	25.0
十堰	53.86	2.3	122.11	-8.5	242.14	19.7	363.36	39.2
南阳	**98.37**	**16.9**	**225.12**	**23.6**	**486.38**	**14.1**	**634.47**	**22.4**
信阳	27.00		76.80	28.0	225.18	20.2	278.66	21.0
安康	9.13		15.79	10.8	50.75	19.6	73.71	26.2
渭南	32.72	7.6	129.27	56.0	245.27	17.6		
达州	14.15	10.3	59.24	25.3	249.23	26.0	305.45	28.5

	规模以上工业主营业务收入(亿元)							
	2000年	增长%	2005年	增长%	2009年	增长%	2010年	增长%
襄阳	229.38	9.2	373.02	7.7	1278.61	35.3	1949.61	62.4
荆门	164.66	28.2	338.90	32.7	882.80	20.8	1197.85	34.0
十堰	246.11		553.00	17.2	782.60	23.6		
南阳					**1530.23**	**16.6**	**2009.77**	
信阳	73.70	10.1	223.50	40.1	760.60	20.3	995.25	
安康	11.38		39.49	57.3	98.63	55.1	157.53	59.7
渭南								
达州	40.65		167.58	48.1	722.19	33.5	1042.09	44.2

	利税总额(亿元)							
	2000年	增长%	2005年	增长%	2009年	增长%	2010年	增长%
襄阳	25.47	21.2	41.50	-10.2	116.79	36.6	188.65	64.3
荆门	10.25	-14.3	19.81	6.9	61.58	187.7	178.89	14.5
十堰	7.67		49.00	3.5				
南阳	**17.00**		**87.72**		**197.84**	**-0.4**	**256.58**	
信阳	5.80	26.7	16.10	90.2	71.44	30.2	100.91	
安康	1.35		4.31	6.8	10.40	40.1	34.38	63.5
渭南	3.84		69.60	127.4	37.74	-38.1	65.42	75.7
达州	2.20		12.09	28.8	50.20	63.0	73.39	51.5

鄂豫川陕四省八市主要经济指标

	利　润　总　额(亿元)							
	2000年	增长%	2005年	增长%	2009年	增长%	2010年	增长%
襄　阳	8.78	19.3	17.82	-15.9	62.32	60.0	118.41	92.3
荆　门	-0.49		4.01	-1.2	39.14		104.80	11.6
十　堰	-3.95		20.98		114.83	150.3		
南　阳	**5.34**		**45.54**		**102.21**	**9.6**	**141.78**	
信　阳	2.20	56.8	8.30	205.7	41.44	33.7	64.37	
安　康	0.83		0.22	-64.5	12.96	285.4	21.78	68.0
渭　南	-1.32		49.94		8.61	-61.0	35.23	269.3
达　州	-0.45		4.67	38.5	24.67	96.4	42.95	77.0

	全社会固定资产投资(亿元)							
	2000年	增长%	2005年	增长%	2009年	增长%	2010年	增长%
襄　阳	80.47	2.4	149.66	14.7	574.80	53.8	835.32	45.3
荆　门	57.12	10.2	104.15	7.6	317.18	51.0	448.62	41.4
十　堰	34.81		2.00	33.7	278.35	50.1	406.30	46.0
南　阳	**117.62**	**20.0**	**377.29**	**41.2**	**1153.18**	**28.7**	**1389.43**	**20.5**
信　阳	92.80	27.1	281.10	52.4	858.14	29.5	1031.46	20.2
安　康	26.84	25.7	62.31	10.9	272.77	35.9	360.05	32.0
渭　南	44.49	11.0	104.56	10.0	509.39	52.7	742.25	45.7
达　州	39.52	23.2	165.46	30.8	545.32	30.2	601.32	10.3

	城镇固定资产投资(亿元)							
	2000年	增长%	2005年	增长%	2009年	增长%	2010年	增长%
襄　阳	57.40	2.4	130.70	36.3	519.90	53.6	752.99	44.8
荆　门	35.23		79.05				395.57	43.7
十　堰			71.49		258.21	51.1	382.80	47.7
南　阳	**70.74**	**23.5**	**285.38**	**47.8**	**929.52**	**31.2**	**1129.95**	**21.6**
信　阳			215.40	53.6	700.89	31.4	855.05	22.0
安　康	21.76	27.0	47.59	9.5	175.76	40.0	221.29	25.9
渭　南			92.21	16.7	457.05	60.0	606.65	32.7
达　州	18.53		120.37	31.3	445.06	18.4	517.55	8.5

	其中：工业投资(亿元)							
	2000年	增长%	2005年	增长%	2009年	增长%	2010年	增长%
襄　阳	20.56	-31.2	64.14	48.0	315.80	67.4	434.01	41.9
荆　门	13.56		48.13	33.4	153.46	46.5	217.52	41.5
十　堰	10.66		43.43		101.80	35.6	164.90	62.0
南　阳	**26.54**		**101.47**		**603.09**	**36.4**	**718.20**	**19.1**
信　阳			38.40	40.4	143.93	3.6		
安　康	8.16	45.7	17.83	11.6	62.80	61.2	73.31	6.5
渭　南			57.56	-0.1	239.92	52.7		
达　州	6.44		69.77		313.22	38.7	305.70	-2.4

鄂豫川陕四省八市主要经济指标

	民间投资(亿元)							
	2000年	增长%	2005年	增长%	2009年	增长%	2010年	增长%
襄阳	12.11	-33.5	32.25	79.5	347.23	74.2	569.27	64.9
荆门			48.13	33.4	153.46	46.5	245.36	36.5
十堰							177.03	58.3
南阳					**643.60**	**64.2**	**855.71**	**33.0**
信阳			58.30	50.7	407.42	41.9	590.67	42.6
安康	7.89	46.1	23.00	30.9	83.30	52.4	135.05	31.2
渭南			47.00	25.5	269.47	37.6		
达州			83.24	6.1			316.68	20.9

	房地产投资(亿元)							
	2000年	增长%	2005年	增长%	2009年	增长%	2010年	增长%
襄阳	5.66	31.7	22.09	26.1	55.40	19.9	106.52	92.3
荆门	1.20		5.31	19.6	27.19	61.5	52.58	52.8
十堰	0.65	-35.0	20.95	50.3	35.73			
南阳	**5.04**		**16.54**		**56.12**	**32.0**	**70.32**	**25.3**
信阳			23.00	91.3	112.51	29.7	136.08	20.9
安康	3.36	-8.7	6.58	-9.6	12.67	29.6	16.65	31.5
渭南	2.30	114.6			28.20	26.3		
达州	1.95		19.64	-4.1	49.76	17.9	60.68	21.9

	社会消费品零售总额(亿元)							
	2000年	增长%	2005年	增长%	2009年	增长%	2010年	增长%
襄阳	142.41	10.1	241.21	14.5	500.56	21.1	571.24	28.2
荆门	72.69	6.1	112.01	14.0	228.82	21.2	252.98	20.8
十堰	70.89	4.2	125.06	15.0	251.74	15.9	306.40	21.7
南阳	**183.11**		**339.65**		**676.67**	**15.6**	**800.97**	**18.4**
信阳	100.40	9.3	187.60	14.3	373.85	19.7	442.60	18.4
安康	27.68	7.4	46.76	13.5	93.56	15.9	110.50	18.5
渭南	41.14	4.7	90.48	10.9	187.78	19.9	231.83	18.6
达州	63.61	10.7	128.81	16.3	252.12	18.8	311.86	18.1

	对外贸易进出口总额(万美元)							
	2000年	增长%	2005年	增长%	2009年	增长%	2010年	增长%
襄阳	8575	26.0	27403	17.8	43368	-17.3	71362	64.5
荆门	5058		11677				38784	69.6
十堰	6605		11292		20932	37.2		
南阳	**10462**		**30296**		**63719**	**-27.4**	**95324**	**49.6**
信阳	1097	32.5	9306	84.7	25031	-6.4	35444	41.6
安康			119	37.0	1687	61.7	1651	-2.1
渭南	558		9768	62.2	11505	-4.1	16927	47.1
达州	331		702				7071	-16.7

鄂豫川陕四省八市主要经济指标

	其中：进口总额(万美元)							
	2000年	增长%	2005年	增长%	2009年	增长%	2010年	增长%
襄　阳	3548	67.8	13035	0.7	10425	-30.2	15966	53.1
荆　门			2111				8981	61.4
十　堰	3393		3584		1994	-16.2		
南　阳	**3249**		**6869**		**20811**		**30671**	**47.4**
信　阳	1051	29.4	5996	154.3	19434	-8.3		
安　康								
渭　南	142		3574	65.1	3052	13.8	6817	123.4
达　州							744	-51.7

	出口总额(万美元)							
	2000年	增长%	2005年	增长%	2009年	增长%	2010年	增长%
襄　阳	5027	7.2	14368	39.3	32943	-12.2	55406	68.2
荆　门	5085	-3.7	9566	5.6	17300	-17.4	29803	72.3
十　堰	3212		7708	71.0	18938	47.0	23369	23.4
南　阳	**7213**		**23427**		**42908**	**-38.1**	**64653**	**50.7**
信　阳	46	187.5	3310	23.5	5597	0.5	10497	87.6
安　康			119	37.0	1687	63.4	1651	-2.1
渭　南	416		6195	60.5	8454	-9.2	10110	19.6
达　州	331		702				6327	-9.0

	实际利用外商直接投资(万美元)							
	2000年	增长%	2005年	增长%	2009年	增长%	2010年	增长%
襄　阳	2120	10.2	3526	-54.8	25073	48.1	27206	12.4
荆　门	1632	61.9	8016	17.5	13892	16.7	16309	17.4
十　堰			1859	-50.4	5733	13.6	7203	25.6
南　阳	**2805**		**4809**		**13303**	**14.3**	**20111**	**51.2**
信　阳	1059		3379	31.3	9485	21.0	16694	76.0
安　康			62	100.0	575	-81.0	564	-1.9
渭　南	110	7.4	2467	93.8	4470	-18.7	3051	-31.7
达　州								

	一般预算收入(亿元)							
	2000年	增长%	2005年	增长%	2009年	增长%	2010年	增长%
襄　阳	17.21	11.1	18.40	3.1	37.02	23.2	51.01	37.8
荆　门	7.63	1.3	9.34	0.5	18.14	23.4	23.25	28.2
十　堰			11.37		25.76	30.9	43.77	69.9
南　阳			**28.83**		**56.17**	**9.5**	**69.07**	23.0
信　阳	9.40	8.0	13.40	30.0	28.02	12.1	34.10	21.7
安　康	3.36	8.4	3.46	19.7	9.70	29.8	13.23	36.1
渭　南	8.91	6.3	9.01	6.5	28.25	32.2	34.00	20.4
达　州	5.56	-16.3	8.71	18.4	23.41	16.5	30.59	30.7

鄂豫川陕四省八市主要经济指标

	一般预算支出(亿元)							
	2000年	增长%	2005年	增长%	2009年	增长%	2010年	增长%
襄阳	25.72	17.2	48.18	36.6	148.16	53.3	121.14	28.1
荆门	11.48	6.2	25.47	26.7	85.62	56.7	94.58	15.8
十堰	15.57		34.25		114.10	59.8	143.80	21.3
南阳			**76.88**		**203.53**	**24.7**	**247.11**	**21.4**
信阳	20.00	16.1	51.30	21.2	153.37	27.9	173.76	13.1
安康	9.70	15.0	19.16	18.4	78.60	35.1	110.17	40.2
渭南	13.76	9.2	29.40	28.5	116.54	40.5	154.30	32.4
达州	14.94	16.3	47.52	19.6	129.53	23.9	150.27	16.0

	金融机构各项存款(亿元)							
	2000年	增长%	2005年	增长%	2009年	增长%	2010年	增长%
襄阳	251.01		559.76		1051.83		1294.12	22.7
荆门	127.82	10.4	267.05	17.8	252.51	23.5	685.20	30.4
十堰	185.12	15.9	406.03	44.9	694.65	25.0	857.60	
南阳	**313.13**		**625.99**		**1145.90**		**1471.22**	
信阳	20.40		445.00		888.91		1054.76	18.6
安康	78.25		163.58		383.10		475.54	24.1
渭南	188.73	11.2	411.23	17.0	847.23	30.0	998.47	17.9
达州	183.10		377.43		763.52		901.08	18.0

	金融机构各项贷款(亿元)							
	2000年	增长%	2005年	增长%	2009年	增长%	2010年	增长%
襄阳	225.54		259.66		518.26		688.25	31.2
荆门	123.65	-14.0	156.63	9.5	266.44	29.1	317.21	19.1
十堰	150.06		161.51	26.1	310.18	76.0	410.30	
南阳	**305.78**		**441.84**		**699.08**		**827.5**	
信阳	17.60		282.00		470.87		570.09	21.1
安康	78.27		97.47		177.40		211.34	19.1
渭南	169.02	-6.9	236.60	-1.9	386.38	20.8	471.52	22.0
达州	132.52		162.04		299.52		363.46	21.3

	城乡居民储蓄存款(亿元)							
	2000年	增长%	2005年	增长%	2009年	增长%	2010年	增长%
襄阳	166.82		388.27		687.58		815.34	18.6
荆门	89.76	13.7	205.66	15.7	367.09	19.5	443.73	20.9
十堰	108.51	7.2	238.25	26.4	402.75	15.5		
南阳	**229.59**		**468.45**		**803.81**		**955.82**	
信阳	95.00		354.30		674.90		784.10	16.2
安康	51.84		109.66		237.20		290.62	22.5
渭南	150.38		307.22	14.8	555.37	26.8	651.49	17.3
达州	155.17		308.34		576.75		665.75	15.4

鄂豫川陕四省八市主要经济指标

	在岗职工年平均工资(元)							
	2000年	增长%	2005年	增长%	2009年	增长%	2010年	增长%
襄　阳	5176		8903		19504		23046	19.9
荆　门	6920	4.3	11571	10.7	18748	9.3	27854	18.9
十　堰	7590	4.1	16316		20999			
南　阳	**6164**	**8.4**	**11820**	**16.3**	**20834**	**16.7**	**23309**	**11.9**
信　阳	5788		10115				24708	
安　康	6766		11953		28422		32903	19.9
渭　南	6189	9.8	11822	12.5	24589	16.6	28628	16.4
达　州	6392		12469		20559		26525	16.5

	城镇居民可支配收入(元)							
	2000年	增长%	2005年	增长%	2009年	增长%	2010年	增长%
襄　阳	5663	9.0	8145	7.8	13409	9.1	13333	11.6
荆　门	5704	8.7	8585	10.8	13857	9.2	15272	10.2
十　堰	7130		10413		11376	8.0	12652	11.2
南　阳	**4430**	**6.9**	**7831**	**13.2**	**13498**	**8.9**	**15077**	**11.7**
信　阳	4037	6.7	6784	13.8	12047	9.3	13348	7.9
安　康	4305	4.6	6388	7.5	12525	23.4	14642	16.9
渭　南	4116	8.8	6764	7.9	13652	24.1	15918	16.6
达　州	4318	3.3	6541	10.7	11103	13.9	12624	13.7

	农民人均纯收入(元)							
	2000年	增长%	2005年	增长%	2009年	增长%	2010年	增长%
襄　阳	2386	1.7	3191	4.3	5440	11.5	6365	17.0
荆　门	2980	1.7	3738	3.0	5956	11.7	6951	16.7
十　堰	1487		1990	3.9	3110	9.5	3499	12.5
南　阳	**1889**	**18.0**	**2894**	**3.0**	**4931**		**5666**	
信　阳	1915	5.4	2708	13.0	4618	8.1	5311	10.8
安　康	1248	5.7	1799	8.9	3313	19.6	3976	20.0
渭　南	1389	-3.0	1882	8.0	3584	20.6	4372	22.0
达　州	2030	4.1	2943	8.1	4421	7.9	5084	15.0

	城镇化率(%)			
	2000年	2005年	2009年	2010年
襄　阳	27.6	44.4	45.8	47.3
荆　门	42.3	42.3	45.0	46.6
十　堰				
南　阳	**20.2**	**30.0**	**36.6**	**33.0**
信　阳	18.2	27.4	34.1	34.4
安　康		22.9	33.0	
渭　南				
达　州	18.2	25.5	32.6	35.0

25

全国部分大中城市社会经济发展主要指标

资料整理：杨鸿飞

全国部分大中城市社

(2010

	总人口（万人）	#非农业人口（万人）	行政区划面积（平方公里）	地区生产总值（亿元）	比上年增长（%）	#第一产业（亿元）	比上年增长（%）
南阳			**26509**	**1953.36**	**11.6**	**401.18**	**4.5**
遵义	764.16	124.17	30762	908.76	14.7	140.23	6.6
自贡	325.96	105.69	4373	647.73	15.6	84.68	4.6
舟山	96.77	36.46	1440	633.45	11.1	62.44	6.3
张家口	465.97	152.16	36797	966.12	14.1	151.38	15.0
扬州	459.12			2207.99	13.4	159.25	4.5
襄阳	591.10	286.40	19725	1538.30	16.2	234.70	5.3
梧州	326.30	63.91	12588	573.73	17.7	79.68	4.8
四平	340.50	126.50	14080	789.10	15.4	211.10	6.7
双鸭山	151.10	94.70	22036	376.70	25.1	100.60	16.2
秦皇岛			7812	930.49	12.3	126.42	5.8
齐齐哈尔	568.10	203.60	42469	852.60	18.5	190.30	10.0
莆田	323.54	63.28	4119	816.98	15.2	87.90	3.9
内江	425.53	88.46	5386	690.28	16.2	112.39	4.6
牡丹江			40583	781.00	18.5	124.80	13.0
马鞍山	129.10	64.55	1686	811.01	15.0	28.46	3.8
柳州	372.69	126.35	18617	1275.74	16.0	106.88	5.1
临沂市	1072.60		17184	2400.00	12.9	264.00	3.5
九江			18823	1032.06	14.3	98.04	3.8
锦州	308.30	124.60	9891	902.60	16.2	151.40	5.9
焦作			4071	1247.60	11.9	103.30	4.4
吉林市	434.03	211.39	27120	1800.60	20.0	194.40	14.0
淮南市	243.99	113.59	2585	603.50	13.0	47.00	4.9
葫芦岛市	281.80	89.10	10415	531.40	15.5	66.10	9.0
呼伦贝尔			253000	932.01	14.9	182.39	5.6
福州	645.90		11968	3068.21	14.0	282.51	4.0
丹东	241.40	102.70	15290	728.90	15.8	100.20	5.9
大庆	279.80	141.00	21219	2900.10	12.0	95.00	10.0
蚌埠	362.23	102.35	5952	636.90	14.5	120.00	5.1

会经济发展主要指标

年）

第二产业（亿元）	比上年增长（%）	第三产业（亿元）	比上年增长（%）	人均地区生产总值（亿元）	比上年增长（%）	财政总收入（亿元）	比上年增长（%）	地方财政一般预算收入（亿元）	比上年增长（%）
1017.07	**14.4**	**535.11**	**11.2**	**19145**	**10.3**	**122.88**	**21.0**	**69.07**	**23.0**
367.82	19.1	400.70	13.5	13190	14.4	141.30	22.8	57.59	24.4
370.84	21.1	192.21	11.0			78.41	54.7	21.84	28.3
288.55	11.4	213.78	14.1	65458	11.1	98.53	28.0	61.04	25.1
416.45	15.7	398.30	12.2	22770	13.6	144.82	18.7	62.45	32.9
1229.34	14.6	819.40	13.7	48955	12.7	400.88	29.3	167.78	31.0
798.20	20.9	505.40	14.6	27969	26.7	141.56	48.8	51.01	37.8
337.87	25.0	156.18	10.8	18567	17.0	56.13	40.1	32.42	38.0
338.00	23.7	240.00	12.6	23222	19.3	56.00	30.2	27.90	30.7
177.50	30.4	98.60	23.9	24956	24.8			20.60	23.9
366.31	14.5	437.75	11.8			140.38	22.4	72.02	27.9
340.10	30.8	322.20	12.4	16085	21.4	110.50	42.5	51.30	48.7
462.29	20.4	266.80	10.1	28466	14.4	78.29	24.0	47.63	25.7
419.53	23.8	158.36	7.9	17456	16.3	70.55	53.3	20.39	26.0
308.80	24.1	347.30	15.5	28115	18.5	87.20	31.5	42.80	40.1
563.55	17.2	219.00	10.9	63000	21.3	140.04	14.5	69.88	9.7
809.46	20.3	359.41	11.6	34231		201.18	27.8	74.63	21.5
1206.30	13.0	929.70	15.1	23887	11.6			115.50	26.2
579.71	17.0	354.32	14.0	21487	13.6	116.70	35.4	71.06	35.5
434.40	18.1	316.70	18.6	29185	16.5	205.70	39.2	81.10	38.9
855.30	14.7	289.00	6.5	35700	10.1	97.50	12.9	63.30	16.4
896.00	21.1	710.20	20.3	41478	20.3	192.20	22.1	73.20	20.0
388.80	14.1	167.70	12.4			106.10	41.4	51.80	39.0
243.50	17.9	221.80	14.7	18850	15.2			55.90	27.4
392.60	24.3	357.02	10.8			124.68	10.8	55.98	13.6
1366.43	19.2	1419.26	11.0	44242	12.6	822.05	76.6	247.82	26.9
361.60	19.7	267.10	14.1	30118	16.1	130.90	43.3	80.20	38.0
2385.10	11.2	420.00	16.3	103571	10.3	175.50	20.6	95.90	13.5
301.00	21.9	215.90	9.8	17621	13.8	101.49	32.2	42.90	35.3

全国部分大中城市社

续表1 (2010

	地方财政一般预算支出(亿元)	比上年增长(%)	粮食产量(万吨)	比上年增长(%)	规模以上工业增加值(亿元)	比上年增长(%)	规模以上工业产品销售收入(亿元)
南阳	**247.11**	**21.4**	**584.02**	**0.8**	**634.47**	**22.4**	**2009.77**
遵义	192.70	25.0	333.99	-1.7	313.51	18.9	82.56
自贡	81.16	23.6	134.51	2.0	331.24	27.6	1103.15
舟山	105.03	26.9	5.24	-11.7	233.90	18.2	863.39
张家口	180.24	16.1	135.27	66.4	301.96	16.1	817.53
扬州	193.94	22.0	287.09	1.7	1388.71	16.1	
襄阳			459.40	6.0	681.40	26.3	1949.61
梧州	90.96	26.2	83.53	0.2	244.69	32.3	703.07
四平	113.80	25.3	771.10	38.8	287.60	25.9	923.30
双鸭山	70.70	20.2	226.80	16.8	134.70	35.1	371.10
秦皇岛	135.62	30.5	86.82	5.8	283.29	17.3	1170.37
齐齐哈尔	114.40	24.8	968.10	16.9	284.70	35.3	943.40
莆田	79.09	26.4	30.62	-1.3	417.83	30.9	1235.94
内江	92.48	24.3	160.85	2.4		28.1	1303.01
牡丹江	136.10	31.9	354.50	15.2	133.40	36.1	470.10
马鞍山	86.53	8.1	46.84	1.0	458.13	19.5	1408.35
柳州			80.58	-0.7	646.50	22.1	2388.68
临沂市	236.50	26.2	468.80	1.3	1093.50	16.4	4919.90
九江	166.52	23.7	153.47		360.61	22.4	1549.37
锦州	137.80	23.7	190.20	-1.9	436.90	18.4	1611.30
焦作	121.50	17.4	199.40	0.8	706.50	17.3	2600.10
吉林市	213.80	29.8	370.34	1.5	626.00	14.2	2124.70
淮南市	79.40	16.7	139.10	1.5	388.60	14.0	922.40
葫芦岛市	108.80	17.5	109.50	51.8	219.30	18.4	840.10
呼伦贝尔	207.90	5.2	500.50	11.1	278.60	27.0	709.01
福州	262.42	28.0	60.69	-2.0	1076.33	20.4	4131.75
丹东	155.70	23.9	71.70	-18.8	245.30	18.7	970.70
大庆	175.30	21.0	505.70	28.3	2090.00	10.5	3703.20
蚌埠	106.84	21.8	271.02	2.5	247.04	24.8	748.80

会经济发展主要指标

年）

比上年增长（%）	规模以上工业企业利润总额（亿元）	比上年增长（%）	全社会固定资产投资（亿元）	比上年增长（%）	#城镇固定资产投资（亿元）	比上年增长（%）	社会消费品零售总额（亿元）	比上年增长（%）
31.3	**141.78**	**38.7**	**1389.43**	**20.5**	**1129.95**	**21.6**	**800.97**	**18.4**
24.7	94.42	25.8	551.84	46.7	457.68	43.2	290.25	19.8
39.1	41.72	101.5	320.09	31.6	309.78	44.9	243.84	18.7
32.3	45.87	76.8	413.84	3.3	260.78	-6.0	212.54	18.0
35.1	45.44	92.7	903.67	37.4	800.83	37.9	320.14	18.4
	369.41	46.4	1331.85	25.2	890.68	23.1	719.48	18.7
62.4	118.41	92.3	835.32	45.3	752.99	44.8	571.24	28.2
52.8	29.72	99.1	468.42	41.8	425.95	42.2	191.77	18.8
41.4	38.80	55.6	576.60	33.5	452.60	30.3	287.70	18.8
43.9	18.50	130.0	279.60	43.1	271.70	39.2	65.20	19.0
25.9	33.42	1060.0	505.74	20.1	409.67	24.5	330.53	18.5
52.7	69.30	56.4	510.60	45.8	483.50	43.0	357.30	19.0
34.6	47.25	45.2	496.52	36.9	429.44	42.2	290.37	18.0
37.8	69.68	41.5	350.93	30.4			202.02	18.7
58.3	24.80	163.9	530.70	44.0	591.60	40.0	265.80	19.3
31.1	45.89	133.9	740.34	36.2	682.95	37.3	147.80	19.2
36.5	108.97	56.8	1004.88	47.4	929.61	44.9	480.00	20.0
28.3	280.80	34.8	1408.30	22.7			1157.20	19.0
47.6	82.19	76.9	877.46	34.1	857.00	33.3	284.08	19.5
33.7	85.10	89.3	730.50	50.6	656.50	51.9	318.30	18.8
28.7	223.50	13.0	970.80	20.8	841.00	21.0	321.80	18.3
23.0	54.70	25.7	1950.00	30.9	1544.50	23.1	684.02	18.3
41.2	45.80	54.8	401.80	35.5	272.30	31.2	187.20	19.0
30.3	9.00		500.00	57.7	368.80	58.0	233.20	18.6
41.1	64.82	55.1	645.00	20.8	608.00	20.8	294.60	19.1
25.5	190.52	52.9	2317.44	40.7	2231.69	44.5	1581.71	21.3
38.8	38.30	18.6	673.90	37.0	613.30	38.1	275.80	18.7
28.9	1375.10	42.9	1036.10	37.5	994.80	32.0	591.00	23.8
47.9	34.78	35.2	528.73	37.1	358.41	35.1	269.87	19.0

全国部分大中城市社

续表2

(2010

	外贸进出口总额(万美元)	比上年增长(%)	#出口总额(万美元)	比上年增长(%)	金融机构存款余额(亿元)	比年初增长(%)	#城乡居民储蓄余额(亿元)
南阳	**95324**	**49.6**	**64653**	**50.7**	**1471.22**	**28.4**	**955.82**
遵义	20111	5.8	14974	8.2	1157.00	25.7	601.10
自贡	54138	8.6	24869	33.3	559.32	14.2	383.69
舟山	107	52.8	69	85.5	1121.07	21.8	405.09
张家口	28491	-44.6	18307	8.6	1300.29	14.8	848.15
扬州	824056	51.7	605680	50.9	2430.55	17.6	1252.39
襄阳	71362	64.5	55406	68.2	1294.10	22.8	815.30
梧州	64277	15.1	44556	14.9	491.08	23.7	290.83
四平	27200	85.7	6802	11.7	545.10	14.5	390.40
双鸭山	99749	55.2	91085	48.3	423.30	15.6	297.80
秦皇岛	350931	5.8	188456	16.5	1504.08	18.8	865.15
齐齐哈尔	89271	31.6	74425	49.5	882.90	14.3	603.20
莆田	342117	45.8	219004	30.8	733.63	20.5	485.23
内江	16845	31.0	16757	36.9	599.86	18.2	437.78
牡丹江	900393	71.8	402957	60.7	817.50	11.5	597.10
马鞍山	287800	73.9	50700	41.8	808.16	14.5	355.00
柳州	15434	54.2	3076	-17.0	1480.43	22.1	654.96
临沂市	48	39.4	28	29.2	2115.10	20.0	1390.20
九江	181505	155.8	121237	162.3	1086.42	26.5	580.84
锦州	231902	32.7	117864	46.1	1011.40	19.5	689.30
焦作	175784	63.0	107205	53.9	748.60	13.1	503.80
吉林市	84333	10.6	55117	34.5	1348.70	13.3	893.10
淮南市	13363	10.2	7162	140.0	863.50	20.1	421.60
葫芦岛市	13	32.7	7	34.5	820.10	19.0	526.90
呼伦贝尔	232610	7.1	19914	-8.9	762.31	17.6	447.20
福州	246	37.8	163	35.8	6100.92	24.0	2418.19
丹东	29	45.6	19	29.4	936.70	21.1	661.20
大庆	15	39.8	10	71.8	1560.91	204.5	900.90
蚌埠	54350	41.5	46737	40.2	707.65	22.5	386.80

会经济发展主要指标

年)

比年初增长(%)	金融机构贷款余额(亿元)	比年初增长(%)	城镇居民人均可支配收入(元)	比上年增长(%)	农民人均纯收入(元)	比上年增长(%)	在岗职工平均工资(元)	比上年增长(%)
18.9	**827.50**	**18.4**	**15077**	**11.7**	**5666**	**14.9**	**23309**	**11.9**
23.8	598.16	23.2	15279	10.7	4207	14.9	32918	10.7
15.3	248.24	23.8	14538	12.8	5762	15.1		
15.7	980.77	18.3	26242	9.0	14265	13.1		
17.1	918.31	17.3	14649	10.6	4119	15.7	30570	14.6
14.3	1486.06	22.5	21766	12.1	9462	14.1		
18.3	688.20	31.2	13333	11.6	6365	17.0		
20.7	321.34	27.1	16427	11.4	4879	15.7	28411	16.6
10.5	365.30	1.6	16459	9.0	6586	21.6	22343	11.9
13.7	276.90	32.3	14157	11.0	6882	25.6	29515	15.7
16.8	896.02	22.7	17118	10.7	6214	12.7		
13.1	541.20	13.5	13377	11.6	6125	28.2	26681	11.0
16.3	628.00	26.3	19068	10.2	7663	10.7	27813	12.8
18.2	266.90	11.8	14324	12.8	5504	15.5		
9.7	313.10	45.0	12807	9.8	9363	20.7	27291	15.0
16.1	554.53	22.4	23159	13.6	9332	17.4		
18.3	1046.17	21.4	17766	10.9	4935	14.0	37278	10.8
18.0	1538.20	19.5	18644	12.5	6761	14.9	31694	14.6
19.4	638.02	27.4	15764	11.0	5588	16.0	24744	17.5
14.2	583.30	18.9	17375	12.9	7756	17.0		
8.3	471.00	15.1	15781	10.5	7512	14.0		
8.6	726.60	13.3	16936	9.0	6594	16.8		
11.2	644.60	26.0	15377	9.5	5746	17.4		
14.0	505.70	11.9	17371	13.5	6597	17.9	26745	11.7
18.1	430.54	31.5	14857	11.7	6295	12.3	33118	17.1
12.6	5231.41	23.2	22723	12.0	8543	11.4	34388	12.0
15.8	477.90	27.0	14536	13.3	8340	14.3	25863	10.8
68.1	409.77	85.8	20016	10.1	8045	22.0		
16.1	386.92	15.3	15376	14.0	5565	17.7